This Book Offers Free Bonus Puzzles

Available Here:

BestActivityBooks.com/WSBONUS20

Ready, Set... Go!

Did you know there are around 7,000 different languages in the world? Words are precious.

We love languages and have been working hard to make the highest quality books for you. Our ingredients?

One part easy-to-read print, three parts entertainment, then we add some challenging words and a pinch of rare ones. We brew them with care to serve you lots of fun and an opportunity to solve the best puzzles.

Your feedback is essential. You can be an active participant in the success of this book by leaving us a review. Tell us what you liked most in this edition!

Here is a short link which will take you to your Amazon orders review page.

BestBooksActivity.com/Review50

Thanks for your fidelity and enjoy the Game!

Delta Classics Team

Puzzle 1

```
P N Q A X E R E D E C O R P E B F
O W X I Q R O A Z N E C S O N O C
F A L C O T E N D E G I C S O H A
F B F O R T U N A T O T O S I G G
D Y J A N B V O W W R Q R I S U R
T E R M I N I I N Q E M R E S X I
S W I I U P Y E S O F H E D I I C
O N U S S E N W W I P R T O M M O
S W B L P G A J Z R B R T N S I L
T I G G A S R E G N O I A O A L T
A E L I M U Z F S W D Y L C R I O
N W J L I S K L N Z F L I E T T R
Z R A M E R E G N U I G G A R A I
A U G Z Z U C Z X L E P G X M R J
R C Q T L S Q B I F A M G Y L E Q
```

FORTUNATO
MILITARE
FALCO
RAGGIUNGERE
QUELLI
SAGGI
TENDE
TERMINI
CORRETTA
RAME
VISIBILE
TRASMISSIONE
AGRICOLTORI
CONOSCENZA
UMILE
NESSUNO
REGNO
SOSTANZA
POSSIEDONO
PROCEDERE

Puzzle 2

SPORCO
STRUMENTO
SEMPLICEMENTE
MARTEDÌ
VISTO
BUIO
PROBLEMA
TRATTAMENTO
INSEGNANTE
SCIOCCO
CITTÀ
ESERCIZIO
METTERE
POVERTÀ
FRETTA
TIRATO
PIANETI
MOTIVAZIONE
MUFFOLE
DEVE

```
M B E À T R E V O P I A N E T I S
O U S S A D R R R C T F S W I I P
T I E T C I T T À F C I R J P J O
I O R R C Z S M O M F O R E T J R
V T C U M Q K Q E V W T I A T C C
A R I M H N N E R N F N J C T T O
Z O Z E M A R T E D Ì E L S S O A
I M I N C J U N L C E M P W Q P M
O H O T M B Q A O J E A A G B S E
N N M O D R H N F D V T V P H F L
E G E X T A X G F E I T R D W I B
M E T T E R E E U V S A L O Y F O
N K U M W I I S M E T R F D M S R
F A Y S M G P N H R O T J K J T P
E T N E M E C I L P M E S B T S B
```

Puzzle 3

```
L U C E R A C I T N E M I D M D G
M M E N O I Z A N I B M O C V I W
A A L O Z J Y T N V K O U J U M J
G P I I L E H S Z N D I C E I E W
G S B Z I R U E S Q E L D R N N J
I C A A S L A T J A N L G B S S U
O O I R W P T S Z G P Y L D E I P
R I R G X S A Z O O A O K A D O G
E A A I P E N S A V A I N S I N A
A T V M P D O I E R I Q Y E A E M
V T B G I O M V R O C Z E C T G B
C O S O E S I W L I S X F S I C E
W L X M D P L D J I D J K I P D Z
V O I D I E P J A Q T M X D W A H
N W T O P O R A G N O R K T S T E
```

SAPONE
MIGRAZIONE
DICE
DIMENTICARE
DIMENSIONE
GAMBE
IERI
TESTA
LIMONATA
MAGGIORE
DISCESA
CANNELLA
VARIABILE
PIEDI
TOPORAGNO
INSEDIATI
SCOIATTOLO
LUCE
PENSAVA
COMBINAZIONE

Puzzle 4

ZUPPA
RISCHIO
FEDELE
IMPROPRIO
GRANCHIO
VIOLA
PROBLEMI
PICCOLE
COMODITÀ
CUCINARE
PAPÀ
VETTA
RIFORMA
RINGRAZIO
IMMAGINA
CALDO
SOLDATO
TRATTATO
BURRO
CUORE

```
K W A U V T V Q V O Z U G Y U X N
I B U R R O E I E S I U X L V A O
M Z U P P A L X O I R P O R P M I
M P R O B L E M I L W Q H A Z R C
A Q W T G W D P Q N A Y À S H O U
G O J A G O E A T T E V T O U F C
I C D T R R F P S D N K I L J I I
N X U T J I A À X I B Y D D P R N
A B L A W Z N N C A L D O A I C A
C J V R O I Y G C A C D M T C U R
J P X T E Y F D R H J S O O C O E
R I S C H I O V U A I I C G O R X
C F H Y X V S M M K Z O O G L E F
Y N U U D L G Z I W E I Y D E Y O
J Q B Q W L T J B Z C G O K W C N
```

Puzzle 5

```
E P S V N M A C A I M P E R J G O
R P E C O R C J U D I E Z J P T Q
E Z P R I V T T U E G R U M I I V
N E B U D O H L H N L F R O S A A
E O T T R O L C Q T I E D U R A B
T S V B B E N T K I O T A I V N I
S F P T D J F A O C R T N A V C X
O T N A I P G C R O I O C S E A M
S S O T R J O L L E B A G S R L E
C A V A L L E T T A K Y Y N D D S
S V A G H Y S X E T R J P F E A E
C S F Z Q T L K U M L Q J Y M Z D
I S Q M H B Y C D X P H Z B I Q T
A D N V O R S I M M E R S I O N I
R M N T I P P X A F Y A B A W I D
```

SGABELLO
MIGLIOR
MESE
INVIATO
DURA
SCIOLTO
VERDE
BEN
ROSA
CROCE
PERFETTO
IDENTICO
IMMERSIONI
CAVALLETTA
SCIA
CALDA
EPPURE
SOSTENERE
PERDONARE
PIANTO

Puzzle 6

MARE
RIPETERE
PATATA
CUCCHIAIO
AMBIZIONE
RIVELARE
OSPITE
RIMANERE
IMPRESA
BIBLIOTECA
CRISI
GIÀ
CARBONE
ERBA
FISCALE
ATTUALMENTE
SANGUINARE
BENZINA
SODDISFATTO
FILO

```
R B O S P I T E Y X H F E C C S A
I C E R E N A M I R F J H A B A T
P Q R N I M P R E S A O T R I N T
E B A B Z F I L O E E J N B B G U
T P M O O I A I H C C U C O L U A
E O Z T X S N L U P M N P N I I L
R P P T U I B A O F N Q K E O N M
E F R A C R T D E F F C K N T A E
T N V F T C T M R R J C E O E R N
G Y Z S W A K O A P B P Q I C E T
T N À I G P T A L O N A K Z A T E
Z R K D V K T A E L A C S I F S J
K V Z D R V D K V Z J Y O B Q O V
C M D O N M S M I K F Z K M A N S
R I V S F H M A R S Q Y V A Q C P
```

Puzzle 7

```
E  L  I  B  I  S  S  E  L  F  C  V  E  L  A  E  Z
V  E  S  N  O  N  T  K  N  P  W  O  P  O  C  S  O
E  E  N  H  D  U  Z  S  Y  Z  S  I  M  D  Z  K  C
N  D  E  C  A  I  M  M  U  M  I  H  V  O  E  C  C
P  K  P  Z  U  S  V  P  K  I  M  C  H  C  D  R  O
I  I  N  B  S  G  R  I  U  Z  I  R  P  I  T  O  L
V  P  Ù  S  U  H  A  E  D  D  L  E  A  T  E  L  O
F  L  U  I  D  O  I  P  S  U  E  C  D  I  R  O  Z
T  A  C  C  H  I  N  O  F  P  O  X  R  L  R  M  G
I  Z  L  C  U  P  A  U  Z  L  W  A  E  O  I  E  C
R  E  X  H  X  H  V  Q  E  G  F  M  I  P  B  Z  D
U  R  D  X  L  C  I  R  U  B  F  B  G  D  I  Z  X
F  F  W  E  V  T  R  F  N  Y  R  L  C  X  L  E  Z
T  Z  D  N  D  Z  C  Z  X  Q  B  A  T  I  E  R  I
P  Z  I  T  A  T  S  O  R  E  A  V  A  T  K  P  K
```

SCRIVANIA
ZOCCOLO
TERRIBILE
VELA
INDIVIDUO
SCOPO
FLESSIBILE
TACCHINO
CERCHIO
FLUIDO
PREZZEMOLO
NEVE
POLITICO
COMODO
AEROSTATI
PIÙ
PENSI
SIMILE
PADRE
MUMMIA

Puzzle 8

AGGIORNAMENTO
MUSICA
PERSONA
GIACEVA
CLASSE
BORSA
LEGGERE
DISSIMILI
CIRCOLARE
SEGNALE
CONGEDO
AVVOLGERE
NAVE
TRIANGOLO
SCHELETRO
DROGA
INTELLIGENTE
OCCHI
SCOMPAIONO
ESPERIMENTO

```
L  M  W  F  C  R  E  S  P  E  R  I  M  E  N  T  O
O  E  U  P  I  R  V  S  P  T  C  C  S  O  A  D  J
P  N  G  S  O  K  A  E  E  N  I  L  C  C  K  I  D
N  F  T  G  I  Z  N  G  I  E  R  A  O  C  G  S  S
T  M  L  N  E  C  G  N  R  G  C  S  M  H  X  S  C
M  R  R  V  Y  R  A  A  C  I  O  S  P  I  W  I  H
Q  H  I  P  K  T  E  L  O  L  L  E  A  A  B  M  E
R  Z  I  A  U  E  T  E  N  L  A  A  I  V  L  I  L
V  G  P  N  N  S  X  J  G  E  R  W  O  V  X  L  E
W  F  D  O  C  G  C  Z  E  T  E  S  N  O  D  I  T
N  S  T  S  P  S  O  T  D  N  W  V  O  L  R  S  R
U  E  C  R  Z  A  M  L  O  I  H  R  N  G  O  U  O
V  A  V  E  C  A  I  G  O  Q  X  Y  Y  E  G  O  Z
T  L  J  P  B  O  R  S  A  H  R  Y  S  R  A  H  U
A  G  G  I  O  R  N  A  M  E  N  T  O  E  B  K  D
```

Puzzle 9

```
E  S  P  R  I  M  E  R  E  A  C  S  E  P  J  O  O
U  G  N  S  R  N  O  N  N  A  F  A  A  E  P  R  R
E  P  F  O  A  R  C  R  J  E  Q  F  K  Z  F  U  O
Q  X  A  L  L  E  N  I  C  C  O  C  E  H  E  Y  L
R  F  N  N  O  J  T  R  X  S  R  E  L  T  W  P  O
S  N  H  D  C  U  U  T  H  O  R  R  O  P  T  Z  G
W  P  N  X  I  I  A  Y  P  G  P  L  U  W  V  O  I
T  V  O  G  T  Y  O  L  Q  G  B  W  V  V  A  F  O
Z  F  R  S  R  I  S  B  X  E  L  A  R  U  T  A  N
R  B  T  A  A  W  O  R  E  T  T  O  D  I  P  E  L
D  Z  T  F  P  T  L  C  E  T  I  F  N  K  D  B  L
V  J  A  D  T  H  O  J  R  O  T  G  I  A  C  C  A
D  S  U  X  M  Y  V  Q  N  R  A  È  Z  A  Y  N  L
A  R  Q  T  Q  D  U  R  I  S  P  O  N  D  I  U  D
N  U  T  R  I  E  N  T  I  R  A  M  A  L  A  C  L
```

ESPRIMERE
TÈ
NONNA
RISPONDI
NUTRIENTI
SOGGETTO
PORRO
AFFETTO
PARTICOLARI
NATURALE
QUATTRO
NUVOLOSO
VUOLE
COCCINELLA
GIACCA
SPOSATO
LEPIDOTTERO
CALAMARI
PESCA
OROLOGIO

Puzzle 10

SÌ
CASUALE
FAGIOLI
PERSONALIZZATO
PITTURA
GIOCATORE
PAZZA
FOGLIE
DEFINIRE
MOLTIPLICARE
CANTARE
PRIMORDIALE
PRATICO
INTERESSANTE
PRODOTTI
NARRATORE
ADATTO
ANDANDO
SCRIVERE
ATTIVITÀ

```
I  T  T  O  D  O  R  P  P  P  P  I  S  L  L  K  E
C  N  À  H  F  B  P  V  P  A  I  T  D  B  K  N  N
A  F  T  V  S  W  W  U  V  V  Z  T  Z  P  O  Y  A
S  A  I  E  X  H  B  J  M  A  K  Z  T  G  G  I  R
U  G  V  R  R  S  H  Z  N  O  O  O  A  U  U  B  R
A  I  I  E  B  E  L  A  I  D  R  O  M  I  R  P  A
L  O  T  V  L  Ì  S  G  J  N  T  C  A  F  P  A  T
E  L  T  I  C  D  S  S  O  A  X  Q  D  O  R  C  O
M  I  A  R  U  Q  I  H  A  D  U  N  A  G  A  A  R
G  I  O  C  A  T  O  R  E  N  M  D  T  L  T  N  E
T  T  U  S  D  E  D  L  X  A  T  I  T  I  I  T  F
G  B  X  O  D  S  O  O  Z  G  I  E  O  E  C  A  I
M  O  L  T  I  P  L  I  C  A  R  E  W  J  O  R  Q
W  X  Q  O  T  A  Z  Z  I  L  A  N  O  S  R  E  P
R  G  U  B  H  Y  D  E  F  I  N  I  R  E  I  R  L
```

Puzzle 11

```
V C Q T J O T N E L O N N O S Q A
I G D P A Y X A A A O O Z W E T I
A I R E S I M W L S C M G C P O N
U T I L I Z Z A T O C N J I B D T
E R A N I M R E T E D I M J P I E
N T W W B J S U C C O O T C I S R
I G N P U B B L I C A D M A S T R
M D A E N O C L A B U R U T T R O
R O S B M O C C U P A R E E O I M
E H A C B A K N Z Y P F R R L B P
T O C H C I D O L S Q G R R A U E
W L R E S M A I P I E D E O P I R
I B Q J H I U M P N I L C R V R E
I C X D F H T G Z A R L W E X E C
U J X C J X Y R X G R U P P O Z W
```

UTILIZZATO
PUBBLICA
DISTRIBUIRE
DETERMINARE
GRUPPO
SUCCO
SONNOLENTO
TERMINE
PISTOLA
OCCUPARE
MISERIA
CASA
PIEDE
RAPIDAMENTE
INTERROMPERE
GABBIA
BALCONE
VIA
NASCITA
TERRORE

Puzzle 12

ASSORBIRE
DISASTRO
TROPPO
ME
POLVERE
VANTAGGIO
VARIETÀ
ORSO
BOXE
DOLCE
PESANTE
PORTA
TUBO
CACCIA
REALIZZARE
ELFO
ALCI
CORRIDOIO
TRE
PIANTA

```
G P A Y P A S S O R B I R E K C Q
R Y F P I T D E G T I R C M B O V
H C T B A R E S N Z C H F L K R A
F K R K N O T A V C P O J J A R N
S O V D T P L U I E O Z S V I I T
O F M E A X R B B W L N Y H C D A
I M O O A E L T F O V Y F D C O G
S X F P E S A N T E E J E G A I G
B H L E P U D O J X R V Z Y C O I
N N E C L O D I T O E G A K B O O
K C G C G X R L T B U Q L M O R U
S L Z O J O R T S A S I D E D S U
R E A L I Z Z A R E T D S A G O X
F X E Y C I V Z C Z R Y B G J K U
S J V A R I E T À N E J S U X T R
```

Puzzle 13

```
C D F L T I F D O Z N A R P Q C A
V Y C Z B G O Y S D Y H B Z O O R
C T N W M S R E R A G I V A N S R
G A R H U H M U E N J Q A U A O A
B U N I M M I S V Z E R F K S S B
V R K T S K C V A A K I Y O S T B
Y Q A O I T A H R S T N B J A E I
J H L H B E E O T U I A F Z P N A
M L L O W I R O T S I U Q C A G T
F I U M E I D E A M A U I V L O I
R I C H I E S T A J I Z V V R N J
C O N T I N U A R E T N N N T O T
F A S C I U G A M A N O U D H W D
K K I S T U D E N T E E O T O M V
Y W N Z C I R K G E N O I G I R P
```

PRIGIONE
MINUTI
ACQUISTO
CANTIERE
MOTO
ARRABBIATI
SOSTENGONO
ATTRAVERSO
AIUTO
PASSANO
CONTINUARE
STUDENTE
RICHIESTA
PRANZO
TRISTE
FIUME
ASCIUGAMANO
FORMICA
DANZA
NAVIGARE

Puzzle 14

FERRO
CURVA
ZONA
LONTANO
FOGLIA
WEEK-END
RAPPRESENTARE
PROGRAMMA
CONGRATULARSI
COSTRUIRE
VITTORIA
INVERSA
POSITIVO
QUI
OPERARE
ISPEZIONARE
ONOREVOLMENTE
VALUTARE
COSTRUZIONE
RESPIRARE

```
F O G L I A S P C K H R C Z O N A
I S P E Z I O N A R E A O S Y V S
K N O D R T M X I I F P N N L I R
W W V L N H M K E E Z P G Y A T E
B R I V M E H R R X M R R M M T V
D E T W G O K H A Z J E A U M O N
S S I S H A F E R R O S T L P R I
C O S T R U I R E C L E U O V I C
S G O H T X I V P W V N L N A A C
G E P F L W T B O H R T A T L Q U
C O S T R U Z I O N E A R A U U R
R E S P I R A R E A E R S N T I V
S F L U E M I J Y N L E I O A R A
P M J T G W K A M M A R G O R P Z
O N O R E V O L M E N T E X E T L
```

Puzzle 15

```
M E S S A G G I O T K P B E M K S
X M B U T U C B Z N F O A F I Z T
E K O N I S O R T A J L L D A E R
A S L T T Q I R R R F I E N T Q A
I T S Y A R U T N I C Z N W I U D
R N D E M Y B E A B V I A M A N A
T T C Q N L P M S U V O T L A D Q
S R K U A Z B R G E J T C D W I O
U A G C R X I M K D C T K O I C Y
D S Z R C A P A P G P O R F B I S
N M F I N T N X L A T A R U D Z E
I E I C X U R T X E R A T R O P R
U T R E B X F H E G D E E B M K A
I T F T N R L X L K Q M T E A Y J
U A I O T A N G A B X D M E I K M
```

FA
INDUSTRIA
DURATA
INCURANTE
BAGNATO
PORTARE
CINTURA
POLIZIOTTO
MESSAGGIO
STRADA
CRICETO
SORTA
ALTO
ESSENZIALE
MATITA
PARETE
SERA
BALENA
UNDICI
TRASMETTA

Puzzle 16

MEDI
FUGA
ZENZERO
FORNITURE
ASSUMERE
SERIE
SECONDO
BATTERE
SOFFICE
DESTRA
CANE
PRONTO
SALE
DENSO
MENTALE
MACCHIA
STIMA
ALTEZZA
COMITATO
ANIMALE

```
S D E S T R A Z E R E M U S S A B
F O L G T N U E L M F E I X A L A
O R F Q Z X O N A B H N D V L L T
R A M F M N Y Z M Y D T E D E O T
N K U U I X E E I Y H A M I T S E
I S X N I C F R N K O L V B R N R
T G W P M Q E O A Y V E A E S E E
U A G U S C X I V K R C L C N D S
R M S R E F O T N O R P Q N Y P A
E A I H C C A M L Q A L T E Z Z A
L H B I O R N M I Y T T M Y C B X
A F N V N T M K Y T S K X U A K I
I B P R D O P J Q G A G U F N M T
E P M J O U A T P I P T H L E U H
Z F N O Q K W C D Q R E O U K L N
```

Puzzle 17

```
V E K H S C R F E L A N O S R E P
G I G A N T E S C O J S T G G R O
C A V A L C A R E L R S N Z E A S
G Y S V I L U P P A R E E E N T S
D E V B B Q O N I L L E M R E I I
C O N C E N T R A T O M I A R M B
P A P P A G A L L O O I V R O I I
F I H J B O H O L E G N A I S I L
E T N E D I C N I L L O P P I T I
N T F E R A V R E S E R P S T R T
X A C M R A X H L D T A D I À N À
S I T R M A T Q B Q D N U N W C K
S P Q O Q B J N V Z X Z N H J W R
N X T P M U B T O R K A C H R K V
P I U T T O S T O C Q K D A Z B Y
```

PAVIMENTO
PAPPAGALLO
IMITARE
PRESERVARE
CONTARE
ANGELO
GIGANTESCO
POSSIBILITÀ
GENEROSITÀ
MINORANZA
CAVALCARE
NATO
PIUTTOSTO
PIATTI
PERSONALE
ISPIRARE
CONCENTRATO
SVILUPPARE
ERMELLINO
INCIDENTE

Puzzle 18

LO
SORGENTE
APPROCCIO
SICCITÀ
REGOLAZIONE
FORESTA
AUTORITÀ
FRIGORIFERO
TREMENDO
INVESTIMENTO
UCCELLI
ROSSO
AGENTE
VERNICE
ELEZIONE
QUANDO
REALE
ECCEZIONE
CAPELLI
VALUTAZIONE

```
S A F V H Q F E V F J T F C B P I
Y S N Z O R E F I R O G I R F D N
Q C Y S I C C I T À Q R Q C J L V
V A L U T A Z I O N E Q E T F L E
T R E M E N D O D N A U Q S T V S
A R E G O L A Z I O N E Y E T X T
N P V E R N I C E D F E F J X A I
U A P F J N O U D F S A O P B O M
F G E R A U T O R I T À H T N B E
L E E N O I Z E C C E E H L H C N
O N K A F C K T Y I L L E P A C T
K T T B W L C T W W A R O S S O O
W E Q Z T T H I L L E C C U J D J
I Z E T N E G R O S R Y K S H S N
T E L E Z I O N E C L D T X V Z B
```

Puzzle 19

S	P	O	S	T	I	N	O	T	K	P	H	P	N	S	E	C
T	O	F	I	E	N	I	L	E	M	K	O	R	K	T	T	A
J	F	L	Q	L	T	K	G	N	P	A	S	B	Y	I	Z	R
U	J	P	U	V	W	E	O	F	F	E	R	T	A	L	N	I
J	H	M	F	Z	C	O	L	P	E	V	O	L	I	E	V	C
L	G	D	Z	J	I	W	X	G	M	W	O	R	E	B	L	A
E	E	L	C	N	J	O	C	F	V	O	T	I	P	I	C	O
L	M	P	N	E	R	I	N	U	P	P	A	I	Z	F	S	Z
A	C	E	A	L	O	T	R	E	C	U	L	V	S	U	O	G
I	G	Z	R	Y	D	G	Y	Y	Z	E	K	Q	R	W	C	E
R	R	M	X	G	I	N	S	E	N	S	A	T	A	F	I	E
E	S	J	U	H	E	R	E	C	N	I	V	N	O	C	E	O
T	T	X	R	G	G	N	H	A	D	R	B	Q	A	M	T	Y
A	A	E	E	O	K	U	Z	E	X	S	J	Y	S	B	À	X
M	R	A	K	M	Y	K	F	A	R	I	N	V	I	A	R	E

SOLUZIONE
POSTINO
INSENSATA
SOCIETÀ
MATERIALE
CONVINCERE
TIPICO
LATO
FIENILE
OFFERTA
EMERGENZA
CARICA
LUCERTOLA
ALBERO
CUCE
COLPEVOLI
ZIA
PUNIRE
RINVIARE
STILE

Puzzle 20

PESARE
ESTINTO
TELEVISIONE
FINIRE
NONNO
ESATTAMENTE
SINGOLO
MORBIDO
MADRE
DISTANTE
SCINTILLA
PROFESSIONISTA
MANTENERE
CARIBÙ
MANGI
DISTRARRE
ERRORE
MONITORARE
QUOTAZIONE
ZAPPA

G	W	F	J	U	R	P	D	M	A	N	T	E	N	E	R	E
B	X	S	U	X	Y	R	H	I	S	I	N	G	O	L	O	U
G	T	C	E	R	U	O	N	J	S	H	X	P	O	E	J	I
Ù	B	I	R	A	C	F	Q	L	E	T	N	A	T	S	I	D
I	G	N	A	M	N	E	M	U	D	E	R	D	A	M	M	B
M	E	T	R	T	S	S	D	X	O	L	C	A	P	P	A	Z
A	S	I	O	U	Y	S	H	V	Y	T	O	A	R	Y	M	W
D	T	L	T	O	D	I	B	R	O	M	A	T	K	R	C	D
R	I	L	I	I	A	O	Z	M	F	N	K	Z	Q	L	E	W
U	N	A	N	B	N	N	Q	U	J	K	J	N	I	Z	R	H
S	T	F	O	V	H	I	M	B	N	Q	A	S	R	O	I	J
Q	O	B	M	V	X	S	L	Q	U	O	G	N	R	K	N	C
P	E	S	A	R	E	T	U	Z	L	W	N	C	U	J	I	E
A	E	T	N	E	M	A	T	T	A	S	E	N	O	E	F	J
Q	T	E	L	E	V	I	S	I	O	N	E	R	O	R	R	E

Puzzle 21

```
C E T K M H O T Z Z M T M F U B D
L R K C E R I R E F E R P O R E S
A R T E Y F D A A C X I N G A C T
T M R Z J O T O F Y N O J L G C K
M R B I L T V T R I A O W I A A B
O L R Z D N V O Y U H D L O N N G
G E N B E E V C L Z N V M O O O Z
L C V Y T L R B A U J R Y H G X D
I E Z M Q O Y E U R T S F R J I W
E D I S E G N A R E J O N F I U A
R I L E V A R E T A G L I E N T I
P A S T E L L I O T T E N E R E D
P E R I C O L O S A M E N T E M N
A N A T R O C C O L O M I S S A M
W Y Q E V A C U A R E T F U Y L P
```

FOTO
MOGLIE
ANATROCCOLO
VOLUTO
TAGLIENTI
DISEGNARE
FOGLIO
BECCANO
URAGANO
PREFERIRE
TECNOLOGIA
LENTO
OTTENERE
MASSIMO
RILEVARE
RIDERE
PERICOLOSAMENTE
EVACUARE
ARTE
PASTELLI

Puzzle 22

TUTTAVIA
BORDO
PERDONO
COLPO
SALICE
DEMOCRATICO
COLORATA
FORCHETTA
DIPENDERE
CESTINO
AVVIARE
ESTENDERE
LIMITE
RISPOSTA
REGALI
SPECIE
MARGHERITA
UGUALE
FRATTURA
NUOVO

```
X B K E R A V V I A R E I C E P S
E S T E N D E R E W N L I M I T E
W A I V A T T U T X X A O W M G N
S A L I C E R E D N E P I D F B Q
F T A T S O P S I R C P Z C R D X
O A G F R A T T U R A O M P B O L
R R E A Z G N C I T O N L O P M B
C O R J R Q K E L A U G U P P V E
H L P H H M V S K S K D T B O T D
E O X E P P A T I R E H G R A M N
T C K N R O C I T A R C O M E D U
T W R J S D C N Y S Z Q P G Y J O
A R O C I H O O U Z F P N D E A V
N U K R W T G N D O Y L M F I T O
V U D D E J J E O B P H V L H H E
```

Puzzle 23

```
G L W P X Z S J H O R D I N A T A
R I N N A F W H L A V O R E T T O
I E R K Y C G F B I O O X C A D I
V T D A U X E O Q R M M S I W D G
E I L S J L N A U O A G R H X I
D Y L P N O O O Z I D N X T X S R
E S X F O P L D N G I C R A H A G
R L T T R R B E A V F A K L H C M
E D C O B Q T V R L I N B O L Z S
A R V I F D C A E A C Z A C D K W
X E G J S F L K P T A A G L Q Z Y
P R E S T O A E S E L U J A R M G
I N T E R A G I R E N L R C I L G
G R A N D E W Q P F D N Q O V A U
G W E L E M E N T A R E E F A O Y
```

GIURIA
ELEMENTARE
PRESTO
INTERAGIRE
LAVORETTO
STOFFA
CALCOLATRICE
SPERANZA
GELO
GRIGIO
RIVA
PORTAPENNE
MANCANZA
VEDONO
RIVEDERE
ANNI
GRANDE
MODIFICA
ORDINATA
GIRASOLE

Puzzle 24

POPOLAZIONE
ULTIMAMENTE
CETRIOLO
CALCOLATORE
RESIDENTE
INTERVISTA
INDIPENDENTE
PACIFICO
COLLEZIONE
AGNELLO
FEDERALE
CIAO
AEROSTATO
ENERGIA
LUNGO
ALTERNATIVA
ZIO
BRILLARE
PENSARE
FORBICI

```
I S L E D A L Q P F O Z A R N K J
U N S I X F P A A O A I G R E N E
X L T M D K O S C R B O O C J Z E
F X T E I X Z R I B R T U R J V R
I P O I R O Z Q F I I A L A T L O
I W P I M V F O I C L T C U U P T
A P K L O A I C C I L S O I N G A
P U U F M J M S O B A O L O F G L
A G N E L L O E T V R R L U S I O
F E D E R A L E N A E E E Y P L C
C E T R I O L O X T S A Z V R A L
P E N S A R E E T N E D I S E R A
P O P O L A Z I O N E C O Q P C C
I N D I P E N D E N T E N J F B T
A L T E R N A T I V A B E Z J Z I
```

Puzzle 25

```
U E R A G E L L A G O R T N O C K
H B M H S Z S E R I S Q V Y S E Y
E C A R A T T E R E S B L I L L A
R I A V V O L G E R E U Z B N D R
I D Z C T L B E U L C F T J X I W
R W Z N C L G R G B O A S A L F F
E V U S I E I E U K R L I M B E R
S W C U X V C D D C P O C K E N S
N I B N I A B N W I I H I D S D I
I S R Q M L Y O N W E A S X T E G
A T T A C C O F L R U C T J O R I
C O I N V O L G E R E D I O R E L
D B A R R A H I G Z T A F Q I Z L
D Q N S K R M S V A Z T G P A U O
L F Y P X E F Q T K Z I X F A V X
```

ATTACCO
CONTRO
BUFALO
SIGILLO
GUERRA
LILLA
COINVOLGERE
PROCESSO
DIECI
FONDERE
LAVELLO
ALLEGARE
DIFENDERE
CARATTERE
BARRA
STORIA
DATI
RIAVVOLGERE
INSERIRE
BRUCIATO

Puzzle 26

ESAME
QUALE
VARI
VIENE
OTTENUTO
VETRO
PIATTO
SOGGIORNO
GOMMA
AGGRESSIVO
PROSSIMO
PRIMAVERA
CLIMA
TONFO
PARLARE
SIGNORA
BOCCA
SECCA
TOLLERARE
LIMONE

```
P P S J Z J T Q V S P A S F M X J
I P R O F N O T E I R Q U A L E O
A A F I G H H M T G O Z A W A R T
T R I V M G X L R N S P N P S U T
T L E I U A I V O O S E S A M E E
O A V E V C V O R R I I S M G N N
V R G N Y C Z E R A M Q A I M O U
I E K E X O J J R N O F T L Q M T
S V A R I B Q G I A O G V C B I O
S M O U G A I X A S C O O J Q L Y
E U T U X A B H K A R E G M M B O
R E O M Z Q V E S E C C A L M A Y
G R S T O L L E R A R E A U I A J
G Z T H Z X V J H U T C N C C T V
A W M N N B K A C Q H U Z J I H Q
```

Puzzle 27

```
P U B B L I C A Z I O N E O N D A
L P E M A S O L O T T E R F N Z T
K H V A V O R D I N E T O R A C S
D P M J S E C W A P N N S A T F T
C O M U N E C I D N I E E S S I U
B F W N R F O N D D R M R S I O D
S E P C Q I D I S E L A P U T R I
P I L O T A A Z E L M T R M R I O
C C B T S R O L D I M A O E A T P
S S P I N T A A U T U I S R D U Z
U C A W X N Y C T U Q D A S H R N
W E A D I R N N A N W E B I O A S
V X N R L I M E Y I F M Q T Z S X
D T E C P J N L S P G M X P K A B
Z T T O G A Y D J L E I L M B C X
```

INUTILE
ASSUMERSI
SEDUTA
ONDA
FRETTOLOSA
MEDICO
SPINTA
INDICE
PUBBLICAZIONE
STUDIO
CAROTE
FIORITURA
SORPRESO
ORDINE
IMMEDIATAMENTE
CALZINI
ARTISTA
COMUNE
SCARPA
PILOTA

Puzzle 28

FISSARE
FARINA
MINUTO
CHIESTO
COMPASSIONE
ANNOIATO
DIVERTIMENTO
ESTERNO
IMPORTA
ORGANI
CIOTOLA
LARGHEZZA
IDENTITÀ
MERCATO
DISTANZA
ABBRACCIATO
CONCEPIRE
NEMICO
PAGINA
CAMPO

```
P D T X L I D I S T A N Z A O M I
C A Z Z E H G R A L G J B L B K M
O K G G S H W E I H M O R V O S P
T I N I N A G R O X O N U O T H O
A P D A N I R A F J C O H T A M R
I K X I Z A A S N D O T U N I M T
O D H C H I E S T O N A N E C S A
N V E O L S Y I Y P C C E M C E L
N N R N E F F F Q M E R M I A Q O
A G Z F T S S V H A P E I T R E T
M G B Z F I T W Z C I M C R B A O
I L B O O Z T E M Z R M O E B W I
P W C C M D B À R W E U Q V A J C
T I R V D G O M L N M B Y I E F F
E E N O I S S A P M O C R D B Q T
```

Puzzle 29

```
G Q C O R A G G I O S O S D E T J
C P P R S S S S C A V E P A S C H
P L B W N E M E J E F L A L A Z E
Q J M O J P I R O T O U D P T K B
Q L B E S S L P G B R M A O T C W
C A C S T D L E E O A E Z E O C R
A P N U F L E N G I V C N L D O I
R P D C J O P T M C Z I A I B M P
O O Z F H C I E I R A S T B N P E
F C K H R E E C G A Q C S A L A Z
R V P J U L D S H M L I A D N G Z
A U B O Y X I I Y B C A B I V N O
A S S O L U T O C M R R B F V O D
C U L T U R A N Z H M E A F N I Z
C O N N E S S I O N E M R A R I T
```

SPESA
MILLEPIEDI
PEZZO
ASSOLUTO
CULTURA
COPPA
CONNESSIONE
SCIARE
ABBASTANZA
SAPEVA
ANCHE
ESATTO
CARO
AFFIDABILE
SERPENTE
NATIVO
CORAGGIOSO
MARCIO
COMPAGNO
SPADA

Puzzle 30

PRENDENDO
RIUNIONE
AQUILONE
BENE
TENDONO
SCHERZANDO
PISELLI
PISELLO
APPARTENGONO
CONDOTTA
BIOLOGIA
VERBO
INTERO
CONTROLLATO
ANDATO
SPAZZOLINO
NASTRO
RAGAZZA
RITMO
DOMINANTE

```
C O N T R O L L A T O F S N Z S S
A N D A T O R T S A N M C E M P R
V R M C J J M L O G Z P H A Q A I
D E O Z O M Y T S Y Q E E P B Z U
D N R E T N A N I M O D R P R Z N
L O H B D J D Y G R U A Z A A O I
E L S K O O A O Q A L E A R G L O
P I S E L L I D T W W V N T A I N
J U Y A L F G N A T H Q D E Z N E
X Q H U E B O E B I A D O N Z O J
F A E G S A L D N H L Y L G A Y S
A I L M I N O N C U J S F O L B C
B I I N P F I E C Q C L H N U H Y
B E N E V I B R N X A O H O H H I
T E N D O N O P I N T E R O M U H
```

Puzzle 31

```
P K C I L I N V I T A R E D Y P T
P R I T N O S I B X A J U Y A X Y
F C O K X G R R G N G M Z P Y Q T
U O S G G C A O G A U S O O Y L U
R S I S R I W N S T R U T T U R A
I T P P P A M N N J A F R B N E S
O O A I A B M N L A T B E I A W C
S S R E S J G M B U R E S N T F J
O I I G Q J W R A G A E T J A C L
P E O A P R I M O Z T B O A L B U
R A D R U O U Y P G I V B X E E P
A W F E N O T S A B R O J Z E J K
T L E I C W Z J C K Y I N K Z X G
O V A X I C H G J P Y N P E M R B
J E K C D A T O F X R R R D E K E
```

BAIA
SPIEGARE
RESTO
INGANNARE
BASTONE
CAPO
PRATO
PROGRAMMAZIONE
FURIOSO
LEI
INVITARE
TARTARUGA
STRUTTURA
PRIMO
LORO
BISONTI
COSTOSI
SIPARIO
DATO
NATALE

Puzzle 32

FERMO
TRADIZIONALE
PRINCIPE
CONTENERE
ATOMICO
PREZZO
TAGLIO
UNITÀ
BROCCOLO
TRATTENERE
OGGETTO
GHIACCIOLI
DIRETTORE
CREMA
GIORNALE
CESSARE
PARTECIPANTE
CALMA
MIGLIO
DANNO

```
X O E C G P I L O I C C A I H G D
F Z R E L A N R O I G A E T D I I
N Z E U Q R M I G L I O L Y L F R
F E N X Q T P U S J X I A M E N E
C R E M A E R J N H Z O N N A D T
G P T G F C I T D I E Y O B K D T
K D N B E I N D D X T G I R W B O
N A O S B P C U S J V À Z O C V R
J K C S Z A I O G M W D I C T R E
L Z A B V N P C G U O O D C F U R
F E R M O T E I K G X Q A O I T A
Y O E K B E T M J W E P R L U A S
T A G L I O K O C X R T T O G U S
M F E R E N E T T A R T T P O Z E
Q G Z D V Q I A K L U K G O H X C
```

Puzzle 33

```
M E S P E R I E N Z A K M T F M F
A O T A C I T N E M I D J R K I A
V H D T W P O X S C I T R O C S B
A G Z E B I J P H N T J A N O T B
N Q G Z R W Q K C Q O C T C N E R
T J H K P N D I S E G N O O S R I
I U A B H I O E N T R A R E I I C
T F R A F O S S O G O I A Y G E A
F F W C M S U E R P A L H D L P Z
A I R E S I S T E R E G O P I R I
M C G I A S T E O N P I U C O Y O
O I E L L I T T I C O M T O C G N
S O I G G A S G I K Q A J J G I E
O A S U I J V K L V E F I Z G Z P
K J A A T Y C A M I O N B L L O C
```

AVANTI
RESISTERE
DIMENTICATO
UFFICIO
ESPERIENZA
VITTIMA
SAGGIO
FABBRICAZIONE
PICCOLO
DISEGNO
TRONCO
CAMION
FAMIGLIA
FOSSO
CONSIGLIO
MODERNO
FAMOSO
ENTRARE
ELLITTICO
MISTERI

Puzzle 34

VALENTINO
SENSO
BUCO
RADUNO
RUOLO
MALATTIA
PARTECIPARE
DELICATO
PROPRIETÀ
SEDILE
ESEGUIRE
LIBERTÀ
PRESIDENTE
TUTTO
ESECUTIVO
STANCHI
CONTRASTO
CARINO
FINALMENTE
NONOSTANTE

```
K J Z O X U J U A S M Y E P E F D
H E L K Q Z I H C N A T S R T I E
O À T R E B I L A X X Q C E H N L
S T H K H O R E R I U G E S E A I
U E R A D U N O I S Q H Y I L L C
D I N M Q I V Y N Y V N P D W M A
X R S S X O H R O L O U R E V E T
L P B Y O N I T N E L A V N N O
M O T S A R T N O C L O T T U T C
K R T D V D M O Z G Z I H E D E J
B P N O N O S T A N T E D L S Z Z
U U P A R T E C I P A R E E O S L
M O C Q C N A U W W N H A O S X C
V D R O V I T U C E S E B A W R T
Q K X G C L C D G M A L A T T I A
```

Puzzle 35

```
A V M W T F E D X V V R R E I H G
R Q R E E N I G A M M I U V D K U
G D E K P C M N O P U F M I O G A
E Q M N N P Y I A P Q E O T N E D
N V A O X M B U V L R R R A E N A
T L R A P P O R T O E I E N O I G
O X I Z Z M S N R J I S I O I T N
V M E N K K G S G G R C L P L O A
I S R E T T E M R E P O A H G R R
W N R T Z W E W G R J N M B I I E
U H V O D R M Q A U Z O I Y N P L
S E M P L I F I C A R E N M O D A
S I T U A Z I O N E L L A P C I C
L O C A L I Z Z A R E F G U C G O
P R I V I L E G I O K O K R A Q L
```

SITUAZIONE
LOCALIZZARE
ARGENTO
PERMETTERSI
SEMPLIFICARE
PRIVILEGIO
BACIO
IDONEO
LOCALE
RUMORE
EVITANO
RAPPORTO
RIFERISCONO
IMMAGINE
GUADAGNARE
FINALE
CONIGLIO
GENITORI
ANIMALI
POTENZA

Puzzle 36

DENOMINATORE
ARGOMENTO
UTILMENTE
DOVE
AMMINISTRAZIONE
FUTURO
LEGALE
RAZZO
DENTIFRICIO
INFORMAZIONI
POLITICA
FRAGOLA
GREGGE
NOVE
MACCHINA
DIVERTENTE
EVIDENZIARE
PESCI
ABBONDANTE
TITOLO

```
A M M I N I S T R A Z I O N E F P
E V I D E N Z I A R E L A G E L E
A U C M G U M K T C A J R H T G L
V J S W G N O V E I D P R A N M V
E X E E E A T V D D T O I L E B E
A Y P F R X D V A D O O R U T U F
P N H D G B A K J T P V L V R U R
N O I C I R F I T N E D E O E T A
P R L A R G O M E N T O E P V I Z
P Q M I N O I Z A M R O F N I L Z
Q E R O T A N I M O N E D G D M O
X U I W E I M A C C H I N A G E U
L R G L W A C I I X U D Z J L N K
Y M Y M N V I A F R A G O L A T P
G R A B B O N D A N T E E T G E S
```

Puzzle 37

```
Q A E S P B E A O W F P N E I E C
S O T T O R U S X J I O A M E D O
S T L K C P O G F O S S I U N U N
O S C L K W N B I E I O R R S D F
T O T I M A A X A A C R F P N A E
T C G S X O L Y N B O E G S R N S
I H X F K M R V F J I V Y D M R S
L Z Q M P D A B S C O L F N B Y I
E V L Y W O P E S E Q O M K U X O
F E M M I N I L E N A P I E W Q N
C A R A T T E R I S T I C A N V E
N G L C O M U N I C A R E B P T S
C A M B I A R E T N E I L C H B E
S V U O T A T O P O P O L A R E J
N E C E S S I T À J F A P Z B K E
```

SOTTILE
SVUOTATO
MA
PAUSA
CONFESSIONE
COSTO
PANE
FISICO
CARATTERISTICA
COMUNICARE
POLVEROSO
CLIENTE
BUGIA
SOTTO
CAMBIARE
PARLANO
PROBABILMENTE
NECESSITÀ
FEMMINILE
POPOLARE

Puzzle 38

AMENTO
MARCATORE
CREARE
DOPO
LIEVITO
CASSETTO
COMPITO
CAVOLFIORE
CONTATTO
CHE
RICONOSCERE
EDUCATO
ACCANTO
SPECIFICHE
CERTO
GRASSI
DECADENZA
NOTIZIA
SEMPLICE
OTTANTA

```
L G A T E H C I F I C E P S V L W
D I R K A D J Q Y L A I Z I T O N
C O E A C N S H G X V G J C A B F
R C P V S E R E C S O N O C I R V
E E G O I S A R V Z L O T N E M A
A R T I I T I L F P F Y T H A K M
R T Y L B O O A M S I J E O C P A
E O Z V V T L Z Z R O P S P P K R
S E M P L I C E J I R K S X P D C
Q H D I Y P X A Z N E D A C E D A
V L Q Z B M T D X L H P C G Z X T
N X M F X O T N A C C A I R K Z O
O D R C W C E D U C A T O P T H R
Z G A X Z A J A P W M S Y U C K E
Z O T T A N T A C O N T A T T O C
```

Puzzle 39

```
D P F Q D V Y T N I I E T M I I Z
I R U Ò U P B Z V U O J T F M Z Y
C O O E R A T U I F I R Q J Y M L
I G C H Z K L O R T O G R A F I A
A R O L L E C C U T M P E H H P F
M E U D K C S Z O T A D R A U G O
O S M W E L I B I S S O P S T R R
G S D A V V E R O W A N X F Q W M
P I C T R A S F E R I M E N T O A
A A C I C O M M E R C I A L E D G
K V E S G F O L C L O R E L M X G
P N L S V N L E G N O N M Y O P I
U J G Z E E O C A N D E L A N F O
F O N T A N A T U B D W W G Z H H
E M K H R R G B X J H Y D T Y Y H
```

FONTANA
TRASFERIMENTO
QUALCOSA
DICIAMO
COMMERCIALE
CANDELA
GUARDATO
FUOCO
PROGRESSI
RIFIUTARE
LEGNO
CIGNO
DAVVERO
ORTOGRAFIA
UCCELLO
PUÒ
FOLCLORE
POSSIBILE
PAESE
FORMAGGIO

Puzzle 40

VEICOLO
DURANTE
CAMICIA
MAGAZZINO
TIMIDO
IMPEGNO
INGREDIENTE
AMMETTERE
SORPRESA
NIDO
MAI
CENTESIMI
SALTARE
OVUNQUE
SEPARATO
AUMENTO
MAIALE
VOLPE
IDENTIFICARE
DIVANO

```
X Q O G A S E P A R A T O Q L X D
G S V L M A T E J T B Q D L D R U
V O U F M T A A R L D Y I C N A R
E R N D E R A C I F I T N E D I A
I P Q S T C M P Y H V S K E Q P N
C R U B T M A B Y H A V O L P E T
O E E A E I A M U P N Z R N L N E
L S Q E R L F G I X O D I M I T L
O A Z O E V R J A C K N F I I G A
C E N T E S I M I Z I O G L L J I
F H N N B E R C T Q Z A Q E J D A
V M R E E W L N C V L I J Y P G M
R V Q M Y U F D N I I E N A O M A
T C D U S A L T A R E J E O I F I
O T Q A E J I N G R E D I E N T E
```

Puzzle 41

```
Y  X  X  O  J  X  L  B  N  K  S  R  J  F  P  T  F
P  K  T  Q  O  T  T  A  P  M  I  V  G  R  O  E  V
S  G  U  A  R  D  O  K  R  J  A  U  R  K  R  R  I
E  Q  J  D  X  E  O  D  E  C  O  R  E  F  Z  R  L
J  X  D  H  Q  L  P  D  S  S  B  K  E  M  I  E  L
L  E  O  P  A  R  D  O  E  Q  C  U  J  G  O  N  A
V  L  C  R  F  O  R  N  I  R  E  A  S  P  N  O  G
E  A  N  K  O  V  O  U  B  G  I  T  F  S  E  H  G
R  I  A  N  O  D  N  O  G  A  W  S  W  F  A  A  I
I  C  I  N  A  M  O  D  P  T  F  I  R  B  A  R  O
T  I  B  G  M  Q  I  M  E  U  B  V  G  Y  W  L  E
À  F  O  I  G  E  L  L  O  C  H  I  A  A  X  B  E
Y  F  C  Q  V  H  Q  U  J  P  O  R  B  Q  O  S  D
V  U  C  O  N  D  I  Z  I  O  N  E  K  H  Y  I  A
C  U  S  B  N  F  H  P  R  H  F  Z  Y  V  B  N  D
```

COLLEGIO
CONDIZIONE
LEOPARDO
SGUARDO
VILLAGGIO
VERITÀ
PORZIONE
FORNIRE
DOMANI
TERRENO
SCAFFALE
PRESE
FEROCE
UFFICIALE
POMODORO
RIVISTA
IMPATTO
UOVO
BUSSARE
BIANCO

Puzzle 42

COLONI
CARAMELLE
INGRESSO
SETOSA
COMUNITÀ
AVVOCATO
DELICATA
VERSIONE
CAPITO
ERA
GIÙ
SOPRA
VUOTO
SCEGLIERE
ALMENO
PENZOLARE
DECISIONE
CORRISPONDERE
LUNA
MERIDIANA

```
M  W  E  N  W  C  N  D  V  C  O  L  O  N  I  F  R
E  D  R  O  F  T  E  J  A  E  D  K  X  P  A  A  B
R  Q  E  C  Y  I  L  E  B  O  R  R  B  M  U  T  I
I  I  D  J  C  N  L  K  R  G  W  S  B  E  D  A  D
D  H  N  I  I  J  E  Q  Y  B  G  E  I  S  K  C  J
I  U  O  P  N  X  M  L  O  O  Q  R  Q  O  U  I  G
A  R  P  O  S  S  A  V  V  O  C  A  T  O  N  L  I
N  C  S  N  I  C  R  X  L  Z  T  L  X  P  S  E  Ù
A  O  I  E  N  E  A  N  U  L  A  O  G  J  E  D  D
A  M  R  M  G  G  C  L  Y  U  B  Z  U  W  T  T  F
A  U  R  L  R  L  E  C  K  O  P  N  X  V  O  Z  I
Y  N  O  A  E  I  R  X  U  U  I  E  N  O  S  M  J
K  I  C  W  S  E  A  I  O  T  I  P  A  C  A  L  A
Y  T  U  W  S  R  D  E  C  I  S  I  O  N  E  P  K
Y  À  V  U  O  E  L  A  S  I  N  O  F  G  H  N  A
```

Puzzle 43

```
R E G A L O M G S O N R O T N I M
P R O F U M A T O P A T S I V S I
C E T V E M N L I P P I F X T U G
G O Y B R R U R H O R G R I G L L
X R N G A E K T C R E Q F O N L I
O U T C L O K O C T V L N P N A O
N G W A O N T R E U E U Z S Y E R
G A W I C R S T V N N G G C C T A
R T O J I F R A B I I I N N H H R
A R X R T L J E I T R V K L E I E
D U K J R I S D N À E W H L M Q P
U C I F A W N N L Z F A G I A N O
A C R W P D K L X I A M F V D O I
L O N I R A N A C C A P I T O L O
E P E M X O W X T A K N Y Q W X F
```

INTORNO
VISTA
OPPORTUNITÀ
GRADUALE
CAPITOLO
VECCHIO
SULLA
PREVENIRE
CONCORRENZA
TRUCCO
PARTICOLARE
AIRONE
CHIP
PROFUMATO
MIGLIORARE
REGALO
UNA
CANARINO
TORTA
FAGIANO

Puzzle 44

LUCIDO
OLTRE
INIZIARE
GUSCIO
CONTO
STELLE
SILENZIOSO
ELICOTTERO
VENTO
IGNORARE
FAVOREVOLE
PRODOTTO
RISULTATO
QUALSIASI
GRANDINE
REAZIONE
TELEFONO
RELIGIOSO
CALCIO
SCARPE

```
Q U A L S I A S I L W C H R Q P T
R E L I C O T T E R O A A S F R T
G E A D M D U T E R T L O T I O U
T U A L E H A C X E N C V J V D D
G N S Z M L A G U L O I I I V O Y
C Q M C I D N O O O C O N K E T S
J P Y Y I O I B A V I D I O N T C
C H O G P O N G S E X I Z S T O A
R S T E L L E E N R X C I O O B R
T E L E F O N O N O M U A I Q A P
R I S U L T A T O V R L R G D N E
Z L K S D Z B T M A O A E I N M T
W F E M D J T S N F S G R L E Y P
C A B X J G C O S O I Z N E L I S
Y N G R A N D I N E R H F R D F V
```

Puzzle 45

```
N J L D X O A R M A R Q K T P V D
X P O F Z T O X I M E N O X O E T
A P R I V A T O D S E N S I S Y Z
I N T A X A R P B P D S Q Y T D P
L V G T J A I E W R U S F C A H T
G E D U U O V A V U I N V K J M D
A R O D R N P C W O Y L C A U S A
U N N A N I M R E O P T L B G W Z
Q I N C Z B A A R T I C O A C G D
P C E T S M T B A A D E E S N C L
O I B Q F A I Y N P J F F F Q T P
B B F B W B S H I U H P Y T G Z E
A Q E T C H I F M C P R O V A R E
I L M L J M V W O C P A S S A T O
N C X Q U T M R N O B O O R G X W
```

NOMINARE
BAMBINO
SENSI
ANGURIA
CADUTA
DONNE
PROVARE
OCCUPATO
ARTICO
POSTA
PASSATO
VISITA
QUAGLIA
BRILLANTE
VERNICI
PRIVATO
BARCA
UOVA
POVERA
CAUSA

Puzzle 46

INGLESE
DA
FRUTTA
CHIODO
INDIVIDUALE
AGRIFOGLIO
ALCI
RAMO
DISPONIBILE
SENSAZIONE
CAPITALE
ARRICCIATO
PROVA
MASCHERARE
GIOCO
CANTO
ACCADERE
CONTENUTO
FALLIRE
SPETTACOLO

```
R J I C Y Q G M P T F U Q B E P V
C Y N A A S E N S A Z I O N E C W
B M D R T P O T U N E T N O C K E
G A I R R A I J O M Q Z O T K P V
I S V I M C L T M U C Z L N E K F
O C I C J U G U A H O I H A S N C
C H D C K A O C R L Y G H C E H F
O E U I H Q F W H A E R I L L A F
Y R A A U Q I K A I F G S N G A Z
Z A L T R M R W A V O R P K N A P
J R E O J L G A F D W D U D I L K
R E O L O C A T T E P S O T O C E
U P A C C A D E R E V I O K T I H
O D K G I Q T N C L I L K X S A V
X E V U E L I B I N O P S I D A V
```

Puzzle 47

```
U P D F C R O H A F F L A U H R N
O H K V G U X D U I R I C L Z I W
F S C I E N Z A J G E I C T L S I
S I D Q S H Z O M L L L U E D O J
V N O R B B A L D I A A R R E L I
P N E R E D E R C A Z V A I C V P
P O I I E J P N F X I A T O I E R
A U I Z H E I I T J O N E R M R E
R I G H E L L O G D N D Z E A E S
P E R S O Z H C U R E E Z P F O E
I R R I T A B I L E O R A S X M N
L G T V F U J O N A V I T N E S T
P E R M E T T O N O H A A A B U E
C O N S I D E R A N F Q Y Z A G I
A C E A J H L V A F F A R E Z C U
```

RIGHELLO
ACCURATEZZA
PRESENTE
RELAZIONE
CONSIDERA
LAVANDERIA
RISOLVERE
PIGRO
CREDERE
ULTERIORE
IRRITABILE
FIORE
DECIMA
FIGLIA
PERMETTONO
AFFARE
LABBRO
PERSO
SENTIVANO
SCIENZA

Puzzle 48

SUFFICIENTE
IMPRESSIONARE
GIALLO
GLOBO
MANGIARE
MULINO
STANZA
SLITTA
INCLUDERE
AQUILA
SPECIFICA
ROTTO
CATEGORIA
DENTE
ESPLORARE
SEGA
TEMPERATURA
DIPENDENTE
CASSA
ASSORTIMENTO

```
C U O T N E M I T R O S S A G E S
F A T T I L S V H J U U G Y I T T
K Z T L L F D U P D Q F L G M N E
Y N N E R A I G N A M F O W P E M
Y A H T G G O K P F D I B Y R D P
B T D N K O L L A I G C O H E N E
N S C E W E R O Q Q B I I Q S E R
I S H D B E S I C J Q E B S S P A
R O T T O C C P A T N N Z C I I T
H W U P U M J I L L U T V A O D U
S P E C I F I C A O I E G S N N R
I N C L U D E R E H R U B S A P A
I M O H Y N G J L D T A Q A R H A
L I F T P W G T W M N E R A E Y J
M F X P B O L M U L I N O E J P N
```

Puzzle 49

```
D I H D L T W O U S Q B I U I S D
P E W O L H W S O U I O Z O Z C E
E E N H A R I S P O N D E R E U S
L T Q T T L X A C D G I X E P O I
L N X S R S U T P G S R Z P R L D
E E N N M O C L G A E G U U O A E
E M M Z E G O V L D D B W C M V R
J E I W U P M A Y E R O J E E E I
K T C P G A P H T C B I J R T B O
H N C Y V N R N M I G I X X T X L
V E R M E I A T W D V W L H O G Y
W C E M O N T U R E Q A J A N B W
T E X N N I O T A R U D E C O R P
A R V E L O C E O E A S I N O T K
M J H T A T R Y K R I S I B I L E
```

COMPRATO
PROMETTONO
HA
DENTRO
VELOCE
RISPONDERE
LIBELLULA
DESIDERIO
PROCEDURA
DECIDERE
TASSO
VERME
PANINI
RECUPERO
SCUOLA
RECENTEMENTE
ASINO
PELLE
GRIDO
RISIBILE

Puzzle 50

ABITO
AMORE
ATTRAENTE
DIVISIONE
RICCIO
LEGGE
COLTIVATORE
INTERAZIONE
PESO
STOMACO
CON
PORTATILE
CINQUE
FORMAGGI
CENTO
MUSICALE
DISTRUGGA
FATALE
FRESCO
CULLA

```
F H P A P U N O C A M O T S D A R
A C A S O I C C I R B I N R T T C
T Z Q H R D I F Z J W I S I I T O
A A Q E T D I N O C B R T Y O R L
L C F Y A V Y S T D Y G N O F A T
E A E K T X S A T E G G E L R E I
E L A C I S U M S R R L Y C E N V
W L F W L L A O Y O U A H S S T A
C U T X E Z O R A J U G Z U C E T
E C K M U D S E P E S O G I O E O
N D I V I S I O N E H S W A O R R
T I K P I E F A E L B C C G J N E
O N F F O R M A G G I J A H Y D E
B D Y H Z D Y E C I N Q U E B P S
E H G W C L S T N W X S R H F L P
```

Puzzle 51

```
F P H V O E R O L L A V A C A M V
D U P L I C A T O I N U U R U A A
O Y E J Y X B F E S O P V K I T L
D E L I Z I O S A M R E H C S R O
N S I O G U T N K R O H U Q N I R
O T B V F K A H R Y C S K T P M E
M U I Y Y N I Z C E N S K B F O P
L F S P P T H W M Z V A Y X Q N S
R A I M A A C G D E O N A M U I C
N Q V C N T C Z A W M A I U P A I
D G N Z Q C A T S E S N A E E L M
Y F I L O U M Y U N D A Y D L E M
P R E S E N T A R E Y N S Z D I I
X L P A N T A L O N I C C R Q I A
S U P E R F I C I E P W K S K U O
```

SUPERFICIE
DUPLICATO
STUFA
MACCHIATO
PANTALONI
MONDO
SESTA
ANANAS
VALORE
SCIMMIA
PRESENTARE
INVISIBILE
DELIZIOSA
INVERNO
CAVALLO
UMANO
CORONA
SCHERMA
ADDIO
MATRIMONIALE

Puzzle 52

EMERGERE
AMICI
PARTI
ADOTTARE
CAMINETTO
CORSO
TESI
CONSECUTIVO
OGGETTI
TUTTI
OVVIO
OSPEDALE
CONCLUSIONE
PREAVVISO
SALSICCE
BOLLITORE
LATTE
UVA
ARMA
COMPLETO

```
O S P E D A L E M V T C H M F C S
M N I R V W Q W K T B O I V V O A
N Q V O T E L P M O C N B E J S L
F Z I S E T T U T T I C O M R R S
A H P I T R A P B G R L L U G O I
K R K V T A E F T U F U L V U C C
I A M V A B Q G J V C S I A L P C
N D X A L S N K R W H I T L O I E
A O N E U X L C A E O O O M F W E
A T G R H W N D T V M N R D J G R
B T D P N E W N C O R E E L U S A
K A C A M I N E T T O P N J H Q F
S R I X C O N S E C U T I V O L F
O E I O G G E T T I E S S E Q G C
V H P V S Y D I N O A M I C I M O
```

Puzzle 53

```
I  I  L  S  A  C  F  U  M  O  R  O  G  S  L  F  S
E  N  R  E  R  O  N  E  S  I  I  L  X  T  P  E  C
Y  D  B  R  Y  R  N  B  T  P  E  L  Y  N  O  L  C
A  O  U  A  Y  S  O  O  P  O  M  E  A  S  F  I  I
V  S  T  R  F  A  V  F  S  C  P  V  X  N  Q  C  C
S  S  H  T  E  F  U  V  M  S  I  I  U  W  G  E  T
L  A  B  S  E  H  H  C  I  E  R  L  R  U  M  E  R
À  T  N  O  L  O  V  A  S  L  E  Q  U  K  X  F  S
T  O  E  M  O  C  O  T  E  E  C  A  I  P  S  I  D
I  C  S  I  G  V  T  T  R  T  Y  K  C  A  O  J  H
C  S  P  D  A  E  T  I  A  I  Z  B  Q  J  J  H  F
O  Z  E  B  R  U  E  V  B  D  R  Y  A  E  Y  S  D
L  P  R  N  F  S  N  O  I  W  P  E  J  G  K  T  U
E  N  T  M  T  W  G  Y  L  I  P  E  D  I  I  F  X
V  D  O  I  Z  E  A  A  E  T  N  E  I  N  J  X  B
```

FUMO
LIVELLO
ESPERTO
VELOCITÀ
TELESCOPIO
CORSA
VOLONTÀ
SEGNALI
NIENTE
MISERABILE
FRAGOLE
OTTENGA
DISPIACE
INDOSSATO
CATTIVO
LUPO
RIEMPIRE
FELICE
DIMOSTRARE
SONO

Puzzle 54

ATTACCANO
MISSIONE
LUNARE
PRUGNE
ACCIAIO
CHIAMATO
SCORTESE
DISTINTIVO
SOCIO
PERCHÉ
ATTIVO
CROCO
ERUTTARE
COMPATTA
VENDITORE
QUESTA
QUANTITÀ
FASE
PALLONCINI
DEPRIMERE

```
M  U  Z  U  B  D  D  Q  E  R  U  T  T  A  R  E  A
O  I  A  I  C  C  A  U  Q  U  A  N  T  I  T  À  T
I  Z  S  T  A  T  Q  E  O  D  F  D  V  E  L  X  T
C  N  D  S  T  X  Z  S  Z  F  P  A  U  I  I  Z  A
O  Y  H  Y  I  I  X  T  E  N  N  M  V  K  N  E  C
S  S  P  I  X  O  V  A  E  Q  G  S  I  D  I  C  C
S  W  E  Z  R  V  N  O  T  A  M  A  I  H  C  C  A
C  P  E  R  C  H  É  E  Z  P  L  C  J  Q  N  R  N
O  B  R  N  F  A  S  E  U  I  Q  G  A  P  O  O  O
R  H  A  R  G  V  E  N  D  I  T  O  R  E  L  C  Q
T  M  N  J  K  U  I  Q  C  A  Z  U  C  A  L  O  V
E  W  U  K  T  X  R  C  O  M  P  A  T  T  A  N  S
S  N  L  X  K  I  V  P  C  O  O  O  O  J  P  F  C
E  D  E  P  R  I  M  E  R  E  A  M  M  K  V  O  J
D  I  S  T  I  N  T  I  V  O  E  X  O  L  H  G  Q
```

Puzzle 55

```
E S K V Z S Z N F S E C T L C U R
L S U Z R F U K Z B R A T D O X A
A W A A O I D Y Y J A M R R N S G
P J R M P D P E O H N P S G V P A
I K D J I A M T C T O A T J E L Z
C Q A G T N D C P E W N A O R S Z
N B U T D U A T N C N A V T S E E
I L Q J Y M M R I I U N A A A L W
R C S F D O K G E K Y F I L Z V U
P I K R G P A M U R A L E O I A D
M A G G I O R A N Z A V V C O G I
U U Q Z G T U V V U D E B C N G R
L Z G L B S S R T D X Y B O E I E
M V I F O A I L D K E U C I R A S
N S V Q H P M E R A T L O C S A J
```

SELVAGGIA
CONVERSAZIONE
PASTO
SQUADRA
ESAMINARE
ASCOLTARE
CAMPANA
TIPO
MISURA
CIOCCOLATO
PRINCIPALE
MURALE
SFIDA
ERANO
SUA
DECENNIO
STAVA
UDIRE
RAGAZZE
MAGGIORANZA

Puzzle 56

COLLA
ORGANIZZANO
DENTISTA
ATTEGGIAMENTO
OSSO
INSEGNARE
SEMBRAVA
ARMADIO
OBIETTIVO
FREDDO
DUE
PRESO
COSA
BANDIERA
INDAGINE
ABBREVIAZIONE
ORGOGLIOSI
PARLATO
ESTIVO
ODIO

```
F D J Z L O A J Z J F D D J M E T
R B U M G O S Y V U H M P Y Y W A
E A I E X O X S O B I E T T I V O
D N N F I C A S O C C A Q H B L J
D D S O S E R P D E N T I S T A A
O I E N O N M R A F H W R P N L L
G E G A I I A V A R B M E S H L Y
U R N Z L G D N A O L X K M B O M
Z A A Z G A I M R G X A G K D C C
F F R I O D O D P V D B T E S G I
J O E N G N I E S T I V O O Q G Z
L P B A R I D L T X O J W B E O B
Y L F G O J O I B C U F S X M T R
A B B R E V I A Z I O N E F T D K
W K H O A T T E G G I A M E N T O
```

Puzzle 57

```
R A V A N E L L I B I X V U D L P
M D N N N M A Y T G F B O L L F F
R O A C A C R E T N A T S I T N A
J R N Z I M R B E E C Z Q C F C C
S R W T S A V V C G R J H S R O O
N U C S A I C B I A E Z E E A M R
M A K J U G E O O T C V D R T P R
G E Z L M M N G R I I V L A E A E
J M I I B O O E J V R I N T L T N
D I T O O P I P C A V K P N L T T
A S U V N N Z A T T I V A E I O E
C I H P A K A U O L S H O V N J O
L O W S E V L L Q D X B A I O H Y
Y T I V C P O K E L L I M D T R K
P M E T O B C N M D R S A B A T O
```

RAVANELLI
FRATELLINO
AL
DITO
NEGATIVA
ANTISTANTE
DIVENTARE
COLAZIONE
CIASCUN
MILLE
CORRENTE
NAZIONALE
ATTIVA
OCEANO
ESCI
CACAO
RICERCA
COMPATTO
MONTAGNE
SABATO

Puzzle 58

DISTRUZIONE
OBBEDISCONO
SCALE
LEZIONE
FOTOGRAFIA
COLEOTTERO
CHIESA
PIACEVOLMENTE
GIORNO
NOTTE
TROVATO
DELUSO
FONDO
DISTURBO
SONNO
CERTA
FIORI
ECCEZIONALE
COMMERCIO
ALLEGRO

```
P A M D M O R E T T O E L O C J Z
V I R O I F B F H O L A L S I N R
O T A V O R T B D D W F M U J O B
G N F C X L J U E D E L U S O T S
I C O C E N A C R D S O D E B T C
O O N H M V R N B M I P I L J E A
R M D I J O O M Q T F S P A V R L
N M O E D L F L C C Z M C N N M E
O E K S U I N I M J T E E O P R N
L R I A D A S F A E R D I I N Z O
S C S O N N O T B I N L H Z A O I
G I I A Z N F Z U P A T R E C B Z
U O A L L E G R O R V A E C A V E
F O T O G R A F I A B H L C D N L
D I S T R U Z I O N E O E E M N L
```

Puzzle 59

```
M J P H A R R K L E N O P M A L G
I S I W C N G R I C V B P D S U V
S E A C A M U L B O T S I V E R P
U G C X E F O O R N T C P I F Y A
R S E F D U D F O O W T K Z I T L
A I R A J W P Y F M D H A H D A T
Z C E K F J M W W I L C U D C H A
I R O T T O L V J C Y K H D W R L
O W I M S S U C I O T N I P S A E
N V P K M I G Z L L L E T T O N N
E H P V O E Y S J S E G X R C C A
B G O X L E N O I S U F F I D O R
M Q C N Y Z K T S T E S S I Q R D
R M S P K B M D O V U S V M C A L
F A O W Y Z U R L X Q D X R S B L
```

COMMENTO
MISURAZIONE
LIBRO
LOTTO
SPINTO
VILE
LAMPONE
STESSI
SCOPPIO
ECONOMICO
ANCORA
PREVISTO
LETTO
DIFESA
LUMACA
DIFFUSIONE
ALTALENA
ARIA
ATTO
PIACERE

Puzzle 60

CAMPAGNA
SPARARE
CRESCERE
INTENDERE
RUGHE
LUNGHEZZA
GAMBA
BLOCCHI
CAVALIERE
TERZO
AMATORIALE
DOLOROSAMENTE
RIMA
EST
SUO
TENERAMENTE
IMPORTARE
ALTITUDINE
FANGOSO
AFFAMATI

```
O C F F T Y E R E D N E T N I T A
I A F V Z Q E N I D U T I T L A R
C V X M N E T N E M A R E N E T S
A A Q Y U I L O B X A S F T R E P
M L D O L O R O S A M E N T E L A
P I C Z L Y Q L U N G H E Z Z A R
A E Y I H C C O L B Y Y C V M I A
G R S M T Q B U R F U G C H H R R
N E Z P J A O S O G N A F T E O E
A N N O C A M D I A S B A E I T F
G J A R Z T Y A N K V M M R C A S
J W W T S E C L F D L A J Z D M P
H K C A W Y U U U F T G R O H A V
K W E R E C S E R C A T H J J T O
O R L E H G U R U S D H F O P O Y
```

Puzzle 61

```
I X M Q D P L Y I E S E D U T O D
M N V E G L T X W X B L C O M L A
G O T R I S P E T T O A O G N L L
I H N E X J R P U L S U L G T I V
N N I T R I P G H D E T O I L R A
V Z U A A N U L P G P R N H W D V
E G J M N G O F R V S I N M B O V
N M U S N D N G V M N V A U A C E
T J E A O R E A A Z N A C A V C R
A C V T D W A I C C A F F Y Y O S
R H H N Y B D Q C W H P M L G C A
E P U A Y J L W O V A M R X E U R
K H X F E M A A R U T T I R C S I
A K G Q U A S I D J N N A J D J O
O X B J T T K T O T J A K Y L Q J
```

SPESO
OGGI
FACCIA
QUASI
SEDUTO
VACANZA
RISPETTO
COCCODRILLO
GHIANDE
DONNA
INVENTARE
DAL
SCRITTURA
AVVERSARIO
VIRTUALE
MONTAGNA
ACCORDO
FANTASMA
COLONNA
INTERNO

Puzzle 62

INCLUSO
TULIPANO
AVVENTUROSO
PAIO
TENTATIVO
STANCO
RICHIEDERE
CANDIDATO
AEREO
STREGA
NEGOZIO
MEZZO
ALTRO
GIRAFFA
PESCE
SORRISO
INCONTRATO
PULITO
RUBARE
COLLASSO

```
R I C H I E D E R E N X J Z P S I
Q P U L I T O S I R R O S X H Z N
V E H C A R I V A E R E O M T U C
U C H O X W A W I M P S A P Q R O
Q S Z L H T P R C T E O C Y C P N
W I D L F R U G A S A G E R T S T
D W P A B N N Z A E P T I Q H E R
S M H S T Y O S O R U T N E V V A
U T O S U L C N I A M Q Q E F G T
Z J A O U H Z E Z B M E M J T I O
U K Q N A L T R O U Y C Z O C R R
R E P E C O M P G R M S H Z R A W
V M S Z P O K M E E N E V U O F N
T U L I P A N O N J N P N F O F G
Q C A N D I D A T O G X F B G A Q
```

Puzzle 63

```
B E W P S M S C O R R E V O L E G
E R A D R O C I R E S T W C T Y K
S I S C E D T O I O G R É H O G R
T U T U T I V A B U C A N E V E X
I N A F N F O M G O I H C S M O S
A I G J U I W T J E J N J U O N R
M M I Z E C Y G D V L S R C P Y E
E I O Y N A M J T E R R A S U O C
P D N I I O H O J B U B N B T W I
X R E W M L V I N D I R I Z Z O N
X H A G A L L I N A H K C G K F Z
P I O T T O P P A C N I U S Q Q I
N E R A I C S A L I R G C O Q F O
Z Z I K V C U C D H T L E Y E K N
G Z H V S Q A R C C K I T S G Y E
```

NÉ
INDIRIZZO
LEGATO
SCUSE
TERRA
RECINZIONE
VITAMINE
PRATICA
SEGNANO
GALLINA
DIMINUIRE
RILASCIARE
CUCINA
MODIFICA
STAGIONE
RICORDARE
SCORREVOLE
BESTIAME
BUCANEVE
CAPPOTTO

Puzzle 64

MATURO
AUTUNNO
TENDA
PATTINARE
ASSEGNARE
CAMMINARE
RIPOSO
PERSONALI
STUPIDO
PILLOLA
MERCOLEDÌ
NODO
PRIVI
SPECCHIO
CALZA
DETTO
SOPRATTUTTO
CRAVATTA
GALLEGGIANTE
CONCORDARE

```
S U C C O N C O R D A R E S J K V
M P L A Z L A C V P S X N I O V P
C E E J M S K M E R C O L E D Ì R
Q R R C V M X U H F O T I R I P I
L A A R C I I W E Z V T L I P I V
E N N V T H O N N U T U A O U L I
Y I G R A L I S A I B T N F T L U
C T E H Y T L O F R C T O G S O U
Q T S K H N T M U S E A S M J L V
D A S Y L T C A F E B R R A V A U
T P A F C O S B K M K P E T N F C
R I P O S O T T E D U O P U X E E
X W G B E Y B X F C U S B R A B T
G A L L E G G I A N T E K O D O N
K H N P O W P T E N D A L C H H W
```

Puzzle 65

```
Q V P R E O C C U P A T O I W P L
À N O V V B U Q L M R M C J D R A
T E M P E R A M A T I T E Z I A V
I T I S R I S K K F Y R H D T J A
L N M F A N E X K D X B T N T S N
A E P D T A L O V U N P S L A A D
U M O Y T L E R M G A R A B A G I
Q A R C E J Z G P O R U C I S G N
Q M T A C M I U R A R W U S U E O
X E A N R X O A E F M A K P G Z R
L R N V E G N R S E R A L O V Z T
A T T J T U A D T L O E G E C A G
C S E H N Q I A A H V I S H R J J
S E E P I F K R N D B T A I M G Z
P U L C I N O E O W V J J G A F A
```

ESTREMAMENTE
GUARDARE
PREOCCUPATO
SELEZIONA
GARA
VOLARE
INTERCETTARE
SICURO
MORALE
PULCINO
PRESTANO
SAGGEZZA
TEMPERAMATITE
IMPORTANTE
LAVANDINO
DITTA
ALTRI
FRESIA
NUVOLA
QUALITÀ

Puzzle 66

EFFETTO
GOVERNO
MORSO
PIÙ
PRONUNCIA
INDIPENDENZA
STELLA
RIFIUTI
SALVA
TRASLOCO
FONTE
SPAVENTATO
APPLICARE
NORD
LASCIANDO
BASSO
URLO
ALLENATORE
COTONE
CHIARIRE

```
J D U P W O Y N P P B U R L O V P
L O H L Z B T L E S W A R P Z C R
B N Z K L R I O I K S V S U N H O
N X J Y T C V D R Q V L C S K I N
O T A T N E V A P S N A X U O A U
S B L N M E Q V A Y C S D X M R N
R X L I N D I P E N D E N Z A I C
O G E X S E R A C I L P P A E R I
M N T T F N F U T C P U W K W E A
E D S H N B D F L A S C I A N D O
T R A S L O C O E P I Ù L T G X G
Q O W S X K F V I T U I F I R Q E
E N O T O C I E R O T A N E L L A
G O V E R N O F K T C O Y W I K A
H K W J U K D U V C U B D Z A M O
```

Puzzle 67

```
C Q H X R N O G W Q Y N M N N W P
C O I N F E R I O R E X A H V E X
O N L Q O R P P H O N D M H E L C
M A G L K A D A A N N U S A R E O
P S M Z O G E I R O U F Y H V I M
A S K N Z E M F F L V I U V E S P
R R R V T I Q J I O A B G A R E L
S S S E Ì P R I N T B N H D D D E
A S D X D M V I O T O V D E E I T
T E S O R I F A R I B E S O T A A
T E M P E S T A Q L G U J S T V R
L M T K N R M D Y F Y G Y O O P O
S I S R E D E S F N X F A C C F X
A J D Z V O L I L O M Q A I X M F
N U M E R O S I V C I W L F V A Z
```

IMPIEGARE
COLLO
FUORI
TESO
TEMPESTA
CONFLITTO
PARLANDO
SEDERSI
VENERDÌ
RIBES
COMPARSA
SANO
ANNUSARE
NUMEROSI
VERDETTO
VIAGGI
COMPLETA
FINO
SEDIA
INFERIORE

Puzzle 68

SERALE
TENERE
SCELTA
MASCHIO
OPINIONE
GROTTA
GROSSA
MECCANICI
STABILIRE
NERO
TUTTA
LETTURA
PERCORSO
GESTIRE
OCCHIALI
ANTICO
DOCCIA
RIUTILIZZABILE
CHILI
GIOVANE

```
M S V C G X D P L J U C C V E R A
V Y D N F C O E Q E L A R E S I N
L K S K L F C R P N T F Y H G U T
Q I L A I H C C O O G T Y I P T I
M Z W Z A S I O R I E G U E R I C
S E W P C W A R E N S I K R L L O
R W C F I E T S N I T O O I A I P
V D T C I R T O K P I V X L T Z Q
M R L N A E U W L O R A W I L Z W
G A Y H N N T E J Y E N S B E A O
C S S H P E I L I H C E U A C B E
O S B C B T X C B I M L F T S I O
P O C C H Z H J I T Q Z N S E L S
P R S D F I Q D P R A V C M D E J
L G Y A T T O R G J O J U T S X C
```

Puzzle 69

```
E A N J K E N O I S S U C S I D Z
C T N L S E F U X Y G Y C W R C N
C L H C G H D U O T A N G E S N I
I E A A E H Z J E T N E M A R A R
T T M L F P B D M I A S S O C S J
A I N N P C R J F P B R N C U Z V
T C A Q A I R E R B I L E I T X T
O A I I T C G F C P U N T O P Z E
A N L G A L K E V E K N A W Y J M
I Z G T T I A U N W D C O S M X A
K I I E O S T E S I T E X H S K A
G E N O U M E J E O N G N V P M X
I Z A K N O O R A I C C E T R O C
L D M R W E S U O N O N P W E B A
G R A S S E T T O C G U S R O B A
```

CORTECCIA
AZIONE
GRASSETTO
ECCITATO
PUNTO
INSEGNATO
TEMA
SCOSSA
NUOTARE
NUOTATA
CICLISMO
SUONO
LIBRERIA
ROBA
ORA
MANIGLIA
ATLETICA
PRECEDENTE
DISCUSSIONE
RARAMENTE

Puzzle 70

UTILE
OLIO
GEOGRAFIA
PAURA
RIFLETTERE
DESIDEROSO
FIGURA
VOTO
TIRO
GIRO
MOLTIPLICAZIONE
DRAGO
PECORE
ROSPO
PREZIOSO
QUESTIONE
LUCCIOLA
CAUTO
TIGRE
REGOLA

```
A I F A R G O E G T X R D D P M B
P A U R A O G A R D I C H E E O M
O P B U N T S A B U Z R K S C L D
K J Y G O U K P O X G Y O I O T Q
I M Y I X A G E O R I G P D R I L
C K P F K C W W V R S U P E E P T
Q U E S T I O N E F W N R R M L A
N R B S M C G U E R E C E O R I D
V R H V M J W A N Z N C Z S S C S
O W E U T I L E C N T T I O U A Z
T Y K G O D W Y A E V G O E S Z T
O A O N O X T N Q M M N S E Z I Z
T I G R E L U G E H K X O I L O J
C S T T S P A L U C C I O L A N K
R I F L E T T E R E W V S T I E J
```

Puzzle 71

```
O M B R E L L O S S A O A B N F O
X M Y F V A H H J O P L M T U C X
Y S E P F L A I Z V A O L J E Z H
D H U E U O Z G S G M C S O X E L
S E N T I T O D O I R E P A R O P
S R C N R N L F B C O S B N R A I
X R T E U E L Q U Z F W M I H E O
E U G I X P E R P R A W Z G I R G
E D C Z T R N T N K E Q A E N I G
N O N O T A N M Y R X T S R D R I
U R H U H F E N O T A N T N I F A
O T H Q X H P R C L I G P O C F Z
V N K S T Y O I K H J I E P A O Z
A I L D L V G O A Y H T Q M R S A
C O M P O R T A M E N T O R E U T
```

QUOZIENTE
PENTOLA
FURETTO
ALLORA
COMPORTAMENTO
PIOGGIA
FORMA
SECOLO
TAZZA
PERIODO
INDICARE
INTRODURRE
OMBRELLO
PENNELLO
NOTA
SOFFRIRE
SPOSARE
REGINA
SENTITO
NUOVA

Puzzle 72

TAPPETO
DIVERSO
RICEVERE
LINGUA
DOLCI
CORPO
RIPARAZIONE
MEDIO
RAGIONE
TEIERA
NASO
PRESSATURA
MAESTRO
SEGRETARIO
CAFFÈ
UTILITARIA
FORMATO
PIETRA
MUSEO
ACCOMPAGNARE

```
R A A E L W Y X E N O I G A R Q N
I M X I I Q F O R M A T O B F Q A
P U A R R V G E A R T E I P N P Z
A E R E D F V S N T W M D G J I L
R X A G S L G U G P A D E O G L T
A C W O D T E M A D Q P M S P W E
Z R A U N P R M P S H O P R O C I
I C U K R B E O M L W B G E S T E
O S A A O F V K O I F C G V T D R
N W I F C Z E C C N E G Q I O O A
E I N Y F I C O C G O E M D F L F
P A P V K È I K A U N A S O Q A Q
G U R H L A R U T A S S E R P P J
E V I U T I L I T A R I A M U F N
D O L C I S E G R E T A R I O X F
```

Puzzle 73

```
P R I M A R I O S S E M R E P P M
I E S E N A Y S Z O O E B Q J K G
N S U N I L O S E V C R E W Y T I
T E P G C G S E M Z W A E W A N E
R R P C I R X C O C Q L Q L B I S
O C O H D E V C T R E L T L L O D
I I S I E M D A I T R O T H L A C
T T T A M B R Z V F A R L E P R E
O A O R Z I E G O I R T G A L L O
C R T A S U C X N F I N E S T R A
I E E M Y L E M J D T O N T U F F
C H N E C E N M F E I C C Z F O L
Y N Z N Y W T L A C R I M A H O H
P V I T I O E N B T Z T I M B R O
G Z N E F X W Y M D W X O P Y H T
```

ESERCITARE
SORELLA
PRIMARIO
TIMBRO
GALLO
PERMESSO
FINESTRA
GREMBIULE
ACCESSO
LACRIMA
LEPRE
CHIARAMENTE
CONTROLLARE
MEDICINA
RITIRARE
INTROITO
EMOTIVO
RECENTE
SUPPOSTO
SOLI

Puzzle 74

ASSICURARE
MONETA
MARTELLO
RESPONSABILITÀ
OPPOSTO
MEGLIO
ARRABBIATO
FORMALMENTE
POSTO
CABINA
FAMIGLIE
PROBABILE
CANGURO
ELETTRICO
ALCE
DIPENDE
QUESTI
CERCANDO
SUGGERISCONO
POTEVA

```
F S X A M O N E T A V E T O P M A
D A U T J F N C C A B I N A V A L
I J M G S E Y O T A I B B A R R A
P J I I G I K D X A T G K G T T T
E O I L G E M J T F S U C T A E S
N P U S M L R I Z F E J A U L L F
D V O X M L I I E E U C N E K L F
E O V S R Q U E S Z Q Q G V U O X
O C I R T T E L E C A R U J Z D J
G X O T S O P P O A O J R F U N C
P R O B A B I L E P A N O O I A H
H F P D Q I V E Z A V O O Z P C N
R E S P O N S A B I L I T À A R O
F O R M A L M E N T E F E O M E C
A L C E R A R U C I S S A X G C B
```

Puzzle 75

```
J O Z V X I L Y G F M Q X F S L O
P E R D I T A R A Z N A Z L C A R
Q T H V O T R E P O C N O Z H M D
N N E G B A A C Z C H Y D R I P I
U O S S U L L I Q A A S O A A N
E P D P T O D L E A M C A P N D A
L Y I U S U R A U N M V J Z T A R
A A C W J S M T U V T J J I O Q I
F H G C V W E O L P I O K O Q O A
I Q J O Y T L G A Z A O F N O Z Y
D D Z M H R A H V T G U N E Q H Y
U K U G C A E N O I Z A R E P O G
C B F Q O N L N R R X F A B W W J
I N F U K N F R O T A T R O P V U
A N O T N E M A T T I L S C I U U
```

SLITTAMENTO
MELA
ALLUVIONE
LAVORO
PERDITA
OPERAZIONE
PORTATO
PONTE
LAMPADA
LAGO
FIDUCIA
OPZIONE
SCHIANTO
TRANNE
ZANZARA
USURA
TALENTO
LUSSO
ORDINARIA
COPERTO

Puzzle 76

SANGUE
RITRATTO
LOTTA
COMBINARE
PROFESSORE
LINEA
GATTO
SCOSSE
FORTUNA
FERMATO
GOCCIA
FREQUENTE
BLU
BENEFICIO
LIBERO
NOBILE
FAMILIARE
SUPPORTO
RISTORANTE
RINGHIO

```
L Z N U Z X B X B J N D B U E N J
A O L O A V Y A E N I L H W M Q Z
O E T I B X E T N A R O T S I R G
D J C T F I X B E X S C O S S E O
A S I V A Z L K F R S V R O P R C
F E R M A T O E I P A H E S H I C
R I N G H I O M C R B N B H X W I
M D Z I X O T M I O K T I Z P H A
M M Z A N U T R O F T U L B S A Y
W E Q B K X A W P E P U W B M Y A
F K W S E U G N A S Z X L Y H O B
F R E Q U E N T E S P A J V G I C
O U B J B R V B P O T T A R T I R
L B Y X P X X O T R O P P U S R H
F A M I L I A R E E H B C B T C N
```

Puzzle 77

```
O S S E R V A N D O I P M E S E B
R J O T R E S E D N H I P P Z W B
P I Z U O G N U F N B R O O H H E
E S T U Z T M L J A N G U P S Q N
S W T O P Y A A R E I M R E F N I
C R L W R D V L Q L L J J E W C D
H I Q Z Z N F P E P R I M P S R U
E V M R R V O M T M Q Z C Q L E T
S A R E B B E W Z O A F Q A C S I
C E N T R O Q F A C E E C L F C B
P R O V O C A T O R I A K D A I A
R I L A S S A R S I N F U Y J O D
C A M I C E T T A X D E T F I N J
W T K S C I E S I S T O N O N E K
M Q Y T P M A G P N R J G H S L F
```

ABITUDINE
PESCHE
FUNGO
CAMICETTA
TOTALE
CRESCIONE
OSSERVANDO
RITORNO
ESISTONO
CENTRO
PROVOCATORIA
FACILE
COMPLEANNO
DESERTO
ESEMPIO
SPUGNA
RILASSARSI
SCI
SAREBBE
INFERMIERA

Puzzle 78

GUARDAROBA
CIVILE
FRATELLO
SEGUIRE
NUMERO
SALITA
FONDAMENTALE
TEORIA
DRAMMATICO
NERI
SCRITTORE
POLLICI
BAGNO
MOSTRO
ELEFANTE
AULA
SALUTE
GINOCCHIO
DIBATTITO
FUNZIONE

```
U E D F O X S G U A R D A R O B A
C L R U Y Z G C A E H Z P H N V T
Y E A I R O E T R F A B H A G H I
G F M A C R I C T I U K Q U A P L
D A M F O E L Q R C T N J L B P A
G N A G T M N R G I Y T Z A T S S
X T T R I U U F Q L E A O I O S J
S E I Z T N O F L L P A B R O N I
A L C Q T W O Y W O I X Y G E N R
L I O N A M R C J P A J M H F Q E
U V I E B N T U C F R A T E L L O
T I L R I O S P M H S E G U I R E
E C B I D Q O C D D I Q N P T P C
V Y V L H R M X I B J O J Q B Y G
F O N D A M E N T A L E Z S N S X
```

Puzzle 79

```
T P R O P R I E T A R I O F U Z M
R T H C X P Q D D P C A R O T A E
A E N O I Z U T I T S I O L E L C
C Q B X G Q U E X S W M S O Q L C
Y S P M G L Q S E X P K S R L E A
G V V X V I U T Q S X E A R E B N
J W I E L D H O E X I H R K C I I
K H D N K S O N I T T A G A Z G C
H S Z P S Q L M S Z O A C W T W O
T H O G P E C Z E I Z S A C J A A
P R O P R I O D M N N R N F K Y S
Q J M K G N A O F I I A E S I T O
F L O J B E R E D N O C S A N V B
C O R R E T T O N I P S A S Q H H
G R A F I C O D I C H I A R A R E
```

GATTINO
DOMENICA
ESITO
ISTITUZIONE
GRAFICO
VINSE
CORRETTO
TESTO
MECCANICO
CAROTA
BELLA
DICHIARARE
POI
DISPERATA
TRA
GRASSO
NASCONDERE
PROPRIO
PROPRIETARIO
SCARSA

Puzzle 80

INIZIATO
ACCADEMICO
LETTERA
GUSTO
BRACCIO
LAZO
BOTTIGLIA
OSSERVARE
ESERCITO
ELETTRICA
DEBOLI
COSE
DONNOLA
PASTINACA
ADULTO
CONSIDERARE
GLOSSARIO
SITO
AMBIENTE
CONFONDERE

```
I Y A Q I B A O S S E R V A R E G
N G E C U S R C W S R R N U V D L
I O T U Z W A A C L F Q A R S E O
Z E S O C A I P C A E O A T Q B S
I L R D D U L K F C D T C C X O S
A E L Q T Q G B C Y I E T W B L A
T T V A M B I E N T E O M E F I R
O T A D U L T O C R V S K I R Q I
R R N D N F T R C L A Z O C C A O
A I N K A L O N N O D Z K J Q O S
C C L O X K B P A S T I N A C A P
P A C S C O N S I D E R A R E N F
N S I T O N A H K K G U S T O U O
C O N F O N D E R E O Y K F Z Q N
E S E R C I T O B O N W R L O K P
```

Puzzle 81

```
V L B W A P C K B Y C N V F R W V
E L A N O I Z A N R E T N I A I S
P E N O I Z I D E P S O K P G S C
D S C J K C U G B G Y S T V A U E
R L A D N A M O D Z D U W P Z J T
I P P O P O T A M O D M C C Z S À
L O C C O L B P Y L T O H Q O W R
S T D N Q M C I D A R E V U B O J
E N I T T E P H C E D P H E V R W
M O E D U G H H I J J R D U R B F
K M T D U I Z C Z A Y I Q L T I P
R A R E P T I H B J R I K U V T M
L R O U K A S W M G J O D Z L A X
W T Z E I L G I T T O B J Y J Z F
A U M E N T A R E F G Q K C W D X
```

STUDI
CHIARO
IPPOPOTAMO
SPEDIZIONE
ORBITA
DIETRO
BLOCCO
DOVER
AUMENTARE
PERA
ETÀ
PETTINE
LATI
BOTTIGLIE
TRAMONTO
DOMANDA
SIA
BANCA
INTERNAZIONALE
RAGAZZO

Puzzle 82

ENTRAMBI
AGGROVIGLIATO
COPPIA
INSIEME
ASCENDERE
ACCUSA
RETE
PROFONDA
COMPLICATO
ALBERI
ANNO
LATTUGA
TRASPORTO
SOPRAVVIVERE
AVVERTIMENTO
RAGAZZI
TAMBURO
MENZIONANO
RAFFICA
REGIONE

```
A A S R T C A L B E R I V D Y V Y
V G O E A F O N A N O I Z N E M N
V G P G M P N P G H B F W V S P Q
E R R I B M N P P D M Z U E W P E
R O A O U Y A R T I Z Z A G A R D
T V V N R J Y O S B A C I F F A R
I I V E O P N F L M A C C U S A W
M G I M T U A O Z A G U T T A L W
E L V E J E O N E R M G H P N Z Y
N I E I O H R D Q T N I B Z B F U
T A R S G U L A X N J I Q J J W V
O T E N P M H D K E P R Q H O L T
F O U I Q C C E T R A S P O R T O
K W A S C E N D E R E S V F P O D
C O M P L I C A T O H D X R G D D
```

Puzzle 83

```
I V D L H G K S N F K B H H E Z I
Q M Z F N F J X A D I M X T F S X
V U P V O C I F I N G A M O F W C
C G C R E R A I F F O S B V E Q O
J H U D O X M E P I N L P C T Z L
J J I E N V J A F T N X A A T V O
A D U U A I V R Z Z A P R N I S R
K O N I D R A I G I H Q O Z V T E
F T L T E E G P S E O X L O A A V
P T D Y S T R E B A M N A N M G S
T E A T R O T E I J M O E E E N T
R K Q U Y L C Y R B H E S U N O A
C R I M I N E O R N O J N P T Z T
G D O L L E P P A C U A M T E J O
S E T T I M A N A U Q C A D E D S
```

EFFETTIVAMENTE
FORMAZIONE
COLORE
CRIMINE
CANZONE
IMPROVVISAMENTE
MAGNIFICO
HANNO
SEDANO
STAGNO
CHIUDERE
SETTIMANA
BIRRA
TEATRO
CAPPELLO
ACQUA
STATO
GIARDINO
PAROLA
SOFFIARE

Puzzle 84

IN
ARRESTARE
AFFITTO
SINISTRA
SVEDESE
SEQUENZA
FATTO
RACCOMANDA
SCORSO
DISPONIBILI
MATTINA
POSIZIONE
LEONE
VELOCEMENTE
RIMUOVERE
COPERTINA
FRIGO
STRANIERA
ILLUSTRARE
MAGLIONE

```
N M D T L L A P B M I C I R J P G
Q W A Z N E U Q E S F O L I V O O
R V D T E N J J T B E P L M E S L
M I N L T O L D C E K E U U L I P
I O A V E I Y E S Q O R S O O Z E
L V M J G L N D Y Y J T T V C I L
I U O F J G A A D T C I R E E O O
B Z C Y R A R E Q J G N A R M N A
I E C W A M E N O E L A R E E E F
N H A K K S I Q M G S V E P N F F
O V R E J K N N M B I R H Z T A I
P M U S E R A T S E R R A P E Z T
S C O R S O R F A T T O F G A M T
I Y U P F K T D S I N I S T R A O
D Q O Z T E S E D E V S E T Q H E
```

Puzzle 85

```
S C F A G G S E V E R B Q K I O E
I I R A Y Q E N O I Z N E T T A S
G N G I U K N G B C R G À E M F P
A B V N T I S A U S C J T T O O O
L D T I I I B T B A M B I N I R R
M K R C T F C S V W K V D U L N T
O Z N A D O I A X W W S I M J E A
S T Z F Y Z W C R G F H M J F L Z
T D E U Q N U L A U Q A U I D L I
R J Z W J O S S E T S U Q G P I O
A I F U P E N W E R I R E G I D N
C U L T U R A L E W Z V U A B E E
T R A B A L L A N T E R O T T A F
T C Z Q U A R T A G E N T I L E F
R A G G I U N T O D Q N B U K Z U
```

BAMBINI
SIGNIFICATIVO
GENTILE
ESPORTAZIONE
CULTURALE
DIGERIRE
STESSO
BREVE
CRITICA
CASTAGNE
QUALUNQUE
FATTORE
RAGGIUNTO
INVITO
FORNELLI
MOSTRA
TRABALLANTE
ATTENZIONE
QUARTA
UMIDITÀ

Puzzle 86

ATTENTO
MANO
SEGNO
ANELLO
ARRIVANO
BOLLIRE
SUCCESSO
COLLINA
FERIRE
TERRA
CHIAMATA
ANNUALE
NOSTRI
PIOVOSO
PERISCONO
AMBIENTALE
DETTAGLIO
GRAVE
CONOSCENZE
RIFERIRE

```
A M T M D N Y I S R Z H X Y N A C
R M A D U Z N T S A F M B M O N O
R Q B N W P G F G S N C M Q S N N
E Y I I O G R A V E P E C R T U O
T N V N E R I R E F I R L K R A S
D Z O O T N E T T A O I Z L I L C
W T P M S T T R P Q V R F Y O E E
G V H X S D L A Z W O E V G N A N
C H I A M A T A L U S F S I G A Z
P E R I S C O N O E O Y F U E I E
S U C C E S S O B Y R Z W Q S S O
D E T T A G L I O N A V I R R A Y
C O L L I N A L X A B O L L I R E
T J V V F X U H S A R D P T U U J
S S J W W W I E I B B L W A K X G
```

Puzzle 87

```
J S A S S E M B L A G G I O S I R
V T R U E T S M G I B X U L M P P
S A N A R T S E L O S H D L J D F
N Z C W T A M T T T P J A O Y Z A
R I I R E C T D J T Q D N P P Y T
Y O E N O I Z A Z Z I N A G R O T
R N M T L M V R D P T M K K N E A
P E G Z Y O H E L A N W O W I R D
Y R D D Y N K M Y D A F O R S E M
T A U S A O Z N X U C V H Z E D I
O U W G I C O G V K F V W I Y N S
P G H Q N E H V A O I V A T X E C
A E W S K A N S C D M D B N S F E
I D L V J X I A T T U A L E N F L
F A G U A N T I D H V D S D J O A
```

ADEGUARE
MISCELA
MERA
GUANTI
FATTA
PRUGNA
ATTUALE
ASSEMBLAGGIO
OFFENDERE
ECONOMICA
POLLO
RISO
SETTIMO
STRANA
FORSE
DENTI
ORGANIZZAZIONE
CANTI
SOLE
STAZIONE

Puzzle 88

ISTANTANEO
AUDIZIONE
VINO
LINCE
MINACCIA
STESSA
TAPPO
APE
GENERALE
ARCOBALENO
CORRERE
CUPIDO
NECESSARIA
MODELLO
NOTO
PERICOLO
CERTAMENTE
INTRATTENERE
QUARTO
PERDA

```
M X O D I P U C D B A M T W B C R
U I Q U A R T O E N P L D M P D P
R C N L B E N T R R E R I M O Z S
T C G A S Q G O E D T T E N D E S
L X D I C T Q N R M W A L S C R R
D R B R V C Y F R O F K M M P E X
U D I A Z L I C O P X X P E J N V
S T E S S A Z A C P L Z E N N E R
N Y L S G E N E R A L E R O W T E
P D O E N A T N A T S I I I G T E
B P K C E W P E R D A R C Z A A X
J V S E O U R U U T F J O I Z R O
J I O N E L A B O C R A L D W T D
G N C E L H T O H Z U N O U C N S
P O L L E D O M G G F W L A M I H
```

Puzzle 89

```
Z T F D H S V Y C P B D P I M H N
D E Q G O T S E R R A N A R V K U
E R G C N P X A J Y G L R S D W M
L M G A A O P A P X L C F L S E E
F O E L I R O I O K I V T Y M R R
I M N C P N Y G O L O C I T R A A
N E E O P Z G E N H R J D K I L T
O T R L O Q G T G Q E G Z B P O O
L R A A C N O A A O Z K M R U G R
E O Z R C A K R R W U P C R N E E
I K I E A O N T Y O V A P S T R M
C W O M K F P S L Z V L S A A R M
B V N V E R S A R S I G T O R I Z
V X E A U T O S T R A D A O J C M
T B S X B T R R E A V C R M A H O
```

NUMERATORE
LA
IRREGOLARE
RAGNO
PARCO
DELFINO
PUNTA
STRATEGIA
GENERAZIONE
RANA
CIELO
TERMOMETRO
ARTICOLO
VERSARSI
BAGLIORE
CALCOLARE
AUTOSTRADA
DOPPIO
ARRESTO
ACCOPPIANO

Puzzle 90

PREMIO
AMICA
BAMBOLA
ESITARE
PAZZO
NAZIONE
TRASPARENTE
ANSIOSO
RUOTA
ALLARME
INCLINARE
CLIP
NETTARE
VOLONTARI
SPIAGGIA
PUZZOLA
RISORSA
CONTRIBUIRE
LONTRA
CITTADINO

```
M O E E R A N I L C N I P N C L C
U A C T G H K I N L D K E T F C O
Q N I N K I Z X Y I N H P G V X N
W U T E P M Y Z L E N O I Z A N T
V X T R I S O R S A E Y M Y T K R
O D A A L L A R M E T A Z B O U I
L J D P C R R S V B T O B U H N B
O E I S N M T P M A A Y U S D M U
N Q N A O J N I Y M R G U R T E I
T P O R S A O A L B E O P T X J R
A M R T T U L G X O S O I S N A E
R D C E U Z E G K L E S I T A R E
I U Y L M A C I M A P U Z Z O L A
P A Z Z O I M A O G P X N L P D I
Z P M D B J O S Y L P D Z E X G I
```

Puzzle 91

```
S F N U Y Q R L H M H Q D S X M A
S E R A I Z O G E N P F F H A H N
S J Z G O H Z M H R C B L Q C P T
A F M I G G A T R O A J D K J Z E
L H J Y O R X A T A N I M M A C N
G P I Y P N M I A B G X C U L S A
M I C J P L E N O R R A M U U F T
E A U F U T R A G I C O D A R G O
T N T D L A M A R E P S C V X B I
O G A R I T N E I N E V O R P J H
D O S T V C I M M A G I N A R E C
O L C V S E E T N E I Z A P Q X C
T O A X Z E J I P S T C K J E V O
P N J A R Q E T V P H C U F F P C
W Q A A N T Y Z D E N L N I S Q B
```

ANGOLO
NEGOZIARE
IMMAGINARE
METODO
OCCHIO
TRAGICO
MARRONE
CAMMINATA
GIUDICE
TASCA
MIA
PROVENIENTI
GRADO
ANTENATO
SEZIONE
ORTAGGI
SVILUPPO
PAZIENTE
AMARE
BRUCIARE

Puzzle 92

GENTILUOMO
PO
SCALA
TEGLIA
VERO
BICICLETTA
DURO
RAPA
SCIENZIATO
TECNICA
LISTA
PEPE
DESCRIVERE
SPESSORE
PREFERISCONO
ORECCHIO
PROGETTO
SBAGLIATO
POLTRONA
EDUCAZIONE

```
P R O G E T T O F Z D R Y Y X D P
G E N T I L U O M O U A E G F C R
Y O M R R N U Z O T R U N J B Y E
O S B A G L I A T O O V G O A C F
T E C N I C A N O R T L O P E C E
A E Y G V E R O Z K K N H A P A R
I T D D E S C R I V E R E D E O I
Z S T U S C A L A U T Q S V P E S
N P K E C M Q X W Z E J W P M F C
E E E P L A T S I L G W Z H T Q O
I S F C A C Z A H N L G G Z M W N
C S T D B R I I F O I H C C E R O
S O Q L E J R C O B A T F I U T G
V R Q I V A Z M I N S D K E D R P
Z E W A V I D M K B E G N C K Y D
```

Puzzle 93

```
S P A V E N T A P A S S E R I A O
T R A S M E T T E R E B R W L U R
Q U I N D I M O T O R E O L P T G
W N Q M M P O D S S T W P O Q O A
Z U C U R I O S O E Y Y A C O R N
H L C U O C E R E C I H V G C E I
E L F X R M Z H F C J I Q S E Y Z
A I T F M X I A P Y Y U U B C O Z
Z I N O I E I T L H O X A C E L A
O A G A P T E R M I C O R T F I R
V O C E H U A I I V F Y A F N G E
G D Q R I T A B E L L A N K K H R
O A D K K L M M R O U D T P A E T
S F O R Z O I O V I T N A T S O S
M U I O Q E T C D F C G F A K H S
```

QUINDI
RE
MOTORE
SFORZO
SOSTANTIVO
ORGANIZZARE
TERMICO
SPAVENTAPASSERI
VOCE
TRASMETTERE
PAGA
QUARANTA
CURIOSO
AUTORE
VAPORE
CILIEGIA
SEI
TABELLA
CUOCERE
NULLI

Puzzle 94

PIPISTRELLO
RIDURRE
DOLORE
REPENTINO
SOCIALE
VOGLIONO
TROVARE
CATENA
PENA
DECIMALE
COOPERARE
CAPIRE
ECONOMIA
COSÌ
SALTATO
CALCOLARE
AGGIUNGERE
DIFFERENZA
VERSATO
SPESSO

```
A C S F A J H W Z H X D N D O I C
G A A V E C O N O M I A N E P P A
G L L I Z G A N I S C V P C D I T
I C T I Y T W S E D I B Q I E P E
U O A O G T E Q P S Z W V M O I N
N L T C A P I R E X P D I A C S A
G A O N O I L G O V W E R L O T T
E R T I W C E K K G Z Y S E S R R
R E A D I F F E R E N Z A S Ì E I
E G S K E Y J F G F D K Z G O L D
J E R A V O R T R D C Y T P L L U
U K E L A I C O S Z A L V M Z O R
L U V R E P E N T I N O E A U F R
J E D O L O R E R A R E P O O C E
U Y M I Q X E L R M Y E Z C L R R
```

Puzzle 95

```
P E P B T R J Z N A S M A S V M M
F R D B V K V L F C G O U E I Z T
V I E S M O L T I V A N T T S C H
B V R O C E N T R A L E O T I A I
F R E V C C X O G R L W M E O S X
H E D R I C A E B B A M A O N S T
À S O O I T U R G M K O T B E I Y
T C G C C A Q P R O I B I M T S X
I N V A D E R E A O O I C L K T T
V Q E H P Q X Q R Z Z L O N O E C
A B A G A G L C P H I I S F D R G
C C W Y X Y C Z A S X O U I K E J
M S C A V O C J C U C K N N A Z P
D I C H I A R A Z I O N E E C M N
L M E S N M X F S S Z R W N V F H
```

AUTOMATICO
CENTRALE
SE
VA
MOLTI
PREOCCUPAZIONE
VISIONE
SETTE
OMBRA
CORVO
CAVITÀ
MOBILI
CAVO
DICHIARAZIONE
INVADERE
SERVIRE
ASSISTERE
GODERE
CAPRA
CARRO

Puzzle 96

ATTENTE
PERIMETRO
ABILITÀ
FALSI
OTTO
PIACIUTO
FERMATA
STRETTA
VIAGGIO
CONFINARE
RACCOLTA
TOCCO
SOLDI
NON
ORE
NOME
CONFRONTARE
MUCCA
VIETANO
PENNA

```
V R R Z V I A G G I O T T O D L C
A N P S Y D T Y F F S O L D I L O
F R U R T X A N N E P B F B T S N
T O C C O C M U W J Y M F T N V F
A F M I B V R D G E K I S V L P R
T B L O T P E R A N I F N O C Y O
L P I L Y K F M U C C A F T S X N
O S S L I A Q T L S Q A A U F M T
C Q X T I V B Q K A S H L I J E A
C H Y K T T Q U X J T H S C N M R
A B P E C K À X D U R P I A G O E
R O V I E T A N O D E U P I F N N
B D R R E U J H Z S T Q I P L K Q
W D R E T N E T T A T U H T D X M
P E R I M E T R O U A J X X W V T
```

Puzzle 97

```
I O V O T T R K F J R I A K P U S
C N U D X N Q E L A C I P O R T C
A A T N O I N O M I R T A M J K E
N R I E T N A T S O C F C N E J N
I B M S R C B N L T N D A S W E A
P M P S J E W I L T K Q U L C W C
S E A E C J S F A R C Q G F L U O
X S R R E N A S A L L I E V O A S
I R A A M Q R F E R W S N Q E F T
G Y R T Z U C C H E R O P J E D O
Z O E T N O R E C O N I R A H F S
K U I E I Z A R G L Z V M H Z J O
V R Q C C A M I N O I N U G T I Y
P L A C O T V L V R W A Q X P F O
U Y W A D E S K E O C A V O L O D
```

SPINACI
SCENA
COSTANTE
INTERESSE
ACCETTARE
GRAZIE
SPAZIO
CAVOLO
SEMBRANO
MATRIMONIO
ESSENDO
RINOCERONTE
IMPARARE
ZUCCHERO
CAMINO
FINTO
ALLIEVO
FARFALLA
COSTOSO
TROPICALE

Puzzle 98

GALOPPO
MODO
GHIACCIO
MARCHIO
CIVETTA
FORZA
SABBIA
MENTE
VERIFICA
FORCELLA
VESTITI
MEZZI
PREVEDERE
MAMMA
MAPPA
CALZINO
MISTERO
VAMPIRO
VOCABOLARIO
MOMENTO

```
M R H L C T V Z C T L M O Z I L G
A L L E C R O F I G T J T B H N N
P M H M F D F I V I Z B N I P B V
P I V C O U Y Z E R E D E V E R P
A S K K R O A O T H Q B M Y N L N
U T E I Z I T I T S E V O A L P H
V E J U A I X R A G K N M A M S D
E R O N I Z L A C W A Y N P E M L
R O R V B J R L W Z N L A V C G A
I I I V B O D O M X L G O D G Q F
F H P O A S A B P E C Z X P O I D
I C M U S D L A X G Z C Y V P R O
C R A Q U J Y C G R P Z P O L O Z
A A V Q I I B O I C C A I H G M K
F M H S Z L E V W B M E N T E Z U
```

Puzzle 99

```
D U U L M M V E L Y D A K Z I R A
P E R I C O L O S O R E A L T À U
P P C Q G G X R Y T Q N C P O Z T
O A M U W R H S A A F O S E I V O
B T R L R Q A C K L O I O R I X R
Q X T T H E T O X A F Z M S I H I
S X G H E T T P V M I N L E V E Z
R X N Y R I E R J I G I T G R C Z
U I B E O V S I H X L F D U A W A
R O S U D I A R S U I R R I D P R
Z J U E O X N E N J O F P R O D E
M F A D R B E V A N D A Y E U Y G
T B J P X V C J P D I V E R S I H
R M L I S R A C I F I L A U Q C V
G F S U I H W O S C I A R P A U B
```

FINZIONE
MALATO
DIVERSI
AUTORIZZARE
PARTE
RISERVA
MOSCA
VITE
PERICOLOSO
BEVANDA
SCOPRIRE
ODORE
ATTESA
PERSEGUIRE
CENA
SCIARPA
REALTÀ
CURE
FIGLIO
QUALIFICARSI

Puzzle 100

PROFITTO
MOLTO
MANUALE
PREPARARE
PRODUZIONE
LASCIATE
PREFERITO
CAMMELLO
GRAVITÀ
COINVOLTO
CONFERENZA
INDOVINARE
PIEGA
CIBO
ORSACCHIOTTO
FOTOCAMERA
RACCOGLIERE
MERAVIGLIA
SIGNORE
VENDITA

```
U P R A Q S M U W H T T O Q J B T
E R A N I V O D N I H K E V Q Q C
R O B X Q O T T O I H C C A S R O
E L A S C I A T E X B D Z P B F I
I U Y D G G E P R E P A R A R E N
L Q Z M O L T O T I R E F E R P V
G R A V I T À S M A N U A L E G O
O T T I F O R P I C J P W Q L S L
C I M D T A A G D G A Z I D Y T T
C O N F E R E N Z A N M C E O S O
A T I D N E V T H D S O M J G V B
R F O T O C A M E R A K R E Y A I
M E R A V I G L I A N A G E L N C
P R O D U Z I O N E W K G S K L M
Y O P Z F O A Y R Z A H M C C G O
```

Puzzle 101

```
R A L L O P I C Y U F S Z A J X N
E C M B S G H Y T E R A C I D E D
S O A I L C C O G S A Q M Z Q T E
P T D T C F O F U G M D Q W S N F
O N R D T H P Q Z N M L S H X E B
N E Q R O O E Y C Q E R S P V C X
S V O C V S R V S X N H E H P U O
A E L T W S T E O B T U N V O D B
B D O H U E Y Q T L O V Z V T N B
I Y I U P L W I C G E B A O T O E
L L C O M P L E T A M E N T E C L
E A C A U M D V L T R R F V N E L
E X U O A O H O W S O X Y J I X O
R E C C D C A D A Z N F J M A E L
T A A S F S O C S V E R K T Z H H
```

ENORME
EX
CIPOLLA
SENZA
CONDUCENTE
ZAINETTO
POCHI
EVENTO
VOLT
COMPLESSO
FRAMMENTO
AMICHEVOLE
RESPONSABILE
DEDICARE
ATTORE
BELLO
GUFO
OCA
CUCCIOLO
COMPLETAMENTE

Puzzle 102

DI
PEGGIORE
SICUREZZA
ISOLATO
SEMPRE
CHIAVE
ARANCIONE
MINORE
MEMBRO
DOVERE
LUMINOSO
SPORTIVA
PORTATA
FACILITÀ
ANATRA
CERVI
RICHIESTO
DISCUTERE
NULLA
ESPANDERE

```
C H I A V E R E D N A P S E X D M
U S O Z H R I C H I E S T O T I E
V K T N O Q A Q D Y A N T K Y S M
E N E R E V O D R X V V F A N C B
X K R R C D F Q I U I S J M E U R
C Z O D O W A Z Z E R U C I S T O
E E I Q A N C N L A V M W O O E Y
R Q G E W B I D U U M X P J F R Q
V E G O X Z L M V L M E S U K E Y
I U E E K V I T F U L I F E B B V
N E P A D X T H A R T A N A G L W
U U N S Q S À B F R U B E O Q E L
I S O L A T O U B H H D J E S E P
A R A N C I O N E R P M E S J O A
T Z S P O R T A T A V I T R O P S
```

Puzzle 103

```
J J W B F D O S R O C S I D P P O
C L O C A L L E C I T R A P I I T
P S D Q S X P F H U V P H M A A F
F D X X J L Q A V V O K F R N Z I
D I F F I C I L E O T T R B U Z N
W U V V H E C I R L K N E V R A A
I D K Q A E N F T T O P A R E A N
R N R E B D M Y F A N L W B E W Z
S L C I R I C O R D A M A H D J I
N T J L G I N F A S T I D I R E A
A L B A U I R E S P I N G E R E R
C G A Z U S D G E L I B A T S N I
M A R I T O A A M M O S S X F C O
B W D Q U E U N I R S I R E M X C
Y C O C O L T E L L O X P S N M K
```

INCLUSA
MARITO
UNIRSI
RIGIDA
FINANZIARIO
RESPINGERE
SCUOTERE
DISCORSO
COLTELLO
INFASTIDIRE
PIAZZA
INSTABILE
DIFFICILE
SOMMA
PIANURE
ALBA
RICORDA
PARTICELLA
VOLTA
FILA

Puzzle 104

COMODITÀ
PIANTO
SCIOLTO
GIACEVA
SCRIVERE
INCURANTE
ULTIMAMENTE
IMMEDIATAMENTE
DIVERTIMENTO
SCIARE
POLVEROSO
INGRESSO
TIPO
BANDIERA
DONNA
FONTE
NUMEROSI
FORMAZIONE
APE
RANA

```
Y I F I D R D S O W Y P P F X S F
K E O M I A X O G N Y O I O B S G
V M N M V N G I N E C L A R L U E
F S T E E A I N F N M V N M P H N
Y C E D R R A C U M A E T A I L T
B I U I T E C U L Y X R O Z M Z U
I A D A I I E R T X F O S I H S M
N R R T M D V A I U W S S O J W W
G E X A E N A N M K R O T N L C X
R W F M N A L T A Y B F Z E Y H X
E A E E T B H E M C O M O D I T À
S I X N O Y N P E R E V I R C S X
S U C T P P S A N C U Y O W D J H
O E A E X W I O T L O I C S G R U
T F M M T N Y T E N U M E R O S I
```

Puzzle 105

```
D E R A C I N U M O C P E S C E T
A L D K E R N E S Q X I A Z R O F
V A O T T A F S I D D O S P S G Z
V I X Z D X U O D P G S S R G W M
E C O N F R O N T A R E I E U Q W
R R C H Y B R O C M A O C F D F M
O E I R L A E T B G X V U E X A K
L M F Q C A M T H H Q S R R K N K
A M A T I G R E A E I F A I T O V
M O R I Y G O M L A D N R R W L Y
P C G K D R N O O B O Z E E V L Y
O B E N W A E R T R O G I U R I A
N L À T E I R P O R P R Z S Y Q J
E X H Y X F X Z I O X G P C G P J
E N O I Z A P U C C O E R P W N B
```

PROBLEMA
SODDISFATTO
PREFERIRE
GIURIA
CIOTOLA
PROPRIETÀ
COMUNICARE
DAVVERO
COMMERCIALE
DA
PROMETTONO
LAMPONE
PESCE
TIGRE
ASSICURARE
GRAFICO
PREOCCUPAZIONE
CONFRONTARE
FORZA
ENORME

Puzzle 106

CORRETTA
RAGGIUNGERE
SGABELLO
ERBA
VARIETÀ
ISPEZIONARE
MONITORARE
BRILLARE
NOTIZIA
QUALCOSA
IDENTIFICARE
SUPERFICIE
CONSECUTIVO
PARTI
TRABALLANTE
BAMBINI
SETTIMO
CORRERE
CITTADINO
PAZZO

```
C A I U P T U B V C S R U S R P X
A J N K A I P R A K G A J U F C K
U L I J R S G I R M A G V P R S T
B H F J T K H L I C B G E E E I F
R X T R I G Y L E I E I R R M S C
K H O Z Z A P A T S L U A F O P O
B A M B I N I R À K L N C I N E R
E Q I R G X M E K C O G I C I Z R
V I T V X E G H C G F E F I T I E
Y E T C A I Z I T O N R I E O O T
H B E X T W R Q A B R E T D R N T
T Y S Q U A L C O S A R N B A A A
T R A B A L L A N T E O E Y R R H
C O N S E C U T I V O P D R E E L
C I T T A D I N O Q Y M I Y E X A
```

Puzzle 107

```
C X L K Q I M T R O V A R E I I L
O O T N E M M O C P M B E L S S I
E T N E A R T T A I Q I L P K P B
Y A E S D H V W Z N Q N S Y F I E
A L I X I C W U D I U I M S B R R
K L W T A G Z N X M N K F N O A O
R K K O H E L A I R O T A M A R C
E R E D N E P I D E P K Z U N E P
V D O G D C O Y O T A T L U S I R
O N O R E V O L M E N T E M R H X
D X T O I H C C O N I G S L C V A
C P K U U M E R I T G R E G G E
M B E X M G W I R H T M W X Z Z A
S Y Q N R T O R T A A F F O T S V
W A U K X F D I T M M Q K F L L M
```

TERMINI
MARE
ONOREVOLMENTE
ISPIRARE
LATO
DIPENDERE
STOFFA
PROSSIMO
CONSIGLIO
GREGGE
TORTA
RISULTATO
ATTRAENTE
COMMENTO
AMATORIALE
LIBERO
GINOCCHIO
DOVER
MATTINA
TROVARE

Puzzle 108

VISIBILE
AMBIZIONE
PIEDE
CIAO
MARCIO
SEDILE
PAESE
CANDELA
POMODORO
CORRISPONDERE
PROVARE
RELAZIONE
EMERGERE
CUCINA
RIPARAZIONE
CAPPELLO
MAGLIONE
QUALUNQUE
CIVETTA
COMPLETAMENTE

```
C D P J P R U D D U W C E M A C F
J O A O S A V B H H C G N A K O C
X W R O M C A P P E L L O R E M C
L W G R Z O L A T T E V I C N P O
U I U U I Y D O T I N D Z I O L E
S Q X A I S C O I X O X I O I E M
L E J B U X P Z R N I U B E Z T E
Y O D B I A V O A O Z B M L A A R
E N O I L G A M N U A U A I R M G
C I A O L G J F I D L B D B A E E
T N T C T E E W C N E D E I P N R
C A N D E L A M U T R R S S I T E
O Z U P K U X J C H Z Z E I R E Z
S Q U A L U N Q U E E R A V O R P
Z D U W G N W Z S V I P P N A U F
```

Puzzle 109

```
A C I C X O S M P T M H B R D U I
B T A E N N E P A T R O P U X K I
M Q T S T C G T H L L L U O X L N
Z H I R S B A P E P J R E L N A T
T C X K A A A R T I S T A O O E E
R U H Q J V C P Q V A Q L T C S R
R E I N A S E L L E M A R A C M E
O I G I R G B R E D M N N R C A S
S L I D S I Q J S B W G U I H C S
C G D E I X G L Z O I O O T I C A
R I L E V A R E S F T C V U E H N
J M S P U G N A L P W I O R S I T
N A O V U N Q U E A N I S T A N E
Y F B Z X I F R P P V Q O E E A E
P O S T O D N E S S E C M P E V X
```

TIRATO
INTERESSANTE
ATTRAVERSO
RILEVARE
NUOVO
PORTAPENNE
GRIGIO
ARTISTA
RUOLO
MACCHINA
OVUNQUE
CARAMELLE
CASSA
SEGA
CHIESA
FAMIGLIE
POSTO
SPUGNA
ESITO
ESSENDO

Puzzle 110

BIBLIOTECA
TROPPO
CONTINUARE
COSTRUZIONE
TUTTAVIA
VIENE
RUMORE
FORMAGGIO
PROGRESSI
GUARDATO
VOLPE
PROFUMATO
POVERA
OSPEDALE
SPINTO
VACANZA
MUSEO
SEQUENZA
CILIEGIA
GHIACCIO

```
E Q A B G O S P E D A L E T N H P
S Y X O T U K E V P Z D G G Y L O
V P M K A A A C E T O I L B I B V
I C I P M U Q R S E Q U E N Z A E
E O W N T E N J D J P P O K G Z R
N N L O T C H K I A B L B Q H N A
E T L E N O I Z U R T S O C I A I
H I R U M O R E U B F O T V A C G
F N P R O G R E S S I E A N C A E
Q U R G A B E B N I B S M V C V I
P A I V A T T U T X V U U L I A L
K R S U R V D B B Z Z M F Y O A I
M E W U O Y A S S I O J O H N P C
Z J N L E V O I G G A M R O F A H
J J K N R N P F A C F O P P O R T
```

Puzzle 111

```
J  I  S  R  A  C  I  F  I  L  A  U  Q  C  X  G  C
Y  N  K  B  G  I  A  C  C  A  X  Y  S  F  C  U  O
A  V  B  U  F  W  U  R  I  E  M  P  I  R  E  A  M
S  I  Q  C  U  L  T  E  R  I  O  R  E  J  O  R  P
E  T  O  O  N  N  U  T  U  A  F  L  Y  P  T  D  A
P  O  T  T  O  S  B  S  A  N  N  O  L  G  A  A  R
S  S  T  P  R  O  D  U  Z  I  O  N  E  E  N  R  S
O  Z  E  P  P  L  M  T  X  K  Q  M  J  V  C  E  A
S  Z  G  M  U  Y  A  H  D  Y  M  J  L  B  Y  C  L
T  T  O  J  B  P  H  I  J  Q  Y  W  X  I  C  U  U
E  P  R  I  H  R  L  C  U  R  I  O  S  O  D  D  Z
N  T  P  F  E  Q  A  T  T  P  I  N  E  O  N  Q  A
E  S  J  H  C  I  D  V  T  W  D  W  P  X  M  N  Q
R  E  X  I  X  Y  R  O  A  S  O  L  D  A  T  O  F
E  S  P  A  V  E  N  T  A  P  A  S  S  E  R  I  Y
```

SOLDATO
SOSTENERE
GIACCA
SPESA
BUCO
SOTTO
UCCELLO
ULTERIORE
RIEMPIRE
SEMBRAVA
AUTUNNO
GUARDARE
COMPARSA
ANNO
INVITO
PROGETTO
CURIOSO
SPAVENTAPASSERI
QUALIFICARSI
PRODUZIONE

Puzzle 112

VENIRE
PRESERVARE
ALTERNATIVA
AGNELLO
PROCESSO
TAGLIO
PROBABILMENTE
SEMPLICE
MERIDIANA
MIGLIORARE
ROTTO
COMPRATO
PANTALONI
CAVALIERE
BLOCCHI
GROTTA
PIETRA
NOSTRI
MANUALE
INFASTIDIRE

```
C  P  T  K  Q  G  D  N  M  B  J  Q  P  Q  O  A  N
E  O  R  B  M  E  M  O  A  L  J  B  R  K  T  L  Z
T  P  M  E  R  F  G  S  N  O  T  T  O  R  A  T  A
N  O  C  P  S  N  L  T  U  C  X  S  C  M  G  E  F
E  I  E  C  R  E  F  R  A  C  J  V  E  K  L  R  H
M  G  Z  T  J  A  R  I  L  H  S  R  S  X  I  N  N
L  I  E  M  F  V  T  V  E  I  I  M  S  L  O  A  M
I  P  G  O  B  N  J  O  A  B  E  Q  O  Y  T  T  E
B  I  X  L  B  H  T  H  C  R  H  A  F  A  S  I  R
A  E  I  L  I  S  M  W  I  X  E  R  I  N  E  V  I
B  T  F  E  Z  O  P  A  N  T  A  L  O  N  I  A  D
O  R  G  N  K  E  R  I  D  I  T  S  A  F  N  I  I
R  A  N  G  R  X  V  A  T  T  O  R  G  T  B  S  A
P  Z  U  A  F  Q  H  E  R  E  I  L  A  V  A  C  N
S  E  M  P  L  I  C  E  F  E  V  H  K  Y  P  L  A
```

Puzzle 113

```
B I T Z C C B K C Y L I Q F Y L M
S B M V D L A E O A M E E E T J E
P C R X U A L L I G V N Z N I Y C
Z P O B A S E A E O L O C I E V C
Y I V P F S N N L R X I W M L A A
W A I Q R E A O G D A Z C I A F N
U C T A O I Z S Z B Q N N R R W I
T I I C S T R R B B I I C C T P C
I U S Y C E R E D U L C N I N R O
L T O T J R R P E X H E C H E E J
E O P F E O R L I D D R O O C S S
S T U A J R X I N E C G L K W T N
U Y X N W R R J Y I T L S P V O Y
C B O Z O E F A I G R E N E M J P
S I Y T M T I Q S E W V Z J D N K
```

DROGA
CLASSE
TERRORE
POSITIVO
BALENA
PERSONALE
PRESTO
ENERGIA
VEICOLO
INCLUDERE
RECINZIONE
TERRA
SCUSE
UTILE
MECCANICO
CRIMINE
CAVO
CENTRALE
PIACIUTO
SCOPRIRE

Puzzle 114

TRATTAMENTO
PENSI
FOGLIE
FIUME
OTTENERE
BENE
ABBONDANTE
FONTANA
MAGAZZINO
FALLIRE
CIOCCOLATO
PAIO
GALLO
SAREBBE
MENZIONANO
ALLARME
RACCOLTA
BEVANDA
VOLT
RIGIDA

```
S M O G A S E G R H L W F E Y J C
T G T L O V P I F E W S N X G W I
P G T V P A I O W M G D O I N G O
I A E R A O T N E M A T T A R T C
H L N J C E P A M E D Q K N D E C
F L E B I R D N U A I N X W T S O
O O R C L I I O I Q G W P K Z Q L
N B E P P L V I F M I A X E X I A
T Y V T C L J Z H W R J Z M N Q T
A U E T N A D N O B B A D Z C S O
N Q Q M T F N E M R A L L A I F I
A G R Q M R Q M N O O U X H R N D
B E V A N D A L U E I L G O F O O
R A C C O L T A C E B B E R A S C
R J V P Y E F P V N L Y C C Z S R
```

Puzzle 115

```
A S M I O W E Z H W J L I D B Y I
D I G A I F W M G E J S P I I O N
V A B O T E L I B I N O P S I D F
T E C R N I L J K Z R D S T B I E
M M N E L P T A H W W L G R R N R
N E C T M E T A R Y M A P U A T M
W I L T O R Q A U U N C Z G C R I
V S H O T C V L G U T P I G C O E
V N R E O O S R O M O L E A I I R
Q I N L M R W T O Q K Y U V O T A
Q C P O O S O I G I L E R C P O Q
O M X C Q O F O L C L O R E L W J
Q G R A D U A L E N O E L M O S X
O R D I N A T A F P W P B Q C E G
U F U V B A R C K J P D F E G U S
```

CALDO
MOTO
MATITA
COLPO
ORDINATA
FOLCLORE
GRADUALE
RELIGIOSO
VENTO
DISPONIBILE
DISTRUGGA
COLEOTTERO
MORSO
PERCORSO
INTROITO
INFERMIERA
BRACCIO
INSIEME
LEONE
CULTURALE

Puzzle 116

PIEDI
VUOLE
PENSARE
ESAME
ORGANI
PISELLI
BASTONE
PICCOLO
ESEGUIRE
PARTECIPARE
SPARARE
AEREO
NÉ
CONFLITTO
PROVOCATORIA
PESCHE
ISTITUZIONE
CHIARO
FORNELLI
CUOCERE

```
P E N O T S A B W Y W P I W F I G
Z I S A M H B S H L E R A R A P S
C X C E M A S E X T W O N B Z E K
C O A C G F K W G B E V V U O L E
H O N O O U E K O P L O S I T I H
I U B F I L I D E I P C S S Q K C
A N Q U L M O R R N V A L T F I S
R J V Z L I S X E A W T F I Z X E
O K S Y E H T S A G N O O T O W P
W L E Z S N T T Z R G R R U N N A
M P P J I L P Z O O G I N Z É F J
L X N V P U K J J T I A E I R A B
P A R T E C I P A R E Y L O Q K H
C U O C E R E F U P V S L N E X K
J P E N S A R E H A H J I E H M I
```

Puzzle 117

```
L A N E C U B M P O F L K Y S P S
C Z K Y N M K S A D I S E G N O A
E N Z Z M Y Z H T S Z M L G D E L
R E M L V A C C S F S A P Q D R I
A I I X T O R G I V D I P V N O C
N R A I V V B C V L N G M D M T E
I E B V C D Y I A X M W M O G A L
F P A E V Y X V R T H K C T S N I
N S F K S O S N E D O L W N C I T
O E X T U L R M P U R R E H M S
C T O C C O O G Z X D O E M E O A
P O L I T I C A E F Y K Q O R N U
F A C C I A Z Q O R R P L G M E Z
M E S S A G G I O O E Q J R A D H
N E C E S S A R I A V K B A F E N
```

MESSAGGIO
DENSO
STILE
MASSIMO
SALICE
RIAVVOLGERE
DISEGNO
ESPERIENZA
POLITICA
ARGOMENTO
DENOMINATORE
MARCATORE
VISTA
SCHERMA
FACCIA
LAGO
MERA
NECESSARIA
TOCCO
CONFINARE

Puzzle 118

VETTA
PATATA
SCHELETRO
NAVE
GRUPPO
UGUALE
CONNESSIONE
CERTO
RICONOSCERE
CONTATTO
TRUCCO
OCCUPATO
FINO
CICLISMO
ESEMPIO
MOSTRA
ARRIVANO
GIUDICE
COSTOSO
DEDICARE

```
C F V Y H N C O S T O S O F I N O
M I H L X Y A K E F D Q C A I U Q
S N C S S Q T V R D M Y E O S N Q
L D S L V L T Y E U G A R T S O M
E R A C I D E D C P G F T T G T E
T A V G Q S V W S R H U O P O B Z
T R U C C O M P O V O S A L R J Y
C P X H M G N O N I F B C L T E K
O P P U R G Z H O Y O I P M E S E
N G I U D I C E C N X D R R L X V
T W I V C S F P I K N D V V E Q W
A T A T A P W G R T H Y L U H O D
T F C S E N O I S S E N N O C Q I
T A R R I V A N O Q O U S A S T A
O O C C U P A T O Z R E U C P R O
```

Puzzle 119

```
C Q Z W A E K Y S P N S G N K I F
A O A S C I U G A M A N O K F E E
T U L Q H E M Q L V I O L A E R R
S M T A M D E R A L O C L A C A M
E M S O Z G U E E K D I I L O D O
T U O R M I Y R K D J T K U L R F
I L G A F A O A O N G A R O P O T
R I F U A B T N I P A R N E R C O
S N G G F L U I E I I P U N A N C
F O Z U V O O L C S X B C G G O Q
T A L L E N I C C O C G D U D C M
A P P A R T E N G O N O P R O D I
U T L A W C G I E X Y P L P D C D
S T R A N I E R A A M B I E N T E
V O L O N T A R I A L V R H E H M
```

TOPORAGNO
TESTA
VIOLA
COCCINELLA
PRATICO
ASCIUGAMANO
APPARTENGONO
FERMO
UNA
MULINO
PRUGNE
COLAZIONE
CONCORDARE
AMBIENTE
STRANIERA
VOLONTARI
INCLINARE
CALCOLARE
AUTOMATICO
GUFO

Puzzle 120

GRANCHIO
PRODOTTI
PRANZO
SERA
PIUTTOSTO
VOLUTO
GUADAGNARE
LOCALE
RAVANELLI
PIACEVOLMENTE
PREVISTO
COLLO
PRECEDENTE
ORA
SUONO
MEDICINA
DICHIARARE
ACQUA
PERISCONO
CONFERENZA

```
A C Q U A J C L S O P T F X D I E
C K W W R S U O N O R B J B I L T
E O T S O T T U I P O G E V C L N
M L N K K Q T T T K D Z R Q H E E
Z L P F N O Q R D M O O T P I N D
L O A E E L A C O L T L Z O A A E
W C N K R R N K X Q T Y K N R V C
F M F J V I E T J S I Y D U A A E
O G K I O I S N K S X S N P R R R
S E R A L J L C Z O T S I V E R P
Z W U F U I G Z O A N I C I D E M
B A R O T I E R A N G A D A U G B
L H K C O B Q H G W O H L F C C S
P I A C E V O L M E N T E A Y L V
G R A N C H I O V B G N Y D K R E
```

Puzzle 121

```
S U E U C T E L E V I S I O N E P
I O T P U I M M A G I N A D P L T
C E N T C I Z V B K E O M K H J P
U N E D E L U I B M E R G B U F U
R A R R W T B Z M Q Z I M Z U P W
O T A M A I H C X U W U W Z Q D H
F N P T T A J O N A I P P O C C A
S A S Y T L Z Z T S Q R T V J J X
T T A O A M Z S L I I M W T X E U
U S R X V E N J N O L L E T L O C
D I T U A N G B E C T M C M D R K
I C A M R O G R V G Y T L G N T Z
O L O C C O R T A N A H A U D S Q
M O L T I P L I C A Z I O N E A D
V O G L I O N O H O H P O B L N Q
```

IMMAGINA
CUCE
TELEVISIONE
ANATROCCOLO
STUDIO
NASTRO
ALMENO
CHIAMATO
QUASI
CRAVATTA
SICURO
MOLTIPLICAZIONE
GREMBIULE
ALCE
LOTTA
ISTANTANEO
ACCOPPIANO
TRASPARENTE
VOGLIONO
COLTELLO

Puzzle 122

MOTIVAZIONE
CITTÀ
NEVE
ORSO
ARTE
INDIPENDENTE
STORIA
PARTECIPANTE
PRESIDENTE
MAI
AGRIFOGLIO
PERMETTONO
FELICE
ORGANIZZANO
DOCCIA
FORMA
NOTO
TERMOMETRO
RIDURRE
SCIARPA

```
K H N B T D A W G N A Y A A B N T
J O N O T T E M R E P L R E D A S
B N R G L K R R N V D J T T C A B
K Z A C X F L O I E I C E N O E E
Z M O T I V A Z I O N E L A R L T
S P R E S I D E N T E X K P S Z N
K T N G X P G Q I E L I I I O D E
F Q O I L G O F I R G A I C C O D
W E O R T E M O M R E T M E S T N
Z A L C I T I I F U V H A T C O E
N E I I E A H L F D F Q I R I N P
T K S M C V M J U I M P T A A C I
C I T T À E F F R R R F F Y P R I D
S O B T F O R M A O G T T H P B N
O R G A N I Z Z A N O J W G A C I
```

Puzzle 123

```
C V T W B M M R M O N E T A D C T
Z L S B D D Z G T R Q R Z P I A R
A O I Ù H L U W O X E E F O S T A
P U M P B X C V Q D R D C P E E S
P K P W W I E R M E N I P O G G L
A O J I M Y R I X Q A R O L N O O
P D E Z I Z C A E Z X G I A A R C
A R F U F M A A C I E O I Z R I O
R B T C X E N O I G I R P I E A U
H G H E O R D A N A N A S O S H M
O G U N Z R O T L L X Z K N C V Y
A F F I D A B I L E T I X E A S I
R A P P R E S E N T A R E E L T A
S T R A T E G I A E W X X F E J R
B R Z L F Z F Q O R K Z B Q K X P
```

SCOPO
PRIGIONE
RAPPRESENTARE
ZAPPA
CARIBÙ
RIDERE
DISEGNARE
POPOLAZIONE
AFFIDABILE
CATEGORIA
ANANAS
SCALE
TRASLOCO
CERCANDO
MONETA
POI
RETE
STRATEGIA
CLIP
RAPA

Puzzle 124

MAL
STUDENTE
AGENTE
INSENSATA
TRADIZIONALE
DENTIFRICIO
DOPO
ORTOGRAFIA
ERA
VERSIONE
ARTICO
SENTIVANO
MUSICALE
MACCHIATO
SALSICCE
CAMPANA
DUE
BUCANEVE
GENERAZIONE
SOCIALE

```
L V G W I S O C I T R A S M I T F
D V T E L A I C O S X X E A N R M
E H C T N A C Y R X Z O N C S A D
O W Z N V E I Y Q U A T T C E D B
R H Y E W V R D E X Y A I H N I S
V D S G B E F A S K B H V I S Z S
E K X A V N I I Z S M N A A A I T
R H E I H A T F Z I A I N T T O U
S W L H N C N A E A O L O O A N D
I S A D W U E R R U P N S X J A E
O G C W T B D G A T O Y E I Z L N
N W I Z V U G O K W D M I K C E T
E D S D X O E T A A N A P M A C E
P P U E W B R R N R L L P F X N E
S B M E N D C O O O K J M E C M K
```

Puzzle 125

```
O L E G E F Z I S I A R R E U G U
W P O V V I O Q Q G P A I V Z K S
O M I P I S E L L O P I X T Y S A
X K T N K Q O Z M L R R V G M H L
C O Z H I D Q Z B A O E R S B O T
A E R E V O U M I R C D Z L X F A
Z R A E P Z N A A W C N U O K J T
F W D Y P I N E R Z I A I Z D K O
S C R I T T O R E W O V Y W S G S
S J O R C B H T M E C A S D N Z K
I B C D E N T I S T A L O S V V U
L R I L T X C O V S O R P R E S O
G S R G D I M O S T R A R E U I E
R I T I R A R E K X H L E G A T O
I Y K T N Q J E A S B U K E X L X
```

VIA
TRE
APPROCCIO
ZIA
GELO
GUERRA
SORPRESO
RITMO
PISELLO
LAVANDERIA
OVVIO
DIMOSTRARE
DENTISTA
LEGATO
OPINIONE
RITIRARE
SCRITTORE
RIMUOVERE
SALTATO
RICORDA

Puzzle 126

CANNELLA
MUSICA
CONGRATULARSI
CRICETO
PRONTO
OFFERTA
CESTINO
FONDERE
ORDINE
COLLEGIO
VUOTO
CHIODO
DECIMA
STANZA
PALLONCINI
URLO
QUESTIONE
ARRESTARE
ANELLO
DI

```
A T R E F F O T N O R P D Z R H E
Z N Z D S C F O N D E R E W D K Z
E Z E N O I T S E U Q H I L V C L
J D E L T D O W H X R O R D I N E
D K G I L Z G C M U S I C A I F T
K E L Z Q O Z O B T R E T G B X W
E C C I S R A L U T A R G N O C M
C E R I Q N C L S T A N Z A C K K
A S D W M V H E R A T S E R R A K
N T M W C A I G A Y Q V U O T O C
N I O A J C O I N I C N O L L A P
E N U V J C D O L B J C B V U N B
L O R W H Q O V C J A I C U O P W
L P L C R I C E T O E V P Y I W V
A J O W G L R I A A V Z Q Y V G S
```

Puzzle 127

```
S O N A C C A T T A X X H D O N S
A H F Y P I U N D I C I X I N P I
G B R L L J V M Y E X J D M C B L
G T E R A Z Z I L A E R T E C O E
I T A X R P F S L L O N F N A F N
C O M P L E T O L E Z Q F T V O Z
E E I P E G P M Q M O T U I A R I
W J T X L J T Z A N T E M C L C O
S E T T I M A N A N U O Q A L H S
F S I G T X R K J F C X X T E E O
E B V Y A O D S E Z N A V O T T E
D C X N T T A G L S X U N P T T I
T R L Z R A U V O L A R E Z A A M
Y R W G O K Q S E G N A L I A P Y
F W K F P H S I N V I S I B I L E
```

SAGGI
CAVALLETTA
REALIZZARE
AIUTO
UNDICI
FORCHETTA
MANCANZA
VITTIMA
DIMENTICATO
SILENZIOSO
PORTATILE
INVISIBILE
COMPLETO
SEGNALI
ATTACCANO
SQUADRA
VOLARE
CIVILE
SETTIMANA
PO

Puzzle 128

TERRIBILE
SALE
CARICA
URAGANO
FORBICI
UNITÀ
PERMETTERSI
CIGNO
PRIVATO
ACCURATEZZA
MEZZO
IMPORTANTE
GIOVANE
LIBRERIA
FORMATO
SOLI
RILASSARSI
MOSTRO
DISPERATA
VELOCEMENTE

```
F O R M A T O I U G R B U X U M T
U N I T À N V M U R I C I B R O F
M T I D S X Z P L J A O R T S O M
X E Z H A U O O T Z Q G V T Y D W
R T Z T I O U R R Z O T A A L G U
G L J Z F H O T A V I R P N N F V
J X C S O A T A R E P S I D O E Q
H G E U V A P N L I B R E R I A R
A Y B P J J E T N E M E C O L E V
C I G N O I E E L I B I R R E T U
I L R I L A S S A R S I K I S G W
R O U P E R M E T T E R S I A A H
A S A C C U R A T E Z Z A H L Q K
C L S H M T Q B S H O M E S E T W
O W E W Z W Z A B Z O W W W G Y X
```

Puzzle 129

```
A  N  I  M  A  L  I  C  K  Y  E  Y  D  K  L  M  A
B  I  T  G  B  K  W  F  O  T  N  E  V  E  R  E  Z
R  I  C  H  I  E  S  T  O  L  T  A  M  B  U  R  O
L  R  V  G  D  R  S  P  D  L  P  F  R  H  Q  B  G
F  A  O  E  C  I  O  F  O  R  T  E  M  I  R  E  P
R  E  Z  D  R  N  A  K  A  A  U  V  V  E  J  T  P
I  R  S  O  O  R  L  E  H  G  T  O  V  O  L  Y  E
G  R  P  S  C  O  N  N  A  H  I  B  G  N  L  H  S
O  O  Z  H  O  F  O  J  T  R  S  A  A  M  G  I  A
R  R  I  R  E  S  T  O  C  R  T  Y  N  X  Z  C  N
I  E  U  Z  R  X  A  T  C  L  I  M  A  O  R  H  T
F  Y  Y  T  O  V  B  U  P  H  Y  M  N  X  N  D  E
E  B  M  M  C  K  A  D  R  A  S  Y  Y  Y  R  X  B
R  N  B  P  E  P  S  E  T  N  A  T  S  I  D  G  H
O  Q  P  S  P  I  K  S  A  V  C  T  N  U  V  E  D
```

PESANTE
FRIGORIFERO
COLPEVOLI
ERRORE
DISTANTE
CLIMA
RESTO
ANIMALI
FORNIRE
FAGIANO
CROCO
SABATO
SEDUTO
PECORE
LAZO
TAMBURO
HANNO
PERIMETRO
EVENTO
RICHIESTO

Puzzle 130

MAGGIORE
RIFORMA
TACCHINO
TUTTO
SPECIFICHE
AIRONE
GRIDO
DELIZIOSA
FANTASMA
MODIFICA
INDIRIZZO
BASSO
UTILITARIA
LINEA
GUSTO
AUMENTARE
LATTUGA
CIELO
TEGLIA
SCENA

```
H  T  J  E  N  L  R  Q  O  U  G  Y  L  R  A  M  G
L  V  H  Q  F  I  E  R  I  T  U  R  A  C  U  O  G
S  G  Z  Q  R  N  B  H  X  I  S  M  T  I  M  D  Y
L  V  D  H  O  E  Q  K  C  L  T  R  T  E  E  I  H
V  S  K  H  A  A  R  W  J  I  O  T  U  L  N  F  M
I  X  O  L  M  Y  T  F  P  T  F  N  G  O  T  I  A
I  N  D  I  R  I  Z  Z  O  A  N  I  A  B  A  C  G
U  S  I  N  O  L  T  D  N  R  Q  M  C  W  R  A  G
C  D  R  H  F  R  F  O  I  I  J  M  Y  E  E  W  I
L  O  G  D  I  H  Y  T  H  A  N  E  C  S  P  Z  O
A  A  S  Q  R  N  U  A  C  I  T  U  T  T  O  S  R
F  A  N  T  A  S  M  A  C  L  P  Q  Y  U  S  J  E
Y  G  Q  E  A  G  P  A  A  G  G  G  J  J  S  S  Q
R  B  M  Q  L  P  S  U  T  E  N  O  R  I  A  C  Q
D  E  L  I  Z  I  O  S  A  T  U  F  O  J  B  G  C
```

Puzzle 131

```
H I F J C F V G R K K D E L I Q Q
N N N X G O R H C S P O R T I V A
V D C D J K L N D O G T A G T I Z
A I O I P N N O M J U O R E U L Z
N C Y Q Y K L X R U U B O N I G E
Q E R A N I C U C E O I L T F X R
M U C G W K T N V T E S P I I J U
C I I B H X A J T N H O S L R A C
E N T R A M B I N A L N E U O L I
P E N Z O L A R E L U T K O P T S
E S E T A I C S A L M I M M D A S
S O S T A N Z A G I A Q L O Y L C
L Q W N N G R C U R C Q G S G E D
V I W C N O W L F B A A Z B J N B
E R E M I R P S E N C D Y Q V A F
```

SOSTANZA
CUCINARE
ESPRIMERE
QUI
FUGA
INDICE
BISONTI
PENZOLARE
BRILLANTE
ESPLORARE
ALTALENA
LUMACA
RIFIUTI
PONTE
ENTRAMBI
COLORE
GENTILUOMO
LASCIATE
SPORTIVA
SICUREZZA

Puzzle 132

ELEMENTARE
CONTRO
ABBRACCIATO
SAGGIO
RIFERISCONO
MA
PROVA
TASSO
DIVISIONE
MONDO
ATTIVO
PASTO
CALZA
SANO
GEOGRAFIA
FREQUENTE
GATTO
COSE
INTRATTENERE
FALSI

```
E A M K M R E F L R A K C C N Y G
E T O N O C S I R E F I R O C R E
L T T M I L O S P E O M S N N G O
E I A Z L A C L B A Q P E T I X G
M V I S N U G A R H J U R R T A R
E O C R A O N F Y O M X E O A D A
N D C S H N S P B Y K E N N I M F
T N A X Y X O J R M C C E T T N I
A O R Q W V T Q T O X L T R W E A
R M B C Q O S S A T V Y T G P G X
E H B H P V A O K T B A A J U L V
D H A C L V P U Z A H E R H B O V
S A G G I O Q H N G C R T O Q I R
L F U M Y Y G U M V H C N I J U Q
V D H I C P F E N O I S I V I D T
```

Puzzle 133

```
A A E C W P O C H A Z U O Z O H E
T T R R C I X Z O T T O L E T Y Y
T T F T U U C O P R D S G M V S I
I A J A S E R P R O S S S P A D A
V C D Z T U R M O Y Q O E L E O R
I C W Z R T X G C X J M S N L E A
T O Y A K V E M F W F L G H Z U G
À I Y T J S E N C H R V I M A A F
L X D E I G I T Z L U C C I O L A
I T K O K Y I I C I M P S L T S F
E F W T O S O N O S O H F A U A A
V I S O L A T O L Q V N M G N P J
I Q O C S X O L L A I G E E I O E
T X N A X J Y T A W U V B R M N C
O L O M E Z Z E R P D G D L J E K
```

SAPONE
PREZZEMOLO
ATTIVITÀ
REGALI
ATTACCO
MINUTO
SPADA
LIEVITO
SORPRESA
GIALLO
CORSO
COLLA
LOTTO
GARA
LUCCIOLA
TAZZA
CORPO
ATTENZIONE
SENZA
ISOLATO

Puzzle 134

POVERTÀ
METTERE
ESERCIZIO
QUATTRO
DEMOCRATICO
CALMA
PRIVILEGIO
COLONI
CATTIVO
MISERABILE
PARLATO
SPESO
NUVOLA
ALTRI
PIOGGIA
LINGUA
ESERCITO
IMPROVVISAMENTE
RAGNO
SPAZIO

```
P Z Q E E M E T T E R E S P C P A
R D I S C S C A T T I V O P W K S
I E N E N O E R A G N O K M E N Z
V M P R U A L R U B A R P I O S Q
I O A C V M C O C K R N O S G H O
L C R I O U U G N I D Y V E T G I
E R L Z L J H Y T I T V E R I I Z
G A A I A M L A C F R O R A A D A
I T T O I R F U A E B Q T B L H P
O I O L G S H G W M N U À I T F S
L C B T G A C N P L K A M L R U S
Q O M D O G W I F I H T L E I G Z
I G D S I M V L K R W T U W B N S
B H F P P G T F L H N R O E F W B
O E T N E M A S I V V O R P M I F
```

Puzzle 135

```
P J C O N T E N U T O Y A N K G Z
S O N A S S A P C O I N V O L T O
Q T R Y I B J N I H O D I P U C O
I C U T C E X G L F S S D D J J E
L V I D A L L E C R O F Z E N F A
E E J D I T N A C R L D H R U K F
P R G B I R A C W F O D Q E Z T F
W A D N U I Z V G C V P H T U O I
X T Z G A N N N U C U K Y S Y N T
L N A Z P G A M A G N I F I C O T
L E B Z A H T Q V E L A C S I F O
B V M E B I S U W P D K S E J E N
W I O O A O I Z M A A U H R U L V
O D O T E M D E R N S H R M V E E
L S C O I A T T O L O B C D T T D
```

SCOIATTOLO
FISCALE
NUVOLOSO
PAZZA
PASSANO
DISTANZA
RESISTERE
TELEFONO
CONTENUTO
DIVENTARE
RINGHIO
STUDI
MAGNIFICO
AFFITTO
CANTI
CUPIDO
METODO
FORCELLA
COINVOLTO
PORTATA

Puzzle 136

AFFETTO
TUBO
LUNGO
FRETTOLOSA
PAUSA
IMPATTO
GIÙ
GRANDINE
GUSCIO
SLITTA
INTERAZIONE
MISURA
SCORREVOLE
NUOVA
SUPPOSTO
FIDUCIA
PROPRIETARIO
SOFFIARE
RACCOMANDA
VA

```
C T O T T E F F A T K R T R L W P
I E T T Z B K I V B U M K I U B R
R S S A T G U S C I O B W H N Z O
S N O Z R A H B E K G K O L G X P
N E P X X E P X J F B S R V O S R
U L P R Z N W M G R A N D I N E I
O O U C C Z V G I Ù S G M L Z G E
V V S M I S U R A R U L E B D V T
A E Q F I D U C I A A E I X P O A
F R E T T O L O S A P N K T W T R
E R A I F F O S J V V P H X T V I
I O I N T E R A Z I O N E S T A O
E C R A C C O M A N D A B H G O F
K S L Y Y G E D Y W A Q U B K A M
G J Q A L W E C K I M H Y T I Y J
```

Puzzle 137

```
P E S P A N D E R E Q W I A L N U
V R R E A Z I O N E N I T T E P S
E T E W S T C C R W Z L A N M L V
R I E N F E X I Y R X L I A P D E
N U B R D L H T L N A E D T Y W D
I Y J T M E T N E S D C E T R N E
C I Q P I I N A T Q R C S O O E S
I P U N G A C D H U E U N W D M E
W P W U A F I O O A P J I T X D M
M I S C E L A F C N L U C I D O S
G Q N R P H I H C T K F W D O V E
V N T E I E R A O I Y G Y P C G H
W P W W N C H G I T N A U G O V L
R K B G Q M Q G C À V D P F Q Y E
S K D V I A G X S W R U R E M Z B
```

SCIOCCO
INSEDIATI
UCCELLI
PRENDENDO
DOVE
OTTANTA
REAZIONE
LUCIDO
VERNICI
QUANTITÀ
ANTICO
TEIERA
PETTINE
SVEDESE
GUANTI
MISCELA
PERDA
TERMICO
CARRO
ESPANDERE

Puzzle 138

```
W F K A O Y A F C G E E C W R W N
C K W I S H Y D H O W S N S U N T
E K Y L S M T T I C E V I X K T A
P R E S E N T E A C E S L T H O B
S B R R P Z T U R I K R X E A N R
T A A M S E E W I A E K Y D K R X
O M T H T O T P R G N T P D X O E
M B L A I P R S E Q D P E S O T W
A O O P M W Q E V A N T A G G I O
C L C B A P O L I Z I O T T O R W
O A S T A S B D E C I D E R E P H
F G A Z H O X L Y G J C L R S U U
C A V A L L O Y J C Q W Q H L N B
Q P R U G N A P I H F J C K J T E
F M K A T I O A P E R L G T E A E
```

VANTAGGIO
WEEKEND
POLIZIOTTO
STIMA
CHE
PRESENTE
DECIDERE
STOMACO
PESO
CAVALLO
ASCOLTARE
CHIARIRE
GOCCIA
RITORNO
PRUGNA
PUNTA
ESITARE
BAMBOLA
SPESSO
ORE

Puzzle 139

```
C G F G F V V N S Y V W J E C K M
Z O C O R S A U P Q E L I N E I F
U L N N D U W L I F X P I V V C S
C O I C K Q W L A I Q R U L B S I
C C A Z O N Z A G O M E V F L F G
H I M B O R H I G R J S E G J A N
E R C M O O R B I L Z E R E X M I
R E I C K T K E A X V N I F Z P F
O P E B I E T C N X N T F B B Y I
I N V E R S A I O Z J A I R P M C
I D E N T I T À G D A R C Y D G A
A V V O L G E R E L T E A W Q Q T
E N Q L O E P K A N I Y C H J F I
D M P K M E Z Z I C L A Y G I C V
R M Y H E S P O R T A Z I O N E O
```

AVVOLGERE
ALCI
INVERSA
FIENILE
LILLA
IDENTITÀ
CONCORRENZA
PRESENTARE
CORSA
LIBRO
SCI
BOTTIGLIA
ESPORTAZIONE
SIGNIFICATIVO
PERICOLO
SPIAGGIA
ZUCCHERO
MEZZI
VERIFICA
NULLA

Puzzle 140

MODESTO
PERDONARE
SOSTENGONO
INVESTIMENTO
ESTENDERE
PACIFICO
FIORITURA
CORAGGIOSO
ANCHE
PROGRAMMAZIONE
MANGIARE
LEGGE
LEZIONE
COLONNA
PILLOLA
AULA
CONFONDERE
PUZZOLA
VAPORE
CURE

```
S C O R A G G I O S O C A U W C I
O C S J Y L K S V A L U A P L O P
S E S T E N D E R E F R H B Z L E
T T A O T N E M I T S E V N I O H
E R A N O D R E P F R M N N E N M
N V R G T Z E N O I Z E L O U N A
G Y U W F U D C Q D J L Y A V A N
O A T V R G N E H E V A N P P A G
N R I Q Q F O V A P O R E U A N I
O V R T P E F Y V A Q Q I Z C C A
B G O X N Q N Q V H R R M Z I H R
S N I P C L O U T T L F O O F E E
E X F V K U C H Z A L O L L I P E
M O D E S T O L E G G E U A C J E
P R O G R A M M A Z I O N E O J E
```

Puzzle 141

```
M L W A C D S A B V V F J S O D C
S G U E Q X E O A L M T M O S T X
D C C F F L R A I Q C Q O R S H V
L V S I C R V V A N R G L G E M I
L T U E N O I Z U L O S T E R P C
U P E T N A R O T S I R O N V A T
F F S Z W A E I C E P S S T A B U
S O F M A R T E D Ì P K T E R F T
A T R I O C C H I M K L E I E J Y
F J E E C V X G F X P T S U M Q K
N V M L S I P O C M Y R S G H B L
H E Y F L T A Z Z A I P I Z Y Z K
L R Q W G E A L M O S C A F V L T
Z B K I A D T U E T R A N N E F O
W O I H C S I R W I W L G Z B T M
```

MARTEDÌ
RISCHIO
OCCHI
FORESTA
SORGENTE
SOLUZIONE
SPECIE
VERBO
BAIA
UFFICIALE
STELLE
STESSI
TRANNE
RISTORANTE
OSSERVARE
SERVIRE
MOSCA
MOLTO
EX
PIAZZA

Puzzle 142

RIVA
LEGALE
ABITO
OGGETTI
ALTITUDINE
ACCORDO
TENERE
ECCITATO
LAVORO
SPEDIZIONE
SOPRAVVIVERE
CANZONE
SINISTRA
DIGERIRE
DOPPIO
TECNICA
REPENTINO
MUCCA
CAVOLO
MODO

```
F H N N X S P E D I Z I O N E A N
O G G E T T I C S C G G G D V W M
C A L T I T U D I N E E D I X G J
A C C U M H E T A W G T J G S X T
V S A I V F N A O N I T N E P E R
O I C T P E R E V I V V A R P O S
L N C Z E M L Y Y K F Q E I N I O
O I O N N N U A D A M C C R J P U
Y S R D T M E A G U T A C E S P Z
E T D M X K P R J E L N I O E O L
H R O L M O D O E W L Z T Y D D N
H A S G P P W R G Y B O A G J H D
L A V O R O T I B A Y N T R E F K
A D P D X D I V O W B E O C I C E
Q Z S B N C K A C I N C E T I G Y
```

Puzzle 143

```
P W L A R C R X X Q O K Q O N M K
R K X E L O C C I P L L A L O A C
I A A C O N R E V N I J V A N S A
P O N A T F D E L I M U V V N U P
Z R C V Y E N I P B E M I A O T I
H G O A O S A X P U H J A N X I T
Z A R Z J S F G P E C W R D F L O
R N A A F I X T G R N E E I R I L
W I P B I O C R D A Y D R N U Z O
U Z P A W N P K A C C R E O T Z P
V Z W O G E D R K I B J I J T A U
T A E D D A Y I E L K F L Y A T N
G R A Z N E D N E P I D N I Y O T
G E D L D J C U V P G M F W D R O
U C W U R E L I B A S N O P S E R
```

UMILE
PICCOLE
UTILIZZATO
NONNO
AVVIARE
CONFESSIONE
CAPITOLO
FRUTTA
RECUPERO
INVERNO
ANCORA
LAVANDINO
APPLICARE
INDIPENDENZA
PUNTO
DIPENDE
PAGA
ORGANIZZARE
OCA
RESPONSABILE

Puzzle 144

COMODO
CIRCOLARE
OPERARE
NEMICO
LARGHEZZA
LOCALIZZARE
PERSO
FRESCO
ATTIVA
PRESTANO
TAPPETO
QUESTI
DESERTO
FONDAMENTALE
DISPONIBILI
SCORSO
ATTUALE
MINACCIA
BELLO
ALBA

```
L F R B E D S L V L Y F A I U X U
A T T U A L E C M Y A I O L L E B
T M I M W Z W T O I J B P I B R O
K H N P V S G V B R Y P D B F A J
R W Z P C Y C U W Y S J S I F K U
C U W G Q K N P H X D O I N B Y K
J E O N A T S E R P W S U O O M C
M R S J L M S L M P L O F P T D N
L A R G H E Z Z A I W I T S E U Q
F R E S C O D O M O C A Z I P A E
T E P D E S E R T O W O O D P T Z
B P O C M U W M I N A C C I A T E
F O N D A M E N T A L E K M T I C
Q L O C A L I Z Z A R E X S I V H
S C I R C O L A R E I K O E U A E
```

Puzzle 145

```
C Q V Q U E S T A L Z K Q T P C H
C O I U B F Z N S M O A C Z E A F
H I N O X C W K G X I U N S N L N
I N S T V A M P I R O S M X T C L
E O S L R X E T O O N T X S R O A
S M M U Y O I L G E M S U H A L Q
T I Q D G N L P E R D I T A R A I
O R O A E O G L F P O Q Q D E T B
B T O N M D I P A V E T O P H R T
Q A H D O R T L J R I Y R F K I K
B M S A L E T X C L E E I G N C I
F X X T J P O C A L Z I N I R E V
E N Z I I L B R I C O R D A R E A
F U N G O M A T O P O P P I Q J B
V Y F G N J D F P K Q E L B I H B
```

BUIO
FA
PERDONO
CALCOLATRICE
DATI
CALZINI
CHIESTO
ENTRARE
QUESTA
RICORDARE
CONTROLLARE
POTEVA
MEGLIO
PERDITA
FUNGO
ADULTO
BOTTIGLIE
IPPOPOTAMO
MATRIMONIO
VAMPIRO

Puzzle 146

DEVE
ZUPPA
RIMANERE
DETERMINARE
POSTINO
BARRA
VARI
CREARE
FUOCO
NIDO
RIGHELLO
CENTO
ERANO
INSEGNARE
FONDO
MISURAZIONE
SOPRATTUTTO
GIRO
DETTAGLIO
SPINACI

```
I S O D B G E F T K M O C N F Q I
S P D H V A R I F D C S D B O W N
H I E A S F A F O S Z E S E N C S
R N T F M U N B H T R Q X O D Z E
P A T X N O I V I N I Z C L O W G
O C A W B C M G Z I M V H L M B N
S I G H Z O R D J D A E V E D A A
T A L Q U B E L H O N R W H Y R R
I L I Y P M T V E W E A J G C R E
N G O B P Y E T F J R N G I M A C
O W C C A L D E G K E O T R E Y E
S O P R A T T U T T O X R S Z W N
M I S U R A Z I O N E O Q I R W T
X A P A S F W X O F N N X A G U O
C R E A R E E E I E K T E O S R G
```

Puzzle 147

```
T Q C O X N O S R Q K J J M Y U R
M E K T R I B E S J Y O D O R E I
O N M X U T F Q U P R V A R S W S
G I A P I K Z G A R R I B Y M T P
L G V J E J A C M C F T B K I R O
I A B O U S R A I B A N A D I O S
E M D L F X T W R X T I S P D P T
T M E C X W S A C B A T T O O I A
N I C E R A T N A C L S A L M C Y
A T E K B Y U N L S E I N L E A S
T W N Y X Z F P X S T D Z O N L Q
S U N I T B A W A S U R A X I E Z
O Z I T I B O S L M Y D A I C A G
C C O B C U D E L F I N O D A B D
D T N N G C P J W A B F Y N A C Z
```

CANTARE
STRADA
MOGLIE
RISPOSTA
ABBASTANZA
IMMAGINE
FATALE
STUFA
DISTINTIVO
DECENNIO
RIBES
TEMPESTA
LACRIMA
DOMENICA
BIRRA
POLLO
DELFINO
TROPICALE
COSTANTE
ODORE

Puzzle 148

SIMILE
CALAMARI
BAGNATO
MACCHIA
ESATTAMENTE
INTERVISTA
TONFO
CONCEPIRE
FIORE
VELOCE
FUMO
ARMADIO
VILE
SENTITO
MAESTRO
LATI
NUMERATORE
ORECCHIO
CAVITÀ
ARANCIONE

```
X I V P T D E R Y N U G F S A M C
X B Z F F J R X M G À E U E R T A
A R A N C I O N E R T Z M N M L L
A V V M O R E C C H I O O T A H A
M T E Q R S R E L I V A D I D J M
A R S L P A O T X H A E O T I C A
E K Q I O T I N F E C H W O O C R
S H L K V C F E R I P E C N O C I
T B R W C R E M D T V L M G T M D
R O U W Y Q E A N P J I T Q A A H
O S B J E R O T A R E M U N N C A
T O N F O F F T N R F I K O G C K
H P C S V N L A T I W S E M A H S
I Z V W X H O S U G T N V D B I I
Q M B Y N E H E V P E N H V X A R
```

Puzzle 149

```
S H L J W B E V I D E N Z I A R E
D T I T M A C R E S C E R E O W S
E R A X C T Q D Y K N O R R R L P
L H G V S T S U O N G T V A O T E
U O C W A E O D A M Q N F T L C C
S X L W F R T E R L O E T T O O I
O A H I N E T L A S S M Y U G P F
P I O V O S O I Y D N I D R I E I
B S K V T X P C F P T T A E O R C
X O D B L V P A A P F R K S Z T A
E H L X A O A T G F N O O I I I Z
X N F L L T C A I J A S N N W N U
K O S U I O G J O Z W S D H N A M
E V X I I R T O L O C A T T E P S
V S L O F D E U I M O T O R E W Q
```

OROLOGIO
FAGIOLI
ALTO
BATTERE
EVIDENZIARE
DELICATA
QUALSIASI
SPETTACOLO
ASSORTIMENTO
SPECIFICA
ERUTTARE
STAVA
DELUSO
CRESCERE
CAPPOTTO
VOTO
COPERTINA
PIOVOSO
BOLLIRE
MOTORE

Puzzle 150

TENDE
COMBINAZIONE
OCCUPARE
ALLEGARE
LAVELLO
ANNOIATO
TENDONO
PRINCIPE
COMPITO
PANINI
RICCIO
ACCIAIO
RAGAZZE
ARIA
OGGI
GALLINA
RECENTE
POLTRONA
VESTITI
MERAVIGLIA

```
A E B M C M T E N D O N O V C C R
E N G X D M I U P R H J A B O O T
U O N C K A I L G I V A R E M M E
A O M O K I N M Z G C B Z L P B N
B A Q P I R O H C G K N C H I I D
P B V G D A E L B O M L I N T N E
A C Q M O A T L D R G A V R O A T
L A V E L L O O D B R L G U P Z N
B S A N O R T L O P A L V T Y I E
K M I N I N A P U V G E Z S G O C
G I B R I C C I O X A G P O X N E
A Y A D A L H Q G K Z A B T X E R
U A J D T G L T M D Z R O I U M W
V E S T I T I A U E E E V Q I G P
A C C I A I O D G O C C U P A R E
```

Puzzle 151

```
E V A C U A R E G G X X L L X Z C
S D I M E N T I C A R E T I M R A
X I L H U Z W A O G Z J J I N C R
F M G V X W P R L D F L C U W C O
C I A N F D Q P F R A T E L L O E
O S U F O V L O N O I A P M O C S
N E Q T W R K S D Q A E M A R O S
T T B K Z A E I M O B I L I I I E
A N U X E S B Z N A J Z B A P G R
R E L O S A R I G N R A V R O E P
E C A D D I O O Z V L R P U S O E
N U O T A R E N X O F G V S O G N
V C R K S G K E B I O L O G I A T
I W S N C D E L J T I S H Y W N E
E Q V E M W I Y W J G F G K Q V K
```

DIMENTICARE
SCOMPAIONO
CONTARE
EVACUARE
GIRASOLE
SERPENTE
CARO
BIOLOGIA
CENTESIMI
QUAGLIA
GIOCO
ADDIO
RIPOSO
NUOTARE
FRATELLO
POSIZIONE
LINCE
MOBILI
GRAZIE
SIGNORE

Puzzle 152

CASA
MADRE
SECCA
SPINTA
CREMA
TITOLO
BUGIA
CAMICIA
CAUSA
DONNE
TEMPERAMATITE
SPOSARE
DOLCI
FORTUNA
NASCONDERE
CALCOLARE
PEPE
NOME
MOMENTO
SEMPRE

```
T N S L B B Q R D F H I S E I B N
Y G N Y Z G H A M Z O U A S Q K A
S Z Y M Y Z B I G W R R J J A K S
F C N H M M T I M L M M T G M G C
C B X A S C O J U S J B X U X H O
R C I W X A S A C D O N N E N A N
E B E T R U C A L C O L A R E A D
M N R R C S T I T O L O L P E T E
A Y D Z A A Q L A M T M U M P N R
I V A Z M S V N O M E N U E E I E
G J M Q I L O B L K D F E S P P S
U O O M C G E P D O L C I M E S E
B P O M I F T O S O L W U P O T C
E T I T A M A R E P M E T I R M C
X O D B H G O M G P Z H H J G P A
```

Puzzle 153

```
E  L  I  C  O  T  T  E  R  O  I  L  R  K  Y  C  J
S  K  R  I  C  D  W  O  B  X  Q  F  K  R  T  S  N
A  L  A  O  I  R  A  I  Z  N  A  N  I  F  E  T  M
F  P  L  A  P  C  I  L  P  A  H  R  F  R  N  A  C
M  F  O  D  I  S  R  A  N  D  A  N  D  O  U  G  P
M  T  C  S  T  E  O  L  D  A  T  I  C  D  T  N  H
W  C  I  S  U  F  E  L  I  D  I  M  J  N  O  O  D
F  K  T  E  N  T  T  O  C  K  D  P  Z  A  J  C  C
I  S  R  I  V  D  M  P  I  U  N  B  W  V  U  Y  Q
N  X  A  Y  V  A  H  I  A  L  E  G  Y  R  U  O  M
Z  F  P  B  O  S  R  C  M  I  V  Y  C  E  S  J  H
I  F  I  G  U  R  A  G  O  S  Z  N  J  S  P  C  H
O  L  A  V  O  R  E  T  T  O  Ì  E  Q  S  N  V  G
N  A  G  M  O  K  I  D  B  N  M  V  K  O  X  X  A
E  N  O  I  Z  E  L  E  E  K  D  V  Y  D  K  R  R
```

TENUTO
PARTICOLARI
ANDANDO
SÌ
ELEZIONE
TIPICO
LAVORETTO
DICIAMO
ELICOTTERO
FASE
FIGURA
OSSERVANDO
TEORIA
STAGNO
GRAVE
SEI
FINZIONE
VENDITA
CIPOLLA
FINANZIARIO

Puzzle 154

MIGLIOR
CUCCHIAIO
SPOSATO
CANTIERE
ZENZERO
ECCEZIONE
AEROSTATO
CAMPO
NATIVO
AVVOCATO
COMPATTO
NAZIONALE
INTERNO
TESO
CAFFÈ
CANGURO
TRA
ANTENATO
CENA
COMPLESSO

```
Y  T  E  W  K  N  N  C  U  I  J  T  Y  N  I  C  N
U  P  C  T  O  P  A  B  O  P  M  A  C  R  N  O  A
L  O  C  F  V  È  T  D  I  M  V  G  R  Q  T  M  Z
F  V  E  T  J  F  I  B  A  A  P  O  I  W  E  P  I
K  Z  Z  K  R  F  V  A  I  V  M  L  X  Q  R  A  O
Y  E  I  G  B  A  O  O  H  V  S  O  E  G  N  T  N
W  N  O  U  P  C  X  X  C  O  K  F  W  S  O  T  A
A  Z  N  C  D  P  B  D  C  C  V  E  C  N  S  O  L
N  E  E  J  A  N  E  C  U  A  W  Z  L  S  I  O  E
T  R  T  D  P  N  O  T  C  T  M  I  G  L  I  O  R
E  O  E  V  P  Y  T  T  P  O  C  S  L  T  L  G  L
N  D  S  E  D  A  H  I  V  Y  I  C  L  W  T  R  R
A  S  O  C  N  O  Q  Z  E  I  E  P  Q  Y  J  Z  Y
T  L  S  P  O  S  A  T  O  R  U  G  N  A  C  K  K
O  T  A  T  S  O  R  E  A  Q  E  H  Y  T  U  I  S
```

Puzzle 155

```
W T H S M D G W A L D U H D H M G
A C R E C I R M I C X H M E N A S
B T C H I S O R T E I D T C M R O
O C E B P C S Q R M R M P I O R C
C E E M T E S X R J P P A M M O S
C K E U A S A N O S R E P A K N E
A S C L D A J Z W P P U N L Z E T
A G G I O R N A M E N T O E U P N
P U B B L I C A P R O C E D U R A
U K H U R I S I B I L E M H P R G
R O I E E J U D E S S E R E T N I
D N V S P A Z Z O L I N O X D Y G
B E R O T A R R A N J Y D M H N V
Z Y J Q T C B Z I V X X F S A U H
Z Z E T M C W J A S F L E H E U T
```

DISCESA
PERSONA
AGGIORNAMENTO
NARRATORE
PUBBLICA
GIGANTESCO
BOCCA
SPAZZOLINO
UOVO
RISIBILE
PROCEDURA
RICERCA
GROSSA
TEMA
DIETRO
AMICA
MARRONE
DECIMALE
INTERESSE
SOMMA

Puzzle 156

PUNIRE
COMUNE
OGGETTO
DIVANO
OPPORTUNITÀ
CALCIO
AMICI
ECCEZIONALE
ATLETICA
OPPOSTO
SUPPORTO
BENEFICIO
SALITA
SEGUIRE
RAFFICA
AGGROVIGLIATO
ILLUSTRARE
COLLINA
STESSA
RISORSA

```
S O A O C J J S K B O A R R S R D
P G R J A C I F F A R Q W B H O R
U G N E L A N O I Z E C C E B T O
N E I H C P N Z V J Q T Q W O N N
I T L X I C I M A C I T E L T A P
R T L P O T A I L G I V O R G G A
E O U A N I L L O C G D M Z W R S
R G S S A F C C N S A L I T A M S
I C T R V À T I N U T R O P P O E
U D R O I I B I F P E C M A B V T
G I A S D C X N V E N U M O C V S
E D R I J D S Z L J N O T S Q J I
S X E R I W O Q H V G E X I V D O
O P P O S T O E H D X Y B E K J Y
D J J E X R S U P P O R T O T V M
```

Puzzle 157

```
G I J B W C Y Q R A I R M I T N I
I N N O S U L L A H F O A N R E N
T D U D H R C Y T M F Q M C A C T
B O I M E R P X P J V H M I S E E
D S D P B R G M A N G I A D F S N
O S C V A M E T N A R U D E E S D
M A S O C S Z D A U Y I N N R I E
A T B E P S T L N W V O W T I T R
N O W R P H C I D O P T A E M À E
D P D S E I N G N K P G Y L E Y H
A D G W E V Q F H A P S Y Q N A U
V A L O R E E V Z L C O I U T E Z
F E L A I N O M I R T A M R O T Z
K R F A A Y E I R R E G O L A R E
M M L M O N T A G N A T A T O U N
```

INCIDENTE
MANGI
NECESSITÀ
TRASFERIMENTO
DURANTE
SULLA
RISPONDERE
MATRIMONIALE
VALORE
INDOSSATO
COSA
INTENDERE
MONTAGNA
NUOTATA
PASTINACA
DOMANDA
BREVE
IRREGOLARE
PREMIO
MAMMA

Puzzle 158

MILITARE
CALDA
ASSUMERE
MODERNO
ACCADERE
ADOTTARE
FOTOGRAFIA
FRESIA
DIVERSO
SCHIANTO
NUMERO
TESTO
VINSE
LETTERA
SOLE
PARCO
ANSIOSO
OCCHIO
GODERE
OTTO

```
V D M M D U J A Y M C Y U I F W F
H I O D L G A N H K R Q A X G I O
D J N H R U P S A C C A D E R E T
M D R S P Q W I I G U M O L U R O
A G E M E X R O S P O T T O X E G
D N D L R D S S E W L D S S M M R
O U O E C D L O R W M F E E N U A
T M M T B U C U F H Z T T R S S F
T E T T D I V E R S O S N A E S I
A R P E M N M E F S I I J T R A A
R O Z R O C C H I O T N A I H C S
E R L A F C I M J R T D D L Q H L
Z D R P S W R E X L E G L I Z Y P
Y G D D X D J A V K J B A M Q G J
B Y J Y E C N A P N C Q C L E T N
```

Puzzle 159

O	V	O	T	W	D	L	V	F	J	S	Z	J	B	V	A	U
M	A	O	P	F	C	C	I	A	P	C	V	I	U	S	C	N
A	R	R	O	N	T	U	A	M	J	I	H	P	N	H	C	I
R	I	D	S	O	N	O	G	I	O	N	T	P	Z	E	U	R
G	A	I	R	D	R	A	G	L	I	T	D	E	L	S	S	S
H	B	N	F	O	X	E	I	I	N	I	V	G	N	T	A	I
E	I	A	G	I	P	R	V	A	C	L	A	C	I	A	V	M
R	L	R	R	R	M	A	I	R	L	L	A	R	X	Z	I	U
I	E	I	B	E	V	N	Y	E	U	A	N	W	W	V	R	P
T	C	A	U	P	L	I	W	X	S	F	U	R	E	T	T	O
A	E	O	Y	R	K	M	X	M	O	N	L	Y	N	R	M	N
V	X	B	N	Z	O	M	Y	C	O	C	C	H	I	A	L	I
R	G	C	Q	T	G	A	K	Z	K	K	Y	F	Q	C	M	X
H	T	V	Y	C	O	C	E	J	N	V	O	D	M	O	Z	B
Y	U	S	G	M	T	R	I	C	E	V	E	R	E	N	G	Y

PIANETI
VARIABILE
SCINTILLA
MARGHERITA
CONTO
CON
SONO
EST
INCLUSO
CAMMINARE
VIAGGI
OCCHIALI
PERIODO
FURETTO
RICEVERE
ORDINARIA
FAMILIARE
ACCUSA
VERO
UNIRSI

Puzzle 160

PROCEDERE
CONGEDO
LEGGERE
CINTURA
SOFFICE
PIATTO
PAGINA
INGANNARE
SOPRA
SESTA
DEPRIMERE
LUNARE
ATTEGGIAMENTO
NEGATIVA
IMPORTARE
MERCOLEDÌ
MEDIO
FORMALMENTE
RUOTA
CAMMINATA

E	V	G	Ì	D	E	L	O	C	R	E	M	W	C	A	N	F
R	U	O	T	A	E	P	S	S	E	S	T	A	O	T	W	O
A	T	D	H	V	R	P	I	O	Q	Q	V	M	N	T	C	R
T	V	J	W	I	A	N	R	A	P	M	B	E	G	E	A	M
R	U	D	Z	T	N	G	R	I	T	R	T	D	E	G	M	A
O	N	E	R	A	N	U	L	I	M	T	A	I	D	G	M	L
P	A	N	I	G	A	P	A	A	Z	E	O	O	O	I	I	M
M	V	E	R	E	G	G	E	L	Y	V	R	B	M	A	N	E
I	V	W	I	N	N	H	S	G	J	X	O	E	R	M	A	N
B	O	X	Y	Q	I	C	I	N	T	U	R	A	K	E	T	T
L	W	O	A	L	T	D	M	J	E	W	S	D	L	N	A	E
R	V	U	J	O	A	F	E	I	N	U	B	R	Z	T	S	Y
K	B	J	P	J	C	G	B	E	R	E	D	E	C	O	R	P
B	C	S	V	Y	N	J	S	O	F	F	I	C	E	Q	U	C
A	F	T	O	J	Q	E	H	N	B	G	K	B	D	U	K	U

Puzzle 161

```
C Y X F C R J F P E J H Y B K D O
B S S B U A X H M E N T E F J U R
Q A S I O G A N G U R I A H L N G
Y G R L R G E S S E N Z I A L E O
E N T Y E I G L E X Y H P F A R G
X W F Q W U F J F S S E H E G E L
R W I S E N O I Z R O P W J R T I
C A P O O T A C I L P M O C I E O
R J Y Y O O R B M E M Y T A C P S
C A L C O L A T O R E U S N O I I
U L C E S S O C S H K M O D L R B
U V M B S V R S W D M T C A T L J
M T P P U W F C Y A X V Y T O X R
R B K Y L D K H E L L E P O R R F
S T R E G A K V J G W F R V I X F
```

AGRICOLTORI
CUORE
RIPETERE
ESSENZIALE
CALCOLATORE
ANDATO
CAPO
COSTO
PORZIONE
ANGURIA
PELLE
ORGOGLIOSI
DAL
STREGA
LUSSO
SCOSSE
COMPLICATO
RAGGIUNTO
MENTE
MEMBRO

Puzzle 162

IMPRESA
PAPPAGALLO
ALBERO
OTTENUTO
IMPORTA
COMPASSIONE
INTERO
LEI
CARINO
NIENTE
VENDITORE
GIRAFFA
MANO
ECONOMICA
TASCA
ANGOLO
VERSATO
RISERVA
PARTE
POCHI

```
I R V D N G D D O N A M Q C X P W
M Z E T N E I N T D C G U F A J J
P D N H F D H W T T S H H Z C E Q
R U D I J H C F E W A B C P A E X
E R I D R O O A N I T N A A L I V
S S T T J P P I U A M D Y R B N E
A M O N I R A C T A N P Q T E T R
C N R V V R F V O A S G O E R E S
I Z E B Q U F Z R O J Y O R O R A
M H F G Q B A L I E S T H L T O T
O G I V B M R F K V S E F O O A O
N G I F R L I S N K T I B L D K K
O H O L L A G A P P A P R E D X I
C K O I U C O L R X Y O K I J E K
E C O M P A S S I O N E D K A W A
```

Puzzle 163

```
C A M M I N I S T R A Z I O N E Q
M A N W O X I D X Z G X A I M R A
I L M G N I K L O L L R F H O E N
P I X M Y G E C P A R D J C L D F
Q F E P E Z N E C S O N O C T N I
P I E G A L O O T A C U D E I E N
P L P W H D L N G S K J E P N F A
R Z I X I E A O T N I F W S Q F L
E B H B L E R U E H A I E V X O M
V W E V E D N A I H G X Y I P T E
E E O S G L A T O M I C O N X A N
N M P C Q D L S R S N C N O A C T
I C I D K A R U T A S S E R P R E
R F M Z F G J F L I R O T I N E G
E M H J D Z J P W A I X R U J M Y
```

ROSSO
MERCATO
ATOMICO
FINALMENTE
GENITORI
AMMINISTRAZIONE
EDUCATO
PREVENIRE
LIBELLULA
GHIANDE
SPECCHIO
PRESSATURA
CONOSCENZE
OFFENDERE
VINO
MOLTI
FINTO
PIEGA
CAMMELLO
FILA

Puzzle 164

PORRO
PITTURA
NASCITA
PISTOLA
SPIEGARE
FUTURO
CANARINO
AFFARE
ASINO
TELESCOPIO
AFFAMATI
RISPETTO
NODO
REGINA
ACCESSO
IN
STESSO
ORTAGGI
MIA
TRAGICO

```
K A K A P I H N E N S L A S I N O
T C D J B A N A Z N S X Y Q T K D
P C X P V J L S K R R E G I N A R
I E B T A Q F C F I G G A T R O S
S S Q Y Y A V I J S L D D F Y S P
T S C U A G Z T M P P S K M Z S I
O O H D A M V A B E I I T I S E E
L C A N A R I N O T F K T A J T G
A A F F A M A T I T T U L T V S A
T X U Y X U J Y Z O R T T J U O R
W G R J K B H H F D A F Y U N R E
Y M F U A R L T V O G M G B R R A
D M B O X B A H J N I Q P O K O Y
J Q D C F Q V J V M C S A I G P O
A F F A R E A O I P O C S E L E T
```

Puzzle 165

```
R P A T T I N A R E X L C F T G R
F E L A I D R O M I R P S E K I A
P J E L Y T A H X L C P W R R P P
P Q B L S K N L E L A N R O I G P
J O O E H V N E Q S R R Z T P D O
Q K S B S F O T I Y O M T A X I R
X E Q S J N N I S N T D O C S S T
A T M C I I B M G J E J V O I T O
S N W Q K B O I R W S V F I J R S
S E N R N S I L K X E W O G A I R
O D T U D C A L R E G N O R P B O
C I Y R A K T D I E P I X I P U C
S S G B W L X C W T I I F T A I S
R E R A M A E I J M À B Z C M R I
F R D F N G S E L V A G G I A E D
```

REGNO
NONNA
PRIMORDIALE
GIOCATORE
DISTRIBUIRE
POSSIBILITÀ
LIMITE
RESIDENTE
CAROTE
GIORNALE
RAPPORTO
SELVAGGIA
PATTINARE
SCOSSA
BELLA
ANNUALE
AMARE
PROVENIENTI
MAPPA
DISCORSO

Puzzle 166

DIMENSIONE
VERDE
OSPITE
FLUIDO
NAVIGARE
ACQUISTO
FORNITURE
MATERIALE
VEDONO
MILLEPIEDI
CAPITO
CADUTA
DENTRO
HA
UMANO
MONTAGNE
ESCI
DIMINUIRE
EDUCAZIONE
PREVEDERE

```
M H S N H H H A F F A F E K P P E
A I E B P V L T H B O O D L A Y L
P W E T I P S O N B V R U K S M A
D E R I U N I M I D R N C E S C I
U M A N O H U H M M H I A L D L R
B X G F T A T U D A C T Z M E W E
B Y I O I Q N K T A R U I I N Y T
V G V I P L J V S Z O R O L T E A
X N A F A M G I E J Z E N L R L M
V Q N N C O V C N R X Z E E O L I
M O N T A G N E A Y D M M P T Z B
D A Y T M E N O I S N E M I D M S
A C Q U I S T O D I U L F E H I W
P R E V E D E R E L O N O D E V H
H E L I E A L H L F Y L T I N G E
```

Puzzle 167

```
R O I M N R P I À S N G I C M I A
V A V N A I W À T E I C O S I N S
N U C T S L K X L D D K G T N D S
C S G C P E Z K A E R E Q R O A E
H X Y K O R G S E R I T I I R G G
A N N I V G I N R S M N P A A I N
B M J D E S L M A I S E R N N N A
V S V U R O L I O N V D I G Z E R
V E R S A R S I E M T N M O A S E
Q L Q Y C D G L K R Q E A L X E P
V I P A L E W L I Z E P R O O T R
S C G J A X O A S N G I I O D R A
P A D E V L K H U U F D O B K O C
B F L P A P R I N C I P A L E C S
N N S N C Y G N V A T O D S B S Y
```

INSEGNANTE
TRIANGOLO
CAVALCARE
MINORANZA
SOCIETÀ
ANNI
PRIMO
SCARPE
DIPENDENTE
SCORTESE
SUA
PRINCIPALE
INDAGINE
ASSEGNARE
SEDERSI
PRIMARIO
FACILE
VERSARSI
REALTÀ
RACCOGLIERE

Puzzle 168

POSSIEDONO
ELFO
CONCENTRATO
QUANDO
SIGNORA
CONTROLLATO
TARTARUGA
FABBRICAZIONE
BACIO
SENSI
DESIDERIO
AMORE
CONCLUSIONE
ODIO
CHILI
CRITICA
SCALA
INVADERE
ZAINETTO
DOVERE

```
E P W K T I N V A D E R E T Q B N
T L L U A L J Q R E R O M A O A S
Z D F V R I N V O S E F S G T C Q
A E V O T H P W N L V A T E Z I Y
I S V N A C N J G J O B A N N O A
N I B O R N F L I U D B A O H S V
E D L D U H R E S O C R Z I P P I
T E O E G V V P I Z A I Y S A R O
T R X I A X L A Q O R C I U I J Y
O I F S C R I T I C A A A L A C S
L O V S K I E H F W Z Z G C X V N
E L T O N E M T I S X I N N V R N
A L R P Q U A N D O G O G O I D O
C O N C E N T R A T O N Q C P K T
C O N T R O L L A T O E X Q V R V
```

Puzzle 169

```
S K D X A J C C G R A S S I J P V
P E R Q Q E N O I V U L L A H R V
P O T S I A F S W I O Y X J R O W
N I R T G X X Ì X A N R A O E G P
A R S T E O S A N G Q Y B B S R I
E A Q P A J N Y Q G K B G I P A P
J T F P H N X V Q I D F Z E I M I
D E W L J V Y B S O O U C T N M S
P R X N U O D R A P O E L T G A T
H G E T N A I H G M C V H I E H R
U E R E G N U I G G A O K V R K E
B S O N U D A R E V E W P O E M L
S B T B U E A R Z A O V G P D T L
H C U N G D I Q Z V X N H P I D O
O K A O A T E R A N I B M O C A Q
```

PORTA
PROGRAMMA
RADUNO
GRASSI
LEOPARDO
OBIETTIVO
SAGGEZZA
SEGRETARIO
ALLUVIONE
COMBINARE
SIA
COPPIA
AUTORE
RE
AGGIUNGERE
COSÌ
PIPISTRELLO
SETTE
VIAGGIO
RESPINGERE

Puzzle 170

PENSAVA
VALUTARE
LUCERTOLA
PROFESSIONISTA
MORBIDO
PESARE
PERICOLOSAMENTE
SEMPLIFICARE
FISICO
OLTRE
UDIRE
ALLENATORE
PIÙ
NOTA
CHIARAMENTE
PROBABILE
PREFERISCONO
MARCHIO
PARTICELLA
INSTABILE

```
P P R E F E R I S C O N O C E W O
R L I H A G K V U N X Z Z C T J F
O J P E R I C O L O S A M E N T E
F N P R V H X I S P S Q T R E K R
E L A A G G Z H Q C S O S T M R O
S U R C F F Q C E R A T U L A V T
S C T I M P U R P I Ù H H O R L A
I E I F F O K A U O C R B V A J N
O R C I I U R M P R O B A B I L E
N T E L S U Y B U D I R E W H W L
I O L P I Q R G I W E O R V C W L
S L L M C U G K J D S A A E N X A
T A A E O F N Q L D O H S W O E H
A O F S I N S T A B I L E E T G I
X Q W U P P E N S A V A P O A J T
```

Puzzle 171

```
G W C W I G S U V Q D Q K V T V S
O L O I C C U C Z L W E G Z P E P
E G O T D D Z X T B X L K V L L E
T E U B E L O V E H C I M A A A R
B O X E O N R O I G G C N N S Q A
X R Z F N V T T Y G K I E I C G N
P R A T I C A A J Q W F G R I S Z
I U V Y P Z S J T I Z F O A A T A
N U T R I E N T I I X I Z F N G Z
D I F F E R E N Z A V D I H D W N
G A N P I A C E R E D O O I O N E
E G T B J N E W O R J I K B R N T
Z I V Q R F I R O S S O E G T X O
G A L L E G G I A N T E M C R K P
D F W H J O B B T P C V V U I R Q
```

VELA
NUTRIENTI
BOXE
SPERANZA
DIECI
FARINA
POTENZA
GLOBO
OSSO
GIORNO
PIACERE
NEGOZIO
TENTATIVO
PRATICA
GALLEGGIANTE
LASCIANDO
DIFFERENZA
CUCCIOLO
AMICHEVOLE
DIFFICILE

Puzzle 172

RIVELARE
CONVINCERE
ESTERNO
GHIACCIOLI
MALATTIA
VALENTINO
FEMMINILE
FAVOREVOLE
VERME
TESI
DISPIACE
LIVELLO
SONNO
GRASSETTO
CAMICETTA
GENTILE
TABELLA
ATTENTE
MINORE
VOLTA

```
M V O L T A Y A B Q J W O Q K F T
Z A I X O D L T L U G C K N N A T
A A L F N D J T U S J X N S N V T
T T Z A I M U E R A L E V I R O A
T A E M T T U N B M A M T H P R S
E U B Z N T A T C O P O Z T Y E C
C G M E E O I E E H M G H O L V O
I D I L L E Y A Q T C P R S I O N
M R N I A L D I S P I A C E V L V
A O O N V E A G E N T I L E E E I
C V R I Q P M D O Y M S P E L E N
K E E M N B C X Y O M E P F L T C
Y R P M D G R A S S E T T O O R E
E M F E E S T E R N O Y N W W X R
L E P F G H I A C C I O L I H Q E
```

Puzzle 173

```
I V A B G L Q V Z R E U Q C C W B
C D E C A D E N Z A Z Y U A O L E
I R R U T R V J M R K N I K S A S
E N O I Z A R G I M L K N P T D T
C O S C Z K Y X J Z A Z D N O A I
Q D O G E L A U T R I V I X S R A
Z L I U L R I F I U T A R E I T M
C G R E Y O T N E M A T T I L S E
S O U D F R S A L L I E V O T O T
G H F O F T F S A E R O S T A T I
P O L I T I C O A S R A C S A U H
A N C N Y R T S U R E E G P R A Y
S I F G Q J Z E N O I Z E L L O C
G R A S S O V R F G D O Q T S K H
X Y W R L G A P F E D E R A L E T
```

MIGRAZIONE
CROCE
AEROSTATI
POLITICO
FEDERALE
COLLEZIONE
COSTOSI
FURIOSO
DECADENZA
RIFIUTARE
PRESO
VIRTUALE
BESTIAME
SLITTAMENTO
SCARSA
GRASSO
GLOSSARIO
AUTOSTRADA
QUINDI
ALLIEVO

Puzzle 174

IDENTICO
FILO
NATURALE
CACCIA
DANZA
ALTEZZA
SVILUPPARE
TREMENDO
ESTINTO
INSERIRE
CULTURA
INVITARE
MAGGIORANZA
RIMA
NOBILE
STAZIONE
SFORZO
FERMATA
CIBO
PREPARARE

```
G E M Q E W O E D W O D U D Y A C
C R J Y R S I N T A I C C A C L U
T I K J A H T O V P N O E E F T L
R R B E R A T I V N I Z R M E E T
E E T O A M X Z N B N R A A R Z U
M S G L P I B A P T I O P G M Z R
E N U I E R U T Q I O F P G A A A
N I K F R L B S C G C S U I T I L
D Z B D P R U U V B I E L O A I C
O W D G E U M O P J T I I R U Z U
A I I E L A R U T A N A V A O W R
I C Y K I P C P G H E T S N K Z K
Z R Y M B C Q Y N N D W A Z R A H
D I L T O H F N A Z I X T A Q S X
I H Q X N U O U I K V Y X X E U G
```

Puzzle 175

```
C C U T M Y A X C D C S I H M Q R
A O S S E M R E P K O S N K A U T
Q C N J R V T T I H N C I A S A R
C N J S O B A I X M O I Z Z C R A
P A Y N I A N V I U S E I I H T T
E I B U L D A X R M C N A G E A T
F B G Z G N E J F M E Z T G R D E
G O I Q A E H R D I N A O A A L N
T Q R L B T O K A A Z X Z M R H E
D P S T T W M J Z R A P S R E V R
O F W D U T D Q Z Q E E B O R M E
B X L G Z N Z O C C O L O F L N Y
V E R I T À A D I S A S T R O D X
G C M U B N G T N S U G T V T X I
P Q X H Y K H V O G L D Q V L G J
```

CONOSCENZA
FORTUNATO
MUMMIA
ZOCCOLO
DISASTRO
TRATTENERE
BIANCO
VERITÀ
MASCHERARE
SCIENZA
FORMAGGI
TENDA
PERMESSO
CONSIDERARE
INIZIATO
QUARTA
BAGLIORE
SOLDI
VITE
ANATRA

Puzzle 176

SORTA
INDUSTRIA
MENTALE
FOTO
FRATTURA
CONTENERE
LIBERTÀ
DIVERTENTE
CARATTERISTICA
LEGNO
IMPRESSIONARE
TUTTI
VELOCITÀ
ESTIVO
ALTRO
SALVA
RIFERIRE
SEZIONE
COOPERARE
ASSISTERE

```
O S V N R F K C D G B I F I M X Y
K H E R E N E T N O C M R N E G L
N U L P L I B E R T À P A D N P T
U Z O R T L A F M E U R T U T A T
Q E C C U Z S V A T C E T S A D U
R R I Q N C N O C N V S U T L H T
H E T R I C B T R E Z S R R E S T
W T À J A Z D O T T S I A I H E I
K S L E G N O F K R A O L A B L B
R I F E R I R E C E V N V X H D P
V S A S C M X N R V L A N I D S Z
Q S S E Z I O N E I A R J X T Q U
B A Y J Y I I R D D S E R U W S F
P L C A R A T T E R I S T I C A E
U X K C O O P E R A R E X W R Y N
```

Puzzle 177

```
G R J A T F E R M A T O Q C S O M
M K G S Z O T I S G Z T B G I A C
N Y X S O S L Y E S Z A S L C C O
J C U O X S E L R X M D M M C C N
Y L A L V O L L E T R A M O I O D
E H J U J F S E V R Y O W J T M U
P D I T X V G H L E A B O R À P C
J E O O X Q U Q O L G R Z X G A E
A T R L P I A M S L T N E T A G N
P G S F C K R S I I G P J V T N T
W M S L E E D A R T J P C P W A E
I F B X H T O E O T U B R E B R C
J T R C X À T I D I M U R R B E G
G O V E R N O O I C I L L O P L F
A U H I O Y I D N O P S I R W R Y
```

PERFETTO
RISPONDI
DOLCE
SICCITÀ
TOLLERARE
ASSOLUTO
DATO
ELLITTICO
FOSSO
SGUARDO
RISOLVERE
GOVERNO
ROBA
ACCOMPAGNARE
MARTELLO
FERMATO
POLLICI
SITO
UMIDITÀ
CONDUCENTE

Puzzle 178

FEDELE
POLVERE
PORTARE
BORDO
INTERAGIRE
SEDUTA
COPPA
UTILMENTE
AMMETTERE
VILLAGGIO
SCIMMIA
CORRENTE
DITTA
ACCADEMICO
ETÀ
BLOCCO
AMBIENTALE
GRADO
TRASMETTERE
PREFERITO

```
B U T I L M E N T E R N T N J C G
B L Y E D B B T I H H X R I U X R
S E O E U G O C I M E D A C C A A
D R O C R D I T V J L P S L P I D
A J B R C P Q W I C E T M G O M O
C O P P A O O I H R D K E F R M A
S J G E P O P M S G E G T K T I M
C E N G A V G S E X F F T H A C M
O X D W B O R D O Q F G E W R S E
R C L U P O L V E R E O R R E S T
R V K D T M T B Q T A E E V P N T
E R V L F A T T I D D T P B Y A E
N I N T E R A G I R E À V D J D R
T V I L L A G G I O H N Q Z J S E
E N A A M B I E N T A L E D N L Z
```

Puzzle 179

```
B M N M B Z K N V U H K Q A R P T
T U D A L O N N O D M M U M Z O P
J C N Q U M O N S P D L A C N S E
M A B D W I N D O K H F L I U S R
T R E V O N E I R E S L E K K I S
D E N E V F S T E N P I G R O B O
A R R N S K S A D O Z C T W N I N
V A A R F R U L I I V S H N M L A
E L S Q E Y N B S Z U E I N E E L
B O F T B N O E E I H P W U E D I
B P E K K I O R D D G J M L Z I T
W O L Q O H Z I R N Y J Y L F R M
G P A W R U T R C O C R L I R Q V
C O M M E R C I O C I P X A F K X
P E R S O N A L I Z Z A T O B I S
```

NESSUNO
BEN
PERSONALIZZATO
SERIE
QUALE
PESCI
NOVE
POPOLARE
POSSIBILE
TERRENO
CONDIZIONE
PIGRO
COMMERCIO
PERSONALI
DESIDEROSO
BLU
DONNOLA
ALBERI
DENTI
NULLI

Puzzle 180

FALCO
LONTANO
PUBBLICAZIONE
ONDA
STRUTTURA
DANNO
INFORMAZIONI
PARLANO
CAVOLFIORE
TIMIDO
SOCIO
MISSIONE
ESAMINARE
COLLASSO
STELLA
MASCHIO
RITRATTO
FRIGO
DESCRIVERE
FOTOCAMERA

```
T C K C Y K G V N M C Q C M Q H P
J I S R U L I D X X O J F A C S U
M L M T I Y G K Q D L D Q S W P B
X O E I R T N K A H L E D C R A B
Z M R H D U R G G B A S N H N R L
P M O N P O T A Q W S C H I J E I
O G I R F N M T T Y S R I O P M C
D E F W M N M T U T O I O N D A A
S N L L F A X Y C R O V C A S C Z
Q O O T S D F Q K F A E L T T O I
F I V W S W A R D H Y R A N E T O
E S A M I N A R E B H E F O L O N
D S C S O C I O Y B Z O O L L F E
D I N O I Z A M R O F N I Z A U M
N M P H Q R P A R L A N O J W W Y
```

Puzzle 181

```
S I P A R I O L E N N C B D T X S
D A E N O I Z A R E P O V Z M V C
C A M I O N A M O Y Y R L A F F U
R I V I S T A P L K T T J X G U O
I N V E C E T A O S S E C C U S T
C A N E K W T D D K G C N G S P E
M Q C R Q N U A F I W C A A C D R
B N J I U S T E W R N I Z T A T E
Q D G P O M E J F W X A I T R Q P
B D Q A Z U J C I F B T O I P U F
M V S C I M S P O P E W N N A E S
A X R J E N E H Q L X T E O W S O
Z M M C N R B U S M O Q T B M B X
X Q N X T U A T Y O E L H O H E B
L W Y M E R A T T E C R E T N I X
```

INVECE
CANE
SCARPA
SIPARIO
CAMION
RIVISTA
INTERCETTARE
EFFETTO
TUTTA
CORTECCIA
SECOLO
QUOZIENTE
LAMPADA
OPERAZIONE
GATTINO
SUCCESSO
NAZIONE
CAPIRE
DOLORE
SCUOTERE

Puzzle 182

ROSA
SONNOLENTO
ME
MODIFICA
CONDOTTA
PUÒ
LUNA
SETOSA
COLTIVATORE
FRATELLINO
MORALE
PARLANDO
ALLORA
RAGAZZO
ASCENDERE
CHIAMATA
NEGOZIARE
SCIENZIATO
VOCE
DISCUTERE

```
M C E C H I A M A T A V O C E R L
S O U W T Z C R S T S D B B Q M U
C Z R Z Z A I R O A O I J H A Q N
I Z S A H V F P T L R A P P I K A
E A O P L Y I Z E N L I V Z A N E
N G N A I E D B S B W A T E Z O R
Z A N R F R O A S C E N D E R E A
I R O L U E M E K T A J X A L X I
A V L A T T O D N O C E V D K P Z
T K E N S U D B C R E B R M A U O
O H N D G C E X C W B V V K X Ò G
Q X T O P S C O L T I V A T O R E
Q H O J B I F R A T E L L I N O N
E I M Y Q D M A B X L O Q D S G A
C Q W N U Y D A I Z M B F M M K U
```

Puzzle 183

```
E R I L I B A T S V H Y I E I R S
S C R I V A N I A V M Q L N M Z A
I N D O V I N A R E U V L O O G N
D I S T R A R R E R Y O E I D S G
S I F T R A R B W A J I T Z V A U
N O G Q Y O Z L V C F H S A Y I I
S P S N E Z E V A I H C A Z T M N
O U V T O D C H I D Q R P Z D O A
S L A M A R W A R N B E K I S N R
Y P Y X D N A V B I O C C N N O E
N A I H G Y T R S Q X N X A J C T
G G C N D B O I E H K K N G Z E D
M A N I G L I A V A C I M R O F G
B E N Z I N A C L O A B N O F V D
D E F I N I R E A R T I C O L O D
```

BENZINA
SANGUINARE
CERCHIO
SCRIVANIA
DEFINIRE
FORMICA
DISTRARRE
PASTELLI
SVUOTATO
IGNORARE
LUPO
STABILIRE
MANIGLIA
INDICARE
ORGANIZZAZIONE
ARTICOLO
SOSTANTIVO
ECONOMIA
INDOVINARE
CHIAVE

Puzzle 184

SEMPLICEMENTE
STRUMENTO
BURRO
SCIA
ESPERIMENTO
FERRO
PIATTI
MISTERI
AUMENTO
DOMANI
LATTE
TROVATO
COCCODRILLO
CANDIDATO
ESTREMAMENTE
VERDETTO
INTRODURRE
FINESTRA
ZANZARA
CHIUDERE

```
P I Q O R W B H J W R O E S V E O
C G X K S L Q U H X T J X E E S T
E T N E M A M E R T S E N M R P Q
A C H I U D E R E R R K O P D E Q
R U A I T T A I P Q O S L L E R C
A Z M R T R O V A T O V L I T I A
Z C J E R R U D O R T N I C T M N
N B O T N E M U R T S D R E O E D
A I C S L T X W R R A R D M K N I
Z N Z I H X O L E M W B O E Q T D
T A S M O G R A F X I R C N S O A
M M A O N V C T K U A Q C T I F T
K O A B J G J T O I T X O E U Z O
Z D Z A R T S E N I F G C G W S E
U T E J R M D O W W D M F S L I S
```

Puzzle 185

```
C O R R I D O I O E P F D S A V I
T A P Y X M E C C A N I C I L X V
O A Z Z E H G N U L V X L R F O G
J E S L E P I D O T T E R O B S S
N L A S S E N S A Z I O N E R L Z
Z V B U E L R I N G R A Z I O S A
F I O R I M E T N E M A D I P A R
Z B R F J E B N D E L I C A T O U
X T A C F Q F L T P M B Q T O P F
A L D X G A B Z A O D B U N I J F
D Z R X B B W V Y G K A M A V K I
E R A I C S A L I R G G I R P C C
W C U B A L C O N E N I Y A Y A I
W K G E L E T T R I C A O U Y J O
E C O N O M I C O W M Z Y Q B B O
```

RINGRAZIO
LEPIDOTTERO
BALCONE
GABBIA
RAPIDAMENTE
CORRIDOIO
LENTO
UFFICIO
DELICATO
SENSAZIONE
AL
FIORI
ECONOMICO
LUNGHEZZA
RILASCIARE
MECCANICI
GUARDAROBA
ELETTRICA
ASSEMBLAGGIO
QUARANTA

Puzzle 186

ASSORBIRE
ZONA
SINGOLO
MIGLIO
CONTRASTO
ARGENTO
NOMINARE
MILLE
RARAMENTE
RIFLETTERE
COMPLEANNO
EFFETTIVAMENTE
FATTO
FERIRE
ADEGUARE
BRUCIARE
SBAGLIATO
IMPARARE
VOCABOLARIO
ORSACCHIOTTO

```
A R G E N T O K F F Z Z U M L K O
T R U W R Z I I A E I V S I E U R
O I W Q I H H F S M R M S L R R S
R I F L E T T E R E I I J L A A A
A S S O R B I R E G A G R E N R C
S C M C O N T R A S T O L E I A C
N S K P Q A Q I Q J U R T I M M H
E T N E M A V I T T E F F E O E I
S I N G O L O Y H G L E B R N N O
I J R M D F B F B F N K Y A P T T
G O Z O N A V E R A I C U R B E T
S B A G L I A T O T C H F A Y I O
A D E G U A R E G T H R Y P M O Y
O O N N A E L P M O C K C M V W R
T C V O C A B O L A R I O I V F H
```

Puzzle 187

```
B C P L P I I A A Q N Q X A M S G
N E E R H C Q C O I H C E T Y E R
G T Y M O L R I X Y S F A F M L A
Y R K F B F H U U A S K J P G I V
E I N Q L L I P I A N U R E R B I
S O T C T E E T L P K U C D V A T
I L E T H N Z C T T M H S I S T À
S O L R B O R S A O M I S E R I A
T B G A A M O M D A N X S Y B R L
O X M M F I Q M B A J Z L Y D R L
N Y N O A L Z Q Q W Y U H S Z I A
O R E N O I S I C E D W F R H O F
W W K T S U O F N I N T O R N O R
U J N O N G E P M I P E R A W D A
A C O N V E R S A Z I O N E G S F
```

BORSA
MISERIA
LO
CETRIOLO
LIMONE
IMPEGNO
DECISIONE
INTORNO
INIZIARE
IRRITABILE
CONVERSAZIONE
SUO
ESISTONO
TRAMONTO
PERA
CAPRA
FARFALLA
GRAVITÀ
PROFITTO
PIANURE

Puzzle 188

CRISI
SEGNALE
PESCA
MOLTIPLICARE
SECONDO
ASSUMERSI
FINALE
RAZZO
SCUOLA
VOLONTÀ
NOTTE
INVENTARE
AVVENTUROSO
TULIPANO
MATURO
PULCINO
TOTALE
DRAMMATICO
STRETTA
PERSEGUIRE

```
E L A N G E S C U O L A P P T E D
O V N E T U R Y R C I H E I U H F
S T R E T T A A B I M D R M L H F
O U E K C O C P C Z K T S C I F J
R E D R E J S E D I E E E R P I P
U G N P U F E G Z K L E G I A N D
T I W E P H P Y J R A P U S N A D
N C E R N O T T E E T Z I I O L G
E D R A M M A T I C O J R T Z E C
V E P T M A T U R O T A E R L D I
V Z O N I C L U P W B R E J E O V
A O F E V O L O N T À U H K M Z M
P W S V S E C O N D O V R A B Z Z
L G H N F U D C J K M Z A X S A G
H E I I S R E M U S S A Z G P R Z
```

Puzzle 189

```
O X Q O Q C C A L Z I N O C R S V
L P O J A A R E D I S N O C I E I
I F B Y I C E R O S S E P S U R S
O B Z Z J A D S F O R S E H T A I
B L F I P O O P A L B R C H I L T
T K O R U T S I C T Z I E H L E A
J G D S E I N M J I T W W Ù I P F
S F I D A T J J C O A O A A Z Q N
W H T M Q T T T E R M I N E Z J N
J R W J U A G A D T C C L V A B Z
R I F K N B B O N A C C E B B E R
E H C Z R I R L M B N R B D I Y A
R A N K G D Q A L M P F Y Q L V O
T A G L I E N T I B A I Y P E F V
I M I T A R E F R E D D O F J T K
```

FRETTA
PIÙ
TERMINE
IMITARE
BECCANO
TAGLIENTI
GOMMA
ESATTO
VISITA
CONSIDERA
SFIDA
FREDDO
CACAO
RIUTILIZZABILE
SERALE
OLIO
DIBATTITO
FORSE
SPESSORE
CALZINO

Puzzle 190

SPORCO
IMPROPRIO
RESPIRARE
TRASMETTA
DURATA
VALUTAZIONE
SCHERZANDO
PANE
ACCANTO
TEMPERATURA
OTTENGA
OCEANO
AVVERSARIO
NORD
LETTURA
INSEGNATO
RISO
CONTRIBUIRE
SVILUPPO
LUMINOSO

```
S E F A D C I N S E G N A T O W I
Q P E L U O R I S O P P U L I V S
G W T O R N V A L U T A Z I O N E
H K X S A T Y Z B K S N Q D F K L
F D O O T R N R J O P N A O D N P
D W V D A I P E T U P Y H C E B T
I F I N O B D S O C E A N O C H R
L M M A O U P P W Q Y F J A X A A
E T P Z C I O I R A S R E V V A S
T N F R R R Y R U V U F J V F P M
T C X E O E I A G N E T T O Q L E
U E B H P P A R U T A R E P M E T
R C I C S A R E L U M I N O S O T
A E U S L I N I N O R D A Z G W A
Q Y N U S Z H E O K A M I G Z Z T
```

Puzzle 191

```
F I M D Q M S I Y G T P S X R S P
O Q O I L G I F J A Z F N U E T G
I X T C W V G Y H N X N Q O S A L
T Z T H U H X V J A B E Z J P N P
E E E I H N Q A K L O I A K O C R
M S S A Z C O B R U T S I D N H E
O E S R I D T S P W N B E Z S I Z
T C A A O Z A F S F E H B V A R I
I U C Z Q P I S C J M D U N B O O
V T E I E O V Y C M M O T A I U S
O I I O H C N M E U A P D T L F O
R V V N C R I A A U R K A A I V L
U O C E G S Z L D S F V I L T Z X
Q X Z U C I O T N E T T A E À I R
I M M E R S I O N I S R D G A R X
```

IMMERSIONI
INVIATO
CURVA
ZIO
NATALE
STANCHI
ESECUTIVO
CASSETTO
DISTURBO
FUORI
PREZIOSO
EMOTIVO
RESPONSABILITÀ
SEDANO
ATTENTO
LA
DICHIARAZIONE
SE
FIGLIO
FRAMMENTO

Puzzle 192

INTELLIGENTE
DESTRA
FOGLIO
RIVEDERE
COMPAGNO
PREZZO
SITUAZIONE
PARTICOLARE
POSTA
CULLA
UVA
SCRITTURA
REGOLA
USURA
REGIONE
FATTA
GENERALE
ABILITÀ
MISTERO
MARITO

```
D U O R T C A Q X E Z R V Y A I F
V J C P I D O Z Z E R P I A J T R
S K U E N V X M P F O U L G G Q C
X A Q P A X E P A X C F W A Y U
S B B A X C L D U A R U S U B I G
C I C R D A L T E F G S M O O T P
R L U T C M E L A R E N E G R N F
I I L I S A T S O P E A O D E A L
T T L C M E T N E G I L L E T N I
T À A O A N V T U V A O Q S S U I
U O H L R O N Z A U E G Q T I R A
R L E A I I H V T F P E P R M E R
A H L R T G N M H X M R H A W F C
Z Z L E O E S I T U A Z I O N E O
X P S X U R L N V F O G L I O X T
```

Puzzle 193

```
D C S C S P N A L P N Q F G Q W I
I N U T I L E I A S R W M P U S D
M O F X Y E L D C U Z A V X A O X
S E R E D E R C B U V Z T C R T D
U N D G E N E R O S I T À O T T A
F O N I B M A B Q U I M N D O E G
F D V L H S E G N O S I B B L N I
I I R E M L Z M F T Q U E L L I A
C L L C N X J S R K J Y C H E M R
I L N E T E T I Y X U S O J D A D
E E V S D K R U T Y D K R M O C I
N P C I Q F R D B T L Q E V M C N
T A T M Z F D I Ì H I O F N E T O
E C A N I M A L E M I N U T I V Y
S Z M P Y T H Z M F F O N C H E M
```

QUELLI
MINUTI
ANIMALE
MEDI
GENEROSITÀ
CAPELLI
INUTILE
PRATO
IDONEO
FEROCE
BAMBINO
CREDERE
SUFFICIENTE
CAMINETTO
ATTO
VENERDÌ
GIARDINO
SEGNO
QUARTO
MODELLO

Puzzle 194

TRATTATO
GIÀ
VITTORIA
VERNICE
COLORATA
DOMINANTE
CAMBIARE
INGLESE
CAMPAGNA
STANCO
SEDIA
COMPLETA
ELETTRICO
OPZIONE
BANCA
RAGAZZI
TERRA
ACCETTARE
ATTESA
PEGGIORE

```
R L W Z S I R T L A P S C X C A G
Z A I D E S U R T E E N O I Z P O
S K G Y L N R A J B G H S C I F C
C T C A Q N V T S A G G E J C R A
D M A V Z A M T F Q I U C C M V M
E O Y N P Z Q A I R O T T I V E P
L X M À C F I T P Q R A Y J R R A
E N A I V O L O E S E L G N I N G
T M K G N A T T E S A G T M Z I N
T A W T B A A C C E T T A R E C A
R V J O C C N C A M B I A R E E I
I F C Q D A W T C O L O R A T A X
C N K P D L T Z E T E R R A Y V E
O A C O M P L E T A S F O I P M X
T X V J B A N C A G B Y W A M K K
```

Puzzle 195

```
N R I U N I O N E A C Z Q F J V F
O N A N G E S E A N I K Z J V Q Y
N O V I S S E R G G A L V N E D G
O T N M B V N E A Q Z Q R C F J S
S T U O M Q O S I V V A E R P Q C
T E O M C Y I Y Y U S U C C O C E
A L N R P S S V A O O K E C E X L
N N Y V B Z I T E S E V R O R S T
T F N B W I V R R A M O A R H A A
E U A B D H T P E N N E L L O N U
I P G E E Y M A Z G E Q R O U G T
P E R I C O L O S O G D A D J U J
B I M C V S L W F W H U P B Z E J
Y W C F A L L E G R O J S P U O G
S O M O Z G D A R R E S T O N E L
```

SUCCO
PARLARE
AGGRESSIVO
RIUNIONE
NONOSTANTE
UOVA
RAMO
PREAVVISO
ALLEGRO
LETTO
SEGNANO
SCELTA
PENNELLO
NASO
SUGGERISCONO
SANGUE
ORBITA
ARRESTO
VISIONE
PERICOLOSO

Puzzle 196

RAME
PROBLEMI
ERMELLINO
PAVIMENTO
AVANTI
CONIGLIO
CLIENTE
INGREDIENTE
CAPITALE
OBBEDISCONO
QUALITÀ
PRONUNCIA
NERO
TIRO
RAGIONE
ARRABBIATO
COPERTO
FUNZIONE
NERI
AUTORIZZARE

```
P C L I E N T E R J Z K Y P V P P
L R L U U K Q B O A X T B X X A X
I F O I L G I N O C G G O S H V C
K I X N Y Y R B R K Y I I I O I O
R A M E U N E O J P M T O O I M P
D H W F J N E O N P F N N N Z E E
B U E J X N C R F C N A I O E N R
Q U A L I T À I I W V V L C L T T
S O J D Y K T T A J T A L S A O O
J I N G R E D I E N T E E I T Y P
A U T O R I Z Z A R E U M D I F O
P R O B L E M I Z O D O R E P L J
A R R A B B I A T O M B E B A Q Q
U Z E N O I Z N U F K A Z B C L W
T Q N P O Y T G Z T F M Q O C F J
```

Puzzle 197

S	I	M	X	U	F	A	E	N	V	M	M	W	M	P	A	A
H	N	P	X	E	I	A	N	T	L	M	J	A	A	R	R	V
L	T	H	Z	T	R	H	M	W	Z	W	T	X	I	O	C	V
O	E	L	I	T	T	O	S	O	R	T	E	V	A	F	O	E
R	R	O	F	O	T	R	O	P	S	A	R	T	L	O	B	R
I	N	S	E	M	B	R	A	N	O	O	F	O	E	N	A	T
C	A	F	R	A	G	O	L	E	A	N	V	N	N	D	L	I
H	Z	I	D	K	A	U	T	O	R	I	T	À	O	A	E	M
I	I	T	L	E	H	X	Y	Q	K	S	X	A	B	U	N	E
E	O	S	O	G	N	A	F	V	Z	R	R	R	R	B	O	N
S	N	Q	U	G	I	T	M	G	Z	E	N	Q	A	C	J	T
T	A	A	I	Y	D	M	E	Y	S	V	Y	Q	C	V	Q	O
A	L	R	A	C	V	A	A	I	L	I	M	I	S	S	I	D
X	E	Y	Z	B	Y	Y	W	F	W	D	E	P	U	U	A	P
N	X	C	E	N	X	S	O	G	G	I	O	R	N	O	I	L

CARBONE
DISSIMILI
RICHIESTA
AUTORITÀ
SOGGIORNO
VETRO
FAMOSO
FAMIGLIA
SOTTILE
MAIALE
DENTE
FRAGOLE
FANGOSO
INTERNAZIONALE
AVVERTIMENTO
TRASPORTO
PROFONDA
ARCOBALENO
SEMBRANO
DIVERSI

Puzzle 198

VISTO
LUCE
DICE
FLESSIBILE
QUOTAZIONE
SAPEVA
FRAGOLA
SCAFFALE
RECENTEMENTE
BOLLITORE
ANTISTANTE
SCOPPIO
PULITO
RICHIEDERE
PRIVI
ROSPO
PENTOLA
MELA
AUDIZIONE
FACILITÀ

F	S	R	X	I	U	V	G	D	O	H	G	D	X	R	J	W
R	M	Z	E	T	N	A	T	S	I	T	N	A	Z	K	C	T
A	G	E	F	C	N	T	E	A	D	S	O	K	À	Q	J	X
G	F	L	L	A	E	C	I	D	Y	T	D	S	T	P	Y	T
O	R	A	P	A	V	N	Q	U	O	T	A	Z	I	O	N	E
L	O	F	R	V	I	O	T	I	L	U	P	T	L	C	B	R
A	S	F	I	E	S	J	A	E	R	I	K	Z	I	M	O	I
L	P	A	V	P	T	W	H	U	M	G	M	W	C	N	L	C
O	O	C	I	A	O	J	P	L	D	E	Q	U	A	C	L	H
T	L	S	A	S	X	P	T	U	Z	I	N	L	F	I	I	I
N	X	G	O	I	P	P	O	C	S	W	Z	T	R	M	T	E
E	V	M	L	L	J	N	R	E	T	T	C	I	E	O	O	D
P	J	D	L	J	N	P	E	M	X	M	M	T	O	W	R	E
M	Q	R	X	B	B	G	A	P	T	R	J	B	Y	N	E	R
F	L	E	S	S	I	B	I	L	E	F	D	D	J	S	E	E

Puzzle 199

```
D M P E W P C E S O T I D M C H B
I A R R U L E U T Z O A R U A P R
S N I A O Q F P U R M X S R R J U
T T N G R P C A T E N A O A O R C
R E V E B R R S A T R P M L T Q I
U N I I M F M I H H A A B E A Q A
Z E A P I D K P O F Q G S J U P T
I R R M T T A P P O U K W S H D O
O E E I E O Z P A K I F J D U E T
N Y K D D U D F S N L M M A B B T
E F C O M I T A T O A B E H Q J A
P Y H V K X K E R E T T A R A C D
Y R Q L W B S M Y M F B D G O R A
K S I V R D M U K T T W U E N X C
Z G S W M O G Q K U N C S Y G O N
```

ADATTO
COMITATO
RINVIARE
MANTENERE
BRUCIATO
CARATTERE
BUSSARE
AQUILA
MURALE
DITO
DISTRUZIONE
TERZO
IMPIEGARE
PAURA
TIMBRO
BAGNO
PROPRIO
CAROTA
TAPPO
CATENA

Puzzle 200

PAPÀ
INTERROMPERE
ARRABBIATI
COSTRUIRE
REGOLAZIONE
DIFENDERE
COMUNITÀ
LABBRO
DUPLICATO
SORRISO
STUPIDO
COTONE
DRAGO
SORELLA
SALUTE
STATO
LONTRA
SABBIA
ATTORE
CERVI

```
T C G V C G S U V X S J F F I H R
H E M N L B U V T N T G E Y I U P
O K M Z H F D Z K L A E R O T T A
G M S O R R I S O O T R E G A H X
E O X W G A F Y L N O I P A R D C
J P R I L B O Z T T M U M R R I O
A O R B B A L I V R V R O D A F T
À T I N U M O C S A I T R Z B E O
S A L U T E M À D E C S R H B N N
Z C U W R S T U P I D O E F I D E
P I V R E C K S H A O C T Q A E C
A L L E R O S A W H P Z N T T R C
K P L S A B B I A M A G I O I E J
T U R E G O L A Z I O N E F N H O
C D U J C Q X M U W Z P B E L S T
```

Puzzle 201

```
A V A M C A N T O S P Y D I E J T
F Z M N K N M R T E I N V N L Q A
Y D Z B H A Q H T L L I P F E S T
R C B R B R K V E E O A D E F K T
S E R A T T E N R Z T O E R A N U
J R U Y Q S U S R I A G R I N J A
O N A T I V E H O O N L A O T T L
N M Z N K F F Q C N N P G R E A M
Q B B D U R O I D A Y E A E R L E
V M Z R R R J L S Y J N Z Y A E N
A L R Q E V I R U S A N Z L B N T
S R U D P L X V M T A A A F U T E
B A M N M F L T Z L Q R D B R O W
X J E A M B H O X O W Z E T Q Q L
T E A T R O E P R I M A V E R A R
```

ATTUALMENTE
PRIMAVERA
PILOTA
FISSARE
RAGAZZA
EVITANO
CANTO
ARMA
RUBARE
SELEZIONA
INFERIORE
OMBRELLO
TALENTO
ELEFANTE
CORRETTO
TEATRO
STRANA
NETTARE
DURO
PENNA

Puzzle 202

IERI
EPPURE
MESE
SOGGETTO
MEDICO
BROCCOLO
SALTARE
CHIP
BARCA
PASSATO
ARRICCIATO
ALCI
CINQUE
DIFESA
GAMBA
ANNUSARE
DEBOLI
CASTAGNE
CERTAMENTE
PAZIENTE

```
M P C U B W I B X Q C I N Q U E B
E A I M N I S G N O C O R A K R R
S Z H H P H E H L Z Y J W E O A O
E I E A C Q L B N L B J N T I T C
R E T N E M A T R E C X T F Y L C
A N R A R R I C C I A T O Q M A O
S T C U L I C I C S C P U P T S L
U E K J P C N U Y I R I B V L D O
N B Q N Q P W N S O A Z I V M I W
N Y N M W X E Y V G B Y R Q Z F L
A F C V W Q O C A S T A G N E E R
P A S S A T O C I D E M Q K R S O
S O G G E T T O R D E B O L I A F
E X G P G A M B A K P X F P G L L
K C Z F C Z X Q A L C I K I P T C
```

Puzzle 203

```
M E P C C P M A Y T O T U A C C P
U T M O E R P E L M O O Z Z E P Z
F N T M S F O G L I A D A I R F X
F E W P S T J P C O R V O O T B O
O M K O A Y R J A J W E D N A R G
L A J R R S V O R D A H F E Y Z Z
E S D T E P K G N V R A Q L N T Z
U O L A G E R D W C E E S I T M T
A R B M O G F Q C Q O C C J J T V
M O H E U V D B C H L C C B Y Y L
Q L J N C G W C I G U L R H U I A
Z O I T W Q W Q A L F Y Z V I Q B
H D J O C O I N V O L G E R E O S
I N C O N T R A T O N A T E I V I
G F M G A D N Q M F M J E J S B H
```

MUFFOLE
PADRE
FOGLIA
GRANDE
COINVOLGERE
PEZZO
CESSARE
TRONCO
REGALO
VECCHIO
CERTA
DOLOROSAMENTE
INCONTRATO
AZIONE
CAUTO
COMPORTAMENTO
LEPRE
CORVO
OMBRA
VIETANO

Puzzle 204

TRASMISSIONE
GAMBE
TRISTE
NATO
EMERGENZA
FINIRE
AQUILONE
SENSO
SCEGLIERE
ESPERTO
CIASCUN
DIFFUSIONE
RUGHE
VITAMINE
DISCUSSIONE
PROFESSORE
PAROLA
IMMAGINARE
NON
GALOPPO

```
I B F P F I N I R E N O L I U Q A
M T R A S M I S S I O N E R K T G
M U V E P W F S F X B Q Y D O Q K
A L O R A P T E N O I S U F F I D
G D P O G G R N F G C M L N I F R
I I P S T E P S C O X C S O K Y I
N S O S R P F O H B D A I N D X I
A C L E I G I Q T I Z J Z E N E I
R U A F S R A J H A C I A S C U N
E S G O T R U M A Z N E G R E M E
O S A R E I Y G B B A B W F L L R
B I K P E C C D H E I K W I O G D
F O T R E P S E X E Y E F P Y H O
S N A V B G C V I T A M I N E V M
D E S C E G L I E R E F W I H P A
```

Puzzle 205

```
P E W L P A T N A I P O B I M T N
R M F T K A N N V G T Y Y N W H V
E A X H P O R G U A D B G D U V M
O I L I S T A E E Y T N R I Q C A
C N C G È T Y L T L P G W V D S S
C D Z A B E W N E E O L L I G I S
U I Z D Z D H L P L L F S D K X Y
P V A T T A P M O C A O O U C S C
A I H W W E O E B L F S F O I X X
T D L J G U U Q R K U P F N O N R
O U P O R T A T O C B V R I O M U
S A C A S U A L E A H R I M I H A
A L C R E S C I O N E É R A Q R D
E E E S E R C I T A R E E C R Y D
T E N E R A M E N T E N L Q J N E
```

INDIVIDUO
TÈ
CASUALE
PIANTA
PARETE
ANGELO
SIGILLO
BUFALO
INDIVIDUALE
COMPATTA
PERCHÉ
TENERAMENTE
DETTO
PREOCCUPATO
SOFFRIRE
ESERCITARE
PORTATO
CRESCIONE
LISTA
CAMINO

Puzzle 206

DURA
REALE
TECNOLOGIA
LORO
DIRETTORE
AMENTO
SEPARATO
PRESE
PRODOTTO
FIGLIA
CORONA
STAGIONE
SPAVENTATO
GESTIRE
CABINA
CENTRO
ABITUDINE
BICICLETTA
PENA
MALATO

```
X C T P P G P A P W E N Q T B L L
R O E T O E R B R D H D E O I B O
D T F N Q J E I O A Z U Q H C E R
O A K S T P S T D D K R A J I F O
S R U S F R E U O I H A A X C B G
T A D D I W O D T G M S D G L P H
G P F W J C I I T S C Q E S E D E
C E T B L T J N O Y X I R T T M I
A S S C X J O E A K C V O A T A I
B R O T A T N E V A P S T G A L R
I S T A I G O L O N C E T I W A E
N D N Q L R L P V O V F E O P T A
A Z E H G V E L D R O K R N E O L
B X M D I X O U V O X M I E N K E
V I A I F S F X T C Y L D I A P L
```

Puzzle 207

```
K M X R G M R U G H E N J X D D G
U C V K P E M U I F N I O Y P A V
P P T M J N T K G C O T N E G R A
C U Q U I T M S O A I M J T J P M
O R N I D A B B Z V S I N A I M R
N Z F I N L D F B A R S W X P X O
C E F X R E A A O L E T T Z R M F
E M J X I E L J C L V E H B V Y Z
N A F G G X C U C O N R T Y J L X
T N A H L H I D A S P I U Z L P E
R U T O T T A N T A A R Y J M O S
A A T A T O M I C O B B S T U D I
T L O E Q B K E G N Y Q A A U J K
O E R G N I B J B B U T P T I P F
U H E I C A L A M A R I X K O F V
```

FATTORE
DA
MANUALE
FIUME
FORMA
VERSIONE
SABATO
STUDI
OTTANTA
CAVALLO
CALAMARI
BOCCA
PUNIRE
ATOMICO
CONCENTRATO
MENTALE
MISTERI
ARGENTO
ALCI
RUGHE

Puzzle 208

NUMEROSI
ATTRAVERSO
COLTELLO
MUSICA
INVISIBILE
ACCORDO
BELLO
BATTERE
CAUSA
COLLINA
GODERE
IMPORTARE
SELVAGGIA
FLUIDO
SEMPLIFICARE
GIORNO
SPERANZA
MASCHERARE
FATTO
STANCHI

```
E W N F A T T O R C B N C T A H L
U A S U A C X I S O R E M U N A V
K C C J S K K H J W D R L U T D A
Z O O C D V R K V U E E N L S K N
S G L L O H V J H K Y T X U O P E
D B L X L R U Z J W J T K C T L L
D P E C N I D F A G V A A Z W P I
D P T H K L N O S B B B U N R Q B
N A L V U E R A T R O P M I Q J I
Z L O M U S I C A I G G A V L E S
I H C N A T S G I O R N O Z U D I
M A S C H E R A R E R E D O G F V
H U A T T R A V E R S O F X R Z N
S E M P L I F I C A R E P D E H I
F L U I D O Q J B S P E R A N Z A
```

Puzzle 209

A	A	V	B	M	B	A	N	Y	H	P	E	M	W	Z	S	Q
K	K	F	L	S	L	A	E	K	K	E	C	O	T	N	E	L
C	L	I	X	M	T	V	M	D	I	U	I	R	E	I	M	D
X	A	X	M	P	H	E	O	B	H	F	R	A	L	G	P	O
R	I	L	H	U	E	N	I	D	I	V	I	L	B	U	R	N
P	P	R	Z	Y	B	S	Q	M	N	N	T	E	B	S	E	N
O	F	S	N	A	Y	P	D	O	X	X	I	F	T	T	N	E
N	T	D	O	S	Y	L	C	I	P	O	L	L	A	O	O	R
H	P	R	I	G	I	O	N	E	Z	S	I	H	V	Q	T	F
L	X	R	U	S	X	P	T	C	B	Q	P	P	S	A	S	H
L	O	I	H	C	S	A	M	E	K	V	D	R	F	Y	A	E
X	O	C	N	A	T	S	N	B	I	C	T	P	E	M	B	K
G	C	C	Y	X	C	Z	C	N	N	W	X	A	B	S	M	B
I	T	I	A	T	T	U	A	L	M	E	N	T	E	R	O	Z
N	O	O	I	A	I	C	C	A	P	E	R	D	O	N	O	X

BAMBINI
BASTONE
PRIGIONE
GUSTO
CALZA
PERDONO
ACCIAIO
RICCIO
SEMPRE
DONNE
CIPOLLA
IN
PRESO
MASCHIO
MORALE
LENTO
LA
STANCO
ATTUALMENTE
IERI

Puzzle 210

RUOLO
ULTERIORE
PROCESSO
RIGIDA
MONETA
AIRONE
ATTIVO
ESERCITO
INSEDIATI
DETTAGLIO
SPECIFICA
INTERNO
TRAGICO
PORTA
OLTRE
QUARTA
DISASTRO
VERDETTO
RESPONSABILITÀ
CULLA

A	D	I	S	A	S	T	R	O	C	W	B	D	H	U	Y	T
I	T	R	Q	W	F	H	I	J	E	O	W	P	Q	H	W	R
N	X	T	M	F	W	S	C	D	K	A	T	R	A	U	Q	A
S	F	E	I	F	L	L	I	M	O	L	I	Z	T	O	M	G
E	M	A	I	V	I	A	F	H	G	L	A	R	R	G	N	I
D	C	B	Z	S	O	F	K	W	H	U	O	S	O	V	H	C
I	O	I	L	G	A	T	T	E	D	C	S	L	P	N	S	O
A	À	T	I	L	I	B	A	S	N	O	P	S	E	R	E	Z
T	W	W	T	M	O	N	E	T	A	B	E	S	Z	W	A	D
I	V	W	O	E	E	Q	K	V	C	C	D	S	B	E	M	
T	D	B	S	S	D	A	U	R	O	T	I	C	R	E	S	E
T	X	P	A	J	L	R	F	I	H	Q	F	B	X	D	V	R
O	L	T	R	E	F	R	E	E	R	O	I	R	E	T	L	U
P	R	O	C	E	S	S	O	V	Q	D	C	W	S	D	T	R
R	U	O	L	O	N	R	E	T	N	I	A	D	I	G	I	R

Puzzle 211

```
E  T  I  P  S  O  O  C  C  V  F  D  Y  S  S  S  Q
S  Z  J  K  K  N  T  J  S  O  X  H  S  T  V  S  V
A  P  I  L  S  F  P  R  A  V  V  O  L  G  E  R  E
T  V  E  O  O  G  C  F  A  T  A  R  E  P  S  I  D
T  D  V  L  C  A  I  F  Q  S  D  M  M  F  V  E  P
A  K  K  A  I  W  J  R  Y  E  M  R  I  T  M  O  A
M  Q  A  G  E  I  P  Y  A  X  C  E  U  H  K  A  S
E  E  R  U  T  I  N  R  O  F  Q  T  T  S  E  T  S
N  C  D  T  À  X  N  O  D  H  F  N  O  T  R  B  A
T  A  J  T  T  M  Y  U  U  F  O  A  S  S  A  C  T
E  P  Z  A  E  L  A  C  O  L  N  T  L  E  T  O  O
V  I  Q  L  I  Q  N  D  I  A  B  S  D  P  T  F  A
K  T  S  I  R  S  O  L  U  Z  I  O  N  E  O  I  H
Q  O  G  D  A  H  H  P  S  S  E  C  D  W  D  G  H
W  P  L  E  V  Y  N  G  A  K  V  G  M  Y  A  T  H
```

VARIETÀ
CASSA
LOCALE
RITMO
DISPERATA
LATTUGA
AVVOLGERE
SOLUZIONE
COSTANTE
ESATTAMENTE
ADOTTARE
GIRAFFA
PIEGA
CAPITO
FORNITURE
OSPITE
SOCIETÀ
TRASMETTA
ZIO
PASSATO

Puzzle 212

DISTRUGGA
MULINO
OFFERTA
LASCIATE
ELEMENTARE
LUCCIOLA
VA
PUZZOLA
FATALE
POLTRONA
ECCEZIONE
FINALMENTE
CACCIA
VILLAGGIO
QUARANTA
LO
CRISI
SCOPPIO
TIMBRO
CARATTERE

```
C  T  M  C  T  L  Q  V  I  L  L  A  G  G  I  O  F
A  C  M  F  V  C  S  U  V  E  A  C  G  G  Y  N  I
C  W  I  R  X  D  V  C  A  N  O  R  T  L  O  P  N
C  X  A  T  R  E  F  F  O  R  P  C  F  J  U  T  A
I  L  L  X  X  T  I  B  S  P  A  U  O  O  L  I  L
A  O  O  R  B  A  E  I  E  U  P  N  V  Z  U  M  M
E  Y  Z  C  P  I  S  I  R  C  Z  I  T  U  C  B  E
C  G  Z  U  G  C  J  G  E  W  J  H  O  A  C  R  N
C  V  U  W  A  S  H  W  T  A  E  X  V  Z  I  O  T
E  V  P  K  M  A  R  K  T  W  V  D  J  D  O  H  E
Z  W  A  Y  E  L  A  T  A  F  M  M  F  O  L  N  D
I  M  U  L  I  N  O  R  R  Z  V  W  K  H  A  S  U
O  B  X  M  T  R  B  C  A  G  G  U  R  T  S  I  D
N  D  F  N  C  W  Y  L  C  F  X  T  C  L  X  K  N
E  R  A  T  N  E  M  E  L  E  B  H  M  A  F  W  D
```

Puzzle 213

```
V V Y Y K C U U O A S E I B H F I
X K C L O W B I L C A T T C O S M
S R N B R H Y R L C T M E P S I P
C F H C S C F D E O T A C S A A R
U O C I T I L O P P A N A K S N O
M N M Z X N H Q P P C I I Q A I P
T E B P T J G R A I C G P E K C R
H R R S A M B D C A O L S C P I I
P E E C B R X D L N E I I E Y D O
C I Q C O P S O R O T A D V H E F
R L Q O K L R A C O L O N N A M H
Q G M E L A E D I M I N U I R E W
R E C L O D P D E S P L O R A R E
V C B L H V N R Ì Y R V X U V P D
E S T E R M O M E T R O L B Q L R
```

CAPPELLO
COMPARSA
MEDICINA
ACCOPPIANO
TERMOMETRO
ESPLORARE
ATTACCO
COLONNA
STESSI
MERCOLEDÌ
DIMINUIRE
DISPIACE
POLITICO
DOLCE
INVECE
MANIGLIA
IMPROPRIO
MELA
ROSPO
SCEGLIERE

Puzzle 214

SETTIMO
FACCIA
DENTISTA
CRICETO
ACCURATEZZA
UNITÀ
DELIZIOSA
TAZZA
GIRO
POLLO
UOVO
CANARINO
CONCLUSIONE
GRASSETTO
RIFIUTARE
RISPONDI
NOMINARE
DIFESA
SALTARE
SIGILLO

```
C L M B J O V O T J M E Y B Y D X
R O S A L T A R E A G C P Y Y M E
I T N S E T T I M O Z A P O W R Z
F T S C F S Z G H V M Z P Y J I P
I E O L L I G I S O Y Z A O X S B
U S R J Z U B N P U I E S R L V I
T S C Y S Q S J H V Y T O I F L S
A A P D D U F I Q P Z A I S U P O
R R F A C C I A O Q D R Z P S F N
E G W V V P M D I N C U I O Q X I
U N I T À W P I A P E C L N W P R
C M Q S F D X F N O T C E D K Y A
P O G R Y F M E T N M A D I G L N
C R I C E T O S D E N T I S T A A
X P Y G G E R A N I M O N E E B C
```

Puzzle 215

```
R O T E V U T L M E F L O Q Q H Z
I L A G E R E R A M G E P Q N J Y
M N S X Z K R Z V Y S G I Y F I R
E S G A V U R G X X V A S B O N C
L O Z L I R E A Y Z O T A D L O S
B N G I E G N Y Q T T O R E B L A
O W Y N U S O P I C C O L O V G I
R S H Z O N E L A B O C R A P E L
P J E E L A I R O T A M A S P N F
R J M N H K W E T N A D N O B B A
G R J Z S R C J T E C B M B Z I Y
F H E E R I P M E I R E V O K N O
N A Z I O N E P H X S C T H H H M
R E A Z I O N E A F F E T T O L C
G C L H T R A S F E R I M E N T O
```

AMATORIALE
MARE
RIEMPIRE
SOLDATO
ABBONDANTE
PICCOLO
LEGATO
PO
REGALI
AFFETTO
REAZIONE
TRASFERIMENTO
ALBERO
SENSI
TERRENO
NAZIONE
INGLESE
PROBLEMI
ARCOBALENO
TECNOLOGIA

Puzzle 216

DOVER
ATTRAENTE
PORTAPENNE
PRODUZIONE
SPAVENTAPASSERI
CHIAMATO
ARTICO
CRESCERE
SALITA
DEPRIMERE
MINORANZA
UDIRE
ESTERNO
INSERIRE
INFORMAZIONI
FORSE
POSTA
NERI
CIASCUN
PRODOTTO

```
Y R R M X T P P T H T B P A E D I
B M O U M A S R R Q H D O R R E B
Z U A T E M F F O O B S S T W P X
M I N O R A N Z A D D X T I N R H
A C U B I K M M G O U O A C E I B
T H C Q R E V O D I K Z T O R M S
T I S A E F O R S E F G I T I E A
R A A L S Q K E T U Z Q N O O R L
A M I C N S A U O V D P E O N E I
E A C U I P O R T A P E N N E E T
N T R N D L Q F E B O Q L Q K A A
T O N G U I N O I Z A M R O F N I
E O Q O D D R E S T E R N O X R O
H U L L A F N E R E C S E R C S F
S P A V E N T A P A S S E R I M O
```

Puzzle 217

```
W Q E M O N L I V O I H H Z O V Q
V C R K C R S P J A R E S T T E U
C U E A B G U À O I R Ù F B N R A
S O D D I S F A T T O I G W E N L
M N I T A P P O O T S P A V M I E
I A R L U F F P F S I X D B A C F
S M M S G N M M O O R C P E I I J
E A I O Q E R A N I M M A C G L P
R G L R M H M C A A M U W L G U E
I U I E K R A I N I G A K H E Z H
A I T L E W B Z G H R G O P T I N
K C A L R P Y O E C L T P P T I Z
J S R A U U I F S C C W G L A C K
P A E X F U O N P U V Y F N X K T
B B U V G V R Q H C V B G R M E R
```

SODDISFATTO
ASCIUGAMANO
SERA
CITTÀ
RIDERE
VERNICI
MEGLIO
NOME
CUCCHIAIO
MILITARE
CAMMINARE
VARIABILE
ATTEGGIAMENTO
PIÙ
FOTO
QUALE
MISERIA
SEGNANO
TAPPO
SORELLA

Puzzle 218

ONOREVOLMENTE
INVITO
MORSO
CARICA
DISTANTE
SAPONE
FIORITURA
OPERARE
CONTROLLARE
BAGNATO
PRINCIPE
AMICI
INDOSSATO
COPPIA
BESTIAME
CARATTERISTICA
ACCOMPAGNARE
ADEGUARE
AVVERTIMENTO
DETTO

```
M C X D S X P P D P R I C I M A R
D E T N E M L O V E R O N O A F X
E L F Y A C A R I C A L Z V C O R
B A G N A T O T A S S O D N I R M
C O N T R O L L A R E Z D H T T Z
A C C O M P A G N A R E X E S O O
F P R I N C I P E T V I A B I P T
D I J E M A I T S E B Y V X R E T
I Q O T N E M I T R E V V A E R E
S S S R G V L Z C A P E B I T A D
T A R K I C X M O U G M G P T R Y
A M O I D T R M X G H X W P A E C
N B M H C C U V G E I V F O R M W
T N C Y X U R R Y D V M V C A X R
E X S A P O N E A A L H O O C J N
```

Puzzle 219

```
Y I X E L I C A F V R S C V C Y D
N F V S D I V E N T A R E R T J R
B A Q T A C Q U I S T O L I O J J
T W M I T E R R O R E J Q L N C B
I K B N P G U A R D A R E Q I M O
D N O T U A S X X Z H N S Z H O N
B O D O Y G L H L U H À O L C D A
T P Z I D Z F L I E Q T X S C I E
L P S F V O Y E O P R I M O A F C
D R E V Q I J R I N O C C M T I O
S T R A N A D J A G C C D R N C F
K Y V O Y R R U C W V I H E P A Z
O R O L O G I O A G B S N F S N P
D I V E R S O D X L G X Y I Q L Q
S P A V E N T A T O E R A L R A P
```

GUARDARE
TERRORE
FERMO
PALLONCINI
CROCO
TACCHINO
DIVENTARE
OROLOGIO
DIVERSO
ACQUISTO
FACILE
PRIMO
ESTINTO
SICCITÀ
MODIFICA
OCEANO
PARLARE
STRANA
INDIVIDUALE
SPAVENTATO

Puzzle 220

CIAO
CONFLITTO
TRASPARENTE
OVVIO
PISELLO
ATTACCANO
ESPANDERE
ANCORA
ADULTO
FRATELLO
BENEFICIO
TESTO
AFFAMATI
CONTROLLATO
FARINA
TREMENDO
SVILUPPARE
FOSSO
PENNELLO
SOGGETTO

```
R E T R E M E N D O J C A G Q C H
L S T R A S P A R E N T E W J Z S
L P B T Q X P M A N C O R A L P V
I A E S T T I K K P C G M J R D I
V N N R E G S O L L E N N E P N L
A D E E S X E T S O G G E T T O U
T E F K T L L A C A H O J D R T P
T R I O O J L L H O F R M S G L P
À E C A L V O L G H N F L J Y U A
C Z I I R L L O S S O F A E J D R
C P O C X T E R S N I H L M E A E
A F L Z B A I T T I V P S I A B I
N L U F A R I N A U V D W X T T O
O F W P F G Z O G R O Y Z L J T I
Y V Z M G G G C T F F Z S A I G O
```

Puzzle 221

```
S T Q B Z U P F P N I J L Y K T R
C E X P F M U V A R A G V M B Y C
E L C I N R D C U G E C G F A C E
R A E O E S K K V M I V T S R O S
T S E R N P A R E T E A E U R L B
A W S E B D L D F C C S N N A P P
M O H P R Z O I R G Y A K O I O A
E G O U I S V V F O N C T X V R S
N B Y C I B U A R R I B T G Y N E
T M U E L B N N P A O T T O D Q R
E Q W R N T T O P O R Z I O N E P
E S C A L A X T C N D J L P M J R
Z D J A G G R O V I G L I A T O O
A E G M N K A U D T D Z E Z I P S
O Y Q F E B X V B F N Q X M Y Z L
```

COLPO
VUOTO
SALE
FAGIANO
GARA
SORPRESA
NUVOLA
RECUPERO
BARRA
BIRRA
CASA
AGGROVIGLIATO
DIVANO
OTTO
PORZIONE
PREVENIRE
SCALA
SECONDO
CERTAMENTE
PARETE

Puzzle 222

TIGRE
CIOTOLA
LIBERO
PIACIUTO
PAIO
MOTO
CONNESSIONE
DISTANZA
LATI
ANNOIATO
MILLEPIEDI
PRINCIPALE
MIGRAZIONE
ETÀ
NOVE
LUPO
SUCCO
NERO
DITO
MESE

```
C M Q G D Z C D D M S N J R M M X
C O N N E S S I O N E U O A O I P
U W N N À M E S E V U N C Y T L H
A Z N A T S I D N J Z Y C C O L A
L N E S E N O I Z A R G I M O E J
O N N B R J L L D V N O V E I P O
T Y W O X L U L P R U C U R A I D
O H S R I D P H V M T E F J P E M
I E Z E N A O A Z Y L K J S G D V
C Q B N W C T P I A C I U T O I T
T H D A G M P O R E B I L C V X I
J N Z P R I N C I P A L E A K R G
J O K S L X O S V R D I T O T J R
I L A W N F Z K A W B J G S K I E
L F B O X K Z A W G G J L F E P H
```

Puzzle 223

```
C A D J X G E Q Y V F Z U U I R T
L R V N K M E K Z O J Z X W R A S
D T W Q V I M O G Z M R I M R C J
Q C B M Y N M Z O G N U F P I C W
T J I X F T B A Z N E U Q E S O E
S C I E N Z I A T O A R P A C M N
Q U E S T I O N E F T V W A H A E
F T T Y R X C E H N S G I H I N L
I R N E L A F N B O I N R R O D A
E O E L F S R X V T T K S O R A T
N V I I E Q I T G U R C Z E S A I
I A Z T Q B G G K N A V P I S S P
L R O T A C O V V A F O N D O L A
E E U O D N E G O Z I O K U G F C
O P Q S I R W D F I X R M I F G R
```

TROVARE
ARTISTA
SEQUENZA
ARRIVANO
QUESTIONE
RACCOMANDA
FIENILE
RISCHIO
FUNGO
FONDO
TONFO
AVVOCATO
GROSSA
NEGOZIO
FRIGO
QUOZIENTE
SCIENZIATO
CAPRA
CAPITALE
SOTTILE

Puzzle 224

CORRERE
LUCIDO
ESITARE
VERIFICA
SIGNIFICATIVO
CONCORRENZA
NONNO
BUIO
ANGOLO
REGNO
AUTOSTRADA
FORMICA
CETRIOLO
GIARDINO
TERRA
SANGUE
DURO
INFERIORE
CESSARE
PIANTA

```
U S I G N I F I C A T I V O L F N
L P K I G Z R Z H H N N X G U P T
V L S K G V E O Y L Z K M I C I I
T D E U S L K E C U F P H A I A B
G A S J Y J E R A S S E C R D N I
A Z A O L O I R T E C N N D O T W
C N O K J W R Y O N N O N I J A W
I E G N I G E D T I U L J N R J Y
F R E O R N C A D A R T S O T U A
I R C R L I O G C B S E A D H F C
R O I U B O R P H F I A F B O M I
E C E D L N R T E R R A N N J B M
V N Z V B G E O Q D X Z J G I E R
O O S X W E R A T I S E H N U L O
W C H V J R E B A O V N M J U E F
```

Puzzle 225

```
O F W Z K Z C Z F S K M Y Y Z T T
R F Y I P J S B E Y Q S T W B E R
D G J R A R Q F R G Y U I Y W S O
I E F K T Z Y B M D U U A L V T P
N N C K T Z P K A M U L V D V A P
A E E R A N I T T A P M E L R N O
R R O A V M A X A P B E P I K A J
I A F O A F Z P A P I S A Y P T N
A L L E R O I G G A M R S Y D N E
X E I A C A M O N T A G N A Z O G
Y E S E M P I O R C F K V D W F A
F O R M A L M E N T E J V T J B T
I M M E R S I O N I C I L L O P I
X T S L P F W M J R W M F A D M V
K D E A Y C Q I D U K V T R N Z A
```

TROPPO
FONTANA
ESEMPIO
TESTA
ORA
CRAVATTA
SQUADRA
MAGGIORE
MONTAGNA
ORDINARIA
FORMALMENTE
NEGATIVA
MAPPA
PATTINARE
FERMATA
POLLICI
ME
IMMERSIONI
GENERALE
SAPEVA

Puzzle 226

CONSIGLIO
CLASSE
CICLISMO
OPINIONE
MEZZO
CORPO
TRANNE
RESPONSABILE
PUNTO
FONDAMENTALE
BOTTIGLIE
ADDIO
CINTURA
MEMBRO
CONVINCERE
UMIDITÀ
PIATTI
DICHIARAZIONE
OPZIONE
ANTISTANTE

```
F T L E E R E C N I V N O C F D A
Q R P P Y E S S A L C M K O O I N
K A M G P S I J B Q V E B N N C T
E N O I Z P O Z E T I M N S D H I
F N T T N O P U N T O B M I A I S
A E U O O N R U O R O R E G M A T
P D X O A S O N I N M O Z L E R A
A R D X A A C U N C S M Z I N A N
E F B I A B C M I N I I O O T Z T
Q N M T O I C I P D L N J S A I E
G L X T C L V D O J C V T P L O V
Q S T A J E N I C V I J C U E N T
W I Z I R S K T G G C X H E R E M
T F H P G C D À P B Q Q O K K A I
B O T T I G L I E J D U O R D Z J
```

Puzzle 227

```
T J X A J L V Q L S Q P X Z I P D
A N U T R O F P T H L E A C N U I
G N O T N E M A T T A R T J S L S
J A I C C O D X U P M I S J I C T
Y B G M F Y T E Y O X S I V E I R
N D F N A B R E B T X C V W M N U
M I J X R L A D N O F O R P E O Z
W X E C J R I W P U N N E V P I I
O A N N U J F U L Y T O T L O M O
K R Y E T F O F Q M A O N H T F N
O R C E S E T R O C S D I R R D E
C O L T I V A T O R E V G I A I J
B B E S S E N Z I A L E F M U V R
N O Y N Q S X Y H E Z Y D A Q C Q
Y F R I G O R I F E R O A V I C Z
```

ERBA
TRATTAMENTO
INSIEME
PERISCONO
DOCCIA
ANIMALI
FRIGORIFERO
MOLTO
INTERVISTA
FORTUNA
TENUTO
ESSENZIALE
NIENTE
SCORTESE
RIMA
COLTIVATORE
PULCINO
QUARTO
PROFONDA
DISTRUZIONE

Puzzle 228

VIENE
DUE
GATTO
QUATTRO
FRETTOLOSA
LIBRO
LILLA
PIAZZA
PAGA
SERPENTE
SCINTILLA
SESTA
SCOSSE
STREGA
MIA
MATERIALE
DIMENSIONE
PRIMARIO
CONSIDERARE
TENERAMENTE

```
S S C I N T I L L A S T R E G A M
E U D C H E N O I W U S D B T X A
R E I O G V G G O P A G A S P A T
P U M N D A V I E N E J Z J J Q E
E O E S A F T S E S T A Q X M N R
N Q N I I R Q T E L R Y V S D L I
T E S D Y E P U O I R A M I R P A
E A I E A T S I A Z L S Q Z D V L
O F O R Z T F F R T N D G K O P E
S M N A B O V L X T T U H R S I F
B C E R T L I I Q W L R M I A A S
Q L O E T O X B Q E I J O W L Z Z
P N M S X S A R R F L M N Q M Z C
R Y I I S A L O Q M L M Q P J A Z
D U E W S E T N E M A R E N E T N
```

Puzzle 229

```
C H K I I U B R S C Y R W F G V E
U F P S H Y Z E U S O C I G N O J
K K L R V Z A G O H R M C A F P I
B V B A W H Y A N H P P P W U A O
T I A C A M U L O A D F D L D J P
S I E I S X Y O R R U B M A E O U
C R P F N A V E A U R A T M E T B
O O G I V S O I R A S S O L G T O
R I K L C O L R B P L U C U N E R
S F V A K O D O V E R E E S D R L
O Z W U W F A E J Y D J R M X O Q
P V R Q S U I T P T R S T M H V D
K X J G R J I N N O E N O C L A B
U T A S C A I F T F R J M K B L F
D U E Y W Z A R C O K U G K O W T
```

QUALIFICARSI
CERTO
NAVE
SUONO
MAL
COMPLETO
CIGNO
LUMACA
SCORSO
LAVORETTO
TIPICO
TASCA
FINTO
DOVERE
GLOSSARIO
BURRO
FIORI
BALCONE
PAURA
REGALO

Puzzle 230

CHIESA
OVUNQUE
PROGRESSI
ENERGIA
MATITA
CONTATTO
SEGNALI
CAVITÀ
LAVELLO
GIOCO
FILA
TENTATIVO
COLLEZIONE
MAGGIORANZA
FERMATO
RIVISTA
USURA
ELETTRICO
NASO
COMUNITÀ

```
P G V K Z Z M Q Y G Y N D N M C K
F Z D G I T C S A L I F E A E H V
T D C A V I T À Z K L O Y S N I E
Q Q M Z D B E H N O A V C O E E X
K A V V N G G C A V N I F O R S U
L K V A J K L X R U G T C Z G A R
E L E T T R I C O N E A V O I À N
P R O G R E S S I Q S T R M A T I
I B D T I I A R G U G N V U T I H
Y G E X A O Q Y G E P E M T S N V
Q C P R D M C H A T I T A M I U F
O M H J F Y R F M Y X L K S V M O
E B L F O L L E V A L S E L I O A
C O N T A T T O F X Y B S M R C S
C O L L E Z I O N E Y O Q F Y K A
```

Puzzle 231

```
A N N O N Y U G I J O N R E D O M
U T N B U V A R V C S K E A G N D
G T T Y R K D I Z O S S A L L O C
R G T E I U L D W R E H Z T E A F
G I X G N G Y O Q R R Z Y R L N I
M H N X X Z P R W E G K D I L N N
J A U G I M I S E T N E C A I U A
D I L W R T Q O N T I P A U T A N
V G V A B A P L N A T A P T T L Z
Y E O B T P Z M X E Z R O O I E I
M I C H U O R I T V N L O R C I A
J L A J F K Q S O A K A G E O Q R
K I C F L D O J M I N N H Z A P I
H C A X F J G Q P H Y O Y T N H O
N S O F G J Z F D C B E C C A N O
```

INGRESSO
CORRETTA
CILIEGIA
GRIDO
ATTENZIONE
ALTRI
CENTESIMI
FINANZIARIO
MODERNO
ANNUALE
NONNA
AUTORE
ELLITTICO
COLLASSO
PARLANO
CHIAVE
RINGRAZIO
CACAO
BECCANO
MALATO

Puzzle 232

CONFRONTARE
ISPIRARE
ANNO
AEREO
TASSO
CORSO
PACIFICO
ELEZIONE
PUBBLICA
ILLUSTRARE
INTERO
ASINO
PITTURA
MUMMIA
SVUOTATO
CALZINO
DICE
BAGNO
TALENTO
COINVOLGERE

```
C E I M F P B I U K H D K M S P I
C R M I X N U E N C A I M U V A S
E A U A M T E B N T O C Y M U C P
L R L P T A R P B F E E G M O I I
E T O Z H P E N Q L B R E I T F R
Z S W F I E G V J P I Y O A A I A
I U Q G X N L J M D W C E R T C R
O L Y W H P O C O R S O A U O O E
N L U O P H V T N U C E E T N X B
E I H A N B N O N W Q R O T G V Q
J Y Q I O N I S A J V E Q I A D B
J K J S F B O S H Q G A Y P B K A
H K A O Y X C A W L H G Q C F Y Q
C O N F R O N T A R E D G G L D R
T A L E N T O A U N R P U L T G J
```

Puzzle 233

```
V W U J I O S O L O C I R E P C P
E S Z R N S E L I V I C S Q C O I
R H L O V H G P R E A V V I S O G
I P I Y A Y U D I B A T T I T O R
T I Y G D W I T T E G G O L S M O
À C B J E H R Y Z R P W L T U I F
J C M E R F E Z D S U J E W X P D
D O X J E T P G A I R P G Q Q K I
T L S Y M R N Q F C Y M T A S H E
C E S T Y D E R E D A C C A L E C
A E T N A L L A B A R T M R V L I
C M N I V H M D U Z N T V O V F O
K T I T E R R U D O R T N I H R I
G J B C R Y X N Z W Z H O T M M D
S Y Q Q A O N O C S I R E G G U S
```

TRABALLANTE
GALLO
GELO
CIVILE
OGGETTI
PICCOLE
AMICA
SEGUIRE
ACCADERE
INVADERE
RADUNO
DIECI
VERITÀ
PIGRO
INTRODURRE
DIBATTITO
PERICOLOSO
SUGGERISCONO
PREAVVISO
CENTRO

Puzzle 234

TORTA
MAGLIONE
CHIARO
ACQUA
SCALE
VIA
CONGRATULARSI
SPORTIVA
ORGOGLIOSI
ECONOMICA
PIPISTRELLO
SEGRETARIO
CAMICETTA
PERMESSO
RISOLVERE
ALBERI
SCARPA
ECONOMIA
ORGANIZZAZIONE
FUORI

```
A Z I V W L C P E R M E S S O S S
D C E N O I Z A Z Z I N A G R O C
Z A Q W B T W Z M V I A S T J I A
Z A X U F O S P S I R O U F H R R
Y D F W A X U N P S C Z Q G H A P
E C O N O M I A O O L E M Y F T A
B G R A T F V U R I E L T M Y E C
L I A S L G A J T L K A Q T G R I
P M I P Y B D D I G B C O T A G M
G T H L H X E A V O U S V Z V E O
M T C M U Q G R A G T O R T A S N
M A G L I O N E I R L O B H Y G O
V Q F X E R E V L O S I R M P D C
D P P I P I S T R E L L O D G A E
C O N G R A T U L A R S I Y T M D
```

Puzzle 235

```
J  S  C  J  H  I  Y  D  W  P  U  X  K  I  W  I  M
C  T  B  Q  Y  A  D  M  E  Y  N  O  R  R  J  M  A
R  I  E  G  S  P  Y  P  T  C  F  A  A  H  T  P  R
O  T  A  T  U  A  X  V  N  N  I  T  R  A  P  R  G
C  O  D  A  E  X  H  M  O  T  E  M  S  V  O  O  H
E  L  I  U  L  C  N  W  F  D  S  V  A  K  S  V  E
Y  O  E  R  E  A  N  W  I  E  O  F  E  H  W  V  R
A  U  M  E  N  T  O  I  T  W  F  A  B  L  A  I  I
S  E  G  N  O  X  C  F  C  C  F  G  C  O  T  S  T
D  J  N  U  J  W  R  K  O  A  R  I  I  X  O  A  A
B  Q  U  T  N  D  O  D  J  I  I  O  B  W  R  M  W
F  Q  D  E  P  C  P  F  X  Y  R  L  O  Y  A  E  Q
P  O  N  T  E  C  S  S  X  K  E  I  M  P  C  N  P
F  I  N  O  T  I  R  E  F  E  R  P  I  B  T  T  D
H  Z  G  N  L  T  S  Q  N  O  J  F  I  M  G  E  J
```

FONTE
PARTI
FINO
NEVE
DECIMA
PONTE
IMPROVVISAMENTE
TECNICA
ALBA
FAGIOLI
TITOLO
MARGHERITA
CROCE
CIBO
PREFERITO
AUMENTO
SPORCO
SEGNO
CAROTA
SOFFRIRE

Puzzle 236

PREOCCUPAZIONE
ESSENDO
GROTTA
SCOPO
ALTALENA
PRIVILEGIO
MEZZI
ECCITATO
NEMICO
NUMERATORE
VERSATO
MONTAGNE
SAGGEZZA
FILO
SIPARIO
PARLANDO
MIGLIO
VENERDÌ
VITTORIA
QUALITÀ

```
N  P  R  E  O  C  C  U  P  A  Z  I  O  N  E  E  P
O  U  S  W  V  F  Y  W  T  W  G  W  J  V  E  Q  A
Y  D  M  E  O  I  G  E  L  I  V  I  R  P  H  Q  R
A  C  O  E  Y  K  M  R  Q  U  A  L  I  T  À  M  L
E  J  E  H  R  C  P  D  O  D  N  E  S  S  E  M  A
P  N  V  C  F  A  L  U  L  T  O  S  V  O  K  I  N
B  S  G  R  J  B  T  Y  I  P  T  J  M  W  G  G  D
M  I  E  A  A  E  L  O  F  E  A  A  X  K  T  L  O
E  P  C  N  T  M  M  P  R  P  S  E  G  G  G  I  C
Z  A  C  E  J  N  N  S  S  E  R  J  O  U  L  O  I
Z  R  I  L  S  C  O  P  O  V  E  N  E  R  D  Ì  M
I  I  T  A  S  N  H  M  A  K  V  O  U  U  U  G  E
I  O  A  T  S  A  G  G  E  Z  Z  A  D  L  J  Y  N
I  A  T  L  B  G  J  Z  V  X  K  D  V  O  B  Q  U
N  S  O  A  I  R  O  T  T  I  V  F  T  T  R  Q  K
```

Puzzle 237

```
C X D E U X C C L I V D A Q T F C
G Y N R G F O A T N I E M W E O O
M A J A A I G O H W T L M N L T L
I V T N I M W D A R A I I M E O A
D O V O O M M N X R M C N E V G Z
O O U D J X V A Z L I A I R I R I
S C A R S A U Z T E N T S C S A O
N D Q E H S O R O I E A T A I F N
Q O I P P O D E G O C D R T O I E
M U C C A N W H X B M O A O N A P
C B A E F A Z C V M V R Z N E W J
B H O W B P U S S O T T I F O R P
J K E R A I L I M A F N O L Z H X
P E T T I N E L I T U O N G I N B
S G A B E L L O R W I C E L F Y K
```

SGABELLO
UTILE
COLAZIONE
TELEVISIONE
CONTRO
PETTINE
CHE
PERDONARE
MUCCA
DOPPIO
DELICATA
FOTOGRAFIA
FAMILIARE
AMMINISTRAZIONE
MERCATO
SCARSA
PROFITTO
DRAMMATICO
SCHERZANDO
VITAMINE

Puzzle 238

CUOCERE
STORIA
MODIFICA
FALSI
SANO
NIDO
POSTINO
STRADA
SPAZZOLINO
GENITORI
GIORNALE
UMANO
PRATICA
POTENZA
SFORZO
FORMAGGI
FRATELLINO
INIZIARE
FINALE
PREZZO

```
D P S O L P V C L P O O S I G F F
H U P I E L O Z Z E R P T N E P K
I Q A G S S P T R G Z S O I N H H
L E Z G F L W D E S U T R Z I V M
U S Z A O N A S M N Z X I I T S S
L A O M R L I F R N Z D A A O T R
H B L R Z F I N A L E A N R R R H
N N I O O X H L C D L V I E I A U
C D N F P R A T I C A D D J R D M
B U O N N B I Y F U N S O V Q A A
V X O F G O J P I T R H N O C K N
G F Y C F I P R D V O T I T Z Y O
V Q F F E X P G O N I T S O P Q S
Q R A X T R G K M W G W C Y C G V
K T L D E V E F R A T E L L I N O
```

Puzzle 239

```
C O T A M R O F M E C I A F U T S
A S L S N E K O R H U Y R B J G K
N O M S F S N U Z K C Q T N O T O
D V A E P T T Z O O I L I Q B L D
I O R T R R I Y I D N W C J A S R
D I C S V U Y Z B O A W O C M T O
A P H S K T W V U O N A L G B B B
T B I K Y T F Q S S Q A O X I P X
O U O B T U G T E P C S N Q N K L
G T D I W R W I R E S R Q O O F P
G O E Q S A A E B D Q U A N D O J
D B A A M R S T C A T L O C C A R
K V P V Q V W T V L F E L I C E I
F X F E W D A E Z E R O I G G E P
R E S I D E N T E N O I Z I S O P
```

CUCINA
OSPEDALE
RACCOLTA
MENZIONANO
NOTO
FELICE
FORMATO
STUFA
PIOVOSO
POSIZIONE
STESSA
RESIDENTE
QUANDO
MARCHIO
BORDO
STRUTTURA
ARTICOLO
CANDIDATO
BAMBINO
PEGGIORE

Puzzle 240

NÉ
PISELLI
RETE
SETTIMANA
GIALLO
QUESTI
ERANO
DETERMINARE
STAVA
ASSORTIMENTO
PANINI
OGGETTO
CAMMINATA
CONGEDO
VENDITORE
SLITTAMENTO
FEROCE
BRUCIATO
COMITATO
AQUILONE

```
F X K X G O T S A A E S J M Y N F
F E I Y D N W E S I T R B P L D Q
C G R K S Q K T S I E X A É X E H
B O F O E O R T O C R N V N K T G
R T M N C L H I R A I O A Y O E I
J A K I Y E E M T M L G T U D R R
R I I T T Z R A I M G G S A E M D
A C J S I A O N M I B E P B G I G
D U Z E D J T A E N G T L P N N P
Z R M U C K I O N A I T C I O A A
Z B I Q Y M D K T T A O H S C R N
A Q U I L O N E O A L A J E L E I
C Q K X F H E R K J L W I L L W N
F B U I G B V M M I O O H L F A I
S L I T T A M E N T O Y B I R Q C
```

Puzzle 241

```
D B T S P X P S A K X J W R V P C
W E O S R K O Z P P B R Q H Y L O
R R B X X G M V S E T N E G A E R
O E H E E C O D J Z D W Y E W G T
R T S R P H D Q C L S I H L O N E
S N P I B B O T S A P L Z U G O C
A E I R S R R D V W H I M I D K C
C M A A T T O D N O C B R B O F I
C A N I Z M E R O Z E O J M T N A
H R T H M N Z R F Z W M T E O K E
I A O C I L Z O E A F O Q R D Z W
O I Z E P M A M F P V W W G L G Q
T H Q U Y O G A T A N O M I L G J
T C O B N W A N K X O L N W X X V
O B I N A G R O C Z Q R K P X N R
```

LIMONATA
PIANTO
PAZZO
POMODORO
ORGANI
GREMBIULE
AGENTE
PASTO
RESISTERE
CHIARIRE
SPEDIZIONE
RAGAZZE
MOBILI
MANO
CHIARAMENTE
BOXE
LEGNO
CORTECCIA
CONDOTTA
ORSACCHIOTTO

Puzzle 242

COMUNICARE
ISPEZIONARE
GRIGIO
BIBLIOTECA
PANTALONI
PIACEVOLMENTE
SOPRAVVIVERE
TAPPETO
POTEVA
COMPATTO
LIBELLULA
ANNI
ALLUVIONE
LIVELLO
MARTELLO
DISTRARRE
FRAMMENTO
INUTILE
RICHIEDERE
CABINA

```
I S P E Z I O N A R E I G Z I N W
A S O P R A V V I V E R E F R D O
C F K F J P U B L I B E L L U L A
K C F Q C A L L U V I O N E J I V
A Z E T N E M L O V E C A I P N E
W E R R A R T S I D G Y C N F U T
M G A X A L I V E L L O E O R T O
R I C H I E D E R E B T T L A I P
A N I B A C W W K K E E O A M L G
V O N C O M P A T T O P I T M E R
W G U I Z Z R T Y I H P L N E Z I
E F M D Q W Y M X E Y A B A N S G
R H O A N N I E E J I T I P T N I
E K C X O N I J T J B I B D O I O
Q F G T V M A R T E L L O Y G A L
```

Puzzle 243

```
À T I R O T U A Y E C U L L R C I
D E N S O R M E K C H J I U Z O O
L T L O Y S G L P I I P W C F N J
Z J A I H C C A M D O C J E L O B
L K E W P B H C N U D T T R I S M
T Y I W B H W S D I O T Q T B C V
H I N N J N J I O G Z F P O E E M
D I S C E S A F O Z K Z Z L R N O
Z D M I G L I O R A R E A A T Z T
D Z J M B O L L I T O R E N À E O
C O N V E R S A Z I O N E R O V R
L Y Q G Z E B C A T E G O R I A E
C F I T F E O B I E T T I V O B R
I F N X F O X E Z X X B E T E K E
D O M I N A N T E T N E U Q E R F
```

MIGLIORARE
DENSO
GIUDICE
ORGANIZZANO
CATEGORIA
CHIODO
FREQUENTE
FISCALE
MACCHIA
MOTORE
DISCESA
CONOSCENZE
OBIETTIVO
LUCERTOLA
LIBERTÀ
CONVERSAZIONE
DOMINANTE
AUTORITÀ
BOLLITORE
LUCE

Puzzle 244

VUOLE
GUFO
GUADAGNARE
ALCE
ZIA
LOTTO
RAGNO
MISERABILE
PRESENTE
MOSCA
ALLEGARE
RISPONDERE
RITRATTO
NEGOZIARE
INSEGNATO
DURATA
GENEROSITÀ
UOVA
DOLOROSAMENTE
PEZZO

```
M J F M O S C A E X V Q W T A F N
I Q G K Z K G M G U F O L Q G P E
S X T J Z O X N O C J B G N F H G
E I N E E R E D N O P S I R U C O
R L G F P Z S Q B T L Y P T O N Z
A N O D O L O R O S A M E N T E I
B U T U G E N E R O S I T À A R A
I E T D V C G Q V P Z I C U N A R
L J A Y U Z A D B D B T I R G G E
E O R Z J R R Y B E S M E B E E P
N A T P O S A T B C F S R O S L U
U V I E L P T T R L O T T O N L Y
R O R Z I W W L A A V Z U U I A E
G U A D A G N A R E T N E S E R P
P D D V G M H T J G K A Y J B T W
```

Puzzle 245

```
F E N O R R A M Q A G I E S G Y S
G N C Z P I A N U R E K V A A Q E
I O M R M O D E S T O Y B N L M P
P I W E I U O F I K W A M G L F A
D Z V T V Z T R N C C N X U I D R
X A F Y E B L O C C H I P I N I A
Q N S F A R C D E H T Z À N A S T
P I O G G I A O V S Q N T A S C O
D B N J Q K L N M R W E I R A U T
L M U S T C O G I M O B S E L S S
W O S W Q Z T W Z M E P S S U S E
R C S J F Y N M C J A R E T T I R
H X E J A C E I P I W S C R E O P
K B N L M F P M J E J D E I N N F
L U G I M P A R A R E A N Y O E T
```

BLOCCHI
PRESTO
PIOGGIA
MODESTO
GALLINA
COMBINAZIONE
MARRONE
NECESSITÀ
COMMERCIO
NESSUNO
ESAMINARE
SANGUINARE
BENZINA
IMPARARE
PIANURE
PENTOLA
TERZO
SALUTE
DISCUSSIONE
SEPARATO

Puzzle 246

STOFFA
RELAZIONE
DICHIARARE
ANATROCCOLO
AGRIFOGLIO
PRESIDENTE
ORSO
PORTATILE
SILENZIOSO
PERMETTERSI
METODO
PRENDENDO
TENERE
DISPONIBILI
CAFFÈ
SECOLO
PULITO
ELEFANTE
NON
IMMAGINARE

```
X D O E A E L I T A T R O P M E F
P I T R O D N E D N E R P U E L Z
U S I L S Y P N S A T Z U R T E S
I P S I O O K O L T H A O W O F Z
L O R Y I Y T I N R O K L G D A M
T N E J Z E U Z F O W C O E O N P
E I T W N M O A E C M H C R L T V
N B T S E G V L N C M M E A W E A
E I E J L Q H E W O B O S N F B X
R L M K I F L R H L Q T P I W F M
E I R M S O I L G O F I R G A G È
P R E S I D E N T E V L P A U L R
M E P S T O F F A N N U C M A H T
D I C H I A R A R E O P X M U A M
D K P P G N U P E Z A N A I U F W
```

Puzzle 247

```
D N U L D S M A R I T O M K M D O
M E R A T N E V N I K G N V I I N
A R N E S C I X W Y U I B I S S E
T A T O R R E F Q B K F U L U T C
T C A T M M E C C A N I C I R R E
I R O R V I T S A J Y I Y W A I S
N K U E Z Z N T O C I T N A R B S
A V I P E J A A D N Y W T S O U A
E R O O U D R J T T O N R Z L I R
M K A C O Y U Z R O N Y Q V L R I
L R N M A T C X G B R A L H A E A
E D Y W O R N M O U Z E F J T U N
P E X I N V I C O N T A R E F I B
H B Q E F F E T T I V A M E N T E
R I G H E L L O N F O R N E L L I
```

INCURANTE
MATTINA
FORNELLI
NECESSARIA
DENOMINATORE
MISURA
ANTICO
RIGHELLO
CONTARE
SONO
DISTRIBUIRE
ESCI
ALLORA
FERRO
MECCANICI
EFFETTIVAMENTE
INVENTARE
MARITO
RAMO
COPERTO

Puzzle 248

SCIOLTO
INDICE
GIÙ
DOVE
COMODO
ARANCIONE
NATIVO
DECIMALE
MATRIMONIALE
RUOTA
SOFFICE
EDUCAZIONE
AGGIUNGERE
PESARE
DIFFERENZA
STELLA
GUARDAROBA
TRAMONTO
REGIONE
AGGRESSIVO

```
E D D G U A R D A R O B A N I C A
E K O H S Q V M X P D R L P G E R
N Y V P Z C Ù D R V O E L E O A A
O E E E M O I D G V M G E S B G N
I N D I C E G O E V O I T A W G C
Z S A D B Z D S L R C O S R U I I
A B T O U R Z E A T M N E E L U O
C R K T V U I I M S O E C Y A N N
U Y U N B T Y D I N A T I V O G E
D M O O Z P F P C D D Y F M H E L
E W T M T A Z N E R E F F I D R V
J N M A K A R V D K G A O O K E H
A G G R E S S I V O E B S B B Y S
Q P F T M A T R I M O N I A L E V
B U O I I M I N W L Y D Q L O J G
```

Puzzle 249

```
F R M L O T A C U D E K M D C B V
P J S E F M E L A T O T O E O P E
S O T T O V K M Z V F X M F R I L
P R O D O T T I P Z E W E I R E O
Q Y E R E D E R C E X S N N I D C
W U R O T R O S L A R R T I D I E
X G A S R E V N I K L A O R O I M
T A U N R E U A A W O L T E I R E
B Z N G T W D O R H T O S U O U N
O V I H Y I U A F S F R O V R Y T
D P T K X D T Y M A S A P D X A E
R A N A C P P À L P M P W D F Z Q
Q T O T S E R Y T T K O T H V A Q
N M C T A G L I E N T I S P J S F
R E G O L A Z I O N E B Z O D W C
```

POSTO
CONTINUARE
SOTTO
PIEDI
PRODOTTI
VELOCEMENTE
RESTO
QUANTITÀ
INVERSA
MOMENTO
EDUCATO
DEFINIRE
CORRIDOIO
TOTALE
TAGLIENTI
TEMPERATURA
CREDERE
FAMOSO
REGOLAZIONE
PAROLA

Puzzle 250

FORMAZIONE
GIACEVA
OTTENERE
COCCINELLA
VOLUTO
RIDURRE
RITIRARE
DIGERIRE
MINACCIA
DELFINO
RIBES
MOGLIE
ANTENATO
CUORE
GENTILE
SORTA
PASTELLI
CERCHIO
OMBRELLO
ARRICCIATO

```
A R R I C C I A T O T A N E T N A
W I B Z S V P B U R I T I R A R E
C U O R E O L L E R B M O E L C R
H Z I D B D R W V D X V G N L S I
I I H Z I Y Y T A O J U D E E U R
M M C L R P K G A A L C P T N A E
I R R G E N T I L E I U G T I Y G
X Z E R I D U R R E X F T O C F I
E G C F O R M A Z I O N E O C D D
D E L F I N O V V X K W J C O Y M
M U X Z Q V O E N S Q D U F C F O
K R A T A A B C M I N A C C I A G
L P Y Q G J P A R A K Q Z Q O N L
U I Q D J L E I L L E T S A P O I
C J A X L G J G D J C X A E Z J E
```

Puzzle 251

```
L L L G C R T D Q I Y P P F Z K S
W J M Z P O F P I V A L O L Z H I
F J D M L F N P C P J R G C C A C
G B Y R C Y E T S A E K N E H C U
M U S I C A L E E P O N R T C I R
Z H G M M N A R P N I K D N O A E
Z H I J A I R O O H E A E E N L Z
E Z A J C G U I A F P R C M S K Z
Y I C M C E T F D Q E U E E I D A
X M C A H R L L L P P T U T D D T
P V A I I L U O Y C B T H N E G C
T X M R N N C V R U A A A E R N W
N D T R A D W A T T U R F C A F M
N O T A L O C C O I C F O E S P L
S E D U T A N I N D I C A R E P Q
```

MACCHINA
GIACCA
CIOCCOLATO
CULTURALE
MAI
MUSICALE
SICUREZZA
DIPENDE
FRUTTA
PEPE
POCHI
REGINA
CONTENERE
FRATTURA
SEDUTA
PESCI
CAVOLFIORE
INDICARE
CONSIDERA
RECENTEMENTE

Puzzle 252

FORZA
SCHELETRO
IMMAGINA
DEMOCRATICO
ORE
CAPPOTTO
TRA
PROCEDURA
CALDA
RICEVERE
PELLE
PRESSATURA
CAVALCARE
CHILI
FORTUNATO
DESCRIVERE
EFFETTO
IRRITABILE
UVA
INTERROMPERE

```
E F F E T T O T K S O R Q F S S S
X C A V A L C A R E R C W O F I C
P Q I I X Q V F M B E S C R R M H
D L C H I L I Y U Q B X Q Z I M E
W E R E P M O R R E T N I A C A L
L L S I P E C F B X B N L R E G E
G L H C Y O T T O P P A C T V I T
U E T J R L S M W R E E M K E N R
B P H H T I V C R Z T L A T R A O
C G A E G W V T U R A U V K E E Q
E A L E I L U E S H V E N C U U E
F E L I B A T I R R I L U A G W X
A R U D E C O R P E A U V A T M I
H M Q D A R U T A S S E R P J O M
D E M O C R A T I C O M P R C Q O
```

Puzzle 253

```
I N C O N T R A T O P R B M V E P
D I F E N D E R E A M O Y X F A R
T R A S L O C O N Q D T U D K C O
V W Q Y Y U Z R E X G R Z N A Y P
P E R S O V I T S E A B X M E M R
R P N W W Z E S E W C L E G R A I
I C E O S K S W R Q J U U K A R E
S O R N I G H I A C C I O L I T T
U M I P Z S O W T J A L U K C E À
L P N B R O S Q R O A L Z P U D E
T A I T S A L A O F Y U G Y R Ì W
A G F Y B L T A P W I N U L B M M
T N K A Q L T I R M S T O M A C O
O O G N L U F N C E O L B M Y B I
B M P C Z N R Q S O D C W Y M M A
```

PROPRIETÀ
RISULTATO
PRATICO
TRASLOCO
PENZOLARE
STOMACO
NULLA
MARTEDÌ
PERSO
SEI
COMPASSIONE
GHIACCIOLI
ESTIVO
PORTARE
NULLI
BRUCIARE
COMPAGNO
DIFENDERE
INCONTRATO
FINIRE

Puzzle 254

CORRISPONDERE
PROBABILMENTE
COLLO
TAMBURO
CLIMA
SCIOCCO
WEEKEND
ENTRARE
RIPOSO
IRREGOLARE
PARTE
ROSSO
ALTEZZA
VELOCITÀ
INTERAGIRE
SCIA
TERMINE
ADATTO
GAMBE
CAMINO

```
R A G C R S X M R S C I O C C O I
O I W J O L L O C W U H Z Y K C T
X C P E O R U B M A T A G F D K U
C S S O S F R J L N D L X T E O P
Q P F L S À T I C O L E V E R X Y
P K O N O O A I S N U S H R A F O
V Z L O R M R P N P Q I M M L Y A
I Q V P A R T E C T O C J I O U L
M E R W M S C R A H E N Q N G T T
W H C E I E K A M R B R D E E D E
I O Q E L X C R I A M D A E R X Z
Q V P K C M Q T N B A Y R G R X Z
D Z G E D N W N O S G S V V I E A
Q K M N E T N E M L I B A B O R P
M X V D A D A T T O V A B F E H E
```

Puzzle 255

```
U T P Q P R E Z Z E M O L O H E K
T O F O U R D X E R O T X Y M S A
B L N O T A D N A S M W T G X P Z
T V B W D R L I Z S C V B L S E C
X M M O À I P U V V X K H H T R A
Q K B I T L P D N E J G X U E I N
O Z H C R A H P X Q R I V I L M E
N P B A E S I V D K U S P D L E R
Z B C B V C D B R Y J E I Y E N E
Q I I U O I E M B V E T T A S T T
S U T U P A M H G A C E P B E O O
W O H Z P R X R F V R H Q M R T U
A A J E U E C Q Q I R R H A I I C
S T R U M E N T O O N J A G E R S
I P P O P O T A M O C L I P P O S
```

QUALUNQUE
VETTA
CLIP
PREZZEMOLO
POVERTÀ
STELLE
IPPOPOTAMO
ANDATO
BACIO
SERIE
SCUOTERE
CANE
ESPERIMENTO
STRUMENTO
RILASCIARE
MEDI
ARRABBIATO
TIRO
DIVERSI
GAMBA

Puzzle 256

ESITO
VENIRE
MAGAZZINO
COSTOSO
GRANCHIO
BASSO
PASSANO
NUOVA
LEGALE
ATTIVA
ARMADIO
EVACUARE
SPINTA
FIGURA
PREVEDERE
BLU
GOMMA
RIVEDERE
IDONEO
PRONUNCIA

```
J X A D I C P Q X N Z D S P G E Y
Y F J Y S H E A M W L T P R R V K
A R M A D I O N S I Q L I O A C P
H T V P I O S O T S O C N N N G J
L E G A L E C T F H A G T U C O Z
E R E D E V E R P T V N A N H M M
W I V Q E V A C U A R E O C I M P
J N R C I B N L L N H I X I O A O
I E H C W D O X B U F D P A B O Q
N V Z E P M O A Z O A T T I V A X
F I G U R A T N R V N A V S X F R
H D A B F F I W E A A D D E Y H T
F O A T D C S W X O S S A B Z H I
Z W V H G D E R I V E D E R E Q S
M A G A Z Z I N O N V M A M K I D
```

Puzzle 257

```
C G Q W T E R A I Z N E D I V E H
N S B J J C N M O X U V Z B X D R
G U B E O I M E I P O T T A P M I
R U M Z S L O L B F V S X A P T I
A V Q E A A L O E I O Z Z A R A D
V C I C R S T V N E L S X U J R E
I M L G T O I E O F A K J Q A T N
T B L Q C N P H I L Y B B U T A T
À P E M J L L C Z J O T T U T R I
L O N T R A I I A X T N H V E U F
G R A Z I E C M S R Z V T Z H G I
F I V H U Y A A N C O F N A C A C
E H A O J O R E E N I D R O R O A
M K R A A J E W S F O I A P O I R
N M J I L O R W H V T Z Z N F P E
```

IDENTIFICARE
NUOVO
BENE
SALICE
VOLONTARI
RAVANELLI
ORDINE
FORCHETTA
TUTTO
IMPATTO
EVIDENZIARE
GRAZIE
NUMERO
TARTARUGA
AMICHEVOLE
SENSAZIONE
GRAVITÀ
RAZZO
MOLTIPLICARE
LONTRA

Puzzle 258

COMMENTO
SEGA
TERRA
ARGOMENTO
CONTENUTO
MISCELA
PRESENTARE
ATTUALE
PERSONA
SOLE
CARINO
NODO
POSSIEDONO
FAVOREVOLE
CONOSCENZA
PARTICOLARE
CAPELLI
PRIVI
TRONCO
ESERCITARE

```
N O P D G E L A U T T A C G K M C
W N R A F S S C A P E L L I U I A
I O I Z T B E E E O N D U N D S R
P D V N C J U G R L Q I K E Y C I
S E I E K J F R A C P P N E M E N
O I R C Z Z U B T I I O D O N L O
L S B S F L L X N C N T R M A A O
E S L O O W R X E C N N A R R E T
X O S N C N L L S V O E Q R E M U
B P I O Q U A O E J B M A T E G N
E W M C C L S W R E G M S X P C E
Y B H S P W F Q P V G O C N O R T
F A V O R E V O L E K C A E A S N
P A R T I C O L A R E M B V Q E O
A R G O M E N T O V J B F Z A S C
```

Puzzle 259

```
L U M I N O S O S E R P R O S A E
U C C E L L O S A D W O L E N W C
D E J Q G O V E R N O G E Z V N C
Q W O A W A Z Z C I S H Z J R M E
A C C U S A U O I R E D I S E D Z
R M E H K Z A Z I O N E O F R A I
W O A S I V N W Q T D E N E A C O
P V T U P O O B K L Z N E I L C N
O D R T B E I U W O X D O E O E A
V R K W O M Z Z P C W H L M P S L
E E R E T T E L F I R U A W O S E
R V R B E I L V Y R W M F U P O D
A L J M W D E T X G B C U V O T O
D V E Q F G S H S A W F B S G G O
E Q C A U M E N T A R E M S J V Z
```

POVERA
UCCELLO
ROTTO
SORPRESO
AUMENTARE
MONDO
LEZIONE
VOTO
ECCEZIONALE
ACCUSA
AGRICOLTORI
ACCESSO
DESIDERIO
GOVERNO
POPOLARE
RIFLETTERE
LUMINOSO
SELEZIONA
AZIONE
BUFALO

Puzzle 260

IMMEDIATAMENTE
BRILLARE
FORMAGGIO
SOSTANZA
SUPPOSTO
AVVIARE
SOPRATTUTTO
STAGNO
ANGURIA
PISTOLA
PORRO
SCOSSA
SOCIO
SUO
ACCANTO
FATTA
DENTE
RICHIESTA
TRASMISSIONE
AMENTO

```
X T V N V B A B H P H E T J Q U I
N Z N T H V V S R E I P T M E M M
O N K Y P O V K B I S S I M S H M
F V M E O E I F S Y L K T V U M E
S A O O R N A M P F M L O O O D D
O A T T R O R Y F F I Z A J L I I
S C S T O I E A M E N T O R I A A
T C O U A S O C I O M T X F E A T
A A P T E S S C O S S A Z D P N A
N N P T O I G G A M R O F E S G M
Z T U A B M F M G X V R N N T U E
A O S R M S Q I Q S A Y I T A R N
Y J L P M A V M Z M X N D E G I T
R L U O S R F W W K K S G R N A E
H H S S A T S E I H C I R T O R R
```

Puzzle 261

```
S E A R E P J P M O H F F M C L A
A P V B C A V E X O K Q Z O T A N
N Q E Q I L L E U Q P P O L C L X
E P S T A T S G K X C S J T X G X
L E N Z T V U L T W B E N I U Z X
L R I A N A A D Q H T D N S A W A
O A V E E T C N I C A N I P S I N
P C K H L P R O G N C S L N R D S
O I A V O S U A L E E F V V S T T
D L D O S W B J L O L M H E U J J
S P E L A U D A R G M O X N L C D
R P I A R M H D W E P Z Z D L E B
T A G L I O D S N E D G B I A F L
M A V C G K T J T B T B O T I N E
J M E C C A N I C O M Q H A J H B
```

TAGLIO
MECCANICO
GRADUALE
DOPO
ANELLO
APPLICARE
SPINACI
SPETTACOLO
GIRASOLE
VENDITA
SULLA
VINSE
MOLTI
SUA
BEN
PERA
QUELLI
NATO
ANGELO
ABITUDINE

Puzzle 262

MUSEO
AUTOMATICO
STRANIERA
TOPORAGNO
PARTECIPANTE
ERA
BAMBOLA
OCCHI
OCA
PROVENIENTI
DIFFICILE
CUCCIOLO
FURIOSO
TENDA
COPPA
TIMIDO
MILLE
RIUTILIZZABILE
PREZIOSO
CHIP

```
F D A P D T C Y R E R K F P A N P
U K M Y D R P P B J D X P R U Y R
R I P S D X O N G A R O P O T T E
I K B A M B O L A J Z A Z V O C Z
O E S U M W R M I L L E J E M K I
S S T R A N I E R A Z U G N A G O
O A P P O C R B I E I O L I T C S
Q D B U C C U C C I O L O E I H O
X N I S C O U U I Y A U R N C I V
D E L M H E R A M Z B V Y T O P G
R T E L I C I F F I D K I I Q I G
G H N V E T N A P I C E T R A P I
R I U T I L I Z Z A B I L E I U H
E D H N B X A L Y A P L N Q V F G
S N J K K O B F N N B L F L I A V
```

Puzzle 263

```
Q C W E R A Z Z I L A C O L D C A
D A S L X Y L R V U P U S B B Y M
A V L E L N F T H C A M I O N M B
F A E R E D E C O R P O K S R U I
A L R A L T E R N A T I V A O N E
R L A P C V U Z V P A X B H B A N
F E T I A O S F E V Q W R M A G T
A T N C D H C U L T U R A P O A A
L T A E U U O I G G A T N A V T L
L A C T T W C L F X E U R D Q T E
A V P R A P I N D I R I Z Z O I I
T B E A R Z M E O W N Q U J S N V
Q V Q P O U R E Y V V Y G Z I C O R
V I T L L C E Q W B P R A A M D B
E P P U R E T S D C C F I M E V M
```

ALTERNATIVA
PARTECIPARE
UNA
CAVALLETTA
INDIRIZZO
MAGNIFICO
TERMICO
VANTAGGIO
LOCALIZZARE
CANTARE
ALTO
PROCEDERE
CADUTA
CULTURA
ROBA
AMBIENTALE
GATTINO
CAMION
FARFALLA
EPPURE

Puzzle 264

POLVEROSO
CONSECUTIVO
DIPENDERE
PIEDE
CRIMINE
SAREBBE
QUASI
RIFERISCONO
GUSCIO
PERICOLO
IDENTITÀ
SÌ
OCCHIO
LEGGERE
CAPO
LUNGHEZZA
DELICATO
SVILUPPO
TÈ
BICICLETTA

```
L H H Y C P P L Z K D R D S J C S
Y Z M T Z C E U Y H J P I Q Ì O V
A F B J D B R N C V E X P L N N I
S W N I P Y I G R A S F E T X S L
C O X K N Q C H U O Q E N V G E U
C X S L X L O E I I M N D L N C P
P I E D E E L Z M T W I E M T U P
I S O B J G O Z S P Y M R V M T O
E A C G B G H A O E S I E H O I C
W U C U W E P O L V E R O S O V X
T Q H S Q R R P K L X C M T S O K
S È I C H E K A T T E L C I C I B
Q V O I A X T C S I D E N T I T À
H L W O T A C I L E D B W L P T L
X T R I F E R I S C O N O P A Y J
```

Puzzle 265

```
V W M W R I E G P T P X A C N B A
O T S O T T U I P S R Z R V P Y W
L O A I Z J M H Y V O L O C I E V
T U G M K N D C O Y G Z P Y H K A
A M K N A P Z R L D R A R D S P S
C O M P L E A N N O A P O A X V C
J I U T H M U C G W M P P A R S O
N P W D W Q A Q M C M A R Q U C L
E V I T A N O R Z U A M I S C O T
A R E C E N T E C Q T A E T O P A
N R S Q N W K P H I T T T I T R R
T F T I N T O R N O O T A L O I E
E F Z E P J D R Z Y L E R E N R M
C O O R D I N A T A T S I V E E Z
H B Z O V E O J A H R A O G K P I
```

MARCIO
SCOPRIRE
VEICOLO
ORDINATA
VISTA
STILE
PIUTTOSTO
LOTTA
ARTE
ZAPPA
PROPRIETARIO
ASCOLTARE
RECENTE
PROGRAMMA
VOLTA
COMPLEANNO
INTORNO
ATTESA
COTONE
EVITANO

Puzzle 266

GINOCCHIO
BALENA
FALLIRE
ESEGUIRE
UGUALE
POI
POPOLAZIONE
LIBRERIA
FA
ARIA
UNIRSI
NASCITA
VELA
QUINDI
OPERAZIONE
TUTTA
RAPIDAMENTE
MATURO
VECCHIO
REALE

```
U R R O P O Q G F I F S Y Y N L P
A G E N O I Z A L O P O P X J I Z
H W U K I S R I N U Y D K B F B O
E B W A O P E R A Z I O N E F R V
U U Q N L N T W I F E T Q C M E T
O M T E R E R I L L A F U K X R M
I V V L M A T U R O X J Y T S I N
H E N A K R A H I N D E S Z T A N
C E N B R D G H L J X H O E H A O
C B J X K W X Z P I X R E A L E M
E S E G U I R E V E L A P V E G J
V P N A S C I T A Y Q U I N D I K
K I H D G I N O C C H I O T C Q H
D H F W N T T H D F T W C O P E T
R A P I D A M E N T E A R I A R R
```

Puzzle 267

```
P P P J K Z C X A Q B G E X P M L
U T E X A N D A N D O Z Y G W H A
B R S R U Z O T N E L O N N O S T
B O V E C M S H R U R I V O Q V O
L P C G M O I W R N I O A D T Q K
I I O C K B R A Z N E I R E P S E
C C R A T T R S A X X P A N X H Y
A A R O P N O A O X R K Z T D J I
Z L E F S N S Z N P C I N R P F G
I E N G U R P N M O O P A O R O D
O À T I L I C A F Q K R Z W L G M
N N E R A N I C U C Y T T T K L R
E F R J W E R A N G E S S A R I O
H D P Q D Q H V B W R M R K T A S
K Q L Z F E I E S C K E M J P A A
```

LATO
VACANZA
PERCORSO
ESPERIENZA
PRUGNE
CUCINARE
PORTATA
TROPICALE
ANDANDO
DENTRO
ASSEGNARE
CORRENTE
PUBBLICAZIONE
SONNOLENTO
ROSA
ZANZARA
SEMBRANO
FACILITÀ
SORRISO
FOGLIA

Puzzle 268

ENORME
MONITORARE
RELIGIOSO
AFFIDABILE
SCENA
PAUSA
SCI
TEMPESTA
ORECCHIO
NASCONDERE
CALCIO
COMUNE
ASSISTERE
SETOSA
SOSTANTIVO
SEMPLICEMENTE
ALLEGRO
PENNA
TEATRO
CERTA

```
W E R E T S I S S A X Z T P T F P
M J K T T D C O C F K N E M N Q E
Z Z I X Z F J I V F R V A O Q T N
R E L I G I O S O I Y V T E E V N
W W K A T D D X N D Y M R R R I A
C O M U N E A J N A S F O A E U Y
Q N N A Z K J K U B C N W R D D Z
E T H O Q B N W W I E M R O N E V
A L L E G R O C L L N S E T O S A
T E M P E S T A A E A K B I C T B
U I A P A U S A H L I V V N S I I
S O S T A N T I V O C H W O A W A
Q J I Q R B K Y H P T I U M N X E
O I H C C E R O H B T R O C Q Y R
S E M P L I C E M E N T E H P L F
```

Puzzle 269

```
G L O A P A G N P R M H U L S C P
H S F H X G R F R O I C I F F U Q
F T E L D J D P O N B M L J E X M
N N H Y C U T K N B M Y A M Y Q C
D R X T O F R Y T U W W T N U E I
S H K H S K J A O N I V O F E S U
Q I P M G E G F N M S B L B N R L
W D R U Z Z S Q R T M U L A O V E
A B B A S T A N Z A E A E I I E S
R A G G I U N G E R E M R A Z R E
F F L E S S I B I L E A A T E N R
A U D Q F O R E S T A R R F S I P
G O O S S E C C U S H E E X L C W
G E H C I F I C E P S K Y T S E P
Q Q E N O I Z A T R O P S E H L H
```

RAGGIUNGERE
PRONTO
SPECIFICHE
MA
ESPORTAZIONE
BAIA
FORESTA
FUOCO
RIMANERE
ABBASTANZA
DURANTE
VINO
AMARE
SEZIONE
TOLLERARE
SUCCESSO
UFFICIO
VERNICE
FLESSIBILE
PRESE

Puzzle 270

DONNA
CITTADINO
CAVO
RECINZIONE
LEONE
ISTITUZIONE
CONFERENZA
CARIBÙ
TEGLIA
GUANTI
TEIERA
DISTINTIVO
REALTÀ
VIAGGIO
COMBINARE
MISTERO
INGREDIENTE
PAVIMENTO
FAMIGLIA
OMBRA

```
W S X R A E A Z N E R E F N O C C
R P E R A N I B M O C E A M O G I
S A E G K O T E I E R A A J V N T
T V V G L I D T E G L I A L I L T
Z I D M F Z L E O N E T I J T M A
W M W I V N G H N Y F N L C N À D
Q E V S Z I N Y F F E A G B I O I
I N I T U C A A F V I U I P T M N
W T O E Z E B G W O R G M H S B O
O O V R E R F Z G E G B A H I R V
S R U O I H G Y G I X V F N D A A
C A R I B Ù W O L Q O A X R N R C
J F B I S T I T U Z I O N E T O G
H G J J A Z C D B T S N D O H O D
I N G R E D I E N T E I A V Y T V
```

Puzzle 271

```
P C I O M O B B B E D I S C O N O E
E Q O O C A I G G A I P S T O R L
R S N S Y S I M L S M T N R C I E
F I A À A T U A M L P R A O N F T
E T P T Y L W P L A O A R P D E T
T O I I O J Q P J E R S R P G R R
T Z L L N S S V Q T T M A U S I I
O X U I M E E O B N A E T S L R C
W Z T B O E J T X A G T O H L E A
F E R I R E T A H L G T R W N Q O
D X T S F Z Y T T L S E E T Z T Z
X E T S N J U T E I K R L S A P E
L J H O Y Z S A Q R E E B G M V D
Z E D P R E G R O B E Q Y J D S T
W C D F E M O T I V O W D H O T Q
```

BRILLANTE
METTERE
SPIAGGIA
NARRATORE
SUPPORTO
COSA
CON
IMPORTA
POSSIBILITÀ
RIFERIRE
SITO
PERFETTO
TRASMETTERE
ELETTRICA
FERIRE
TULIPANO
EMOTIVO
TRATTATO
OBBEDISCONO
MAIALE

Puzzle 272

RANA
PENSARE
POLITICA
TRUCCO
INCLINARE
UNDICI
SPESO
PRUGNA
RIVA
CARO
ELICOTTERO
MIGLIOR
LUNARE
RISERVA
PROBABILE
PREPARARE
ASSUMERSI
SEDANO
CORRETTO
LEPRE

```
L U N A R E R A S N E P O P K I A
L T C V L E G Q R A N G U R P O Q
W D L R M L Z H T D Z L M O H L P
E O J E I C I D N U T O A B R A K
R Z J S G S G B T V R K G A O D F
A I O I L C E C T Z U M U B Z H I
N K V R I A C D K A C I T I L O P
I W N A O R D O A H C N W L V S P
L Z O F R O W U R N O O S E P S F
C K F L R A N A J R O L E P R E X
N L I H S J V O X T E B K R A O M
I S X M I O L O R E T T O C I L E
A S S U M E R S I W O F T Z W W F
P R E P A R A R E H K T V O Z N Y
O G K Y R H X Y N P X F H I M M T
```

Puzzle 273

```
O G L V M D S P Y C P M K T W J L
I V E E E I T N A T O D E N T I E
F M R A N S U U T P Z S J U T E S
T X A N O S P V T I À A T Z W U T
Z E D L I I I O E W I S R O P Q S
W N R E Z M D L R O K S P J S N T
V I O L A I O O F P M U D I O I A
R G C T R L Y S S P N M B W C C G
E A N L A I R O B O K E H M O U I
K M O M P V C U C E C R R G H P O
Q M C B I U O L P U H E P L I V N
J I H G R M E R E T E P I R L K E
A G M D E I C Z T A H W A R T V L
A S L Z W L Z K N K D C P G O Y F
H I A L W E C C I S L A S E C C N
```

RIPARAZIONE
CONCORDARE
VIOLA
CUCE
SALSICCE
NUVOLOSO
UMILE
IMMAGINE
ASSUMERE
EST
RIPETERE
COSTOSI
DENTI
TROVATO
FRETTA
DISSIMILI
STUPIDO
PAPÀ
CINQUE
STAGIONE

Puzzle 274

PROVARE
FOLCLORE
DISEGNO
OCCUPATO
IMPORTANTE
SAGGIO
REPENTINO
QUESTA
MISURAZIONE
DOLCI
ATLETICA
SCHIANTO
PREFERISCONO
MALATTIA
VOCE
AL
SITUAZIONE
RAGAZZI
MANTENERE
CASUALE

```
R H F U O D P T X P D J Q J B R O
M A S L B O T A P U C C O Q U W H
P A G C O L M I S U R A Z I O N E
U R L A A C I T E L T A N A N M S
H J E A Z I Q Q O L K X K T G A I
C N R F T Z Y V T O Z A B J E N T
S K A J E T I L N O R S F E S T U
C L V Z D R I F A U B T Q L I E A
G M O S F Y I A I E H A V A D N Z
P Y R C U G W S H G A L F U A E I
B C P Q V V Z Y C G I L K S T R O
F O L C L O R E S O I G G A S E N
I M P O R T A N T E N V O C E Q E
R E P E N T I N O X T O W C U Y S
O I E T G C Q Y T P K W O T Q C Z
```

Puzzle 275

```
V R C N M O S T R A C F E R A A H
C E S F A R E R A T O U N I T S J
A O T L O V R I F A M L O L O B O
I I N R I Y Y O D S O E I E P Z N
H N Y D O N N A D N D I S V A S X
L N V O U U W X M E I F S A P F T
Y E Y J W C V M F S T G I R P K C
U C E G C M E D N N À F M E A N J
U E K R D G Z N N I Q Q R E G C D
D D C R E M A O T U D E S E A A P
T I E A O N O G N E T S O S L B R
X P D G E L L E M A R A C O L M I
D E S I D E R O S O D R A P O E L
D I V E R T E N T E S J G S V Z O
H G Q H V P P F A Q B B C X K F B
```

COMODITÀ
CARAMELLE
RILEVARE
VOLT
MOSTRA
INSENSATA
SEDUTO
SOSTENGONO
DECENNIO
NUOTARE
CREMA
PAPPAGALLO
LEOPARDO
DIVERTENTE
CONDUCENTE
DESIDEROSO
MISSIONE
DANNO
ZONA
VETRO

Puzzle 276

NOSTRI
GRUPPO
STUDIO
SOCIALE
MACCHIATO
APPROCCIO
EVENTO
SVEDESE
CONFESSIONE
CALZINI
VESTITI
SOMMA
INTERESSE
PARCO
BIANCO
LUNA
CONTRASTO
ATTO
AUDIZIONE
BROCCOLO

```
N B I A N C O Q X S S V L S P T M
R O W M U S O M M A O E J Z A P A
O T S A R T N O C S T C D B R T C
I T I T S E V G F V N K I S C C C
Y A I Q R M P P P E E I C A O J H
M S J X Z I R I I D V L O N L H I
A P P R O C C I O E E I N U O E A
C S T U D I O X P S R N F L C Y T
L A W K T C V N P E T T E Y C V O
X V L T M V G E U C G E S D O L R
Q P S Z D J K X R U D R S V R K Z
W T C V I M T V G P O E I X B L C
G E N C G N F Q O N T S O G U B Z
L C V E S C I K T P B S N D J P N
A U D I Z I O N E H V E E D T D P
```

Puzzle 277

```
C S B T P E C O R E S Z S Z M Y D
O O N Z R D E S E R T O L D Z B E
E T N E M A T E L P M O C I S F C
J R D Z V C S A L D O J T T I R I
V Z U D B A W P C A R B O N E A S
E E V I A N C O O R E Z N E Z S I
A B R E N I D N A R G D K W B M O
B N A D L T V L P B T X Y H V A N
L X S O E S V U F I M O J W Z D E
O M S I B A E S T E N D E R E R N
C J C X O P M A S S I M O G I E J
C Z E M R S C A N T I E R E T W W
O N F B E X O L O T I P A C T J Y
S P O S A R E A E R O S T A T O T
F H I K N A Z I O N A L E O U N W
```

COMPLETAMENTE
MASSIMO
PECORE
GRANDINE
ESTENDERE
CAPITOLO
DESERTO
SPOSARE
MADRE
NAZIONALE
AEROSTATO
ZENZERO
CANTIERE
PASTINACA
ANSIOSO
VERDE
BLOCCO
DECISIONE
TRASPORTO
CARBONE

Puzzle 278

SCIARE
FAMIGLIE
SOSTENERE
CENTRALE
VOGLIONO
ALMENO
GUERRA
COLLA
POLIZIOTTO
LIMITE
SIA
ALLENATORE
INIZIATO
FALCO
DISTURBO
NATALE
INVIATO
RUBARE
MEDICO
COMPORTAMENTO

```
D J O T A I Z I N I W K J G P A S
I J T M L E A R Z L M X H U Z L O
S D T G L Y E L Y N P D L E P L S
T E O I O R L B V T A V N R L E T
U D I H C Q N T E T D T U R P N E
R U Z J E L A L M E N O A A Y A N
B R I R Q I B I X K R G G L Y T E
O A L E E M M P S P D A S R E O R
K W O N O I L G O V V W B Q K R E
K H P F L T M E D I C O J U V E U
V D T T K E L A R T N E C E R R R
F A M I G L I E Y C E W I P I A P
I N V I A T O C L A F S D O Q I X
D Y I O T N E M A T R O P M O C C
V A F Q Q E V W D F J B T W F S Y
```

Puzzle 279

```
L K T S T E Y U C E R V I O W P C
P W A J A M E E T Z E D R D E R O
P K B T L L Z M Q J L Z R L D O L
V H X F B K À T I V I T T A X V O
P A G U F G Y T N I N J C C D O N
N R N L U O T A C I L P M O C C I
F T E E I S L A L I U Q A N I A L
X S N F C O M O U L I T N E G T L
G E O Q E Y B U S S E N Z A A O E
I D I L C R Y C O B U T G G I R C
É H C R E P I G E S T I R E M I C
H L S X B W J R D V Z F M Z N A U
P L E R E D I C E D S S N V A I V
G S R J U R K P C O M P L E T A I
N Y C V W L Z P H A T D U Y V I A
```

PREFERIRE
CALDO
PROVOCATORIA
GENTILUOMO
FUGA
SENZA
ATTIVITÀ
COLONI
TUBO
UCCELLI
DECIDERE
INCLUSO
COMPLICATO
DESTRA
COMPLETA
AQUILA
CERVI
CRESCIONE
PERCHÉ
GESTIRE

Puzzle 280

GREGGE
ALLARME
AMBIENTE
PREVISTO
RAPA
PESANTE
MODO
DATI
OCCUPARE
TEMA
PROFESSIONISTA
DECADENZA
ANATRA
COOPERARE
LAMPADA
ECONOMICO
PESCA
ORBITA
SENSO
LORO

```
D A B W J R L D E C A D E N Z A E
L A N J V A O Z P N A C H J X H C
K D T A J P R A P R E V I S T O O
Z A E I T A O M J F R F V E M N N
K P K R P R X B K S A K Y P L E O
C M P F H D A I M H R K B O E S M
S A A Z O A U E V B E E M Y W E I
L L O X Y D S N A P P Z O Y S N C
Z F X O E Y C T L J O W D G C S O
L V G Z P X W E L R O P O R P O D
P E S A N T E O A T C G F E E F D
O C C U P A R E R Q E K F G S I P
U C P M T U C Z M W W M T G C R I
O R B I T A V L E Q I X A E A J F
W P R O F E S S I O N I S T A X K
```

Puzzle 281

```
J G S P I G N V W C U G B S D P N
N A Y P L D P E D K V U E L A E O
R M Y A E R E D N E T N I X U R N
V S C G L S R M Y I D O X R T S O
Q A I V A H S X W H H O C L O O S
L T R Q R F N O N R O T I R R N T
S N U I E Y R L R U G I E A I A A
F A S E D U V E W E A V V N Z L N
F F R A E J F E D A R E M A Z I T
E V W F F X O U P D D I O N A Z E
R I N V I A R E X H O L E A R Z K
S O P R A V R A G I O N E S E A P
L M T Z R L A C R I M A A X J T K
I N T E R N A Z I O N A L E D O W
T M P P X N C D Y P O K P D A J W
```

MERA
ANANAS
FANTASMA
LIEVITO
RITORNO
VARI
LACRIMA
FASE
INTENDERE
SOPRA
FEDERALE
PERSONALIZZATO
SPESSORE
FREDDO
NONOSTANTE
AUTORIZZARE
RAGIONE
INTERNAZIONALE
RINVIARE
DRAGO

Puzzle 282

EMERGERE
INFASTIDIRE
FOGLIE
LAGO
DEDICARE
VITTIMA
DIVISIONE
ALCI
FIORE
CANGURO
RAFFICA
VALORE
ASSEMBLAGGIO
ATTENTO
CAMBIARE
VISIONE
ARRESTO
AVANTI
VISTO
PORTATO

```
U I E I E N O I S I V I D P G L V
V Z S A M I T T I V P O R T A T O
Z E Z P E Z N W E I L G O F N J G
Z D I E R O I F R D E D I C A R E
V T M R G A T Q A C I F F A R Y M
X W J O E E N O I S I V Q P R R A
F J F L R G A G B A T V I S T O T
X O C A E D V A M L Q I E K C K T
Q Q B V C X A L A C R Z D I P C E
A R R E S T O F C I U X I I B W N
Q N J Y H Q E E Z C P F S C R I T
Q O N V H V G T Y R I Q H Z M E O
Z F B G A R B D C A M W D U C U Q
A S S E M B L A G G I O N U P G J
N T B J U L H Z A C A N G U R O W
```

Puzzle 283

```
D O F L H F R M A R C A T O R E S
O G N E Q Q S S D I C Z U T W R E
M G X G G D P P X L E F D A I E N
A I G X I L A Q I A N S C S S D T
N F D Z G G Z V W N A V M O O N I
I V C R A S I X O I T I C P L E T
A C H O N H E X K Y O O I S A F O
I I A R T F N Z K Y N R L D T F Y
B K K A E I T U I F I R G S O O H
P X O J S Q E F U N Z I O N E X L
O X F P C I R I A V V O L G E R E
H O N E O T R A D I Z I O N A L E
R I S T O R A N T E V D K M T M P
E S P R I M E R E U R E Q W E G D
R A C C O G L I E R E M X X D F H
```

SPINTO
MARCATORE
RIAVVOLGERE
TRADIZIONALE
DI
RIFIUTI
ESPRIMERE
ISOLATO
RISTORANTE
SENTITO
OGGI
CENA
SPOSATO
GIGANTESCO
MEDIO
OFFENDERE
RACCOGLIERE
DOMANI
FUNZIONE
PAZIENTE

Puzzle 284

QUALCOSA
VOLPE
PERSONALE
SPARARE
CERCANDO
URLO
UTILITARIA
MINUTO
SCOIATTOLO
INVERNO
RISIBILE
RISORSA
MAMMA
DAL
DIPENDENTE
GALLEGGIANTE
IMPRESSIONARE
SUFFICIENTE
CAUTO
COMPATTA

```
E D R Z W F S A Z B R H P F A X X
Q Q I E Q Q U I F C R W M W G D N
T G S U U N F V Q K D P A A T T L
A F I M A D F S K Y P B G I M X O
S C B L L A I R A T I L I T U M D
O M I Z C Z C S P A R A R E X L A
L I L H O K I C E R C A N D O N I
O N E B S K E T N E D N E P I D N
T U K N A U N B Q L V X X E X F V
T T T E V A T T A P M O C E X R E
A O T U A C E Z L Q G L L A D X R
I M P R E S S I O N A R E P I R N
O L R I S O R S A A U U V Z E T O
C P E R S O N A L E U Z B I A L V
S A Q X G A L L E G G I A N T E A
```

Puzzle 285

```
O R B B A L Q W J R P V L R G S S
X A O K F O S E T Y G G I J D L I
X G N J F I T P N J U J U I U I G
W A G X Y O O M U O I E Q I P T N
Q Z I R J D S A T I D R E P L T O
W Z À R C N O Z R S V A L H I A R
Z A W H K N R Z I E C L I X C C A
P S C E L T A A E T D O B F A I P
C U X R U G F P N J U V A S T T A
F A Ò S O X S V T E O B T T O I S
S E L V G N P Y I C D G S E L R Z
W G D M T F K B M L I X N P O C L
S T V E A V O K A T O L I P V Y P
O I Q J L F K J J J C W E Y A F V
V T Y J M E Q J S D E G A C C K S
```

VOLARE
CALMA
PAZZA
SLITTA
CAVOLO
PERDITA
CRITICA
ODIO
SIGNORA
INSTABILE
NUTRIENTI
TESI
FEDELE
PUÒ
GIÀ
SCELTA
DUPLICATO
LABBRO
RAGAZZA
PILOTA

Puzzle 286

ULTIMAMENTE
SCRIVERE
VISIBILE
PROGETTO
DROGA
STUDENTE
INTERAZIONE
CIRCOLARE
SIMILE
PARTICOLARI
CONTO
RAPPORTO
ZAINETTO
FEMMINILE
NORD
ESECUTIVO
MINUTI
BANCA
SCAFFALE
CANTO

```
C E T Z A K D R O G A T E P I Q S
L O S O A Y K S B M V E O M O J T
Q T N E Y T R U S C R I V E R E U
Z N O T C R D U N W D R O N S L D
X A G Q O U B J B W K A V O I I E
O C I Q M C T Z I P U L G I M B N
W G T N W F Q I J M A O B Z I I T
M V U T E Z I T V M B C A A L S E
M M N L K T L D R O B I N R E I S
U A I M Q S T L Z X W T C E X V H
A R M Q O T R O P P A R A T G P J
U L T I M A M E N T E A O N B Q W
C I R C O L A R E F W P Z I B M W
S C A F F A L E P R O G E T T O E
J U S O U N V J F E M M I N I L E
```

Puzzle 287

```
W E R A T T E C C A S A B B I N C
O S C O L L E G I O G V U I N S U
C T P E S C H E J G U V C S F J N
R R F O Y C A C J N A E O O E M O
B E A U W F N I O U R N I N R X C
S M S Z E J Y N E L D T F T M E U
I A Z N A C N A M P O U I I I L E
N M A M M E T T E R E R G W E K G
I E T K E R O A R G N O L O R H V
S N T E F I E L A N A S I M A L Y
T T F J O O D M G X E O A S Y P V
R E X M Z R P R E O C C U P A T O
A D D W U W I W I V I A G G I E L
X N E H V Z I A P D I S C O R S O
B K S L L A O T S E I H C I R A Q
```

BUCO
INFERMIERA
PESCHE
COLLEGIO
MANCANZA
RICHIESTO
BISONTI
LUNGO
SINISTRA
TEORIA
VIAGGI
SPIEGARE
DISCORSO
SGUARDO
AMMETTERE
ESTREMAMENTE
AVVENTUROSO
ACCETTARE
PREOCCUPATO
FIGLIA

Puzzle 288

SUPERFICIE
VENTO
EX
DEVE
FUMO
ERUTTARE
QUALSIASI
COMPITO
TEMPERAMATITE
TESO
FURETTO
BELLA
FABBRICAZIONE
PARTICELLA
RIVELARE
ASSORBIRE
SERALE
ANIMALE
PRIMAVERA
DIFFUSIONE

```
R G K A E K T P Q J A L L E B D P
F X C I W C E A U D S Y I S T E V
U D I G X U M R A E S S B N J V L
R C D S G N P T L N O S T G A E P
E L A R E S E I S C R S R J L B E
T I R C R F R C I Y B D E S M I J
T K E O A I A E A Q I W M T I W G
O L V M T Z M L S F R D W P L P Z
F M A P T V A L I N E F P O I E C
U N M I U T T A A N I M A L E H X
M K I T R H I D I F F U S I O N E
O J R O E Q T S U P E R F I C I E
J X P D E C E R A L E V I R X U R
T W G J F A B B R I C A Z I O N E
V E N T O G X I S T J E G R U D U
```

Puzzle 289

```
A S P T C S C I A R P A R M M P G
Z M G B J H K F N A C M I E O E F
I G O H F U I C J A O O S R T R T
A X K R D V U U C X R P P A I M C
G E C S E P D S D B S N E V V E O
V I E T A N O T R E A P T I A T N
J B N N I R Z A K N R Y T G Z T C
Z M O C S X M T J O D E O L I O E
G A M I R R A O Z I G O C I O N P
V R I Y N P D Q K Z F C M A N O I
H T L T P Q L O B I I P I A E B R
X N V E R M E I L D X I T Q N H E
O E F O N D E R E N L B N L N D O
P V B W U N U A K O E W T V T Q A
I T O C C O R E H C C U Z L Q F E
```

PESCE
TOCCO
SCIARPA
PERMETTONO
MOTIVAZIONE
FONDERE
ENTRAMBI
ZUCCHERO
CORSA
CONCEPIRE
MERAVIGLIA
DOMANDA
RISPETTO
AMORE
VERME
CONDIZIONE
CHIUDERE
LIMONE
STATO
VIETANO

Puzzle 290

APE
TERMINI
CIVETTA
PIETRA
PRECEDENTE
DIMOSTRARE
INTRATTENERE
COINVOLTO
SOFFIARE
CANZONE
ORGANIZZARE
INDIPENDENZA
GRAVE
COMPLESSO
FUTURO
MORBIDO
DANZA
ESISTONO
BORSA
COSTRUIRE

```
S D I U J K G T C Q R E W W R P V
O F A S C S R W O D I B R O M I G
F T F N F B A E M A M T E B J E P
F C W R Z A V F P I N I M R E T R
I J V E X A E D L L U S F B S R E
A C A Z N E D N E P I D N I X A C
R S Y E R A R T S O M I D G L T E
E O S G H G Q J S B O R S A X T D
N A M P U U A A O R U T U F V E E
O R G A N I Z Z A R E Z J G O V N
Z Y C C O I N V O L T O H K N I T
N A P E W D H E S I S T O N O C E
A C O S T R U I R E K W L D C R H
C Y T X D F U A D Z F X L A S G X
I N T R A T T E N E R E J R S M M
```

Puzzle 291

```
A K Q H Z X Y H E V I C Q O P S E
A D I T J E C H C J G P S N W P Q
A R R E S T A R E O F B J I T I M
E P G R B U C A N E V E S N U A Q
S C A A R C A N N E L L A D T T L
M F Ì S O C M K C P X Q R A T T F
N A W S N S R M H A L M C G A O J
N J S I W O B A F S R M A I V H L
Y T K F F D H S R X N R V N I V L
I E N O I Z A R E N E G O E A B O
A N C H E O M I S S O R P A E K R
D O M E N I C A I G O L O I B N P
B Y V U A O A V A S E P S Q Y T N
T K O Y P V O C A B O L A R I O H
T R I S T E R I S P O S T A H E E
```

PROSSIMO
TUTTAVIA
SPESA
GENERAZIONE
BUCANEVE
ARRESTARE
CANNELLA
CARRO
ANCHE
DOMENICA
RISPOSTA
BIOLOGIA
FRESIA
PIATTO
INDAGINE
COSÌ
VOCABOLARIO
PANE
FISSARE
TRISTE

Puzzle 292

BANDIERA
DIVERTIMENTO
LAMPONE
INTERESSANTE
SICURO
DENTIFRICIO
AIUTO
SAGGI
PUNTA
CONFONDERE
PILLOLA
COPERTINA
NUOTATA
OCCHIALI
IMPRESA
STESSO
ELFO
DOLORE
NOTTE
CORONA

```
L D D D E N T I F R I C I O P T R
A I T O W P E G J N A C C S B F Q
M V Q T L L H G J O R U C I S C G
P E J E S O W A B S E T T O N C Z
O R T T H Q R S V S I C O R O N A
N T Q N R H V E R E D N O F N O C
E I L A I H C C O T N P T A H H E
B M W S I M P R E S A Z U T E Q A
N E A S C P B F Y N B L I N J I K
U N Y E W V I N F Q F M A G T C J
O T Y R V P E L M D C I G H P A O
T O F E A C L W L S B R H E I Y L
A B K T M R F V G O T H X N Q C H
T L T N V L O D C B L U K Q U K I
A A N I T R E P O C X A D U Y Y B
```

Puzzle 293

```
J C J L R E C I L P M E S C O I Y
T A J H U A S X Q K S D D A S G P
M M Y O S P G P G G L T O M S N T
X I T Z O U U G E X J R I P E O L
J N E C L V W I I R U P E A R R A
P E R W D N V R F U T E A G V A S
I T A I I L T F Y E N O P N A R C
X T N E V P P A I T A T C A N E I
T O I A A U A L R N T N O Q D R A
C F V V R C D L V E W A Y G O O N
E R O T T E R I D D T O V U R N D
L O D X X C E E Ù I P T K M T I O
R I N G H I O V X C R M E E S M H
E M I D N U W O L N R J G L A C Q
S E M B R A V A C I D D S W N G P
```

SEMBRAVA
SEMPLICE
NASTRO
RINGHIO
OSSERVANDO
INCIDENTE
LETTERA
RAGGIUNTO
LASCIANDO
MINORE
ALLIEVO
SOLDI
INDOVINARE
IGNORARE
PIÙ
CAMINETTO
CAMPAGNA
PADRE
ESPERTO
DIRETTORE

Puzzle 294

GIURIA
SEDILE
PENSI
SCRITTORE
COSE
CANTI
TELEFONO
GOCCIA
VAPORE
LEGGE
SORGENTE
PRESTANO
QUAGLIA
UTILMENTE
PERSONALI
RISO
MODELLO
CONIGLIO
ARRABBIATI
ANNUSARE

```
W U M V T Q V M M T Y L O C Y A P
U S V A P O R E W N Y A P O K R E
K X C P R E S T A N O L E N L R A
H S Q R M L J N S Z M L S I R A P
D N V I I S N E P E X B X G C B T
U L U Y X T L Q B X D A H L L B C
K T M E A I T Y D P B I O I V I A
J C I F J A G O Q P P L L O G A N
N D I L A N O S R E P G L E O T T
N Y O H M W N I N E X A E X C I I
Y P D H G E C R Z N N U D J C U M
L E G G E W N C O S E Q O G I K I
P P X F Z M H T U I W O M Q A S M
T E L E F O N O E S O R G E N T E
A N N U S A R E G I U R I A L P S
```

Puzzle 295

```
P F W E D J I E T P G J F V P Q Z
R A T E S H M J O A Q O U A E P E
A N T R I E P T Y M S F C L L O X
R G E A D N I P C I G S Y E A S N
A U Z N T B E V O T A D E N I S C
M H R N T A G T P S M W R T C I G
E L V A F B A I M C I W A I R B Y
N Q F G B J R D A M O T T N E I M
T Z L N N M E R C A T R I O M L U
E Q Q I D T R V C S A F V V M E R
O L L E N G A X B F R Y N O O T A
F R U I Y M S T J U P H I H C S L
P X I D W E S H C L G P H C K Y E
Q R E R E D U L C N I A O Z D Q Y
V E C P A X B A L T I T U D I N E
```

COMMERCIALE
AGNELLO
INCLUDERE
POSITIVO
PATATA
STIMA
ALTITUDINE
CAMPO
INGANNARE
VALENTINO
INVITARE
DATO
POSSIBILE
RARAMENTE
SE
PRATO
IMPIEGARE
MURALE
BUSSARE
CORVO

Puzzle 296

DAVVERO
AUTUNNO
PRANZO
HANNO
PARLATO
SERVIRE
UTILIZZATO
DIMENTICARE
VERO
PERIODO
COSTO
GHIANDE
GLOBO
VIRTUALE
SALVA
ACCADEMICO
POLVERE
CAPIRE
IMITARE
INTELLIGENTE

```
O F V O Q M E A P R A N Z O B B I
C A P I R E R D U P A R L A T O N
I L L Y I E I Q I T O E Y W S N T
I L A D A V V E R O U E S M C N E
C O S T O E R R A C K N H P S A L
G O G V C R E A G I Q I N Q E H L
V L S X N A S T H M E S G O I A I
I P O T Q C U I I E R E V L O P G
R E O B H I M M A D I D F R Y A E
T R Z A O T S I N A S A L V A B N
U I W S K N B V D C F Y V H R Z T
A O K X W E L L E C E B H T M A E
L D L B X M S X Y A K Q F S E M I
E O Z U T I L I Z Z A T O W G E N
S Z H P N D Y F J F M W X T Z O V
```

Puzzle 297

```
P E O T A I C C A R B B A T K I I
E E R A T T E N M Z B V W X I W S
N A V I N S V R R G Z R C V X P M
S Y M B L P S C O M P A I O N O O
A C H B S A Q L F T C N M B L T U
V M W A O Z I W I Y A I I N I T R
A C Y G B I F O R C E L L A S I P
S F I D A O L A V O R O O Q T F J
F I M I S L W W X T C G M C A F T
F O T T I J L J F X P D C L L A U
Z O C C O L O I D G C A C I X A E
Z T C V A L U T A Z I O N E E B C
C A N D E L A I N A V I R C S L A
R K D V B W À T I N U T R O P P O
T M O E H H G Y V C P T O A B N T
```

TIPO
CANDELA
CIELO
RIFORMA
ABBRACCIATO
SPAZIO
FORCELLA
AFFITTO
LAVORO
SCOMPAIONO
OPPORTUNITÀ
CALCOLATORE
PENSAVA
ZOCCOLO
SCRIVANIA
GABBIA
SFIDA
VALUTAZIONE
NETTARE
LISTA

Puzzle 298

RICONOSCERE
STANZA
MOSTRO
GIOVANE
TERRIBILE
LAZO
FORNIRE
INSEGNARE
ZUPPA
TENDE
DICIAMO
ORTAGGI
NAVIGARE
SCARPE
PIACERE
DISCUTERE
PERSEGUIRE
OTTENGA
CURVA
PENA

```
R X L M X M Q D S O A G Y L P A W
M G E L I B I R R E T O E W D I L
V X F O U B E I G G A T R O O X Y
D I C I A M O C I N S E G N A R E
P E N A V T Z O F P L T U E G I B
Y R G E R E A N R O G I O V A N E
W I G E U N L O F L R Z A K P V R
V U T R C D D S A C P N L P P Y A
O G M E V E R C B M A O I D U M G
T E S T C H W E S U F B G R Z O I
T S D U A Z J R I C B E E B E S V
E R E C A I P E C V A I S R O T A
N E V S T S T A N Z A R D L L R N
G P M I Q K F Q I G Y C P Z A O O
A C U D Z O M F P L R N Z E K F G
```

Puzzle 299

```
F E B J I I I C S I O O Q W P X F
F O T T E L N A O T A R I T A E R
Z I G X N K D L Y N A X J N E N E
W L S L Z Q U C G U D B W U S O S
S N G I I I S O N O T A I T E I C
B L C H C O T L N P T Y A L G Z O
C M R I N O R A V P S R I F I U J
C R E A R E I R T B S B O A S R F
S T X I Q R A E D L O Y W N S T E
A G G I O R N A M E N T O G A S T
F K U T X K T O U C G U I O R O T
D I S P O N I B I L E Z D S G C E
V E R S A R S I V P P Z J O I J S
K F Y K B E C X L U M N W O Z J I
X P M I I E E R A R I P S E R H L
```

PAESE
TIRATO
COSTRUZIONE
DISPONIBILE
FRESCO
CREARE
CALCOLARE
AGGIORNAMENTO
VERSARSI
SETTE
GRASSI
NOTA
FISICO
INDUSTRIA
STABILIRE
IMPEGNO
RESPIRARE
FOGLIO
LETTO
FANGOSO

Puzzle 300

ASSICURARE
CURIOSO
MERIDIANA
PRESERVARE
COLORE
SPESSO
BOTTIGLIA
MANGIARE
SPECIE
VAMPIRO
LINCE
BUGIA
MANGI
TRATTENERE
ALTRO
VISITA
ABILITÀ
SCRITTURA
FRAGOLE
QUOTAZIONE

```
L J C Q H F V P R E S E R V A R E
G I L A M R G A I G U B D N J F P
N M N S E A K T M L Z E Z H V A N
O W O C Z G S I K P Q Z V K G Y W
R W F L E O U S H E I E I C E P S
I Q E L P L M I A I G R E M R C I
L F C X M E A V Q R N A O A O D B
A U U E R E N E T T A R T N L Y O
B S R O Q R A C L F M U N G O U T
I P I D Y N I N O W F C Y I C R T
L E O D K G D K I U T I B A V S I
I S S Z F G I N H Z I S P R R Y G
T S O C A J R Y G F F S P E V W L
À O R T L A E N O I Z A T O U Q I
J R O Y O T M S C R I T T U R A A
```

Puzzle 301

```
F J P U A G J A N P P P R S Y H U
M A E S T R O L C W M G I G F V V
D M R W A R U M O R E G C A O N Y
X W I B R E V E L I V Z O L T O L
Z L L E O X O U W U A B R O W F J
O N L C L O B Y N H S J D P O L V
N I O K O C L Z R R T S A P T A E
D E B I C I B R O F T J O O M F L
A N A T U R A L E R R O I R L F O
Z U B P Q X B L K W X L R M E A C
W N C T V C U F J I D B P Q E R E
L I N G U A Q R A M E W O J K E V
V K U J S T F O I Z I C R E S E J
P R I M O R D I A L E O P G V V H
M O L T I P L I C A Z I O N E R O
```

RUMORE
MOLTIPLICAZIONE
RICORDA
FORBICI
LINGUA
ESERCIZIO
MAESTRO
VILE
VELOCE
BOLLIRE
BREVE
LUSSO
AFFARE
PRIMORDIALE
NATURALE
ONDA
COLORATA
RAME
PROPRIO
GALOPPO

Puzzle 302

BRACCIO
STRATEGIA
LAVANDERIA
GEOGRAFIA
PROGRAMMAZIONE
ODORE
CAMICIA
SPECCHIO
RESPINGERE
PERICOLOSAMENTE
BAGLIORE
SCIMMIA
LONTANO
INTERCETTARE
RAGAZZO
VOLONTÀ
REGOLA
CLIENTE
CATENA
EMERGENZA

```
E Q O E G H E G I R A G A Z Z O P
M L D M N I R E N D B T N G L I E
A W O E P V O O T À U E E K A C R
O S R R H A I G E T A R T S V C I
F Q E G Z J L R R N I E A J A A C
L T F E K J G A C O M G C E N R O
P I D N A E A F E L M N P C D B L
H O S Z K N B I T O I I T L E R O
C N A A G H W A T V C P E I R R S
L A L O G E R C A H S S E E I T A
Y T M Z G Y D A R U D E T N A S M
P N R I S T O R E E D R W T H U E
M O I H C C E P S Z Z C C E O O N
O L E N O I Z A M M A R G O R P T
Z H W L P E A A X R E R Q J A Z E
```

Puzzle 303

```
I D E I S G P C C C L S J P K Y S
K N F Z I H R A O A A B P L V A E
J E H G G O O L N S R I R A Z P G
C L Q Y N F M C T T G T Z B D O N
O A D P O D E O R A H T J I J A A
I M R O R D T L I G E U N Z T J L
N E Z O E R T A B N Z T Z E C O E
C L J B T A O T U E Z G R A J F N
L B Z R B E N R I P A N J Q Y Y M
U O T E I Z O I R F I N Z I O N E
S R R V W S X C E R E I L A V A C
A P B M L F Q E H X P R U N C Q R
I N D I P E N D E N T E N B E I E
N N W A Y F L E P I D O T T E R O
O S S E R V A R E P N Q Q A N G Q
```

INCLUSA
PROMETTONO
PROBLEMA
NOTIZIA
CAVALIERE
INDIPENDENTE
TRE
SPADA
OSSERVARE
VERBO
LARGHEZZA
CALCOLATRICE
SIGNORE
FINZIONE
CAROTE
TUTTI
LEPIDOTTERO
SEGNALE
CONTRIBUIRE
CASTAGNE

Puzzle 304

RINOCERONTE
AMBIZIONE
ESAME
APPARTENGONO
CAMPANA
ORTOGRAFIA
DIMENTICATO
COLPEVOLI
CUPIDO
CORAGGIOSO
CHIESTO
TENDONO
PREMIO
GIOCATORE
GRASSO
DONNOLA
FINESTRA
SCUOLA
OLIO
RIUNIONE

```
D H P L L O B R S C C J C R F A C
D T K E K P P Q C A U H O I I P H
W J U E S A M E U M P Y W N N P I
V E S O C P I N O P I G G O E A E
C R O E A R K O L A D A K C S R S
U O I M E R P I A N O A I E T T T
V T L L Z H W N J A Z G T R R E O
Z A O P U F O U T N R P Q O A N N
V C M O E N O I Z I B M A N U G O
T O X M F V D R S F P F N T N O D
A I F A R G O T R O O N I E Z N N
O G Y J P V W L G R A S S O J O E
M B Q G E T K T I Y O T B R C U T
A L O N N O D I M E N T I C A T O
C O R A G G I O S O R F G B E T G
```

Puzzle 305

```
H L I A A I U L V T L B O F I X H
E R E V O U M I R G A E T V N I L
K Z H P U D G J L N Q V E N V A D
S B M C D I K R K F R A L Q E M V
O R Z Z I J B F A O R N I V S A W
N C P W V M A L W D Z D N J T T Y
N F I R I C E R C A O A E O I R Y
O D N T D L E I B R V V A E M I S
J L E A N I G A P E S O L I E M D
T U D B I E R A D R O C I R N O Q
Q E Z J O H D S C H E R M A T N B
N R D O E L Z I S R E D E S O I B
X N L V S L I C H I A M A T A O G
L A V A N D I N O S L X N G A W I
K T V C I K U S Z A R D B G J N Q
```

BEVANDA
SCHERMA
RIMUOVERE
SOLI
LINEA
INVESTIMENTO
LAVANDINO
MATRIMONIO
RICORDARE
RICERCA
PAGINA
LEI
SEDERSI
RE
SONNO
IDENTICO
GRADO
CHIAMATA
DEBOLI
INDIVIDUO

Puzzle 306

ABBREVIAZIONE
PROFUMATO
SCUSE
INTROITO
SENTIVANO
SALTATO
PROVA
CATTIVO
SCORREVOLE
UFFICIALE
DELUSO
PIANETI
STRETTA
ESATTO
AVVERSARIO
FIGLIO
SEDIA
ERMELLINO
GRANDE
PROFESSORE

```
O T A M U F O R P S C I P U W Y C
T A V V X Z Z Q Z T A N R F S C U
T U O O V X E K E R T T O F B S B
A D R Y U E T E T E T R F I L E F
S E P A Y P R W M T I O E C W D V
E L S C U S E S L T V I S I U I S
K U F E S K P J A A O T S A V A A
X S B F M E W U T R C O O L F C L
P O O I T E N A I P I C R E F Y T
G H L T Z S J T W Q Y O E Y C D A
T R E N O I Z A I V E R B B A F T
A Q A M O Y E L O V E R R O C S O
V C O N F I G L I O A Z J F E N R
J G H J D P M X T Q P N Q M B L G
O N I L L E M R E N T Q O A W E M
```

Puzzle 307

```
E C U L S Y Q C C F J X R E M V I
O A X H P C H T Y L W N S E N B E
C A L C O L A R E P E N T F D T R
T O T S O P P O S A I C U D I F A
R T T T D H J F B I E B T M W O T
I A A S I I S L S B N E Y O A N N
A D B C S D S U M B U G L A T T E
N R E I O K A E V A Q W O C Z Y S
G A L E C D K G G S U P Y L J V E
O U L N A D R E Y N I Z Y Z O E R
L G A Z T V W Q P M A M R A G D P
O N J A R U T T E L C R G M U O P
S T A Z I O N E R O R R E V A N A
I E R N X M P A L O A A E Z J O R
A P O U P K G A A L B J M W P B Z
```

GUARDATO
CALCOLARE
DISEGNARE
RAPPRESENTARE
ERRORE
QUI
FIDUCIA
OPPOSTO
VEDONO
TRIANGOLO
TABELLA
STAZIONE
SCIENZA
DITTA
LATTE
SINGOLO
LETTURA
SABBIA
ARMA
BARCA

Puzzle 308

SPUGNA
COMPRATO
COLEOTTERO
CONFINARE
MESSAGGIO
PERIMETRO
CURE
ABITO
OTTENUTO
HA
OSSO
AEROSTATI
ASSOLUTO
FOTOCAMERA
ASCENDERE
COCCODRILLO
CASSETTO
SOGGIORNO
FRAGOLA
ATTORE

```
O C C A F X G F R D W A L Y E A F
P S W O T A R P M O C O I J U S R
O P U C N O T U L O S S A O Z C A
Y Z Y O E F T L F G J S H E E E G
C U R E G Q I T A T S O R E A N O
E E H Y P I S N E P A X M R T D L
S P U G N A R Q A N F B W O H E A
M E S S A G G I O R U O I T Y R H
F O T O C A M E R A E T Y T Q E X
C O L E O T T E R O H T O A O G T
S O G G I O R N O R T E M I R E P
P S P F R U L O P S F S Q G Q E T
W K B N E X N G J Z L S W G Q S X
Y O J X T N X C B F C A Y Z G A H
C E U N O L L I R D O C C O C F S
```

Puzzle 309

```
N V R F K I R Z B O U O C X S Y Z
D A I C G Q M E N T E W O H D O A
O L L E M M A C Q Q A D I E T R O
C U A S W M D M M W Q A C L H I N
I T S L J F R S L Q I J C I Z N A
F A S X B J E T F M P N A B Q S G
A R A E J Q P J R A Z J I O R E A
R E R C E S T I N O I C H N P G R
G L S A T T E N T E Q A G B E N U
Y O I S B A G L I A T O R R S A S
B F Y L R U F B T C P Q Y R O N Z
W F Y F M Q R B S E E V S C Y T A
A U L A H J W Z L B N N I U O E O
F M N P L I Y L I K Z I T T F R V
P I A T E L E S C O P I O O E P A
```

GRAFICO
GHIACCIO
CESTINO
RILASSARSI
URAGANO
PERDA
PESO
AULA
CENTO
DIETRO
MENTE
CAMMELLO
TELESCOPIO
INSEGNANTE
VALUTARE
ATTENTE
NOBILE
VITE
SBAGLIATO
MUFFOLE

Puzzle 310

MERCOLEDÌ
PORZIONE
BALCONE
PETTINE
NIDO
ELEFANTE
POSSIEDONO
SEGA
PISTOLA
SETOSA
CINQUE
MOSTRA
ZENZERO
COOPERARE
FANTASMA
ESTREMAMENTE
PIATTO
SCRITTORE
OTTENUTO
INSEGNANTE

```
E F E J A L O T S I P C Q Y E T P
N S O O S N C W A Q K O D I N T A
O Y T T O R E Z N E Z O T T A I P
C V U R T M S K W Y D P S S C P S
L P N C E N E N I T T E P U F O N
A G E S S M Y R L C M R T H A S E
B H T T D C A N C L N A T H N S Z
M E T P B Y R M N O V R I K T I M
F N O M Q W T I E Z L E K O A E B
N O R Y R O S E T N M E Q K S D Q
C I N Q U E O T L T T R D F M O Y
V Z T C N M M W Z D O E D Ì A N R
Z R E L E F A N T E O R V N K O U
S O Y K A C E T N A N G E S N I J
H P Y K P I D E P Z V A N V D W X
```

Puzzle 311

```
W P F V Y K P L F U P H W M H W P
C S L M Q Z V U R X J O N E D V R
L N D A J X M H X P L U E V G O O
T F M N T E O W U T U T T A K E F
B A A Y A O E N A T N A T S I Q I
O U W I J H N L E F D O B O B P T
N O S N E D V R L V U H S Q B L T
U N G P O R T A P E N N E Z G I O
D O M E N I C A G Y M T L H W B T
A C R A B O T T E S S A R G Q R A
R S K D K Z E R A N O D R E P E T
X I C A S T A G N E V A N A F R O
L R R H H C A L C O L A R E C I U
Q E M R E V P M R I F O R M A A V
I P S D I M E N S I O N E V I J S
```

ISTANTANEO
GRASSETTO
PORTAPENNE
PERISCONO
DIMENSIONE
NAVE
SVUOTATO
RADUNO
PROFITTO
PERDONARE
DENSO
TUTTA
LIBRERIA
CARAMELLE
VERME
DOMENICA
RIFORMA
CASTAGNE
BARCA
CALCOLARE

Puzzle 312

VERDETTO
QUARTA
CIASCUN
MILITARE
PARETE
MILLEPIEDI
TENUTO
ERBA
TASCA
RESISTERE
ORSO
SOTTO
SICUREZZA
CULTURALE
SULLA
CUCINARE
LAMPADA
BANDIERA
CANDELA
AULA

```
K J X T X S S E V M V H C E N U W
L A M P A D A U R E Y J O Z T T P
T O R R K M G X L B R O Z S A T E
S I C U R E Z Z A L A D T M O R F
M I R Z S M X L Q J A L E D N A C
I D R S D K C O J Q R U F T C M G
L E L A R U T L U C E F Y S T D L
I I N A S E X Z H O I C P B C O U
T P Q U A R T A G T D C P N E L P
A E R E T S I S E R N P A U L A L
R L K N A Y H M E Z A L O C B Z J
E L L O S R O X Q R B M T S U D C
N I M T C P A R E T E P T A S K V
T M D Q A T H T E N U T O I O W B
P F F Q C U C I N A R E S C N D P
```

Puzzle 313

```
M R O L G S R S I O O R N E Y P T
U D N Z K E I C L N E K W J P K X
X V M L D R C O I Q C V L F B G H
Q P H I T A H N B K K L O D V T I
V U F E W C I F I E D I I P B U F
E V A T V I E L N V V T C N C F K
S O Z N D D S I O D I M I T A E N
T S Z E T N T T P W F J F C C R W
I R E P L I O T S F Y M F O O I E
T E H R O Q T O I Q O G U Z L N R
I H G E G J K À D V K N L U L V O
M P R S O G G I O R N O D R E I T
E R A T N E S E R P P A R O G A O
F A L O S S E D A N O P U M I T M
R I D U R R E L O G A R F Z O O Z
```

CONFLITTO
FONDO
SERPENTE
MOTORE
DISPONIBILI
QUANTITÀ
RIDURRE
INDICARE
TIMIDO
UFFICIO
SEDANO
INCLINARE
VESTITI
INVIATO
RICHIESTO
COLLEGIO
FRAGOLE
LARGHEZZA
RAPPRESENTARE
SOGGIORNO

Puzzle 314

SELVAGGIA
PO
NOME
BECCANO
AMICA
FUORI
COLAZIONE
UOVA
AGGIUNGERE
FAMOSO
ARRICCIATO
TARTARUGA
RAVANELLI
STAGIONE
PAZIENTE
RISTORANTE
PAZZA
SCIARPA
DEBOLI
SEDERSI

```
A P R A I C S L B D W O I J U A N
G R O Y E R J D E E T N E I Z A P
G A L N Q C O U V B J Z M P Q I R
I V F H I I P U C O N L O B O W J
U A F A M O S O F L O H N L Z Y K
N N P V E J G H M I A F P N C B H
G E X Z R P S O T A I C C I R R A
E L E G V Q Y C P O M P D C U J S
R L B E C C A N O V K I A O Z V E
E I C O L A Z I O N E E C Z H Y D
Z W I R I S T O R A N T E A Z W E
S T A G I O N E Y V X Z M P L A R
S E L V A G G I A O O P V H U E S
T F F H R T J A G U R A T R A T I
Y L G S R M H C U K Q T I Y Z S A
```

Puzzle 315

```
D C O S S O E M B S X Y L X P P X
P O A S K E K U F U U S U C R R P
U F P R S I B P S Q F X C H I E E
O K E P A E L U N A R E I E M O R
N M W S I T R C M H M R D N A C S
R T M D X O T V N R V O O O V C O
G R I G I O G E A I V R V I E U N
X G F E D X J B R N S R B Z R P A
R I C H I E S T A I D E P E A A L
P O V E R T À J E D S O F L R Z I
A D E G U A R E Y U X T N L S I Z
I D L A C I T E L T A Q I O C O Z
M O W Y R E Y J Q S Y S O C H N A
G P M I S E R A B I L E H R A E T
P O C A L C O L A T R I C E F C O
```

STUDI
ADEGUARE
CARATTERISTICA
LUCIDO
COLLEZIONE
PREOCCUPAZIONE
DOPPIO
GRIGIO
MISERABILE
POVERTÀ
RICHIESTA
DOPO
LUNARE
ATLETICA
PERSONALIZZATO
PRIMAVERA
OSSERVANDO
CALCOLATRICE
ERRORE
OSSO

Puzzle 316

ATTRAVERSO
ESPLORARE
INSERIRE
FOTO
COMPLETO
VITAMINE
STRUTTURA
CONDOTTA
INUTILE
DOLOROSAMENTE
ANTICO
DIFFERENZA
MOMENTO
GHIACCIOLI
VOLONTARI
COMMENTO
SIGNORA
SICURO
PERIODO
VILE

```
U A F S C O T U R F K K E C O D A
Y T I A T O D O I R E P S O R O N
N T F I J R M Q C I N F P M O L T
V R W N Y Z U M V I L E L P V O I
A A L U S E R T E Z T B O L L R C
Z V Q T Y I E Z T N P H R E Q O O
N E F I V E V H Y U T X A T U S T
E R F L A U O R S E R O R O S A N
R S W E R I R E S N I A E W I M E
E O R G H I A C C I O L I K C E M
F C O N D O T T A M Z S J H U N O
F O I G Q B P L I A X J Y X R T M
I Y T Q A T D N M T U K L Y O E Y
D A R O N G I S M I U X B M N O P
V O L O N T A R I V P G Y N X F F
```

Puzzle 317

```
H N Y R U G T C U T H R G J E S S
Y G K S J X G O I H C R A M X C E
S N S E T O D N S C O R T E S E C
J M K R W L A V G G I P Z U B O O
V O L U T O K E H C N A R G K N L
M T R C B F C R O D Q A P U V O O
A A Y G N C O S A F D H T Y G D E
C I N V M O G A T S I T N E D N R
C C D L A L X Z P M W R M I C E E
H C B C S O I I B A U J T L A T D
I A R H P R B O Z T U T Z G P L E
N R X D M A M N E G O S Z I Y D V
A B C S E T N E S E R P A M V O E
S B D M E A F A G I A N O A A M R
M A S A B B I A I W C N K F F W P
```

VA
DENTISTA
FAGIANO
SCORTESE
MARCHIO
CONVERSAZIONE
PRESENTE
SECOLO
VOLUTO
MACCHINA
PREVEDERE
PRUGNE
PAUSA
AL
FAMIGLIE
ANCHE
ABBRACCIATO
COLORATA
TENDONO
SABBIA

Puzzle 318

QUALE
COMUNITÀ
LAVELLO
CONTATTO
MUMMIA
SEGRETARIO
CONGEDO
RITRATTO
ANDATO
TUTTO
SUPPOSTO
PERA
LOTTA
OPERAZIONE
REPENTINO
STUDIO
CANTIERE
CERVI
LIMONE
RAGGIUNTO

```
S C L F H T I X U O C B Y Q K O U
L E O I D U T S A N D A T O G Z B
I R G N C O M U N I T À X D U O U
M A Q R G P O V E V Q Y A J K P G
O G O V E E R R M A I W W S T E B
N G E C A T D C E R V I N I O R X
E I I J K O A O Q E R E I T N A C
P U S E N S Y R X P E B O F I Z E
A N Z P I P P L I O T T A R T I R
H T Q U A L E X O O T T A T N O C
C O L L E V A L W T N K S E E N I
I B S A A R X F Z T T M Z Q P E X
S U P P O S T O Z U O A S M E Z Y
A N M U M M I A T T P S U D R R N
S E U V O Q P C J N F M C T P V Q
```

Puzzle 319

```
R V M Z G J V G I D M B C G C O V
H A Y K K A F Z Q I R K J B O T O
W A C Y L K I T O Q Y A T E R N L
T S A C W A E C E Y J A G P R E O
V S V N O L L E T A R F C O E M N
D E V N T M C A D U T A E R T I T
I M E O A M A V B N V H R A T R À
V B N N T A K N C Y U K T K O E K
A L T I L L U N D V A M O L U P O
N A U H A S M M H A N T E Q O S Z
O G R C S A X L J B J L A R L E T
X G O C N S S I Y T T R X Q O U S
J I S O Y Q N C O A X W G B V S K
P O O L Q J P R O F E S S O R E I
S M J B P R O C E D U R A Z Q X M
```

NUMEROSI
IN
FRATELLO
DIVANO
LUPO
RACCOMANDA
CERTO
BLOCCHI
NON
PROCEDURA
NULLI
ESPERIMENTO
CADUTA
CORRETTO
DRAGO
ASSEMBLAGGIO
AVVENTUROSO
VOLONTÀ
PROFESSORE
SALTATO

Puzzle 320

CALAMARI
SICCITÀ
NEGOZIO
ADDIO
NIENTE
ANNO
BAMBINO
DOMINANTE
COMODO
SCHELETRO
PENZOLARE
ACCESSO
SEMBRANO
SPIAGGIA
MINUTI
INTERAZIONE
TESO
DENTIFRICIO
CALCOLARE
CESTINO

```
G H K Y B P P T R S K N S L P K D
P E C À E R A L O Z N E P R V U H
C E S T I N O V H H L G I F N B V
D R V I V E S D F X I O A O F F C
E A V C N N E Y O B K Z G S F U A
N L T C B H T F S M Z I G N Y L L
T O C I R Q K B S V O O I D D A A
I C W S O H O S S E C C A K S M M
F L D O M I N A N T E N V A E I A
R A Y X W H N N I E N T E G M N R
I C J T X O A F L U A N Q D B U I
C E R I N T E R A Z I O N E R T Y
I S C H E L E T R O W M N O A I K
O M U C F V B A M B I N O L N U G
X A I I V R G P S E D K Z H O S I
```

Puzzle 321

```
R J V F W G T I M M E R S I O N I
Q A C G T W R A Z N E U Q E S Q L
A U G J D P I L U V A Z P O Q P I
D T E A I T S O O T L W E Z O P X
G I T S Z S T B B Z O I H C C E V
P V S D T Z E M J U N R E H A R P
G X O Q W I O A R N N A E F S G R
L N N O K O O B W B O W C O D I E
U W D X Q Z U N X I D E U R Z T A
D M N P H I L Y E L S G T Z I A V
I N T E R C E T T A R E P A G O V
M B L D H L H A Z N E D A C E D I
M I S U R A Y C D G F K U R A X S
M E S S A G G I O E W P W Y M J O
A A V H L D D V I S N E S J M V X
```

SENSI
TIGRE
QUESTIONE
SEQUENZA
IMMERSIONI
SEGNALI
AUTORE
PREAVVISO
MISURA
FORZA
BAMBOLA
VECCHIO
DECADENZA
ALCI
APE
TRISTE
RAGAZZO
INTERCETTARE
DONNOLA
MESSAGGIO

Puzzle 322

COLLINA
LUCCIOLA
AMICI
PARLANDO
BRUCIATO
FISCALE
COPERTO
ALLORA
NUOVO
ACCUSA
TÈ
UGUALE
RIVA
NUVOLOSO
RACCOGLIERE
VISIBILE
ARRABBIATI
NETTARE
LAZO
CAMPANA

```
N A R R A B B I A T I C L C N R E
Z U Q N B M C E E Q Y A A O E A V
O G O S O L O V U N Z M Z P T C I
W O Q V Q J V A Q I Z P O E T C S
Y S A R O L L A C T Z A P R A O I
M L B B R U T N A C O N U T R G B
R B S S W C Q I E D U A U O E L I
E E D L B C M L Q W Q S V Z S I L
U R I V A I H L M N R S A O X E E
X M Z H U O Z O P R D T S V U R X
O V L B K L P C K V D E O B A E W
T F E E X A P F X R F W T Q M B W
Z T X B R U C I A T O C D È I X W
T R F I S C A L E L A U G U C C Q
P A R L A N D O I Z N C J U I S S
```

Puzzle 323

```
I D P I I E N O I Z U T I T S I E
L N I D F T Y Y I C T H R Z Y C M
L A S S O C S Q E A I R O T S Q E
E B L E T X O I G E L I V I R P R
S Z C D G R U I I X M F N F F Q G
I H Y T T N U E D G E E P S C G E
P Q I R E T A G P E N X I O G K R
D U P G F J X R G K T B N L S U E
W I B B S A J X E A E A S E M V H
I S V X V N L Q E E C Z E Q J I Z
G U M E B B E R A S H O G I M O U
G A V D R L I S T A I N N W H J O
H Z E K R S E K K D A A A M S K R
X G G W B L O S A N V A T O R A C
Q U A L U N Q U E N E C O U G R W
```

DISTRUGGA
DIVERSO
NASO
CHIAVE
CAROTA
PRIVILEGIO
STORIA
PISELLI
INSEGNATO
QUALUNQUE
SOLE
SCOSSA
SUA
SAREBBE
ISTITUZIONE
ZONA
EMERGERE
UTILMENTE
LISTA
INSEGNARE

Puzzle 324

TAZZA
FERMO
GUARDARE
NOVE
FORMALMENTE
QUARTO
SESTA
COLLASSO
MEZZI
CORTECCIA
DECIMALE
TERMINE
POVERA
RAGAZZI
ALMENO
DATI
DUPLICATO
RISPETTO
STABILIRE
LINEA

```
E Q M O F C O L L A S S O P J G Z
N Q E T B O M R E F J H L O N N U
I Z Z A G A R T A Z Z A T V A E P
M P Z C W U N M F W D Y N E C Q W
R G I I O E Q S A L Z A C R E M U
E U X L N R O N R L V T T A X L H
T A P P E I T M I Z M G R I W Y U
A R A U M L T E V O N E S E S T A
D D U D L I E L C L T W N Z E S P
A A O K A B P A P C H F Q T G B Y
B R B Q U A S M O I I B U U E Q Q
Z E W N E T I I B E I A A A L T U
V P F W H S R C B B B S S R A L V Z
T Z J J G D S E B I O T T T N J J
L Y L I N E A D F U H D O F L L Y
```

Puzzle 325

```
R I Q T G O R V O I E A S X Q M Z
X S H G A J P K O A Z U E T W I S
I V D Q L X X V K T X T N C B G P
Q J Q N L I L N Y I O O S L Y L O
C V K L O X P K I R P R A S T I R
N O N O S T A N T E V I Z E C O C
M V I N S E S O Q H U Z I N A R O
Z I U Q X U R F R G B Z O T V A M
T Z N N X G E F I R R A N I I R R
S B D O X B V E I A A R E V T E Y
S F Z S R F N R Z M C E S A À H K
B E H I G A I T A O C Q E N T S O
T H R Y E C N A I N I E M O O Y S
H M W A P P A Z U I O W T U X S U
P I A N T A K C A O P Z I O N E R
```

OFFERTA
MINORANZA
SERA
MESE
PIANTA
OPZIONE
CAVITÀ
GALLO
SPORCO
MARGHERITA
MIGLIORARE
INVERSA
SENSAZIONE
VOTO
VINSE
ZAPPA
AUTORIZZARE
NONOSTANTE
BRACCIO
SENTIVANO

Puzzle 326

SABATO
COSTANTE
REGALO
FAMILIARE
RACCOLTA
SLITTAMENTO
LIVELLO
BIBLIOTECA
CATEGORIA
MARITO
VENDITA
IDENTITÀ
SEMPLICEMENTE
CALZINI
PECORE
DISTURBO
DECIDERE
CALMA
MANCANZA
CURIOSO

```
C M J D A M L A C S M L C I M B M
X U P D C R H I P L J G A D A I N
X R R J E T N A T S O C T E R F P
V I V I T Z G D T H M B E N I R I
U M U M O B R U T S I D G T T E D
G E O Q I S F T O Q N A O I O G E
Z B M F L A O T A B A S R T V A C
O A X C B Q C F M Q M J I À J L I
U L H H I N I Z L A C Q A W L O D
V H L P B R A C C O L T A S C S E
A W G E T N E M E C I L P M E S R
R H Y C V E N D I T A H B H C M E
F H W O J I S L I T T A M E N T O
E K A R R X L F A M I L I A R E D
W J T E M A N C A N Z A J G J C P
```

Puzzle 327

```
G D K F D B K F I T A U P C V C U
W T G G L V D E G M L C O G O R C
W L T T Y T L F D F A C S P C I C
M U C C A N I G E R B E I R A T E
U Y X F A K Q S H U B L Z E B I L
S M N U A W B N O N R L I Z O C L
P M I T T U T S G L O I O Z L A O
I O D L T E E U W O T K N E A H C
E L L L E G I A C E V A E M R W I
G T N W L E W X V A F A E O I L M
A O X M C O N A T S E R P L O Y E
R M A J I G F O V I T T A O L B N
E E U O C I T A R C O M E D A A U
D I M Q I G K V I M Q G Z F P S M
M G G R B H S V K O E K E C A K S
```

ATTIVO
MOLTO
NEMICO
MUCCA
POSIZIONE
GIACEVA
REGINA
DEMOCRATICO
PREZZEMOLO
UCCELLO
BICICLETTA
ENORME
UMILE
UCCELLI
LABBRO
CRITICA
SPIEGARE
VOCABOLARIO
PRESTANO
TUTTI

Puzzle 328

CAUSA
ACCURATEZZA
PICCOLO
ANNOIATO
LUMACA
CORSO
QUALITÀ
STESSA
PASTELLI
CAMION
RIFERISCONO
EVITANO
FERIRE
RIFERIRE
ALLENATORE
GREGGE
CENA
CONTRIBUIRE
CAVALIERE
AEROSTATI

```
R L T S W E R F N Y F T R N G A A
C U O T A I O N N A D B I D R E C
A M X E N T Q X P H Z C F A E R C
V A C S E R I R E F I R E M G O U
A C A S C T K L W V S X R P G S R
L A M A Q O L O C C I P I A E T A
I S I C X U N D U G S G S S A A T
E U O Y O N A T I V E R C T O T E
R A N A C R N L R J C W O E Y I Z
E C S C R L S A I I L Q N L O T Z
K L G U Q C M O V T B Q O L Z G A
A L L E N A T O R E À U W I E N P
Y X S Z Z M C Q N M E T I B M W S
D R Z V P R X Y X Q R T C R P B O
O C M D S R P G F E R I R E E I U
```

Puzzle 329

```
E R U T T A R E L L P G E U A D I
E S E R C I Z I O F U G W T N O M
R B L G R A V I T À O L M X T R P
I K F E I W M Z B A S G D U E G R
R N E R E T T E L F I R G F N A E
U A V O V G A R U T N I C I A N S
Z B P I G I G A N T E S C O T I S
O B Q R T F W R M D F Z T T O Z I
F Z G E E O C T N M I B Z A F Z O
J F J T K X D S K D O Y B R L A N
T W U L M K W U I I O S C P E Z A
Z J T U B G A L L E B A T M N I R
S E T T E D N L N C G R U O H O E
P V F D E N V I T F E G X C K N N
D E L I C A T A W H U F U Y Z E Z
```

ULTERIORE
INVITO
CINTURA
ILLUSTRARE
ORGANIZZAZIONE
DELICATA
GUFO
ANTENATO
GRAVITÀ
RIFLETTERE
SOMMA
GIGANTESCO
OGGI
IMPRESSIONARE
ERUTTARE
ELFO
SETTE
ESERCIZIO
TABELLA
COMPRATO

Puzzle 330

DETTAGLIO
INSEDIATI
FATALE
PISELLO
PRINCIPALE
FERMATA
ESSENZIALE
MIGLIO
AGENTE
GIUDICE
DIPENDE
COSTOSO
COMPITO
PIETRA
CARRO
GENERAZIONE
CORVO
SERVIRE
CASSETTO
COCCODRILLO

```
C D E T T A G L I O G G H M C X E
X O G E N E R A Z I O N E I A U S
C Z C E G C O S T O S O L G R P S
O R A C S E R V I R E J A L R C E
M P J I O G J U K Z T Y P I O A N
P I D D R D Q H J O N S I O I S Z
I S C U M F R N X M E E C F N S I
T E D I I C A I S N G D N I S E A
O L A G J A W T L Q A N I O E T L
H L P I E T R A A L E C R O D T E
P O K B I A D O Q L O O P Y I O Y
I E R N T M S E W D E R F X A H C
W W Q D H R T R W A K V X X T X M
K W C P R E D T F Y Q O N P I E L
R K C G G F M O F S D I P E N D E
```

Puzzle 331

```
O N I V D F R F V L R D Q L A S R
S N I A I O I A P U F Z G I S P E
O P R W E X K N G H U F N B C E S
V T D W T G D W A A C B W E E D P
O A R R R Z D L K L Z N E R N I O
I C C B O P S O R P M Z R T D Z N
P I T A Z L K T Y T L E A À E I S
O F T C N H Y F I S B L N I R O A
V I W N Q Z F Z X O I A I T E N B
S R G L G L A J I S B S U G E E I
C E A S C O L T A R E B G I J Y L
U V N R H J Z O T M R L N K C S E
O E B E R A P I C E T R A P C T M
L C O N N E S S I O N E S N F P M
A A I P E S A N T E I S Z F D C Q
```

FINALMENTE
ROSPO
SALE
CONNESSIONE
PAIO
VERIFICA
RESPONSABILE
PIOVOSO
SPEDIZIONE
LIBERTÀ
SANGUINARE
PARTECIPARE
ASCOLTARE
VACANZA
VINO
PESANTE
RAGAZZA
SCUOLA
ASCENDERE
DIETRO

Puzzle 332

MANUALE
RITMO
NAZIONE
NERO
MIGRAZIONE
MEZZO
PIGRO
SPORTIVA
COMITATO
SETTIMANA
MOBILI
PIANTO
POSTO
LIMITE
AVANTI
DROGA
BIOLOGIA
GOCCIA
PATATA
VIRTUALE

```
W N D S C G R B Z E N Z R I T C P
S A R E X B O R E N T N J V M T I
P Z O T X V Z C B I O L O G I A G
O I G T V R Z K C E T I M I L V R
R O A I M T E T S I N R D C E Y O
T N V M P J M P E L A U N A M C C
I E D A L A L P L V I A A L M Y W
V P B N J B H Z A Q P D S T G Y Q
A P A A Z S D X U Y A G J Q T K U
G V A T P L S H T F T H B U X O P
S L K I A O W M R K V P C X C M M
R I T M O T S R I C O M I T A T O
M O B I L I A T V M K P R M S V D
A V A N T I E N O I Z A R G I M G
A Z S W I Y X G J I I U Z I W X K
```

Puzzle 333

```
M A C C H I A T O J X G T C O Y G
I O B Q O F N C Y A W B O O N Y K
O G M T M H L S L D B P R N O P F
T I U Y C Y F Q V R U U T F R L G
S C O M P A I O N O C Z A E E E Y
E W R A C L C V H C O Z I R V T Y
X E T Y R L S C E I D O Y E O T Q
L Z S N D E E N A R X L Y N L O W
X G O L E T O Z C M A A Q Z M L D
E Q M B V S P S C J I M E A E J M
S A U Q E P V D O I T N R I N I S
N O M I N A R E B A F A O C T D W
S C I N T I L L A J S I Y C E G T
V N O M I N A C C I A B J A X C M
I A S S I S T E R E D K G F V C P
```

BOCCA
PUZZOLA
NOMINARE
FACCIA
ONOREVOLMENTE
SCINTILLA
TORTA
ESCI
STELLA
MINACCIA
CAMINO
ASSISTERE
CONFERENZA
MACCHIATO
BUCO
DEVE
SCOMPAIONO
MOSTRO
LETTO
RICORDA

Puzzle 334

CALZA
PIÙ
STRANA
AEREO
ECONOMIA
MODIFICA
MENZIONANO
LUMINOSO
QUELLI
RECENTE
FA
DENTRO
ORECCHIO
ESPORTAZIONE
SCIARE
SOPRA
MAMMA
QUALSIASI
CAMINETTO
TERRIBILE

```
C A S V S N K T J D Q X A J B W O
L A U O E R E A T E U A E Q W Q R
Y N M Ù P K Y E B N E F K U X B E
S A J I T R I O V T L T Z A L T C
U R E P N C A F D R L X Z L M M C
E T N E C E R N A O I Z Z S E O H
X S Y A N W T M A M M A D I N D I
D W C Q R H Z T W I F R L A Z I O
Q S H A I M O N O C E P U S I F A
E S P O R T A Z I O N E M I O I U
P L C L W H A A E N G R I L N C A
C R V W F K Z Z R I U A N L A A U
T E R R I B I L E I T I O Y N G J
V R J W E L C A U R H C S P O B L
E B O V G N V C T M X S O Q J L U
```

Puzzle 335

```
G S O R E V P J L D Y C E I E B Y
L O V O S Z A W A L E Q G U D N W
U R U C P V P I O F Z N O H I Y S
F P N C E T N E M L O V E C A I P
I R Q H R N R J T D W N B H D T K
N E U I A M E Y V C P K G W N N M
A S E A N Z O I L G A T M E O E E
L O T L Z M V P V J C M W T P D N
E Y A I A R E I M R E F N I C M O
K X I S T T S X I U V X D Y C G I
M H C X I T I M I S E T N E C G S
Y V S C B B O L V W C C H G G H S
C C A E R Z P G A D N A V E B D I
E G L P O B P W N S J O C C F S M
S P E S S O P V D Z J J W V V F M
```

SPERANZA
LASCIATE
SALITA
VIENE
OVUNQUE
CENTESIMI
FINALE
PIACEVOLMENTE
SORPRESO
TAGLIO
DENTI
MISSIONE
ORBITA
INFERMIERA
OCCHIALI
VERO
IMPEGNO
SPESSO
ONDA
BEVANDA

Puzzle 336

ADOTTARE
DIBATTITO
DECIMA
MACCHIA
DISCUSSIONE
REGIONE
RIBES
ENTRARE
BRILLARE
OCCHIO
FACILITÀ
PERCORSO
RAGGIUNGERE
PERFETTO
VETRO
VISIONE
TERMINI
BUCANEVE
AVVERSARIO
TELESCOPIO

```
P T A V V E R S A R I O I H G H S
C E E V E N A C U B V U Z S I B N
G Q R L T E R M I N I E U J L W U
A M I C E D T I M N W S T Q E S Z
I V A A O S H B B D E R A R T N E
H I D U T R C G O L R A T M O B Z
C S O C I K S O N À M G V I I R S
C I T H T G R O P T E G R B H I P
A O T V T W T K O I N I I B C L Y
M N A B A A S A Z L O U B L C L C
W E R O B U Z E A I I N E H O A I
J D E I I G V W A C G G S S U R Q
A M H Y D M E X Q A E E V K Z E K
P E R F E T T O J F R R O B T L E
D I S C U S S I O N E E M G N A I
```

Puzzle 337

```
E E J K R L B W C W S U V F Q A B
Y L T E X T I A U P R O C E S S O
N I D Y Y O P B C P B N Q E L R F
S C W I H D G F C D W W S F P E J
L O L A S K F A I D E S D W L S X
M T A V G C R G O N G E L E A F J
V T F G X X U T L M E T O D O M D
X E F P Q C F T O D A R G I Z W F
Q R O I C P U F E V A P O R E N J
G O T Ù D J R A D R E P L C Y M P
C O S T R U I R E R E G I À O S A
G I C U R E R A R T S O M I D R D
O O H X C S I G I L L O T I P A C
G F J M O M Y B B E F I G L I A O
G A V M Z T N B A E L A K N H T N
```

PROCESSO
CAPITO
SIGILLO
CROCO
LEGNO
METODO
STOFFA
CUCCIOLO
ELICOTTERO
GIÀ
FIGLIA
COSTRUIRE
DIMOSTRARE
PIÙ
VAPORE
DISCUTERE
GRADO
SEDIA
CURE
PERDA

Puzzle 338

SOCIETÀ
STESSI
GIRO
SORELLA
CAMMINARE
NUVOLA
INFERIORE
TROPPO
MATERIALE
COMMERCIO
CLIP
CARINO
BUFALO
MAGNIFICO
SCHIANTO
RAFFICA
DOLORE
IGNORARE
RARAMENTE
AFFITTO

```
C L I P W I E R O I R E F N I T C
C W C F T A O L A F U B À G W G B
A G L Z C X T E S F Y N T V N D E
M H W J R R S K M Y F M E H Z O Q
M V O I C R E M M O C I I Z S L U
I G Z F B A S A N F F O C I A O S
N C X V X R L C P S U J O A J R O
A G I R O A I O H S T E S S I E R
R P D V T M P H V I C A R I N O E
E Z R D T E H X F U A Z E G W P L
O C I F I N G A M H N N C H J P L
E M D K F T K J B Q J K T Y B O A
P J L R F E R A R O N G I O V R K
M S E L A I R E T A M O N B G T K
V C T O B H P N A F W L T L F G J
```

Puzzle 339

```
F L R F D K S L A V A N D E R I A
S F G W O L J I L L E N R O F K N
S F D U Z A F U T I N C L U S A O
A H B N F N U Q L O K L V L O F R
X T F I B K U M A L C X U E V U D
H J N A A F U T S Z R E M Z I G I
F Z K J L D P F F K V L L A T A N
E A C Q E N I M I R C I X G N M A
S T R E N O L I U Q A B M E A O T
T W T F A A M Z U Y J E H N T N A
I I X D A H L K U Q M R Y E S O J
N V O T A L L O R T N O C R O D F
T U O H P Q L Q V D G V Q A S E A
O D G Q S Z E A L A V G H L B V D
T E N E R A M E N T E J A E I A L
```

ESTINTO
CONTROLLATO
LIBERO
GENERALE
TENERAMENTE
STUFA
AQUILONE
MANO
FORNELLI
FARFALLA
CRIMINE
ORDINATA
BALENA
SOSTANTIVO
SITO
FUGA
LAVANDERIA
INCLUSA
VEDONO
QUI

Puzzle 340

IERI
DIFESA
GARA
COLPO
DISTANZA
FUNGO
FIENILE
ORA
SCORSO
BAGNO
DICE
PREFERITO
SOSTANZA
RIUTILIZZABILE
TEATRO
BIANCO
INFASTIDIRE
INTERESSANTE
MURALE
CAMICIA

```
R I N T E R E S S A N T E K S T D
E I D I S T A N Z A W K T R C E Z
I K U A E W R M R G P Q C Y O A Q
F C J T R X A C A M I C I A R T Z
F V H F I G G F H G C P X S S R F
I O W H D L U F Q O U W D E O O I
N B Z B I Z I Y Y A D U D F H T E
H X E I T X K Z T Z I C E I S P N
K B J A S F G C Z N C F R D W A I
B L V N A U D D O A E L A R U M L
B A I C F N G C R T B I E R I G E
G H G O N G J O A S M I Z H D B Q
S J K N I O M L O O J B L G T L S
S X S H O X D P V S X D T E D P E
M V W J D L U O P R E F E R I T O
```

Puzzle 341

```
Y Y H W F J N C Z G F S P J A A I
I E Q J S O G R O H N V W P D R N
P R E N D E N D O S B M K S W T C
A R L Y Y R C Z Z L E F Q A O I U
C F I M T A P I G H R L P E G S R
C Q B T A T J U L E G G E R E T A
O J I C O N S I D E R A R E X A N
P T S U T O Z T A R B H J C Q P T
P K S H T C I P R I T I J D Z E E
I U O U E N O I S U L C N O C S M
A F P S G H G N R I I G Y P R O A
N V S G G T E R M I C O O U F T P
O B N Z O C I N A C C E M F E Q P
O T T E N E R E V E I C O L O H A
O B B E D I S C O N O E H O P X L
```

ACCOPPIANO
CONCLUSIONE
ARTISTA
MAPPA
CONSIDERARE
OGGETTO
PRENDENDO
CONTARE
INCURANTE
OTTENERE
MECCANICO
TERMICO
LEGGERE
VEICOLO
FOGLIA
OBBEDISCONO
COSE
POSSIBILE
HA
PESO

Puzzle 342

FATTORE
BELLO
ASCIUGAMANO
VUOTO
OBIETTIVO
RELAZIONE
CONTENERE
BLU
ANGELO
ERA
SÌ
METTERE
SVEDESE
MASSIMO
MODO
RAPPORTO
PREOCCUPATO
SERALE
RISO
FIGLIO

```
O L P T V J V H V A U C P T V A N
B U A S Z C A U V D E O R R B Q X
I F G O D O M L O O M N E E H N Q
E P F N W L O B M T R T O L Y I F
T O Y A R E M G I R O E C A P M A
T O P M I G M Ì S O G N C Z G A B
I Y H A O N C Y S P E E U I A J T
V H C G G A V R A P F R P O J U S
O Q X U M X R Y M A M E A N E W E
R Q D I F A T T O R E U T E G K R
O E Y C G D V K B N P T O Y N F A
E W K S V E D E S E R E T T E M L
Z S P A B E L L O I L G I F I N E
D H J B X B N J F Y A R S R I S O
R T Y F Y G W Y H X Z Y Z R U G E
```

Puzzle 343

```
G G U N Q N K U Y Y Z D B O I D B
N E R E D N E F F O M U C C F R M
O F N A V V I A R E E R I L L A F
R I G T M P F B V P D A S O T J C
D Q K Z I H Z O I K I P C M K O O
C A U T O L C R W M C X E F A F N
D R X T N G E A I Y I N A N B I T
P E G K I M F S N X N Y D T A C I
T U O A T A U T K N A P O R R O N
A S Z V N E E R E D E I H C I R U
K O W W E S P K B B U L Y H C N A
H E E Q L T M O N E T A L U A H R
W M A X A R A N N U A L E A C E E
G O E D V O A I I S E M P L I C E
U U R N J C N S O L D A T O W C Z
```

DURA
MONETA
MEDICINA
SOLDATO
ANNUALE
RICHIEDERE
CONTINUARE
GENTILE
PORRO
AVVIARE
ROBA
FALLIRE
OFFENDERE
CAUTO
NORD
CANNELLA
SEMPLICE
VALENTINO
PENA
MAESTRO

Puzzle 344

MAGGIORE
TIPICO
GENITORI
ALLUVIONE
PELLE
VELOCITÀ
SCUOTERE
SERIE
MISTERO
EMOTIVO
INSENSATA
VOLT
ATTIVITÀ
ESPRIMERE
ESECUTIVO
PROGETTO
MERAVIGLIA
POLVERE
ACCADEMICO
INDIPENDENTE

```
P S U J N Q U M P H U Q H V I X W
I E L S Y U W A E O W E N P S H O
C N L S T H Y G E O B B L Q C J A
F S D L X X G G O V À M W H U T C
F O Z I E À T I V I T T A A O E C
X T Q S P C X O I T I L M L T S A
G T D Y E E A R T O C O I L E P D
A E M O A I N E U M O V S U R R E
E G N C C R W D C E L A T V E I M
W O E I W E U Z E C E O E I O M I
D R H P T S Q Q S N V S R O Q E C
H P O I J O D V E C T P O N W R O
H X D T G P R J T R T E V E J E M
P O L V E R E I I N S E N S A T A
M E R A V I G L I A A D X K Z U B
```

Puzzle 345

```
X Z E P E V A B Z X P X V I Z G H
W C R R L C A C I M O N O C E D P
C Z A O E V L B O U L E N Y S P P
P O I P Z N E O A C I L B B U P M
R J F R I D M D Z E T P S U L I W
H E F I O K I N Q R I W C Q G M T
K I O E N W S A É E C P B E W P C
L B S T E V S Z N N O B E R H R H
F U O À M P E R Y E U T C A M O I
T R A S P A R E N T E O L U V P A
R C N W S D G H D N I L T C H R R
P E S C A A O C M A W F F A Q I I
B I G O N W R S G M J S Z V T O R
Z P D H D X P G E H Z N F E N A E
N Z H C O R A G G I O S O X N C U
```

MELA
IMPROPRIO
POLITICO
TRASPARENTE
PROGRESSI
PUBBLICA
ELEZIONE
ECONOMICA
SCHERZANDO
NÉ
CHIARIRE
PROPRIETÀ
EVACUARE
POI
MANTENERE
PESCA
SOFFIARE
NUOTATA
GRASSO
CORAGGIOSO

Puzzle 346

MENTALE
MASCHERARE
DISPIACE
CHE
ARTICOLO
PANTALONI
POPOLARE
ALTERNATIVA
GUSCIO
VISTA
SONNOLENTO
TEMPESTA
SENZA
INTENDERE
PUNTA
PRANZO
PRIMORDIALE
OSSERVARE
STRETTA
INTROITO

```
Y C I J M S S S E N Z A G P R S P
L V H Z A Q X T F H H T U U Q O R
I N T R O I T O R E C S S N G N I
T H B M N E S Q Q E S I C T D N M
M A S C H E R A R E T V I A O O O
K H I H J T A F X E Z T O Q D L R
Y K X F H Y E N Q R U R A Y I E D
O W X P U E T E L A T N E M S N I
A L T E R N A T I V A B A S P T A
I N O L A T N A P R A N Z O I O L
S S P C E R E D N E T N I T A H E
P W N Q I Y J U R S C C P Y C K S
M E N U T T I M K S T Y V M E V Y
Y G R I M E R A L O P O P A J H Z
Z V I E F U N A T S E P M E T F G
```

Puzzle 347

```
L R X O B R E V G H G E F B R S F
A I M M I C S X E B M D N L A C O
V L I I O N R E V O G J C X G U N
O A T S F T A I F J S W M P I S T
R S O S W W N C R E D E R E O E A
E C F O A V F E O M H Y C I N A N
T I T R U S F Z M R C A Q Y E Z A
T A I P W E O R G A N I Z Z A N O
O R K K U C P A X L T N I S M E J
I E F H C L R F U L C T E U K I L
F P A L C I C A K A Q W A W R R F
Z R U E R A R I T I R P T R Q E O
J K U E L I B O N P H L K A T P R
R I S P O S T A A O I K D F S S J
A G R I C O L T O R I A Z W Z E A
```

ALCI
FONTANA
PULCINO
TRATTAMENTO
LAVORETTO
ORGANIZZANO
CREDERE
RITIRARE
RILASCIARE
GOVERNO
AGRICOLTORI
ESPERIENZA
ALLARME
RAGIONE
RISPOSTA
PROSSIMO
SCIMMIA
VERBO
SCUSE
NOBILE

Puzzle 348

ARGENTO
COLTELLO
RIGIDA
QUARANTA
RIDERE
LATI
CAPITALE
FRIGO
LILLA
USURA
IMPATTO
BENE
NATO
DELICATO
DISTINTIVO
AQUILA
FUNZIONE
RIFIUTI
COMPLESSO
ZOCCOLO

```
F M M W T N K P A J N J I F F S Q
G U E G M A U Q I Q C O N K R H U
Q E N A W Y N K V Q D T M C I F A
C G E Z D I S T I N T I V O G K R
E A B G I Z Z L B O L O C C O Z A
C V P A W O T A N V G V K I G C N
D Z V I I R N A R G E N T O L V T
I U X P T D T E R E D I R N R L A
L M B G Y A R U S U R I F I U T I
A H P N L O L L E T L O C W O C E
T O T A C I L E D W B S E Z G U N
I K Z L T F L B M V E E N L Y C M
E J F L P T A Q U I L A D I G I R
L B S I Q G O S S E L P M O C K T
E V J L C Q Y J J F C R F Q E M L
```

Puzzle 349

```
S T M E D A O D I P U C U P P A Y
T O J N A E T S N T K E V T R F I
E N L O I Q A F Y W P R A E I F V
C I U I Q V I M I N M O G R M I Y
T L F S J X L F E O A N S A A D T
B L B S C P G E Z I R G J C R A S
A E Z E H Z I L N C B I A I I B A
W M I F I R V A E A D S T N O I Y
E R Q N O A O D C B F Y D U H L W
N E Y O D U R E S I T N B M R E V
D D Q C O W G P O X U U G O D A C
U Q T L N P G S N Y H T Q C H E H
E U T Q U F A O O T R A O V U G F
C E N T R A L E C M A F W T R U G
G U A R D A T O N I L L E T A R F
```

FIORITURA
AGGROVIGLIATO
PIACIUTO
PRIMARIO
FRATELLINO
OSPEDALE
COMUNICARE
CONOSCENZE
CHIODO
UVA
TRA
BACIO
AFFIDABILE
CONFESSIONE
CENTRALE
SIGNORE
CUPIDO
SOLI
ERMELLINO
GUARDATO

Puzzle 350

SECCA
FATTO
ESERCITO
ESPANDERE
SECONDO
PIAZZA
TENTATIVO
MALATO
DIECI
SCARPA
GENEROSITÀ
CONSIDERA
ESTIVO
PUBBLICAZIONE
FAMIGLIA
PREFERIRE
SPARARE
CORSA
ESPERTO
UTILIZZATO

```
T M W Y S P I A Z Z A P W M G Y P
F A T T O P U M A W V U L U E B R
A I L G I M A F V P L B E O N U E
I D U P O Z N R D O C B S N E T F
A T S E W K L L A T T L E E R I E
J O X N T W A I D R K I R S O L R
J A Y C T H T K I E E C C T S I I
S R Z Z X I Z I E P J A I I I Z R
W E S C A R P A C S G Z T V T Z E
L D C H D R P K I E Q I O O À A K
W I B O T A L A M Z L O Q A T T O
Q S D U N S E C C A D N L H M O Y
T N W K O D C T A F B E H I P W R
U O Y I R W O V I T A T N E T F U
Z C E S P A N D E R E J C O R S A
```

Puzzle 351

```
E C R W Q D A R G Y B G L R S J R
Z A Q C A R O T E B E J G P E V L
R C O N T O A C A C K T G C P X A
V I O M M Q Y A V V F A I P P O C
D E S L E R H E H F E V Ù D C L R
E O R C S E M P L I F I C A R E I
C Z Z N H S L U H M H P Y E I R M
E U E R I I Z O F C K R D F L O A
N N P A R C O V Y K X P G X Y L I
N A M L A M E O M X N S J N P C R
I S A L V A N Z I P D M I A C L E
O K T L Z F C J Y B A M X P S O S
J A R F W S Q M S E X G Z U R F I
V C E T N A P I C E T R A P B J M
L E P I D O T T E R O T E M A U X
```

SEMPLIFICARE
UOVO
MISERIA
COPPIA
RISCHIO
PAGA
CACAO
GIÙ
PARTECIPANTE
UNA
VERNICE
FOLCLORE
DECENNIO
TEMA
LACRIMA
CONTO
SALVA
LEPIDOTTERO
CAROTE
TRE

Puzzle 352

ESTERNO
ATTEGGIAMENTO
ME
MODERNO
UMANO
ALLEGARE
SALUTE
COMPASSIONE
SCIA
TRONCO
ANDANDO
MONITORARE
RIPETERE
GUERRA
DAL
DOMANDA
PILLOLA
TRATTENERE
NOTIZIA
SCHERMA

```
T S A L U T E K G L A D P H V W A
E R A R O T I N O M D B W R K N T
R E A L O L L I P A N D A N D O T
A S S T T M E C T M A G M A D S E
G T W C T Z P J H R M H X I X P G
E E V F H E G M T M O A G Z R D G
L R T C T E N O E H D N A I S I I
L N I Z O N R E D O M S C T Q O A
A O S C I A L M R J L R F O Z N M
Z E H U M A N O A E W E G N G T E
R C C O M P A S S I O N E G O I N
R I P E T E R E K P C K L B H O T
P O P D P S B J B J G U E R R A O
B S Q T Y M S Z B T Z Q G T D H E
V H B F D R Z K Q R T P O E J P S
```

Puzzle 353

```
M T M W X O S I R R O S S O P L M
I D B R W K N B B H P Z E T A O A
A O H D I E E A V L N B X T N C J
S Q W W X R S O S U A H H A I A O
S B A Ù R W S Q P S Q D B N N L I
U V U B P R O F U M A T O T I E G
M E P I E S C C G Z H P G A R B Z
E O E R J S S T A Z I O N E U Z W
R O N A R R A T O R E R I U G E S
E C S C C O N F I N A R E Z G D R
C I C L I S M O A U D I Z I O N E
H G E W X M U S I C A L E Y V B V
C A R I N G R A Z I O P S B K C Y
O R E F I R O G I R F B I H V I P
X T C L C O N G R A T U L A R S I
```

OTTANTA
TRAGICO
LOCALE
CICLISMO
FRIGORIFERO
SCOSSE
RINGRAZIO
SEGUIRE
CONGRATULARSI
PANINI
MUSICALE
PASSANO
SORRISO
CARIBÙ
NARRATORE
ASSUMERE
AUDIZIONE
PROFUMATO
STAZIONE
CONFINARE

Puzzle 354

MUSICA
AFFAMATI
ISPIRARE
SOFFRIRE
SANO
SOFFICE
PERSONA
STRANIERA
NASCONDERE
CASUALE
GESTIRE
VALORE
MINUTO
NUTRIENTI
INTRATTENERE
RINGHIO
COSTO
CIELO
FORNIRE
SEGNALE

```
S O F F R I R E N U T R I E N T I
O N F C T Z O M Z X Z J H T D W Q
E A J F M Z B K T F Z B C M O F H
S S M O Q S N D Y C D I T U A G Z
S S U O A N I S P I R A R E W R A
I T E R O L A V N U I N O Z N J F
N J R G S O F F I C E O T S O C F
C U C A N P H P F X Q S G G I M A
G A K W N A O S R Z E R T B H I M
E I S Y O I L R K B D E B V G N A
S K Z U D L E E S P Z P Y S N U T
T L Y K A P I R M U S I C A I T I
I Q J H Q L C G A M E R I N R O F
R U D J J F E N A S C O N D E R E
E L A P U I N T R A T T E N E R E
```

Puzzle 355

```
S A F C M M Y L H T E C A B B G U
T L I Q I K B O O W M R A M G K F
O T H S N E E L A T N E I B M A F
M E G U O G L A Q D W S Z Q M D I
A Z Q X R N A G A A D C P U Q C C
C Z Y K E O T L X I O E A I E K I
O A B O Z R O I V V O R S N F T A
F I G U R A T E N N M E T D E E L
S U C C E S S O J Y A R I I N E E
C A V A L L E T T A R E N G O E G
E L I T A T R O P K T V A F I L O
R B Q M M A I P H I E E C U N S J
J R C Y I M Y X D Y L C A S I T B
M N Z H N E U E K E L I M R P M O
Y B F K A K W Y M E O R E M O G Z
```

CRESCERE
OVVIO
OPINIONE
FILO
MARTELLO
PORTATILE
TOTALE
RICEVERE
STOMACO
ALTEZZA
FIGURA
AMBIENTALE
CAVALLETTA
QUINDI
SUCCESSO
PASTINACA
SIA
ANIMALE
MINORE
UFFICIALE

Puzzle 356

CIPOLLA
CARATTERE
OPERARE
DURO
ESITARE
DUE
CAFFÈ
NATIVO
TAGLIENTI
GOMMA
LUNA
NAZIONALE
SPOSARE
COMPLETA
SENSO
LIEVITO
PADRE
AUTUNNO
DISEGNARE
CAMMELLO

```
N I G L K C O E S I T A R E U D P
U G V J C Y P R L J C C I W J O A
G P L Y Q B E D U R C L W T È R D
C V T A Q P R N F D H J N L F Q R
G O M M A S A C D J B C B V F D E
C V N Y T E R A D I S E G N A R E
A I A Z E N E R L Y X I U I C Z R
M T Z C L S E A J L M I H J N J A
M A I C P O S T H W O J Y F X M S
E N O A M N Y T U Q Z P J B Q S O
L C N X O N V E S V G O I C C A P
L A A D C U I R U V R A J C O H S
O P L A I T N E I L G A T T Z V U
K F E M E U L I E V I T O Z L S O
G Q N K W A L U N A A I G W F X J
```

Puzzle 357

```
A I R A T I L I T U R E A R G A U
A G Z U X M A Z E Q J H M M H N I
Q Z F P B A T T E V I C B H E A S
S X I B V A C M A S B S I P W T P
F Y D O C I R C B P D E E L O R E
U H I D N S X E O S R P N E Q O Z
O R D I H E D H T M Q L T I F C I
M A T R I M O N I O P G E V X C O
E V E G T F A T T A V A R C N O N
M A R C A T O R E G E F G B B L A
D T P E T N E G I L L E T N I O R
S S E N O I Z N I C E R J L A P E
J Y L U M A I A L E R O L O C R I
I M P R O V V I S A M E N T E O E
K A E C R Z V O K D V F I Z J D Z
```

ACCOMPAGNARE
CRAVATTA
GRIDO
IMPROVVISAMENTE
STAVA
ISPEZIONARE
ANATROCCOLO
AZIONE
RECINZIONE
MAIALE
LEPRE
RUBARE
AMBIENTE
MARCATORE
UTILITARIA
PESCHE
CIVETTA
INTELLIGENTE
COLORE
MATRIMONIO

Puzzle 358

COMPARSA
TESTO
SCIENZIATO
ALTALENA
FOTOGRAFIA
FRAMMENTO
RIGHELLO
MAI
INCONTRATO
MARTEDÌ
PRESENTARE
ECCEZIONALE
CULTURA
UNIRSI
EST
ATTO
TUBO
DIPENDENTE
FONDERE
SONNO

```
F I A L T A L E N A Q E C U T F Q
N O T S E T Q H X T Q Z U N U R N
F L T H G H W J B E G Ì L I B A G
G L S O N N O S C H Y D T R O M Z
D E E G G F O N D E R E U S L M B
V H L S X R Z O H S Q T R I M E M
A G A A S R A P M O C R A K J N G
L I N Z T X D F M Z X A C B G T C
J R O C J T P R I E Q M I O E O V
I H I R A E O T M A P S F W W W V
Z B Z Z U L E O T A I Z N E I C S
T Q E Q X F F I B V I I K B U B Q
Q Q C M L V I N C O N T R A T O E
M J C D I P E N D E N T E B F M F
O Q E P R E S E N T A R E P E V W
```

Puzzle 359

```
P A C C I A I O C A L Z I N O O S
U E N O I Z A T U L A V O K I S L
B N R C Q F U C U R P V S M G O I
Y I H M R N P V U J R I E D L I T
W A F Q E F S O Z O L L A I G G T
N M I R T T C B N X R L M M K G A
F A Q B H D T A V N I E K E X A M
U X T T L Y Q E F R E Q U E N T E
A E R A R A P E R P X N G M A N P
X K N H L L F V S S T A F G Y A Y
O S O I Z E R P M E I S X B Q V C
F R E T T O L O S A T C D T G I D
T E R A N I B M O C N I T N A U G
L X M A T T A C C O A T W L M Y E
S C O I A T T O L O C A B S G P H
```

ACCIAIO
ATTACCO
FRETTOLOSA
CALZINO
GIALLO
FREQUENTE
PERMETTERSI
CUORE
PREZIOSO
VANTAGGIO
NASCITA
COMBINARE
GUANTI
PREPARARE
NATALE
SCOIATTOLO
SLITTA
EX
CANTI
VALUTAZIONE

Puzzle 360

CAPPELLO
VERNICI
PREVENIRE
PROFONDA
FINTO
PASTO
COMBINAZIONE
DISTRIBUIRE
ARANCIONE
VELOCEMENTE
VETTA
APPLICARE
PROGRAMMA
ROSA
AMARE
BISONTI
AIUTO
IMITARE
LINCE
REGOLA

```
A M M A R G O R P O O N M O I V V
C D Q B O P X F J C R D C X S N E
F I N T O T U I A A M E R A M A L
D C M O V G E U J P E I G E N K O
I I W J F B G W I P R S R O Z Y C
S N W H H O E L V E I W O F L A E
T R R O S A R Z O L N M Y X Y A M
R E B O T S A P S L E H I I U Z E
I V M Y D R C R G O V W T T Z M N
B V E T T A I U K F E T N P A Q T
U E O U I X L V D D R N O V Y R E
I M C E E B P J W A P L S X E P E
R U P Z P S P A R A N C I O N E G
E P J F H H A W E M A W B D I V P
C O M B I N A Z I O N E C N I L V
```

Puzzle 361

```
P Q B B L Z I R C P I Z E R A N O
C I N W C B N I J O A P X C V G P
O I L U Z C T N O T R U X K I I A
C Q I O C R E O W T W R R O T O C
C Y Q A T V R C T O W B E A T R I
I N N I Q A N E A D D C R T A N F
N O I H C N A R G O G G O C T O I
E U E E C S Z O J R I E M C G A C
L L O T J I I N L P C Y A X M A O
L O P V B B O T A C C E T T A R E
A V P H Q M N E R U T I N R O F N
U I O K B Z A G U A R D A R O B A
W S S S M F L C O N V I N C E R E
G R T R R P E H C I F I C E P S P
U D O Z E Y S F I D A E E T F O Y
```

GIORNO
FORNITURE
PRODOTTO
CONVINCERE
PAURA
CORRETTA
PACIFICO
ERANO
GUARDAROBA
COCCINELLA
ATTIVA
GRANCHIO
SPECIFICHE
INTERNAZIONALE
PILOTA
ACCETTARE
AMORE
SFIDA
RINOCERONTE
OPPOSTO

Puzzle 362

MASCHIO
LO
PALLONCINI
SVILUPPARE
MIA
ORSACCHIOTTO
SILENZIOSO
MOGLIE
NUOVA
STAGNO
AUTOMATICO
QUASI
RILEVARE
APPROCCIO
ANANAS
FOGLIE
SCAFFALE
OPPORTUNITÀ
SPAZIO
SCARPE

```
C U C N P S V L X L L S P F O D K
A À T I N U T R O P P O C G N J Q
W G E T U W J E I S A U Q A O T N
F R S Y V B N P H D V H P O R E B
N O P A L L O N C I N I R R S P G
U S G X N O N O S D Z O I S I S E
O L U L F A S P A Z I O L A L C I
V N Y U I U N V M L S I E C E A L
A H J R X E X A G T T C V C N F G
A U T O M A T I C O A C A H Z F O
B X K C S C A R F Y G O R I I A M
B X H V Q K U Y G D N R E O O L P
N M I A P V J Z V I O P V T S E J
J U Q U M Q S W W J U P O T O I Z
S V I L U P P A R E T A W O O Q Q
```

Puzzle 363

```
P B U S S A R E P A S S A T O I Q
C R F U R I O S O W V P Q X Z O Y
T E O T A D I D N A C A M I T S J
J V T G V C J M X T E T Y N W K N
T O A U R B G N A T X T P Z I L V
I D T N L A Z N C O L I W Q D S I
B J N C U T M L C R M N X S L P D
Y M E F P M I M D G T A K J Z I Q
I U V A O O E M A Y A R U J O N Y
V T A B S S X R A Z S E C L Z T T
J Z P U U O K O A M I A X O Z O R
F E S E L G N I M T E O T N A C A
J D K K E N J A M Q O N N M R Z N
H J D L D A E R A V O R T E I C N
Y W R B B F U D D T T P E E Y L E
```

PASSATO
INGLESE
DOVER
SPAVENTATO
TROVARE
PATTINARE
TRANNE
NUMERATORE
GROTTA
CANDIDATO
RAZZO
FURIOSO
SPINTO
CANTO
ULTIMAMENTE
BUSSARE
STIMA
FANGOSO
PROGRAMMAZIONE
DELUSO

Puzzle 364

DONNE
NERI
REGNO
CIVILE
SGABELLO
PRATICA
FELICE
NECESSITÀ
DIFENDERE
BRUCIARE
MOLTIPLICARE
TENDA
INTORNO
COSTOSI
IMPORTANTE
OCCUPATO
COLONI
BAGLIORE
ESAME
LATTE

```
B E S M O L T I P L I C A R E P N
C R H G P G W B F X K J E N T R S
I O U C A F Q I V H S D J A X A F
V I N C N B E C S F Z S R B D T C
I L U I I G E P O N R O T N I I O
L G W M F A C L I S H N S Z H C L
E A T P E R R Y L L T Q Z C Z A O
I B E O L J X E P O J O N E R I N
R O N R I S O N G E R S S R E E I
V C D T C Q Y N L K S Y E I J V V
H X A A E Y W O D I F E N D E R E
O T C N F X S D I S F M L A T T E
F W O T A P U C C O Y A H K Q Q J
O E E E A Z A F G D U S Z N C H M
N E C E S S I T À T S E D Y P Y H
```

Puzzle 365

```
O A C Q U I S T O X Y E C S O V R
I R R I A V V O L G E R E C E F I
N R O R E B L A O P O K F I S P C
D S O L N W I K P E N N A O C A O
O M B T O G J W B C K E H L C K N
S E L U T G A P R L B F N T G J O
S D A H Q O I N I B M A B O W G S
A I T Q U D G O C A M B I A R E C
T C O E J W E L O V E R R O C S E
O O E R E V I V V A R P O S K T R
Z X X X T S L U B P V J H L Z K E
D X H M R U I E S S E K K C F H T
Y F U L R R C V S T O N I M T E N
I M M A G I N A R E N Y S J K H O
M A G G I O R A N Z A G Q I F X F
```

BAMBINI
ALBERO
INDOSSATO
ACQUISTO
OROLOGIO
MAGGIORANZA
CILIEGIA
FONTE
SOPRAVVIVERE
IMMAGINARE
SCIOLTO
ROTTO
LATO
PENNA
MEDICO
CAMBIARE
RIAVVOLGERE
PENSI
RICONOSCERE
SCORREVOLE

Puzzle 366

CULLA
CACCIA
TAPPO
SUCCO
INTERO
GIACCA
MONDO
CANTARE
SEZIONE
ABBASTANZA
INGREDIENTE
SGUARDO
PERMETTONO
CANZONE
CAMPAGNA
PERSONALI
GABBIA
TENDE
MERIDIANA
RICORDARE

```
I K P A V X O T Z J W R G X A S B
N G O E M Q A E C J P I A L L U C
G P I E R A T N A C E C B E H S T
R E Y A V M Q D Z C N O B D X M V
E R A Y C N E E Q K E R I J Z O Y
D S N G O C W T Y W N D A Y U W T
I O G E K T A B T D O A I C C A C
E N A H T A P P O O Z R B Y S J M
N A P O D R A U G S N E J T J W O
T L M E R I D I A N A O C C U S N
E I A U O E T O D K C R Z P P G D
A D C W Z Y T S F F U Z M T T V O
F O M Q P A Z N A T S A B B A E E
X R B K D E N O I Z E S J Q M B E
V D V C D F Y T R E O O X H V Z T
```

Puzzle 367

```
D E C I S I O N E E H A X Q K Q W
W X D T V E T C T M L Z B S E G E
M J A X E N N O N N A H U M U K E
B Q Y T R O A L E N I V Y A A Z K
C P U I S I C E T W N K V N U G E
V A C X A S C O T A T S M G S R N
T T N K T U A T A S O I Z I L E D
U H Y A O F W T E F K X V A Z L X
V J O I R F V E N V F J I R T C N
I F B S W I Y R I Y E A C E N O A
A F C L P D N O G E O G R A F I A
G Y U Y R K K O X M S P E C I E N
G E N O I Z U R T S O C P Q F W O
I J C B C D R A M M A T I C O F K
R C M N Z O R A G A Z Z E N A H X
```

CANARINO
DELIZIOSA
VERSATO
DRAMMATICO
RAGAZZE
WEEKEND
GAMBA
ACCANTO
FUOCO
DECISIONE
VIAGGI
DIFFUSIONE
STATO
HANNO
COSTRUZIONE
SPECIE
MANGIARE
GEOGRAFIA
COLEOTTERO
ATTENTE

Puzzle 368

IMPORTARE
INVISIBILE
CHIAMATO
CUCCHIAIO
FOSSO
AVVOCATO
SANGUE
OGGETTI
CONTRO
TRAMONTO
PESARE
SORTA
FRATTURA
TAMBURO
CANE
GRAZIE
ESERCITARE
DIFFICILE
SIMILE
FIDUCIA

```
O A E N V F N T A V V O C A T O C
R G U F A O D R F R B E U F E O O
T G G W R S R A T R O S S Y N G P
N U N E U S W M S I M I L E V I B
O E A R T O H O I M P O R T A R E
C D S C T T O N X Q W H I B O J L
T P I E A H I T P X T P N C Y J H
T H X F R G M O G F T F V J V D Z
A T B F F C P E S A R E I C A N E
M H N S H I I E I H H I S E I X Z
B Z W D G G C T D H A Z I U C Q R
U E P C I I Z I A Q Q A B P U N O
R R M B J R F Y L R Z R I Q D C O
O T A M A I H C H E E G L G I W C
C U C C H I A I O C O A E R F T G
```

Puzzle 369

```
F P C H C P I J Y L P Y A Z C I Z
I E A A G A U A V P O B C M O N O
N R P Z W V N O U P P I C A N T X
E I P U T I O I T B O Y O T S R E
S C O B B M P L U S L S R I I O S
T O T K X E Q G E L A P D T G D C
R L T C U N Q O H Y Z R O A L U O
A O O N S T Y F P E I U T L I R P
M O T O D O N I O R O G U N O R R
L S O Z E F X R X A N V E Y O E I
F S E R L F D G F E E X U L K C R
Ò U P O F Y R A U R Q W F V O C E
I L Z F I G S T R U M E N T O Q C
F A Q S N C O M P A T T A L C Z O
R B Z R O C U I O T L H A A O X X
```

ACCORDO
MOTO
CONSIGLIO
MATITA
INTRODURRE
GELO
SFORZO
AGRIFOGLIO
DELFINO
CAPPOTTO
STRUMENTO
PERICOLO
SCOPRIRE
POPOLAZIONE
PAVIMENTO
CONTRASTO
COMPATTA
PUÒ
LUSSO
FINESTRA

Puzzle 370

ATOMICO
SCOPPIO
FORSE
SPAVENTAPASSERI
SEGNANO
BARRA
BUIO
LIMONATA
PIANURE
AUMENTARE
PROCEDERE
COMPLEANNO
COSA
TRUCCO
COMPLICATO
FEMMINILE
LEGGE
ALTITUDINE
SCRIVANIA
ALTRO

```
S P T T N L T R U C C O O E Y C T
S C E U T C O M P L E A N N O O U
C O O Z F W A P O I G Z H U J S T
R T T P J A S L E A G J N F Z A R
I T A E P C I A T P E G H B W T X
V W C L U I J L H R L J O U T A I
A Y I K T R O C I M O T A I F N E
N F L P R O C E D E R E B O O O E
I K P E N I D U T I T L A F P M S
A P M F E M M I N I L E R I M I E
F R O N F H J A N M V X R X G L G
J O C T E R A T N E M U A S A Z N
L I R E S S A P A T N E V A P S A
R S I S K L D W K S C L S H W L N
X T U E E R U N A I P G J H L Y O
```

Puzzle 371

```
Z H O L T R H C T O D S T E Z C T
P V A A N R T U E N Q E J T A O R
Q N O T L G T H S R L Q T F E R A
K T T T Y D O N A B C N K T L R D
D C N U S W F M F U I H M A O I I
P I E G R W S P O N A C I N T S Z
A O M A I C I D D E B O C O N P I
R O I E D N A I H G I N A I E O O
T C T R N V N U K B T D V Z L N N
I C R A H T N T L U O I A E A D A
C U O G K G I O O R E Z L L T E L
E P S I H M C C Z R I I L E Y R E
L A S V X Q G T A O Z O O S Z E Y
L R A A Y I M V O T U N E T N O C
A E F N L Z K R N T O E Z D O Y L
```

CAVALLO
LATTUGA
DETTO
BURRO
TALENTO
ASSORTIMENTO
CERCHIO
CORRISPONDERE
CONTENUTO
SELEZIONA
OCCUPARE
FASE
TRADIZIONALE
PARTICELLA
CONDIZIONE
GHIANDE
NAVIGARE
DICIAMO
DIMENTICATO
ABITO

Puzzle 372

VARIABILE
CERTAMENTE
QUATTRO
POSTINO
PRODOTTI
ORE
RISULTATO
ALTO
PROPRIETARIO
PAPÀ
POLIZIOTTO
RINVIARE
MEDIO
COINVOLTO
DAVVERO
MANGI
LINGUA
PERICOLOSAMENTE
PROMETTONO
INVESTIMENTO

```
I P R O P R I E T A R I O R Z E A
N P E R I C O L O S A M E N T E M
V P R O D O T T I N O V U W W R E
E P P I C C E R T A M E N T E G E
S O R Z Y O R T T A U Q B N I T L
T L O F I T I G A F M E D I O D I
I I M C Y A G N P O S T I N O D B
M Z E I X T N T V J Y L I N G U A
E I T P C L A W A O O R E M Z T I
N O T A S U M W J R L F I O Z M R
T T O P Q S Z B J E H T S L Q Y A
O T N À Z I H J L V A W O R N Y V
X O O U K R E C X V P L O O A J Z
R I N V I A R E A A S Q T D P H D
G O L Q M L X B F D P H V O E V H
```

Puzzle 373

```
F M A T R I M O N I A L E F Q X P
J I L M I L X U G F Y E C O S Y E
K L N B G B V G C L C E I R F R N
B I A O B N E Y J J M R M M K S S
P R E F E R I S C O N O A A S Q A
E A L Q X D A R G S A T A Z T M V
M I O Q K U R H Z S F A K I A A A
Z G V A M E N T O E F N G O N G S
Y E E R O R R E T R A I W N C L Q
C O R R I D O I O G R M X E H I T
P B O Y Q N K D R N E O F L I O L
N Z V H N L B V A I S N K L D N K
H C A J C K M K L T C E L I B E M
D Y F F U R E T T O O D R M Z N S
A N S I O S O T R O P S A R T D A
```

STANCHI
TERRORE
INGRESSO
MAGLIONE
FINO
DENOMINATORE
MATRIMONIALE
CORRIDOIO
FORMAZIONE
FAVOREVOLE
AMENTO
MILLE
MA
PREFERISCONO
TRASPORTO
ANSIOSO
FURETTO
DATO
PENSAVA
AFFARE

Puzzle 374

REGALI
POSTA
ATTRAENTE
CONTROLLARE
QUOZIENTE
VERITÀ
PERMESSO
UTILE
RUOTA
RECENTEMENTE
BEN
SPINACI
TROPICALE
BAIA
RIPARAZIONE
BROCCOLO
MERA
TEMPERAMATITE
MODELLO
CENTO

```
E T I T A M A R E P M E T L V R X
Z O L O C C O R B O O U R T Y C B
U T I L E E P D L J À T I R E V R
J W Z H M N Z V E C Y J N O P Z I
B E V O D T M Z D L J Y K P E G P
S P O J O O J G C Y L B E I R A A
Q U O Z I E N T E K E O Z C M C R
Q R E C E N T E M E N T E A E S A
B A I A T N E L O M P V J L S Y Z
S P I N A C I B O Q H Z M E S L I
C O N T R O L L A R E M S E O O O
W K L O O D L B T Z Z V E Z R N N
R E G A L I W P O S T A N Q F A E
W V E D Z O F K U R M Q C T N R P
C S E E T N E A R T T A E E K A N
```

Puzzle 375

```
S A U H P B O U Y W S U R A B O M
H I W V B C S H U K A M I R I Y D
E C N Y J Q E P P S L V D A X E R
E M F G Z R O O R C I F E R O I F
U T Z Q O A I C E E C A V T P I H
F L Q W C L L I S N E C S A O W H
A R I A I D O T E A N I L Q C P V
D I Y K T B V T C M O L K L S J R
I D N X R P M I E I I E C Q O Y M
V I U I A Q E L S F Z F R E S I A
E O S K Z Z A L S X A L A O S W K
R B H T Y I N E A F E K Y P C O B
S K K X G S A E R Y R I B H F V G
I T A L J U O R E E T C G V W Q L
H Y V B B R N I E Z C U E K T O I
```

LA
REAZIONE
ARTICO
FACILE
CIAO
CESSARE
RIMA
ELLITTICO
SCOPO
INIZIARE
POTEVA
DIVERSI
SALICE
ARIA
SCENA
PRESE
FIORE
FRESIA
OLIO
SINGOLO

Puzzle 376

FLUIDO
CASSA
MULINO
SAPONE
CETRIOLO
LIBRO
SAGGEZZA
PAZZO
GALLINA
REGOLAZIONE
DESCRIVERE
DURANTE
PROBABILE
DOLCI
INCLUSO
FEDELE
AMMETTERE
SINISTRA
VIETANO
LETTURA

```
A S S A C H S A Y G F Q N N U O R
R M F H M G P E I A R L D P Q V E
U J M I H N K B D L B B U N F R G
T S K E N O P A S L X X A I B D O
T O N A T E I V U I O D G F D W L
E Z X J G T M Q X N L I B R O O A
L Z S R A O E X J A O S K G L J Z
S A T N R C E R E V I R C S E D I
A P U N E G K Q E B R M L V S D O
G S I N I S T R A C T L U Q A V N
G P R O B A B I L E E R L L D U E
E I N C L U S O O R C E N N I F Q
Z V S K D U R A N T E J T O U N C
Z V C F E D E L E F F D O L C I O
A G R F E W U G G U F Q S I J W N
```

Puzzle 377

```
C A P I R E I F D S E G Q C Q E C
T A S S O I N N G J V I A B Y C H
L M L D G B I M D H A O C J K C I
G Q W V V Y J M H I B C I B H E E
L A N I G A M M I Q V O F Z J Z S
T W T S Y P Y H F L C I I X W I T
K K T T V R U F L T N R D I A O O
E I T W O J F Z N G S O O U Q N P
C A M I C E T T A C S O M C A E E
I N T E R A G I R E C U L R I L M
D R K L S T A M B W I G P I R K E
N N P A P E R S O N A L E C F F I
I K X G G E K W F C K P S E V D S
G P Z E F O R C E L L A U T D C N
D Y H L N G X A S E R P R O S O I
```

ECCEZIONE
CRICETO
INDIVIDUALE
MODIFICA
SORPRESA
INSIEME
GATTO
GIOCO
TASSO
CAMICETTA
MOSCA
INDICE
IMMAGINA
INTERAGIRE
LEGALE
PERSONALE
SE
CAPIRE
FORCELLA
CHIESTO

Puzzle 378

GIRAFFA
PRODUZIONE
ESEMPIO
FONDAMENTALE
INTERVISTA
FILA
AUMENTO
EFFETTIVAMENTE
MATTINA
ROSSO
SVILUPPO
CONCORDARE
LAGO
PARTICOLARI
TEORIA
FUMO
OTTENGA
BOTTIGLIA
GALOPPO
MUFFOLE

```
A I S A A M B K E V L Q I T C P D
U V J T N G L K F C Q M U E O A W
M Y H E I N N V F E S F Z O N R B
E J R A T I R E E L A N Z R C T O
N Z J Z T R I S T A P D O I O I T
T T A B A C J V T T R Z J A R C T
O Q V X M A J I I N O G A L D O I
K V Z G R Q L L V E D I O I A L G
G Q D M R S X U A M U K P F R A L
M U F F O L E P M A Z D P M E R I
G M C O S M V P E D I T O K E I A
N T Q V S A U O N N O Z L B E S L
R Q C D O Z C F T O N I A B W W E
X Q O J R J M O E F E G G J J U L
I N T E R V I S T A F F A R I G O
```

Puzzle 379

```
M O T I V A Z I O N E G F W M X R
Z N I I S T E V M C D R I T I B E
Q O O E E E Q G K S C U S Y P M S
Q I F X D C X Q M J L A S S Z W P
S L M D U N O Y J O D T A B B K I
O G I L T I L K W E J A R C A A N
S O W O O C Q P E M F T E K N X G
L V I R S A M D E S E R T O A Q E
D O O C E A N O R Z I O C R T U R
W T T T G V N L E G Q P P B R A E
L F B T E R O T T E R I D M A G M
H J W V O Z Q P T X J E B I Y L R
R E A L E O N G A P M O C T E I B
M O R B I D O X B P Z H H A K A Q
G L O S S A R I O W F F L I A Z T
```

BATTERE
ZIO
TIMBRO
OCEANO
GLOSSARIO
TECNICA
LOTTO
COMPAGNO
REALE
PORTATA
SEDUTO
DESERTO
VOGLIONO
ANATRA
MOTIVAZIONE
MORBIDO
FISSARE
DIRETTORE
QUAGLIA
RESPINGERE

Puzzle 380

ATTUALMENTE
DIMINUIRE
UNITÀ
DIVENTARE
DICHIARAZIONE
FALSI
RESIDENTE
DISTRARRE
RAGNO
FERRO
PIEDI
IPPOPOTAMO
GIRASOLE
MIGLIOR
INTERESSE
SENTITO
BUGIA
ASSICURARE
PERIMETRO
VALUTARE

```
B Y C F G D T I R Q O J V A U H L
U O L O T I T N E S M W R S D A H
M N U C R M W T S K A P D S I T U
P Y I A S I Y E I P T T B I C T A
K I U T G N J R D A O S D C H U W
T M E C À U W E E C P E D U I A P
H V N D K I H S N B O F I R A L D
O M C L I R E S T U P P V A R M I
Q X F N K E L E E N P A E R A E S
B K X M C R O I L G I M N E Z N T
Z V D Y N G S N S U K L T C I T R
C J U Y E G A I G U B T A H O E A
V A L U T A R E O A Y N R F N V R
G O F A L S I M O O R R E F E D R
N X X A I H G P E R I M E T R O E
```

Puzzle 381

```
X R G C X X S O D D I S F A T T O
C H I T K S S N I D A F P R N S U
N Y H S U M Y Q M H O V A H A S Q
O A X F O N I D R A I G R D R J M
V O C E N L C E L K K D C O Q V H
C C I T N N V O X P Z Z O F N O T
A C N N A H L E R A M Z L V O M W
T O V E D X K T R O N P M M C E T
T T E D H P D N P E N D L D J C N
I N R U X R S E O A L A C S U C C
V R N T O T M D G S R W X Q G A X
O U O S Q B L I B Z Y T U M N W X
S P O S A T O C J L Y X E V A R G
U D I Q K N V N P I U T T O S T O
X K H A W H G I V W J F S W V F Q
```

MARE
SODDISFATTO
SCALA
TONFO
GIARDINO
RISOLVERE
PARTE
PIUTTOSTO
CON
VOCE
DANNO
PARCO
SPOSATO
INVERNO
STUDENTE
TOCCO
GRAVE
CORONA
INCIDENTE
CATTIVO

Puzzle 382

CONCENTRATO
POLTRONA
CITTÀ
ADULTO
RECUPERO
RIVISTA
FERMATO
PARTI
FINIRE
SEI
NULLA
TRASLOCO
COLLO
ABITUDINE
GRADUALE
ESEGUIRE
REALTÀ
DISEGNO
FREDDO
PERDITA

```
M D P V F B D T U U O N G E S I D
R I R E A L T À W K D E A L R E K
Q A K Y U G I Z Y N D T D A R S R
O T G E X O T A M R E F U U X Y T
E S E G U I R E T G R W L D L K D
N I R Z Q U A E F V F F T A U X P
I V I G Y Z P S P Y F D O R Q H L
D I N J M E O P T U L X R G L K O
U R I E Z V U Q F O C O L S A R T
T T F S O W T Z Z G X E F Z N P Q
I C O N C E N T R A T O R O Z B Q
B V B E L K H D M L E R T A W E O
A T I D R E P Y O L L O C I T T À
X P X M S E O J V U G X D V U A E
X E Z P A H I H A N O R T L O P T
```

Puzzle 383

```
I P G L J O N I D A T T I C E C U
D O M A N I R R G B Y V A I M S L
T I M I D H Y C W E F R H O E P C
A S P Z D C H C F T B M I T R A R
P R E Z Z O C I T N E D I O G D Q
O L U O S P Y L F A R S L L E A O
L S F T O T A C U D E L L A N C R
U C P S T I P N Y N D P M K Z O O
C A D I G I E J E O N O A K A S E
E P W W T I R R T B O C X R X Ì L
R E Z R R E A C N B P G S W O G E
T L L P U P T O S A S O W H B L H
O L I I T W L V N O I R W U R P A
L I U K E N A G V W R I K K D A C
A U J H I U S U M B L O C C O B P
```

OSPITE
SALTARE
ABBONDANTE
CIOTOLA
PREZZO
LUCERTOLA
RISPONDERE
ZIA
PAROLA
EDUCATO
POCHI
CAPELLI
CITTADINO
BLOCCO
DOMANI
COSÌ
SCRITTURA
EMERGENZA
SPADA
IDENTICO

Puzzle 384

DA
TERRENO
AFFETTO
PRINCIPE
DOVERE
SUONO
STRADA
TEMPERATURA
CAVALCARE
MISCELA
ANGURIA
COPPA
GATTINO
SUPPORTO
VIOLA
AEROSTATO
ESISTONO
CONFONDERE
POSITIVO
FORBICI

```
C A F F O F K K P R I N C I P E T
X W T X O N O U S U M Q D U A J E
T H N S R R T E R R E N O R Q K M
I S K E T B B H O F Q R O F X Z P
E D U D A L O I V G F L E Z L Z E
R G D P J F T O C D V B I V K I R
A O X U P B Z N S I D S Q F O H A
C O P P A O V I T I S O P Z O D T
L P C J L P R T A I S T R A D A U
A G S F E Q E T A F F E T T O E R
V B Z A C X M A O A N G U R I A A
A M W G S G Q G Z E B G N I G V U
C Z E U I C O N F O N D E R E Q Q
T F B A M D P I G Q X Y T D V D S
A E R O S T A T O E S I S T O N O
```

Puzzle 385

```
E C Z B E A N H K R Z U Q V C A T
K S U W E U O M A R U V L O A I U
W W P L D S C A L J R O C C V R L
U L P H W G T D C B I T L S O O I
P Z A J L U D I E P A A P O L N P
T E N E R E F G A G G R Z E O E A
L A M P O N E G Z M H I N P S J N
X A A D I Q W A E I E T F J I C O
Z D P U D L D S F I N Z I O N E I
V P M K A A T T U A L E V O L T A
Q A N A M E S A T T A M E N T E D
K V C E R E D N E P I D U E U H W
E L I B A T S N I F B I P Y C F D
P U G B B R L N W L X C Z H A N D
N L I G K F O S H K T D N X M H H
```

AIRONE
RUOLO
ESATTAMENTE
BESTIAME
ALCE
TENERE
RAMO
PESCI
ARMADIO
ATTUALE
DIPENDERE
VOLTA
TULIPANO
INSTABILE
CAVOLO
SAGGI
LAMPONE
ZUPPA
TIRATO
FINZIONE

Puzzle 386

GUSTO
SPECIFICA
SCEGLIERE
PROBLEMI
SOGGETTO
PEPE
CIOCCOLATO
MEDI
VENIRE
CORRENTE
TOLLERARE
DIVERTENTE
SOSTENGONO
VERDE
MADRE
SUFFICIENTE
CERCANDO
SEMBRAVA
FISICO
ORTOGRAFIA

```
W M U W Y M W O Y O T T E G G O S
F Z X H E G E P Y F V Q G L M R E
G I M E L B O R P M R L C J M T M
H D S S P H K T F B B Q T O S O B
U D L I P P A O D N A C R E C G R
S D G J C E S C E G L I E R E R A
D O G K Z O C O K G B U P A T A V
E E T N E I C I F F U S E R N F A
G U S T O L R T F S X E P E E I M
W L K W E F X V R I T R R L R A E
C A C L K F G Y E Z C D A L R A D
A T R R U P Y J G N D A K O O T I
S O S T E N G O N O I M S T C D G
T J E Y Q O E T N E T R E V I D R
C I O C C O L A T O H M E D R E V
```

Puzzle 387

```
C C X L P D V J U D T T S W Y K X
G A M R A O N Z P P A P T C C H R
S C P K J V R D T C K X I W O Z B
C O F I O U A T G O U R L T C N B
L N O R T S A N A C T E E S I E L
J O I K W O X A D R P T M C R R Z
V S L Z A Q L L A I E E N X T O F
E C L U O B V O T A N E S A T T O
N E I I D T Q G I P L O H T E A C
D N P U L I T O N A B A A M L L S
I Z L G A L L E G G I A N T E O U
T A V P C F O R M A G G I T C C B
O N E C E S S A R I A A G Y E L O
R M O N T A G N E G R I A N Q A V
E D E T E R M I N A R E P P R C V
```

ELETTRICO
MONTAGNE
FORMAGGI
VENDITORE
DETERMINARE
RETE
PULITO
NECESSARIA
PORTARE
CONOSCENZA
STILE
CAPITOLO
CALDO
GALLEGGIANTE
NASTRO
CALCOLATORE
PAGINA
LAVANDINO
ESATTO
ARMA

Puzzle 388

DISASTRO
ARCOBALENO
SQUADRA
PIATTI
COMPATTO
PRESIDENTE
ARGOMENTO
COTONE
MATURO
POSSIBILITÀ
TROVATO
DESIDEROSO
FEDERALE
VARI
URLO
ODIO
SORGENTE
CREARE
DISPONIBILE
ODORE

```
S P R E S I D E N T E C T P N P J
P O R U T A M W R K S O R F L O F
D I R W C C O T O N E M O J H S A
D E P G M P U Z B R I P V K R S R
U I S T E P O Z F E U A A Q K I G
T C S I V N H O B F M T T I J B O
Q R A P D I T T A I P T O L Y I M
O E U B O E X E R O D O B L H L E
D A O V R N R A S Q U A D R A I N
I R E F T W I O R C Q L Z D B T T
O E M Y S O U B S E B T U O J À O
V A R I A Y U Q I O J U V N C E T
N C P S S Q O N E L A B O C R A C
S K D V I W E L A R E D E F K M Y
Z Z F G D S A R M U Z L B K P N W
```

Puzzle 389

```
Y O H F P R I M O X K F B A S Z I
O A A O Z U O O G W M V E Y D T N
L S Z R M N T S D D B F J W E N F
T F Q M E B N O R T N T B G F V O
J O V A T S E R O F I R H Z I E R
F T P I I N V E N T A R E E N K M
M S E O A D E V P Y C I E Y I S A
Y E X Q R T F L D M I T R E R B Z
V R U C Q A E O S E M W O U E Q I
D V V E W Z G P E M R A S A I M O
P R A T I C O N P D O T S A O G N
F R A G O L A W O K F M E Q F V I
P R O V O C A T O R I A P X D X J
L B O T T U T T A R P O S T I M Y
S G R A S S I A R R E S T O I U X
```

FORMA
INFORMAZIONI
PRIMO
FORMICA
VIA
INVENTARE
DEFINIRE
RESTO
PRATICO
SOPRATTUTTO
TOPORAGNO
POLVEROSO
FORESTA
EVENTO
PROVOCATORIA
SPESSORE
ARRESTO
GIURIA
GRASSI
FRAGOLA

Puzzle 390

PRESO
SETTIMO
ANCORA
POLLICI
ACQUA
LUCE
PRESSATURA
CALDA
RIPOSO
PRIVI
NODO
PRONTO
CARO
GRUPPO
PREVISTO
QUALCOSA
CONCEPIRE
BORSA
TIPO
APPARTENGONO

```
A D L A C X I G T N K N Q R N L O
R N G U H L E R Z X S H J I V A T
U N C A J Z M U B L J F K P J C P
T J C O P I T P J Q J K E O O Q P
A S C T R J J P O Y I Q K S C U R
S E R S N A S O C L A U Q O A A I
S T E I C I L L O P T P E I R E V
E T U V N P R O N T O B R T O E I
R I K E A O P C C I V O I E K S B
P M B R P G D J X E H R P C S Q D
Q O U P B D K O A S R S E U G O Q
O N O G N E T R A P P A C L G E H
Q M Z J P M Z A N D F G N P V K E
H O B O R D J J W E B K O R P U L
X T Y T J N P U Q C C Q C V X U F
```

Puzzle 391

```
B M B R D S J X V V D L R J X S R
X Q K E B C E L I D E S P F W E I
E W W S G I L B T G N E I F Y P S
O I R P T E I Q T R H K X U D A P
P T A O C N B R O T I S E M M R O
A O H N I Z I E R O M U R G J A N
P O G S F A S D I F F A W V S T D
P M A A X M I C A Z N E T O P O I
A A M B F D R Z N M U S E O T T E
G H B I M B A C I W F O R T U N A
A E E L J E T A R B E L L A P A X
L S F I T L N P A T T E H C R O F
L K L T H O C T F B Q W N A Q G J
O P O À O B B M E M O N T A G N A
E B J B Q C U D A T T E N T O L Z
```

RESPONSABILITÀ
RISPONDI
FARINA
MONTAGNA
FORTUNA
VITTORIA
POTENZA
SEPARATO
GAMBE
ESITO
FORCHETTA
MUSEO
PAPPAGALLO
ATTENTO
RISIBILE
BELLA
SEDILE
RUMORE
SCIENZA
MENTE

Puzzle 392

ELEMENTARE
BAGNATO
DISTANTE
COLTIVATORE
FINANZIARIO
SCALE
FAGIOLI
AMMINISTRAZIONE
FORMATO
ORGANI
DISCESA
OMBRELLO
EFFETTO
IRREGOLARE
ATTESA
STUPIDO
NUOTARE
DESTRA
ZUCCHERO
IMPIEGARE

```
A N Q O S V V P U S C A L E S O B
B X C T O T T E F F E M R U I R A
U D M A D V U A T T V R G O G G G
F P L M P A W P S U C H Z L U A N
Z R A R O I R A I Z N A N I F N A
E U K O N X W L J D R U J S Y I T
D R C F A G I O L I O H O T V D O
I P A C O A R T S E D M M T M N L
S U C O H S R W M S A J T P A K E
C I R U W E R A L O G E R R I R Y
E C W B E T R I M P I E G A R E E
S L A H D T K O L L E R B M O K G
A E R O T A V I T L O C E N R X B
A M M I N I S T R A Z I O N E C U
E L E M E N T A R E T N A T S I D
```

Puzzle 393

```
S P Y I P I F Z K E I F I C M L R
P I C R E S C I O N E C A V O M I
E P S B P R E C E D E N T E F H R
T I I O M M H U R E N O I N U I R
T S P T R Z U I L M B X V A M N I
A T A T P M I S U R A Z I O N E T
C R R I J R S A T E R R A I F C A
O E I G E F I T U N O S T R I S B
L L O L D S J V F T I X S O C E I
O L Y I R R E R A L O C R I C P L
F O L E P D R X I T K R R F Z R E
A G G R E S S I V O O N I H H M B
Z Y I U Z C H S E B H L O T R W P
T R A B A L L A N T E J O T À J G
P O W J R U X U N U L L C S A G Y
```

PRIVATO
BOTTIGLIE
FIORI
TRABALLANTE
PIPISTRELLO
SIPARIO
AUTORITÀ
AGGRESSIVO
IRRITABILE
TERRA
SPETTACOLO
CAVO
MISURAZIONE
NOSTRI
CRESCIONE
CIRCOLARE
PESCE
PRECEDENTE
NOTA
RIUNIONE

Puzzle 394

REALIZZARE
PERDONO
INTERNO
SOLUZIONE
CARICA
OTTO
CUOCERE
GREMBIULE
DOVE
CHILI
STELLE
LOCALIZZARE
RELIGIOSO
SALSICCE
LORO
INDAGINE
NOTTE
PREMIO
GRANDE
ABBREVIAZIONE

```
V W B M X U T S A L S I C C E W O
P B D B X T C E P J K N E U X H W
I R B O N O D R E P X M D S X W I
G N V W V P L S O L U Z I O N E J
R L D B X E E Y C G Y E X W W A G
E O A A C I R A C J H B Z T P F S
M C W J G L L O W D F O Y G P D A
B A O S O I G I L E R J Q O Z V U
I L N B Y H N M L L R N E T A Q G
U I R D L C W E O L N E T T O N R
L Z E B U X V R R E W D C O I B A
E Z T U M G C P O T T P Y O Q G N
W A N G Q S H F E S S R S N U V D
S R I R E A L I Z Z A R E I K C E
G E S A B B R E V I A Z I O N E N
```

Puzzle 395

```
A I R D V S P E R C H É A K Z E R
S N Y Z I A S R A C S J D B D M M
S D C Z K P Z W R E I S W O P A C
U U C Q A E R A I Z O G E N N O Z
M S I O S V Z A H B R U R X T N T
E T I N I A M F N I B X A Q E O A
R R D A C N T G O W M W T C B M P
S I O S I L V A T Y E M S I O I I
I A N S R E U O O D M Y E G I I T
S U E E I C S D L G I O R N A L E
P P O G C I F X E G U O R U N D N
E D C N C K E R X R E R A N L Y A
S A V A I K L F D A E R F Y K V I
O F Y R O D D H U W P V E U G K P
I E L E Y E V I D E N Z I A R E Z
```

RICCIO
SAPEVA
MEMBRO
COINVOLGERE
SCARSA
GIORNALE
NOTO
NEGOZIARE
IDONEO
EVIDENZIARE
CAPO
ASSEGNARE
DONNA
ASSUMERSI
SPESO
PERCHÉ
ARRESTARE
INCLUDERE
INDUSTRIA
PIANETI

Puzzle 396

DEPRIMERE
CASA
ALTRI
ASINO
CENTRO
LIBELLULA
ESAMINARE
FRUTTA
BASSO
AMICHEVOLE
CONSECUTIVO
ARTE
LEONE
SITUAZIONE
LEOPARDO
RISORSA
TELEFONO
ABILITÀ
NATURALE
PROBLEMA

```
A R E G L D F E Q U C E C P S Y M
L B W O O D R A P O E L O R I G U
U X I E Y T U S Z N N H N O T L H
L A C L P J T J M I T E S B U H D
L E N O I R T L A S R G E L A F C
E L U V A T A B K A O C C E Z K O
B A W E A R À E V Z Y A U M I G M
I R R H P R T Y V C V S T A O F W
L U G C I I N E U G I A I Z N Q I
B T I I I S B R D X I I V K E L L
D A E M C O R D W U P J O H N L L
A N S A E R A N I M A S E G O O S
W P H S N S T E L E F O N O E A N
N R P F O A U O S P N R K T L T C
D E P R I M E R E F V R K O K H B
```

Puzzle 397

```
S T A N Z A O T P R A T O P K J J
J S W O K I W E E P S C T A A Y M
V E R S A R S I S R P O U N B K G
D O C C I A H N M T M H B E B Y V
W G C Q S U X B Y P E O B O L G H
P R O V E N I E N T I N M M X Q I
P A R L A R E O B U V I D E O L W
N A C T G C V F O N J J B E T S L
A D H E E M O R S O Z Z E P R R P
O P E T R I X I Q F Y G G F Q E O
G L A K T O E T N E M A R A I H C
P Q C S S B W R J C Y D W X W N Y
N E N A V O I G A R T A V R U D U
T R A S M I S S I O N E L Q H I H
A M B I Z I O N E C O R R E R E D
```

TERMOMETRO
MORSO
PARLARE
CORRERE
DOCCIA
STREGA
CHIARAMENTE
PEZZO
TRASMISSIONE
PROVENIENTI
TEIERA
ESTENDERE
BANCA
PANE
PRATO
GLOBO
GIOVANE
STANZA
VERSARSI
AMBIZIONE

Puzzle 398

LENTO
OLTRE
ALBERI
MERCATO
BOLLITORE
DURATA
BENZINA
DESIDERIO
LEZIONE
GINOCCHIO
TRATTATO
COMPLETAMENTE
ASSORBIRE
INDIPENDENZA
SPESA
LASCIANDO
CONIGLIO
CAMPO
FRESCO
PROPRIO

```
H X N X E Y F O S I P Q H P X X P
E T Q J S W R P D A O R V B U L C
S P E S A R E M E N T R O T N E L
P Q G C K Z S A R I A G Z P I N T
K C Z C O N C C O Z T I B A R Q G
O I P B X N O Z T N T N C S J I Z
H W A F C B I V I E A O L S N G O
M E R C A T O G L B R C E O A C S
K X Q Y O C L J L N T C Z R J L Q
D E S I D E R I O I I H I B T L N
W T B R Q S Q W B L O I O I R D I
H Q I E O L T R E H M O N R V K J
F J X B D U R A T A K A E E Y L Q
W P Q L C O M P L E T A M E N T E
N G U A Z N E D N E P I D N I P E
```

Puzzle 399

Y	C	D	S	R	I	L	A	S	S	A	R	S	I	S	I	E
Z	O	Z	S	U	E	X	H	H	S	W	Z	R	P	H	M	Y
C	P	O	P	L	G	Y	L	R	Y	J	Z	S	O	E	M	D
A	E	T	T	U	E	G	E	L	G	L	D	W	L	Z	E	F
T	R	S	N	N	R	I	E	E	T	À	J	O	L	S	D	I
E	T	E	D	H	E	B	U	R	A	X	R	I	O	P	I	G
N	I	R	G	G	G	M	A	C	I	T	I	L	O	P	A	M
A	N	P	V	C	L	A	I	H	G	S	F	J	F	H	T	F
V	A	V	P	J	O	R	T	R	R	V	C	B	H	S	A	I
C	I	R	B	K	V	T	P	I	E	G	A	O	F	W	M	U
F	C	S	N	Q	V	N	O	B	N	F	A	C	N	V	E	M
O	O	X	T	E	A	E	T	P	E	B	S	N	P	O	N	E
U	W	I	B	O	M	O	D	E	S	T	O	A	T	C	T	Y
I	N	V	A	D	E	R	E	K	L	T	Q	T	R	Y	E	G
T	R	A	S	M	E	T	T	E	R	E	X	S	E	T	W	A

FIUME
STANCO
PIEGA
AVVOLGERE
POLLO
TRASFERIMENTO
ETÀ
ENERGIA
SUGGERISCONO
INVADERE
MODESTO
PRESTO
IMMEDIATAMENTE
TRASMETTERE
POLITICA
VISTO
ENTRAMBI
COPERTINA
CATENA
RILASSARSI

Puzzle 400

DOLCE
MEGLIO
BENEFICIO
GROSSA
CONCORRENZA
SPAZZOLINO
FORTUNATO
PARTICOLARE
DENTE
CALCIO
BRILLANTE
RISERVA
COMODITÀ
DIMENTICARE
PIACERE
VAMPIRO
PRESERVARE
RE
TRIANGOLO
SPUGNA

Z	B	M	P	T	K	I	L	V	Z	R	O	V	G	W	Q	M
A	R	K	I	R	H	Q	V	T	Z	F	I	Y	W	X	R	E
G	I	Z	A	I	S	P	U	G	N	A	C	S	R	X	M	G
R	L	F	C	A	D	X	Z	Z	H	E	L	T	E	J	E	L
O	L	T	E	N	R	A	F	M	M	S	A	A	P	R	L	I
S	A	V	R	G	H	O	M	X	H	B	C	H	B	V	V	O
S	N	K	E	O	T	A	N	U	T	R	O	F	R	N	J	A
A	T	T	S	L	P	A	R	T	I	C	O	L	A	R	E	J
X	E	R	S	O	D	I	M	E	N	T	I	C	A	R	E	F
D	E	N	T	E	C	O	N	C	O	R	R	E	N	Z	A	N
S	P	A	Z	Z	O	L	I	N	O	R	I	P	M	A	V	H
B	E	N	E	F	I	C	I	O	C	O	M	O	D	I	T	À
D	O	L	C	E	P	R	E	S	E	R	V	A	R	E	Q	Z
I	F	T	J	L	Z	Z	C	M	R	Y	O	L	R	E	B	S
F	W	R	O	T	C	D	R	L	T	D	V	I	X	F	H	A

Puzzle 401

```
I F Y S G A S C H I A R O M W N U
N H C M L R U O I H C C E P S R W
D M O X H T K T C E S X N Z H R K
I T L J I N E N O I Z A T O U Q A
R Z N E X O T P Z S O B O B E D S
I G A J L L N E D A T N I P S I S
Z P X V S H O R Q R Z R I H C C O
Z P K H K S P I Z V L U A I Y H L
O U M X M Z N C V M J G F D Y I U
R O C V R U P O I T S E U Q A A T
P R O V A A D L S S Q C A X R R O
B O X E U E N O I S R E V P R A O
I P G S M S K S T Q R V R K I R W
F V H L T R T O A T I N X H B E B
W T F G E M Z S J Z D I U A M L Z
```

VERSIONE
INVECE
BIRRA
AUTOSTRADA
PERICOLOSO
CHIARO
PONTE
QUESTI
BOXE
DICHIARARE
SPINTA
LONTRA
SOCIO
OCCHI
INDIRIZZO
QUOTAZIONE
VISITA
SPECCHIO
PROVA
ASSOLUTO

Puzzle 402

RUGHE
CAPRA
UMIDITÀ
DISTRUZIONE
CHIESA
ACCADERE
POMODORO
GUADAGNARE
MARRONE
DIGERIRE
GRANDINE
COMPORTAMENTO
COLLA
DEDICARE
STESSO
LETTERA
PARLATO
PAESE
BOLLIRE
CLIENTE

```
D I S T R U Z I O N E R I J D D T
E J D X Y N P A R L A T O F E I B
G V F D Y O F C F K L O I F D G F
O R R Z Z I C A R E T T E L I E A
Q Z A N F M G P E Z T R O O C R R
T J W N E N O R R A M N O Z A I U
U Q W Q D F N A C Y D A E E R R G
O P R E R I L L O B E X P I E E H
K E L V R Y N M L I B F S W L Z E
C O V J A R F E L S T E S S O C S
J H M M U C B J A A C C A D E R E
F H I U M I D I T À S O H N R Y A
I E K E G U A D A G N A R E S H P
V E O P S P O M O D O R O Z U B E
O T N E M A T R O P M O C L I F P
```

Puzzle 403

```
P S T Y N C G T N Q B I K K L R S
G O U S H C O C I M O N O C E A B
F A T U F M G N H L J T J K P M A
J O T E S H A M D L O I X D I E G
E R A R I P S E R U N H A A O R L
B K V O B K C I W C C D Q N G A I
H V I T W B H Q J L N E D Z G T A
N J A A C H I N P D J Z N A I U T
V S T C E L A I C O S I M T A I O
N E L O V F M T B B X H H S E F N
P H X I L Y A T T E M S A R T I G
V O C G C V T T A I X Y T X M R E
G Y R X H K A W Z O D N A U Q J S
I W E T N F M P E N T O L A C P C
V O F R A Z Z E H G N U L S K D S
```

PORTA
TRASMETTA
RIFIUTARE
SEGNO
QUANDO
PENTOLA
PIOGGIA
SUO
LUNGHEZZA
CONDUCENTE
SOCIALE
ECONOMICO
DANZA
TUTTAVIA
RESPIRARE
RAME
GIOCATORE
CHIAMATA
DITTA
SBAGLIATO

Puzzle 404

PUNIRE
AMATORIALE
MAL
IMPARARE
MECCANICI
EDUCAZIONE
NUMERO
MOLTI
COMUNE
FLESSIBILE
IMPORTA
PENSARE
CREMA
CARBONE
PROFESSIONISTA
RAPA
CANGURO
VOLARE
CURVA
VELOCE

```
M L Y F O T A S C V I Q M R D X F
C A N G U R O S A U O F Q A N N L
I G H U G Q X P P V S L L P D C E
A M A T O R I A L E L A A A O U S
E D U C A Z I O N E C M U R S R S
P R O F E S S I O N I S T A E V I
T B K C E C O L E V T I M Q H A B
L D X O R E M U N N J B Z O F E I
P E N S A R E C A R B O N E L E L
Q R L I R T D D D N N Y B A M T E
D I Y Z A N R M E C C A N I C I I
W N L D P F N O Z E Y C O M U N E
F U U S M C L Q P C R E M A L Y H
K P M J I K Q Y G M P G J P H Y Z
Z N W F N B Y Q Q G I J Y I L L B
```

Puzzle 405

```
B R M K D L U I X E R A T I V N I
O I O W S X W S C C V I A G G I O
R C R X O E L O C C I P R E F T B
D E A T R E C L H I B W R W I B J
O R L E F N V A A T A R E P S I D
L C E L D G A T I A Y A T D V F G
Y A R I N E R O F T Q B S Q D C H
Z L G S H G I M Z O T R J U F H I
A D A T T O E P R I G I O N E M A
K M P Y C U T T Y H C N T T W G C
V Q K F D N À Z E N A R U N D B C
C O L P E V O L I O D P W L C G I
A T T E N Z I O N E I S G P C R O
B I G N Z Q N M Q T T Y B Y P C U
M F Y P G O R R J S O F Q N D A G
```

MORALE
PRIGIONE
DISPERATA
VARIETÀ
DITO
TERRA
ATTENZIONE
PICCOLE
ECCITATO
BORDO
ADATTO
PIEDE
CERTA
VIAGGIO
ISOLATO
LUNGO
INVITARE
COLPEVOLI
RICERCA
GHIACCIO

Puzzle 406

MISTERI
BASTONE
RIEMPIRE
CIGNO
CONFRONTARE
CROCE
TITOLO
CAMMINATA
TERZO
SCIOCCO
PROBABILMENTE
FATTA
CHIP
EPPURE
TEGLIA
CUCE
SAGGIO
SCELTA
VENTO
COMMERCIALE

```
C O M M E R C I A L E Y W K Q R Q
G U E Z T B L L F G G R S M D E X
E N R X S C Q U Q J W L A A E N P
R P I H C I W H P X S K G D O O G
A O P X Q G H H B B B M G Y V L Y
T R M U A N X Z A T A N I M M A C
N W E Y R O N S C U C E O Z R E T
O W I Y S E W I Y R T S T T A J Y
R R R E S C D J C U K C Z S O T K
F J X W V O I L G I R E T S I M P
N A O R Z R T O Y I K L H H T X M
O M G M H C T Q C U E T F A T T A
C D V E N T O T E C J A I L G E T
B A S T O N E C X P O L O T I T T
P R O B A B I L M E N T E X X I U
```

Puzzle 407

```
S R A P E I C I F R E P U S T S B
D I S C O R S O L G V Z Z V R O R
F E S H R I A T K E E D O M E S E
N V V G U I F L J D N I L B M T V
O D F W T C Q A E Q J L Q I E E E
P G G M U G P R L V P L E G N N A
C M Y O F B R R O W I R W I D E N
V I T T I M A I U T G R O F O R G
C O L O N N A V V W V Q K V T E O
D Q P C L Q T A O T X D Y O A O L
U C Q Y X G Y N D A B O Z F G R O
X K D U N E N O I S I V E L E T E
S I G N I F I C A T I V O Y L W C
W Q U A L I F I C A R S I R M Z P
I Y F Q Y T P R U G N A I I Z E O
```

COLONNA
LEGATO
TREMENDO
ARRIVANO
ANGOLO
SIGNIFICATIVO
QUALIFICARSI
NEVE
TELEVISIONE
VUOLE
PRUGNA
PROVARE
SOSTENERE
VITTIMA
DISCORSO
RIVELARE
SUPERFICIE
FUTURO
BREVE
LEI

Puzzle 408

VILLAGGIO
MANIGLIA
ATTACCANO
VENERDÌ
ARRABBIATO
MAGAZZINO
FORMAGGIO
ANELLO
OCA
SCI
FRETTA
FALCO
INIZIATO
TESI
IMPRESA
ALLIEVO
AGGIORNAMENTO
MOLTIPLICAZIONE
LONTANO
VITE

```
M O L T I P L I C A Z I O N E F F
N R M M X V P W L C U R B J T A O
V X L P M M O R T O J O Q D I L R
Y D U O G V J F B O N A H Z V C M
O V X T I M P R E S A T K S R O A
T W B A W Y G O N I Z Z A G A M G
A G G I O R N A M E N T O N D T G
I M S Z B I V E N E R D Ì F O Z I
B Y A I J E G A L L I E V O C W O
B J T N Z S V G P Y I V I H S C I
A X T I I E O N A C C A T T A P Q
R P E E Y G C M N L T F R T Z A O
R T R E G C L E V E L D M E X R X
A B F Y S A P I Z F P I C S L P U
A N E L L O Z H A S O C V I E H S
```

Puzzle 409

```
T I R O C P K R E X R P C X W H T
F Q A O W H A N N I A F A Q C H L
F A P M P S I F O U N V B M J C Z
A N Z B V V C U O R A M I A N C G
B T P R U E N G D T T K N H O X K
B I C A P R U N M E O A A Z N X W
R S P W D A N O E P R C G V N W P
I T V S N N O M X L X E A G A L A
C A Y T Q N R X Q O P N W M I V V
A N A L B A P W D V S I E Q E F I
Z T I A J G F D K Z S D X W G R T
I E J Z Y N O W U Z N R Q R U W A
O P E G G I O R E C H O N O S G G
N S B G K L R F K N R E H U N M E
E F V U Q G Q X G A T E S T A I N
```

NEGATIVA
TESTA
ANTISTANTE
NONNA
ALBA
PEGGIORE
CABINA
ANNI
SONO
TIRO
PRONUNCIA
ORDINE
OMBRA
RANA
VOLPE
FABBRICAZIONE
CHIUDERE
INGANNARE
ORTAGGI
FOTOCAMERA

Puzzle 410

CRISI
PENNELLO
PUNTO
PITTURA
CAVOLFIORE
CLIMA
IDENTIFICARE
MARCIO
RAPIDAMENTE
VELA
ALLEGRO
RIMANERE
UNDICI
DI
SCRIVERE
ORGANIZZARE
AGNELLO
PERSEGUIRE
RIMUOVERE
ATTORE

```
C M Z S P A I J S Q U E N M P S O
R C Q G T P N V B X M J O A E C R
I P D Z V T Y M J X X D H R N R G
S C E R O T T A O Z E V G C N I A
I E R A C I F I T N E D I I E V N
A V E A R U T T I P X R L O L E I
L K V L P C B P C W D I G K L R Z
L N O E P I C L I M A M A P O E Z
E E U V A U D X I N Y A S H A U A
G P M E M Z N A Q A N N Q U G F R
R R I Q L D F T M A Y E G N N Q E
O C R J C N K C O E R R Y D E O C
C A V O L F I O R E N E V I L H H
P E R S E G U I R E D T P C L Q U
X O Q L W P P E W J D I E I O D A
```

Puzzle 411

```
P S O I Z J Z C S O L D I C D E C
O A T C P Q H U D S U L K Y I L I
R I R R U O W C D E R M P L V E B
G R S L A Z A I I D A J T Q E T O
O A O H A T S N O U G S V F R T Q
G N O O G N E A K T A F Z U T R E
L I U A E S O G R A N V M D I I N
I D A L C T B S I I O Z V I M C O
O R J Z B P J M B A T I P R E A I
S O T A C C H I N O O O T E N O S
I S E A H E R E P M O R R E T N I
T A P P E T O W C K L O N N O N V
G E N T I L U O M O Y Y V P O N I
A N N U S A R E H P C E Z N Z W D
J H P M R B S X M L Q Z H U W L U
```

UDIRE
TACCHINO
NONNO
ORDINARIA
PARLANO
ORGOGLIOSI
CIBO
CUCINA
TAPPETO
SEDUTA
INTERROMPERE
ELETTRICA
GENTILUOMO
RITORNO
DIVISIONE
DIVERTIMENTO
SOLDI
ANNUSARE
STRATEGIA
URAGANO

Puzzle 412

GODERE
SEMPRE
TECNOLOGIA
AVVERTIMENTO
SOTTILE
CLASSE
ANIMALI
ESSENDO
FEROCE
NESSUNO
PERSO
RIVEDERE
ZANZARA
DISSIMILI
IMMAGINE
PORTATO
ZAINETTO
INDOVINARE
LAVORO
FOGLIO

```
I A P N L O D I W X N C Q S F X M
L R I V E D E R E J E H L H O Q Z
A K G I U G T B O H S Z H A A D M
M O O R E V Y S K F S Z N T S R X
I N D O V I N A R E U F N X T S T
N W N I E C P T R H N T O F V Z E
A B E L U P Y O J A O S R E P A S
R B S G L X S C R L Z Q O Y S I O
O E S O G U A P V T V N V A E N T
J G E F F E R O C E A N A E M E T
T E C N O L O G I A Z T L Z P T I
K U D I S S I M I L I K O K R T L
A V V E R T I M E N T O Q C E O E
G O D E R E I M M A G I N E Q Q Q
B E B P M I V U H C Y P X N M S Q
```

Puzzle 413

```
S Q Q P E L L C F O R T U N A M Z
A N O Y S M C Q H C G L U F D Z J
L D B O T M N G N I Q L Q L Y M I
T J U L R U C X J U A I C C O G T
A P T C E T S E C C A R D O L C E
R X X J M G E N O P A S I G D M P
E M K W A W R M E S A M E R M A O
D Y F Z M I C A I Y N O P P E N H
S M Q R E I U E F R P O A H K T P
J E K O N E M L A I E H S A Y E O
Q M W F T L A R E S C P T K M N C
R R G N E I P R T N Y O E E P E O
R E C I N Z I O N E R G L Y H R S
L E O P A R D O T I W U L Y U E E
X O A Y R A G A Z Z E V I V H Z M
```

GRAFICO
ESTREMAMENTE
ALMENO
PASTELLI
GOCCIA
COSE
MANTENERE
CHIARIRE
SECCA
RECINZIONE
LO
ESAME
RAGAZZE
LA
SAPONE
PERIMETRO
SALTARE
FORTUNA
LEOPARDO
DOLCE

Puzzle 414

CINQUE
LARGHEZZA
DOMINANTE
TERMICO
CENTRALE
FILO
SCOIATTOLO
IMMAGINARE
PROPRIETARIO
MAGLIONE
CETRIOLO
MADRE
LAVANDINO
CALDO
BORSA
PESCE
NEGOZIARE
OCCHI
CAPRA
EDUCAZIONE

```
O N N F N Q M L P P F C G F C K S
C D E R D A M A C C Y A D Y E Q C
C C L G Q E W W G G A P L A T I O
H H Y A O S J T K L O R E W R F I
I G E S C Z C J L G I A R K I I A
V X U S V L I P A K R O A Q O L T
V S V U R Y M A S E A C N K L O T
C E N T R A L E R G T I I E O I O
L A V A N D I N O E E N G C G N L
V R R G S Z F O B S I Q A S E X O
L A R G H E Z Z A M R U M E A I G
D O M I N A N T E S P E M P F X R
O B N A O B P F F X O C I M R E T
Z E X E I C C A O S R Q F C D N Y
E D U C A Z I O N E P I Q Q G M F
```

Puzzle 415

```
P L D C S E Q U E N Z A Q W H C H
R K O O H F J Q S W C U K A T D N
F T G R C O V P I L A I H C C O V
U L A P G W H B B V R A Q R P P J
X T E O J V X L B S I L L E S I P
M Y X W A Z Z E H G N U L Q L E O
I N S I E M E M S C O P B T V O E
B R U C I A T O E D U L V E S P S
R A G A Z Z I A R D L X P J L I I
P O R Z I O N E I J M T X J K L I
O R D I N A T A E U Y S E N Z A A
I S T I T U Z I O N E J E L Q L E
C O R R E N T E P O L T R O N A O
A G G R O V I G L I A T O A V N T
M A T R I M O N I A L E Q K Y A F
```

CORPO
PORZIONE
SEQUENZA
BRUCIATO
ISTITUZIONE
SOLE
PISELLI
RAGAZZI
OCCHIALI
CARINO
ORDINATA
SERIE
SENZA
AGGROVIGLIATO
MATRIMONIALE
INSIEME
POLTRONA
CORRENTE
BELLA
LUNGHEZZA

Puzzle 416

UFFICIO
ARRICCIATO
CARATTERISTICA
PENZOLARE
MARGHERITA
CURIOSO
FERIRE
BEVANDA
VISIONE
ALLUVIONE
CAMMELLO
STATO
PIUTTOSTO
FRAGOLA
BANCA
TEIERA
BENZINA
DENTE
FORTUNATO
SCIOCCO

```
E H I Z J A A A W O K D E N T E F
C A R A T T E R I S T I C A A Z R
Z N C Y P W X E N O I S I V R O A
D I H N H Q M N O I S R Z W R F G
U Z C W A J J T K R E P S W I E O
O N N G I B Q V L U H P K O C R L
I E Z A L A P W R C T U G L C I A
S B A E G T O I Q P E E R L I R H
T V G T O T A N U T R O F E A E T
E N O I V U L L A T K C E M T W S
I G K J M M D V Y I T C X M O T K
E R A L O Z N E P U L O T A T S E
R M A R G H E R I T A I S C N J A
A D N A V E B O B F W C C T K S A
D T U F F I C I O S H S M M O X C
```

Puzzle 417

```
B A B G X O E P J F E R R O R E Z
O T E B J D R A D W O M A N O P N
N T C M I N A G S F L L S E H V Z
S E A I R A N I D R O J C K I O U
A G F T Q C O N D H V J B L P A R
L G O T E R Z A V E U P A D O B B
V I R U Q E P U B B L I C A C R G
A A N T A C M X I W Z B J P O P E
E M E T E L E S C O P I O W S A M
P E L M Q S H S D R B W I B T P B
M N L W Z U M F Z T O G J G R À Y
N T I Q R J E M M N C D O Q U C Z
C O J O H X S S L E X A I U I Y Z
C H I A M A T A T D L L M O R X M
R E C E N T E V K A J V P N E C W
```

QUESTA
ERRORE
TUTTI
DENTRO
RECENTE
TELESCOPIO
COSTRUIRE
FORNELLI
MANO
PUBBLICA
SALVA
FOLCLORE
ATTEGGIAMENTO
ERANO
PAPÀ
CERCANDO
PAGINA
ODIO
CHIAMATA
ORDINARIA

Puzzle 418

ORSO
RAVANELLI
SIGNORA
MINACCIA
STELLA
BIANCO
EMOTIVO
PESCA
AFFIDABILE
MONITORARE
AFFAMATI
SCRIVANIA
CERTAMENTE
ESEMPIO
REALE
PROBLEMI
RUMORE
ABILITÀ
PANE
VITE

```
J P R E L M E M F A F F A M A T I
F P O E P X F S G A C P N A P C A
S Z Q R X N P V E V R A L B S E P
R A V A N E L L I M D N N I L R R
G L R R F S B Q J Y P E D L N T O
F L S O C N A I B P J I T I Q A B
U E C T N X D B A G T K O T Z M L
E T R I U G R A W R Q O U À X E E
M S I N L A I C C A N I M C M N M
O Z V O B H A S X G R E A L E T I
T B A M V O M E K I E V F B R E T
I H N Q C I G P R W F Y J T O R I
V P I S I D T H H Q S Q C E M T F
O E A X P L N E A L O R S O U O U
N A F F I D A B I L E G I V R U C
```

Puzzle 419

```
R P S M Z R L I N C E E S A I Y Q
I R O E L I C I F F I D I O P B I
V O D R E S J T S X U F N G R Q B
E N D O E O I N M F N E V F R T X
D U I I L R K E D Z A M I A I N A
E N S R A S A I Q A T M S E T D I
R C F E C A T L G Q I I I V I S R
E I A F S F T G R U V N B X R Q A
F A T N I B E A D A O I I C A S T
W D T I F B R T D R P L L Z R H I
N T O Z H C T U X J X E E C E Y L
A E B D B C S L U C C I O L A B I
B W D R G D C U R H V Z J Y A W T
Q N R G R I G I O O P L X O S C U
C H I U D E R E C C Y R S B Y B Q
```

GRIGIO
FISCALE
LUCCIOLA
INFERIORE
STRETTA
RITIRARE
TAGLIENTI
NATIVO
UTILITARIA
LINCE
DIFFICILE
SORTA
INVISIBILE
FEMMINILE
SODDISFATTO
RISORSA
PARLARE
CHIUDERE
PRONUNCIA
RIVEDERE

Puzzle 420

POSSIEDONO
RITRATTO
NUMEROSI
CAMPANA
GALLO
OGGI
SCIARE
INTERESSANTE
PENA
PORRO
LEPRE
ACQUISTO
COSTRUZIONE
ATOMICO
CESSARE
VIETANO
STUPIDO
INTERNO
MERCATO
SEMPRE

```
G L G E T N A S S E R E T N I U Y
K A H W Y D U B K I N L E P R E N
E U L N E R V M C O R R X K G Z V
N T U L Z D A C E R A I C S O K D
C F K Z O R R O P R B T S W Q Z Y
V Q T P E N A G R W O N A T E I V
P O S S I E D O N O O S D B Z G S
B X O T S I U Q C A D Q I I P G T
J O K N C O S T R U Z I O N E O U
O T T A R T I R N C G C B P P C P
S A P Q X E R P M E S E O P Z I I
X C R C B S T C E S S A R E L M D
D R C A M P A N A N K J D A I O O
H E I T D I M D I X R S P E Q T Z
H M Y F W L L X F Y F O Q Y J A P
```

Puzzle 421

```
F M E M Q A C O N T R A S T O T G
D V L W H E R E D N O F N O C H E
O Q Y M Y R R I S I B I L E L P P
O T I L N O Z X K Q V J A E N C Y
O D O P O S O R E T T O E L O C R
S R D C J T X J N C I C L I S M O
A A O Q H A Y D O Q X E G Y D N P
X N P L L T E E I Z Z E M G G G K
U B G E O I E X S F A N T A S M A
H A B O V G N O S S E P A R A T O
Z U V I L A I G U S F D B N K J A
G K X G M O M O C G R A N C H I O
O P R U M W I U S V A R I E T À V
A S S U M E R S I T E M P E S T A
D N O P J Q C C D O J E L D U H X
```

FANTASMA
DOPO
MEZZI
AEROSTATI
DISCUSSIONE
CRIMINE
TEMPESTA
CICLISMO
GRANCHIO
OROLOGIO
COLEOTTERO
CONTRASTO
CONFONDERE
RISIBILE
SEPARATO
ASSUMERSI
SAPEVA
SUO
VARIETÀ
ANGOLO

Puzzle 422

VERME
NOME
CAUSA
PARTECIPARE
CAPITO
SEMPLICE
ALTEZZA
CIPOLLA
INTORNO
DELIZIOSA
UTILE
GRADUALE
ANCORA
ELEMENTARE
NOTO
COINVOLGERE
SPESA
MARRONE
CREMA
ORGANIZZARE

```
S E M P L I C E L I T U J C U C I
E R O I R G R A D U A L E O Q O N
L A B K P Q N S S B G G Q T A B T
E Z K F A B O U L E P J T R P O O
M Z T X R M T A K M P F P G J H R
E I I F T L O C Y E Y S Y U C X N
N N Q S E U T A L L O P I C G D O
T A B I C M F M N P Z Y B V E Y F
A G O B I Q K E J C S S F T M D H
R R R L P Y P R R Y O T I P A C A
E O C S A E I C D G T R E R R J V
G K C Z R A S N O M E F A B R H E
F I B A E A L T E Z Z A A K O Y R
C O I N V O L G E R E B U T N Q M
K G C U B F B A S O I Z I L E D E
```

Puzzle 423

```
Y T W O I C C A R B A M P L L D S
C W Q B R I A S P R N R Y K Y O T
B Y H I E G N C C C J Y T R O V O
S D Y C H B A I Q O K I A I W E F
P X O B Z R T N N X M R D F C R F
M I S S I O N E I X I P Y D G O A
M V E R M S O O X Z E R A T O U N
X S R Z E S F X I G Z H A I C P K
E R A T N E V N I C M A B T O C C
T K T F O L W B A K N F Z Q J N Y
S B N A I P E P Q N H R A I V C O
I B E C N M T A C C H I N O O I G
R Q M I I O E S E G U I R E Q N B
T P U L P C R E S P I R A R E N E
G M A E O C A L C O L A R E B N J
```

CALCOLARE
TRISTE
BRACCIO
ORGANIZZAZIONE
SCOMPAIONO
MISSIONE
STOFFA
FONTANA
COMPLESSO
OPINIONE
DOVER
AUMENTARE
FACILE
ARTICO
ESEGUIRE
INVENTARE
NUOTARE
RESPIRARE
CIBO
TACCHINO

Puzzle 424

MOMENTO
LINEA
TAZZA
LABBRO
AGENTE
ELICOTTERO
FATTO
SCIA
LUNA
COMBINAZIONE
OPPOSTO
DICHIARAZIONE
FREDDO
CAVOLO
PRONTO
CAMPO
CHIARO
CARBONE
COMMERCIALE
ANNUSARE

```
C C M F M G U T L Z Q D P X A E D
A H N R G C Y W G F G G R I N L I
R L C E T N E G A V X U O T N I C
B V E D Y Y Z J A I C S N Q U C H
O C O D L F S C F Z Y W T A S O I
N W P O T N E M O M Z N O R A T A
E O P C O M M E R C I A L E R T R
F S O V R J D F A T T O T V E E A
U A S J K X Y S D L F Y I E Q R Z
L Z T M C A V O L O P M A C R O I
N A O D A E H M R L F I F G N D O
J G B O E N O I Z A N I B M O C N
W N W B C I C U V N I E M U K V E
Y F N Y R L G F E U E H G C N I O
D C R R E O A C Y L K M C Q T W K
```

Puzzle 425

```
C P A A Z V B C P Z D V M O D O I
O E P C U E E O O G G J R T A V M
R R P C R L R T L L N Z Z J I I P
R C R U I O A Z L L O A B R O T O
E O O R E C U R E A I R G R G N R
T R C A R E N O V R S T E U E A T
T S C T A M I W I D O E O H E T A
O O I E N E T U L X I R H R R S N
F K O Z G N N P M T L A O Z E O T
L G U Z A T O R A C G N A D I S E
U V S A D E C S M Q O I Y O L I O
I E U A A O D D C G G B M X A K R
D E L A U Y J O I C R M O K V G F
O N K V G Y I O Y O O O Z G A T N
N I E N T E J A I P M C A L C I O
```

CORRETTO
NIENTE
CAROTA
LIVELLO
CAVALIERE
ACCURATEZZA
PERCORSO
SOSTANTIVO
MODO
CONTINUARE
COLORE
COMBINARE
VELOCEMENTE
APPROCCIO
IMPORTANTE
FLUIDO
BOLLITORE
CALCIO
GUADAGNARE
ORGOGLIOSI

Puzzle 426

SALE
PIÙ
SVEDESE
NÉ
ECONOMICA
SOFFRIRE
ESITARE
PAURA
CORRIDOIO
CONTROLLARE
TONFO
CONOSCENZA
LEONE
AMICHEVOLE
SPINTA
RAPA
VITTIMA
RANA
NEGATIVA
FOGLIO

```
Y W É N R E X V A K V O L T B M O
R O P E U C O K U H K N G E C T S
V V I G C O S Y P E M C D V O H R
I S Ù A P N J A Z A C R E S F N S
T P S T B O N Y L N Z A P O N S E
T L P I P M D D F E P N I I O W L
I Z P V P I K K V G A A D O T W O
M U K A H C K L C J U P A D D C V
A A L Q E A R M M L R K A I R B E
O E R I R F F O S M A E R R D D H
O C I E A S V E D E S E W R U J C
C T P I T S P I N T A I Z O N F I
C Z C O I L G O F I L I Y C D Y M
C O N O S C E N Z A Z L O C I H A
G Q G I E C O N T R O L L A R E N
```

Puzzle 427

```
B H S N L Y L C O K K M V O A C P
N L F E S R U O Q F M P E I Q O E
K K G V N L A N I R X U D V G L R
F V È O Q W G G P L O A O N N L I
M O T A L A M E Q H E E N V V E O
D A R F U N A D H O W A O N S Z D
V M O E K I L O F A G I A N O I O
V M F A S A C C O P P I A N O O R
D A J F Z T X B E S P E R T O N T
K R W T I X A N I T R E P O C E A
D G O S G A B E L L O W L D W B E
R O Q G L I O I H K O X W A E Z T
D R E E A R R I B M Y E M P N D I
S P S O P R A T T U T T O D D I O
C R I C E T O E S E C U T I V O F
```

COLLEZIONE
PERIODO
FAGIANO
CONGEDO
TÈ
DROGA
FINALE
VEDONO
TEATRO
ACCOPPIANO
ESECUTIVO
ESPERTO
MALATO
PROGRAMMA
SGABELLO
CRICETO
FORESTA
SOPRATTUTTO
COPERTINA
BIRRA

Puzzle 428

GRASSETTO
FAMIGLIE
MINUTI
IDENTITÀ
TORTA
PUZZOLA
MAMMA
LASCIATE
TRASPARENTE
ESPERIENZA
RILASCIARE
NASCONDERE
MUSICA
SCIOLTO
CULLA
OGGETTI
RISULTATO
SPADA
DONNA
INDIPENDENZA

```
T U P A F E N W V S I I P T E M V
M O L F Y O G M Y C M D U R R A O
I E R A I C S A L I R E Z A G M V
N I I T T E G G O O X N Z S F M E
U Z I H A H R T O L Z T O P A A S
T M L R C M I E X T V I L A M N P
I O F D I J M O D O F T A R I N E
O T T E S S A R G N Z À C E G O R
E A L L U C P P N U O Y S N L D I
H T H O M T S A I E E C O T I O E
O L P V Z T G C D Y O C S E E G N
N U F T H C Y E T A I C S A L X Z
E S R T Z Q H E D C S P P R N A A
P I U X Y K A I X N P F V L U C V
M R Q I N D I P E N D E N Z A K H
```

Puzzle 429

```
B F P I M C N E T N A T S O N O N
K A R R H O M D E O C U L T U R A
A L R S Z L J E N Q L K L H H D R
P C F A F P R I O D U L P L G S P
E O A D R O D P I K I D E A K K J
V X L I E A C W Z X H E L R O G P
I E P G W L M K I C U S K N A Q C
G B T I U L O E D Z F I F O B R K
W X U R T E I S N E P D B T D U E
F N E W O Z C G O T O E D A R A G
F A U H D R K K C Q E R I X B F M
A U L A N I B A C W T I S I R C L
V C H I O Y A E C X J O F I U M E
B R E Z M V N E V F V R O B A C M
L I E V I T O C T Q M L I L Z J D
```

AULA
NONOSTANTE
VETRO
RARAMENTE
COLPO
ROBA
RIGIDA
LIEVITO
CULTURA
PENSI
MONDO
CONDIZIONE
TOLLERARE
NOTA
DESIDERIO
FIUME
PIEDE
FALCO
CABINA
CRISI

Puzzle 430

SEDIA
PRENDENDO
CONTENERE
VALENTINO
PUNTA
PANTALONI
ALCI
MISERIA
STAZIONE
ASSUMERE
OPERARE
PERMETTONO
FEDELE
INVERNO
PARTE
ATTENTO
PREMIO
SALSICCE
DISPERATA
IMPRESA

```
P A S S U M E R E O P A R T E I F
S R G W P X E Q L P A T N U P O E
T S E E G N D U Q E O T L U H Z D
A P O N O T T E M R E P T J Y W E
Z U R V D Q T Y K A U M C E M T L
I X P E D E M I A R T S M H N U E
O A F I M S N F L E A P P E Y T I
N A U N B I N D S A L S I C C E O
E X M O E X O S O N I T N E L A V
D A J L D I S P E R A T A X A L Y
L G F A S E R P M I R L O Z U K B
C O N T E N E R E S Y U W A N H U
P P I N S E D I A L V D G L O P P
R A W A U F I N V E R N O C Z B E
I Y H P W L U H A I R E S I M D W
```

Puzzle 431

```
J P I N D I V I D U O D M R Z C S
H A P U I R H V E K A Y G Z O A C
S Z R R R Q Q S J N P O K Z P M U
O I A T I L A S Y Z T L E Y A I O
P E R H S V O T T O D O R P G C L
K N H Y N P I L O V E P L O C I A
X T F Q E V P L O I O P P R T A Z
G E B K S W I C E R E N E T S O S
A H S C H E R M A G S W D E R P U
T I I Y Y A K J G K I L A X R J T
T E R A I V N I R D A O T Z Q K E
U V M E C B N G K Y I O O B K G P
A W N Q P C R I F E R I S C O N O
L H E F J H I C A T E G O R I A I
E R A S S U B O D I B A T T I T O
```

INDIVIDUO
PAZIENTE
SENSI
PRIVILEGIO
CATEGORIA
RIFERISCONO
SCUOLA
SALITA
DIBATTITO
CAMICIA
SCHERMA
PRODOTTO
BUSSARE
RINVIARE
DATO
ATTUALE
URLO
GHIACCIO
COLPEVOLI
SOSTENERE

Puzzle 432

STRUTTURA
ANDATO
APE
ATTIVO
CENA
CARRO
ASCIUGAMANO
SCUOTERE
SCIMMIA
NATO
ULTIMAMENTE
TASSO
DISEGNO
SPECIFICA
PRIMO
GRUPPO
FRUTTA
DEPRIMERE
PIEGA
OCA

```
P W R A W W S V A R U T T U R T S
L R M R U O A P G A Z Z B Y X J N
T E O T A N N X E S C I M M I A V
Y H C O T A D Q I C A T A U P N O
P R A L H M A H P J I Q P A A E R
R W U T Z A T T U R F F E B C C G
P E K H D G O R R A C X I K Z V R
S R C O I U C V U R T W F C L J U
C E I I P I Q Q I A X T E G A D P
U M C M N C V T P T X I M L R F P
O I S P O S F S A N T G J Y U Q O
T R I J R A L L U H G A T A S S O
E P D I S E G N O E G S R A B M J
R E U L T I M A M E N T E E T L K
E D T U E Q Z K X Z J N U I J L E
```

Puzzle 433

```
I Y B U A E T N E D N E P I D F C
L A M T L C M Y O S F Y L N E U O
C S T O M A C O S Q C G U C O P L
S O M C A N Z O N E O R M L E G O
G G S B D J O R R R M H A U R U N
E G L Ì R P U T A I P A C S E X N
N W R L E J L T D G A D A O V P A
E M M A P G X A U A G I Z Z L A M
R L D S N R N U L R N S F I O T U
A T F R C D O Q T E O C F U S R T
Z H Q E E Y I H O T G U U O I Y C
I F G T H H A N X N D T N P R C X
O J L H B S D T E I N E X R O S E
N F O R M A G G I O S R I W H M E
E R A R E H C S A M W E L X P C D
```

LUMACA
GENERAZIONE
PERDA
DISCUTERE
MASCHERARE
STOMACO
DIPENDENTE
EX
CANZONE
FORSE
QUATTRO
INCLUSO
INTERAGIRE
COMPAGNO
RISOLVERE
ADULTO
COSÌ
GRANDINE
COLONNA
FORMAGGIO

Puzzle 434

SOTTO
VITAMINE
BLOCCHI
IMMERSIONI
MESE
TABELLA
VAPORE
CANNELLA
GRASSO
ACCIAIO
GABBIA
SEGNANO
MULINO
ZIA
RISPONDI
CRESCIONE
SIPARIO
VERSARSI
STANZA
VISITA

```
J D S E G N A N O S W V T D E U S
O L B V Z G L H S A I R A E M S O
Z X X I I O L V S B H P S P S M T
N T Y T A F E X A L C U A K O M T
R M E A C F B M R O C C Z R N R O
G J D M B W A G G W O O N I I Q E
A M N I O B T D B R L R A M S O B
G C P N F D U M Q F B N T M R R A
A N C E C A N N E L L A S E A I W
B S K I A T O M I J L W V R S S S
B J I V A I W X P I D L I S R P N
I L Y W J I M W N W J F S I E O M
A I S Y B N O N I L U M I O V N E
V M R S H G F X W V Z E T N T D S
C R E S C I O N E H X S A I K I E
```

Puzzle 435

```
S  L  À  T  E  I  C  O  S  A  J  R  C  I  J  D  A
C  M  E  R  A  V  R  E  S  E  R  P  F  S  E  U  M
R  P  D  A  L  U  P  O  C  F  Q  G  R  R  L  P  M
I  W  N  G  F  Z  R  U  H  A  F  W  F  A  X  L  I
V  X  A  I  O  U  H  J  E  B  M  R  G  L  N  I  N
E  A  R  C  B  C  T  P  E  R  A  B  A  U  X  C  I
R  Z  G  O  N  I  T  S  O  P  C  M  I  T  U  A  S
E  U  N  I  T  À  V  G  B  A  R  C  A  A  R  T  T
N  I  N  C  L  U  S  A  A  U  W  C  W  R  R  O  R
I  J  S  C  I  Y  T  M  O  M  V  M  U  G  N  E  A
D  C  C  B  D  X  Z  C  G  P  B  I  W  N  C  S  Z
R  D  I  F  F  U  S  I  O  N  E  A  S  O  V  K  I
O  C  I  R  T  T  E  L  E  B  N  C  A  C  M  K  O
A  L  Y  J  I  U  O  N  H  O  C  L  A  J  T  S  N
T  V  T  W  H  A  W  A  P  G  Y  B  N  I  J  T  E
```

BARCA
PERA
LUPO
DUPLICATO
SOCIETÀ
INCLUSA
STUFA
CONGRATULARSI
TRAGICO
CAMBIARE
DIFFUSIONE
GAMBA
POSTINO
UNITÀ
ELETTRICO
AMMINISTRAZIONE
GRANDE
PRESERVARE
ORDINE
SCRIVERE

Puzzle 436

SVUOTATO
RIDURRE
PREOCCUPAZIONE
MUCCA
DELICATA
VINO
CHE
CACAO
MARTELLO
ACCOMPAGNARE
ATTO
REGNO
CAVALLO
INGRESSO
INTERESSE
RIVISTA
TERMOMETRO
TERRA
SAGGIO
RIMUOVERE

```
T  D  M  G  H  H  G  Q  M  D  H  V  L  W  D  R  I
P  R  E  O  C  C  U  P  A  Z  I  O  N  E  E  I  N
E  U  R  I  T  V  V  U  C  O  O  L  Y  R  L  V  T
V  E  R  G  A  E  X  Q  C  K  R  L  I  E  I  I  E
H  X  U  G  U  T  R  B  U  U  T  E  C  V  C  S  R
T  F  D  A  M  N  T  R  M  U  E  T  H  O  A  T  E
L  E  I  S  G  P  F  O  A  F  M  R  E  U  T  A  S
X  Y  R  R  E  G  N  O  N  A  O  A  V  M  A  N  S
S  V  U  O  T  A  T  O  C  E  M  M  J  I  N  X  E
A  C  C  O  M  P  A  G  N  A  R  E  N  R  X  Y  O
P  X  Y  A  Y  V  I  N  O  S  E  S  B  N  C  G  K
Q  A  K  C  R  O  Y  S  Q  H  T  Z  D  J  N  U  U
P  R  G  A  W  R  O  O  F  V  H  H  R  M  N  V  L
K  U  L  C  W  C  U  S  Y  Y  U  H  R  P  M  O  L
E  Y  I  N  G  R  E  S  S  O  L  L  A  V  A  C  C
```

Puzzle 437

```
R E F I S Z W R I O C N A T S I S
P A V G A K R W X L J X J E R G E
I E G N D J I P W L L E Y R E F T
U N S A S E M P L I F I C A R E T
Y W D A Z P X H K R N F A U A E I
W E M U R Z E K W D F A D G Z S M
C L C P S E O Q G O A M E E Z A A
O T R C O T N A C C A I R D I M N
I Y J K Z F R D K C P G E A R I A
N M B N B Y Q I Y O J L D J O N U
V O T A D I D N A C C I E A T A Z
O S I T U A Z I O N E A C Z U R M
L N E C E S S I T À J T O A A E B
T I O O M O L T I I N T R O I T O
O S O M A F Y D Y V I B P D B R B
```

FAMOSO
ADEGUARE
RAGAZZO
AUTORIZZARE
COCCODRILLO
SETTIMANA
INTROITO
FAMIGLIA
SEMPLIFICARE
CANDIDATO
NECESSITÀ
ACCANTO
PESARE
PROCEDERE
COINVOLTO
INDUSTRIA
SITUAZIONE
ESAMINARE
STANCO
MOLTI

Puzzle 438

PARETE
CONDOTTA
LIMONE
COMUNITÀ
QUALE
PIANTO
SIGILLO
BAGNO
UOVO
NARRATORE
APPLICARE
INTRODURRE
QUOZIENTE
REGALI
PERSONALE
PIEDI
COLLO
POLVEROSO
SEDILE
RESPONSABILITÀ

```
O P A K P T N P R C P L Y L O A R
D À S S C E L A U Q O L L O C O E
F T I R Q F R S Q K T M U O V O G
S I G I L L O S Z X N F U Q C M A
S L Z P M G O T O C C W X N N T L
E I N A L K F O M N L D T W I Z I
D B U R S C C W S R A Y S V D T L
I A O E N O M I L D F L L N E V À
L S A T T O D N O C D G E V I S R
E N Y E T N E I Z O U Q D Y P I U
J O S O R E V L O P A T M J Q A S
O P M N A R R A T O R E B A G N O
Q S I N T R O D U R R E F J F Y U
Y E P I A N T O A P P L I C A R E
B R X G Z D Y Q Z M B G C U Y D N
```

Puzzle 439

```
R  S  D  W  E  E  L  I  B  I  S  I  V  F  A  V  A
U  E  J  O  N  O  C  S  I  R  E  G  G  U  S  A  T
G  L  S  P  P  B  I  C  P  A  R  L  A  N  O  R  T
H  V  N  M  A  J  A  C  I  F  F  A  R  O  N  I  A
E  A  C  I  T  I  R  C  G  T  L  O  V  T  O  A  C
T  G  C  A  N  T  I  E  R  E  A  I  A  T  T  U  C
J  G  B  J  I  R  O  R  G  R  O  T  G  E  I  D  A
K  I  I  P  J  P  D  L  C  A  C  M  O  N  Z  U  N
Z  A  L  D  N  A  H  S  O  T  R  V  N  G  I  V  O
U  W  A  U  E  T  N  E  D  U  T  S  I  A  A  U  V
X  I  U  B  I  N  A  U  E  L  C  W  T  Q  T  D  P
R  G  N  A  J  Q  T  W  H  A  K  V  S  D  O  S  K
J  N  P  O  V  H  O  I  U  V  H  L  E  L  Y  Q  I
E  L  F  O  X  K  B  V  C  O  G  D  C  N  J  A  K
E  Y  P  X  E  R  E  G  L  O  V  V  A  I  R  Y  Y
```

SELVAGGIA
CANTIERE
CESTINO
VISIBILE
CRITICA
ELFO
RAFFICA
VOLT
NOTIZIA
RIAVVOLGERE
OTTENGA
VALUTARE
STUDENTE
IDENTICO
VARI
SUGGERISCONO
RUGHE
ECCITATO
ATTACCANO
PARLANO

Puzzle 440

LIBRERIA
DENSO
DIMENSIONE
DIVERSO
GIGANTESCO
DETTAGLIO
DIMOSTRARE
IERI
STAVA
MOLTIPLICARE
COMPLICATO
COMPLEANNO
FORMAZIONE
GRAVE
CALCOLATORE
CONCEPIRE
PRESO
CHILI
VERSIONE
ATTORE

```
C  Q  O  T  A  C  I  L  P  M  O  C  D  L  D  F  D
M  H  U  W  C  N  A  V  A  T  S  I  I  I  E  O  I
O  W  I  B  J  O  I  L  C  V  G  B  V  B  T  R  M
N  M  R  L  M  S  M  I  C  A  R  F  E  R  T  M  E
A  P  E  L  I  N  P  P  W  O  C  C  R  E  A  A  N
E  M  I  G  Y  E  R  P  L  E  L  N  S  R  G  Z  S
R  K  O  P  C  D  E  S  W  E  B  A  O  I  L  I  I
A  T  T  O  R  E  S  O  A  K  A  J  T  A  I  O  O
R  Q  D  F  J  H  O  G  S  G  N  N  T  O  O  N  N
T  V  E  R  S  I  O  N  E  L  M  E  N  L  R  E  E
S  Q  F  E  R  A  C  I  L  P  I  T  L  O  M  E  L
O  C  O  N  C  E  P  I  R  E  K  V  K  S  X  V  I
M  G  I  G  A  N  T  E  S  C  O  V  M  X  J  A  U
I  L  Y  D  F  Q  F  V  T  X  T  E  Z  G  J  R  R
D  U  Z  C  K  R  B  R  P  E  E  Z  R  S  V  G  J
```

Puzzle 441

```
A D U E R E P M O R R E T N I A C
Y D H C A I R O T T I V T Z T V O
I O H I Y R X B L H B L T L N V M
M T T L Z H X G I L A M I N A E P
L E X E W W M Q K O O B H T V R O
D A L F R I M A N E R E X E A T R
D I S T R U Z I O N E L A Y P I T
P X N R C O I L G I S N O C O M A
A R G E N T O N A I T Q V G J E M
T E S T O V Q G B H À E U L R N E
K M A M O V I T U C E S N O C T N
P R O B A B I L M E N T E D N O T
G U R V H B C A N T A R E S O V O
J S Z S U C I J V W U D E F R N N
E L L I T T I C O W W Q P G E D O
```

TENDONO
AVANTI
GIÀ
ARGENTO
DAL
TESTO
FELICE
CANTARE
CONSIGLIO
ELLITTICO
VITTORIA
CONSECUTIVO
POLLO
COMPORTAMENTO
DISTRUZIONE
PROBABILMENTE
RIMANERE
INTERROMPERE
ANIMALI
AVVERTIMENTO

Puzzle 442

DEBOLI
DISPIACE
GOVERNO
GUARDAROBA
GROTTA
DIFENDERE
CAPPOTTO
GALOPPO
CIOCCOLATO
OMBRELLO
LOCALIZZARE
ALTRI
TRASMISSIONE
TRASMETTERE
PRESTO
DIMENTICARE
BENEFICIO
INVECE
LUNGO
URAGANO

```
P G E Q Y K V B U J M F C Y C W J
D R R F P V T D Y V S Z K I M T G
B M E O E N O I S S I M S A R T U
C E D S T K I S F A L L G G A L A
A B N X T T N P L T O U O A L W R
P Z E E M O A I S I B N V L T M D
P Y F R F R Z A D N E G E O R M A
O B I B N I Y C Y Y D O R P I A R
T N D P A E C E V N I X N P B X O
T W Y R V M P I U W Y U O O L D B
O N A G A R U J O L L E R B M O A
T R A S M E T T E R E N L Q U U I
W V E Y X D D I M E N T I C A R E
L O C A L I Z Z A R E Y O L F G Y
C I O C C O L A T O P Q K P A A W
```

Puzzle 443

```
Y I D Z F H C Z S R T P Q B S I G
Q U T X O M I S U R A R U P U W I
E W P Z R N Y C O O L O C I R E P
K V K N B N A W T X O G H K E D C
I T H Q O I Y F T I R E S N E L A
E S P A N D E R E V A T R E C A M
P L N A A S Q G F F P T I U E B A
C E T E G L I A F Y V O P J L E T
R T R E C I R T A L O C L A C L O
Z L O S Y K J Z X T B E D X C L R
J Q S V O A G U R A T R A T O O I
L U K E K M C N Z A M O R E M V A
C O N T R I B U I R E L L K U F L
A Q U A L C O S A J S A I B N M E
R W O W O P R T T E C V K L E O K
```

TARTARUGA
CALCOLATRICE
LOTTA
MISURA
ZONA
CONTRIBUIRE
BELLO
PROGETTO
ESPANDERE
VALORE
AMORE
PERICOLO
PAROLA
AFFETTO
QUALCOSA
COMUNE
AMATORIALE
CERTA
TEGLIA
PERSO

Puzzle 444

MILLEPIEDI
ATTRAVERSO
SPIAGGIA
FORMALMENTE
FACCIA
TROPPO
MERAVIGLIA
MISTERO
BENE
BRUCIARE
MEDIO
POSTA
PARTI
FISICO
MONTAGNE
CONIGLIO
AVVOLGERE
ACCADERE
MORALE
DIVERTIMENTO

```
L J M F D G S O R E T S I M M C M
W P E I K H B P B N L F O E O O E
R F D S D W J P I G O Z T T R N R
B E I I F T J O O A B E N N A I A
A R O C T M M R C T G Q E E L G V
E E U O R N D T A N M G M M E L I
K D M C P A R T I O I H I L R I G
F A P J I B E N E M L V T A E O L
D C M V C A E Y H O L N R M G U I
Z C B B V B R C V W E X E R L U A
F A C C I A Z E K H P N V O O D C
A T T R A V E R S O I C I F V M W
H S T P J N L P I Y E P D O V F O
C O J S L C F J J L D J R O A W S
F P H Y C V U R G A I J R N K M T
```

Puzzle 445

```
S P B A P P L N V P W E S M E U M
O U F G G K A D A R T S O T U A I
P Y M Q F F S D M H G B A Y I P G
R I S S E R G O R P N G O E Z R L
A A N I R A F E S E U E M D V O I
C T C O P A R L A T O N H N K P O
F A O S S E R V A R E E X E I R R
F N P S E R V I R E I R F R M I U
J O Y P V V W Y G O G A N I E E V
G M N J E Z Q P U B R L N U N T L
Y I V D R L O R X E O E B N O À B
J L T R O S L W S E S E S I T O G
S E G N A L E O D I S W W M S G O
A V I T A N R E T L A I G I A I X
O U P C G U U O Z S J E Y D B R W
```

FONDO
SERVIRE
SOPRA
GENERALE
PROPRIETÀ
PROGRESSI
OSSERVARE
ALTERNATIVA
SEGNALE
PADRE
CAPPELLO
LIMONATA
MIGLIOR
DIMINUIRE
ESITO
FARINA
GROSSA
AUTOSTRADA
PARLATO
BASTONE

Puzzle 446

RACCOLTA
INSEDIATI
OBBEDISCONO
ZOCCOLO
OSPEDALE
SPARARE
FREQUENTE
GIALLO
SVILUPPARE
LATO
ALTITUDINE
RIMA
MOTIVAZIONE
FORBICI
SQUADRA
VISTO
PONTE
MECCANICI
OMBRA
RITORNO

```
R L S R M Z Q L K W F C G B O L G
I A P A R D A U Q S M O T S I V I
T T A C F Y L A G N H K R G I O A
O O R C B D C D S N M V O B X N L
R V A O S V I L U P P A R E I O L
N Z R L L N N F I F R M X L M C O
O N E T B O I Y V C M I V A E S I
F G L A M X C N D Q E R Y D C I N
I G E O U F A C S O R G K E C D Y
V Y I Q N T G C O E T N O P A E I
F R E Q U E N T E Z D Z R S N B W
O M B R A I F K B A R I I O I B J
P R Z E N I D U T I T L A Y C O M
M O T I V A Z I O N E J S T I V Y
G L F L H K M E G P X X V E I J P
```

Puzzle 447

```
D F C O L L A S S O G T J W P A O
O O I M F T R T S Q L P D S Z B N
M N N S U V T I F K F N L B P H O
A D S Q Q N G G A U M E N T O F R
N A E T E L A R U T A N H C N X E
I M G K Y W E E C O M O D I T À V
X E N P M E R A I L I M A F R R O
Y N A L Y W A P R A I C S R Y C L
V T T S I N S E G N A R E A W N M
W A O L T O O L F P E C O R E S E
P L D E J E P F W W Q M E H V E N
Z E H U S V S U C E I T Y P E K T
S L O Q M W N S Q I M I I L C P E
E R A N N A G N I E L I K N Q H V
T C A C C A D E M I C O V B R L H
```

SCIARPA
TIGRE
INSEGNARE
INSEGNATO
COLLASSO
PECORE
FAMILIARE
ONOREVOLMENTE
STESSI
ACCADEMICO
TRA
SPOSARE
SE
AUMENTO
FONDAMENTALE
DOMANI
NATURALE
COMODITÀ
LEI
INGANNARE

Puzzle 448

PAZZA
DECIDERE
SANGUINARE
GRADO
LEGNO
SOFFIARE
MENTALE
CREDERE
RIDERE
SIA
INTERNAZIONALE
CANTO
TEORIA
SEI
VIOLA
BASSO
STREGA
ASSOLUTO
DANZA
PORTATO

```
I N T E R N A Z I O N A L E L M O
B R K R R L L I G S T I C R E E F
S T R E G A O W Z S F R V A G N B
D M D D R T I X D A M O K I N T X
W Q S E W A V B A B U E G F O A O
W I U R K R N U S M H T V F I L R
P X U C I R P I R F C A K O P E G
N V V Q J R B O U L Q L J S M G S
D A N Z A O D A R G R I D E R E I
S V J A L W R Z O T N A C C F H A
S T X N K I O Z D N A A L T O X V
Z E B C P T X A B D N T S I B Z W
W B I P O X D P H O B T O V H T W
N Y Y S S U D E C I D E R E Z K Y
A S S O L U T O I G Y F E D F O M
```

Puzzle 449

```
P Q S T H D F G P L C Y V O C A G
R T P O Q E T R A I L G I F H C S
O C A K K N J P S M O W A I I C E
D F V V B T A X T E U O M L A E R
U E E J T I Q Z I K G Z D M M T A
Z I N P N E R A N O D R E P A T L
I S T W O K M Y A E Y T V I T A E
O A A U L S Z Z C L R J E U O R B
N Z T F O N T E A T H R K G J E T
E A O D C R I N G H I O O V R O C
P J C N I K U N Y R L F W C V R D
D P A R T D E C I S I O N E N K U
V O L A R E L A T A F Q Y S H O Q
T K L D A L T O D E Y P F Z Y G C
E S P E R I M E N T O I E L M R T
```

PERDONARE
ESPERIMENTO
CORVO
FATALE
DENTI
FIGLIA
SERALE
ARTICOLO
RINGHIO
PASTINACA
ACCETTARE
SPAVENTATO
FONTE
DECISIONE
CHIAMATO
ALTO
PRODUZIONE
ARTE
CONCORRENZA
VOLARE

Puzzle 450

REPENTINO
CERTO
BICICLETTA
POSIZIONE
IMPRESSIONARE
BRILLARE
LAVANDERIA
OFFENDERE
PUBBLICAZIONE
ALLEGARE
CIVETTA
PENNA
ATTENTE
PIANURE
ANSIOSO
STANCHI
DISPONIBILE
ASSEGNARE
MAL
SIGNIFICATIVO

```
Y P C I M P R E S S I O N A R E P
R E P E N T I N O R R G V M Y F U
C M C A N N E P M O B Y T A E R B
R K K T O F F E N D E R E L L O B
W P E T N E A N Z P C I M I I A L
C S D E R A G E L L A E Q W B N I
D Q E N O I Z I S O P D R Y I S C
E H P T B R I L L A R E L T N I A
C S D E R U N A I P E T E A O O Z
I S I G N I F I C A T I V O P S I
V D I K B I C I C L E T T A S O O
E S T A N C H I S M M D B V I L N
T L A V A N D E R I A G M D D P E
T A S S E G N A R E E L I U C U O
A U H Q R H P C L W I F K I I A S
```

Puzzle 451

```
N N X R R E G O L A G S G R R A I
K W S A M I C E D M A K O L T C N
O V C G V N O T N E M A M P M Y T
P T S N R S N N J U R R M N G V E
D B T O J G C E G G E L A O R S R
F G P E F U G S C A U G J P Y Y A
T A B Z N R Z E O I G E L L O C Z
E S C Z Z U O R R M A C A V N E I
N S Q I P A T P S M V S Y X U R O
T O A T L N A O A X L N P N I B N
A C O T H I T T E K K G D O B Q E
T S P A R U T T I P F T R Q S Q L
I U U I N W A À Z A H H Q M C S N
V Z L P P S R Q U A R A N T A T O
O Y W W K O T A P U C C O E R P P
```

OTTENUTO
COLLEGIO
OSSO
PRESENTE
INTERAZIONE
SCOSSA
FACILITÀ
DECIMA
PREOCCUPATO
QUARANTA
CORSA
TENTATIVO
GOMMA
REGOLA
LEGGE
AMENTO
RAGNO
PIATTI
TRATTATO
PITTURA

Puzzle 452

CARAMELLE
SABBIA
AMICI
LIMITE
METODO
CROCO
QUI
RIUTILIZZABILE
MASSIMO
GENTILE
NOBILE
FRAMMENTO
PUÒ
PROVOCATORIA
IRREGOLARE
NOSTRI
LASCIANDO
DITTA
INVITARE
FABBRICAZIONE

```
E E A D I C I M A D V N M N I F Q
F I A I R O T A C O V O R P N R F
W U F Y R K C V P M W S U K V A J
N I E O E L K O D Q V T Y T I M L
U I Z L G B Z O R S U R R T T M A
S R D U O T A Y T C L I K L A E S
N U Q Q L G E N T I L E P I R N C
O V U Q A P X D I T T A B M E T I
B F I C R R U J X B S L P I L O A
I K N M E I B Ò Q R T A Q T N L N
L C A R A M E L L E Q R B E C R D
E C N I A S J Q K B M M S B A J O
R I U T I L I Z Z A B I L E I U Q
R M E T O D O M I S S A M E I A Q
F A B B R I C A Z I O N E L G D I
```

Puzzle 453

```
F N I J I T A D J F Y Z A K J O G
I M L Q N K Z S R I V V O I D E U
N Y P I C R Z U E U N A E A E L A
A N R L O C C U S T J X F N S C R
L Q G D N T À U Q I C D N E E O D
M S Z Z T I T U I F I R E L R K A
E Q P I R A T A U G N I L L T Q R
N E U Y A K I L D Z M B F O O P E
T M X I T F C O R A L N B R R A B
E G Y I O R I C O R D A R E F L L
B A M B O L A S E N T I V A N O I
B A L C O N E N O I C N A R A T G
V D A R I C O N O S C E R E W N P
D I M E N T I C A T O Y W I S E J
R E C U P E R O R V B X Y C U P Q
```

BALCONE
BAMBOLA
DATI
GUARDARE
SENTIVANO
FINALMENTE
RIFIUTI
INCONTRATO
ARANCIONE
RICONOSCERE
RICORDARE
SUCCO
DIMENTICATO
LINGUA
DESERTO
RECUPERO
CITTÀ
PENTOLA
ADATTO
ANELLO

Puzzle 454

ERBA
DOLOROSAMENTE
RAGGIUNTO
QUESTIONE
UGUALE
QUARTO
ESCI
ORECCHIO
ONDA
FRIGORIFERO
ASSORTIMENTO
POTEVA
GLOSSARIO
ESISTONO
DIPENDERE
PRIVI
ABBREVIAZIONE
BOLLIRE
LONTANO
TESI

```
L B A B E P O B Q B P O B O N Q F
P O B O Y E Y Z U L R H S A A U R
Q L B L G T O K E W I F D R T A I
S O R L F N D Y S A V E T O P R G
R N E I D E E H T L I C K T W T O
E T V R R M W Z I M T Z P N G O R
S A I E S A D N O I H C C E R O I
C N A J W S G Y N E R B A M A I F
I O Z J U O U G E V P F S I V R E
X W I H V R H G I L Q G V T U A R
D W O P Q O T E U U U G C R Q S O
W Q N W Z L K E W A N H D O O S X
H P E C T O G M S Z L T O S D O E
H I E R E D N E P I D E O S I L L
X G A J J E S I S T O N O A F G A
```

Puzzle 455

```
S P X M Z K L I N S E R I R E C F
M O T A Z N E R E F N O C Q S O A
D S G S S C I E N Z A Z P W Z M V
F I E C Z X E G Q S O E W C T P O
X Y N H O O D J D Q X K B O N I R
U M I I A R R A B B I A T I A T E
D B T O T T E D R E V A U G H O V
U A O V N Y V G J O D Z M G Y C O
F M R D L G P O T T E S S A C I L
K B I U A W R R D A P J V L Z N E
Y I O E V E K E F V M N R L U A X
B N P H G Z S Z F I K B J I R C R
S I Z A U Y K N S R E M U V W C E
X Z W O I J C E O P Y O L R G E L
N R I N C O O Z W Y Y E B Z O M D
```

ZENZERO
VERDETTO
INSERIRE
ARRABBIATI
CASSETTO
COMPITO
PAIO
CONFERENZA
MECCANICO
BLU
GENITORI
MASCHIO
BAMBINI
TAMBURO
FAVOREVOLE
DA
VERDE
SCIENZA
PRIVATO
VILLAGGIO

Puzzle 456

PETTINE
INVIATO
SICURO
VA
SCHELETRO
MACCHIATO
RIBES
DISTANZA
USURA
UMANO
CAVALLETTA
FOTOGRAFIA
COMPARSA
PILOTA
MA
STRADA
NASTRO
PIACERE
EPPURE
CUCINA

```
I A J Z G J E M T Z A A P M Z T V
R N T S L S K R L S W I I U Z O I
I P V A V R I B P A S R A P M O C
B I E I P E T T I N E M C U Z L A
E L A F A W G T V I V G E S Q N V
S O B A T T N F Z C U P R U Z T A
T T O R Q C O X P U E M E R X L L
H A N G S Y W V H C W M A A I S L
P M A O E P P U R E R W A N Q M E
F V S T D I S T A N Z A S G O A T
C S T O S C W S C H E L E T R O T
L X R F M A C C H I A T O I I C A
G B O S T R A D A V K S I C U R O
O O R Q G L R X H A N C X Y E W C
W Y W I O Z W A K K N Z P I K V M
```

Puzzle 457

```
C O N N E S S I O N E T L G C Z U
M A C C H I N A B Q T G R R R H K
C N B Q F D S D G D E K R O F H I
B A T T A F R O Y E R F Y H S X F
Y R S X M Y A B G V Y B D N L L L
P T T U N B G Z O E N U M F S P P
D S T M D O U O N A E C O I I D J
O D K H L R F A T A T O U N M V Q
P I I L Q E A D E U R R P T A C F
S E C I L T E G U R J O S O P A E
O G S E X N I Y O M L L I T P D Z
R E I C A I E E Y D E T D G A U X
Q I Y Z H J A L B E I S U S G T C
F R T A K E T N E A R T T A Y A E
R I U N I O N E J E Q H E Y E N M
```

MACCHINA
DRAGO
CADUTA
CONNESSIONE
ROSPO
DEVE
STRANA
FUGA
MAPPA
NUOTATA
PESCHE
FINTO
MAGGIORANZA
INTERO
ATTRAENTE
OCEANO
RETE
RIUNIONE
LORO
FATTA

Puzzle 458

NIDO
INDICARE
CONFLITTO
PARLANDO
TERMINI
LEGGERE
POI
ELEZIONE
SEGUIRE
INTRATTENERE
FIDUCIA
TRAMONTO
COSA
ABITO
TRASLOCO
PRINCIPE
PREVISTO
SOLUZIONE
ALBERI
TIRO

```
T I R O E R I A P I N I M R E T D
N Z L T L G V L A J I J L Z Q R N
O S M T E P T B R B D E D H P A E
X K R I Z R Y E L W O P O I Z M H
B U V L I I H R A Z T W S X V O L
E E S F O N E I N B S N J S U N E
Y P E N N C U C D K I C O S A T G
R Y G O E I O K O S V Y Q P T O G
I Z U C K P B L J E E A U F O W E
U W I G Z E Y D S O R R B N S X R
Z G R F F R C X X A P G X I B I E
B V E R E N E T T A R T N I T F T
F I D U C I A Z D E X T O J S O Z
F I N D I C A R E N O I Z U L O S
E R Z G E H C X W J S E W S C X H
```

Puzzle 459

```
Q G A N I L L A G G Z C L L E C I
K M C R O H X S X T U T O R E O S
Z F C S M R Z O R R U B N G S N I
I Z O K F A T R I X V R T A G T C
C T B H M E L A R U M Y R H K R Z
S U C C E S S O G R V T A L C O Y
E M N E X H O Z G G T C F X F L S
D K C F S O Q T P L I K M H L L I
P G A N O O H G A T I C S A N A N
E L H E R I D I T S A F N I M T G
F A L L I R E T T E S C Z D V O O
L U C E R T O L A Z E O H A C G L
P P P S C A F F A L E B D W M I O
A G G I O R N A M E N T O N T B A
W M R C O M U N I C A R E S I F G
```

SETTE
BOCCA
CONTROLLATO
MURALE
INFASTIDIRE
FALLIRE
COMUNICARE
SUCCESSO
NASCITA
ROSA
SCAFFALE
INDOSSATO
BURRO
SINGOLO
GALLINA
LUCERTOLA
ARMA
LONTRA
AGGIORNAMENTO
ORTAGGI

Puzzle 460

SALTATO
TESO
DIETRO
INCURANTE
PROSSIMO
RISPOSTA
UNA
PROFUMATO
SONNO
TROVARE
SGUARDO
POPOLAZIONE
PENSAVA
FURETTO
VENIRE
PAPPAGALLO
POMODORO
PICCOLE
IDENTIFICARE
UDIRE

```
S U F G F T Q U H M Q X I H D I P
B G D I B E W Q B O T I N W I D R
L G U I E S P S X Y J J C P E E O
P B M A R O A S P X X K U R T N F
N C I N R E L O C C I P R O R T U
N Y X U O D Z N P I F G A S O I M
Q N L F T S O N Y B Q Y N S X F A
E N O I Z A L O P O P J T I D I T
F U R E T T O H H T G E E M O C O
E R A V O R T H L A Z S N O R A A
R I S P O S T A R T A I M S J R P
I P D O S C S C P L H G X Y A E V
N T P E O L L A G A P P A P Y V J
E P O M O D O R O S R P I L H W A
V G O Y M T F L F O L A V I Q B O
```

Puzzle 461

```
A T R A U Q R E A L I Z Z A R E C
P B Z C T V H V C O F A M G Q T A
H U B E I E G M C T X N A R S A L
X X B A S L Y A U T F G R I Z L C
X P D T S I N O L O C A I D S E O
O X M T G T I A L I O N T O I N L
S S L E W A A O P H F T O E Z T A
R P Y H Q T N N Z C V E G G N O R
O S E C B R B A Z C U N A X G O E
C A W R Z O B V S A O A S R L L M
S U G O A P T I W S T T C E P E Q
I W J F V N U R H R O O Q M Y I X
D A V L F K Z R T O D I S C E S A
K R I R S D X A P A C I F I C O T
M E N Z I O N A N O O E J T D E B
```

QUARTA
CALCOLARE
MARITO
ANTENATO
MENZIONANO
SPERANZA
VUOTO
MONETA
PORTATILE
GRIDO
PACIFICO
ORSACCHIOTTO
COLONI
ABBASTANZA
TALENTO
FORCHETTA
DISCESA
REALIZZARE
DISCORSO
ARRIVANO

Puzzle 462

INCLINARE
ANNO
PREAVVISO
NUOVO
SPORCO
RIFERIRE
ESSENZIALE
MIGRAZIONE
REGIONE
GUSCIO
OVVIO
PROGRAMMAZIONE
ESERCITARE
MOTO
MEDI
PULITO
ENTRAMBI
DICHIARARE
IMPARARE
UNDICI

```
E S S E N Z I A L E C Y H M A U T
P R O G R A M M A Z I O N E A Q P
E N O I Z A R G I M E N O I G E R
N M N N X W S E S E R C I T A R E
T B O J E X P X L R A O C X Q R I
R J J T Q O O E R A R A I H C I D
A T B J O N R V P N A N D W P A E
M O V V I O C E E I P C N G R N X
B R S Y D U O P Y L M A U Z B N E
I T E H E Q D U R C I K C M X O N
D Z B G M N N L P N S S H L Q V Y
T R Q L W P T I B I G U S C I O I
J C K F F L M T U C Q J E T R U Q
R G L L G I X O I N J W L A Z N F
R I F E R I R E P R E A V V I S O
```

Puzzle 463

```
D P P K U S P S C H E R Z A N D O
E S E A P T Z R P V O J W X K I J
N Q K D I A D I E T Q M G O N C P
O Y O M M B S S E S P Z T I S K O
M L D U V I G N A M E A Y E X G L
I D D R K L I R R I T A B I L E L
N H P L X I D N I U Q M J A L P I
A F X R S R C O T O N E A B A R C
T I R C O E R E T S I S E R V E I
O R E A O V I S S E R G G A E F T
R U I Q T I A R U T T E L R L E T
E W P W R E E S E R C I T O L R G
P J F S K I L U I K T S M J O I H
V R L B L T I L U K C X M V A T Q
L V B V D K O M O R U G N A C O I
```

RESISTERE
LAVELLO
FRATELLO
STABILIRE
PREFERITO
SCHERZANDO
ESERCITO
QUINDI
MANGI
DENOMINATORE
PRESE
LETTURA
COTONE
POLLICI
IRRITABILE
AGGRESSIVO
PROVA
PAESE
CANGURO
DI

Puzzle 464

COMPLETO
COSTOSO
CUCCIOLO
LIBERO
RAPPORTO
ERA
SORRISO
SENSO
AVVOCATO
OLIO
LEGALE
INDIVIDUALE
PORTARE
DEFINIRE
NODO
MENTE
FINANZIARIO
SPAZZOLINO
MEGLIO
ALLEGRO

```
E R I N I F E D Y F T P D O K I Z
R A U Q O O N H P L I B E R O S X
A V W E G Q W F T O L O I C C U C
F O S T B X N T Q P R M S W W V S
I N D I V I D U A L E T E K U A E
S O L I O Q J S H P Y L A N G A N
O D Z K V K R O W J C K E R T I S
R O T E L P M O C V O Q G G E E O
R N Y X D U X Y O V S B A M A K F
I Z N M M Q P L T C T M S I Y L A
S W M M M E G L I O O M O D U R E
O N I L O Z Z A P S S M P M R A S
A L L E G R O T A C O V V A E X K
F I N A N Z I A R I O I A L O I X
R A P P O R T O X S F F M W K K L
```

Puzzle 465

```
U M B X O O C H G Y X Y P T R N S
C F B O Z V F O L A E Y J R I A O
C V E R B O A T N B T W Y O C Z N
E D H B S C G N R S D T X N E I N
L N D N D I I E U K I Y O C V O O
L S D M D P O M B R D D H O E N L
I U E D C I L O A V N X E L R A E
V T H G V T I G R N P P F R E L N
O X P M A W D R E B J V C B A E T
L A T T U G A A Q O L O T I T R O
Q U A L I F I C A R S I P V J H E
N E T N E M A V I T T E F F E U B
T R O P I C A L E L H T V H T E G
P R I M A R I O I A D F H Z N U S
P O N E H E S U H T L G V Z K A H
```

SEGA
UCCELLI
CONSIDERARE
TIPICO
SONNOLENTO
VERBO
PRIMARIO
TRONCO
RICEVERE
NAZIONALE
RUBARE
ALTRO
LATTUGA
TROPICALE
GATTO
EFFETTIVAMENTE
ARGOMENTO
FAGIOLI
TITOLO
QUALIFICARSI

Puzzle 466

PAUSA
PREVEDERE
IN
COLLINA
PREZZEMOLO
GUARDATO
CONFESSIONE
CRESCERE
CONVINCERE
FURIOSO
SANGUE
POLIZIOTTO
POCHI
RISPONDERE
COPPA
ORTOGRAFIA
PRESIDENTE
DISTANTE
RIVELARE
TELEVISIONE

```
D W Q J N J P P R E V E D E R E T
W G C Z H V G R D I S T A N T E E
X L P V O Y K A E R E C S E R C L
A S U A P V W R C S Q W I U L W E
R I S P O N D E R E I H C O P F V
R P F I C I Q U V L Y D Z W Q Z I
I W N A L O A G Q K P T E U H E S
V F I E R E C N I V N O C N A Y I
E H U W N G O A L Q D C F Y T U O
L C V R U K O S C O L L I N A E N
A O P Y I N O T T O I Z I L O P E
R P J V A O E Q R G U A R D A T O
E P B W R K S W C O K I D U Q W D
B A M I E E N O I S S E F N O C J
P R E Z Z E M O L O S L F Q F V P
```

Puzzle 467

```
F W M C F Q B S F S E D E R S I P
V O I C O S T S Y O E M V P G D R
X L R G K M S V Y C R M G E H U O
M X N C Z Y P K H W D M J R L T F
F L X N E T O R A C P L A M I S E
M R K E I L A H A À P X I E B U S
K N F Y O E L A U T A Y S T E I S
S O C I A L E A O I O U E T L I I
T U N W Q O L R W L S A R E L J O
W C K L L U I B C A Z L F R U I N
Q F N X C V T Y P U P E M S L O I
B R E V E Z U V C Q T W X I A I S
R I S F U B N V E I C O L O Q C T
N D I Y W I I O P Z I O N E C M A
R Q U A L S I A S I O G Q T S C H
```

SEDERSI
STUDI
INUTILE
OPZIONE
QUALITÀ
COMPRATO
QUALSIASI
HA
VEICOLO
CAROTE
PERMETTERSI
FRESIA
FORCELLA
FORMA
LIBELLULA
SOCIO
SOCIALE
PROFESSIONISTA
BREVE
VUOLE

Puzzle 468

CALAMARI
PRESTANO
MIGLIO
NOMINARE
CAMINETTO
PIÙ
IMPEGNO
FUNGO
ESPRIMERE
CUORE
AIUTO
PALLONCINI
COMPATTA
SALICE
LAGO
VOGLIONO
DIVENTARE
FLESSIBILE
VENERDÌ
TESTA

```
P I P R Z E S P R I M E R E V D N
W A F L E S S I B I L E O B C I O
Q T L H Y K O T O R X J M M P V M
Q T V L C U O R E C I L A S O E I
S A A Q O P R E S T A N O Y N N N
V P N C G N C A M I N E T T O T A
F M Y V N T C C A L A M A R I A R
Q O Q U U R E I L A G O K V L R E
U C X L F M O S N G C N H E G E C
N Z I H A S I L T I A G S N O Z W
G U G P G O O G C A A E P E V X D
T A M P O B P B L K S P K R Y C Z
M F B N M U I Y Q I Y M K D P N I
E Z R A H M Ù Q V P O I H Ì O C X
Z Q O D A I U T O W W D Q T I M O
```

Puzzle 469

```
R V O M X D P H L T M H J A X Y O
S Q L Y J U E F A U O N I F L E D
W P L E M X N Y V T N E B N L X O
H W E S X D S A O T T C D U M X T
P Z D S J U A D R A A R R E U G A
Q N O U S R R E E V G M A E W Z I
G Z M S R O E K T I N J S K A N Z
H S P O S A T O T A A Z U N N U N
S E C O N D O A O E V A C U A R E
O I I G E T N E M E T N E C E R I
A L T A L E N A E R D D T U N O C
T T P O S I T I V O O S E V V O S
S A R E B B E B E U D F N K D B N
E M E R G E R E X P J H D V Q S G
S O P R A V V I V E R E A E J X S
```

EMERGERE
SAREBBE
SPESSO
EVACUARE
LAVORETTO
SECONDO
GUERRA
ALTALENA
SCIENZIATO
TENDA
SOPRAVVIVERE
DELFINO
MODELLO
RECENTEMENTE
SPOSATO
POSITIVO
MONTAGNA
FORMATO
TUTTAVIA
PENSARE

Puzzle 470

PROFITTO
SCORTESE
VOCABOLARIO
PERFETTO
NUVOLA
ERMELLINO
LOCALE
OPPORTUNITÀ
FANGOSO
DETTO
TEMPERAMATITE
CAPIRE
ECCEZIONE
ZIO
CIRCOLARE
TERRA
PIANETI
CENTRO
PEZZO
MODESTO

```
D Z O I R A L O B A C O V O S C T
P E L A C O L S D H E J S P I A E
K E T K O U E O B N N J U P C P M
W N Z T L Q X G V P T X N O V I P
J O S Z O X S N S I R C A R P R E
F I C X O I Z A D A O L X T E E R
A Z O Q T T J F H N N X Z U B B A
M E R X T S S E D E I F R N R B M
D C T V E Q L E A T L V Q I S H A
N C E E F Z E J D I L Y X T Y V T
U E S G R P Y X L O E U W À Z Z I
N Y E V E Y N V Z P M G T A V S T
O Q L X P C I O U H R T E R R A E
P R O F I T T O F J E N U V O L A
C I R C O L A R E W K M F X F Q E
```

Puzzle 471

```
I  M  D  D  N  P  P  P  E  I  E  U  M  I  L  E  E
N  I  R  J  A  I  R  F  A  E  S  T  M  Y  I  Z  J
G  K  W  P  T  I  J  E  N  T  Y  R  I  C  C  I  O
L  P  E  S  A  N  T  E  F  N  D  X  S  P  E  L  C
E  M  A  I  T  S  E  B  A  E  I  C  E  V  S  F  C
S  R  C  A  S  S  A  V  T  D  R  W  L  D  D  O  O
E  B  E  N  E  I  F  E  A  E  O  I  F  C  E  D  L
V  I  O  T  T  C  I  A  S  C  U  N  R  E  C  R  B
W  S  D  T  T  S  G  Y  N  E  V  G  U  E  A  O  V
G  O  E  U  R  E  V  W  E  R  W  X  N  Q  D  B  T
N  N  C  X  G  P  L  I  S  P  K  P  U  D  E  L  D
P  T  D  N  H  I  P  F  N  W  G  Z  Y  A  N  B  F
Y  I  T  N  I  R  J  E  I  H  X  A  R  T  Z  G  M
X  N  G  M  R  K  C  O  Q  R  D  O  O  H  A  B  H
C  O  R  S  O  R  A  C  C  O  G  L  I  E  R  E  Q
```

CIASCUN
DECADENZA
RACCOGLIERE
UMILE
CORSO
RIFLETTERE
PESANTE
INSENSATA
PREFERIRE
EST
BISONTI
INGLESE
CASSA
BLOCCO
OSPITE
PESCI
BESTIAME
PRECEDENTE
RICCIO
BORDO

Puzzle 472

FUORI
BAMBINO
NUVOLOSO
FERMO
SCHIANTO
OGGETTO
ALLARME
PANINI
CAFFÈ
MIA
QUAGLIA
FISSARE
TIMBRO
DOVERE
RUOLO
MUSEO
FRESCO
VAMPIRO
BRILLANTE
CONDUCENTE

```
Q  E  Q  C  Z  X  È  W  A  N  G  S  B  N  Q  P  K
I  Q  G  C  A  E  F  O  M  P  O  O  B  U  U  A  P
U  B  E  C  T  T  F  R  D  U  C  N  B  V  A  N  Z
V  O  E  O  T  N  A  I  H  C  S  X  A  O  G  I  B
X  Z  X  N  P  A  C  P  S  T  E  E  Z  L  L  N  V
K  G  B  I  H  L  P  M  B  G  R  M  O  O  I  I  C
M  K  A  B  K  L  P  A  X  X  F  R  T  S  A  D  S
N  M  G  M  W  I  N  V  M  F  K  A  T  O  Q  F  F
A  R  Z  A  J  R  V  F  U  I  F  L  E  R  U  W  S
W  X  A  B  T  B  S  C  E  U  A  L  G  B  W  Q  M
Z  C  T  R  U  O  L  O  W  R  E  A  G  M  H  S  Y
F  U  O  R  I  X  A  Q  R  K  M  V  O  I  F  L  M
C  O  N  D  U  C  E  N  T  E  B  O  E  T  P  J  D
A  L  F  I  S  S  A  R  E  R  E  V  O  D  V  Q  M
N  E  K  L  O  Z  T  F  Y  Y  C  E  O  C  G  W  V
```

Puzzle 473

```
C O M P A S S I O N E L A I A M Y
O L V W C M Y Z M M O G L I E U H
S S G B S I C C I T À X S J H O M
S P L G A R R A B B I A T O D L K
E P E L L I M T W C G I R A F F A
M R U C A S F N C A H I Z S J S Y
R O I V I O H O Z U P G Z O L A W
E B Q S G E R A V E L I R R I N K
P L L E O Z R E T A I P W E M O B
B E E R M T T R A T T E N E R E D
A M P P J E S K P R E N Q S V W K
Z A H E V V M O R E B L A L G I X
V I Z N Y N K B C F T C Q B F N U
Q O R T P D W R R F C Q Z M N A I
H B J E A V S H H O F U G R P K W
```

SERPENTE
SICCITÀ
OFFERTA
GUFO
TRATTENERE
COMPASSIONE
SANO
MAIALE
RILEVARE
MOGLIE
COSTOSI
ALBERO
SPECIE
MILLE
PERMESSO
GIRAFFA
MEMBRO
PROBLEMA
TERZO
ARRABBIATO

Puzzle 474

TUTTA
UOVA
POVERTÀ
LUCIDO
CERVI
SEGRETARIO
CONTATTO
DIVANO
CINTURA
GIRO
ESTINTO
ORGANIZZANO
PULCINO
BROCCOLO
SAGGEZZA
SCRITTURA
CITTADINO
FEDERALE
FORMICA
GIORNALE

```
L U C I D O D L P H T H E B Q S F
I O U V D I E H O R I G S R V E I
Z C Y U T J I W V B D T T O K G W
Q C M M P M Y F E F C J I C Z R Y
V E A R U T T I R C S F N C R E E
S A G G E Z Z A T Y M T T O Q T N
I I V K B Z X C À F M M O L X A R
D E T O R V P U I V R E C O X R F
C L T T U Z P V O N I C L U P I O
U A N T E Q K Y N U T X D A T O R
O R G A N I Z Z A N O U O D U E M
F E L T Y H A Q V W C G R S T K I
N D V N P D P Q I W O T N A T P C
O E V O H O N I D A T T I C A U A
N F R C Z G I O R N A L E O D E O
```

Puzzle 475

```
M B J W G B V J U D H M J L Z T F
E E R A I Z N E D I V E Z J A F Q
S G M N N N Q G W P R N N A N U Y
S Y F U O I N N E C E D L Z Z C S
A D R O C I R O I G G A T N A V X
G I X S C O S M A C C H I A R Q Y
G N P I H O W O T E P P A T A E I
I W K P I J D A R U T A S S E R P
O G H U O X L O T P Q F G O L O R
A R E M A C O T O F R H P S I T J
O C C U P A R E N E Q E H D M A B
L N B Q N O I H C C E P S A I C F
C J N S H D K R Q K X A N A S O E
M O L T I P L I C A Z I O N E I H
M I Y Q X Z A S R O G I R T G G D
```

MESSAGGIO
SUA
RICORDA
MACCHIA
SOSTANZA
DECENNIO
COPPIA
VANTAGGIO
SIMILE
OCCUPARE
SORPRESA
PRESSATURA
EVIDENZIARE
GINOCCHIO
SPECCHIO
GIOCATORE
MOLTIPLICAZIONE
FOTOCAMERA
TAPPETO
ZANZARA

Puzzle 476

VESTITI
COLAZIONE
VOLONTARI
SUPPOSTO
COSTANTE
UCCELLO
NEMICO
INVITO
ENTRARE
COLTELLO
CUPIDO
DOMANDA
ME
TAPPO
GIARDINO
SCALE
ENERGIA
BOXE
CHIP
PENNELLO

```
C C P P T D R M T O U H S B G A S
R O O Z J Y I X T A P P O L W G U
O T L S K U R X R V O Z I Z M I P
K I L A T J A D N A M O D K X A P
C V E I Z A T Q F K V O H G I R O
U N N G E I N C O L T E L L O D S
P I N R G U O T H Y F R X B K I T
I S E E M E L N E W H A A O E N O
D Z P N F L O A E R F R P L B O L
O I I E F A V Q X P U T J L D O B
X O H H C C Q R W N P N U E H O U
O B C J S S R Z J E J E S C U A Y
V E S T I T I N E M I C O C P X R
E W X W Q Z T T C I N D D U P U E
U L C V F B R D E X O V N C R C Z
```

Puzzle 477

```
V I F B A C I O Z A L M M T E M F
Y H O I H C R E C T B F I R C M I
V R T A E N O I Z A N Q S E O A V
T D I N F N A X O J I H C M N O R
M P G H T D I Z T D M P E E O E L
L N Q L R B C L N Z G T L N M X J
Z D A T T E V N E U H L A D I O V
P A F R E K T W M B O A Y O C Q B
M N C G T V O L U T O M O S O W A
O M O S N S G I R H Y P P G H E F
I R N P E R I Z T E F A B U U J C
D I F G I K C N S K K D T R U S B
D J R Y L O T A I L G A B S M E P
U K S H C J X C A S A V G K I N V
S U F F I C I E N T E G U D Q V D
```

LAMPADA
VOLUTO
LAZO
NAZIONE
FIENILE
VISTA
BACIO
VETTA
STRUMENTO
CERCHIO
CIAO
SINISTRA
CON
MISCELA
SUFFICIENTE
CASA
CLIENTE
SBAGLIATO
ECONOMICO
TREMENDO

Puzzle 478

STUDIO
SESTA
CALMA
MEZZO
PROCESSO
DOLORE
BUFALO
UTILIZZATO
AZIONE
ISPEZIONARE
CRAVATTA
TUBO
NUMERATORE
NAVIGARE
MUFFOLE
GIRASOLE
QUOTAZIONE
DEDICARE
ALBA
INDOVINARE

```
I N U M E R A T O R E L O F F U M
N H I U M Z K G B W O M J M F W R
D Y G S T X D I U M E Z Z O T E I
O T J F P I R A T T A V A R C X K
V B Y U M E L O S A R I G A N S Q
I F K N Q O Z I P F S S F C H P U
N D O U G D L I Z V V O D T S I O
A T S E S P M N O Z N O Z F I Z T
R B T W J R N T L N A E Y Q B D A
E A L D C O J I A D A T G N E O Z
J Z O A A C S X F O R R O G U X I
G I D S L E E E U L G W E Z P K O
S O K T M S J H B O I D U T S W N
E N M Z A S Q I E R A C I D E D E
Z E F A J O A P Q E R A G I V A N
```

Puzzle 479

```
R W S H O E H M Q J W M S L U P J
E D E S C R I V E R E A R U D I J
R V L G Y O E S H U H R Z O A E L
A E E C N R H V D E E C U J X T E
I F A Y Q R M D V R R H C M W R N
G N S L V E B P T A E I C D M A T
N L V L T T U B S N D O H E A Z O
A Z A E O À J K H I N T E L S C F
M Z I F R N F U F M E T R I W T W
R Z J G W S A G F M T A O C O C O
M O B I L I A T I A N P M A P C J
S C I N T I L L A C I M Y T F K G
S E L E Z I O N A C V O U O T M V
S F E R O C E J G R F C O A E A B
P S D H E W F D I X M S C D W A L
```

MARCHIO
INVERSA
PIETRA
MOBILI
SCINTILLA
FA
CAMMINARE
DURA
INTENDERE
DELICATO
MANGIARE
SELEZIONA
DAVVERO
TERRORE
DESCRIVERE
REALTÀ
COMPATTO
ZUCCHERO
LENTO
FEROCE

Puzzle 480

MOTORE
CAMION
ASCENDERE
VIENE
FARFALLA
LATI
CONOSCENZE
ANDANDO
PASSANO
DISEGNARE
FRETTOLOSA
PRATICA
VERSATO
IMPORTARE
PREFERISCONO
RIPARAZIONE
CIOTOLA
AEROSTATO
SPESO
RICERCA

```
R I P A R A Z I O N E O I F F C C
W T O Z E D X T J N R R W R P M O
R G X E M O N A S S A P O E L J N
C I P X L F C L U M T A D T C L O
A I C E C A M I O N R E N T O K S
S V O E N E I V Q E O R A O T M C
C M I T R S P E S O P O D L A V E
E Y U V O C O G F W M S N O S W N
N T A V Q L A S S O I T A S R F Z
D F A C I T A R P T H A R A E Q E
E D I S E G N A R E R T U M V B R
R F A R F A L L A S Y O R G K A X
E P R E F E R I S C O N O B F S P
V I R P J I T R M S L W P L K E R
E H A J M P M X E N Q V T R N W Q
```

Puzzle 481

```
P P A R T C I F U O C O Y F P H C
Z E X S F G O N M E D I C O K R O
L W R X J U N N D X H T E L A Z M
S D N I A O I Y T A N O S R E P M
C R P W S A F K K A G Q S A N F E
L E T T O C C Q V S R I V E A I R
C R O C E V O N Y C Q E N J V O C
F T I G M I X N G O X R E E O R I
E M W E G D S C O P P R S S I E O
O V N Y E E G P R O O A S T G P E
T E M A C I F I D O M R E I U W P
T O K E T I J A I J S T N M M E S
A N N F L P R Z L T X S D A C C K
I B O B P X S Z T L B I O O Y M A
P M U J U G C A B U L D Q S L D Z
```

PIATTO
PERISCONO
LETTO
COMMERCIO
CONTARE
PIAZZA
TEMA
PERSONA
STIMA
MEDICO
FUOCO
FINO
FIORE
SCOPO
MODIFICA
DISTRARRE
INDAGINE
GIOVANE
CROCE
ESSENDO

Puzzle 482

SCRITTORE
COMMENTO
PRUGNE
AVVENTUROSO
ASSEMBLAGGIO
LISTA
ANNOIATO
CAMINO
CONFINARE
AUTUNNO
AMBIENTE
ATTIVA
ROTTO
FINZIONE
CREARE
DISASTRO
NOTTE
TRIANGOLO
INDIRIZZO
DITO

```
O Z C W W S A C O N F I N A R E H
H A O J C T A M C A M I N O K N Y
L M M R D P D T B C R E A R E G W
D K M O B M T I T I G Y I W R U U
H U E L O S Z Q T I E P O P O R N
R I N O S H S O S O V N R J T P Z
K O T G O L V Z U N E A T R T Q O
C F O N R M N Z D N Q T S E O T Y
L G C A U H A I K U H S A N V X E
S C R I T T O R E T M I S O H P K
R S N R N J R I T U N L I I N C Q
Q D E T E W L D T A D B D Z K B O
I H M G V A N N O I A T O N R J D
D Z W A V E J I N Z S N T I A T Y
O I G G A L B M E S S A G F L J P
```

Puzzle 483

```
P P L H P E B S V B U F N D N Q P
R R A A V G E C I F F O S O K F R
K X O T O I E E S U C S S L G Y E
Z Y L V T H M N R A O E T C T G Z
B I O O E I J A T N A I P I B L I
A B C T H N N Q Z A M S W J U Y O
G P E A Q L I A D D I W X E C D S
W D S T M T W E R N L C B R A M O
H C A I N J W A N E C A L A N O G
W B G M X O H B Y T N C L T E K Y
S E N O I Z N U F P I C P I V J D
F N I C N I L N D Y O I K M E U I
P J S L I T T A O P E A C I R A C
R I F I U T A R E D O M E N I C A
X W G U R F O B O F L C D T R M Q
```

DOMENICA
SECOLO
PIANTA
COMITATO
BUCANEVE
SCUSE
FUNZIONE
SOFFICE
SLITTA
PREZIOSO
IMITARE
PATTINARE
CACCIA
SCENA
DOLCI
CARICA
PROVENIENTI
RIFIUTARE
CLIMA
NONNO

Puzzle 484

BANDIERA
RAPPRESENTARE
QUANTITÀ
LUNARE
DENTIFRICIO
DEMOCRATICO
PISELLO
RESPONSABILE
CALZA
RELAZIONE
CAUTO
AVVIARE
AGRICOLTORI
TRATTAMENTO
IMPIEGARE
SPETTACOLO
DIGERIRE
UMIDITÀ
PIOGGIA
GENTILUOMO

```
A I G G O I P I A Z D P P C T B S
G Y V E F R U U N V X W P A Q A R
R R E L A Z I O N E V O X L A N L
I R J E R A G E I P M I B Z Z D X
C T R A T T A M E N T O A A Z I T
O L O C I T A R C O M E D R Y E W
L U Q L F Z X Z E E N L K O E R H
T N U E O T U A C C J P A T U A S
O A F K L C Y R X E R I R E G I D
R R E L I B A S N O P S E R G S S
I E A W E R A T N E S E R P P A R
Q U A N T I T À T K H L V E P N A
W U M I D I T À K E M L D D M L E
G E N T I L U O M O P O X E Z Q X
D E N T I F R I C I O S F Y F R G
```

Puzzle 485

```
I K P B A T A T A P B F P A I O H
S O U M I G E M O T P I E R L C J
Q P U W V C G N D U X D R M M D X
O J A O D P M I E D G Y D A A J N
D C Z Z H G I V U R L W O D R D A
O Y O V I T S E B N A W N I C T R
R V P O O O N Y H H G M O O I F C
E R A T N O R F N O C E E L O O O
T M I N O R E J E F J W R N C N B
T Q M E R I D I A N A I J E T R A
A F O R Z A C A V A L C A R E E L
L O T T E N E R E B O G R M Q D E
T H I B Z E V M U H A Y O T Z O N
C F W N X B C L P T M P S V F M O
O X B Y E S P L O R A R E T R Y F
```

AGGIUNGERE
ESPLORARE
FORZA
PATATA
TENERAMENTE
OTTENERE
ESTIVO
MODERNO
MINORE
SPAZIO
LATTE
MERIDIANA
CAVALCARE
ARMADIO
ODORE
ARCOBALENO
VIA
PERDONO
CONFRONTARE
MARCIO

Puzzle 486

CONVERSAZIONE
VECCHIO
DISTRUGGA
SEMPLICEMENTE
ASCOLTARE
SPORTIVA
ORA
FOGLIA
NORD
AQUILA
UVA
FIORITURA
ISPIRARE
MATRIMONIO
CANARINO
DICIAMO
GIOCO
RESPINGERE
SUONO
LAMPONE

```
S M C C A L I U Q A H T X G R R Z
E A R O X S W M N V X V P H O E L
M T T I N O C Y K U S N I H K S I
P R H H H V K O M A I C I D I P S
L I B C S J E D L V A R K A J I P
I M R C W U A R U T I R O I F N I
C O Y E K Q O O S B A P E S O G R
E N Z V M A N N W A U R R B J E A
M I U K P W I K O S Z M E N L R R
E O A G G U R T S I D I E C U E E
N G I O C O A X X N E N O P M A L
T B B S A A N F O G L I A N C L T
E D S T H Y A H E P D Z I P E Q T
V M G X C Q C S P O R T I V A L C
X Q B Z Y V B R B G I Q M E Q K O
```

Puzzle 487

```
D I S T I N T I V O W H I O G M N
I N S E G N A N T E U I L V H I O
S G J R T B M V X C K F F U I N M
E G V I M L E P G L D C Y N A U I
N E C N X E T N X A S F W Q N T L
S L N E C P L G X X Z C J U D O I
A K V V H G G A W J Y E A E E Y T
Z S S E L I B E R T À S C R K R A
I K G R B L J Q F D H Y M W S C R
O P A P Y U O F F V I V R Y F A E
N N V I Z N C O P E R A Z I O N E
E E T L S X W O N I Z Z A G A M Q
P R O C E D U R A L Q T F S Z H U
F R A T T U R A P R I M A V E R A
C O L T I V A T O R E N O R I A A
```

INSEGNANTE
MILITARE
PRIMAVERA
OPERAZIONE
PROCEDURA
SENSAZIONE
LIBERTÀ
BUCO
OVUNQUE
MELA
DISTINTIVO
MINUTO
PREVENIRE
FRATTURA
GHIANDE
ALCE
AIRONE
COLTIVATORE
SCARSA
MAGAZZINO

Puzzle 488

FRAGOLE
MUMMIA
BIBLIOTECA
CURE
ANGELO
MUSICALE
OTTANTA
DURO
CILIEGIA
GIACCA
CUCCHIAIO
BARRA
ARIA
PARTICOLARI
CONCORDARE
TOPORAGNO
PRATICO
OTTO
GLOBO
SCELTA

```
B I I T M X Q V Q I J C K O O T P
X A K S L A S H J W E O O B T T A
S U R O A C E T O I L B I B T O R
K H R R P U D M L D A S Y S O T T
A R I A A R U M E L C C P E I T I
X S S E U E R Q G J I E G G A A C
A S E A R F O H N Z S L L I N O
M U M M I A F Y A V U T O W H T L
D W U Z V T D Y E G M A B T C A A
G I A C C A M R L Z Y P O D C C R
T O P O R A G N O L D V T K U J I
C I L I E G I A G C M T V F C G L
P R A T I C O I A N N S T U R O M
I D T W A S D M R O S O G L C E N
H J E L M R C Y F T O H C P T B T
```

Puzzle 489

```
P N Q J G R A V I T À S F D Z Z D
N O X W G G P C Q W T V Q A U T M
A H R Y G A P Y W V I I U O S V A
E R C T D J A I E O L L A A L E L
C P R A A K Z Z L Q I U Q L F K L
C A E E G T K K I T B P M D A D O
E R I K S I A H B P I P L G E E R
Z T O S U T S W I Y S O N P L Q A
I I J T V R A T R V S W R M L B N
O C B R C Z U R R B O N G A T S N
N O X G S N N W E O P D V M B M O
A L Q L K A I L T I M I D O X D N
L A B N Q V R I S T A N T A N E O
E R K M T E S P R A D U N O M S T
U E T D M O I Z A R G N I R B R T
```

RADUNO
NAVE
ISTANTANEO
TIMIDO
AL
ALLORA
ZAPPA
GRAVITÀ
TERRIBILE
RINGRAZIO
UNIRSI
ECCEZIONALE
STAGNO
FASE
SVILUPPO
PORTATA
POSSIBILITÀ
ARRESTARE
PARTICOLARE
NONNA

Puzzle 490

REGALO
AEREO
AVVERSARIO
DIFESA
OBIETTIVO
MEDICINA
CONSIDERA
ANATROCCOLO
PRESENTARE
PREPARARE
OCCUPATO
TENDE
CONTENUTO
FERRO
VOCE
TEMPERATURA
INFORMAZIONI
GREMBIULE
PUNIRE
DISSIMILI

```
I T E M P E R A T U R A J F V A U
A N I C I D E M P X I C V Y W E M
D I F W N F U E E R A R A P E R P
C D T O T A P U C C O S C R C E L
N O I Z R X R I H I Y U O E D O Q
A E N S B M X R L I H X N S O A H
Y X Q T S I A I G O T A S E F I D
E H T H E I U Z R G Z V I N M A B
J M I R L N M I I D S K D T K E R
P U N I R E U I X O M S E A Z U E
S Y A R F K L T L T N O R R E F G
O V I T T E I B O I L I A E D T A
A N A T R O C C O L O C A F N J L
G R E M B I U L E M V O C E E K O
A V V E R S A R I O O Z X L T O Y
```

Puzzle 491

```
V A C A N Z A T T D B A I A E V V
P M O H Q I W R F E I B C F J I P
R O A D O T A R T N E C N O C R H
M G L G O N Y W Q T H N S Ì C T Z
H I F I G I R X J I N E V E A U A
C R R A T I B R O S R A M O L A F
I F C L D I O Q O T O F P D D L T
M L A Q P X C R X A E G F Z A E X
P Z C J O M X A E L I B A B O R P
A R D S E H O X L L A W I Y Y J Q
T B A G N A T O A E A U O H O T T
T A L L E N A T O R E U A E T W S
O H C I U C R C R O L K S P D C E
O B O G I W I I W V I U G A X D X
D N K K F O T R O P S A R T C E X
```

DENTISTA
ALLENATORE
VACANZA
VIRTUALE
ORBITA
SÌ
MAGGIORE
IMPATTO
FRIGO
CASUALE
TRASPORTO
BAIA
PROBABILE
CONCENTRATO
TIRATO
RAMO
CALDA
BAGNATO
POLITICA
NEVE

Puzzle 492

MOSTRA
PORTAPENNE
CUCINARE
SEDANO
ABBRACCIATO
RISPETTO
SABATO
ESERCIZIO
AUDIZIONE
COSTO
SEZIONE
AGRIFOGLIO
TERRENO
ZUPPA
SEMBRAVA
CAVO
PROPRIO
RISERVA
RAME
DIVISIONE

```
A P P U Z Y O R V B R S O T X D A
V G F U J N T A I D C J N C E I U
A K R C A V O D L S K T U O N V D
R E O I Z I C R E S E A R S N I I
B V O D F X Q K I J K R H T E S Z
M V T E F O N E R R E T V O P I I
E U A V S J G D V H Y S J A A O O
S J I E I H T L G G N O D B T N N
C U C I N A R E I G M M A S R E E
Q A C S P K A E I O S E Z I O N E
T I A X A R A M E N D T O L P B H
X N R G I B M Y O A J Q C D X D U
Y T B T D B A J O D P R O P R I O
L G B U A P O T T E P S I R W K D
A R A U M W D S O S G S G S L G U
```

Puzzle 493

```
X P P O T H L L E L A T A N Z P M
F R U D I K J M R P C U C E R E A
T U Z R H T W O I C I B Q B T R R
K G R O F J L S U V N N P C Z I C
W N S C Z B R T B F C J I V A C A
V A L C Z B C R I U E P O J C O T
L E G A T O F O R M T O V B B L O
H I F N C H H O T O M V O V W O R
E N O I Z A R U S I M E S J P S E
G B O J H J N Q I S Q R O B A A R
I N I Z I A R E D K O A D L I M E
W A M I S E R A B I L E Z J I E C
Q D C D Q Z X P L M F U A F P N O
J L R U A O K L G H V J Q Z K T U
D E S I D E R O S O L W N A Z E C
```

MISERABILE
POVERA
PIOVOSO
MOSTRO
MARCATORE
NATALE
DISTRIBUIRE
FOSSO
ACCORDO
PERICOLOSAMENTE
BEN
INIZIARE
FUMO
TECNICA
DESIDEROSO
ACQUA
MISURAZIONE
CUOCERE
PRUGNA
LEGATO

Puzzle 494

TUTTO
COMODO
NOVE
MINORANZA
DIPENDE
FATTORE
RIPETERE
SCARPE
RUOTA
AMMETTERE
MATTINA
DIRETTORE
ASSICURARE
FALSI
CATTIVO
GUSTO
GAMBE
CAPO
RIEMPIRE
PUNTO

```
L J V N Z A R F X M J T L O R M B
X Q F O S S I A N I T T A M U E O
P U N T O S E T T U T T O S O I Y
S G Z B T I M T X B I R O O T E R
P A G F S C P O V I T T A C A P O
L Q B A U U I R D R I P E T E R E
C F R L G R R E R E T T E M M A D
V O E S D A E S V S J Y W X L C N
K C M I K R D G A O W O I K U S E
A X J O I E Q Z A H N N M C O D P
G W C G D W I E R K U Q C A H M I
P D H L A O U N V U X U G P U K D
C K Y P J M Y V Z E G E D O N J Q
A Z J U B W B M I N O R A N Z A A
V S V T Z S I E D I R E T T O R E
```

Puzzle 495

```
D R X X P P N F U Q I L L E P A C
R A T A N I M M A C N L I O G J C
A G M D E A I T U A T Z O E I O A
M I Z W V L N G G M E R W S D P H
M O Q I D L D O P B R C Q A N V O
A N R S X I I K Q I C R A V S G P
T E P E J E P W P E E L A U N A M
I R S R N V E Z N N T Y L K R B M
C O D Z Q O N E S T T J D U S L H
O T I P O S D Z K A A C O N T R O
I U P O Q T E B L L R I R B Z G Z
H A W K R E N M O E E T U L A S J
C D A V Y S T D O N N E L A T O T
C M R K Q S E Z X M U Q L I T G J
O Z I K Z A J J K C O N T O D T Q
```

INTERCETTARE
AUTORE
STESSA
NERO
MANUALE
OCCHIO
INDIPENDENTE
RAGIONE
SOLI
CONTO
SALUTE
AMBIENTALE
TOTALE
DONNE
DRAMMATICO
CONTRO
CAPELLI
TIPO
CAMMINATA
ALLIEVO

Puzzle 496

SEMBRANO
VINSE
LUMINOSO
SCORSO
METTERE
ANNUALE
CAPITALE
PILLOLA
NUTRIENTI
GESTIRE
DUE
VALUTAZIONE
QUASI
PASSATO
PAZZO
ORGANI
DURATA
ISOLATO
CAVOLFIORE
SOTTILE

```
D W Z Z I V Y E U D F P I M B Y A
Z U O N V O O R G A N I E G V U Q
O E R P J Q S I M E L I T T O S B
W N C A U X R T E R E T T E M Q E
M O S M T D O S J O N A R B M E S
O T X D Q A C E G I I I Q L U S D
U C J L E G S G O F S S P C G N Q
N E N O I Z A T U L A V O W G I C
X J J Z S Z L U S O U K C L V V H
L S J Z E O K K T V Q Z A V A H S
I I D A W A N N U A L E A C X T F
B X O P J Z H I M C I I B R G Q O
C A P I T A L E M X P I L L O L A
N U T R I E N T I U P A S S A T O
U W G Y W G U W F G L P R B Q H Y
```

Puzzle 497

```
S N C S Y Q H A Q V S Z R M P S Y
F S X C P C S N U E Y F A I G U B
P E P C A A N G U R I A G O P S A
P W R I U G O A I O L T G J R F N
X R G M N W N P F S U S I W O T A
I W O Z A T O M Y S B I U O F I T
O N S F U T O A W E C V N U E H R
N Q S X O B A C C P P R G T S A A
L Q E B F N M B O S Q E E G S K V
I W T A Q J D Q L N C T R N O R I
L U S S O D N A O G T N E O R I R
L A V O R O P H R L P I T F E P H
S H Z H L J N T A A T T E S A O O
N P I C C O L O T R H C L A B S E
Y W C U N M G U A R B L X B L O W
```

COLORATA
PROFESSORE
NON
RIVA
PICCOLO
FERMATA
RAGGIUNGERE
PROFONDA
SPINTO
CAMPAGNA
LUSSO
INTERVISTA
ANATRA
BUGIA
ANGURIA
SPESSORE
RIPOSO
ATTESA
STESSO
LAVORO

Puzzle 498

MALATTIA
RIFORMA
SULLA
DISPONIBILI
SEGNALI
MODIFICA
MAGNIFICO
SIGNORE
FORNITURE
ANANAS
NERI
AFFARE
DURANTE
BATTERE
CORONA
TROVATO
ARRESTO
IDONEO
RAPIDAMENTE
ELETTRICA

```
X H I N Z P U Y D I B Y P Y I R J
A K N E M C A C I R T T E L E A F
S R W R H A C C S V R J N C D P O
R U R I D Q D O P R J T H E G I R
R N L E U D Z R O U U T S R E D N
H Y R L S N D O N I D O N E O A I
M B K U A T M N I Q P B S T U M T
Q X H M G Y O A B P C H U T O E U
B R I F O R M A I T T A L A M N R
A S E G N A L I L E A I A B Y T E
F D U R A N T E I R J U E A Q E M
F R M A G N I F I C O A N A N A S
A Q Z Z U T R O V A T O P C L C I
R I X N G S I G N O R E M F R V J
E S O K X M O D I F I C A K M M S
```

Puzzle 499

```
G N E S S C H V R Y T Q T S T C L
N H U J Z B I O R I A V I L E L H
C A I Z Q L C L N Q G I Y V C P S
K X J A Y K M T E N M H B I E O A
Y Y R C C Z M A T L P B E H H S I
P A S T O C O F C K D E L L E T S
F U T U R O I P L C Z C S K L O G
O G T P Z Q M O S E P K D O Y O F
Z J I G U V B O L S O G G E T T O
Q C Y Y L B X T T I S Y Z W Z R D
S E D U T A T I P Y N M O L T O E
R A B Q V X I T T O D O R P K R S
D F E F D E T N O R E C O N I R T
P R I G I O N E L I V I C V E G R
Q T D P H H O S O I Z N E L I S A
```

PO
VILE
GHIACCIOLI
MOLTO
POSTO
PESO
RIGHELLO
PASTO
RINOCERONTE
SILENZIOSO
CIVILE
PRODOTTI
SENTITO
VOLTA
SOGGETTO
DESTRA
STELLE
PRIGIONE
FUTURO
SEDUTA

Puzzle 500

ELEFANTE
STORIA
NASO
SOMMA
FIGLIO
MAESTRO
PAGA
CALZINO
INGREDIENTE
PARTICELLA
CAMICETTA
SUPPORTO
DIVERTENTE
CARO
DOVE
INCLUDERE
AMBIZIONE
QUANDO
SONO
ANNI

```
E P M O S U I N G R E D I E N T E
Y U A S S O T R O P P U S S Z F Z
D M M R X O N S T O R I A G W I I
B W M N T N L O C A R O S A N G T
E N O I Z I B M A G A P R E G L Y
C Z S N G Z C R P X N K J G M I Q
A L O E O L L E W V N N Q K X O X
M C E T N A F E L E I Q U A N D O
I D G J N C T K V L M A E S T R O
C I N C L U D E R E A J N Z V F L
E D I V E R T E N T E B J C S D R
T U F X M S Y Z X V R Q O C P E N
T I N X P V Q G X O J J Z U L K X
A G D O V E F C W F U R O T N A S
X L T P G N B O V N W E Y Z Y I P
```

Puzzle 501

```
A C S C P Y X V J K J E Y Y O P O
W T J O O T O F M X Z M D U Q W O
S L C R R A V V P Z O T A C U D E
F Y S R T N T U Q W Z H Z T Y J Q
O C W E A I E T N E M A R A I H C
R P F R I G V R A K J Z Y Y T T Y
Z I E E L E X I B C C I V E L A A
O S N J G R G P O O C Y Z W V X A
À T I V I T T A U C M O Z P N R U
R O M T N P R I N C I P A L E T S
L L R V A S P E C I F I C H E R B
F A E T M A S S O R B I R E X I U
X Z T P N E C E S S A R I A R U B
N U L L I N X F Y W M J F V L U I
C O M P L E T A M E N T E K Q H L
```

PISTOLA
FOTO
NULLI
TERMINE
REGINA
PRINCIPALE
ATTIVITÀ
ATTACCO
SPECIFICHE
SFORZO
MATITA
EDUCATO
NECESSARIA
CHIARAMENTE
CORRERE
ASSORBIRE
COMPLETAMENTE
PORTA
MANIGLIA
VELA

Puzzle 502

GIACEVA
VELOCITÀ
IMPROPRIO
PRIMORDIALE
FORNIRE
COMPLETA
COCCINELLA
NUOVA
PAVIMENTO
TRADIZIONALE
MERA
NULLA
FERMATO
PREZZO
SOSTENGONO
RESTO
DOCCIA
ETÀ
RE
ATTENZIONE

```
Y G B A D D Y O A À T I C O L E V
S O T T I S L M L M R G N K R P R
F O R N I R E H L C A L L U N E B
N Z D K F P L G E A D W P H E V Z
Q Z N Q E A A E N O I Z N E T T A
X E O O R V I Y I R Z R E S T O F
U R H F M I D P C L I D O C C I A
G P T S A M R F C J O N U O V A P
U I X Z T E O N O G N E T S O S C
L L A I O N M H C S A R E M X S K
H R M C Q T I A U U L B C J L Z G
F X U V E O R H D J E Y O B B Q L
E L G G F V P C O M P L E T A U E
M K A O D U A S Y L H M K M Z W T
I M P R O P R I O F N N M L T J À
```

Puzzle 503

```
F R A T E L L I N O C R A P I U O
W V Y M O P K A H Z N R M E L L U
D T E A I S S A R G C A C Ù V D E
P A T I D R E P Q K O R T B X J L
L L L G P E C H R N P T F I F L U
M E R O I L G A B S E S X R V L M
A R R L F Z F R L C S E T A Q E E
I J Y O E V C Y O G H N A C T P R
G U A N T I W H N L G I P X W E C
O K I C S W L N D G S F E G L P O
L F T E U L T E R I O R E S W L L
O Q A T S E I H C I R I O K A J E
I N D I C E D N G F R L A E E F D
B Y R I C H I E D E R E J I V I Ì
L E P I D O T T E R O K Y M M Q S
```

MERCOLEDÌ
RICHIESTA
EVITANO
ULTERIORE
BIOLOGIA
RICHIEDERE
FRATELLINO
LEPIDOTTERO
LACRIMA
CARIBÙ
GUANTI
BAGLIORE
FINESTRA
INDICE
PARCO
PERDITA
PEPE
GRASSI
CHIESA
TECNOLOGIA

Puzzle 504

CULTURALE
DIFFERENZA
MIGLIORARE
VENDITA
ECONOMIA
ARTISTA
VERNICI
RAZZO
WEEKEND
CORRISPONDERE
REAZIONE
MOSCA
MORBIDO
INCIDENTE
FIORI
RILASSARSI
INVADERE
VENTO
CIGNO
SCI

```
F V E R N I C I C R C B R E E S B
W I F M G O Z H I I Q T A C O V F
E J O Y O W H T G L X R Z Q S G N
E X D R E S Z J N A D R Z B H C N
K C I I I H C X O S U B O T N E V
E L B I N M I A U S V E N D I T A
N O R K Z V G E R A R O I L G I M
D S O V U M A I E R M O Z V R J K
Z C M Y M C B D H S T R G R Y M R
L I J E K M Z M E I F T N I E T C
E R E D N O P S I R R O C P Z C M
A R T I S T A A Z N E R E F F I D
I N C I D E N T E E C O N O M I A
C U L T U R A L E R E A Z I O N E
G L R M J Z F T H R H Z E W Z Q T
```

Puzzle 505

```
S E S K I L L U S T R A R E P D I
C P D I S T U R B O L E G S S H M
Z H I A T T U A L M E N T E U G P
G C I E R A T T U R E K H K W A R
W L R A G P R A T O C C O T C T O
D O W D V A T R A S M E T T A T V
E H Q I J E R V P X M A K U T I V
C X L F O B I E O X K U F Y B N I
I M C S C V C W R L G M H J Q O S
M H W H K U O G E O O V F H O I A
A Z M E Y S P J V N Y N B W W H M
L Q V V N G E U A F N C T K D C E
E P O H Q N R Q V Y Z R N À M S N
P X W D X Y T I M A R T E D Ì I T
H T K G M P O T E L E F O N O R E
```

VOLONTÀ
COPERTO
CHIAVE
DECIMALE
DISTURBO
SPIEGARE
ERUTTARE
ILLUSTRARE
VERO
RISCHIO
IMPROVVISAMENTE
MARTEDÌ
SFIDA
GELO
ATTUALMENTE
TOCCO
GATTINO
TELEFONO
PRATO
TRASMETTA

Puzzle 506

COOPERARE
SICUREZZA
CAVITÀ
INFERMIERA
PIACEVOLMENTE
AFFITTO
SITO
RISO
MAI
CANTI
GEOGRAFIA
SEDUTO
DETERMINARE
VENDITORE
EVENTO
POTENZA
NUMERO
VIAGGIO
CUCE
IMMAGINE

```
A H Y P A P A Z Z E R U C I S O F
O F X C I F L U C H M X A N Q V A
J C F M L A M A I A G Q N F P T Y
U P Z I O B C K C B R E T E I G S
G Q F W T B W E Q E K R I R Y E E
C U C E N T X R V D K A U M N A J
E R A R E P O O C O Y N Q I V C Y
N I Z P V L R T T I L I S E E A K
I G N H E O E I H G D M L R H V O
G Y E J A K M D J G Z R E A Q I K
A C T X A I U N N A R E Z N I T C
M L O T I S N E R I X T H Q T À C
M Y P Z Z S X V P V Q E A Y N E Y
I B A Y F R I S O T U D E S M Z R
G E O G R A F I A E J W S W W O I
```

Puzzle 507

```
B F X I N I Z L A C A P G S O E V
K G I M G K Q É H C R E P L N S E
E O M N Q N T M A G S R U I H P R
O L E E I G O C H F K S F T D O N
F V T F T R X R A H O O F T P R I
X F N V R J E S A U L N I A I T C
S O E M E Z R P C R L A C M A A E
H T G X U U E E I Y E L I E C Z W
N T I B W O D D M S R I A N I I O
R E L L X R N I A C T Z L T U O M
M F L W E E E Z Z O S Z E O T N L
D F E B C H T I L S I A S Z O E R
M E T J W G S O E S P T W X U O D
G M N H I I E N W E I O C J H N A
N V I A G J G E S K P S V F V D M
```

AMICA
PERSONALIZZATO
CALZINI
SLITTAMENTO
SPEDIZIONE
ESPORTAZIONE
IGNORARE
PIACIUTO
TRE
VERNICE
SCOSSE
UFFICIALE
INTELLIGENTE
ORE
FINIRE
STILE
EFFETTO
PIPISTRELLO
PERCHÉ
ESTENDERE

Puzzle 508

CANDELA
NETTARE
CORTECCIA
MANCANZA
VERIFICA
BALENA
AQUILONE
DICE
GIÙ
VIAGGI
BUIO
BOTTIGLIA
SAGGI
INSTABILE
CAPITOLO
AUTORITÀ
RELIGIOSO
QUESTI
IMPORTA
CLASSE

```
A Q K B S V T G R G E V Y M B U C
N Q R M E T Z A F K L F I T K S B
E O U T E D E X H B Y M W A R J T
L R D I B H I A R A P Q L C G P E
A B K A L P M I T S E U Q I R G L
B B J N P O R C K D I C E F E M I
T J W X V Q N C O S X I S I L A B
I M P O R T A E A R M S S R I N A
C A N D E L A T H P E M A E G C T
B B B Y D T N R I D I M L V I A S
H L L N D T O G I Ù T C B O N N
H K R K L V J C G A Y O O G S Z I
B O T T I G L I A J Y H I L O A I
A U T O R I T À S I O H U L O O T
H Z N E T T A R E W T L B N F D G
```

Puzzle 509

```
T S S M I S T E R I A W Q B E C C
E P C P S E V R C K S A U F Y E A
N U O E F E E A D K X E E Q F V S
E G R G O F T V O Y O G L M G L T
R N R G R L F O F N P I L C P V A
E A E I M U R R S A O C I T N A G
R V V O A W G P O A Z L I N P X N
I S O R G V A Z Z A G A R Q I U E
V F L E G R T P O S S I B I L E M
G E E E O I Y T J V Z H U Z L P J I
T W R N U I E U Q N U L A U Q O Q
P Q B I Q O R X S Q P X S K D H K
M T M B T H R H E J B A O A Y Y C
N M R A X À O S O I G G A R O C Q
M H U D I E C I Y G Q F B S E F B
```

SETOSA
CASTAGNE
ANTICO
ALCI
QUALUNQUE
RAGAZZA
QUELLI
CLIP
POSSIBILE
CORAGGIOSO
DIECI
CORRETTA
SCORREVOLE
VERITÀ
TENERE
FORMAGGI
SPUGNA
MISTERI
PROVARE
PEGGIORE

Puzzle 510

STAGIONE
RACCOMANDA
VOTO
SORPRESO
SORELLA
GARA
PELLE
PARTECIPANTE
FONDERE
AMARE
TRUCCO
ROSSO
SCALA
ABBONDANTE
TRASFERIMENTO
PERICOLOSO
VELOCE
INIZIATO
VOLPE
STRATEGIA

```
D T I O G A P M N Z W T J T R S S
X R P S R R A K B M C I S R A O C
G U Q T B K R I I W G F V A C R A
Z C E U G O T A I Z I N I S C E L
A C P O W S E C O L E V K F O L A
E O T O V S C P E L L E A E M L D
F K X E D O I A L P D R B R A A I
N L K B X R P M Y O B A B I N E R
Z M E C Q N A W K K V M O M D M X
F Y O C L J N D G F H A N E A H G
D W H N U S T I N E R E D N O F A
Q N S S O S E R P R O S A T F R R
P E R I C O L O S O B I N O H Q A
S T R A T E G I A G Q F T R K H M
V Z M D S T A G I O N E E E V U Y K
```

Puzzle 511

```
S P I N A C I C A R A T T E R E T
A I L E O H L B C S C O P P I O R
N E G O Z I O T A G F R A J E R A
P K O M T W H H N P F U N Z I W B
R I M I S E T N E C S T C H E O A
I I J F V F F U W H U A H F N D L
T D F U T P S O L S Q M E O O T L
M E T N E M A T A I D E M M I P A
O O L T R E C T A T P W Y P S R N
S T N G F F H E L C T A U E U A T
X W E I J M I N K O C H N S L N E
N T E C S V O I L K Q U D O C Z C
S V P M G A D A F M M P S C N O P
U J J A W W O Z L I G G A A O M B
E S A T T A M E N T E J F L C Q X
```

ANCHE
NEGOZIO
ACCUSA
RITMO
CENTESIMI
CONCLUSIONE
PRANZO
CHIODO
CARATTERE
CANE
SCOPPIO
SPINACI
TULIPANO
ESATTAMENTE
MATURO
TRABALLANTE
ASINO
OLTRE
IMMEDIATAMENTE
ZAINETTO

Puzzle 512

RISTORANTE
DOPPIO
SOLDATO
STRANIERA
GIORNO
FOGLIE
SPAVENTAPASSERI
FILA
LOTTO
IPPOPOTAMO
SCEGLIERE
GALLEGGIANTE
GIURIA
LUCE
BOTTIGLIE
MORSO
LETTERA
SUPERFICIE
PERSEGUIRE
NESSUNO

```
H J E P U I M S W P S G D N K E T
G G T W L M A C F E P A O E A D I
S O N D C L Z E Q R A L P S U S P
O T A D L O S G G S V L P S I U P
L T R G A E W L I E E E I U P P O
F O O A D X P I O G N G O N B E P
I L T R N V S E R U T G L O D R O
L Z S W J I E R N I A I U J K F T
A S I A G L E E O R P A Z G Q I A
U O R W K Z U R Z E A N A I A C M
L E T T E R A C A P S T J U A I O
F O G L I E X R E C S E Z R W E K
J J I M O R S O R Z E D O I Q M A
Y B O A X W Y J I S R R R A W S L
O P W M N R E I L G I T T O B K N
```

Puzzle 513

```
S O L D I H C D K Z D H R U T V A
O S S E R V A N D O E D E L J A S
Y N B E Z S Y T G X L I S Z G R S
N T W B W H C L C E U V I R R I I
A D D I O T T A S E S E D X E A S
V U Q O P A L C R P O R E G G B T
R I G V T H F F M P J S N R G I E
U O C H I E S T O G A I T A E L R
C L I A E A N B T V I R E Z O E E
F L C N S N W R N O T U M I D X N
P E Y M R Q O O E S S Z D E P V R
U N B T E Q J R C T U X A I U J O
X G M O G Z U C M H Z U J O C J W
M A T E R I A L E E M D Y P P E H
W X U Y A B I T U D I N E K D D K
```

OSSERVANDO
ADDIO
ENORME
GREGGE
GIUDICE
ASSISTERE
MATERIALE
SCARPA
DELUSO
GRAZIE
VARIABILE
CENTO
DIVERSI
CHIESTO
RESIDENTE
ABITUDINE
ESATTO
CURVA
AGNELLO
SOLDI

Puzzle 514

TENUTO
BECCANO
ACCESSO
DONNOLA
UTILMENTE
POLVERE
GENEROSITÀ
ESTERNO
AUTOMATICO
TRANNE
PERSONALI
HANNO
SCOPRIRE
PROMETTONO
LIBRO
IMMAGINA
MARE
SETTIMO
CATENA
COLLA

```
S A E Y K S M D R H O Q X H N D P
E C N E Q O A B O D A L P I Z Z E
T C N E K W R S N N Q N T B J Y R
T E A O T V E P R X N O N A B V S
I S R F K A Z B E R R O E O À Z O
M S T B S T C E T N E M L I T U N
O O R B I L V H S N W C P A I C A
A P B R B X N H E Z T O S N S N L
P R O M E T T O N O B L G I O C I
A U T O M A T I C O E L N G R A I
F E U I X I S S T P C A B A E H N
Q A N P O L V E R E C Y Z M N V N
L Z E R I R P O C S A D E M E M L
U S T Y L L U P F U N Z H I G R G
F S W I Y L W F T I O T T O L O C
```

Puzzle 515

```
P R U F W S A A I A T T E R F F A
A O T P Q E X N X P T S K W J J T
N C P A R R L I T P P I G R O R L
T I O O S A C M Z A D K T D N M E
I T B B L C J A E R A T T O D A T
S I V J J A A L M T N Y E N R L I
T L I E R R R E F E N I M R E R C
A O O R W K P E N N O K E O K I A
N P U C R G M H E G R C R I F C O
T S V O X J A K L O S L G G I H G
E D E P Z X X Q F N E I E G G I M
R C L G O Z L P H O U L N O U E R
E D D M N P C J U G F L Z S R S Q
L Z X G G O I L G A T A A U A T U
R E G O L A Z I O N E F U P G O D
```

TASCA
SOGGIORNO
RICHIESTO
ATLETICA
SERA
PIGRO
TAGLIO
ADOTTARE
POLITICO
POPOLARE
LILLA
ANIMALE
FIGURA
REGOLAZIONE
DANNO
EMERGENZA
APPARTENGONO
SEGNO
FRETTA
ANTISTANTE

Puzzle 516

CONFONDERE
CRITICA
SCOSSA
GLOSSARIO
FATTA
STABILIRE
SEGA
LIBELLULA
MODESTO
CAPIRE
SORPRESA
ALCE
FRATTURA
SÌ
BEN
ATTESA
MODIFICA
INTELLIGENTE
PRANZO
ASSISTERE

```
A G E S B M L B L A S S O C S B B
L C S B E E Y L U J T O C G A B R
C M I U N W Ì V M O M T E F M K S
E R E T S I S S A B O O E N G P C
T W O A I Q U V C L D Z N S H R W
N P Q X Y R M A Z A I D Q Q A A O
E W W V F R C L X S F O W H D N F
G S T A B I L I R E I I L G S Z R
I Z K W R R K W Y R C R H I Q O A
L W N U O N N D M P A A G Z D U T
L Y P L Z C A P I R E S C R A S T
E D K E Y B D I L O T S E D O M U
T F T P P N F J D S R O I I T A R
N Z F A T T A L I B E L L U L A A
I C O N F O N D E R E G Z S V Q Y
```

Puzzle 517

```
A G E G C O N F R O N T A R E A F
B M N U T W Y F J R J B M R Y F G
I K O A V X G P N T A G C I S F V
L O I R A I Z N A N I F J J O A Z
I M S D G G M C F L S J Y Y Z M U
T E S A A K E N O I S I V I D A V
À M I R A K L Z C U F P L M E T I
Q B M E N T A C A N Z O N E F I L
G R S R O F O R E M U N K R P Z L
H O A U C G L M G R O T T A O V A
B Y R C O H Q O I Y Z W R C L I G
Q A T E R E D N E C S A E I L T G
D N C Q P U N A A F O B V D I T I
S C A R P A N Z M G H E O E C G O
A S S O R B I R E T G M X D I E N
```

ABILITÀ
AFFAMATI
ATOMICO
CANZONE
TRASMISSIONE
GROTTA
GUARDARE
VILLAGGIO
UNA
POLLICI
FINANZIARIO
MEMBRO
DEDICARE
ASCENDERE
CONFRONTARE
MELA
DIVISIONE
ASSORBIRE
NUMERO
SCARPA

Puzzle 518

SOLE
FORTUNATO
CICLISMO
SGABELLO
CONDIZIONE
RINVIARE
VITAMINE
PERSONALE
FIDUCIA
RESISTERE
IN
INSENSATA
PESANTE
BUGIA
SIGNORE
AMBIZIONE
EFFETTO
ESPORTAZIONE
VERITÀ
GENEROSITÀ

```
K M F A Q Q A S P E R S O N A L E
X J S Z E N O I Z A T R O P S E Z
E I E D S Z X G T A R C N G P L M
E F F E T T O N P C I C L I S M O
H Q R K T P V O I E W G X Y Q I L
I O T A N U T R O F N P U T R N L
D C J A P F E E Q C I X H B E S E
Z A M B I Z I O N E Y L E E S E B
K P S G E N E R O S I T À S I N A
V I T A M I N E V B P G O O S S G
P E S A N T E N A E H U A L T A S
G L E E R A I V N I R N T E E T C
C O N D I Z I O N E M I B L R A A
C M B H K S N E Y M U L T X E X W
F I D U C I A R O W V N P À Y J P
```

Puzzle 519

```
S Z R W H H I A T P F A K Z C Z R
E T M O D E R N O A K M G E O R E
M C E I X A P I Z G A R C Y N K A
X N J S F W B H Z A N M H G D Z
J F Q T S N Z B E Z A P P A R L I
O O Y P Q O T V M R Y H I P A G O
F E D E L E R H P N M Q Z O T U N
I N K A C E T O I L B I B V U S E
Z N E D A U F R O V V P N E L T S
B M T W I P T A R P A C O R A O D
F P A E T R I A N G O L O A R G D
P V U S R M O M E N T O E D S N L
Q L J K Y O R A C C O L T A I U L
T O L L E R A R E P O M O D O R O
F A S J F A M I L I A R E T Q Q U
```

CAPRA
MOMENTO
TOLLERARE
FEDELE
CONGRATULARSI
RACCOLTA
FAMILIARE
INTERO
POMODORO
MEZZO
TRIANGOLO
MODERNO
ORA
BIBLIOTECA
ZAPPA
POVERA
GUSTO
STESSO
PAGA
REAZIONE

Puzzle 520

RAGAZZI
ORGANIZZARE
SVEDESE
FAGIANO
SCUOTERE
PROCEDERE
VISTO
INSEGNARE
BAMBINI
BLU
GUARDATO
MOBILI
PREZIOSO
DICIAMO
PIOVOSO
MINORANZA
NON
MIGLIORARE
ASINO
SETTIMO

```
Z G D P R E Z I O S O E P B H W M
M T X I Z Z A G A R T R C R Y L I
C O K L C D O B L U S E R Q Y T G
N N B O M I T T E S I D V A T S L
V I Q I K G A H X C V E X P D L I
B S S A L Q D M O U D C K D L I O
Z A P P G I R B O O S O V O I P R
B J J W F B A E N T F R V J L F A
I A R V U B U W A E Y P Y J K Q R
Z K M P C S G P I R K T G B D F E
Y O A B K C H V G E S V E D E S E
W R F J I U E R A Z Z I N A G R O
T I R H D N R Q F X Q S O K M P Y
M Q L Q F D I I N S E G N A R E F
L X F M I N O R A N Z A B L W R N
```

Puzzle 521

```
E C C I T A T O W M I B K S C K S
I M A S M L N P E U E N W T V V P
K Y O T N E M I T S E V N I R C O
C E W H F E L A P I C N I R P K S
O T A I C U R B O C C N S R G M A
I T O M P L I I Z A X L K O T H T
N A A S M Q U S T L I G K A X E O
V L C T S P G S O E C D B M Q R T
O Y T W S I R P S L N I E N T E S
L A G K V Y Y N D O A I O P S M E
T A B B A S T A N Z A T U U T I R
O A C C A D E R E H I Q O I K R W
W I F W P O S S I B I L I T À P W
V E C C H I O C I M E N Z U P S A
A S S E M B L A G G I O L J U E B
```

INVESTIMENTO
BRUCIATO
STATO
NIENTE
COINVOLTO
ECCITATO
ACCADERE
ABBASTANZA
ESPRIMERE
SPOSATO
NEMICO
ASSEMBLAGGIO
LATTE
VECCHIO
MUSICALE
POSSIBILITÀ
ISOLATO
LUSSO
PRINCIPALE
RESTO

Puzzle 522

FORNELLI
COLEOTTERO
CIPOLLA
SCIA
CONTENERE
CHE
CALCOLATORE
LOCALIZZARE
MISURA
PIATTI
FRAMMENTO
DIPENDERE
DA
PORTARE
PREFERISCONO
ARIA
DENTISTA
MORBIDO
PEGGIORE
CARATTERE

```
C U E P P P N Z J R J J H K B C A
I I R Q E R E T T A R A C E K H A
P J O Q K N E G W F A S C I A E S
O R T X N K A F G K F X A T M L F
L O A D U G T X E I M I S U R A R
L U L R I L L E N R O F V I K N A
A Z O D I B R O M H I R P W Z Q M
L O C A L I Z Z A R E S E T X J M
C O L E O T T E R O N P C G S T E
W Y A P O R T A R E G A I O W D N
I X C S D I P E N D E R E A N Y T
M P C O N T E N E R E J R Q T O O
C A R I A N E K G J N D L N F T G
G W C Y H B N W D E N T I S T A I
Y N R Z E C Q H I D H Q Z D U W J
```

Puzzle 523

```
C O N F E R E N Z A C T P J C G G
P T S B F W Q K I Z Y J A P P U Z
R A E N O I Z A U T I S N H A O X
O M I C T S C O P O R K T E P M F
F U N H O W K F E L O S A R I G U
E F D S C V R V E L A T L E N L R
S O I A A F I B L H T O O D T S E
S R C B M A S B A O R G N I E O T
O P A J E L U M T T O S I C R E T
R A R E R S L K N A P R C E A N O
E O E I A I T O E H M G I D G C G
W A A H L Q A J I B L G B I I G M
I I H Y W U T C B V G U R S R C X
L S S H F V O Y M H K O O I E E H
B V Z S E R K A A G Z G F I P M Z
```

RISULTATO
PANTALONI
INTERAGIRE
SITUAZIONE
FORBICI
DECIDERE
CONFERENZA
INDICARE
FURETTO
PROFUMATO
FOTOCAMERA
GIRASOLE
SCOPO
VOCE
ZUPPA
FALSI
AMBIENTALE
PROFESSORE
VELA
PORTA

Puzzle 524

PAPÀ
INVISIBILE
OPPOSTO
EX
ANIMALI
URAGANO
CIOCCOLATO
MISTERO
SPOSARE
SOFFIARE
ALLEGARE
UGUALE
DISTANZA
AGGRESSIVO
TOPORAGNO
MISERABILE
SILENZIOSO
TRUCCO
SORELLA
GIURIA

```
C X S O F F I A R E O N A G A R U
O I J Q X N S X Q U Z P G P U Z S
V L O C C U R T E X O M P H A D X
I A Q C S T J G Z Q D I A O N C M
S M U J C X M W D I I S L F S D X
S I G V N O M H N P S E L O T T Z
E N U P N Y L U H R T R E S L W O
R A A F P G R A N B A A G O K N N
G H L P J C X V T K N B A I P I G
G I E R A S O P S O Z I R Z A D A
A C U M I S T E R O A L E N P I R
J D L R F U N Z B A E E S E À B O
F A A Y I S Z M S O R E L L A J P
U D Y Z X A I N V I S I B I L E O
G Q B T C P Q F J B S U J S M E T
```

Puzzle 525

```
E P W P T D N C D F Q W W L E L E
S R O M A C I A U V D R W G T E R
Q R B S C Y W C P Z L E O P N N I
A A A A I B B C E A Z A L N E O R
A D T A F T L I L N S C I M M I A
S T U D I I I A L Z S A Z S A Z I
L T T I D H O V E A C T Q C T A H
L C Y K O Q I R O R H T M O R T C
Y C E Q M S Z A I A E I E M E O C
G V K L R K A D I I R V D P C U F
I L L U S T R A R E Z I I A I Q E
C N D F F S G N D S A T C I W G L
Y O X B Q K N A Y H N À O O W I I
D R T P O Z I C I E D Y H N D Z C
L H K O S O R E V L O P T O K R E
```

CHIARIRE
CERTAMENTE
SCOMPAIONO
SCIMMIA
POLVEROSO
FELICE
ERBA
SCHERZANDO
STUDI
POSITIVO
ZANZARA
QUOTAZIONE
MODIFICA
MEDICO
CACCIA
RINGRAZIO
ATTIVITÀ
FIORI
ILLUSTRARE
PELLE

Puzzle 526

CETRIOLO
REALE
OPINIONE
FIUME
MASCHERARE
CAVALLO
SVUOTATO
CONCEPIRE
COMPLICATO
SPIAGGIA
STANCHI
DESERTO
MA
ABITO
DISTANTE
CALAMARI
AEROSTATO
CAMICETTA
GRASSI
RICHIEDERE

```
C W O Z O S A B I T O U P C N M A
X A A E C I T R E A L E M U I F E
D S L P L O T A C I L P M O C S R
S I V A A R H A N M A W U U G V O
M S S O M X F H E C K Y K P V U S
C S R T Y A V F R O H P J B R O T
A A I R A M R B A U O I L I E T A
V R C E I N O I R O S X B O N A T
A G H S G O T C E T R I O L O T O
L C I E G T A E H J P Q H P I O P
L G E D A T T E C I M A C R N S X
O R D Q I M H L S I G J K T I Z S
B O E Q P S S A A I B H V B P E E
Z S R T S B W U M C V O R Y O C L
M T E I E S A B C O N C E P I R E
```

Puzzle 527

```
U C I U X N W Z V L Z B L R D Q H
D I S T R A R R E N O I Z E S V B
B E T C C N W M N D T O T A G E L
P R I M O R D I A L E L P P I L A
V S L U T D B W D N U O G E C D G
U V L À T E I R A V D G J N A I G
O E E W E A W N O F J I J N L F I
V D P V G E R E I T N A C E M F U
A G A H O S V I L U P P O L A E N
R O C Z R U X L G A S G F L D R G
O P Z Z P I O K A S N H X O Y E E
Y T J Z A M R Y T J G F Q O L N R
C O M M E N T O T C C B F C U Z E
O R I F E R I R E P Y F Q G B A O
Q Z R P O I P J D S F L X Z J U W
```

VARIETÀ
CANTIERE
DETTAGLIO
PROGETTO
NIDO
RIFERIRE
UOVA
PENNELLO
CALMA
DISTRARRE
COMMENTO
AGGIUNGERE
SVILUPPO
SEZIONE
LEGATO
CAPELLI
PREZZO
PRIMORDIALE
BIOLOGIA
DIFFERENZA

Puzzle 528

COSTRUIRE
CACAO
PORTATO
VERDE
MECCANICO
CALCOLARE
TRONCO
PROFESSIONISTA
PERMETTERSI
CERCHIO
FARFALLA
MOTORE
CONSIDERA
CONCENTRATO
CASUALE
ESATTO
ABITUDINE
TENUTO
FRETTA
ADOTTARE

```
K O T L J L W L B L S F V S A E E
C O N C E N T R A T O B F N Q S V
Q L I L E Q F L E R A T T O D A U
R K S C O S T R U I R E U E R T W
A A R E D I S N O C C W H N I T Y
Q W E R O T O M X O J H W U E O K
D D T P R O F E S S I O N I S T A
O F T B C I U C A L C O L A R E F
P C E I G H S G K Q C J A N N F A
Y O M E C C A N I C O A R Y H R R
T C R X P R V E R D E Z C Z T E F
X N E T B E N I D U T I B A W T A
T O P K A C C A S U A L E B O T L
R R O V Y T P T G Z N A P S F A L
G T N N W U O X C L V J R Q B D A
```

Puzzle 529

```
O C P T N I B H Y Z G X S C D D M
S I H N A U A O F X W H C B N O A
S W C L E T T E R A R U S U V M G
Y C O L C O N D U C E N T E X I N
Y R I M A N O T U N E T N O C N I
U Y B A T A C I L E D A C N B A F
N R T V R X C U R E B L A I V N I
V F P A E E Y Q P P G B N C Z T C
X S X G O N I Z L A C E G L G E O
A T C D H J D U D L Y R U U J R M
Z G J U H V B I M X M I R P N A X
E J Z Q E T N A T S O N O N Z M U
C A V U N X R T U O L L E T R A M
M A B D B P E P I X R E P W W T J
N G E Z Y J E E E D N E P I D R V
```

DOMINANTE
MANO
SCIARE
NONOSTANTE
MARTELLO
DELICATA
USURA
ALBERI
CANGURO
CONDUCENTE
PULCINO
CURE
CONTENUTO
DIPENDE
MAGNIFICO
CALZINO
VENDITORE
ALCI
AMARE
LETTERA

Puzzle 530

SERIE
MARGHERITA
MALATO
AVVOLGERE
SCIARPA
INTERAZIONE
QUI
TRASLOCO
LUCERTOLA
VANTAGGIO
DECENNIO
COSTANTE
INDOVINARE
MANGIARE
ANGELO
NERO
DUE
NUTRIENTI
PIACEVOLMENTE
PERSONALI

```
U A I P E R S O N A L I U Q M M K
N E T N E M L O V E C A I P A A E
S Y N P C D U E E G H A U A R N G
N C E T R A S L O C O E O N G G I
G Y I S W X O R E N I J K G H I N
S L R A L O T R E C U L V E E A T
E X T R R Z A D Z T K V D L R R E
R X U M Q P L H E R N O O O I E R
I C N K V L A A C C C A S Q T T A
E U N R H X M S B D E T T C A R Z
I N D O V I N A R E K N F S H W I
A V V O L G E R E F Q I N B O N O
V A N T A G G I O H P K D I U C N
M M Y K I T F B G E W E W A O U E
P E Y L X R F O O U M T Q C M F D
```

Puzzle 531

```
M V D V L H C I P D A V V E R O V
K A G K S N A S R E V N I Z U S I
P P X N F M P A E R A T N E V N I
Q U X Q U B P P S N S E U W B E R
U P B B J C O R I E O W J B I R O
A E E B E H T R D F R D R Y A A T
L R S I L R T C E V A N N E P C I
U M A G I I O A N U L C X U N I N
N E M O L O C I T R A T S I L F E
Q T I G F X V A E M C N Q M P I G
U T N S B D T N Z M S X H T G T L
E O A Q J Q M W C I B A M B I N O
T N R G A L L E C R O F V A Z E T
K O E I D V L I U D O N Q B G D Z
E Y O I A I R A S S E C E N J I B
```

INVENTARE
LUNA
PERMETTONO
ESAMINARE
CAPPOTTO
ARTICOLO
PENNA
PUBBLICAZIONE
GENITORI
ROSA
IDENTIFICARE
PRESIDENTE
FORCELLA
BAMBINO
DAVVERO
INVERSA
LISTA
NECESSARIA
QUALUNQUE
SCALA

Puzzle 532

ESITARE
ROBA
GRANDINE
IERI
COMPORTAMENTO
PROPRIETÀ
SERVIRE
CORVO
RETE
PAESE
COMPLETO
POLIZIOTTO
VOCABOLARIO
PREFERIRE
IMPIEGARE
SPORTIVA
ECCEZIONALE
ALLORA
CARO
FORNIRE

```
Y L D I V P B A L M P W R G B T A
G Z Z N O O R L D I Y G O A X P L
B F P S C L E P N I L F B H U V L
G O Q N A I C E N I D N A R G J O
W D E A B Z C P R E F E R I R E R
G Q S Y O I E I Q R H C A E A E A
C O L M L O Z E Z A G W O E W H S
R T S H A T I R A T S E R R A L W
M E V O R T O I K I W S O I V U O
W L T T I O N Z G S I G E N I O D
S P K E O R A C U E P K Q R T N P
K M M S F Y L À T E I R P O R P O
H O E K N J E R I V R E S F O M U
F C P A E S E T E R A G E I P M I
C O M P O R T A M E N T O X S E R
```

Puzzle 533

```
G F S W C E M E R E G A L O B U T
T L E M J E G T D Z B T Q T P U P
T Z X C C R E S I T O S A S T U S
V A R I Q A N N O D Ù I P A A E R
M G R A F I C O Z F J V M P G R X
I T H Z U C R E S Q O I H O D A C
L W J R I S N R M S S R Z A B N L
I L Z O S A N L R H E N A V O I G
T O U F M L U T W N U L B V H M N
A V L P R I C W H R E I P S Q O N
R G V H V R O V Y Q E X Z M Z N J
E Q B P M Z L W K W S M G Z O W H
L I N G U A O C H I U D E R E C W
F U N E R A N I L C N I Z V E Z O
Y P S Y D A I L G I M A F F C Q V
```

GRAFICO
CHIUDERE
COMPLESSO
PIÙ
DONNA
RILASCIARE
RIVISTA
FAMIGLIA
VARI
ESITO
LINGUA
COLONI
INCLINARE
NOMINARE
TUBO
GIOVANE
FORZA
MILITARE
REGALO
PASTO

Puzzle 534

GOCCIA
BEVANDA
CANTARE
LOTTA
PARLATO
TRA
METODO
VERDETTO
NASTRO
INFASTIDIRE
VEICOLO
CIRCOLARE
UTILIZZATO
PERSONA
AMBIENTE
DRAMMATICO
SEGNALI
IMPROVVISAMENTE
BALENA
APPARTENGONO

```
P K N O I L A N G E S G D G Z G M
F A E O H N V E I C O L O S P O E
T D R O R H F A M B I E N T E C T
F N A L D O Y A N E L A B A A C O
Q A L I A R T Q S B J D V J K I D
C V O W N T A S A T L P U X K A O
A E C E O S O M F T I U L W L L H
N B R A S A F C M W R D I P U O B
T S I C R N X O T A Z Z I L I T U
A M C W E A L P U R T P S R D T E
R U U X P A T H F E M I E T E A I
E V E R D E T T O Y S M C T O C F
K W S Z X H F H F R F W P O X B I
C U H W N A P P A R T E N G O N O
I M P R O V V I S A M E N T E W O
```

Puzzle 535

```
E A U K M I Q C K R I I E S V J P
U D C N I N O A B L O S I D N K A
G A T T O F T L P M I T N A U G L
H I I I C E O C Z A V A T K P K T
S L B V P R Q O N N O N E E G C A
F G S C Z I Q L Y H Z T R W D O L
G I B M K O Q A W E D A N J E N E
Z F T U Q R T T B I R N O Y L F N
X V A Q Z E N R J R D E N N I E A
E R E V O U M I R W A O A K C S I
R K U P C U T C X E T C E V A S X
N A Z I O N E E V E D S C F T I Q
K M P C O M B I N A R E O I O O Y
S U P P O R T O U H R B M Y O N G
H N S U G G E R I S C O N O D E G
```

INFERIORE
INTERNO
BRACCIO
COMBINARE
RIMUOVERE
SUGGERISCONO
CALCOLATRICE
SEI
FIGLIA
OCEANO
DEVE
GATTO
CONFESSIONE
ALTALENA
NAZIONE
DELICATO
NONNO
ISTANTANEO
SUPPORTO
GUANTI

Puzzle 536

VELOCEMENTE
TONFO
SEDIA
DISCUTERE
INTRODURRE
LUNGO
ALTRI
CORSA
ARANCIONE
MEGLIO
NODO
ARGOMENTO
SOSTANZA
BOXE
ANNOIATO
RISO
AQUILONE
IMMEDIATAMENTE
BOTTIGLIE
DOPPIO

```
V A L T R I T K T Q A S R O C I D
I E N O L I U Q A O Z Q U D M N O
B M L A M E S E R G N B X I E T P
O H M O T A I O N N A F S S G R P
X M D E C X E D R U T R O C L O I
E W A I D E S O I L S D W U I D O
G U Q O Q I M N S I O B P T O U A
O O B E U C A E O E S X Z E E R R
E C U F I T O T N E M O G R A R A
I Z O B M T S D A T P N K E W E N
B O T T I G L I E M E E M W W R C
P C M V D X J Y A E E M R B C A I
L W F R T A C U W X O N G S I T O
M H H K E C V Y F B F C T L O F N
M O L J K H H F D R M I Q E X P E
```

Puzzle 537

```
E R A N G E S I D P N P O J H A Q
F G Y O K N Q M X I U W L R W C O
Q U Z A N O W Q I E M K E Y P C W
O E J I O I E D S D E N O I G E R
I R Y A R Z N J A I R O O M P T M
S P E T T A C O L O A N O T A T I
R M R M Z Z I C O O T S E R R A N
R O A A M Z S F Q I O T N E L R A
I N T U B I Z T A Z R O C V H E C
V T I O N N W N U R E F T A V I C
E A V D A A Z V I D G G O R H W I
D G N Q L G Z E B E I O G G U N A
E N I R N R K N Q Z B O E D L L B
R E M A R O I H C N A R G G Z I W
E T N E M A S O L O C I R E P V E
```

MINACCIA
RIVEDERE
GRANCHIO
ORGANIZZAZIONE
NOTA
PIEDI
GRAVE
MONTAGNE
ACCETTARE
INVITARE
REGIONE
NUMERATORE
STUDIO
LENTO
DISEGNARE
SPETTACOLO
PERICOLOSAMENTE
ARRESTO
GEOGRAFIA
FOGLIE

Puzzle 538

TELESCOPIO
VIETANO
CONTINUARE
CORRETTO
CRICETO
CAMICIA
SCUOLA
VERSARSI
GRANDE
VALORE
LATO
LEGGE
RISPOSTA
ERMELLINO
INTENDERE
MAGGIORE
CORRISPONDERE
STRATEGIA
RACCOMANDA
LUCE

```
G G L Q B L H V K P P D O W P K C
C R I C E T O E R O I G G A M D O
R C P J R I Q R V L E G G E Q N N
I Y J F E Q E S W A R V F C R J T
S S J M D J B A V W L T Q U P L I
P C S M N X D R R H A O J L C A N
O W C R E N H S V Q I T R M A T U
S H U W T V D I N I G X U E M O A
T Y O X N N X B R T E O O L I X R
A Z L X I W W I M N T T O I C Y E
O D A D N A M O C C A R A C I B P
E R M E L L I N O Z R E D N A R G
C O R R E T T O B E T A T G O T V
E P K E R E D N O P S I R R O C G
T E L E S C O P I O P Q Q I C B K
```

Puzzle 539

```
C P O P X I F O T T A P M O C P C
A Y A Z N E D N E P I D N I O R O
P V S S Y I N D R Y G T Z T M E L
I N S J H A T G C A G D O V U O T
T Y O N I H C C A T A E H E N C I
O J R F R N P H F S V L I A I C V
L R G E R A V H M R L B M Y T U A
O C O U F C E O V I E C U H À P T
B J Z U U B A I T O S S U L H A O
S U F F I C I E N T E G C C F T R
C U C C I O L O J I L U U O I O E
X Y A B C L G A H V H J W E S N I
C E Q V E R A C I N U M O C R F A
V Z R C J F U X C I O T T O N R I
G K A H R A Q D E F O U G I É H A
```

TACCHINO
NÉ
INDIPENDENZA
COMUNITÀ
SELVAGGIA
GROSSA
PREOCCUPATO
CUCINA
COMUNICARE
CUCCIOLO
GUERRA
FRESCO
QUAGLIA
INVITO
SUFFICIENTE
COMPATTO
FUOCO
COLTIVATORE
OTTO
CAPITOLO

Puzzle 540

GRIGIO
URLO
PERDA
SOTTO
SETTIMANA
COLLO
REALIZZARE
ALLEGRO
AVVOCATO
PRESTANO
VETTA
TENDE
DISTRIBUIRE
INTERCETTARE
VINSE
CAMPAGNA
COMPLETAMENTE
VERIFICA
GARA
STRANIERA

```
N B U H U G P V I N S E I A P V M
P E A O P R E S T A N O N V E K P
B E U R P I Z U J F X A T V R W V
G R I G I O C O L L O B E O D G E
L I N E M O J U G M V C R C A K R
X U C L P X N B R A M Y C A Z W I
D B J L E V C Q C L R J E T J I F
D I C A M P A G N A O A T O U K I
S R A E H Z T A N A M I T T E S C
B T U N O N T R W N S C A T H I A
T S E Z B A E Y X H S K R O Y H C
L I T N G D V R X X I T E S M X E
I D O W D R E A L I Z Z A R E M Y
O X A A R E I N A R T S B B P E S
C O M P L E T A M E N T E K U D X
```

Puzzle 541

```
F R A T E L L I N O Z A L D O R A
O C A T T I V O A R U O L O B B C
Z V I X V H P W N B C I W V I N C
Z J U G A C K Q A P A R Y B E P O
A W L N O N M O T A Z P V X T I P
P W Z R Q P L B Q R I O N Y T P P
E P L S B U G D U T N R S Y I L I
L L O G U C E I T E B P G H V Y A
E R A T R O P M I C M M E R O K N
P L R I U Z Q O Q I C I N R E V O
V I A G G I O R U P H H T Z B T M
N P I L O T A V A A A K I Q X N F
T U T T A V I A N N D E L H N A T
W I F C U I M V D T M M E N C K T
E E H S J V G G O E S P E C I E G
```

RAPA
ACCOPPIANO
GENTILE
PILOTA
AIUTO
TUTTAVIA
RUOLO
SPECIE
LAZO
IMPORTARE
OVUNQUE
OBIETTIVO
CATTIVO
PAZZO
QUANDO
IMPROPRIO
FRATELLINO
VERNICI
VIAGGIO
PARTECIPANTE

Puzzle 542

CINQUE
FRAGOLA
STELLA
COINVOLGERE
AUMENTARE
FISICO
INSEDIATI
RINGHIO
BICICLETTA
FOTOGRAFIA
RIUNIONE
DISCESA
SCIENZIATO
TEMPERAMATITE
PROBLEMA
COMPASSIONE
CRAVATTA
ATTENZIONE
GIÙ
RITMO

```
T D F B C Z R A R Y B P S C Y Q C
A E I O T A I Z N E I C S A S O O
G T M S P V T L U N C S Z E Ù N I
R O E P C V M D J O I H G N I R N
S I J T E E O R U I C X C O G R V
E T K W G R S Q A Z L Y R I A I O
I A E H X R A A I N E B A S U U L
Q I D L W V J M F E T L V S M N G
D D Q L L J D E A T T M A A E I E
J E D U T A O L R T A S T P N O R
P S X I G U J B G A I V T M T N E
X N I F M L K O O B V T A O A E P
X I A Y I Z Y R T P B J E C R O B
C I N Q U E Y P O C I S I F E M C
W E U P I U T K F F R A G O L A J
```

Puzzle 543

```
C W F L O R R U B U A P D P B L X
E O F E C T G M A W F R E V O D U
Z L A M C K A K Z N F O T T E D R
N E E Y U G U I G Q A V E R S L A
E A I I P A F K L I R A D I E R Q
C J V L A W H P R G E R C A L S R
S Y X E R S P P U O A E F V G B M
O M O J E S T A N Z A B J V N K O
N O C C H I O G L N X D S O I A T
O R R O P B R S D U B N Q L J O O
C H E B Q P A R L A N D O G O S H
T K S G U Q F H R C H Z B E P V C
T Y S P A H E O V O G Y W R M F K
H V S Z L S C F X J W J B E A N B
M B N M E R A R I T I R N F I Y K
```

RITIRARE
PORRO
DOVER
STANZA
QUALE
RIAVVOLGERE
LEI
MAL
PARLANDO
BURRO
MOTO
DETTO
INGLESE
OCCUPARE
SBAGLIATO
CONOSCENZE
NAVE
OCCHIO
AFFARE
PROVARE

Puzzle 544

CAPITO
ESECUTIVO
SCIOLTO
GHIACCIO
PAZIENTE
OCA
RUGHE
ARTE
REPENTINO
SABBIA
AGGIORNAMENTO
MONETA
LEGALE
ECCEZIONE
NUVOLOSO
ATTIVA
LEPIDOTTERO
SPEDIZIONE
POSSIBILE
PIGRO

```
L M X O T N E M A N R O I G G A P
I E N O I Z I D E P S Z B D F T A
R W G O U M P M K X G J Q Q C T Z
F E V A I B B A S A O T W P T I I
D H P E L I B I S S O P R E J V E
D G Z E D E E S E C U T I V O A N
V U P L N N C P Q X J Z B M T U T
C R I O O T U X W C Q W T F E N E
L S W C Q D I V L N G B R X S N A
L I L A A T E N O M B M H D C V R
U D P P L G W N O L Z V G Y I B E
E N O I C C A I H G O O C A O J Y
O R E T T O D I P E L S A F L N B
R R B O R G I P X L T E O V T H Y
A R T E N O I Z E C C E B S O U Y
```

Puzzle 545

```
P F O N D E R E D F H H T Q Y C A
A L L I T N I C S A H H L U W O F
R P I O G G I A S B B M B O O L F
T U V Q N T X V P B F S Z Z C A I
I L P E A O Q X L R N M G I M Z D
C V R S B Y O S O I G I L E R I A
O D D E R F W L E C F O Q N H O B
L P A C I F I C O A Z Z A T B N I
A W T T F E N O I Z N I C E R E L
R O C P T V W S A I L G O F G N E
I W D L P Q A H P O D R U B E A U
C O L P E V O L I N Q I H P V C X
V A L U T A R E W E Y X Z S S X D
G Z P R O D U Z I O N E K R T Z V
A U C T A O P O P E R D O N A R E
```

RECINZIONE
AFFIDABILE
FREDDO
TAZZA
COLPEVOLI
QUOZIENTE
VALUTARE
PRODUZIONE
PERDONARE
FABBRICAZIONE
PACIFICO
COLAZIONE
SCINTILLA
PIOGGIA
FOGLIA
PARTICOLARI
RELIGIOSO
SPUGNA
FONDERE
CANE

Puzzle 546

PUBBLICA
MARRONE
PUZZOLA
VINO
INGANNARE
COMODITÀ
ASSEGNARE
DISPONIBILE
BOLLIRE
MARITO
ANNO
ERA
TEMA
PIATTO
LUNARE
PREPARARE
TRASPORTO
DESIDEROSO
SOLDI
POLVERE

```
A P U B B L I C A F M Z I Q I D P
Q S T R A S P O R T O A N À C L O
T H S G D N E Z U Q O Q G T Z D L
I H V E D N K Z O O T T A I P H V
Q P C R G Y E P S X P D N D L E E
B E O I F N O J W Y R E N O H L R
Z E K L G Y A G A R E S A M I I E
Q I M L Z D Q R M D P I R O W B L
Q R A O P Z J B E S A D E C C I P
V P C B M A R I T O R E R V I N O
P U Z Z O L A A S M A R A G O O C
M A R R O N E A N K R O N W K P Q
W S O L D I Q O H N E S U G Y S I
L A S T Y R V J H P O O L C S I E
J L S N P A T O N C L P G B E D Z
```

Puzzle 547

```
Z E T N E D N E P I D N I R T E C
J N L E H P P S M U U E U G X M A
A O F E S F Y Z H V U Z K O D T L
R I Q E Z S G X R R I T C W E K C
T S I S D I U L Y V H B D C S T O
I N R P I W O E N O D I I L C H L
C E O A N E T N E G A R M M R C A
O M T N T A A O E R M J O A I H R
O I T D E F P I L W A V S N V I E
B D O E R U U M O N W M T U E L D
Y E J R E J C A C H X U R A R I F
V W Z E S S C C C J M A A L E U H
Z G Q A S V O K I O Q N R E H I S
R K E P E P R O P R I O E Z U X D
C R E S C E R E O M B A U F M Q M
```

ARTICO
CALCOLARE
AGENTE
INTERESSE
CHILI
DIMOSTRARE
DIMENSIONE
ESPANDERE
ELEZIONE
PICCOLE
CRESCERE
DESCRIVERE
CAMION
ROTTO
OCCUPATO
PROPRIO
INDIPENDENTE
MANUALE
IDONEO
PEPE

Puzzle 548

FATTO
TRASPARENTE
ULTIMAMENTE
SOCIETÀ
NARRATORE
GOVERNO
SQUADRA
CIVETTA
SCIENZA
ARMA
PROGRAMMAZIONE
EFFETTIVAMENTE
CASSA
LAMPADA
FEROCE
DISSIMILI
POLITICA
LUMINOSO
PESO
ANCHE

```
S S S Q U A D R A M R A E B W S N
Z O C E F F E T T I V A M E N T E
W A C I T I L O P A H B K N J O O
R X L I E T N E R A P S A R T K U
G J M R E N Z X H E X D W D M Z D
Z E A B A T Z D I S S I M I L I C
I H I M O O À A C O S E P F J A D
R C F C X Y V O C A S S A F S P S
E N O I Z A M M A R G O R P S D E
C A N E H D A J L O Q T N W K H L
O E R O T A R R A N Y T X I Y C X
R S E X D P U M Q A P A B H M L V
E I V K K M Q F H J G F C V X U M
F N O V V A T T E V I C U M A Y L
Q C G V X L U L T I M A M E N T E
```

Puzzle 549

```
M S F O R Z O I I N Z N K S R Z I
I A T T U R F R K U G D I I A S Q
M D R F A L C O R R Q B F C C A E
P Ì D E T R A M E R B E H U C N V
R I I I R Y C Y N T M A X R O G R
E I A L N K E P T A V D E E G U K
S N S G C X E M E R C E V Z L I Y
S J D O A D Z J T V O Q D Z I N A
I F V M M X R Q U Y S P U A E A N
O F Q T I P I S E L L I I A R R A
N N M E N U M O C J D R Y C E E T
A U Z B E P R O G R A M M A A Y R
R L J O T Q C O O F B D R J L L A
E Q I H T P O L L O L L E B S W E
X Y L H O M A C C H I A N K I M Z
```

PISELLI
PROGRAMMA
FALCO
FRUTTA
POLLO
COMUNE
BELLO
SANGUINARE
IMPRESSIONARE
TROPICALE
CAMINETTO
RACCOGLIERE
MOGLIE
MACCHIA
ACQUA
ANATRA
SFORZO
MARTEDÌ
SICUREZZA
MARE

Puzzle 550

CORRENTE
ESPERTO
IMPRESA
ORDINE
AMENTO
RICONOSCERE
INCONTRATO
PRIVI
NUOTATA
UDIRE
SEDERSI
FIENILE
LATI
OTTENERE
VACANZA
MATTINA
INCIDENTE
ANTICO
CASTAGNE
ADDIO

```
Q J P H F I U K A D D I O L F E H
I L O W Z V M D O Z M A T T I N A
J K X Q S I X P I K N E R F H G A
Z U I M L R D B R R M A G K T A N
N U D K O P P B O E E L C C N T T
U A M E N T O H T S S Q C A N S I
O A H L S E D E R S I A K G V A C
T E X C Y L L R E T N E R R O C O
A R X V W I H E P M J S E E P P U
T F D H J N T S O R Z G N D G Y
A K W Q B E A E E T N E D I C N I
F V S F Z I W T S F O U B D Y Z M
N X G B H F C T X L A T I R L J K
Z E O Q W M K O T A R T N O C N I
W H S Y T R I C O N O S C E R E X
```

Puzzle 551

```
F V I A D I A S R O B S X B S S H
O O N I U I I V D X S E Z I O P D
R F V J U E C S V Y I C J D C I I
M A E C M L R W T E U C W V F E N
A L R O C A F F È A R A G M M G S
Z L N L G I B O M W G S M C Z A T
I I O O B C Z Y D U N N A E A R A
O R T N B R J S A A F X O R M E B
N E E N Z E R A L O V F O Y I P I
E U W A M M A M E M X R O F L O L
E R A I B M A C D M C M P L C M E
I A Z H K O O D N E M E R T E E Z
Z M C S N C T R A T T E N E R E D
F J H N R D Y C C P Q Y P M A M H
S R D U P L I C A T O O T F S X E
```

SECCA
BORSA
COMMERCIALE
INVERNO
COLONNA
CAMBIARE
DUPLICATO
FORMAZIONE
VOLARE
FALLIRE
CAFFÈ
TRATTENERE
TREMENDO
MUFFOLE
CLIMA
STAGNO
AVVERSARIO
SPIEGARE
INSTABILE
CANDELA

Puzzle 552

TEIERA
PIUTTOSTO
CAROTA
VEDONO
AFFETTO
SVILUPPARE
PRESE
TENDA
ARRABBIATO
ARMADIO
DISTRUGGA
PUNIRE
INFORMAZIONI
TERRENO
TIPO
ANNUALE
SCORSO
NERI
PRIGIONE
ANIMALE

```
F R G B O I K P Z P A V T D C Q E
G D Y Y C T R U T A N N E S E R P
O F E B T C Y N K Y N U I T Y W B
F U Z E E A P I T B U O E U O Q V
N C A D R N U R L Q A S R N I D I
W Q O L R E E E I W L G A D N E T
K B T T E D D R O Q E D T H M R A
K P T L N G L H I Y R Z O N F A T
J S E M O N O D E V V V R D A P I
Z I F D I S T R U G G A A X N P P
F X F P I U T T O S T O C I I U O
F U A R M A D I O S R O C S M L T
Z W A R R A B B I A T O O D A I H
I N F O R M A Z I O N I J G L V N
P R I G I O N E X O X Q F D E S F
```

Puzzle 553

```
P C W N F D S I K R C G K C B E P
R A R E S H W V A B Z G F W I S E
E N V B Y J Y T P Y A J G L A S R
C A V U H K M J C A B A R R A E C
E R A V E L I R R C T Z F P S N O
D I B L E T T I G R E A S F T D R
E N F Y A E T N E M L I T U E O S
N O C I T T I L L E D E J A M C O
T J E O B B E D I S C O N O A I L
E Q R S C X D R A M O D K O I G O
S W V P C W D M G H N R P F A A R
H D I N F C C E N T R A L E L R O
T R A S M E T T E R E U V D E T H
H Z S A K X I L B A Z G P I E M W
Q V E B R Y B W A N U S T Q L Y Q
```

CENTRALE
PERCORSO
TRAGICO
ELLITTICO
TRASMETTERE
OBBEDISCONO
TIGRE
LORO
SGUARDO
PRECEDENTE
RILEVARE
MAIALE
CERVI
ESSENDO
PATATA
CANARINO
UVA
BARRA
UTILMENTE
SERA

Puzzle 554

AEROSTATI
MISSIONE
CAVALIERE
CULLA
BARCA
OTTENGA
RAFFICA
FACCIA
NATURALE
MAPPA
MIGRAZIONE
SPORCO
CAROTE
CLIENTE
CONTARE
TECNICA
RUOTA
TUTTO
PRODOTTI
ULTERIORE

```
J H O E N O I Z A R G I M B P Z B
C A R O T E W N C E A I C C A F V
C T I G Z L R A R V C F C B Q V W
O O M F R S I T A E I V F K Y T G
N U M A R I Z U B A N W M I Z Q B
T R M I P J O R L M C M U T C Y O
A P L H N P O A E R E I L A V A C
R D Q W T K A L R E T Q X T P K R
E O V P Q L G E O R O Z P S R B O
M I S S I O N E I Z T U K O O X P
I E W S I Q E Z R C T D V R D F S
E U W K A S T O E L U K O E O Y U
S V V B C Z T A T J T L H A T S D
G H S W S V O Z L Y G T L Q T L W
C L I E N T E P U H Z W N A I O J
```

Puzzle 555

```
M U O T N E M U R T S T I M N R X
N C X I D R Z V U R I E M U E A D
C R L C G S H U B I C R P M G V Y
I U Z W U M E L A R U M E M O A X
A R R I C C I A T O R I G I Z N L
N E L U I B M E R G O N N A I E G
E T Q P U A Z I R I C I O L A L I
P C N Y V N W L B P F R R F R L S
C O C C I N E L L A O O G F E I P
R S P O T C I E H X N L R X J K I
J M B R C H A T A R U D I M B E R
J Z V A N G D S V D U R E T A B A
P A R O L A C A T I C S A N I X R
A F G W I V O P P P P L D J A C E
A P Y F A H R I S I B I L E T T O
```

PASTELLI
NEGOZIARE
ARRICCIATO
RAVANELLI
PENA
RISIBILE
PAROLA
SICURO
TERMINI
NASCITA
MURALE
IMPEGNO
STRUMENTO
ISPIRARE
MUMMIA
GREMBIULE
DURATA
RIFORMA
COCCINELLA
POLITICO

Puzzle 556

COSE
PESCA
INTORNO
PRONTO
FLUIDO
LIVELLO
SALSICCE
CATEGORIA
STRUTTURA
CANDIDATO
FACILITÀ
TAMBURO
SETTE
NAZIONALE
PIANETI
SCENA
ESERCIZIO
COMODO
DECIMALE
ENORME

```
F Z O J P C A N D I D A T O W Y N
A B W T I E N O R M E S O C E J A
C R F L A R U T T U R T S C L P Z
I V E J N A Z G F C A N G I A A I
L U J R E C C I S L A S L K M U O
I Q Z B T S O E S E R C I Z I O N
T H W V I E N M S A H E P L C R A
À L U T C P R S O T N O R P E U L
L H H G W J O Z O D I U L F D B E
S C E N A A T D N X O G N B X M H
L U D N N H N O G G Y Y L S C A U
O G S R G E I C N U P C H E T T I
V T T C A T E G O R I A D T R D Z
Z P O E D L I V E L L O S T A A X
L O Y I Y Q N W V S E Y A E O L G
```

Puzzle 557

```
A A X S U E M C U Y N O U Y N T D
M C Q K D A S Q J M A E R R H T I
M C W M K L S T Y C R T V D C N T
I O P P B H E B I B U N T E V M T
N M A K G Z W N O N T O C R A P A
I P K Y G Y P T I R T F P Z Y A S
S A J P E N S A R E I O D O M F Q
T G S V R K F B E V P T B S M I G
R N K X A W U S D M A R C H I O I
A A L F N K P F I O D W D X W E A
Z R Z C I J D I S C I A S C U N R
I E R O C E T F E Z B Y B L R E D
O M Y N U S W V D B L O C C H I I
N G R I C H I E S T A M V H U V N
E A C P Z G L A V E L L O I F V O
```

MODO
DESIDERIO
BLOCCHI
AMMINISTRAZIONE
ACCOMPAGNARE
FONTE
PITTURA
DITTA
TIRO
LAVELLO
PENSARE
CIASCUN
ESTINTO
GIARDINO
MARCHIO
VIENE
NEVE
CUCINARE
PARCO
RICHIESTA

Puzzle 558

MEZZI
LINEA
BIRRA
TEATRO
GRASSETTO
REGNO
PRESO
MOLTIPLICARE
STREGA
COLLINA
DELFINO
SEGRETARIO
ASCOLTARE
SCELTA
ARRESTARE
RADUNO
RIEMPIRE
SULLA
FILA
ATLETICA

```
R W D P W R W R Z R M Q M S B S A
E E R P M M X A N I L L O C R E S
S R G K H Z D D R B C Y A B C G C
R A M N A L L U S C E L T A A R O
I C S E O A O N I F L E D G M E L
E I L R Z W T O X B P V X E J T T
M L Y A R Z L L Z Y V C X R R A A
P P B T I Y I L E W P S A T V R R
I I X S T L O J R T I S G S P I E
R T T E P K I W V A I J I S R O R
E L C R T E A T R O H C V D E J B
S O U R A O G E A T X E A Y S J H
T M Q A E N I L G P J H H S O M C
B I R R A F I L A L M H A J T Q X
G R A S S E T T O I F H Y O R R M
```

Puzzle 559

```
X F P Y Q O A S U C C A S N Y P U
K I R E Y R M R F E K Z A W O R J
C O I R R I E S R U T L N K T Z Q
O R F O U I R A S A N A G R P Y P
N E E T O N C Z S F B C U M M C O
T E R T O I L O G T K B E Y J Z P
O C I A S Z Y P L E N W I J S I O
T O S M I L E S N O W O P A W E L
A N C O R A B O W G S V B H T Q A
T I O L R C E R I E X O O F N I R
L G N N O Z A U P R V U W L F N E
A L O R S I X P B U F N J X T N P
S I Y Q E W D X B I N Z E R M A N
U O Y E M C Z F I R W E X E S O Q
Z Z G H H X I C X X N I I X B Z W
```

CREMA
RIFERISCONO
ATTORE
CONIGLIO
ARRABBIATI
ROSPO
SALTATO
NUOVO
OLIO
SORRISO
SANGUE
FIORE
CALZA
CONTO
VOLTA
ANNI
CALZINI
PERICOLOSO
ACCUSA
POPOLARE

Puzzle 560

DENTRO
MONDO
TABELLA
ARGENTO
GOMMA
QUESTIONE
DRAGO
INTRATTENERE
CONSIDERARE
COPPA
POCHI
CINTURA
MOLTIPLICAZIONE
REALTÀ
RESPINGERE
NUOVA
MOSCA
TRASFERIMENTO
SCEGLIERE
SCOPRIRE

```
L G B P M V I G R O Z Z C X V T M
G O M M A C S O M U Y R J P Y X O
N U O V A D F T P C D E N T R O L
J R J X T H R X O O U I Z N B T T
A I I E P K Q A C L C O Y E O N I
T R I I O T N E G R A H N J W E P
C A C O P P A V J O L Q I W T M L
I R B I N T R A T T E N E R E I I
N E R E I L G E C S V S C N R R C
T A C N L Q U E S T I O N E I E A
U L T G X L Q B H U H V C A R F Z
R T X C L S A E Q O F H Y D P S I
A À C O N S I D E R A R E R O A O
R P R L R E S P I N G E R E C R N
K U R O M O N D O O J B E Y S T E
```

Puzzle 561

```
U T O W A L F M W K E D V W Y N S
Q Y I F A A V I T A N R E T L A E
G U E R E D N E F F O M R E F Q G
D F N L A I Y Z P R E S E N T E U
O H K E F T U W I N L A W L S O I
L C G Y E L O V E R O V A F C E R
C U A A T T E G G I A M E N T O E
I N D R Y B N P L V T O X M L U V
O I B O R L O I S C H I A N T O R
N R F F P O I A F C I V I L E M G
Y S B Z P O S N O Z Q C T I S N S
C I I M H M R T S Q U A L C O S A
E N V G S I E O S C N Y Y L U F I
A L W G X B V V O V C M E E S G D
A T T R A V E R S O L S Y J A A R
```

ATTEGGIAMENTO
DOPO
LEONE
CARRO
PIANTO
VERSIONE
QUALCOSA
ATTRAVERSO
ALTERNATIVA
OFFENDERE
PRESENTE
FAVOREVOLE
SEGUIRE
SCHIANTO
FERMO
DOLCI
UNIRSI
TIRATO
FOSSO
CIVILE

Puzzle 562

CURIOSO
SCRIVANIA
COSTRUZIONE
RISOLVERE
SCRIVERE
STESSI
OTTENUTO
EPPURE
QUALIFICARSI
LUCIDO
CASA
DURA
PRUGNE
PERDONO
MAGAZZINO
ALLIEVO
PISTOLA
IMMAGINE
SITO
MATERIALE

```
M I S R A C I F I L A U Q P W M M
C D M P R U G N E U N X Z I H E N
D E T M E Z G E R E V L O S I R B
D S K L A R T F U H I Z S T Z Y X
M U C O R G X G P P Z I T O T I S
A P R R I F I O P F Z C E L W K V
T O S A O T U N E T T O S A Q E C
E X C B D K U O E S S W S W L N X
R B R K I C Z D M H C N I P Z Y M
I B I C C G M R U C K R Y E L H S
A Z V Q U O V E I L L A I P M L C
L W A C L L D P D K D V W V D K A
E E N O I Z U R T S O C C I E Z S
O N I Z Z A G A M R G Q V Z E R A
H Y A C U R I O S O T M M J L T E
```

Puzzle 563

```
P S A I G V L Q N Y A Q F M E H W
O A E G C J U F S X N T I A A A J
K P S U D G J O M V N Q O R L B C
G R C S D W H S T B U U R C T J V
L I W F A K W E N O S C I A I L T
I V M N V T R P R X A R T T T C S
B Q N I G O O S D J R A U O U O C
R Q U M T V O L P E E C R R D N A
E Y O E R A L E V I R I A E I V R
R I N O I S R E M M I F Z G N I P
I I L V Z R N E N I M I R C E N E
A D O M A N D A O K K C H S H C B
A U T O M A T I C O C E U O G E O
A E M G U V E R A R E P O O C R G
G M G L X S O R P R E S O X Z E D
```

CRIMINE
ANNUSARE
SPECIFICA
IMMERSIONI
LIBRERIA
ALTITUDINE
VUOTO
RIVELARE
CONVINCERE
DOMANDA
SPESO
IMITARE
FIORITURA
MARCATORE
SCARPE
PASSATO
COOPERARE
VOLPE
SORPRESO
AUTOMATICO

Puzzle 564

LEOPARDO
RANA
ATTUALE
INDIVIDUO
CRESCIONE
ACCANTO
CESTINO
DENSO
AVANTI
POI
GALLINA
CONTROLLATO
DISCORSO
PESCI
CON
PRIMAVERA
TRADIZIONALE
VELOCITÀ
BAGLIORE
PERCHÉ

```
T R A D I Z I O N A L E I E I M D
K J V A R E V A M I R P C L E S E
V E L O C I T À S C A P O I D I N
L A I A C C A N T O N I T S E C S
C J V G A L L I N A A B S J L S O
P O L A B A G L I O R E F T A E O
W D N E N O I C S E R C P Y U P O
F R O T E T B N L V O N E C T C J
Q A C C R N I F D U C D R D T J O
D P Y N V O W L N I X Y C O A Y N
L O H X H D L G X O V Q H J G Z K
P E V J R C Q L L N J I É L H Q G
P L K A Q D N L A C R G D I N Z W
D I S C O R S O G T U Y T U S N K
H P E F W X N A B V O P Q X O R M
```

Puzzle 565

```
C T M Z F V A J R H V E Y R Y I H
P X N B X D M S X O F L V D G S I
F A G U R A T R A T M B K O L P R
C X T Z G I V I O A Y S E V Z E G
C O T T T S I A Q X O R P E A Z O
A R M K I A R A G G I U N T O I O
V T J P E N C I B I A D N F Z O S
I N G J R X A G F O I M P M Z N S
T E O D N A C R E C C U E F A A O
À C J G F B T N E A C F W S R R D
S W R J O G M O P P A T D L E E S
R E S P O N S A B I L I T À X J B
T E L E V I S I O N E L A N J L U
D I S A S T R O K I P A R E T E C
D G I A T D O R T O G R A F I A D
```

CERCANDO
ACCIAIO
MESE
RESPONSABILITÀ
PARETE
TARTARUGA
SIA
OSSO
RAGGIUNTO
TELEVISIONE
ORTOGRAFIA
COMPRATO
CENTRO
TAPPO
ISPEZIONARE
DISASTRO
PATTINARE
DOVE
RAZZO
CAVITÀ

Puzzle 566

SALTARE
CAMMELLO
FOGLIO
BRILLARE
TRATTATO
LONTANO
DOLOROSAMENTE
PRIVATO
DENOMINATORE
SPAZZOLINO
BLOCCO
ENERGIA
PIETRA
MERIDIANA
GIACCA
TROVATO
DISPONIBILI
CORRETTA
NEGOZIO
IMMAGINA

```
E K E E E S P I E T R A T S T D M
R E N L F N A F K K Y C B P R I Z
A T R V C U E L T I B C P A A S O
L N O T A V O R T I P A R Z T P B
L E F I X U N E G A R I I Z T O M
I M M A G I N A L I R G V O A N E
R A L O N T A N O N A E A L T I R
B S J I Z C G X Y W E B T I O B I
M O L L E M M A C V E G O N C I D
L R A G Q V D I D H J N O O V L I
V O P O C O R R E T T A R Z G I A
E L O F L R F S N S Z P O F I W N
X O H P S B L O C C O E M Q F O A
S D D E N O M I N A T O R E C Q E
B K C W E G R F R R N B E Y K X I
```

Puzzle 567

```
M K X B I V P L G J Z K A A J S G
A E Q N N Z E I U S J G N B S C Y
T F Q G D V M L C P K M A B D O M
R A A F I E A L F C O I N R O R A
I M D B R M I Q Q O O K A E Y R T
M I T R I O T I Q T V L S V T E T
O G V P Z P S S L S O M O I E V U
N L Y N Z C E M E A U A X A R O A
I I P N O P B R T R T I U Z R L L
O E R E G G E L T T F X X I I E M
P I A C I U T O U N Q N L O B N E
C S V P E N S I R O T E Y N I S N
M I S E R I A N A C U Q O E L X T
I S G D I M E N T I C A R E E Y E
G B C E X D B T E L X I K S F C D
```

CONTRASTO
FAMIGLIE
PENSI
MISERIA
LUPO
UOVO
ELFO
DIMENTICARE
ABBREVIAZIONE
LEGGERE
LETTURA
BESTIAME
INDIRIZZO
MATRIMONIO
TERRIBILE
PICCOLO
ANANAS
ATTUALMENTE
PIACIUTO
SCORREVOLE

Puzzle 568

LA
NATIVO
TEMPESTA
SPINTA
PERIODO
GRUPPO
RISPONDI
DOMANI
IRREGOLARE
FRIGORIFERO
SPERANZA
FUNGO
GIRO
CIAO
PIANTA
NATALE
RIPETERE
METTERE
EDUCATO
GREGGE

```
J E X N O K Y X E T P G N M B Z F
F O H X T D H U W O A L A L A G U
E B W J H O G E V Q Z Y T C V I N
G D H W C M G R U P P O I S B R G
G B U O G A Y E S K C C V C K O O
E X F C O N I T I N C K O X A D R
R V M I A I T E M P E S T A K O E
G W C B T T D P S S T Z B Q O I F
T U Z T N N O I H P P R U G E R I
V Y K K A Q T R H E E I M F S E R
F P F V I D N O P S I R N C Q P O
J Y J C P M E T T E R E A T J G G
R V N J T P N A T A L E C N A G I
F P H N M L R L C I A O J L Z U R
O L V N F I R R E G O L A R E A F
```

Puzzle 569

```
A C U T G A P C O D F C P A P I M
T Q A I E Z S D A C A H I S E X A
Q T W M W P W X N W T I C S R N K
W Y J B P H O W U E A E Z U S I I
D A L Z X O X E Z D L S E M O R X
S E R E D N E T S E E T P E R H S
O R B I T A I M G Z H O S R E V P
P A S T I N A C A R C Y H S B B I
A T S I T R A N G O L O B I L S N
M T C W Q K O R W Q S Z S N A S X
V E M D I C I A R U P P E S C H E
P N C I J R F B P E V V Y K Q F U
R I C O R D A R E S T W Y X E K H
S O R G E N T E I T Z I X T G L E
S G S S X X Z N H I T I U C D X O
```

SORGENTE
ANGOLO
ASSUMERSI
CAMPO
TERRA
DAL
PERSO
SE
PASTINACA
FATALE
RICORDARE
PESCHE
MIA
ALBERO
ORBITA
ARTISTA
ESTENDERE
QUESTI
NETTARE
CHIESTO

Puzzle 570

SEQUENZA
ALLUVIONE
GUADAGNARE
CONSECUTIVO
GALOPPO
GENERALE
SOPRA
MASSIMO
MACCHINA
MENZIONANO
UNDICI
RICEVERE
INUTILE
DIVENTARE
FEDERALE
SEMPLICEMENTE
LIBERTÀ
DURO
TEMPERATURA
SCOSSE

```
L H M C G R I C E V E R E P E S D
E R A N G A D A U G T P C G U E I
L R C W M X L K G M D V Q K Y Q V
I K C F A R P O S E S S O C S U E
T C H E S Y G V P L N O S H T E N
U F I D S Y Q I D P I E I W B N T
N P N E I P Q T V Z O B R O L Z A
I V A R M Y N U P U R R E A L A R
B A V A O A O C C I U I V R L B E
L L V L X I D E O O D B I W T E O
E V K E J Y H S A S Y Y Q H E À X
U C U T S G E N O I V U L L A T P
K O T O M U Z O N A N O I Z N E M
B E T N E M E C I L P M E S S I P
U N D I C I T E M P E R A T U R A
```

Puzzle 571

```
D I C H I A R A R E R A G I V A N
I J U I T N K B D E R P P I M C P
H N A D E O M P R O N A V I D A I
S W D F K R F R M Q Q T R N V U L
F I U I Y O L L E S I P R E Y S L
P S U X C C M I G L I O R A P A O
S M R O O E L E E I A R W E M O L
H D D I D E N T I T À E Z I E B A
P R O N U N C I A Y O S Q G L E I
T L Q T K Z S J C N M P R R E N Z
G E R V I L O I C C A I H G F T U
N I H Q R Q X F Q Y Q R R E A R E
S E M B R A N O R Y A A B U N A E
L M R E G A L I V G M R K M T R P
A N D A N D O E X U Q E C T E E C
```

PRONUNCIA
CAUSA
RESPIRARE
IDENTITÀ
OPERARE
REGALI
MIGLIOR
DICHIARARE
ENTRAMBI
DIVANO
ENTRARE
NAVIGARE
ANDANDO
PISELLO
PILLOLA
SEMBRANO
CORONA
GHIACCIOLI
ELEFANTE
INDICE

Puzzle 572

MANTENERE
PAGINA
TUTTI
GALLO
CIBO
ELICOTTERO
SOSTANTIVO
LASCIATE
CANNELLA
INCLUSA
CONSIGLIO
FINALMENTE
CAVALLETTA
CONFLITTO
PAUSA
PERFETTO
MESSAGGIO
INGREDIENTE
MATITA
AMICA

```
C A L L E N N A C O P K E F C L C
P O L L A G N S M V L G L I O A A
E P N P L F V U F I W V I N N S V
R A I F N T K A N T C H C A S C A
F G S T L C B P S N Q A O L I I L
E I X Q S I A R Z A R L T M G A L
T N V I P R T Q K T M J T E L T E
T A A F D V I T P S S E E N I E T
O A Y F L S T C O O L E R T O D T
I N C L U S A I A S N S O E X N A
T P X U G D M B M A N T E N E R E
U U A M T W C O I G G A S S E M A
A E T N E I D E R G N I Y S O Z G
D X S T P T L O Y Z R E P D Y M Z
T C K X I R U R R H C C K R N M P
```

Puzzle 573

```
D V G R A A P H N S U O R P Q J F
B U C O C G Y R A M O R E E F D P
S U M T I O G E E I O G A N T F V
P R X N R T Z R T V J L O S C S O
I I P O A C I A O Z E M P A Z Z Z
N D Q M C X P I T V D D S V U H A
T Q G A C R B C I X I U E A S A X
O A T R L K C U O K B G L R L I W
N L A T O U T R R L T F L W E C O
A L E T T O C B T G V A E I J C P
P Q R G C C H C N G X L T B A E K
I S O R E M U N I F U T S R Z T F
L O A M A R C I O O G R W D H R O
U B R O C C O L O H L O U S H O F
T E T N A I G G E L L A G M X C V
```

AGGROVIGLIATO
LUCCIOLA
NUMEROSI
INTROITO
AMORE
BRUCIARE
TRAMONTO
PENSAVA
ALTRO
PREVEDERE
BROCCOLO
LETTO
CARICA
MARCIO
BUCO
SPINTO
STELLE
CORTECCIA
TULIPANO
GALLEGGIANTE

Puzzle 574

DOLCE
INSIEME
LEPRE
TERMOMETRO
IDENTICO
POSTA
MERAVIGLIA
OSPEDALE
ZENZERO
VA
PAPPAGALLO
SOCIALE
QUALITÀ
RECENTEMENTE
TERZO
SUONO
PREVENIRE
RAME
SPESSORE
INVADERE

```
Q T E D C W O S P T X S B R G Z Q
U N G W A Z Y I A E H O I A F L U
A T S O P S E D P R G C G M H X O
L I N J Y E A E P M K I A E V W R
I X L T U K R N A O U A P C Q Z E
T G Z G M D W T G M E L Z L V H C
À E K K I X Q I A E I E L O I A E
Z R N T P V R C L T J L F D N L N
M I Z D C J A O L R O A L B V E T
I N S I E M E R O O C D Y T A P E
O E P G A Y O R E Z N E Z E D R M
B V J M U F N T Z M P P Y R E E E
G E O I E R O S S E P S U Z R X N
Y R E X H U U T Z J B O M O E P T
O P F I M J S A C K B L J C X E E
```

Puzzle 575

```
S P A V E N T A T O S R G Z T Y D
Q E Z C V B A M B O L A Y R O J Q
S G D E N O I Z A V I T O M A U Y
P E R D I T A I S V O U K N L D P
A C S N O T H E N E D W Z O L T O
S U T Q F U S C I I M R T N E J J
S C A R Y T J O N P Z B W N B X C
O O G B Q T K N C D P I R A H V J
L D I X P A E O U L O J A A A D C
U C O H J R Q M R Z Y X U T V D A
T L N Y Y P M I A M Y N Q T O A S
O K E L V O V C N T E N D O N O P
T E F X C S O A T D U R A N T E J
C A P I T A L E E L I D E S M T U
U F L C O P E R T I N A R L F U D
```

BELLA
ECONOMICA
COPERTINA
SOPRATTUTTO
SEDILE
TENDONO
MOTIVAZIONE
ASSOLUTO
GRADO
SPAVENTATO
BAMBOLA
INCURANTE
NONNA
SEMBRAVA
CAPITALE
DURANTE
PERDITA
CUCE
INIZIATO
STAGIONE

Puzzle 576

LO
FERIRE
SALVA
ACQUISTO
CRISI
VISITA
GAMBA
AUTORIZZARE
QUARANTA
RIFIUTI
COMPITO
SECONDO
COMMERCIO
LAMPONE
TIMIDO
FERRO
BAGNATO
CAMMINATA
SONO
CHIAVE

```
S F K F K R R B C S X B K A N M B
H Y K M B R Y U O R R E F U S P H
C M M H O T I P M O C R Q T V F E
C A A N L E L Y M N V I O O S L E
Z A C H F O B G E O V R N R L J U
K T M H B S Q D R S O E L I F O L
A I G M I A F F C J L F A Z A T T
T S Z N I A G G I C G A M Z J N G
N I P Z W N V N O X O C P A L A A
A V L A S V A E A I D Q O R U U M
R I F I U T I T G T N U N E Q V B
A S O I J P A G A E O I E Z U Y A
U I U N I M W Z F G C S N B F A E
Q R T I M I D O S I E T D K L X L
O C E K Y F Q E Q C S O Z E N V B
```

Puzzle 577

```
M P V I N B D F A B W K S O H W H
R E G I N A P O S S I E D O N O K
S I H L P R D X B F D M C E B S R
C C A A W E Z I G Y Y L T I B S I
O I N I A P H I F T C C S M O E T
I F L H M A C Q S S Q K O J S R O
A R F C Z U C C H E R O I L A A R
T E L C E E B Q L U C O O G P R N
T P C O S S O L D A T O U P P O O
O U A S L A C K S M O T T A N T A
L S V G O W W U Q G H L B J P I V
O J O N N O R D O P D A E S M N G
S L W Y E T N E A R T T A U K O W
D B R Y R V Q A Z N E T O P N M E
P I E A F M B F Y K I G A L O T O
```

SCOIATTOLO
OCCHIALI
MONITORARE
POSSIEDONO
COLPO
PERA
RITORNO
ALTO
ATTRAENTE
CUORE
ME
ZUCCHERO
NORD
OTTANTA
CAVO
REGINA
SFIDA
POTENZA
SUPERFICIE
SOLDATO

Puzzle 578

OCCHI
QUESTA
SPESA
CONOSCENZA
CULTURA
ADULTO
FORSE
POSIZIONE
PROVOCATORIA
DIETRO
OVVIO
QUINDI
LOCALE
PROFITTO
SIMILE
RICERCA
PRATICA
DIGERIRE
INCLUDERE
ECONOMIA

```
C O N O S C E N Z A C R E C I R S
E R V J O L R V Z N T J L U Q C I
P T K A M T I U G T Q S I R L U M
Z E W I P K R I R M O M E Q P L I
S I N R E R E D U L C N I U U T L
V D P O R Y G B H F C A J Q Q U E
E L A T O A I V L Q H G D J Y R N
L O C A L E D K J S I W K U R A A
Q I I C S P R O F I T T O W L W I
U V T O Z E N O I Z I S O P D T M
I V A V A S P W W R Y F P U P B O
N O R O L R B S J R D W H W A V N
D K P R G O U A K L W U O J K I O
I K M P D F P R J X F B M T W B C
J A A S N J Z V E T U C W H M I E
```

Puzzle 579

```
P E Z G O T P B Q S L M M N G P M
O I C L A C I E R V I Q S O L O E
L V D A X I B L S I E Q O T O R C
T Y E R I P O S O C L M L T B Z C
R B Q L P O S T O B E L I E O I A
O W G P O A M Y O L E K A P J O N
N E M K I C I I Q S T N I N Y N I
A I W F X F E N B U M C Z P T E C
R V E S E G N A N O X M I V X E I
E M E R G E R E U F Y Q T I Y R W
M C O C C O D R I L L O O Y T O I
P D K X I J H G D H A J N X D M P
C H P R F L W N T Y O O I A Y U J
P E Z Z O Y L F M R C O G G I R E
G L W R J O W K H V A F R G H O X
```

PESCE
POLTRONA
PORZIONE
RUMORE
OGGI
CALCIO
SEGNANO
COCCODRILLO
NOTIZIA
MECCANICI
EMERGERE
PEZZO
BRILLANTE
NOTTE
GLOBO
SOLI
RIPOSO
POSTO
MERA
VELOCE

Puzzle 580

PROPRIETARIO
SAPEVA
VETRO
PRIMO
ATTIVO
ANDATO
SEGNALE
CONCORRENZA
BALCONE
PRINCIPE
TESTA
SAGGEZZA
DOLORE
AGRICOLTORI
PRESENTARE
RAMO
ACCORDO
CARIBÙ
CLASSE
ANTISTANTE

```
P O K I H M M B Q C A M E R Z R B
A R R Y I I B J E A N R A A I X A
Z T E S S A L C I R D D Z M Z O L
Z E T S P R I M O I A G O O P F C
E V I I E Z B V Y B T Y C L J C O
G H I U V N Y A A Ù O L H L O D N
G W V I R O T L O C I R G A A R E
A T S E T U G A S A P E V A C P E
S V W Q A Z N E R R O C N O C R M
Z I M Y V B H W Z E Q W Z K O I G
S H A N T I S T A N T E W I R N F
S E G N A L E J W I O S C C D C S
J O T F Z I L C A P J N T R O I E
B V L M T Q D M J M Q G P R T P U
P R O P R I E T A R I O V S I E Y
```

Puzzle 581

```
M V L C F B U X P L O V J M X R G
U X A Y O T I T N E S L E X Y E I
L D R W T N P E R I S C O N O C S
I L G N T A T T I L S T V M I E C
N Z H M O T L R V E R B O D P N Y
O L E S D R S I I U Y L G P J T F
P W Z N O A W O M B O P A O D E O
U A Z B R U C J G O U U C X E V R
Ò T A Q P Q Z N P G N I I G L U M
E R A I Z N E D I V E E R D I O A
T E Z F T J Z T Q Y M T T E Z L T
T F J Z N C O N V V Y R F T F I E O
X F G Z Q S G Y Z Y C O E O O U R
G O J Q M N C X R B H S L J S G U
A V V E R T I M E N T O E C A L R
```

LARGHEZZA
RECENTE
DELIZIOSA
PRODOTTO
MULINO
LIMONE
AVVERTIMENTO
CONTRIBUIRE
PUÒ
QUARTA
VERBO
VUOLE
FORMATO
OFFERTA
EVIDENZIARE
PERISCONO
SLITTA
ELETTRICA
SOGGETTO
SENTITO

Puzzle 582

CARATTERISTICA
TAGLIENTI
CHIARO
MINUTI
PESARE
ATTACCANO
TENTATIVO
POTEVA
ESERCITO
VOLUTO
PROVENIENTI
RELAZIONE
QUANTITÀ
CAPO
ERUTTARE
CANTI
PERSONALIZZATO
AUTORITÀ
ROSSO
LOTTO

```
C A R A T T E R I S T I C A D F D
Y C Z V T G L T D U V R F F P O M
O O N A C C A T T A O L N B Y R X
E R U T T A R E X E L P N W W J Z
P A V E T O P T S Z U J C A P O R
W I F G L A W B E À T I T N A U Q
P H U I T N A C W N O D Y F M I B
P C À T I R O T U A T P E S A R E
D E H N L O T T O E I A R C R D T
O X T E E S E R C I T O T O U C N
G G X I Q J F B A C U Q I I S C H
M O Q L J A X Z O U N C M T V S O
C S L G P R O V E N I E N T I O O
R E L A Z I O N E Z M H U S J X S
I W O T A Z Z I L A N O S R E P Z
```

Puzzle 583

```
P R I M A R I O E V R I C C I O D
K K Q G M R Q I V F E E B H D L I
W W O R G B C U M I R S K R Q C S
V K U Y L A U B E N D R T D Z Y E
E D T I P V I U W E A J P I W I G
L R U O C K R V U S P M T I T U N
S C A F F A L E O T T I F F A I O
P B F X R J K E W R P A L Y R L N
A Y U S N Q P N V A S H M Y C F A
U J T G Q G B O G M L O F L K R V
R U S Y G R E B K I M M C Z W E I
A W M Z J Q E R O T A C O I G S T
K X B E R M V A V S Z N K S O I N
D V A B B R A C C I A T O I O A E
G M H Q Z E D U C A Z I O N E L S
```

EDUCAZIONE
CARBONE
PAURA
DISEGNO
STUFA
PADRE
SENTIVANO
SCAFFALE
PRIMARIO
SOCIO
FRESIA
RICCIO
GIOCATORE
VESTITI
STIMA
ABBRACCIATO
FINESTRA
AFFITTO
BUIO
VIAGGI

Puzzle 584

SPADA
STUDENTE
MEDIO
SERALE
ESPERIMENTO
ORTAGGI
TESO
FRATELLO
TITOLO
MONTAGNA
DECADENZA
PROCESSO
SCUSE
FASE
GAMBE
ASSICURARE
COLORATA
CORRERE
SCI
PRATO

```
P V J M S A A E M G Q F J G B C F
Y G T L E E T N E D U T S L R G A
S O S E T D R F C O R R E R E A S
C L N O F O I A D A P S S I T M E
D L C T S C I O L Y M I U G B B T
A E T Y K C L W C E R H C G A E I
S T C M O N T A G N A A S A I I T
S A P A E S P E R I M E N T O G O
I R R R D U V S M T F J T R T W L
C F O M V E Q T D W G W X O A A O
U J C A V R N A P P A X B N R G W
R H E B I X F Z Z P V J E O P Q P
A G S I O K U D A C O L O R A T A
R K S I X Q Y E S X E F L R J F Y
E I O R U Z B X I E Z V H A K J G
```

Puzzle 585

```
L H S V N Y V S H U Y F V Q O A R
S I P Q T J N G I M K D U C E M A
T W G J I L Z U V G M A T U R O G
X E X D W F I G O Q N J W T B E G
P O P O L A Z I O N E O D L E S I
O Z Y B F K J E S D R R R H N S U
R I L A S S A R S I O B E A E E N
V J G G U S C I O C L B C N F N G
P E G E N N O D G O C A O A I Z E
O T N E L A T O T S L L R C I R
N T S T O I M J K T O H L T I A E
C X G M O U V Q A O F T E S O L V
M O R A L E K I J S K T G J L E T
C H I A M A T O R O M T I P A I O
V R V S Z H B Q I P Z K O W M P Q
```

FOLCLORE
SIGNORA
LABBRO
PRIVILEGIO
BENEFICIO
MORALE
CHIAMATO
COLLEGIO
PAIO
STRANA
POPOLAZIONE
TALENTO
GUSCIO
ESSENZIALE
COSTOSO
DONNE
RAGGIUNGERE
VENTO
RILASSARSI
MATURO

Puzzle 586

FORESTA
NASCONDERE
AULA
QUATTRO
ESISTONO
ESCI
SONNO
INDIVIDUALE
MIGLIO
RICORDA
CHIP
SINISTRA
PRATICO
CILIEGIA
UFFICIALE
CLIP
PERSEGUIRE
VARIABILE
DANNO
RICHIESTO

```
M W S C V A Q S O R X N E R O W D
K J W I W X U U I C S E I M S P Q
N C J L J D A R L N C G G W X T F
E L M I V C T D G U I Q L J G F O
H I Q E S C T F I Q D S H J T G R
B P I G Q I R P M O N O T S I S E
T I W I C U O L R I Z F R R F K S
A H U A Q O F V H A L U A G A K T
H C C S L O W F P C T D A N N O A
P O Z X K M E L I B A I R A V M D
R I C H I E S T O C U A C U J X R
P E R S E G U I R E I Y G O C Y O
N S F S O N N O W M S A N L A R C
N A S C O N D E R E A O L P I H I
I N D I V I D U A L E F V E F K R
```

Puzzle 587

```
E T I P S O J E F T A T D C F I R
Z S X C T I Q V S P E R B I I N K
Z J T O O T A I H C C A M O N F W
Z S P E R T C T K D Z T Y T T E A
F N C J R J D A G N L T Y O O R D
U R W X E N J N E O H A F L G M V
M Z E R T L O O L E H M J A N I E
J J O T O T D U O H D E P G U E Y
W N K L T B C U K H E N V E W R E
L B I V Z O N E M L A T W Y D A B
J O A T C G L R W F Z O D O I H C
A K I Y Y A O O C N A I B T F H T
T B F T J L X N S I N V E C E Y I
G V U G Y Z S I S A I S L A U Q M
A X A J R N B M A T T O C C U S F
```

ALMENO
BIANCO
ATTO
INVECE
SUCCO
MACCHIATO
FINTO
QUALSIASI
LAGO
OSPITE
CIOTOLA
FRETTOLOSA
TRATTAMENTO
MINORE
EVITANO
GELO
INFERMIERA
OLTRE
CHIODO
ESTERNO

Puzzle 588

MADRE
FINALE
TÈ
TORTA
DIBATTITO
INCLUSO
GIGANTESCO
RIUTILIZZABILE
IRRITABILE
UCCELLI
COPPIA
CONVERSAZIONE
SEDANO
CUOCERE
RAGIONE
VALUTAZIONE
RIVA
PARTICELLA
TOCCO
IPPOPOTAMO

```
V A L U T A Z I O N E L A N I F R
T V U Y M O B Z M C U O C E R E I
O I D K A S Q C A W P I D X U I U
C R N F D Y E O T P A R I Y G S T
C A T È R X V N O X R R B X K Q I
O O T D E E I V P G T I A P R Q L
K N S D H T S E O I I T T I T V I
I U J U M G C R P G C A T J O E Z
U C C E L L I S P A E B I R R W Z
C G V I U C B A I N L I T A T T A
D O B S T Z N Z M T L L O G A S B
O F P R W V L I B E A E I I F O I
J E O P A O L O E S O K Z O H C L
T I V I I U Z N F C A Y J N I Q E
F E U K G A Y E C O N A D E S O A
```

Puzzle 589

T	V	I	E	Z	N	M	D	U	P	C	E	N	R	A	H	P
D	E	P	R	I	M	E	R	E	O	U	S	I	C	E	P	I
L	D	H	N	O	W	Z	F	T	R	C	E	C	O	R	S	O
S	U	A	O	D	P	F	R	O	T	C	R	U	M	O	Z	M
N	A	B	T	N	O	Z	E	C	A	H	C	F	I	T	A	K
J	Y	C	O	E	G	J	R	I	T	I	I	F	N	T	T	A
D	F	D	J	D	P	V	U	M	I	A	T	I	U	E	D	U
V	A	L	E	N	T	I	N	O	L	I	A	C	T	R	U	S
U	Y	W	V	E	D	K	A	N	E	O	R	I	O	I	T	W
D	I	S	T	R	U	Z	I	O	N	E	E	O	A	D	M	Q
G	M	Q	L	P	I	O	P	C	X	P	O	R	T	A	T	A
S	R	F	F	T	N	V	W	E	Z	Q	V	B	U	E	J	S
L	A	V	O	R	O	G	J	U	A	D	O	G	D	N	I	J
C	O	M	P	A	R	S	A	W	D	T	Q	O	E	S	B	A
X	K	D	O	N	A	L	B	Z	D	U	X	U	S	I	G	O

UFFICIO
NOTO
VALENTINO
PRENDENDO
DEPRIMERE
DISTRUZIONE
PIANURE
COMPARSA
PORTATILE
ESERCITARE
CORSO
SUA
ECONOMICO
MINUTO
CUCCHIAIO
PORTATA
DIRETTORE
LAVORO
SEDUTA
PO

Puzzle 590

SORTA
ELEMENTARE
APPROCCIO
LUMACA
NECESSITÀ
ZOCCOLO
DATI
QUARTO
FURIOSO
SPESSO
OPPORTUNITÀ
MILLE
GRAVITÀ
VIRTUALE
AMMETTERE
TOTALE
RAPIDAMENTE
MAESTRO
GIACEVA
VENDITA

M	P	Q	S	N	J	G	P	O	I	C	C	O	R	P	P	A
O	X	Z	L	E	R	A	T	N	E	M	E	L	E	R	R	M
V	W	U	H	C	M	I	L	L	E	C	R	R	E	A	A	M
I	X	B	R	E	T	B	R	P	S	P	E	S	S	O	P	E
R	L	M	F	S	L	J	Q	B	G	K	S	H	D	A	I	T
T	G	P	I	S	K	A	R	V	P	U	H	Y	Y	I	D	T
U	Z	À	T	I	N	U	T	R	O	P	P	O	M	H	A	E
A	G	T	A	T	Q	G	K	O	Y	L	X	Q	S	Q	M	R
L	D	I	D	À	U	C	R	Q	T	U	U	P	Q	K	E	E
E	P	V	U	N	A	V	E	C	A	I	G	M	Q	X	N	K
N	J	A	W	O	R	T	S	E	A	M	D	G	A	K	T	Q
N	D	R	G	W	T	J	R	V	Z	Z	U	K	M	C	E	I
P	L	G	O	L	O	C	C	O	Z	H	A	E	U	F	A	Q
V	E	N	D	I	T	A	O	I	S	F	U	R	I	O	S	O
O	L	W	J	W	S	A	B	T	J	I	Z	Q	Y	K	U	L

Puzzle 591

```
R B E I F I L Y A N S V D R M Y B
Y A N E T A C Y T U E R E P C F B
O S O G N A F H G D N U O N Z Y C
L S Q Q R U Z R B Y S T J P I I O
C O L I F I C Y C L I X P V L R Z
O R L A C B Y E R J N A P A F A E
L U W T B F I N I R E O H K O P R
L T E A Z B C S S V S N V P R P O
A U T M S Y O A V L O N A E E L R
S F N A Q F T N R F R A S X C I R
S S X I G K N I D A H H O J C C E
O L U H O Y E L V A X C M P H A T
G V J C I A C D W X N M M O I R N
C A M I N O O Q Q E M T A B O E J
V E N O I Z A P U C C O E R P M L
```

FILO
CHIAMATA
SENSI
PREOCCUPAZIONE
APPLICARE
COLLASSO
BASSO
ORECCHIO
VENIRE
FANGOSO
TERRORE
CAMINO
NOVE
FUTURO
SOMMA
FINIRE
ABBONDANTE
CENTO
CATENA
HANNO

Puzzle 592

VITE
ELETTRICO
BAGNO
SIGILLO
DECIMA
NOBILE
PENTOLA
TROVARE
PROSSIMO
COMPATTA
SCALE
UMIDITÀ
AIRONE
MISURAZIONE
MOSTRO
RISCHIO
VOLONTÀ
EVENTO
DICE
SOGGIORNO

```
E C I D H H M S Y V B B M G A J S
Y V N C Q I I A C Z X L O V Y K I
D L E Q X Y S Z T A T Y S O Q C G
U E W N Q M U M G Y L W T N Q B I
U Z C X T Q R O X G R E R R T X L
K X N I X O A B A G N O O O A W L
Q A X C M H Z N B T N O B I L E O
W T F A V A I N T Y P M F G O R W
Q À M T G J O E B N B I F G T A V
S T R X J S N N Q V F S B O N V O
T I J O S E E O F A X S I S E O L
X D E L E T T R I C O O L D P R O
R I S C H I O I A Y V R S R H T N
K M X U N V B A T T A P M O C U T
L U W A E W W H E R N X V W H X À
```

Puzzle 593

```
A R O C N A M T R I E D V B I J P
M T C F Y V L G E H N I I G Q F H
I S U D D R I J G V L M L E S T Y
C S A H M L F X O D L E E Y R E U
H E T B G K N N L L E N J Z G W N
E N S Q A O I Z A F N T G S Y D I
V O O N I T S O P N E I A A O I T
O I L G A T O E D I J C B Z M P À
L Z A D D E U T L W H A B I I E N
E E T J C R Z K N E K T I O Y N W
I L A Z I O T R V E Z O A N O D W
G S F E X V T C U G M I G E G E J
T O W A M A M N P R U U O C U N C
F E P B T L L O N T R A A N I T I
O Y Q P I N V I A T O D I V A E P
```

LEZIONE
ANCORA
AMICHEVOLE
DIPENDENTE
GABBIA
UNITÀ
POSTINO
AUMENTO
REGOLA
DIMENTICATO
INVIATO
LONTRA
DI
LAVORETTO
ZIO
AZIONE
SELEZIONA
SABATO
VILE
TAGLIO

Puzzle 594

PERIMETRO
CESSARE
UTILE
LIEVITO
RARAMENTE
STAZIONE
ALCI
ASCIUGAMANO
AMATORIALE
FORMALMENTE
PONTE
COTONE
VOGLIONO
CITTADINO
SCRITTURA
VERSATO
CROCE
RESPONSABILE
DIVERTENTE
ZAINETTO

```
S K D P W N E O D S K S M F E Z M
T O T P Q L B Z K Q R K Z M X A S
A G X E A M A T O R I A L E V I C
Z C S R U U G F D T V W S C B N R
I O O I C T L O N O I L G O V E I
O T Y M O I M R T T V A R O T T
N O H E U L F E R A S S E C Z T T
E N E T N E M A R A R M X I M O U
V E O R R E S P O N S A B I L E R
E R R O N I D A T T I C A L C I A
R F O R M A L M E N T E W U O Z S
S D I V E R T E N T E Z Z J S X Y
A K N W Z S D X H T N D M W H L Z
T A F R X K D J W F Q O J O U S U
O N A M A G U I C S A K P A D P X
```

Puzzle 595

```
G H B F R M V N N O F P T S S T P
U R E I I E R O T U A M B P O F Z
M V N N S Z U V L S B L R E S T N
H I Z Z P Z M I K T U R W C T B U
G B I I E A T T Q K R P N I E E Z
F O N O T G E A E Y F O G F N L J
P U A N T A J C N U L L A I E M B
A S G E O R T I P N Z O F C R E A
R S E A Z C S F T O T C X H E G S
L Z L S J C E I F R O E H E S F T
A I C A K H D N J T A S E B I R O
N I N G P B M G M N G N Q F M W N
O J E G X V L I H O S F N V C H E
F G E I M W H S R C C U K E B P T
F O N T A N A F D V T N F S W R I
```

RAGAZZE
BENZINA
SUO
FONTANA
SOSTENERE
PARLANO
VOLT
BASTONE
SIGNIFICATIVO
RIBES
FUGA
FINZIONE
SECOLO
RISPETTO
CONTRO
AUTORE
SPECIFICHE
NULLA
SAGGI
TRANNE

Puzzle 596

LUNGHEZZA
SENZA
CAMPANA
ASSUMERE
INGRESSO
TESTO
CAPPELLO
ONOREVOLMENTE
PULITO
SAREBBE
FA
PIAZZA
STESSA
STORIA
FERMATO
SEDUTO
PIPISTRELLO
CENTESIMI
AGNELLO
COLLA

```
G T N U C C A E I F E C B P S L C
B K A G A A Q K R A I A D I E U A
G I S Z P Y G S T O R I A P D N M
S M T I P T U N T N J H R I U G P
X I Z E E O S S E R G N I S T H A
B S A B L E I J B L O N A T O E N
M E G B L T E S T O L I Z R T Z A
U T E E O H V F X Z Z O N E A Z B
O N O R E V O L M E N T E L M A O
V E J A H V P C P K J I S L R O S
D C I S J Q I I O R E L T O E S U
F E M M L L N P A L M U E Y F I L
I A S S U M E R E Z L P S S V L G
Q X M U R F Z T D Z Z A S K N Y D
A F E T X C I Y V H Z A A X K F G
```

Puzzle 597

```
M N W R Y O I X A D C C C Z U R T
L W H V J G W S L I A T N U P I E
H A S Q I K E M S F V F T U P D N
S E R P E N T E C F O T A N R U E
S U N I E H Y L K I L N Q S E R R
E D O M E N I C A C F N Q C S R A
P D T S A G Z A K I I A M I S E M
A S S P D I A G V L O Y I O A I E
R G O X N O T N J E R X F C T M N
A A C F O C J C T M E F Y C U P T
T X G B F O N G A P M O C O R A E
O T J E O R Z E R F M H D E A T H
E B O R R J I V B B S X D I T T I
D I T O P Q U R Q F N F C P R O J
Z M M U J B F O E L I L L A B G C
```

SCIOCCO
DIFFICILE
SEPARATO
SOFFRIRE
PUNTA
NATO
COMPAGNO
RIDURRE
GRIDO
SERPENTE
PRESSATURA
DITO
DOMENICA
TENERAMENTE
GIOCO
IMPATTO
COSTO
CAVOLFIORE
PROFONDA
LILLA

Puzzle 598

VISIONE
PANE
STUPIDO
ALTEZZA
CROCO
CARAMELLE
CONNESSIONE
RUBARE
SONNOLENTO
FORMA
GIRAFFA
COSTOSI
AQUILA
SENSAZIONE
PORTAPENNE
NULLI
MERCOLEDÌ
VERO
SCOPPIO
PROMETTONO

```
E P Z W U J V A E O J W T E N A P
W F O R M A I L A X A I L O S Q R
M A W U E F S T X C G F G Q T U O
S C P O L F I E R A B U R F U I M
M E U X L A O Z X G N L P L P L E
E N N W E R N Z K X Y O N A I A T
R N W S M I E A K K K I I I D L T
C E Y X A G J R W Q P P C C O N O
O P M U R Z I N B D Z P T R V V N
L A A Y A A I S O T S O C O E E O
E T M X C Y L O P F I C W C R G R
D R G G U V L Z N O O S Q O O V A
Ì O I I X D U Q Z E Z T K Q P I J
K P U K M S N S O N N O L E N T O
C O N N E S S I O N E H K H G H U
```

Puzzle 599

```
U M S R S L X S S B V N A O J A S
I E C J A J E K M I C Q H T O D E
L N H Y T Q V C P L N L Y M G U M
F T E J S V E O T A D G K U E W P
I E L D E U E R T I Z R O T J G R
G E E K Y W E R O T A N E L L A E
L T T G D C W I S T A N O Z O T F
I Z R Y P K W D R A D T U O U T S
O Q O A L Y F O O L M I N O S E A
G E B R E V E I M A P Q V O E N V
B F U B H Y P O M M S C O E C T P
D I C H I A R A Z I O N E F R O Y
G E N T I L U O M O O U X K K S W
A C C U R A T E Z Z A B T I Y Y O
K E T R I G H E L L O Z Y M F A D
```

SEMPRE
DICHIARAZIONE
ACCURATEZZA
CORRIDOIO
ATTENTO
DATO
DIVERSO
ZONA
SCHELETRO
SINGOLO
MENTE
BREVE
CONTATTO
GENTILUOMO
AL
ALLENATORE
MALATTIA
RIGHELLO
FIGLIO
MORSO

Puzzle 600

MATRIMONIALE
COLORE
MUCCA
FREQUENTE
ANTENATO
DEFINIRE
TUTTA
SUPPOSTO
PROCEDURA
INSEGNANTE
DIFESA
BAIA
COMPLETA
TRASMETTA
MISTERI
SETOSA
VOTO
NESSUNO
LIBRO
SEGNO

```
N M X S Y S C B I D I F E S A I M
T E I S E I V O T S O P P U S N A
Z F S S T L M R M K J A V I D S T
A T Z S T E D B K P P T X H E E R
T Z H C U E D I M A L T U G F G I
X A D D P N R L P M V E B R I N M
Z A I A B D O I O D O M T O N A O
F R E Q U E N T E U T S A A I N N
G U D T U P G R T V O A K C R T I
K D J N X B E C O L O R E C E E A
H E K R D M S U F X E T K U R B L
T C P U T Q L N C X I H A M R F E
H O T A N E T N A S O T E S H S F
G R Y E P S S X Z C Z T U T T A U
I P Z I C O Y D B R T Y Z V E Z D
```

Puzzle 601

```
V P I B S F Y T A Z C K Z Y J V D
L E R O D O L O V A C T L E I T O
I B W T I B U S S A R E A H T A N
M O X T R N W P A S S A N O K D C
O Q D I M A T G R A Z I E E S J E
N N E G E C G E R E T T E L F I R
A C T L N A G A R U G I F I S H E
T O E I T S M I Z R S F T N D K D
A S R A A S H O O Z O B K I N D E
W Ì M X L E G O L R O M R M Y E R
S M I L E T F N P V N G P M F K C
J Y N M B T G V W D X O W E M L M
E J A T N O L L E C C U F F R V C
H R R P N O A H Z G N P A J Q E A
P R E N O I Z A R E N E G V R K R
```

FEMMINILE
CAVOLO
BUSSARE
COSÌ
GENERAZIONE
RAGAZZO
INTERROMPERE
LIMONATA
CREDERE
MENTALE
CASSETTO
RIFLETTERE
UCCELLO
PASSANO
ODORE
DETERMINARE
BOTTIGLIA
GIORNO
GRAZIE
FIGURA

Puzzle 602

ESEMPIO
DISCUSSIONE
STOFFA
GRASSO
VISIBILE
GIÀ
TROPPO
INSEGNATO
RAGNO
PREVISTO
SALICE
BORDO
TAPPETO
PROBABILE
FRIGO
AUDIZIONE
TERMINE
SOSTENGONO
TRABALLANTE
SPINACI

```
T U Q W L V P Y V I D R F B C R K
N R O S S A R G E C I L A S W V E
A K O U S O E F L A S U F G O G A
L B C P J D V E I N C F F N X I I
G O Q K P R I J B I U M O C O O L
G I B T Z O S O I P S D T W G T R
J H À B K B T N S S S V S G N E Z
F R I G O J O W I Z I T V L E R A
E S E M P I O W V X O U C Y T M G
K P R O B A B I L E N U N I S I J
L A U D I Z I O N E E D A G O N L
T R A B A L L A N T E H F L S E A
I N S E G N A T O T E P P A T X D
V J N I Q A N M I P V B X C U B X
L Y N N B E J C Z C K S O K L C S
```

Puzzle 603

```
P S F D I F E N D E R E P R E D D
O Y A V A T S W O F T C O E K E I
I E N O I S U F F I D V F G T B V
H R T W G J I U L V M P O O L O E
C E A J O P H K E I A A R L F L R
C N S O F Q Q H B S I N M A A I T
E E M V C V A X O T U I I Z T V I
P T A S T A N C O A C N C I T O M
S O D D I S F A T T O I A O O L E
T X V B T G C X E T M P D N R O N
O Q F E Z X N R S A A D L E E N T
H J A R A G L U E A I S L S O T O
S O L U Z I O N E A N E G J M A D
A D N E W R A A A C R C T U K R T
C O R A G G I O S O K E F G E I M
```

SODDISFATTO
FANTASMA
DIFFUSIONE
STANCO
STAVA
DIFENDERE
DEBOLI
DIVERTIMENTO
SOLUZIONE
PANINI
FORMICA
SPECCHIO
VOLONTARI
VISTA
CREARE
FATTORE
MAI
TENERE
CORAGGIOSO
REGOLAZIONE

Puzzle 604

CARINO
BANCA
CONTROLLARE
TASSO
APE
SIPARIO
PERICOLO
BENE
SENSO
RAPPORTO
FAGIOLI
SANO
ORGANIZZANO
AVVENTUROSO
INIZIARE
STILE
VERNICE
MANCANZA
CONCLUSIONE
ACCESSO

```
C U G C U T V S S D S W C C R M A
O R B O Z T M N T P A D V O B K V
N O A C C E S S O E N O S S A T V
T N R L C Y K K A E O I Q K N C E
R I V G V L E W B P U J V D C O N
O R E R A I Z I N I E A G Z A N T
L A R I F N P E R I C O L O Z C U
L C N Z W O I R A P I S J B N L R
A A I R Y Y L Z A F K N N H A U O
R A C X S R O M Z P D E A R C S S
E T E N P Q I M Y A P S F I N I O
R N D E C X G Z N B N O D I A O Z
L W G T I U A U L C L O R N M N D
Z Q L L G S F P B L P H R T H E I
E C Y E S T I L E N E B Q J O V B
```

Puzzle 605

```
R  I  S  E  R  V  A  S  T  B  K  U  M  A  R  J  O
C  S  D  N  C  I  M  B  C  S  I  K  E  T  H  F  Y
O  Y  X  V  W  Z  M  H  S  O  H  M  Y  S  W  W  X
O  S  S  E  R  V  A  R  E  N  R  S  V  W  V  S  P
V  R  L  R  P  Z  M  P  O  U  T  T  R  D  M  W  M
F  A  I  O  L  L  E  R  B  M  O  N  E  C  N  I  L
C  B  P  S  W  N  N  O  S  T  R  I  P  S  U  A  V
O  O  A  O  T  A  D  E  G  U  A  R  E  E  E  Q  E
R  R  V  L  R  O  X  M  Y  K  A  N  G  U  R  I  A
G  A  J  F  Z  E  R  A  L  O  C  I  T  R  A  P  R
A  D  M  I  W  G  K  A  N  Y  C  A  L  D  O  P  T
N  R  I  M  W  K  R  D  N  E  K  E  E  W  K  L  S
I  A  V  H  H  A  R  T  K  T  K  I  K  S  J  V  E
E  U  F  B  M  G  G  A  T  A  E  N  O  P  A  S  D
H  G  D  E  C  I  S  I  O  N  E  E  H  B  F  S  S
```

SAPONE
CALDO
LINCE
MAMMA
VAPORE
ADEGUARE
OMBRELLO
GUARDAROBA
OSSERVARE
DECISIONE
NOSTRI
SCORTESE
PARTICOLARE
RISERVA
ORGANI
ANGURIA
DESTRA
WEEKEND
ORE
RISTORANTE

Puzzle 606

LAVANDINO
MERCATO
COMBINAZIONE
PARTE
PRESERVARE
PROGRESSI
TEORIA
ANSIOSO
ANELLO
INSERIRE
PIACERE
COSA
PROVA
PALLONCINI
DOVERE
AUTUNNO
OPERAZIONE
FUMO
SOTTILE
GESTIRE

```
D  P  A  L  L  O  N  C  I  N  I  P  S  E  O  P  Y
I  O  G  J  T  A  T  H  W  Q  A  I  R  O  E  T  R
N  A  V  I  P  K  N  Z  L  Q  S  A  L  O  M  Y  S
S  N  M  E  E  R  I  E  K  J  O  C  A  P  M  U  S
E  S  X  T  R  J  S  W  L  Z  C  E  V  E  E  I  F
R  I  U  R  T  E  S  N  B  L  R  R  A  R  R  Y  M
I  O  E  A  F  X  E  H  R  F  O  E  N  A  C  Z  T
R  S  L  P  P  C  R  L  W  H  J  O  D  Z  A  B  W
E  O  I  F  Z  W  G  E  O  O  L  K  I  I  T  W  H
A  U  T  U  N  N  O  N  W  X  V  N  N  O  O  T  P
B  Z  T  K  A  L  R  V  Z  S  Q  T  O  N  Q  M  R
M  O  O  P  U  S  P  X  H  C  U  T  X  E  R  M  O
X  U  S  X  M  X  P  R  E  S  E  R  V  A  R  E  V
R  G  C  O  M  B  I  N  A  Z  I  O  N  E  X  D  A
G  K  D  B  L  K  G  E  S  T  I  R  E  A  E  N  U
```

Puzzle 607

```
E R O T T I R C S W A T X D G B Q
B B T K P Q P O P R O C F V I I U
S Y O F U C A N V S G F W X A S E
D U T J B F T F Y R Z B U U L P L
U P C J X H T I F C G Y U G L Z L
Q Y R C M B E N I G A D N I O F I
A H M A E G R A T S E S I X I J J
G J R Y G S T R C A V A L C A R E
T R N J T Q S E P E N Z O L A R E
K E A O M E Q O R E S I D E N T E
Y X S D D C P R E A V V I S O L K
S W E L U Y U S I C C I T À I O O
G L I P X A F O R M A G G I O W S
O A H O F E L I C A F D P X W R B
L V C H K H L E N O I Z E L L O C
```

CORPO
PENZOLARE
STRETTA
GRADUALE
FACILE
COLLEZIONE
FORMAGGIO
GIALLO
SUCCESSO
PREAVVISO
GUFO
SICCITÀ
SESTA
INDAGINE
CONFINARE
SCRITTORE
CAVALCARE
CHIESA
QUELLI
RESIDENTE

Puzzle 608

SALE
SEMPLIFICARE
PAZZA
DENTI
MANGI
TIPICO
CUPIDO
BACIO
BUCANEVE
SPAZIO
ESPLORARE
CONCORDARE
ANATROCCOLO
MEDICINA
QUASI
RINOCERONTE
CHIARAMENTE
ATTACCO
COPERTO
RAGAZZA

```
D D G A S C O I Z A P S A B T Z F
E H U D N A O S X V A A T U L E Q
N L T U I A L P O K Z F T C Y F C
T S V T I F T E E H Z L A A M S H
I I S T M T W R H R A U C N M E I
C I H H W B Q A O M T S C E V S A
T I P I C O U D D C M O O V U P R
L A Y I O H A R I K C N M E B L A
X L M J I C S O P L W O Y A A O M
Y A I U X D I C U Q X L L Z C R E
R A G A Z Z A N C R V M M O I A N
R I N O C E R O N T E Y R G O R T
I U A L A N I C I D E M Y M M E E
U H M S E M P L I F I C A R E O Q
V Y Z T Q Q U U O U R D U R Q W L
```

Puzzle 609

```
V V Z E D A D I M I N U I R E M C
A B E G M H E C A I P S I D T I A
R G J J N Q Z O O L D I X I S S N
R M O S T R A B C M I W Z I I C T
E M E R G E N Z A X I F Z X R E O
T L F K D N S X E O Z T V K T L P
J N J I K O B A R B M O A R L A R
O T T O I H C C A S R O Q T Z N O
C E N T W V H B N S H B L N O K B
X R D D C G R W I E N N Y T N L L
T R A D E N T E G M L H F T O E E
I O X Y M C X U A W C H X C D G M
H R A Y O L G L M Z L U T V Z N I
P E O F N D V U M P L B I F M O Z
B F I O T N E M I T R O S S A K P
```

IMMAGINARE
DENTE
ERRORE
PROBLEMI
NOME
TRISTE
DROGA
DISPIACE
DIMINUIRE
OMBRA
CANTO
LEGNO
ASSORTIMENTO
ORSACCHIOTTO
TERRA
MISCELA
COMITATO
MOSTRA
MOLTO
EMERGENZA

Puzzle 610

FORTUNA
NUOTARE
SCHERMA
ZIA
SAGGIO
PRESTO
TESI
UMANO
MODELLO
VAMPIRO
OGGETTO
POVERTÀ
FINO
SOFFICE
DENTIFRICIO
PUNTO
BATTERE
SLITTAMENTO
FORMAGGI
DIVERSI

```
V E P F O R M A G G I D Y C H M Y
H N Y R B A T T E R E E O M E O S
L I T R E R A T O U N N H N A D O
J M W J V S T N A K N T V R J E F
O T N E M A T T I L S I S E T L F
U C F V W G Y O Z N X F S P N L I
G J H P V A M P I R O R V A J O C
X S L U U M Q P Z V C I I T N U E
O R H N F R R D C G N C G X L I Z
D G R T X E J I C M M I R G K D Y
Y Y G O A H M V P W A O D Q A U U
J X X E F C B E R E P N M L J S M
L R Y S T S P R P O V E R T À T A
Q V B C R T S S F O R T U N A I N
H R Q R Q X O I F I N O H S F T O
```

Puzzle 611

```
C M I L L E P I E D I S W C L G P
J O R Z C F C T J R X P S D A I R
S I N T Z B R E L K R A U H A T A
T H U D C U Q A T A M R E F L F P
G C F Z O E A H G U I A A M L T P
R C A R V T N J A O T R Z Y A R R
D O C C I A T A Y F L E N B R E E
X N I R D V I A U Y O E A Z M R S
W I S X O K G I T I M B R O E O E
I G U A R R I V A N O Y O T L C N
R N M E A E R A T U I F I R B E T
U T I L I T A R I A Y G G H K P A
J C K T W B R V C Q U W G L G A R
D J F C E T N E M A T T A S E L E
I M K G N G R X X P F P M B K O W
```

UTILITARIA
MUSICA
CENA
MOLTI
CONDOTTA
MILLEPIEDI
SPARARE
PECORE
MAGGIORANZA
ARRIVANO
TIMBRO
ALLARME
GINOCCHIO
RIFIUTARE
RAPPRESENTARE
FRAGOLE
FERMATA
DOCCIA
TRE
ESATTAMENTE

Puzzle 612

PARTECIPARE
ORGOGLIOSI
BOLLITORE
CABINA
INDUSTRIA
COMPLEANNO
RIMA
CITTÀ
RECUPERO
ONDA
PREFERITO
FLESSIBILE
MUSEO
PERMESSO
COLTELLO
FUNZIONE
INTERVISTA
TECNOLOGIA
GATTINO
DIECI

```
N O U Q G U C E S T N C P B P A J
P F I S O I L G O G R O R E A B H
M R A D V L A M E V R M E J R O Y
C O L T E L L O F D E P F K T L T
Q G V B H J S E L I C L E A E L E
P M A C I Q M S E E U E R T C I C
E I D T X U A U S C P A I S I T N
R I N E T V H M S I E N T I P O O
M C O B K I S Y I Q R N O V A R L
E J T I Q T N Q B R O O H R R E O
S U C I T T À O I U I X F E E Z G
S C G N R F E A L O V X R T R I I
O I N H X Z Y X E N O I Z N U F A
L X Q J W I R J S O O W D I F S B
I N D U S T R I A N I B A C P J F
```

Puzzle 613

```
P F O R E B I L W V H M R P P E D
M E D I I G N O R A R E I L O V R
Q C D A L B C H J C G A P S Y A A
D I I K C G D I R C G T A D E C U
V D D M Q S O U Y O M T R D P U N
F U J T P D N F P B B E A V U A I
O I J Y Q O A F I T L N Z F J R H
C G X X I V R J W R U T I Z J E J
I A I X E I E T D C G E O E R E A
L U L U D T Q Y A N G A N W L U P
K X M D N S L Z I N T T E C V S Q
X Z X I A E O B R U T S I D P R L
D I S T I N T I V O M E T U L A S
Z R G V H R I S P O N D E R E F K
Z U G V G A B L N T L W N Y J Z P
```

ERANO
IMPORTANTE
ATTENTE
BOCCA
MEDI
LIBERO
RISPONDERE
EVACUARE
EST
RIPARAZIONE
ESTIVO
GHIANDE
DISTINTIVO
AEREO
CALDA
AGRIFOGLIO
SALUTE
DISTURBO
IGNORARE
GIUDICE

Puzzle 614

ESAME
EMOTIVO
ESEGUIRE
OGGETTI
VITTORIA
PARTI
FONDO
DANZA
VIOLA
LAVANDERIA
LASCIANDO
PETTINE
PREZZEMOLO
BISONTI
VIA
SCARSA
LACRIMA
OSSERVANDO
DONNOLA
BECCANO

```
P R E Z Z E M O L O K O G V H F L
E M O T I V O E R I U G E S E R L
L O D N A V R E S S O G U Z F V Z
A Z N A D L J S E H B E A I M B Z
S V O I O K A X I V J T G T H N D
C I F B V A Y J P I P T Q N N R O
I T A D G I P A R T I I Q O H B I
A T W U C R A E P S C A R S A I H
N O N T U E L M K E T C V I O L A
D R Y Q Y D O A I O T L H B N I U
O I V S S N N S K R V T O H A U N
H A U H B A N E T B C K I N C L V
T K Q U Y V O V N O B A P N C M R
Y I M G Q A D D K G U Z L T E F N
P M B E O L O B A M O J E X B U O
```

Puzzle 615

```
M L E R Z P O P C B J N W F W W P
C A Q V N N N I C H R C Q O A N R
U T G Y O R D E W G B Q C R T E Q
R A I L G E T D H H E W A C E S P
V R L C I P U E U F L O M H L T R
A E H I B O I H C S A M M E E R E
T P O R S O N K I G N E I T F E M
K S J T C A Z E M C R X N T O M I
D I N A N G U R P S O J A A N A O
Z D P U Z Z N A A G I R R B O M Z
R I G I D A R L R X G I E K L E F
J X U G X S V R A R W O G I T N O
Z B B K F A D A R T S O T U A T Y
M J B F E P D P E T I M I L L E R
W U S O P R A V V I V E R E P N W
```

ESTREMAMENTE
MAGLIONE
ORSO
PARLARE
PIEDE
RIGIDA
DISPERATA
PREMIO
TEGLIA
AUTOSTRADA
LIMITE
MASCHIO
FORCHETTA
IMPARARE
SOPRAVVIVERE
GIORNALE
CAMMINARE
PRUGNA
TELEFONO
CURVA

Puzzle 616

ISTITUZIONE
ORDINARIA
RISORSA
FISCALE
OROLOGIO
VITTIMA
ESPERIENZA
PIEGA
RIMANERE
ACCADEMICO
CERTO
AMICI
CADUTA
HA
UMILE
FUORI
ARCOBALENO
FORNITURE
PAVIMENTO
CIGNO

```
I T S Z A Z N E I R E P S E M J I
S D I R I C H A S P T C S O S R Z
T P T T R N C O E H I D V F P D H
I P D W A J H A T O I G O L O R O
T I Y M N Y K X D O V T I K T C J
U E Z D I G I F B E L I M U N P F
Z G F D D U F U B F M I D B E O I
I A H E R Q G O I G Y I C I M A S
O A S R O S I R T N Q I C W I Z C
N T L E Y Y A I O N G I C O V L A
E F L N C A D U T A X Z B G A D L
E Z T A K T C T R M G L S D P T E
D B K M S S O N E L A B O C R A S
T G K I J G D E C V I T T I M A W
X P R R F O R N I T U R E I P A E
```

Puzzle 617

```
S V N R S T F J S C E N O I Z P O
Q P E Z R E M R E V O S U L E D D
B Y P S F R S F R T W N B R W P I
S O F D W A T Q A C E G G A M K O
N T T I R I O M S Y W R H E K E T
E A R G A V M J S G K E M Ù D L O
G S Z A M V A T I L A S D I V O F
A S Q L D A C A F A L B A P C Z X
T O L O X A O T U A C O G L P O D
I D U G T H T C E R T A D U J X M
V N W L W G T Z T R F D U X Q T H
A I H R P M A H K W X V K G M D L
D W S T Y E D O P D R M V F I D R
S M A Z L P A O H B N Q Z P L Z M
P G B G B D S P T R O X Z M E N U
```

TERMICO
ODIO
VERME
NEGATIVA
CONGEDO
SALITA
STOMACO
CERTA
ADATTO
STRADA
INDOSSATO
OPZIONE
PIÙ
FISSARE
ALBA
AVVIARE
CAUTO
FOTO
RE
DELUSO

Puzzle 618

CIELO
GODERE
INTERESSANTE
SEMPLICE
FAMOSO
PROBABILMENTE
FARINA
FONDAMENTALE
INTERNAZIONALE
RIDERE
LATTUGA
NUVOLA
BUFALO
BANDIERA
NASO
MANIGLIA
ETÀ
CULTURALE
IMPORTA
SPAVENTAPASSERI

```
C M Z B A N D I E R A G E O H I S
I C U L T U R A L E Z M T X P N E
E L A T N E M A D N O F À A B T M
L P R O B A B I L M E N T E R E P
O G O D E R E U B L C C G U H R L
S P A V E N T A P A S S E R I N I
R I D E R E M U K E N E R M F A C
A O I G X K K R C E U X O X A Z E
I G D K I O E G R L K P S R R I I
L Y U I R P B A O S O M A F I O M
G C H A J G T A L O V U N D N N P
I N T E R E S S A N T E G K A A O
N J J X I J X A F I J C Q J Y L R
A A A D S P A G U T T A L Z P E T
M B A M C T U Q B G U D O K X V A
```

Puzzle 619

```
D V T U I B M A R T N E D E H W C
I A R L N K H B N D I N I R A M R
S L A T D T N I W Q S O E R T Q E
P O S E O F I L A V I E C O U M S
O R M X V A P I L H A L I R T E C
N E E U I U N B W O S Y R E T U I
I J T T N H Y A C Z I L Ì S O C O
B R T D A O X Z T A O F N B N Z N
I U E Z R J O U Y R S Q G D E F E
L G R S E R X Z P X O S O D O R E
E H E R A N I C U C M C A Y X H L
N E T N A D N O B B A K C M P E F
A T T R A V E R S O F X J O A Z G
S O W P I K X V T N E U T Q L T F
P H B H Q T B L O W Y Q T T W O C
```

INDOVINARE
VALORE
RUGHE
DISPONIBILE
CASSA
TRASMETTERE
TUTTO
CUCINARE
FILA
ATTRAVERSO
LEONE
CRESCIONE
ENTRAMBI
ABBONDANTE
ODORE
COSÌ
ANATROCCOLO
ERRORE
DIECI
FAMOSO

Puzzle 620

PESANTE
SETTIMO
BRUCIATO
RIMUOVERE
PROBLEMA
STAGNO
VEDONO
ARRICCIATO
IMMAGINE
ANNUSARE
PRIMAVERA
RICEVERE
AMICA
VELOCE
CUOCERE
TORTA
RIGHELLO
AUDIZIONE
CAMMINARE
CERTO

```
C A N N U S A R E C V A D J O P R
P A A M I C A B Q U N E V C V Y I
E A M E L B O R P K S R D S S L M
L B F M C U O C E R E V L O N O U
I J L T I Z P E S A N T E L N P O
M Y O P U N L F N C K T N L Y O V
M Y W D G D A O U J L E O E Q N E
A R E V A M I R P T O C I H D G R
G S S D B M H I E O T W Z G N A E
I X E R E V E C I R K O I I Q T H
N L C T F P A R C T G Z D R I S H
E K O U T Q J O T A I C U R B N K
H Z L N Q I S B L Q D K A E B I F
W P E X N X M A R R I C C I A T O
G O V P W Z X O T R E C S V U C M
```

Puzzle 621

```
I G P A V P G V P T S M I Q M A H
T Z L T M X W O T T O S G F O I R
Z B Z T O Y E L I V I C N Q M M N
L M A E N A C U M Q R D O F E N P
V B V G M V J T X J D V R Y N V Y
P F H G D E I O E M L F A B T W Z
U B I I F C N L D K P P R G O Y I
A D N A H A F B E R I P E C N O C
R K D M R I E R I N E V E R P Q P
V H S E I G R H P S C E L T A L F
S Z L N S W M G C R A B I L I T À
T B S T X Z I L J F U S C O R S O
S Q X O H Z E R E K O G V E R B O
R T E R R A R T S I D H N D M M Y
T V Z K X G A B L A M P E E X T G
```

ABILITÀ
MOMENTO
CHE
CONCEPIRE
DISTRARRE
SOTTO
CANE
SCORSO
SCELTA
MEZZI
CIVILE
ATTEGGIAMENTO
PRUGNE
PREVENIRE
VERBO
VOLUTO
INFERMIERA
GIACEVA
IGNORARE
ALBA

Puzzle 622

CALCOLATORE
VEICOLO
GATTO
BOXE
PERDONARE
ASSEGNARE
CALCOLARE
SOCIETÀ
SVILUPPARE
PATATA
OTTENUTO
INDICE
ANDANDO
FORESTA
CHIODO
VALUTAZIONE
ESERCITARE
MISTERI
RIGIDA
DELUSO

```
S M I S T E R I T P V E I C O L O
X V V Z Q V D S Z E B O X E N H S
S P I E R A T I C R E S E A Z V O
H O F L X P N B O D N R W Y M A C
X E O T U N E T T O D O I H C L I
X R M Y Q P N W T N Z L J R L U E
F A Y Q H E P O A A T A T A P T T
A N D A N D O A G R I T S T M A À
D G C M R N H H R E N S Y R R Z J
D E C S J I F U M E D E O R F I T
B S L N Y X G U S Q I R W T J O D
D S F U A V L I Z Q C O I P E N H
C A G O S T W S D W E F U P X E N
Z L O O Q O N E R A L O C L A C P
C A L C O L A T O R E H U X A A Z
```

Puzzle 623

```
S C H E L E T R O O Z K A C C O B
P D V R O E R O T T I R C S A S I
X Y E H X H Z T N P S V X B S N B
A S R O C C T I Y E U N T S S E L
F Q A E G S M S G E G G O X E D I
I A P P T E E N E R Y O R A T C O
I F U D F P R I V A T O Z Z T I T
I N C I D E N T E D S W G I O Y E
G G C O A R F S K R N E Q L A B C
R S O T S O Z R P O C B P T I R A
O P Z T C L N R J C P Z M S A Z E
G D J A A O Q R B N A E K B B T Z
N N Q N J C K P F O M Q L X H D S
I G E T N O I K B C R E X L H R C
I P P A L I M O N A T A S A E Z O
```

BIBLIOTECA
PELLE
CORSA
OCCUPARE
INCIDENTE
NEGOZIARE
SITO
DENSO
PRIVATO
PESCHE
OTTANTA
SPESA
SCHELETRO
BAIA
COLORE
CASSETTO
LIMONATA
SCRITTORE
CONCORDARE
BOCCA

Puzzle 624

SEGA
RINVIARE
CONDIZIONE
COINVOLTO
TRUCCO
DISTANTE
PROPRIETÀ
IMPROPRIO
FISICO
CONOSCENZE
AFFIDABILE
PRODOTTO
SOCIO
INDIVIDUALE
EVITANO
VIRTUALE
FINIRE
MISURAZIONE
PIAZZA
PARTI

```
S A J F W A C P R O D O T T O I C
E E N E F F O O U Q P G E O I N O
G V S T W F C U I T R A P B C D N
A I E N O I Z I D N O C L X O I O
R T V A H D E R A I V N I R S V S
O A T T X A O Z Q X À O O A T I C
Y N M S Z B O W L V T W L W S D E
Z O F I W I K O T S E O G T Z U N
P X D D J L F B R R I C P Q O A Z
F I P D T E L A U T R I V A F L E
I K A P F X N Y C Q P P A U C E H
S I W Z N A H C C R O F I N I R E
I P D P Z P H X O I R P O R P M I
C X T V F A H T Z Z P Z L U I U A
O M I S U R A Z I O N E I J H C O
```

Puzzle 625

```
R U M O G C R Z S L N Z I E J G T
J A G B H Q E I P I É X O Y T E E
U I A V B V P Z O A L X H Q X N M
D I G H N U E S O L N S Z U O O P
K E V O C E N O T O R T I E N I E
P I C V H J T X A L I R A X I S S
S X P I M H I Q M L N I T L L S T
R E P Y D M N E U I G T A V O E A
U M G T P E O E F P R O N Z Z N O
K B U N C W R G O T A R I Z Z N I
Y L M L A T T E R F Z N M N A O C
E G B Z J L B K P A I O M P P C I
P X W G N D I Z Y U O T A L S J F
O F F E N D E R E K F P C U B J F
F I D U C I A L A S C I A N D O U
```

FIDUCIA
VOCE
PROFUMATO
DECIDERE
PANTALONI
EX
RINGRAZIO
FRETTA
SEGNALI
NÉ
REPENTINO
OFFENDERE
SPAZZOLINO
TEMPESTA
PILLOLA
CAMMINATA
RITORNO
UFFICIO
CONNESSIONE
LASCIANDO

Puzzle 626

CAPIRE
NUMERO
CAPRA
CALMA
ROSA
PAESE
RUOLO
DITTA
CON
PAUSA
FASE
RILASSARSI
DONNE
MORALE
PRENDENDO
APPROCCIO
SOMMA
VERSATO
GIORNO
DESTRA

```
S M X B Z A S U A P X E D I B H C
O O W Y X P M Z E G Z H W A S M A
M R W R F P N L A T I N C G H V P
M A B N D R W Y A S O R R W Z B I
A L O Z V O V B F C R C A P R A R
V E I A U C V C W V A U J U J D E
K Z N R F C G I O R N O O O Q R D B
Y Q C T C I J F E T K H S L K I S
Z O N S F O D N E D N E R P O T H
N U M E R O T L E Z O G M T C T O
N L Z D N J J A E T C C O S F A L
P Y D D O N N E S E A P K T Q K R
E V M I Y E M I S R A S S A L I R
C S E I A V R S T W E S A F Y J G
Z W A U Z V V G V V T V C S X J Q
```

Puzzle 627

```
R D Z P P U I A M E R C G O W G T
I M M Z E T N E M A T E L P M O C
D P S A I F A R G O T R O B C V L
U S A A Q E D O C P Y B F Q S L C
R S U N L C V S T R D F W F C M M
R A A G B K E T I E Q U A T T R O
E R M C G Q D A J V D C A C I S N
K E M A L E A T S I V R K F J A O
G B E M N I R I J S Y O M X I L T
Y B T M Q P V I Y T E S C S T U T
S E T E R G I T S O S S A R G T E
O M E L I I A T A C I L E D A E M
N I R L U O V O U U O K I L V R R
W V E O Y E S L Q B W N T V L N E
F O N D A M E N T A L E O N F D P
```

DELICATA
PERMETTONO
SUGGERISCONO
COMPLETAMENTE
TIGRE
AEROSTATI
CREMA
ORTOGRAFIA
CAMMELLO
UOVO
BUCO
QUATTRO
AMMETTERE
SAREBBE
RIDURRE
PREVISTO
GRASSO
VISTA
SALUTE
FONDAMENTALE

Puzzle 628

ASSISTERE
FINANZIARIO
POLLICI
DICIAMO
SERVIRE
BEVANDA
COMPATTO
MOTO
RECINZIONE
PIUTTOSTO
MARCHIO
PRESO
DOLOROSAMENTE
RIFIUTI
ACCORDO
STUPIDO
VERNICE
MEDICINA
SOFFICE
CENA

```
Z L L U M X F M S O D I P U T S M
K O N Q D D I S E G T I L F H J Y
Z D H U O W N O C D B P C T V X X
H G M R T F A F I W I H J I G Z O
L C T R S D N F N J P C J K A P W
S N O T O M Z I R A H E I A D M P
P E D V T C I C E T O Q P N N J O
O R R W T R A E V P N O Y X A C T
L E O V U Y R K S E A E X G V E T
L T C M I M I I L T L K A W E R A
I S C N P R O I H C R A M E B G P
C I A Z U N E N O I Z N I C E R M
I S R I F I U T I K U E M U B U O
O S E R P M R T O P O C Z Z L Y C
W A D O L O R O S A M E N T E O C
```

Puzzle 629

```
P N B I S D N K I F P E S O L S I
E N S L C U E P R A C S J J O X N
R P R F A A N T C O M P I T O M T
F W O L L Z O O T S P O S A R E E
E B M L A Q P D F A R D A U Q S N
T H L A C O M I R D G Z F J O N D
T V X O V Q A V A R L L T A X M E
O U Y R C I L A T O W W I Y G B R
E T B B E C L N E C U S Z O C F E
R J G M D G H O L I M I N U T O K
D F J I E B I I L R V I E W K V K
B B R T I M H O O K D D I X B P M
C B E V P O G N N B R Q C R S Y U
B Q B F T Y Q N J E S B M U V N F
Y M C Q X Z T A R U S U D I H E U
```

SPOSARE
DETTAGLIO
USURA
SCALA
REGIONE
INTENDERE
ANNO
PESO
SQUADRA
BLOCCHI
SCARPE
DIVANO
PERFETTO
LAMPONE
COMPITO
FRATELLO
RICORDA
MINUTO
TIMBRO
PIEDE

Puzzle 630

CONFONDERE
ZUPPA
LUNA
CIVETTA
TENDA
ASCOLTARE
PARETE
LETTO
INCURANTE
BENEFICIO
LABBRO
RAPIDAMENTE
LONTRA
TESTO
CONTROLLARE
PARTE
SEMPLIFICARE
UMANO
TESI
EST

```
A Q S O P T C L B E J C E T R A P
S K Q D A K O O B R G Z Q S Y Z Q
C O O G R Q N N I A U U Y N T M G
O A X F E G T T S C H M H E D E H
L I T U T Z R R E I I D A P P U Z
T Q O K E D O A T F U F P N K R N
A U Y Z R O L T Z I X Q E F O P D
R C M K E X L T D L U A D N E T B
E V M Q D T A E L P R X U P E C A
F N J R N E R V U M Q P G R M B I
L E T T O S E I N E H P E G R C D
Q W R G F T R C A S H I S U Y A V
W E K M N O R B B A L Z S C V X N
M G S L O R A P I D A M E N T E V
M M R G C I N C U R A N T E Z P T
```

Puzzle 631

```
P U P O T N E G R A S N K L J T D
S O H T P H O M G K C A Y U M A I
P T L U D E R E R R O C I S E Z S
A N M I F O R O I Z I S I S R Z T
V E A A Z A J A D K A O T O A A R
E M N V D I K G R P T M B I C D I
N A G I I C O Y J E T T Z G L E B
T T I O U L I T A Q O U R H A E U
A T A L M J Z B T E L G L C V A I
T I R A U G J Z F O O U W A A Z R
O L E N I D U T I T L A L C C B E
V S O U O F H K N N A N Z S I S W
C O I N V O L G E R E T Y W P A Z
X Z X P N P G Y X K I I P O S V S
S I N T E R C E T T A R E U T T U
```

LUSSO
MANGIARE
POLIZIOTTO
GUANTI
INTERCETTARE
DISTRIBUIRE
AIUTO
COINVOLGERE
TAZZA
MOSCA
ARGENTO
ALTITUDINE
OPERARE
SPAVENTATO
SCOIATTOLO
CORRERE
STILE
CAVALCARE
SLITTAMENTO
VIOLA

Puzzle 632

CONDUCENTE
RETE
PASTO
CALCOLATRICE
FIENILE
PERCORSO
GRASSETTO
CARRO
LIBERTÀ
SIMILE
LOCALE
ESCI
FONTANA
DEFINIRE
PRESERVARE
PROBLEMI
ARRIVANO
CITTÀ
PARLARE
BANDIERA

```
F C E O H Y F C G P Y C N S C P O
U R S M E W S A R B R R J H A N V
P A R L A R E L A A Y O R R A C P
N A U M W V P C S N W A B Z T S C
L I B E R T À O S D M R O L S S D
M U C I T T À L E I R R V P E R T
A B G S H O D A T E E I T E T M W
N T D G E I E T T R T V O R N N I
F X P T S E F R O A E A V C E S S
T O M T F C I I Q P X N A O C I A
C Y N T A T N C F O H O W R U M Z
L Z P T W D I E L A C O L S D I Z
F U E R A V R E S E R P O O N L T
B R V A G N E F I E N I L E O E P
M B L C G Q A P A S T O T C C D K
```

Puzzle 633

```
S C I A R P A R P P J W O Q M E N N
I M M A G I N A R E O N G E S A A
B J S Z U N W A G I R A F F A Z S
S I U E S F X E R A T U L A V I C
I C C I X L V A R S S V D B N O I
N Q B I N W D D V S A E M J J N T
G O I U C C R B U O N S K H T E A
O L A E Q L L H U C Q P E C Z L G
L L N Y T D E U O S S E W X V A J
O E C D V B D T S R C R J A N D L
U T O Y O W I M T O I T E B W E A
O R D I N A R I A A A O N I L P J
O A W W E B J C V N R X V S Q S O
F M Q N H G H L E J E D L K Q O H
C O M P O R T A M E N T O Y M A W
```

SCOSSA
MARTELLO
SCIARE
SCIARPA
COMPORTAMENTO
NASTRO
NAZIONE
BICICLETTA
VALUTARE
ESPERTO
NASCITA
OSPEDALE
BIANCO
INCLUSO
ALCI
GIRAFFA
SINGOLO
SEGNO
IMMAGINARE
ORDINARIA

Puzzle 634

SVEDESE
FORBICI
GIURIA
ANIMALI
ABITUDINE
DIPENDE
TRASLOCO
TUBO
ESECUTIVO
PREPARARE
PUZZOLA
SICUREZZA
FALLIRE
CAMPO
CHIAVE
ADULTO
ROSSO
RIUTILIZZABILE
FANTASMA
PROBABILMENTE

```
A N E T N E M L I B A B O R P U D
P B R L A J G F K D U R Q K X D H
R V I C I B R O F G I G O G N O L
E Q L T R B Z D L J Q E V S K B C
P S L O U X A M S A T N A F S P S
A W A T I D A Z Z E R U C I S O V
R R F K G S I R Z H A P E E R C E
A Q A Y H D L N R I S C D D F U D
R W U Y Z F A I E P L U L T X Q E
E M M P C W M E U U O I J K Z H S
E S E C U T I V O Z C S T N O U E
M U Y B L T N A P Z O T L U D A T
M R Y U Q T A I M O S C G K I T U
D I P E N D E H A L X E Z O L R B
R B U H U T G C C A N E G K E S O
```

Puzzle 635

```
T N I R A G A Z Z E G D M I O V B
R S A L S T H E S W A I I B N A V
Z J E F Q I R I Z Y K S N A H P R
N G X V O J H T T T F T U P W O E
E Z Q L I T N E I L G A T C U R A
T U L I P A N O R A C N I D E E L
S L O T M D D N A S F Z J I L S I
B C B S E L T I X U N A B R I U Z
U C A G S E D H S O J E M J C B Z
X X T F E S E C E V A N R G O P A
S T O D F S T C R U Q B J O T K R
A D U O D A S A A F S Q A D T J E
R M R N A L L T L P R G W I E L U
S P I N A C I E E X V D S I R E I
A U A H A T O N N A E L P M O C K
```

DISTANZA
NERO
CARO
IERI
TACCHINO
REALIZZARE
NAVE
RUOTA
ELICOTTERO
TULIPANO
CLASSE
MINUTI
TAGLIENTI
SCAFFALE
SERALE
RAGAZZE
SPINACI
ESEMPIO
VAPORE
COMPLEANNO

Puzzle 636

IN
ESPRIMERE
CETRIOLO
BIOLOGIA
CONTENUTO
STUDIO
RIVEDERE
POSSIBILE
MISSIONE
DISPONIBILI
AUTORIZZARE
OVVIO
STRANA
VARIABILE
ECONOMICO
LUMACA
VOLONTÀ
TROPPO
COPERTO
HA

```
C A N V M I S S I O N E M I T W Z
E E R A Z Z I R O T U A C A M U L
T D W R H M À H I B I O L O G I A
R I O I D U T S N J H A Z T B D E
I S T A T O N I X S M L Z C E Y S
O P R B F V O E S N H Y I Q O H P
L O E I O V L L C E R E D E V I R
O N P L T I O P P O R T K N R W I
Q I O E I O V C Q A N A R T S X M
T B C L U B Z H O N S O O B M F E
P I X U D Z I Z L Y K K M L M R R
Z L X J A P U S X M H F U I Y O E
A I J U Y A G C S F D N T O C X Q
C O N T E N U T O O Q R M I Z O H
I H Q E R Y H O T H P R A E L Y B
```

Puzzle 637

```
C O B M T K P N P K S O Z V P S O
D R K Q A W I L F I K W K J R O H
O T I E R E C A I P E Q J Z O C R
M E L T T V J K L W V G S F N I I
I V O C I N C D K T P S A U U A S
N E I Z T C E R A L L I R B N L P
A E G M T Z A A H V A O L C C E O
N A A Q O C L L R U F O P I I E N
T O F Y D S E L A T A N R K A Y D
E U F A O M U O E À T I N U P F E
I L X Z R N O R J W K A S S P Z R
Q I F F P A J A M A N C A N Z A E
G E N T I L E P E S C A Q Q A L U
M E R I D I A N A R I C E R C A O
J B V N Z I V A W D I I O B U V R
```

CRITICA
DOMINANTE
ALLORA
GENTILE
PRODOTTI
PESCA
MERIDIANA
BRILLARE
NATALE
PRONUNCIA
SOCIALE
ATTRAENTE
RICERCA
VETRO
UNITÀ
MANCANZA
FAGIOLI
PIACERE
RISPONDERE
PIEGA

Puzzle 638

INVESTIMENTO
GIRASOLE
OTTO
GHIACCIO
TERRENO
NAZIONALE
FAMIGLIE
IRREGOLARE
INUTILE
FINALMENTE
NONNA
DOLORE
AL
DIVERSO
TENERE
DIFFUSIONE
BUCANEVE
MISCELA
GINOCCHIO
CONDOTTA

```
F C G O T N E M I T S E V N I S H
W I O I U I M I S C E L A O W J E
Z X N N E L A N O I Z A N B D B
A L W A D O I C C A I H G N D O R
I I Q X L O C B Y A U U J A I L F
N R J F F M T C A E I T E A F O A
U R E R E N E T H M E E L U F R M
T E E V G K V N A I T R C O U E I
I G C R X L E O T T O R D R S V G
L O I X S O N W T E S E T I I X L
E L R P I S A A A Y R N K X O Q I
B A N V Q R C E X F E O R S N L E
T R B I I A U H I Y V H R B E V X
P E U L J N B C T N I O N Q I N G
G I R A S O L E B J D Y O C Q M Y
```

Puzzle 639

```
S  W  E  C  H  D  H  W  F  M  Y  I  O  Y  X  C  I
P  P  T  W  T  E  U  N  O  L  I  J  T  S  W  O  J
A  E  E  A  L  T  R  O  T  A  T  G  M  I  P  N  E
L  I  I  S  F  H  A  N  O  S  L  E  L  I  S  F  C
L  J  L  H  S  I  V  G  C  C  O  M  T  I  P  L  V
O  W  G  X  I  O  V  E  A  I  M  R  W  F  O  I  G
N  V  O  I  W  D  I  R  M  A  I  C  S  M  V  T  E
C  D  F  H  T  D  A  R  E  T  Z  G  T  Z  I  T  N
I  M  I  Q  T  A  R  B  R  E  U  K  W  L  T  O  T
N  B  U  Q  E  X  E  Z  A  S  C  A  R  S  A  M  R
I  W  U  M  L  K  D  E  S  E  R  T  O  Y  N  M  A
A  R  I  A  M  I  N  V  E  N  T  A  R  E  W  L  R
A  W  O  U  Q  I  E  R  N  M  V  V  N  G  O  R  E
U  L  W  Z  W  V  A  L  O  T  N  E  P  N  H  G  H
H  H  W  N  W  V  M  L  F  T  E  N  A  T  S  U  O
```

ARIA
SCIA
FOTOCAMERA
DESERTO
INVENTARE
FOGLIE
MUMMIA
REGNO
NATIVO
ENTRARE
CONFLITTO
LASCIATE
ALTRO
MIGLIO
SPESSO
PENTOLA
PALLONCINI
MOLTI
SCARSA
AVVIARE

Puzzle 640

TENUTO
COMPLETO
COLTIVATORE
COMPRATO
CORRETTA
ABBREVIAZIONE
CORTECCIA
AMORE
VA
TENDONO
PRATICA
SOLI
COSTOSO
RAGIONE
SUA
SERPENTE
DATO
DIFENDERE
MAGGIORANZA
UMILE

```
G  X  E  A  O  W  C  O  M  P  L  E  T  O  O  D  C
K  V  U  M  C  O  L  T  I  V  A  T  O  R  E  I  O
C  L  U  O  M  N  E  A  S  U  A  V  T  M  N  F  R
C  A  G  R  Q  O  U  R  M  H  C  N  U  A  O  E  T
C  O  J  E  A  D  M  P  V  S  I  F  N  G  I  N  E
K  C  S  E  R  N  L  M  V  E  T  N  E  G  Z  D  C
Y  J  Y  T  C  E  N  O  I  G  A  R  T  I  A  E  C
U  S  D  S  O  T  P  C  E  V  R  Q  B  O  I  R  I
M  D  E  A  F  S  F  R  S  J  P  T  R  R  V  E  A
I  T  M  R  T  D  O  N  O  D  B  B  V  A  E  F  L
L  R  X  U  P  O  J  Q  L  Z  M  H  G  N  R  V  J
E  P  Y  Y  O  E  J  L  I  R  M  Z  S  Z  B  T  K
Z  S  J  A  A  V  N  I  X  G  M  E  M  A  B  Y  W
S  N  G  S  J  C  Y  T  I  D  N  F  Z  T  A  Q  K
J  F  S  Y  M  U  R  H  E  C  O  R  R  E  T  T  A
```

Puzzle 641

```
E O T N E M I T R E V I D C G V O
V S G F Y K E A I R E D N A V A L
A A T A H T B N F Z L Z P A Z Z O
R J I R T A H A O L L A V A C Z A
G J B W E T Q Z R A F F E T T O G
D A N N O M I D M S T R E G A A R
P L X F U F A N A K F D F T V T A
M O S S E L P M O C P C J O A T V
S P O S A T O C E E H E B M C E I
X H J A C N D G M N N I S I I N T
S O S T A N T I V O T L B C F Z À
L V V V T U A U F I C E G M I I N
W R U Y P O M F H Z C X C G D O B
L A T T E E S Q X E L K L R O N N
T G N H M D C G T S Q Z G P M E S
```

LATTE
SPOSATO
MODIFICA
CAVALLO
SEZIONE
COMPLESSO
GRAVE
PAZZO
ATTENZIONE
AFFETTO
RIFORMA
STREGA
PESCI
SOSTANTIVO
DANNO
GRAVITÀ
DIVERTIMENTO
GATTINO
LAVANDERIA
ESTREMAMENTE

Puzzle 642

GROTTA
DISEGNARE
ACCETTARE
COLLO
PILOTA
INFORMAZIONI
DESIDERIO
CONIGLIO
MISERIA
DURO
PREVEDERE
FERIRE
NORD
FRETTOLOSA
LIEVITO
SIGNIFICATIVO
FRIGO
TASSO
FACILE
ORGOGLIOSI

```
P H S D K B P Q J B V W S J C L S
J R C C C M I D G C V H V V O I I
P D E Y S U L C R N O K Z Q N E G
Q E R V L Q O X O O R L K H I V N
F S A F E T T O T R U Y L T G I I
A I T R R D A G T D D Q W O L T F
C D T E I G E I A W V T B C I O I
I E E T R A I R E S I M A J O U C
L R C T E Z H F E L E E K S K M A
E I C O F C F R H O Z B E G S G T
S O A L L S I S O I L G O G R O I
U I N O I Z A M R O F N I I N J V
F L P S Z T W P K H L R F L H F O
M E R A N G E S I D Y F N G M B W
E R P U K X B E Z X V Z Z V M I I
```

Puzzle 643

```
Y Q D Q E P R B Z Z M C B Z U C F
Z X Y A E N O I N U I R C A L J O
C J O L H C O J S S F O J M R P O
F R A M M E N T O I A C E I F R N
S K N R K N I N I J B O O T O N A
T V I Z N U T U P A Q I Z S R U V
O M B Q Z M S M J I D L L F C V I
F R A K O O O E I T A C S E H O T
F I C Y Q C P R N G H T P E E L N
A C B O F N R O D T X N T O T O E
S O R R I S O S I P J Y M O T S S
E D U C A T O I C V M K J B A O X
J I T W Y I Q B A C I R T T E L E
Q I N V I A T O R E T F K L W K C
T W L S I D V Y E K D F M M G W F
```

FRAMMENTO
INDICARE
RIUNIONE
NUVOLOSO
PIATTO
COMUNE
BARRA
RISIBILE
SORRISO
EDUCATO
NUMEROSI
ELETTRICA
STIMA
SENTIVANO
INVIATO
POSTINO
CROCO
STOFFA
CABINA
FORCHETTA

Puzzle 644

DEMOCRATICO
OPPOSTO
COMMENTO
MANO
FORNIRE
ADDIO
PASTELLI
PARCO
PROFITTO
SCUSE
ORTAGGI
RICHIESTO
SONNO
SEDANO
FINALE
RESPONSABILE
LAVANDINO
SESTA
SPARARE
PREFERITO

```
N R N F O T I R E F E R P S W P O
Y L Q D T P R S O T T I F O R P R
P O W V N S G E D P F D A N R O T
G A L Q E P Q J E A I C D N I V A
S H R N M M R G L S N Z Z O C B G
L E N C M A N O I T A B O N H N G
T U S I O H F Z B E L V X A I D I
E N C T C H T F A L E Z H D E S O
C O Z T A J F C S L F S O E S P P
S H D S P Y A S N I R V U S T A P
L A V A N D I N O H J E C C O R O
I Y E I Y P Y F P T C D L N S A S
P U J P F C Q G S O A D D I O R T
F O R N I R E U E K O O B P B E O
K S Y O C I T A R C O M E D X L Q
```

Puzzle 645

```
B O P P J O Y M U E K T D Y I R C
E O T U L O S S A N K P P P K N I O
Z I O N M I G L I O R A R E T L N
R N I T U Q O Q Q I L Y S D E A T
S J C A L M N G U Z I V E O R S R
E N O R M E R S I A B S Q M N C O
T F N P G I O P N C E Q U E A I L
E C O N O M I A I I R T E N Z A L
E G S L J Q G Q Z L O F N I I R A
L K S O F V G P I P S I Z C O E T
A L L E G R O O A I X O A A N H O
T O C A Q S S T T T M R Y P A U X
O R G D A C G E O L A E E A L X K
T R I S T E F V G O Z M U C E N G
P W A W X Y M A F M G I O C O R X
```

MIGLIORARE
RILASCIARE
ALLEGRO
ENORME
FIORE
MOLTIPLICAZIONE
CONTROLLATO
SEQUENZA
INIZIATO
ASSOLUTO
ECONOMIA
POTEVA
TOTALE
SOGGIORNO
GIOCO
DOMENICA
PUNTA
TRISTE
LIBERO
INTERNAZIONALE

Puzzle 646

ASSORBIRE
AGGRESSIVO
QUI
LISTA
AFFARE
DESIDEROSO
LUNARE
BOLLIRE
COLONNA
COMMERCIALE
CATEGORIA
PAPPAGALLO
TIMIDO
QUANTITÀ
ABBRACCIATO
DETERMINARE
FATTORE
ESAME
FUORI
CERTA

```
C À A G G R E S S I V O T G H X A
R T T V U C M R N L J R P N Y D B
T I R O U F A R T A U B L N H E B
M T E C K O S D S N J N C E X S R
W N C L B E E Y E B C A A U N I A
P A P P A G A L L O O F C R Z D C
C U T Z S T T J Y E M F A O E E C
O Q Y I H K S Q G Z M A T V V R I
L B G H M R I K E D E R E H M O A
O O R R M I L S M V R E G Q V S T
N L Z Q A H D N J R C E O E U O O
N L N Z K V T O H Q I M R F J I R
A I E R I B R O S S A X I K K I V
S R F F A T T O R E L C A S L M B
D E L E R A N I M R E T E D L A F
```

Puzzle 647

```
C O N V I N C E R E G U W T Q I F
A C C A D E R E V O L A R E U N E
T L P M E L O V E R O V A F O C M
G I V W B I R E T S C O P O T A M
A N V M I N I N I H B P X I A S I
V K T M Q Z G U T O A Z C K Z O N
R O F W A D I B A T T I T O I L I
L I N G U A H C M N S K I T O D L
S B I M H Z V A A O I W V N N I E
T A M J L G Y P R R T W D E E U B
J U L R W C B I E P R G P V J Z P
P I F T X S N T P O A V N E L X P
V G H Q A R D A M C R E S C E R E
S R C C Y T Y L E N O I Z A E R P
R F F L B K O E T M X F D D D N O
```

REAZIONE
ACCADERE
SCOPO
QUOTAZIONE
LINGUA
TEMPERAMATITE
SOLDI
CRESCERE
VOLARE
PRONTO
NEVE
SALTATO
FAVOREVOLE
CONVINCERE
GIRO
ARTISTA
CAPITALE
DIBATTITO
EVENTO
FEMMINILE

Puzzle 648

SCARPA
MOBILI
ALLEGARE
ALTRI
PARTICOLARI
ROTTO
TIPO
BIRRA
QUALIFICARSI
PERCHÉ
SCORREVOLE
ATTUALMENTE
POSTA
POSTO
PRINCIPE
ESERCITO
MONTAGNA
LILLA
ORSACCHIOTTO
CANTO

```
A F É N O J U W D F N Y C O Z J L
W J H X R S A N G A T N O M V I M
W I C M E T N E M L A U T T A S Z
T L R M R Z A T S O P X T Q Q D T
I I E F W B P X J E K F O A P N W
R B P H C I R T L A R V R F O D H
W O U O E R A X A A R C X B S W Q
O M N B M R C X V L P C I Q T L M
A H I P I A S Y A U L K X T O I Q
P R I N C I P E M W P E T V O L C
Q U A L I F I C A R S I G Z W L A
O R S A C C H I O T T O I A O A N
P A R T I C O L A R I Z V M R T T
R M M S C O R R E V O L E K U E O
M N S O R G O L P P C Q C Q Z A B
```

Puzzle 649

```
F C Q O T A N G A B O O R P E T Z
I O W C B Y R Q F C G O I W F I R
S S S C R I L E V A R E S G A S R
S T M H W O W G C Z Q D E I G R Z
A A C I V G X I N K U J R L B A Y
R N Y A X I S B J G H Z V L R L S
E T V L E T N E S E R P A U O O R
R E I I J X W O C I E D P S C T Z
Z A C A M I C I A A N N C T C O D
I T C A L L E N A T O R E R O I Y
W T U C G Y Q P T T P E N A L C M
A I V Z O V L A J Q E J V R O A I
H L E K Z L X I J E Y G X E I D A
A S I N O L T O T S E I H C K T D
D M E R Q P D A C A V A L I E R E
```

RACCOLTA
ASINO
ILLUSTRARE
COSTANTE
CAMICIA
VINO
RILEVARE
CAVALIERE
PRESENTE
CHIESTO
BROCCOLO
BAGNATO
OCCHIALI
SLITTA
PAIO
CIOTOLA
ALLENATORE
RISERVA
SAGGIO
FISSARE

Puzzle 650

BAMBINI
CANGURO
DISCUTERE
VELOCEMENTE
LEGGE
TELESCOPIO
IMPORTARE
CAROTE
VIENE
TRATTATO
ELFO
CONSIGLIO
SEMBRAVA
PRIMO
MULINO
TAPPETO
WEEKEND
PARTICOLARE
VERME
SPAVENTAPASSERI

```
M W L S S U O T A O F L E Q Z K T
U O A P C F J Y A I Z J M R V U R
L B V A F U Q E W P G X R V E V A
I E J V K G B N E O P O E H L Y T
N I E E M J M J E C Y E V V O B T
O M R N E V S B K S K R T W C T A
R P A T C D E A E E R E Q O E B T
U O L A C O P I N L D T U E M G O
G R O P A E N Q D E V U D W E K S
N T C A R K E S K T P C L H N Z P
A A I S O Z L E I U K S I Q T H B
C R T S T B W Y F G J I E G E S F
S E R E E V I E N E L D L E G G E
A V A R B M E S Q K J I P R I M O
R W P I N I B M A B R S O L O S P
```

Puzzle 651

```
A G R N S O T R D D Y M I R Y O I
V Z R P W A W O I H C C E P S G D
O L I Y G S B T A U O B R V M G R
U H S C H V U B G Z X S E O Z I O
M U L Q B A O P I W A K D L V I G
M V I O H A R L Y A T D N P I K A
K V X R P S O R T W A J E E W Y W
M V E V B R L Z E S T Q C R L U X
A U M E N T O L L E R T S I P I P
U S M F B T B A M B O L A B J O L
U T I L I Z Z A T O P R C L Y N E
F R I G O R I F E R O Z E U L I G
Y A A Z K Q V I S I T A J T N K A
V E N D I T O R E M Z G D E N R L
R E S I S T E R E T D L W S Y I E
```

ASCENDERE
RESISTERE
INTERO
BLU
VENDITORE
UTILIZZATO
LEGALE
SABBIA
LORO
VOLPE
FRIGORIFERO
BAMBOLA
VISITA
OGGI
PORTATA
AUMENTO
VOLT
PIPISTRELLO
SPECCHIO
DROGA

Puzzle 652

GUARDARE
ANGELO
DECENNIO
AVVOLGERE
PERSONA
SEI
GRANCHIO
RACCOMANDA
PAZIENTE
GIARDINO
DURA
ASSUMERSI
RESPIRARE
INGREDIENTE
ACQUISTO
ATTACCANO
TRATTAMENTO
MAGLIONE
ACCADEMICO
FISCALE

```
A P Z E K H U H S F I S C A L E E
V E P Z G R O T N E M A T T A R T
V R N S R G A E N O I L G A M P N
O S D V A D V C L P F B S R C G E
L O A D N A M O C C A R D U G I I
G N R Y C W Y L A A L I B D I A D
E A D Q H M T E N C D Z C R K R E
R N I H I C W G O J Q E X P P D R
E N X Z O G B N G A D U M I S I G
A E T N E I Z A P F E Q I I Y N N
A T T A C C A N O M M J K S C O I
A S S U M E R S I H M M O Q T O E
U W E V J R E S P I R A R E M O B
W T N L E K L G U A R D A R E M N
W D E C E N N I O T Y K I D Q E K
```

Puzzle 653

```
Y S Q I C O N T A R E P H P H C I
P L B O N S Q T R A T T E N E R E
A F U G A D F U O N R I S C H I O
I Q D V Z D I N O U X T L V Z S R
G F H J K G I P C R E D E R E A T
C A L Z I N O M E R A T S E R R A
D P N F D Z T S O N G A B X W B E
A N N Q S A I T S S D A I T T U T
B X Q C T S L A A N T E Q N P S V
I J K G Q Y U N G T L R N S D Y W
T C R N K G P C G V C Y A T K N M
O T I R A M M H E M T E H R E K C
W S J F B R C I Z G Z T H X E A P
W B O K G I G V Z B R U C I A R E
K R I I X Y T X A I R T S U D N I
```

UNA
DA
ABITO
STANCHI
CALZINO
MARITO
INDIPENDENTE
DIMOSTRARE
TRATTENERE
CONTARE
ARRESTARE
TEATRO
BRUCIARE
SAGGEZZA
RISCHIO
BAGNO
FUGA
PULITO
CREDERE
INDUSTRIA

Puzzle 654

PROFESSORE
PREZZO
INCLINARE
SBAGLIATO
INCONTRATO
CANDIDATO
SCOPRIRE
QUINDI
NOTIZIA
LOTTO
STUFA
SCI
IPPOPOTAMO
RIVA
GIGANTESCO
CONTRO
GENERAZIONE
TERMINE
BANCA
MERCATO

```
R V Z S N E G M C O N T R O T L E
E A M Z B R D K M B W J P O S F N
A A U B X A C N A B X X R Z P V O
E Y V T G N G I E G T N O Z G W I
N Q D D B I L L R R Z R F E W U Z
I O G H H L I S I T I Q E R I V A
M T T A Y C C P R A Q J S P D P R
R A E I Q N S G P E T S S S N V E
E D D S Z I O Q O O M O O C I B N
T I W Y J I J Y C F P B R V U P E
Q D O B N Z A P S T P O E Q Q N G
I N C O N T R A T O B Z T N V H Y
H A F U T S W S B S R U Q A R M S
O C S E T N A G I G R O R D M N J
L O T T O B P P M E R C A T O O R
```

Puzzle 655

```
L P W E H E S D W B Z D P K F O L
S Y R P X I D E E E G S O F Q V A
P Z Y E C J O N Y O T T A T N O C
I X V V F U F T F S Z A M Z N X R
N K P O O E L I Y E A G E R J J I
T X N N P R R L O T A I H C C A M
A U W F I Y Q I A J S O L C X S A
L E R O A I Z C R X U N O O F U O
C S E P F M D Q O E V E T N L A J
F A D A I A R O J E E E T G M W C
O D N A Z R E H C S R T A E I P R
B A A T F O R S E K O U P D U M A
O H I M A S T E G C I H K O V M N
L R H I H R C A V O L F I O R E O
G O G P B H E R A S N E P R P V X
```

SCHERZANDO
PREFERIRE
LOTTA
CANTARE
CULLA
PENSARE
SPINTA
STAGIONE
FORSE
GLOBO
TESO
MACCHIATO
NOVE
CAVOLFIORE
VERO
CONTATTO
DENTI
GHIANDE
LACRIMA
CONGEDO

Puzzle 656

ZAPPA
STATO
CALAMARI
FORCELLA
NONNO
AGENTE
INDIVIDUO
SIA
DIGERIRE
AGRICOLTORI
AIRONE
COTONE
BASTONE
SEPARATO
SUPPOSTO
CORAGGIOSO
ORE
RAGAZZA
PUNTO
DENTIFRICIO

```
I M F I Z H F G Q I P W Q Z E A C
M K O N P C R W X F O V E S T I A
T B R D A O S E P A R A T O S R L
V U C I B R V V Y P Z A A A A I O A
Q J E V A A J G N P Q Z G A A N M
Y P L I S G S C Z A V O A E D E A
S A L D T G H Z D Z I M I G N H R
O T A U O I S U P P O S T O A T I
L E A O N O P O N N O N N V B R E
U A D T E S I R O T L O C I R G A
L U G I O O P E R I R E G I D K O
P U N T O I C I R F I T N E D N X
P Z Q U C O T O N E F M S U N W V
R O I C V V I B M D N X C V K U X
R R P O U O T H X R Z C V B N Y F
```

Puzzle 657

```
L E I E N G R P E X P G P A S P B
P I C C O L O E Q T D T I C V B O
S E M P R E L L G M W I O C U I T
S N V A C X L I U A Q G V U Y A A
J O T A K R A T C N L R O R L N P
Y I K R V V G A B G H I S A H S U
J Z V U P J J T S U W D O T P I C
Z E J T G A I R N R E S J E E O C
H L I A H I W O R P Y Q M Z R S O
H L D R C B M P S U L L A Z D O E
S O P E G G I O R E R A M A O L R
O C R P U R L O I R P O R P N H P
H L G M O C F T B K B I Y T O R L
O T A E Y M E Q S X K S B Y W N O
T V X T K Y B U F D C Q O O D J J
```

PIOVOSO
PEGGIORE
AMARE
PREOCCUPATO
URLO
LEI
PROPRIO
SULLA
PERDONO
PICCOLO
TEMPERATURA
REGALI
GALLO
PORTATILE
ACCURATEZZA
SEMPRE
ANSIOSO
COLLEZIONE
VIA
PRUGNA

Puzzle 658

VILLAGGIO
MEDICO
GEOGRAFIA
COMPASSIONE
RIAVVOLGERE
POLITICA
SCIENZA
AVVERSARIO
ANNUALE
DECIMALE
CONSIDERARE
INTRATTENERE
MESE
ALBERO
CAVO
FUTURO
CESSARE
MERCOLEDÌ
VOTO
OROLOGIO

```
D C C M B M P Q F D C E S S A R E
B E A F U C E Z I E E L A U N N A
R H V F I B H S E Y R C V C S V R
G I O R E B L A E Q A F I E G R M
E P A O G J A Y P D R W U M G M S
O O X V M E D I C O E M O D A X B
G L X E V M H N E T D G I J I L T
R I Y O W O A Z D O I P R L C O E
A T V G G S L Y K V S K A R I R J
F I V I N S D G G B N E S E B O B
I C C R Q W Ì D E L O C R E M L E
A A S C I E N Z A R C H E Y G O N
V I L L A G G I O P E H V B B G C
I N T R A T T E N E R E V U Q I L
F U T U R O E N O I S S A P M O C
```

Puzzle 659

```
G E N T I L U O M O G J C I S H O
I D E N T I T À I S P M Z O R Q C
A S N R R I C O R D A R E R L O C
K A O I A G N I S R A S R E V U U
A T I I N P G G A D D B S P E W P
L D Z A N V I K N E B K Q C O L A
F C A X G T E C O I H C C E R O T
X H P Z V I A R E W H H Z R E T O
O T U D E S Ù Z N T C M M I T N A
I Y C W R C M D G O R O K V T O N
B A C F A C I L I T À A W E O M G
E D O R T E M O M R E T P L E A U
E Y E H L V I S I B I L E A L R R
D D R I A J F U T U D A E R O T I
V B P O S I S P B S G J S E C Z A
```

COLEOTTERO
VERSARSI
GIÙ
OCCUPATO
INVERNO
FACILITÀ
RIVELARE
SALTARE
RICORDARE
IDENTITÀ
TRAMONTO
TERMOMETRO
ORECCHIO
PREOCCUPAZIONE
SEDUTO
GENTILUOMO
VISIBILE
SANO
ANGURIA
PARTECIPARE

Puzzle 660

ABBASTANZA
RISULTATO
ZANZARA
POSITIVO
ESATTO
DEVE
IMPEGNO
TROVATO
CIAO
LUCCIOLA
CAPO
PROCESSO
CHIP
COMPARSA
SOSTENERE
PROMETTONO
RISTORANTE
NOSTRI
QUELLI
TEGLIA

```
C O M P A R S A D S F H C Q R R L
T E G L I A L U C C I O L A A I B
D V J B R Q Z P O S I T I V O S A
W E O G T O J N T S I W Y H A T P
S D C H S P X E A C P R T M I O L
W O B X O U M S V T J J E F C R J
K Z S K N J P A O X S V V G A A S
N X O P I H C T R D K A E A U N O
K W O R L R R T T N L Y B V N T S
O C J O I S I O X N T A T B Y E T
Q E W C P R O M E T T O N O A B E
D J Q E Q U E L L I C C F I K V N
M V O S Z A N Z A R A A A A S W D E
Z Z I S R X D O O N G E P M I V R
V M R O T A T L U S I R H O T Q E
```

Puzzle 661

```
P Q F O W D G S G U A R D O M F O
J B J M B I C A C T C I F N I A P
K J Z G E S A V L A S T Z A L B P
B Y U M H F R Z M O V L Y C L B O
G O V S T Q I P A V P S L C E R R
V B L S F Z B D V I T P D E P I T
I W S L A Ù W H T N K O B I C U
T Y L P I X J W U O E E Z F E A N
E W E M R T H Q L M T T G D Z I I
U D E A O O O Z V E Z T D T I I T
I U T U T P R R C A D U T A O O À
W W N G T E T G E G O D E R E N W
S P E C I F I C H E C N I L R E X
S Z I C V S P I E G A R E Z I M M
C O N V E R S A Z I O N E L Y H P
```

NIENTE
FABBRICAZIONE
SPIEGARE
SGUARDO
GALOPPO
SALVA
CARIBÙ
CONVERSAZIONE
OPPORTUNITÀ
VITE
ZAINETTO
SPECIFICHE
LINCE
MILLEPIEDI
BOLLITORE
BECCANO
VITTORIA
EMOTIVO
CADUTA
GODERE

Puzzle 662

FORNELLI
CAPELLI
SCIENZIATO
ERA
UTILMENTE
TAMBURO
VELOCITÀ
GALLINA
GIACCA
ALTO
CALCIO
ANTISTANTE
AFFITTO
ESTERNO
DI
FREQUENTE
ANELLO
PRESTO
DISTURBO
STRADA

```
I N Z R V T E K S T R A D A U E Z
R U B E E E T N E M L I T U X B H
C A L C I O L G W F T A M B U R O
S A B H R A H O A Z O T S E R P N
C G R I A E M L C L K R D T M N R
I A C C A I G L J I L W N C W Z E
E L X B L L W E R P T I H E X N T
N T I E B L I N A V Z À N K L T S
Z O X T M E D A U E J X K A S L E
I T K S K P T E E R A C K P P K I
A T I R K A F R E Q U E N T E L N
T I V I J C D I S T U R B O D I V
O F A N T I S T A N T E S Q O Z C
E F D N T G H M T E P M V Y K W G
P A G K Z L G I A Q Z W A C R B V
```

Puzzle 663

```
I N J C E I V L K G F I T O B L F
M I O C I T A M M A R D O F E S O
P N I T V E J N D E L Y N V S C S
O D H M T P O I L H P K F D T R N
R I C I C E R A T O U N O A I I F
T P S G C M E C C A N I C I A V D
A E A R O N K M L I O N Z Q M E O
N N M A M K P U B B L I C A E R Y
T D C Z B V D M L V L C Z J P E T
E E O I I E T N E M E T N E C E R
N N O O N N K T B F D B R G T D H
N Z J N A D C S K R O Y F A P F V
A A J E R I K T J E M D Y I Z K C
R R Q J E T Z V C R G H Y J V Z H
T Q S A T A A D D U U K Y F E Q O
```

DRAMMATICO
COMBINARE
TONFO
INDIPENDENZA
PUBBLICA
MIGRAZIONE
SCRIVERE
POI
RAZZO
BESTIAME
RECENTEMENTE
LO
NOTTE
MECCANICI
VENDITA
TRANNE
MODELLO
NUOTARE
IMPORTANTE
MASCHIO

Puzzle 664

ORGANIZZARE
QUALUNQUE
RAPA
PEPE
OBBEDISCONO
COMODO
SCHIANTO
PIANTO
FOGLIO
METTERE
NAVIGARE
PORZIONE
FORMATO
PRIVILEGIO
SORTA
HANNO
PERIMETRO
NOME
RECUPERO
RISORSA

```
C Z R C F N P R I V I L E G I O P
Y S X H O A T R O S I E M I K C E
E H W P R V R E W S R B O L J O P
P Q B N M I G H O C E E N L W M E
T E I O A G W K H H L Q A C V O R
I N R H T A L T Z I G M I F E D A
Q P B I O R B L L A P S E A W O P
N K Z I M E T H X N L B B J O R A
H O G V N E R E T T E M O Y R E S
C R O S Y U T E N O I Z R O P P R
I V Z A H Y U R M Z T H W L L U O
G F O G L I O Y O P X N A D D C S
O R G A N I Z Z A R E H A N A E I
Q U A L U N Q U E T N E Q I N R R
O B B E D I S C O N O B E F P O J
```

Puzzle 665

```
Z Q P N W R W L W A O A C M S O O
R I E M P I R E T Q L X N O E Y K
Z P E R E G G E L B D L E L L X R
E X R R P R O V A R E E O F E K D
Z M X O U J B X Z T U A O P Z J U
B X J X G T F B N M E N T E I J P
X D O N O E T R E O R J N S O C L
F Y U R R T T A R W A W E B N P I
G O V E R N O T R C T V C E A R C
O C W G W E R P O E I E V N N A A
D O K P Z I I F C V V R N R I T T
P R U A B Z P R N W N I L U T I O
I S Z J S O M U O A I T I S T C F
A O G I D U A F C C B À O T A O J
E B P E W Q V R G E X R U E M F D
```

BEN
VERITÀ
CIPOLLA
PROGETTO
INVITARE
PROVARE
QUOZIENTE
GOVERNO
MATTINA
DUPLICATO
RIEMPIRE
LEGGERE
CONCORRENZA
ERUTTARE
PRATICO
CENTO
SELEZIONA
MENTE
VAMPIRO
ORSO

Puzzle 666

LUCE
SCINTILLA
CANARINO
OTTENGA
MODO
AUTOMATICO
ATTUALE
MENZIONANO
SOPRA
QUALITÀ
INVECE
SIGILLO
NULLA
CENTESIMI
LIBRO
BORDO
REGOLAZIONE
OMBRELLO
ADEGUARE
GESTIRE

```
U U M E A K L L T F Y V O S M N G
G I P J E A E G W D O C Z I O E N
E I À V I F T J O D R O B G D F J
B R T R D O X J N R P Z A I O E W
S C I N T I L L A O B A O L H J D
O B L T P O Q I N A M I M L H L H
T N A G S W C N O N J B L O T X B
T U U Y N E S V I O N I R A N A C
E L Q B M L G E Z H X G E E C U L
N L N X C A E C N Y B M F E L D U
G A O I P U J E E S G R N N M L R
A L Z Y P T T I M I S E T N E C O
S O P R A T R E G O L A Z I O N E
Q O C I T A M O T U A C O I R K W
A D E G U A R E Y K I C H U P H E
```

Puzzle 667

```
L E R E F Q C B G R G H U K J P V
A M Q K A U Z U A C X P L B H I O
V M Q Y T A T L L L Z M Q R D A L
O D E X T R O K O T E U Z I I C T
R K Y Z O T Q D X V U N D F E E A
E L R S Z O O R A R D R A L T V A
T V N L C O L I Y G I Y A E R O N
T B R I L L A N T E S S G T O L T
O C I G A R T E Q D P X W T Z M I
R I P E T E R E O T I T N E S E C
Y W K O D H L O I R A M I R P N O
O G E E G A X I M Y C I J E C T H
D O R E T T O D I P E L M B D E Z
X W S E Z O V T P V P C R F A O E
D U Z Y V V S R U N T D O L C I R
```

MEZZO
PIACEVOLMENTE
DUE
BALENA
LEPIDOTTERO
FATTO
ANTICO
TRAGICO
VOLTA
DOLCI
RIPETERE
DIETRO
CULTURA
BRILLANTE
SENTITO
PRIMARIO
QUARTO
LAVORETTO
RIFLETTERE
DISPIACE

Puzzle 668

MELA
BUGIA
DIPENDERE
VANTAGGIO
AQUILONE
SEDIA
COMUNICARE
AUMENTARE
INTERESSE
ACCOMPAGNARE
COSTRUZIONE
CLIP
CATENA
TRASMETTA
UCCELLO
OSSERVARE
FUNZIONE
GIUDICE
PIÙ
ADATTO

```
C H A I D E S G H O C K L Y Ù D U
A V U M H R E X O P M I P Y Y I T
T M M I E N C M I K H N W M M P P
E R E N R L E O G E S Q K H V E C
N U N T A C A I G U B C L U Q N O
A C T E N O T R A S M E T T A D M
V C A R G S P G T V Z R I U J E U
F E R E A T V S N K V A C S F R N
U L E S P R B R A C X V B L I E I
N L C S M U A J V P N R Q S I X C
Z O I E O Z D V X I D E V H R P A
I X D G C I A X E L N S O R C W R
O M U D C O T J A K J S Q S F K E
N M I H A N T F C P C O C M X B R
E X G D D E O V Z A Q U I L O N E
```

Puzzle 669

```
O R T O B À Q T E M Q M Q D L W O
A N T M R T J T S U I N F O O C W
S D C B T I R E B L A O F N O K T
S A Z P P S C K Z B N G U N T X A
I T P V K O J O D W C F Y O U J G
C I J N O R W R N O B R O L K O W
U X L W L E U O O O P D I A W L Z
R U R G C N S V L Q S O L M B O H
A H Q J S E Z A Q P K C G O I G S
R F C W C G Z L C U R E E N D N J
E X A L L I E V O I A O M R U A E
C O C C O D R I L L O G H E E I N
E C O N O M I C A E L A U D A R G
W L G B R E V E D N G O Y O W T M
C U C E P U T M E L G W K M V Y U
```

GENEROSITÀ
MODERNO
TRIANGOLO
CURE
ALBERI
MEGLIO
RICONOSCERE
DOPO
ALLIEVO
CRIMINE
DAL
CUCE
ECONOMICA
COCCODRILLO
ASSICURARE
LAVORO
DATI
BREVE
GRADUALE
DONNOLA

Puzzle 670

MOTORE
MALATO
VERIFICA
RINGHIO
CAMBIARE
ESERCIZIO
POCHI
INDIRIZZO
CONSECUTIVO
PISELLO
MANTENERE
RIPOSO
GAMBE
OSPITE
COSTOSI
ALTEZZA
PROBABILE
OMBRA
ESEGUIRE
OPZIONE

```
G U H B P I P M J M W M Y E V G M
E G R I N G H I O Y G O T A L A M
S E M C X I X H C I J T T L T W L
E R O V I T U C E S N O C I I X S
R I N L K Y K O V D A R B M O Z T
C U R Q L O W P X P Z E T I P S O
I G Y O R E S T J R Z R G A M B E
Z E I M J Y S G Y O E E W C A P N
I S O T S O C I Q B T N K I Q V O
O E R I P O S O P A L E Y F N Z I
C A M B I A R E W B A T A I W R Z
Z X O G O Z Z I R I D N I R M U P
M W M E F T P Y O L G A D E L R O
L Z C J D G Z S Y E J M Z V R R W
B K K X D L L L Z O K L R B W J H
```

Puzzle 671

```
S W M L I Q V S R Y X G M C O X A
I I T R K T E R E D A V N I I C T
U K C U W O N R S T A N C O O P T
N Y L U W G O K U P I M F E D W I
U V B A R U I B O T T I G L I A V
G H U O Z O Z S F A I Q W I R C O
I U N M S P A V O U S N U T R I I
B H U G B R L V X U T L R U O T M
T A L E N T O C X W R O R O C E P
C A E M B Z P I G G A M R O F L A
P U T L G J O B V U N M Z N H T R
F I U M E A P U U G I N E E Q A A
S O S T E N G O N O E Z R D F H R
E S I S T O N O C C R T I R I R E
N C R A V A T T A I A F N U L O N
```

FIUME
UOVA
STRANIERA
CRAVATTA
SICURO
ATLETICA
INVADERE
ATTIVO
MEDIO
TALENTO
POPOLAZIONE
ESISTONO
UTILE
CORRIDOIO
BOTTIGLIA
SOSTENGONO
STANCO
FORMAGGI
IMPARARE
FORNITURE

Puzzle 672

FAMILIARE
MINORANZA
POSSIBILITÀ
BAMBINO
ISTANTANEO
ARMA
PRESE
CAVITÀ
CONTRASTO
PASTINACA
TUTTI
PERISCONO
ESSENZIALE
PIANURE
AMICHEVOLE
ASSUMERE
RESIDENTE
FORTUNA
DISTINTIVO
ESPERIENZA

```
I S T A N T A N E O N I B M A B D
T N C E I N E L O V E H C I M A E
V U W N S J R V T M T S E N Q N S
Y Z T K N O A Y S P N P E O D U P
P I A T À T I V A C E A P R R T E
A E B Y I X L B R H D S O A P R R
S E R U N A I P T G I T S N F O I
S W G I V O M J N W S I S Z H F E
U F S I S V A X O H E N I A T X N
M T K V J C F M C T R A B M T O Z
E J T D R L O W Z M K C I R D Q A
R P X V K P O N F I G A L A G H K
E S Y E E M F Y O T L D I S L U F
F V E S S E N Z I A L E T I S V L
T R D I S T I N T I V O À D Z Y Z
```

Puzzle 673

```
N F W W W U N B P O X C D C Y Z E
I M P K S P E C I F I C A V L N L
D D Z O I L G O F I R G A C D E E
X Z A V B F K T I C I M A A K G M
P E R I C O L O S A M E N T E A E
R H T T U S O N A G A R U B H T N
C E F T Q D H V I U C J P W W I T
E N G E E D I J S R Y A G B B V A
N O T I W S U R L A P C L O N A R
T I R B N R J B A T N S N D T N E
R S D O Q A V Z U R V E S N A B C
O I W S V L N Z Q A C O L P O J N
Y C Y K A N A M I T T E S L A G O
S E L A I C I F F U C B Q P D Z N
J D C A R A M E L L E E P P W V Q
```

URAGANO
PERICOLOSAMENTE
SETTIMANA
OBIETTIVO
SETTE
SPECIFICA
CENTRO
TARTARUGA
REGINA
COLPO
UFFICIALE
LAGO
QUALSIASI
ELEMENTARE
CARAMELLE
DECISIONE
AGRIFOGLIO
CALDA
AMICI
NEGATIVA

Puzzle 674

VISTO
RESTO
ADOTTARE
FARFALLA
PENNA
MILITARE
CONFESSIONE
RISO
INTRODURRE
EFFETTIVAMENTE
ISPIRARE
TRASFERIMENTO
IMMERSIONI
CONOSCENZA
DIVERTENTE
FA
PANE
RAGAZZO
ONDA
FARINA

```
N I N O I S R E M M I F V S E C C
E T N E T R E V I D R A D N O O O
X U D T W W J J H L N R I K T N N
Z E J J R K I O C C M I L G S O F
F R P L Q O O Z Y J O N V A I S E
Y A I E L T D V T M E A F M V C S
N T R S G S B U R A G A Z Z O E S
Q I M F O E D O R F X F G Q C N I
E L M N A R N L G R P E N N A Z O
U I K I C L Y N K A E F Y O P A N
C M Y X A X L A D O T T A R E A E
N U D L K B E A P I S P I R A R E
H F X E T N E M A V I T T E F F E
T R X H H F J U N D L I O G L X Q
I O T N E M I R E F S A R T P E R
```

Puzzle 675

```
P G V N K H K L V A M À S S I Q C
A I L G A U Q Y E A G T O O N S I
T M X N R U Q M X G F I C R U Q T
T O E P I A N E T I N D I P H P T
I L À T E I R A V T R O T R L B A
N T Z T N E H Z B A F M N E N F D
A I C A T E G F D L À O E S G O I
R P A W O T G F L Q P C D O I Q N
E L O R G A N I Z Z A Z I O N E O
E I C N U S O K L V P G G Q E V Z
N C C R S E A M R L P S R Z Q F K
T A O T A T I C C E E P U X M O I
T R L H O T Y J X S T T R S A R E
N E B Z O A Z L P M F W N S R Z T
T A Q S O N N O L E N T O I E A Y
```

INTELLIGENTE
ATTESA
ECCITATO
PAPÀ
VARIETÀ
FORZA
ORGANIZZAZIONE
QUAGLIA
COMODITÀ
MARE
LATI
PIANETI
MOLTIPLICARE
SORPRESO
PATTINARE
BLOCCO
IDENTICO
CITTADINO
SONNOLENTO
LEGNO

Puzzle 676

ECCEZIONALE
BRACCIO
VIETANO
CUCINA
DISSIMILI
UDIRE
TREMENDO
PIACIUTO
MATRIMONIO
RISPONDI
MESSAGGIO
SONO
EMERGERE
AVVERTIMENTO
TITOLO
RISPETTO
RUBARE
RIMA
BISONTI
INDOSSATO

```
K I W N X K Q W T C S X I U T Z A
E C C E Z I O N A L E Z Z B R Y V
U T I T O L O T U I C A I P E T V
R V I E T A N O T F L Z O X M A E
S I S N D P O C U C I N A B E K R
B E S A C D S M A H V A T O N J T
R R X P Q A O U B V B J R C D K I
I A A O E R I D U I N Q D A O P M
S B P C H T B I S O N T I H J Y E
P U X V C O T X M X S L X P R H N
O R Z E X I L O T A S S O D N I T
N H N R T Y O I N O M I R T A M O
D S P D N R R D I S S I M I L I Z
I E Y B P G B R E R E G R E M E Z
N Y P L Y R N Y M E S S A G G I O
```

Puzzle 677

```
G P G E U R U K P S B O B R K O C
V E V E S O X Y E E E D R C E G O
T R L E E P Q E R E L K K Y T L R
V E U O E J E R S G L R U P N E R
L M O W W Q P R O D A R E I E T E
U I F P R N U A I C C A N I M T N
N R N Y I M A A R M M P U N L U T
K P Q H L N S B O R E V W R O R E
G E K O G G I J I D P N B V V A Z
A D T A P P O O F N W P T L E I W
R C E R C H I O N S J Q T O R C A
T R E C E N T E B E A F P E O W B
E A L T E R N A T I V A D K N U W
O E L L I T T I C O C Z R F O Q X
A L L U V I O N E U M I D I T À W
```

FIORI
OPINIONE
CERCHIO
MINACCIA
ARTE
CORRENTE
TEIERA
ELLITTICO
ALTERNATIVA
TAPPO
LETTURA
PERSO
ALLUVIONE
BELLA
RECENTE
ESPERIMENTO
GELO
DEPRIMERE
UMIDITÀ
ONOREVOLMENTE

Puzzle 678

VENERDÌ
INTERAGIRE
SPORTIVA
ESITARE
GOCCIA
CRICETO
MOGLIE
AMMINISTRAZIONE
SPERANZA
ZENZERO
SEGNALE
LIMONE
RAGGIUNGERE
MAESTRO
FANGOSO
FORMALMENTE
ORGANIZZANO
FORMAGGIO
UTILITARIA
OGGETTI

```
S F O R M A L M E N T E I L G O M
C P L F J O Q P D D K D Y L O R T
L R E Z S P O R T I V A K Q U I F
J I I R S E G N A L E T H X L O M
M O M C A H W U U D M N Y D X R Y
P E X O E N F O R M A G G I O G V
I X O T N T Z O G G E T T I R A G
X M W L T E O A D E C Z L B T N O
R A G G I U N G E R E E R F S I C
D Q P E S I T A R E C N G D E Z C
F A N G O S O Q K F F Z A G A Z I
S W T A L Y Ì D R E N E V Y M A A
U T I L I T A R I A Z R W S P N B
I N T E R A G I R E L O K B R O Y
A M M I N I S T R A Z I O N E J B
```

Puzzle 679

```
P O D O J B I A N O R O C A N A M
S E G U I R E A U R J V D C U R A
D E L I C A T O R T S O M O O M L
Q N E C M T H I Q M U H S Z T A A
W O S K K Q O C S F U N L S A D T
D B G E N Q T C W L E G N C T I T
X R F V M Z G I Q H C S F O A O I
T A R O Z P C R W W J F T Y Q J A
D C R D P J L Q W N B X P I V A K
E F E V T W D I A R E D I S N O C
T J S E C O L O C M L N L D M T P
D I V I S I O N E E L H K D L A O
P R E Z Z E M O L O O V G B D R L
H W J I N F A S T I D I R E J P D
K M K T G V W R A P J U X A Q D E
```

DIVISIONE
CONSIDERA
INFASTIDIRE
DELICATO
BELLO
NUOTATA
ARMADIO
ESTINTO
SEGUIRE
DOVE
CORONA
RICCIO
CARBONE
PRATO
MOSTRO
SECOLO
MALATTIA
AUTUNNO
PREZZEMOLO
SEMPLICE

Puzzle 680

CARATTERE
CONTENERE
PORTATO
CIRCOLARE
CORRISPONDERE
CLIMA
FIORITURA
DENOMINATORE
AGGROVIGLIATO
RAME
MONITORARE
POSIZIONE
OCCHI
CANTI
DECADENZA
MADRE
SABATO
SETOSA
SODDISFATTO
POVERTÀ

```
A T C W I W K M R L W P K M D S S
G B O T A T R O P A A O S O W O A
G E R E N E T N O C M K P N R D B
R N R I F A R Q C V D E O I R D A
O O I A Z N E D A C E D V T T I T
V I S M L E A F C Y P B E O C S O
I Z P I L O C I U A T R R R V F O
G I O L D L C O J N N D T A W A C
L S N C Q J Z R M B G T À R I T C
I O D X W B F I I G A H I E V T H
A P E S R P L T O C M A D R E O I
T A R Y D Q B U R A N C O H D Z Z
O M E I U R E R E T T A R A C Y S
G D F J W O S A S O T E S K A L T
U B D E N O M I N A T O R E P W S
```

Puzzle 681

```
D H Q S H O T S E D O M C D P C Y
U Q E I N H D S P P E B H K I O T
R Z J X I E A H I U K Y D T E M L
A P F A A M E N T O G G H T D P A
N R H S R W X B M À M N N U I L N
T O S S O T D A Y J T L A Z X E T
E F M T K E R M E L L I N O C T E
R O C T A S C E N A V P R F G A N
I N F U I N I Z L A C V X O S J A
U D X H C R Z S B D M W V S T M T
N A D I C H I A R A Z I O N E U O
I M P G A C A V A L L E T T A Y A
M F J A F F C N X R E N A S O W B
I A R G O M E N T O Q R W S Q Q C
D K G S Y R J W K X O J Q I A Z H
```

MODESTO
ARGOMENTO
PIEDI
ERMELLINO
RITMO
SPUGNA
AMENTO
FACCIA
SCENA
CALZINI
OSSO
CAVALLETTA
DURANTE
AUTORITÀ
PROFONDA
DICHIARAZIONE
COMPLETA
ANTENATO
DIMINUIRE
NASO

Puzzle 682

RITRATTO
MEMBRO
SOLE
ASSEMBLAGGIO
CHIUDERE
DOPPIO
CAMPAGNA
QUANDO
ORDINE
CAFFÈ
NERI
GREMBIULE
TERMINI
TABELLA
SORGENTE
SOLDATO
PERSONALIZZATO
ALMENO
IMPATTO
NESSUNO

```
L P E G D V R O T S P N P I C A O
H Z N R V G F I S E O T T A P M I
M C F E X Q W P T R R R N E R I P
C I J M F W A I H R T M G S Z O P
A S I B M T G È F F A C I E E Y O
A I D I E Y V D H L A T F N N R D
N H F U W M E G C G L Z T Y I T S
T D H L Q R T T T E M K X O D C E
P I Y E D L K S T W E B B T R H E
C A M P A G N A R I N E F A O I E
T A B E L L A G Q A O Y C D D U Q
A S S E M B L A G G I O J L N D B
Q E M L M E M B R O N S M O A E N
D J Q O N U S S E N N A S U R V
P E R S O N A L I Z Z A T O Q E S
```

Puzzle 683

```
T O J G C E R C A N D O E S U M C
V R F I G L I A L N D I R Q D K I
U P O Y E H M D G V Q R S C C K L
O O I N U O T T U T T A R P O S I
L L C F C N W Q V O L S S O K L E
E T A U I O S V P J Q S T T X J G
O R B R C U U F S R U O P N U V I
F O I E D S L F T D P L J U U S A
P N F T Y S Y P I B A G L I O R E
M A M T W T Q B R F S I O G A P O
D Y A O Y Q W F A E E D F G G Q L
T E L E F O N O T L U S G A Z F U
P I T T U R A I O I D B I R H C F
R I F I U T A R E C I S A T F E Q
V X E O A G V R Q E O C N U O K G
```

GLOSSARIO
FURETTO
FELICE
TRONCO
ESITO
FIGLIA
PITTURA
TIRATO
BAGLIORE
RAGGIUNTO
CERCANDO
SUONO
SOPRATTUTTO
POLTRONA
VUOLE
CILIEGIA
BACIO
RIFIUTARE
MUSEO
TELEFONO

Puzzle 684

CICLISMO
MUSICALE
INVISIBILE
SCOMPAIONO
COMUNITÀ
PRESTANO
PICCOLE
PISELLI
CLIENTE
RAVANELLI
LIVELLO
ARRABBIATI
LEPRE
FOLCLORE
VENIRE
CROCE
SUO
GIÀ
CALDO
RE

```
T J V O S V H F M U J A K A E T R
Y P T O N Q A L U O E A C O M I A
Y C B H I K P R S P E U V D Q G V
P Z O O Q K B G I C R C R O C E A
P F L S X G K R C A S E T U S S N
C I C L I S M O A L C C S S I M E
K I L E P R E Y L D O O V T T E L
F O L C L O R E E O M M E I A T L
S V O L L E V I L J P U N I I N I
Y P U R E M J F Z E A N I M B E O
N Y C G S S M V W Q I I R M B I I
G M B D L E I V R Q O T E Q A L V
P I C C O L E P E S N À H C R C D
I N V I S I B I L E O Q U N R Y I
S H G F F U Q G I À F S L N A W F
```

Puzzle 685

```
S U P E R F I C I E V Z Z O O I S
F P R O D U Z I O N E O G N U L O
C L P W V K R Y H U D N R I D I T
F V U Z N G Z S W D D A F Z T L T
I T A I D E S N I E F U K Z D I I
G Y B Z D I U X G C H S L A R N L
F O N T E O Q L D I Q S I G V T E
F E R R O Z I O E M K U R A L E N
P U L C I N O S T A D O A M A R W
M Z J D J E X O O A E N T S F V Q
E Z K X S G N I O A G F N R I I B
A Q B J Y P D Z J B C E O V U S N
D X O N D M X E X C R E L Z N T U
X E N O I Z A R E P O A O L W A G
S C A L E H I P D T D N V P O K W
```

PREZIOSO
LEGATO
PULCINO
LUNGO
INSEDIATI
PRODUZIONE
FLUIDO
FONTE
MAGAZZINO
FERRO
SUPERFICIE
SCALE
DECIMA
ZIO
ZONA
VOLONTARI
SOTTILE
OPERAZIONE
QUASI
INTERVISTA

Puzzle 686

INSENSATA
VITAMINE
SVUOTATO
LETTERA
LUCERTOLA
GRANDINE
ARANCIONE
CENTRALE
POPOLARE
INCLUSA
PAGINA
SECONDO
SFIDA
PERA
PAURA
COSTO
CARINO
TIPICO
OGGETTO
TECNOLOGIA

```
P Z C C K A L U C E R T O L A A G
K J N W A I J W O G G E T T O C R
I N C L U S A I D L S L E S N O A
S F I D A K R P N G E D G F I S N
X R B M R P E O O V J T I F R T D
C A P B W S P Y C D Q V T H A O I
Q E T A T A S N E S N I E E C Q N
R N N F T C A S S Z V E D R R J E
I I W T A R A N C I O N E A W A G
L M M A R O T I P I C O D L R N V
C A V R U A Q D M K Y G X O X I W
A T K V A T L I Q G E L Y P N G K
B I G K P K U E Q F B Y W O D A Y
L V T E C N O L O G I A J P O P N
K F X L L A S V U O T A T O W W P
```

Puzzle 687

```
P P R O C E D U R A L T M M À I P
A L O G E R G M M E Y Q A P T N M
R L E R E V I R C S E D N G I Y P
T Q L D F Z O C S E R F I G L Y E
I T I E S K V E D I C F G I I I N
C E E P T F A P R G H R A O B D O
E R V C C S N A L B R Q M C A I I
L D G Y N E E S T A V A M A S M Z
L R I W T I G R A N D E I T N E I
A G R A D O C W F C K O T O O N B
B M A R C I O A I H H F H R P S M
J H A J K Z V G G I R X Z E S I A
H C Z N G A U B U A X J Y N E O V
S M T G R N Q J R R Q V Q D R N B
I F D K S M T J A O O Q X W H E T
```

AMBIZIONE
GIOVANE
GRANDE
FRESCO
STELLA
DESCRIVERE
DIMENSIONE
TECNICA
RESPONSABILITÀ
IMMAGINA
MARCIO
GRADO
CHIARO
GIOCATORE
PARTICELLA
TAGLIO
REGOLA
PROCEDURA
FIGURA
STAVA

Puzzle 688

CACAO
NONOSTANTE
SELVAGGIA
AVVOCATO
OVUNQUE
TUTTAVIA
SCIOLTO
ANATRA
CERVI
INTORNO
RADUNO
VUOTO
FRESIA
CUCCHIAIO
FILO
STAZIONE
RIBES
CAMPANA
CORPO
PECORE

```
S F I L O K A G Q Y R D U R S C O
A I J V C K S V H A N A P M A C W
I N T O R N O C V N C T C V I U U
V Z O P O R O X I O A W W L G C Y
A J A R O I F M H O C Y L T G C B
T F N O C V V X K X L A K L A H G
T V A C M R U I Z H L T T W V I Y
U U T D O E D N D U B S O O L A S
T O R M X C W T Q P E C O R E I T
E T A U C A C A O U P P Q A S O A
B O Q R R E Q E T E E L U J N N Z
L R X J I N D K I P G D K J Z U I
N E F R B Q X S Z F U F U M K D O
K Z J G E N O N O S T A N T E A N
I Y L F S V V H L F R E S I A R E
```

Puzzle 689

```
K Z T J S P C V N X H P S A G D U
M M R J V U L I P S J N A D A F N
M I E C I L A S X D W W A X J P D
A A S D K T Z D E E V Y M F P T I
T M O T I V E R S I O N E P V M C
E W C J E F P E R M E S S O B Z I
R E T N E R A P S A R T E O Y V C
I L I Z D T O M Q U A L C O S A O
A I S T E S S A I S S E T S V T L
L D A I T C Y B U G H E K X L I L
E E B U N H Q I I O L J A Y O B A
I S P F E A E R E D E I H C I R S
I V A L U L L E B I L F A R E O S
R F G Z M O T I O R T N I Q U S O
O X Z D O D T L N G R R V K V C U
```

LIBELLULA
MISTERO
RICHIEDERE
FAMIGLIA
TRASPARENTE
QUALCOSA
VERSIONE
MATERIALE
STESSI
ORBITA
UNDICI
INTROITO
SEDILE
COLLASSO
STESSA
GRIDO
SALICE
MAI
PERMESSO
MEDI

Puzzle 690

PORTARE
NOMINARE
COLONI
OCEANO
NUMERATORE
VERNICI
CAMINETTO
STRUTTURA
GOMMA
EPPURE
DOMANDA
ESTENDERE
SCOSSE
ELEFANTE
MATITA
SPINTO
INCLUDERE
DIMENTICATO
SAGGI
SALITA

```
C Z J U P Z U S P Y M Y N S P D W
E P P U R E Q Q T C X U H C O O I
P Z Y S P K S V O R X D Z O R M M
N H Y H T C Q Q E G U O J S T A K
P A K Z W J Z Q O R H T N S A N C
N U M E R A T O R E N N T E R D S
E E D B R T E N G E G I G U E A A
S L S A T I L A S O V P C M R M G
T E A P R T J E J V M S D I Q A G
E F C G P A I C R F K M W E X M I
N A K E Z M E O V F B X A M J A N
D N R P C O D I M E N T I C A T O
E T C A M I N E T T O J K E Z Q L
R E R E D U L C N I V K Q L V N O
E N O M I N A R E T A Z U K B U C
```

Puzzle 691

```
X A A N I T R E P O C L C V R I L
L X G S I M B N A C E N O I S I V
Z K H N W C X Z G E W H M M C W N
C L A M P A D A A J B N M I V Z S
A P W L W P G F S S S A E L X Y L
U I G A R A X L X N W T R L W V Z
S O N A I P P O C C A U C E V C M
A G S Q V A J P J W R R I M N J T
R G R S D U B H D J F A O A B F R
K I J Q A E L A R U T L U C Y Z O
B A N E Z B Z W T Y F E U C G W V
E R A T N E S E R P P A R A D I A
N V G M X O U G K E L A T N E M R
E T N A N G E S N I B V N T W L E
X L A T S I N O I S S E F O R P K
```

PAGA
PROFESSIONISTA
GARA
ACCOPPIANO
PIOGGIA
LAMPADA
NATURALE
ACCANTO
CAUSA
COPERTINA
COMMERCIO
MILLE
BASSO
TROVARE
VISIONE
INSEGNANTE
MENTALE
BENE
RAPPRESENTARE
CULTURALE

Puzzle 692

POMODORO
GUARDATO
DENTISTA
ALCI
ANNOIATO
MONTAGNE
PRIGIONE
PUNIRE
CAROTA
COSE
TIRO
REALTÀ
RISOLVERE
GAMBA
PROPRIETARIO
BUIO
PO
PANINI
LIMITE
LATTUGA

```
P I C T C E J D P L C W O P P Y F
O A B M A G K D R G U A R D A T O
E L N T I R O V O Y Y H O C P B T
N O Q I V D S J P W G N U L B E A
J V R T N I U M R I R I B D H K I
E L E N B I T C I X O G S M X P O
D E N T I S T A E J H W I T J R N
A L G P C Q V T T V P A F E X H N
L R A U A K Y R A V A T T N R Z A
C E T T E G U C R O R O D O M O P
I A N O T Y H O I L P U N I R E F
C L O O I U B S O A U Z H G T A Q
U T M B M U G E S I Y N S I R Y C
Y À M M I Q S A M W P P B R J K U
R I S O L V E R E O R O N P I Q M
```

Puzzle 693

```
H U T O Z M O M U F K O S L T E O
O P B U Q A N N P Q Q P R O E S S
G R O S S A I N A V I R C S S P S
P R P I Z X Y F C R D Y G T T A E
R E S A M I N A R E E P G E A N R
O T O A P M T R V L A R R L I D V
V N R Z P S F N P A S O K E H E A
O E P N Z A T V M N Y P F V C R N
C M B E O G Z A O R M M I I C E D
A A Q R S I Q I B O M E O S A A O
T T N E O A T Y V I P R Y I M A Z
O T M F I U R J F G L A J O V C D
R A C N R U Q E Q K K I N N R G N
I S I O U B H O E D D O R E W F B
A E A C C A P I T O W A O E G P L
```

STABILIRE
CONFERENZA
ESAMINARE
GROSSA
CAPITO
ESPANDERE
MACCHIA
ROSPO
SCRIVANIA
CURIOSO
TELEVISIONE
PROVOCATORIA
MERA
TESTA
PESARE
FUMO
ESATTAMENTE
ERANO
OSSERVANDO
GIORNALE

Puzzle 694

ATOMICO
AFFAMATI
FAGIANO
MISURA
FALSI
CORVO
DELFINO
UNIRSI
TERRIBILE
LUPO
DOMANI
QUESTI
MOTIVAZIONE
QUARANTA
CONTRIBUIRE
VENTO
SCORTESE
SICCITÀ
TERRA
NUVOLA

```
S L S J G W J N W E O O D D L U J
H I V F B Q U A R A N T A L U P O
D M C F A L S I X E A N J M E Q C
F T L C H V I A B F I E S Z X M I
K E Z B I R T C O Y G V F G R I M
N R J A C T Z J U H A I X B G S O
D R D C P I À V D K F O Q H X U T
E I D O M A N I T A M A F F A R A
L B Q U N I R S I V C C V D C A U
F I O U Z K O X Y U F A S K L R A
I L I T E R I U B I R T N O C X P
N E E T E S E T R O C S S V V V R
O A F L F A T N U V O L A R R E T
X O R E E N O I Z A V I T O M N I
C V O E Q O Q C R E F Q W C M J E
```

Puzzle 695

```
G S M U S I C A M Q L S W U H F D
W U M X U Q N Z E J J I W A W L V
E P C V J S R N C R H C N R C E X
D P S O K U Y A C X H F W E Z S B
Q O P P U R G D A T E N O M A S L
C R B X H D L F N I P W N K G I N
Z T F I N T O F I D L Z B E J B O
Z O Q X Y Y P Y C D O G Q I C I D
C E S T I N O U O S H P O P K L O
C O R R E T T O U O Q S O F V E A
Z N V I L E N O I Z U R T S I D Y
C O M P A T T A Z N A T S O S S D
D I S C O R S O T E R R A F U U R
R U E C Y S F T O L L E R A R E I
Q Z O K Q O S P N P H Q T G C B Y
```

TOLLERARE
MECCANICO
SUPPORTO
SOSTANZA
NODO
CORRETTO
MONETA
FOGLIA
LINEA
DISCORSO
CESTINO
GRUPPO
TERRA
FINTO
DISTRUZIONE
COMPATTA
VILE
MUSICA
FLESSIBILE
DANZA

Puzzle 696

NON
CACCIA
SCIMMIA
FUOCO
INGLESE
RELIGIOSO
TRASPORTO
PRIVI
ANIMALE
ULTERIORE
COCCINELLA
DISASTRO
PENSI
ZUCCHERO
EVIDENZIARE
OLTRE
NOTO
LUNGHEZZA
MOLTO
AUTOSTRADA

```
R S M Q E B R U J T E I S K D Y E
N L T S C H E L D I S A S T R O V
M H L H K Q L T R S X I I W I R I
O S S W N M I E H A T M N O N E D
L W R U D E G R S X Y M G U L H E
T D Y E C P I I F Y U I L G U C N
O G K B Z M O O J U M C E W N C Z
C A C C I A S R W P O S S Z G U I
P R I V I O O E Q M G C E K H Z A
O Z W L A L L E N I C C O C E N R
E L A M I N A M D G O M R X Z O E
O Y T T R A S P O R T O S F Z T D
U C G R F W Y T J H I H I C A O Y
K E R S E P E N S I T D T M H D A
W A U T O S T R A D A P I O V N E
```

Puzzle 697

```
P D L N A R R A T O R E H A C H P
P R E F E R I S C O N O L K N P O
E T N E M E C I L P M E S Q D R L
L M D V M K X I V E S T I T I I V
W F E A F O R W B L K F V O E S E
V H H C U L T I M A M E N T E P R
E M V U I O S S E I P L C P N O O
A B K A M C T A O D W O O I O S S
C R W R S I E L E R N G L H I T O
I I T E C R L S J O Y A A F Z A Q
D B N I X E L I G M O R Z Z I N K
V V D Q C P E C I I Q F I Q D E B
S T H E U O U C T R D Z O A E P S
N M R B X E N E F P X I N F P G F
E D S I M S A P O N E A E K S B S
```

PREFERISCONO
POLVEROSO
PRIMORDIALE
RISPOSTA
CINQUE
SPEDIZIONE
COLAZIONE
ARTICO
NARRATORE
ULTIMAMENTE
PENA
SALSICCE
SEMPLICEMENTE
STELLE
VESTITI
PERICOLO
SAPONE
ZIA
FRAGOLE
EVACUARE

Puzzle 698

STESSO
ORA
CONGRATULARSI
SORELLA
CIOCCOLATO
CANTIERE
PACIFICO
LUMINOSO
BORSA
UVA
TRADIZIONALE
ISPEZIONARE
CUORE
QUESTA
APPLICARE
COLLA
NATO
SENSAZIONE
FORMICA
ACCESSO

```
E S M C D C Q L V X S I J N T R L
A E H O T A L O C C O I C P C L F
P N C N N A T O S S E T S F R W L
P S X G A C C E S S O Q V G H T P
L A D R T R A D I Z I O N A L E A
I Z R A L L E R O S M H C C H L C
C I S T F F U Z O C E X D I L U I
A O W U C A N T I E R E R M F M F
R N U L I S P E Z I O N A R E I I
E E V A N V U H Q M U J Y O U N C
G Q A R S U Z Q K U C O F F W O O
H K J S Z W W F K C E D U T A S A
Z Q S I L Z W E D I H S A B M O L
U I R I X P P B O R S A T G V O Z
C O L L A X C B G V Z N Q A S V J
```

Puzzle 699

```
Z Q R W C I N S T A B I L E V C P
Q B T U T O M I S S A M A A J I R
O F O U F Z L S L C U T R N H N E
G I C J H P N P W G Y P I G Z T S
X L C B R C C S E C S E P O S U E
V C O N E M I C O V T M M L P R N
S P U A N D A T O C O E I O M A T
D A Z R G U T I R J A L K O O L A
I L H X V T S K R Y W V I V R H R
M A N G I A E N O Q T A O R S B E
Z L N W U P I Z P F S F Z L O I N
Q O B N F U H R K U C J N S O W I
U M H Y O T C J X W R R S L B E N
K P O N T E I P U Ò Q J F T L D N
G R A Z I E R G A Q E J E I C T R
```

NEMICO
PORRO
COLPEVOLI
INSTABILE
RICHIESTA
CINTURA
ANGOLO
MASSIMO
ME
PESCE
PRESENTARE
ANDATO
PUÒ
TOCCO
PONTE
MORSO
GRAZIE
CAVOLO
MANGI
CURVA

Puzzle 700

ALCE
SCUOTERE
GRAFICO
STANZA
POLVERE
MANUALE
ELEZIONE
RACCOGLIERE
POLLO
MURALE
FUNGO
SENSI
BENZINA
AGNELLO
FERMATO
CONCLUSIONE
ORGANI
PROVA
SUCCESSO
ATTACCO

```
A O T A M R E F N P D O Z M Y U I
I F M U U M E Q M W E R Y V Q V X
R X G S R F U N G O I G T U W K S
M A F H A N I Z N E B A V O R P C
N A C G L X N M S K V N W D P D U
F N N C E Z V A Y Q Q I Z K S S O
G S T U O C O N C L U S I O N E T
P B N L A G P O L V E R E U G N E
S Z Y S O L L O P Z J M O Z T S R
I E T B F J E I S U C C E S S O E
X T N Y T O I C E A T T A C C O C
N F G S U Y U U I R R U X S N B L
D A P E I C Z Q A K E S T A N Z A
G R A F I C O M R O A G N E L L O
E L E Z I O N E G D U N A R E X K
```

Puzzle 701

```
M M D A C I T S I R E T T A R A C
A A I M P P J W U E E E Z U E B S
R M F A N Z M J C A W I M Q R U C
C T E T K L Q D I T C G R C Q V O
A R S O F U G F C D U C K A G Z P
T Z A R A C C I A I O P E Z Z O P
O S O I P A V C N T N U U F J Y I
R V P A L A V I N B I V G C U V O
E X E L U M R A D A M X M O N D O
C G C E L U O L N M A P P A T S S
F R A G O L A S A T C W V B V A N
I M L G G W W Q T N I Q U G B O E
A X F E W R Q H J R O S W S Z H S
N A V R T L S Z A F A T H J Q H Y
N K C G I S T I T U Z I O N E V F
```

MA
FRAGOLA
ACQUA
MAPPA
MONDO
MARCATORE
AVANTI
ACCIAIO
GREGGE
PEZZO
CARATTERISTICA
CAMINO
AMATORIALE
PARLANO
SCOPPIO
DIFESA
SENSO
GUFO
MOSTRA
ISTITUZIONE

Puzzle 702

SIGNORE
ISOLATO
TOPORAGNO
REGALO
AMBIENTE
PARLATO
BOTTIGLIE
INVITO
VINSE
DOVER
MARTEDÌ
ARRABBIATO
CALZA
LONTANO
MINORE
LEZIONE
DEBOLI
PENZOLARE
DENTE
SOPRAVVIVERE

```
M S O P R A V V I V E R E G S O G
R A Z L A C C T R Y V P T T V T U
E Y R E V O D F O T D N Y N Y A F
G F Y T B T K W B O T T I G L I E
A E T N E D B H G Y Z D Y X D B R
L E A O C D L E Z I O N E O Y B A
O E S M P V Ì A L O D C R M S A L
D H I N B O M I N O R E O D R R O
X E O Z O T R M M W U V N G Q R Z
Q S B Y M I V A Z A A N G L G A N
T N Z O H V Y E G U F R I V L W E
A I N D L N O O K N R F S Q A E P
E V X N E I Z X I H O M O S K E O
P A R L A T O L O N T A N O S P I
A M B I E N T E I S O L A T O S R
```

Puzzle 703

```
C J F S J T Y V S O K R A O M E I
T H O N G I C Y L G D K R Z L C N
A W I U V B E A N Y M D K G B W T
A M G A V E P A S C S I S P N U E
R Q I C R S F Q U A L E A V B M R
V B R O A I V E T T A R F G H A R
F I G S B E R O T T E R I D R N O
E B A W M F T E R N Q J U M A I M
R W P G G R E B A L C O N E N G P
M I Y H G W M P G E D C W J A L E
A Z L Y L I A C A P P O T T O I R
T E A U O N O C S I R E F I R A E
A E Y K A T T I V I T À F G M Y A
N E C E S S A R I A D I W G I G U
K S T Y J R L W X U P V R C S Y P
```

ATTIVITÀ
CHIARIRE
NECESSARIA
CAPPOTTO
VETTA
GRIGIO
VIAGGIO
QUALE
OCA
TEMA
RIFERISCONO
RANA
MIA
BALCONE
SAPEVA
DIRETTORE
INTERROMPERE
FERMATA
CIGNO
MANIGLIA

Puzzle 704

TASCA
SORPRESA
DIFFERENZA
METODO
SPETTACOLO
LATO
SCUOLA
PIGRO
SANGUINARE
FRUTTA
ATTORE
DIMENTICARE
OFFERTA
SCIOCCO
TUTTA
COSA
PREAVVISO
STRETTA
DISPERATA
RIDERE

```
S O R P R E S A D I G W D W S Z S
T R A W O A T A R E P S I D P M C
S G Y G R Z T U T T A K M E E D I
O I Q I D N F U C A T T E R T S O
D P L G K E Y R M W J V N A T F C
G I C S D R F R U L O Y T N A T C
R A S O C E C F L T E P I I C A O
A T R E F F O N O T T T C U O J F
C T D K P F P U N A F A A G L R N
S O T A L I S E X O R A R N O J Z
A R D L X D O V R J L I E A A Y T
T E W O S I V V A E R P V S V G M
M Y X U T P S P B Q D A Y N A O M
N Q X C A E E P V F O I V R C P Q
A R E S J K M B G Z Q C R H T X G
```

Puzzle 705

```
V K A S E R P M I D G Y C W R L E
W O T U A C O H O I I T E C A U A
A S A V T N S D W S A D R Q G H X
T O M I G O V M O E L A T K A V R
I L A K E R R W T G L K A H Z Z Y
Z O I S N E C E A N O K M E Z R W
D C H X I V J L T O L Y E C I J D
Z I C F T V D A I N B D N C J J N
W R T B O A U T M N E K T E P O N
T E D D R D A A O G I D E C F X F
X P D P I L T F C I R Z U F K R H
N E C E S S I T À G E W I T W Q I
I M P I E G A R E P S N L A S E P
F R A T E L L I N O B T T U R X L
I F Z Y Y B V F X L G Y K A S E O
```

RAGAZZI
CERTAMENTE
SERIE
DAVVERO
GENITORI
IMPIEGARE
FRATELLINO
IMPRESA
PERICOLOSO
FATALE
SE
DISEGNO
STUDENTE
NECESSITÀ
CHIAMATA
AUTORE
INIZIARE
GIALLO
COMITATO
CAUTO

Puzzle 706

SÌ
EFFETTO
RIVISTA
INFERIORE
LENTO
GUERRA
CUCCIOLO
RITIRARE
COLLINA
PIETRA
EDUCAZIONE
SINISTRA
VOGLIONO
TENERAMENTE
CREARE
MAMMA
COMBINAZIONE
ESPLORARE
SALE
RIMANERE

```
T M A M M A T S I V I R R G C U P
E D U C A Z I O N E Q K I Z O U S
W H Q D P N P S A O O E T T M R Q
J G L B L X F I A P T C I E B I A
X L J W Y Z B I S L T U R N I M I
Z E S U C L O T Ì P E C A E N A G
E R A R O L P S E I F C R R A N L
S O N O I L G O V M F I E A Z E I
Q I D A M U T D T E E O Q M I R F
R R N C O L L I N A Z L V E O E H
H E R I O N R F E X R O P N N D A
M F S H S Z A E N O U R F T E V L
E N I E O T N E L P V B E E O L M
S I M I P E R A E R C U X U V D M
F L I U G L M A R T E I P F G Q A
```

Puzzle 707

```
V S J X B E P U C C E L L I W I P
M Y X P J O E P R A N Z O L S N A
Q E W O C I R T T E L E T U J T V
L M O D R C M C O L L E G I O E I
K O E X K E E R E D E C O R P R M
S W R O S O T N O C H P Z U Y E E
T E A K Z M T A M G U U C G D S N
E E M X B A E N G A T S A C J S T
M F R B U R R U K L C L P X T A O
A U E M R E S S T E E X I W H N I
U Z F L I A I L C D P D T E W T M
Q T Y F T C N G H N U H O I X E E
N F W I O A O O G A O I L G I F R
F A T T A L K U V C T M O P X J P
W J X Q Y C E R O I G G A M F R F
```

PRANZO
FATTA
PROCEDERE
PERMETTERSI
MAGGIORE
CAPITOLO
CASTAGNE
CANDELA
MUFFOLE
CONTO
SEMBRANO
RAMO
COLLEGIO
UCCELLI
ELETTRICO
FIGLIO
PREMIO
PAVIMENTO
TERMICO
INTERESSANTE

Puzzle 708

PIATTI
AGGIUNGERE
ALTALENA
IMMEDIATAMENTE
CONTINUARE
FOTOGRAFIA
DETTO
FORMAZIONE
BARCA
POLITICO
DURATA
LAVELLO
NUOVA
ANANAS
CANNELLA
ATTO
SEDUTA
DITO
BUSSARE
SOLUZIONE

```
I H E A J X W J L B P V G I S K V
J M A W A E T A I F A R G O T O F
A P M J J O K Q C S E R H T K B P
V L S E N O I Z U L O S C T T U I
O O T R D T X N X X T A K A P S A
U S G A T I B O C I T I L O P S T
N P K U L D A C M V E F A U S A T
N S V N Q E U T M G D G V S L R I
O W P I Y V N X A V C Z E A U E E
X D Q T N U F A Z M F I L B P A F
W C X N S E D U T A E D L K T E W
H E N O I Z A M R O F N O S X L R
O F R C C A N N E L L A T A R U D
A N A N A S T G U Y J U S E Z G R
B G N C M A G G I U N G E R E G P
```

Puzzle 709

```
F B F E R A T N E V I D F I E G G
V U A E S S P E S S O R E M W U C
O K R N S S B U F A L O E I C A T
C L O I W M E X U W V P X T H R M
A Q C T O E R N Q E E E L A I D Y
B D N T O S S S D J L C O R A A C
O U A E X W O J V O A B U E R R A
L O J P N A S C O N D E R E A O M
A E S P O R T A Z I O N E V M B I
R Z J R P O S S I E D O N O E A C
I U C O L O R A T A J E O K N A E
O C O M P L I C A T O J W N T O T
Z B K E H C A L C O L A R E E D T
L A B T X C W Z G C L W P I U F A
D E L I Z I O S A V U D T K E I I
```

ESPORTAZIONE
VELA
CAMICETTA
COMPLICATO
CALCOLARE
VOCABOLARIO
ESSENDO
IMITARE
DIVENTARE
SPESSORE
POSSIEDONO
DELIZIOSA
COLORATA
NASCONDERE
FURIOSO
ANCORA
GUARDAROBA
CHIARAMENTE
PETTINE
BUFALO

Puzzle 710

MORBIDO
ERBA
VERDE
INVERSA
PIÙ
TRA
PARLANDO
ATTIVA
LUCIDO
PERDITA
TÈ
ASCIUGAMANO
MATRIMONIALE
CHIESA
CONFINARE
INDAGINE
DIVERSI
TRE
ALLARME
COLTELLO

```
T D I V E R S I S L C T L J L Y A
R A I N V E R S A B U H D Z T I S
E L B P Y B Z Y D S U C I J N Z C
I L W O R M W H J P N Z I E F T I
B A I L P D X A L W J T È D S D U
I R H A F L K D V F U D M W O A G
G M E L A I N O M I R T A M P G A
R E J S R N N Q T H X P R C R M M
M O M N T L O D N A L R A P J P A
E V C X E J E R A N I F N O C I N
C O L T E L L O E G D A Z Y V Ù O
O J N Q D J B D R W I M O A D P U
O D I B R O M H B M J N S G R Z L
W K L P E L N D A N T H E Z T C T
D V D A V I T T A T I D R E P M I
```

Puzzle 711

```
C N Q V P E A H X U G D R U F Q M
P A R T E C I P A N T E F D I U I
M I S X B T M G C U N L N X N A S
E U C A M I O N J H D A Z I E R E
R D C E Q O P P U L I V S Q S T R
I I T C E S H J Q M M A M G T A A
U T N O A K X J W W V C M N R P B
G E N O I Z A R A P I R H A A V I
E L I Z C A R T I C O L O B T G L
S A Q R C E M E I S N I D Y L O E
R I C E O Z R B E M Y R P K N L H
E A Z T D U O O S P I A G G I A T
P M Y M L U C M N I B V D A L I K
F C Z I O A D U O T A N U T R O F
N G K K G L I R F Q E M H P C T F
```

FORTUNATO
MISERABILE
SPIAGGIA
SVILUPPO
ARTICOLO
VARI
PARTECIPANTE
CAMION
MAIALE
LA
TERZO
INSIEME
QUARTA
FINESTRA
CHIAMATO
PERSEGUIRE
MUCCA
RINOCERONTE
DOCCIA
RIPARAZIONE

Puzzle 712

MODIFICA
FRATTURA
PORTA
SILENZIOSO
NUTRIENTI
PRESIDENTE
APPARTENGONO
LAZO
FREDDO
ANCHE
ANNI
RESPINGERE
CARICA
PENSAVA
SEGNANO
LARGHEZZA
COPPIA
AVVENTUROSO
DOVERE
IMPORTA

```
A R U T T A R F T Q L N I E A K C
Z N J L T B C I D J A A W J V N O
Z M C S E G N A N O P N Z H V D P
E D T H R B Y I I N P U P O E O P
H E S V E F X M M W A T E D N V I
G U O W G Q R J P N R R N D T E A
R N C Q N Z G B O S T I S E U R P
A C I F I D O M R I E E A R R E C
L O F J P J J K T Y N N V F O G A
Y V H J S Q J E A L G T A Z S X R
G N H S E P O R T A O I F Z O A I
Y E M U R O S O I Z N E L I S U C
W Q O J H A O C M K O P P S V B A
E W T L N H D L B B V A J J L F M
P R E S I D E N T E L D Z R U H B
```

Puzzle 713

I	Y	I	H	A	U	B	N	S	N	A	V	D	E	L	O	S
R	O	X	F	Y	R	D	N	A	E	I	S	Q	M	I	T	I
R	T	N	Y	Z	Q	D	L	X	Y	C	W	A	E	B	T	P
R	D	X	U	D	T	O	D	T	P	L	C	Z	R	R	E	A
S	C	E	G	L	I	E	R	E	L	I	F	A	G	E	N	R
A	J	E	N	N	E	P	A	T	R	O	P	A	E	R	E	I
S	K	L	Z	O	R	T	N	E	D	G	R	P	N	I	R	O
T	G	A	H	D	I	O	X	X	K	F	T	R	Z	A	E	M
O	X	U	R	N	V	Z	O	L	L	E	P	P	A	C	U	I
R	J	S	J	A	E	R	A	N	G	A	D	A	U	G	H	S
I	U	A	O	X	G	C	I	R	F	A	L	C	O	O	M	S
A	R	C	L	C	B	N	X	N	E	S	U	C	C	O	W	O
T	A	N	Q	N	Z	F	O	R	F	T	J	K	S	H	O	R
M	A	R	G	H	E	R	I	T	A	V	N	N	O	T	A	P
P	I	A	N	T	A	J	G	A	R	D	F	I	R	U	N	Y

CASUALE
INTERAZIONE
MARGHERITA
NOTA
FALCO
OTTENERE
SECCA
SCEGLIERE
DENTRO
LIBRERIA
PIANTA
GUADAGNARE
SUCCO
PROSSIMO
STORIA
CAPPELLO
PORTAPENNE
RAGNO
SIPARIO
EMERGENZA

Puzzle 714

TRASMISSIONE
PERSONALE
INSEGNARE
MASCHERARE
PENNELLO
RIFERIRE
CHILI
SERA
SPORCO
FOSSO
NEGOZIO
GHIACCIOLI
CIBO
POTENZA
SPADA
SIGNORA
ZOCCOLO
INGRESSO
PRESSATURA
SPAZIO

A	X	P	M	P	G	I	D	A	E	J	R	Q	T	P	I	W
T	F	R	Y	A	O	I	Z	O	G	E	N	E	N	A	N	R
I	L	E	S	D	S	T	Q	W	B	C	X	K	T	H	S	W
W	D	S	D	A	E	C	E	E	L	A	N	O	S	R	E	P
E	R	S	A	P	I	E	H	N	C	K	T	H	P	H	G	K
Y	S	A	D	S	N	F	L	E	Z	H	W	W	I	R	N	V
W	D	T	O	F	G	O	Q	L	R	A	I	O	L	I	A	B
X	G	U	Z	Y	R	S	I	W	T	A	T	L	O	F	R	Q
B	T	R	N	N	E	S	V	H	O	E	R	L	I	E	E	C
I	M	A	R	E	S	O	D	J	U	Y	W	E	C	R	L	A
A	Z	P	Z	O	S	S	P	A	Z	I	O	N	C	I	G	Y
G	D	U	A	R	O	N	G	I	S	I	B	N	A	R	G	L
S	P	O	R	C	O	Q	F	C	C	R	I	E	I	E	J	J
Z	O	C	C	O	L	O	Z	O	O	J	C	P	H	C	H	Y
T	R	A	S	M	I	S	S	I	O	N	E	Y	G	O	M	A

Puzzle 715

```
A C P I S T O L A S T E O R I A S
B M O K A H G O L C F N I W Z V G
O B B M K O A E I R D O N R K D A
R N Y I P T R R U I J I S J Z R B
T S I O E A D A Q T S Z E J H T E
K E C Z G N G N A T M N R W I M L
X V N F J G T N T U M I I E L X L
Z U A D A E J A O R I F R L V R O
L B X Q E S B G L A O L E I P F X
F O R M A N C N P E C S B C D R U
B Q Q C E I Z I F E C G L I O X J
H K B G I V K Y S L H L G F A L R
N E T T A R E T N E I C I F F U S
X S V W D F Y S S T O N M I V S J
P U B B L I C A Z I O N E D Q W R
```

SGABELLO
AMBIENTALE
PUBBLICAZIONE
ROBA
SUFFICIENTE
TENDE
OCCHIO
INGANNARE
DRAGO
PISTOLA
NETTARE
SCRITTURA
FINZIONE
COMPAGNO
DIFFICILE
AQUILA
FORMA
INSEGNATO
INSERIRE
TEORIA

Puzzle 716

VECCHIO
MAGNIFICO
INTERNO
PERDA
PROGRAMMAZIONE
PAROLA
COPPA
GALLEGGIANTE
MERAVIGLIA
VIAGGI
VALENTINO
TERRORE
AZIONE
SENZA
ATTENTO
TRABALLANTE
DISCUSSIONE
RAPPORTO
APE
FOTO

```
C X A J V L V Q P J U D F D P P Q
G E T N A I G G E L L A G I R E A
F Z M S L W F Y S E N H F S O R E
I J P R E H L O T O F F E C G D R
P Y A X N P T C V X T T C U R A V
A P I F T Z G I F U S Y O S A X E
R F L V I V D F P L G A P S M E R
O M G Y N F A I V V N A P I M O A
L D I D O J E N O I Z A A O A S P
A A V Y K S S G T A A F B N Z E P
T R A B A L L A N T E G D E I N O
V Y R J O B Z M E W P D G U O Z R
Z H E R O R R E T P A X P I N A T
H X M J E D T F T F O V N D E G O
V E C C H I O K A I N T E R N O C
```

Puzzle 717

```
T P E R I O D O G U S C I O O A G
E R K I H A C V S S O F D P H E U
N N O T F G O V I T S E H Y V R S
E U Z P V K R R Z Q D N D L M O T
R L R Q I H S F H M I S I R C S O
G L O G E C O R E F S D U N U T U
I I F N R Y A K H L T I V Y Y A I
A C S Y K A R L Z C R S P I Z T S
F O N D O O S W E L U C R T W O S
N U O V O K F S C H G E Z W C M E
F L M T Z L O Z I W G S A S L F R
A V Q E Q Y N F R I A A C T C Z G
B J N Z C A S S O R T I M E N T O
A M C O O P E R A R E E G N I Q R
X L P A K Y I R J K L C I X P G P
```

GUSTO
GRASSI
AEROSTATO
DISCESA
FEROCE
SFORZO
TROPICALE
DISTRUGGA
NUOVO
COOPERARE
ENERGIA
PERIODO
CRISI
GUSCIO
CORSO
NULLI
PROGRESSI
ASSORTIMENTO
ESTIVO
FONDO

Puzzle 718

ORDINATA
CONFRONTARE
FEDELE
PRINCIPALE
SOFFIARE
CONCENTRATO
COSTRUIRE
AGGIORNAMENTO
VACANZA
SEDERSI
PRECEDENTE
RAFFICA
STRUMENTO
FERMO
MIGLIOR
DOLCE
PASSANO
SCHERMA
AEREO
ODIO

```
P P R E C E D E N T E X H X S S X
P R C O N F R O N T A R E W O E K
P A I C N O N O I D O D O K F D E
H E S N Y D D T S Y R I I S F E F
O S E S C O T N E M U R T S I R E
B F R A A I Z E O X D T H B A S D
Q E I R H N P M I G L I O R R I E
J R U V W F O A C I F F A R E F L
A M R E H C S N L V K E R I Q M E
A O T U W Y Q R P E O D V W B N O
Y F S L Q X C O N C E N T R A T O
G N O G W T X I C L L C N I K A E
V A C A N Z A G S O J N O C G V R
R M C N L M U G I D R G P Z N U E
C C G E A Z W A T A N I D R O E A
```

Puzzle 719

```
Q J J I I P O V E R A Z M F E G C
D I C E P R T E M U S Y J W F E V
Q Z U L E C R D B W U E V F F T P
T F G A R U P I E C C E Z I O N E
T U U R S P H P T G C B L J M E N
R N A E O I A A F A A Q G H A M O
A B L D N D R D P H B I I B R A I
E M E E A O R R C T E I D M R R Z
I M M F L E E E D A G Z L P O A A
N X E A I L S S N S T I K E N R L
V D D E R E T T A B T T N V E P E
C G Y W G G O R A V O Q I U Y O R
Q U E S T I O N E G G L N V P C I
P A S S A T O R U T A M C Q O X T
P A Q J Q B K Z P M W C X I C J W
```

POVERA
UGUALE
PERSONALI
ARRESTO
CATTIVO
ECCEZIONE
MARRONE
PROGRAMMA
ACCUSA
QUESTIONE
PASSATO
FEDERALE
RELAZIONE
PADRE
MATURO
IRRITABILE
DICE
RARAMENTE
CUPIDO
BATTERE

Puzzle 720

CANZONE
STUDI
REALE
NIDO
DONNA
STRATEGIA
SPECIE
IDONEO
SANGUE
OLIO
GENERALE
RUMORE
TENTATIVO
NOBILE
DIPENDENTE
PAZZA
FINO
ATTENTE
ARCOBALENO
STOMACO

```
S K D V S N F R A F L A N T E K D
G P H O F Z I D U T S S F T B P N
N L E G R S N X N K D S A N G U E
D I X C Z P O V I T A T N E T D L
A O D I I Z H Z E K Y A F L N I I
T E N O N E L A B O C R A A R P B
T N S N M L T E Y W X Z E E J E O
E O T U A A C A F T O T D R A N N
N D O I Z R S T R A T E G I A D R
T I M A Z E N E R Y O X A N U E U
E V A A A N K A U U Y N Y Q M N M
E S C P P E U F Z C F P R V A T O
W M O D I G C F K Z X L K O U E R
R O L I O A L Y Q F E J W V O E
W S O V U X C Z Z O C A N Z O N E
```

Puzzle 721

```
B U R R O K S T A Z X V M S L L D
I S P O T S H T S A U L A E E O I
M O R A T V Z S R I T T E G O C C
P F O S E P S Q W B E A E R P A H
R F V U G M R E J B H T E E A L I
E R E U G E P N O A T V À T R I A
S I N O O R I O O G T U B A D Z R
S R I B S A N I H C C A M R O Z A
I E E N Z C U Z D S L A M I Q A R
O U N S N I C A L A T J S O T R E
N W T S V D S U E K D C G A O E N
A D I D H E A T F O N D E R E Z K
R J D A Z D I I D O J B B B W X R
E T S U W E C S Z Z W M J I R Y U
Y L Z P J U H E I A T G F N R U C
```

DEDICARE
LOCALIZZARE
SITUAZIONE
BURRO
MAL
FONDERE
IMPRESSIONARE
CIASCUN
SEGRETARIO
CASA
SPESO
LEOPARDO
MACCHINA
DICHIARARE
SOGGETTO
PROVENIENTI
AULA
GABBIA
SOFFRIRE
ETÀ

Puzzle 722

CIELO
SETTIMO
CAPIRE
BRILLARE
AVVIARE
OPPOSTO
IPPOPOTAMO
RAGAZZA
MESE
CONVERSAZIONE
FORNELLI
ACCOMPAGNARE
ECCITATO
UTILITARIA
RITMO
STRUTTURA
GIALLO
INIZIARE
FATTA
FOTO

```
S I P P O P O T A M O H Z T C C S
E R A I V V A Q G K L R O C O O T
T S G P M D A A U T O S G A P N R
T N E Y O Z W E F M V D J P P V U
I G A M I Y J R D S L U D I O E T
M A C C O M P A G N A R E R S R T
O O N U T I L I T A R I A E T S U
D Q Z A O L W Z F B T X Z M O A R
S C L V F L U I B R G T Z E T Z A
R I T M O E E N C I I U A B A I Y
Q O F A P N E I E L A R G F T O W
C H T P R R Z U C L L Y A Z I N V
I G X R Q O E O M A L E R I C E Z
Q R T E Y F Y X Q R O K V R C O B
K K I V D U G G D E Y S R S E X O
```

Puzzle 723

```
S D P C V P O I P A R T I C O L O
P I I M A I Q U A G L I A M S I S
E G C P U M E M P S B U I F P N S
T D B M E D M T X H D N Z S E D A
T V A E F N U I A S V A T T C I B
A U T I L E D H N N D V S Ì I V E
C M G J X I X E A A O E A V F I G
O C S E T N A G I G T C F A I D C
L G L M R G E N C J R A U Q C U G
O S R O C S S O Y O E I S W A A W
D I A A B Z C N O F P G U A Y L G
O N Z W O V O N D D O N G J B E N
M C B V R P P O C Z C U F D D N G
E Z D R G R O N I T N E P E R R I
X P K Y C O M B I N A Z I O N E B
```

GIACEVA
SCORSO
INDIVIDUALE
CAMMINATA
REPENTINO
DIPENDE
COPERTO
SCOPO
GIGANTESCO
NONNO
MODO
UTILE
SPECIFICA
QUAGLIA
VIETANO
BASSO
SPETTACOLO
COMBINAZIONE
SÌ
ARTICOLO

Puzzle 724

VITTIMA
BLOCCHI
SICUREZZA
CARO
NUVOLOSO
LINGUA
STANCHI
STUFA
INVERNO
GALOPPO
GIACCA
RAZZO
TONFO
QUARTO
CORRISPONDERE
ASSEMBLAGGIO
PAGINA
TRE
VARI
FALCO

```
Y S H S W C A R O V V H U F Q S L
Q R X R V Q Q I Z U I R A V G X I
C C F I N V E R N O D T H V T O N
D L R G I B Y V H F G V T W X I G
C O R R I S P O N D E R E I T G U
S C P N P W F Z E G Z M O Q M G A
I L S A S T A N C H I V S G F A Q
C A T Q G B L O C C H I O I S L Z
U F Y O L I M H O P P O L A G B Z
R K P T N Q N T R E W U O C I M C
E T Y R K F Z A J O P H V C C E W
Z P X A L E O Z Z A R P U A Q S F
Z T F U S T U F A R N G N W K S K
A M O Q E G P C J X W T R I V A V
B A L X B W P V U V Z K D P R P M
```

Puzzle 725

```
D U P C L V O R I C E V E R E C E
W E O D H D T R T S S L A F S T S
S A L F A G N S U I N Y K D E X T
H L Y I T F E Y I K F E H Y L V E
I P I J C W M E F X M D S M G G R
M R B T P A I Z I A T L D A N U N
P E M K T Z T O R U B M A T I A O
O S A K A A R A S H M K N T W R S
R E R I Y T E V P X J B E I G D M
T N T D C R V J E J O T A N G A B
A T N D B E I C R T P S Y A K T J
N E E L D C D O A A L C E T V O Y
T P I O V O S O N D T W K Y R O G
E B O T N V T H Z I B A Q H Y E S
V V X H Y M S J A Q G G D T G R K
```

ENTRAMBI
RICEVERE
DELICATA
RIFIUTI
DIVERTIMENTO
CERTA
SLITTA
BAGNATO
PRESENTE
PIOVOSO
ESTERNO
TAMBURO
IMPORTANTE
MATTINA
SPERANZA
PO
GUARDATO
INGLESE
SENSI
ALCE

Puzzle 726

INCIDENTE
BIOLOGIA
TENERE
SORRISO
COMMENTO
FISCALE
ATTACCANO
SBAGLIATO
DENTI
BASTONE
LEI
CONOSCENZA
SPORTIVA
SUO
AVVOCATO
GRUPPO
MECCANICO
RAPPORTO
FONDO
POVERA

```
O C I N A C C E M A S L M B M S C
N S O F O N D O D V P X E L Z O O
A U I N D E A R E V O P O I B R M
C O R N O E A F N O R K J V I R M
C E L A C S I F T C T D N F O I E
A T U L G I C A I A I L A C L S N
T E V N V I D E O T V Z B O O O T
T N V G B B H E N O A C H Y G S O
A E G R U P P O N Z Q Y O Q I O W
V R G T T F P F O T A I L G A B S
A E R A P P O R T O E A X I E P I
F C E Y R O D U C F D N N N K N M
L H R A C V G W Z Q B A S T O N E
F A D Y X R Q N N T P Z A T B E N
Q R B R Q N L X W Y H C H Y B S Y
```

Puzzle 727

```
S L U C S M I K S U Q Q I H M M M
G C V O A O I D Q Z K D N A U O A
K L E Q C V W G M I N J S F M N R
N R N N D S A Y L O T T E D M I G
R W O V A T H L N I Y U R N I T H
I E M E S U C S L F O O I A A O E
V N I H Z D L A N E T R R M I R R
E O L Z I I Z E P X T L E E Y A I
D I S A S T R O K O A T H N S R T
H Z P O S T I N O B P L A T P E A
T A O R P X H V S W M E F O O W D
K M N A E I C J S F I N D Q S R S
F R C A L C O L A R E V P O A N G
W O L Z E R E R A P I C E T R A P
C F E E V M A T L W U B L T E C E
```

BOXE
SPOSARE
MUMMIA
POSTINO
SCUSE
PARTECIPARE
LIMONE
MONITORARE
CAVALLETTA
SCENA
AMENTO
IMPATTO
DISASTRO
FORMAZIONE
DETTO
CALCOLARE
MARGHERITA
INSERIRE
MIGLIOR
STUDI

Puzzle 728

ALBA
PRODOTTO
PROPRIETÀ
ANNO
CAMPO
CATEGORIA
CADUTA
RIEMPIRE
FAMILIARE
CALDO
LETTERA
DESCRIVERE
MENTALE
FOGLIA
NOTO
ISOLATO
PETTINE
GUADAGNARE
STRUMENTO
NIDO

```
A L B A W H W G N D O O G O U V N
C A D U T A J B L E R T U C S L O
G O T N E M U R T S I T A B Z K T
F A M I L I A R E C E O D L A C O
A S E Z A L T C Y R M D A C O C K
Q O W E T A B A F I P O G I N S J
J Y E U N Z S M O V I R N C N Q I
L E T T E R A P G E R P A K A Z W
T N I E M K X O L R E R R F O W V
C I H L M K E V I E F H E C R C W
R T A G F S L W A I R O G E T A C
V T J Z P R O P R I E T À F I B M
D E Y N U N M D O H Q T I P O H K
C P W E Q M M J I R L M C A Z T I
F D J R S H T H E N Q I K K M W D
```

Puzzle 729

```
A R I T R A T T O W P G S S F C E
L V I A G G I O E R E D U L C N I
L R U O L O O I C I R F I T N E D
U C C C N I D A L O S O T S O C P
V A O O A A Q M V D E P L E Q S Y
I N O R N M S X Z I G E O T S O P
O N K M R T I E K S U N C N Q T L
N O Q E S E A O B C I Z A Q K A U
E L U D T T N R N U R O L Y W T B
O O X U A N N T E T E L I X D N A
S C A R P E D I E E A A Z I O E U
S V P A D P O U N R O R Z U L V H
P W L K V R L O F E P E A V V A L
M R D W P E C M K H E J R M V P R
Z E D P E S I J M T M N E K Q S M
```

RUOLO
SCARPE
SPAVENTATO
SERPENTE
COSTOSO
COLONNA
POSTO
DISCUTERE
CONTARE
DENTIFRICIO
DOLCI
ALLUVIONE
CORRENTE
RITRATTO
INCLUDERE
PENZOLARE
VIAGGIO
PERSEGUIRE
CAMION
LOCALIZZARE

Puzzle 730

RIMUOVERE
REGIONE
HA
ATTENZIONE
INVIATO
INDICARE
TOTALE
MIGLIORARE
MAGLIONE
CANDIDATO
MODESTO
ESITO
VOLONTARI
ANATRA
TERRA
SENSAZIONE
DIMENTICARE
SGABELLO
CONFRONTARE
MAL

```
H Q O T A I V N I G T K Q T M R C
A R T Y E N O I Z A S N E S O I O
T M A J R R K R W X L H A E D M N
O Z D A A J R G E L W F K Y E U F
T E I W C L I A U G M E Z I S O R
A M D H I A E U M E I N C U T V O
L A N C D P P V U L S O F F O E N
E L A G N U S W M K F I N J N R T
Z R C P I U N E O Y X Z T E P E A
M A G L I O N E D H W N K O N Y R
P M I G L I O R A R E E D W G K E
D I M E N T I C A R E T P N Y R F
N C P S G A B E L L O T M X C Q Q
V O L O N T A R I U U A N Z O K B
A N A T R A X X V C X K J F Y W G
```

Puzzle 731

```
U V R S X U U U D J N Y N C R Z R
V C S A G G E Z Z A L L E B A T I
F V Y T I R N V I N U R E A Y T M
D U I T B N I A F G S S T U I M A
Q A S O S A D R I U S F N O S N N
N E A L N E N I Z R O I E Z M D E
A F I B X W A A A P T C M R J A R
M S O L H J R B W R I S A I L E E
C F S R H I G I C C O E M F H K R
B L U U T G Z L U V R P I X F O A
G G Q Z M U L E T E T S T B Q È T
I T C L D E N Q M R N B L Z W T L
C U P I D O R A E V I G U Y Q L A
U R P F O X A S S U P P O R T O S
A N N U A L E O I C C A R B D G S
```

LUSSO
VARIABILE
PESCI
BLU
ASSUMERSI
SAGGEZZA
LOTTA
PRUGNA
ANNUALE
SALTARE
FORTUNA
BRACCIO
TABELLA
CAFFÈ
GRANDINE
INTROITO
SUPPORTO
ULTIMAMENTE
RIMANERE
CUPIDO

Puzzle 732

CAMMINARE
LONTRA
MANGIARE
SCIARE
PORTATA
FUGA
COMUNICARE
FORNITURE
PATTINARE
EMERGERE
ARGOMENTO
GRANDE
STAZIONE
MISURA
TRADIZIONALE
ARRABBIATO
PARTECIPANTE
TERRORE
MAGNIFICO
SCHERMA

```
S T E P O H E R A I G N A M H W K
P T R E R A N I M M A C R O Y Y D
A C A A G U F Q R G G X R Q E O D
T C C Z D K Y N E Y A T A T R O P
T I I D I I K F H B K Z B A E K A
I U N J C O Z R C Q M E B A G M F
N T U X S L N I S C E I I R R I O
A U M B S O X E O Y D K A G E S R
R D O S C Q Y E A N N M T O M U N
E F C T E R R O R E A M O M E R I
N Y D R P L X U T Z R L Y E Q A T
Y R A U M G U Q N D G J E N W C U
M A G N I F I C O B A X B T G L R
T L A Z G J T I L K S I D O X P E
P A R T E C I P A N T E R A I C S
```

Puzzle 733

```
D K P C C A N A R I N O B N V L N
V M W A R U W C Y L S X D L X B U
W A I P G O I R A T E I R P O R P
C E L I A R O N G I S G N R J A U
W G J T D R I L L R U S G N S K Z
I K I A M I W D A Y B P S E A E T
A S G L B H U M O V A C R Z R A G
S S P E V M A T U R O A C A C E U
S T O I M O D E L L O C A L O F A
O R S O R Z F G C J H I C L X D N
L E U Z D A B I M Z W F C E U Q T
U G R N D N R R F Q N I U N X A I
T A B A K Y O E U X C D S N E B S
O V P R E F E R I T O O A A N I S
G P L P R U G N E Y G M L C A R D
```

PRUGNE
GUANTI
STREGA
PREFERITO
ASSOLUTO
CAPITALE
CAVO
MODELLO
LEGGERE
CANARINO
ISPIRARE
CACAO
GRIDO
PROPRIETARIO
PRANZO
CANNELLA
MODIFICA
SIGNORA
MATURO
ACCUSA

Puzzle 734

TEMPESTA
ROSA
TULIPANO
CONTENUTO
EDUCATO
COMUNE
PASTELLI
TELESCOPIO
RACCOMANDA
FORSE
PREOCCUPATO
SCINTILLA
LEPIDOTTERO
MEZZO
ESISTONO
OSSERVANDO
BUFALO
SCEGLIERE
DRAGO
GUSTO

```
S F X O I P O C S E L E T X R L P
C Z R Z Z A S O R X S X A C R E G
I D A Q W S E X Z L U P F M Q P D
N L C H O T A C U D E W Z N F I R
T E C Y D E T N E C N B D G F D A
I Z O L N L S C X O G U S T O O G
L Z M U A L E J V N M E Z Z O T O
L J A F V I P N K T B R M U L T N
A C N O R I M M D E I E O R A E A
A S D R E J E V Y N T I T Y F R P
C U A S S B T Q U U L L J N U O I
H N W E S C M N M T D G E R B E L
K W B C O M U N E O Y E U S N Z U
P R E O C C U P A T O C S S C B T
B Q E S I S T O N O W S G S I K S
```

Puzzle 735

```
A M O R E D W S F Y B B B C M T M
M C P O S S O F L S R C A A Q G P
M Q Y O C V J L C K E U N R O O D
A A W T R E R U C R V L C A N M V
M F N T K Z X Q E E E T A T A J I
G F C O T J I J R J R U N T Z A D
C U L T U R A O A P I R G E Z I G
X T Q I H O R L N F R A A R I B H
H B R T K Y U L I E F L P E N W K
T W F T B M T E M M F E M A A V F
M K R A N J T T R E O N A F G I G
M Y M B W L I L E W S S C O R B B
F I N I R U P O T M I S S I O N E
N Y A D Q D X C E P E C O R E N W
U W X L V E N O D X C N M B S X X
```

MISSIONE
AMORE
DETERMINARE
DIBATTITO
BANCA
PORZIONE
CULTURA
BREVE
ORGANIZZANO
CARATTERE
CAMPAGNA
PITTURA
PECORE
CULTURALE
MIA
MAMMA
COLTELLO
FOSSO
DOLCE
SOFFRIRE

Puzzle 736

DITTA
RAGAZZE
PRONUNCIA
CONFLITTO
DESIDERIO
BIRRA
GRANCHIO
TEMPERATURA
URLO
ESSENZIALE
CONSIDERA
IMMAGINA
ESTENDERE
UNIRSI
AFFAMATI
AMATORIALE
ESPLORARE
MUFFOLE
MUCCA
ATTENTO

```
D E S I D E R I O R A G A Z Z E T
M W C H E K J M U J L S C J E I E
U Y C V U M K F R W K M V L L U M
F R K O I H C N A R G G F Y A A P
F N B L N L W R L L R F T R I R E
O Y R X J F L E S P L O R A R E R
L B H K R I L P R N A S U T O D A
E I Y P U J O I R E C F U T T I T
A F F A M A T I T O D O I I A S U
U N I R S I N X N T N N Y D M N R
E L A I Z N E S S E O U E D A O A
A Z O L C T T O E O K G N T J C Z
U R L O U G T F N K T B I C S M V
B I R R A W A N I G A M M I I E V
Q L D D O L M U C C A X C E J A S
```

Puzzle 737

```
C A D A P S G D P X W X W D E M L
E Z N N U C D A C I C I B R O F A
N Z G G V M Q H R W A E S Y T G C
T A N E O A M N D A U N E F R D R
E T Y Q P L W Q U W W O T K O O I
S B E M O L O L T V X I N O P R M
I N Y A D F J G H G W N E J S S A
M W K N Q B S H R E M I G F A Q A
I E L O V E H C I M A P A Q R T W
P O L I Z I O T T O I O R T T V C
C O O P E R A R E U Q N I C K E P
C U O R E R A T N E S E R P P A R
V P V A T S V A R I E T À I P U K
D A A X Z M D U P I R B M H M N X
Q M A H H R V V L W G X L E Q W Q
```

TAZZA
POLIZIOTTO
FORBICI
MANO
LACRIMA
AGENTE
PIANTO
CENTESIMI
DOPO
AMICHEVOLE
VARIETÀ
OPINIONE
RAPPRESENTARE
GARA
TRASPORTO
CINQUE
CUORE
ANGOLO
SPADA
COOPERARE

Puzzle 738

IMPROPRIO
DISTRIBUIRE
LIBERTÀ
ESPRIMERE
MERIDIANA
DANNO
IMPORTARE
ASCENDERE
COMPASSIONE
TERMOMETRO
AQUILONE
DIPENDERE
DAL
RADUNO
CAUSA
FUNGO
GUFO
OCA
SIPARIO
PENNELLO

```
G X D V F R A G E D I X D Q S L K
U U C Z F A C O R I M X I O K I P
J M F K R D I F E S P D P J N N E
N Y Q O V U E A D T O A E Z O X N
J G J G D N U A N R R L N U D N N
P G Q N T O R B E I T J D V R M E
M M Z U Q S J D C B A T E U O P L
B A R F Z F E Y S U R G R S K W L
M E R I D I A N A I E F E R U H O
S I P A R I O X E R E M I R P S E
T H P M J J O R T E M O M R E T D
M I M P R O P R I O B L J P R T A
A Q U I L O N E C A U S A Q H Z N
O X O F C O M P A S S I O N E Z N
L I B E R T À U M X L P Y C P H O
```

Puzzle 739

```
T P R E S S A T U R A Z G N Q N S
E O N X S T V N T P S N L M Q A E
N R C S B I L I B I N O P S I D N
Y N P C I H X N P A D I F S G Y T
F T D E O V T U O C F M G G G E I
R I B E S Q B B R E O X J T M R T
R A C C O L T A T V R I A R S E O
A T H F O D X V A O C C A B I N A
G R P O L L O A T L E E T U V E M
W H I Z P J Q T I M L W E M E T N
H K M A L W M S L E L Y R I R N N
K E F G N A W Y E N A G M D N A Q
R E L I G I O S O T X R I I I M Z
C R A V A T T A G E B D C T C F T
I N F O R M A Z I O N I O À E X U
```

VERNICE
DISPONIBILI
ARIA
INFORMAZIONI
CABINA
RACCOLTA
FORCELLA
PORTATILE
SENTITO
PIACEVOLMENTE
MANTENERE
CRAVATTA
UMIDITÀ
SFIDA
RIBES
RELIGIOSO
TOCCO
POLLO
TERMICO
PRESSATURA

Puzzle 740

CIVILE
PIAZZA
RILASSARSI
MINUTO
STILE
SINGOLO
ROSSO
FAGIOLI
RESPONSABILE
PRIMO
PERDONO
UTILMENTE
ATTUALE
FURETTO
ARRABBIATI
CHIARO
CAVOLO
FINESTRA
GABBIA
DICHIARARE

```
L E C S V M P D S F Y H F T I G D
I T A I B B A R R A A V E G Z C T
P N X G C N C P L Y R G L T I Y Q
P E W U N B X P I O T J I G K A W
S M P I A Z Z A I X S B B O E I O
O L O G N I S H S N E O A M L W P
D I C H I A R A R E N I S I K I F
A T A R U E Y G A L I C N R T K U
T U J H G F B M S I F K O P A R
T M N Z C A S M S T F O P W E N E
U I W P A Z B K A S J B S H R X T
A N Y S V N O B L Q U F E S D H T
L U D Y O D I O I T Z H R B O W O
E T N B L W X O R A I H C W N R E
E O D X O C I V I L E O Y W O T R
```

Puzzle 741

```
I N T E R N A Z I O N A L E M A G
H A Q W N B U C I M G M E P X G X
H A T H T G H H H D V S A B B R W
O Z H L K B T P C E R E T E P I R
L U C E O F E S U F N J Z N S F B
O W A R N I P M A R C H I O I O R
C I P E G G R I G O L O T I T G U
I U F V A U F A C I M A T Z U L C
E J P L R R J F M C O B C A A I I
V H L O O A K M W I O C E E Z O A
M W O P P L R C A M R L O R I B R
T X O S O R E V L O P P O E O Z E
R R M E T N A D N O B B A H N R U
P R O V E N I E N T I U K R E S D
P I A T T I F W C Q N U C W C S O
```

ABBONDANTE
VEICOLO
MARCHIO
INTERNAZIONALE
GIOCO
REAZIONE
BRUCIARE
PICCOLO
LUCE
PRIMARIO
RIPETERE
AGRIFOGLIO
TITOLO
FIGURA
POLVEROSO
POLVERE
TOPORAGNO
PIATTI
PROVENIENTI
SITUAZIONE

Puzzle 742

ALTITUDINE
INCLUSO
RICERCA
DIFFUSIONE
NAZIONALE
SEDUTO
VANTAGGIO
ALBERI
OMBRA
FORMALMENTE
SECOLO
EVIDENZIARE
PORRO
DIFESA
AVANTI
LEZIONE
NUOVA
DIVENTARE
GUSCIO
RELAZIONE

```
M S E R A U K B U Q S I N E Y P J
P X C X V L F F H S E N M X E O D
C R C C B V T Y W H D C G R V R I
O M B R A X M I Z K U L U S I R F
S N U O V A F Z T Y T U S E D O F
V A N T A G G I O U O S C C E R U
T C L G J P P T P S D O I O N E S
I R E B L A A N C D K I O L Z L I
X E Z X T G H A P D C H N O I A O
Y C I T V P I V Q S I S K E A Z N
D I O N D Z G A J Z F F O M R I E
C R N D I V E N T A R E E N E O K
A S E N A Z I O N A L E U S M N K
F O R M A L M E N T E T E G A E R
V P X A E X R B Z X X I X P Z K R
```

Puzzle 743

```
E  I  T  L  O  M  J  F  U  D  W  Y  G  E  D  Q  D
T  C  N  Z  K  W  S  N  S  A  D  M  T  S  R  H  S
N  N  C  G  F  P  B  B  Q  Y  I  D  F  P  A  V  Z
E  O  L  E  R  Z  Z  N  X  I  Q  A  Z  F  M  H  E
M  T  U  O  Z  E  G  P  G  Y  Y  N  P  C  M  N  G
O  I  C  A  B  I  S  X  H  X  F  I  N  S  A  V  N
V  R  E  G  X  S  O  S  N  G  B  L  E  Y  T  W  A
J  A  B  Q  S  N  H  N  O  Y  L  L  G  M  I  S  T
K  M  I  I  B  E  E  H  A  Z  R  O  F  A  C  P  U
T  L  F  B  T  P  P  S  N  L  Q  C  R  V  O  O  R
Y  E  J  C  X  A  A  X  U  A  E  A  C  O  C  R  A
D  O  N  N  E  A  N  A  L  L  U  N  H  C  F  C  L
L  A  N  I  Z  N  E  B  U  Y  Z  W  I  Q  S  O  E
D  J  U  R  X  G  D  C  B  Z  M  I  P  E  O  S  O
I  N  D  I  R  I  Z  Z  O  X  V  N  J  M  K  T  Y
```

DONNE
LUNA
MOLTI
MARITO
CHIP
DRAMMATICO
MENTE
NULLA
INDIRIZZO
PANE
FORZA
ECCEZIONALE
BACIO
ORBITA
NATURALE
PENSI
BENZINA
COLLINA
INGRESSO
SPORCO

Puzzle 744

BOCCA
CON
SOFFICE
PIUTTOSTO
VAPORE
NAVE
ELFO
PREOCCUPAZIONE
GIÙ
NAVIGARE
GLOSSARIO
CROCE
VENIRE
SECONDO
INTORNO
MUSICA
CIOCCOLATO
PERICOLOSO
LENTO
FEDERALE

```
C  D  L  N  O  M  X  M  A  W  R  M  B  I  E  V  Y
O  I  R  A  S  S  O  L  G  S  G  O  K  O  M  M  L
C  O  N  V  O  E  R  A  G  I  V  A  N  V  C  X  X
L  Q  W  E  L  C  C  N  T  M  G  E  G  I  Ù  C  T
U  R  G  C  O  O  B  O  V  A  P  O  R  E  J  T  A
P  L  G  I  C  R  C  T  N  H  E  D  N  E  K  Y  X
H  Y  J  F  I  C  Z  N  G  D  G  N  B  G  P  N  D
E  F  D  F  R  V  L  E  B  G  O  L  E  F  Q  X  B
E  T  P  O  E  S  E  L  P  I  U  T  T  O  S  T  O
H  D  S  S  P  D  V  N  O  Z  F  J  V  K  Z  N  I
F  E  D  E  R  A  L  E  I  M  Z  X  D  X  B  A  S
M  X  Y  T  S  Q  A  I  U  R  N  E  L  F  O  Q  V
C  I  O  C  C  O  L  A  T  O  E  T  D  X  J  I  P
P  R  E  O  C  C  U  P  A  Z  I  O  N  E  F  Y  C
M  U  S  I  C  A  F  I  N  T  O  R  N  O  W  M  R
```

Puzzle 745

```
U L C Z O I G L G A D N A M O D D
N D O T A T R O P X I C D J Z N N
Z Q M I Z T C J U Y S T Q N I C W
V X P N N L T H E E T D L D K U S
O N L A J T X U U Y R G N B M R C
F Q I P Q Y E X R B A A N I G E R
R H C Z P S C R V F R S I J O F N
E L A U S A C P V I R O I F S R H
M Q T F K S H P O I E L D Q C A I
V E O P L O C B T E S O Y O O M O
U E Z T E N D O N O M T T S P M B
G N O Z R E T L R U Y T A P P E Q
W E N O I Z N I C E R E Y E I N N
W K L Z G A M B E F X R I S O T I
A U T O S T R A D A I F Y O A O Z
```

MEZZI
DISTRARRE
RECINZIONE
TENDONO
FRETTOLOSA
FRAMMENTO
GAMBE
COLPO
REGINA
FIORI
PORTATO
INTERVISTA
DOMANDA
AUTOSTRADA
SCOPPIO
FRUTTA
COMPLICATO
TERZO
CASUALE
SPESO

Puzzle 746

BRUCIATO
AEROSTATI
COMPITO
VALUTARE
SCOSSA
LEGGE
AVVOLGERE
SCHERZANDO
AGRICOLTORI
DIGERIRE
NOTTE
PIANETI
VENERDÌ
CHIUDERE
CICLISMO
POPOLARE
DISCORSO
SOLUZIONE
NETTARE
DISCUSSIONE

```
N L Z A S L R C U S G E H M M V D
Q E R I R E G I D P C N O N Z E I
O O T A I C U R B I E O M L H N S
S R O T I P M O C A U I S O I E C
E U R X A Q P B M N D Z I S T R U
V A Y X Q R K U U E D U L R A D S
N A Q S O A E U J T F L C O T Ì S
O P L E J L Q K E I I O I C S J I
T O Q U Q V L E G G E S C S O G O
T P A N T C H I U D E R E I R B N
E O M T T A E L O S X P T D E J E
I L Q A C U R J K M T H E K A B Z
R A O H Z P O E A V V O L G E R E
T R P P F V G S C H E R Z A N D O
Q E A G R I C O L T O R I X Q L M
```

Puzzle 747

```
V R B G V I H X W K O F U T M Z C
E O E N O I Z A R T S I N I M M A
S N G C I N A V R O W L Y L M M P
C O S L E H Q D D L S P J A X P E
I U B J I N I L A I H C C O M C L
E S Y F D O T T O P P A C N O K L
C O S E O T N E M I T S E V N I I
O S G J F M B O M S T A N Z A P X
T O W C P H I J V E V E P U G E L
T I B I A X P L H Q N L T I A R B
I Z T G A G J Y L I A T G Y R I C
F E N V M U S N U E F E E X U C I
O R S A C C H I O T T O T W X O C
R P M E R C O L E D Ì P U Z T L U
P D E L I Z I O S A H P V J J O H
```

ESCI
IN
INVESTIMENTO
PROFITTO
ORSACCHIOTTO
OCCHIALI
MERCOLEDÌ
CAPELLI
RECENTEMENTE
URAGANO
AMMINISTRAZIONE
SUONO
PREZIOSO
MILLE
COSE
PERICOLO
STANZA
CAPPOTTO
VOGLIONO
DELIZIOSA

Puzzle 748

IMPROVVISAMENTE
PARLARE
ORDINARIA
MARTELLO
RAGIONE
SPOSATO
SPAVENTAPASSERI
RISULTATO
GENEROSITÀ
ESITARE
CORONA
SETOSA
CLIENTE
FONTE
TAGLIO
ERANO
QUESTI
LONTANO
INSEGNARE
CASA

```
I N E X M K W O I L G A T S Q S Z
M G Y E R C K N R E R A N O U D P
P R E R A L R A P D F E J L E F C
R H U N B S X T T O I D M L S K L
O A H D E X B N G K B N S E T O I
V U O V H R D O C A R A A T I E E
V S K P Y G O L J V U M C R D O N
I O M N D J Z S C N C I G A I T T
S E S I T A R E I O E L V M K A E
A T Z U O V T W C T R I R P R S N
M F Q R L P A O P K À O F B H O O
E T N O F D S E T O S A N T D P I
N I R E S S A P A T N E V A P S G
T N P S X N C R I S U L T A T O A
E I N S E G N A R E Y U N N J B R
```

Puzzle 749

```
G Z B I I J O F P U C P E T E E Y
I N V E R S A O V R V E N D I T A
F U J E L C P T C E C F O V C N V
F A E L L E P O Y S I Q I N I E Y
C E L R B M R G Q S Q Q Z R F A F
J N A L E V V R N A O D E A R R X
G N I W I Y O A L L T U L E E T X
W N C C L R G F Y C G R E E P T N
P H I U E C E I F T N O A U U A L
J S F O J I Q A I X L L K U S A B
E P F G W P V D D C N L F L Q H D
J I U X H À G T U A D E U J D D B
M I N B U G I A C N F N S A G G I
M N V O G C I G I E A G A X O H P
Z P A C O F A L A I Q A R G F S B
```

CANE
PELLE
FIDUCIA
FALLIRE
CLASSE
ATTRAENTE
VA
DURO
VENDITA
BUGIA
UFFICIALE
GIÀ
SUPERFICIE
SAGGI
AGNELLO
ELEZIONE
FOTOGRAFIA
VELA
INVERSA
QUARTA

Puzzle 750

RIGHELLO
CUOCERE
PREVENIRE
CONDIZIONE
IMMAGINARE
FOGLIE
ASSORBIRE
POSTA
MERCATO
COLLEZIONE
VELOCITÀ
CENTO
INVADERE
RAGGIUNGERE
FACCIA
PERMESSO
VERNICI
COLLEGIO
LUCIDO
SCRITTURA

```
P O S T A I V E R N I C I L S Z R
R I S I K I N Q Y S R H S U X B A
I G H G E B C V F U N R M C F R G
G E V F Q F X C A O Z H A I Z U G
H L H V U R E S A D G D C D E J I
E L C P R K Z G X F E L M O N N U
L O E R I B R O S S A R I I O C N
L C N S C R I T T U R A E E I U G
O W T Y C O N D I Z I O N E Z O E
S Y O M H W P R E V E N I R E C R
V E L O C I T À D U L A T J L E E
I M M A G I N A R E G T D T L R M
M E R C A T O M M X B J P D O E Q
P E R M E S S O A L F J H L C M Z
D A B I I N U A Y R C Q F K Q V N
```

Puzzle 751

```
A B B A S T A N Z A O P F S X S I
A D Z M E W A M N Z R R I U R I N
I S F A G K T S A N G O R E N N U
R Z S L I X V H P A A P B L F I T
E L H U Q N D Z I C N R Y W F S I
S J P U M M E S S A I I E H X T L
I T L T S E U T B V Z O C D Z R E
M O W I X I R P T N Z T O L S A R
R P E X E V G E J O A L R G J F A
J E N O I Z A N C F R U S N S E V
Q A D I T O S H O A E D O L Q F O
A S I N O M D L L R Q A Z P W E R
M E N Z I O N A N O E C U D N H T
S U P P O S T O M O U L I T N E G
D B K F J P R B U A E D G P V D S
```

NAZIONE
ADULTO
NERO
INUTILE
MISERIA
ASINO
SUPPOSTO
PROPRIO
GENTILUOMO
ABBASTANZA
ZAINETTO
ORGANIZZARE
MENZIONANO
ASSUMERE
TROVARE
SIGNORE
SINISTRA
DITO
CORSO
VACANZA

Puzzle 752

PROBLEMA
TIGRE
CONFONDERE
LASCIATE
INTERO
RISCHIO
CANTARE
PEGGIORE
SPECIFICHE
TUTTI
ATTESA
PARTICELLA
DOMANI
COLPEVOLI
MANUALE
SORPRESA
PIETRA
TÈ
ODIO
BATTERE

```
P M A N U A L E G I P G S W Z D S
A A S E T T A U J F I B O N K C P
F K R B A T T E R E E P R O G W E
E O È T T I G R E Z T Y P S W W C
R Y X G I N A M O D R O R E T N I
C J U O O C X V B K A E E O G E F
H X O R X S E N C G D R S J I S I
O D I O J H D L D H R O A I V L C
P R O B L E M A L Y Z I T T U T H
D Q N Q M T R N V A H G S Y K R E
B E F Y Y L U A Z Z A G L C W F Q
R X D F K S J X T K A E J C H A J
C O L P E V O L I N T P H C K I I
C O N F O N D E R E A R G Z Y I O
L A S C I A T E K K Q C Y Z D E R
```

Puzzle 753

```
E M O T I V O P G N N D I U O E Q
L J T L P A S A I J E E N I G N P
A P S V L U N Z O A C M U T W F M
S M E S R M B I R H E O S S E T S
J C R U A E A E N J S C C I O B Q
W J B X E N R N A X S R G Q V X C
P R A T O T C T L X A A S I A F Y
R A U T P O A E E Y R T J S D R C
U A L Z O C C O L O I I H I E G H
S I G C X L G A R T A C V R R R I
S W S A I H G W W R T O Ù F U M L
W V F P Z I N T E R A Z I O N E I
M K F J M Z E O T O X C P F A Y S
K Q B E K H I D B T G B L H I U A
C W K W C H Y W V J I M C Y P I U
```

CARRO
DEMOCRATICO
AUMENTO
PAZIENTE
SIA
EMOTIVO
PIANURE
RESTO
PRATO
ALCI
GIORNALE
STESSO
NECESSARIA
RAGAZZI
SALE
BARCA
PIÙ
INTERAZIONE
ZOCCOLO
CHILI

Puzzle 754

PROFUMATO
MEDICINA
CIVETTA
MOSCA
DOLORE
CORRETTA
BROCCOLO
MULINO
MIGRAZIONE
DONNOLA
FARINA
SONO
SCORTESE
COMPATTA
FERMATO
VINSE
SPIAGGIA
POTENZA
DIFFICILE
AEREO

```
P G S B Z F Y Y I L L H C O A O M
K Q A E R E O L O C C O R B A J U
T S G R M E D I C I N A O E M D L
Y C R I Z Y S N T P S N C K U I I
Z R M O S C A P U E O I J J I F N
Y G S N C E N O I Z A R G I M F O
F W Y O R O W Z B A N A V S S I T
A W Q S A C M L I Z G F O U C C A
C I V E T T A P L N V G H G O I M
F K C Y T C L C A E S N I V R L U
F U D A E V O Z D T C A V A T E F
W P R P R P N B Z O T A M R E F O
V D B D R A N U O P M A L K S Z R
Q O P Y O W O D O L O R E Y E H P
B P A A C R D Z I H T Y V E R Q E
```

Puzzle 755

```
B I L U G H B S R K O I A J R G A
E R U A A A R G P I C G P S I S C
N X G Q L I Z U B E D L Z J F G C
E I O R L E C L Z M S N D F E R E
F Y O T I B A M R S P S X C R A T
I H S E N O R R A M D D O O I S T
C E O W A E S T C J V I B S R S A
I L P C P N M Y F V S K E A E O R
O A I S E T N A S S E R E T N I E
J M R I S R E T T E M R E P R M D
W P I M P E G N O T D T C O M O Y
T A Z Q J X T A G O I H C C E P S
C D I M P A R A R E Q L P O V H K
X A L A V A N D E R I A S X Z E A
F A B B R I C A Z I O N E D U G Z
```

GRASSO
BENEFICIO
SLITTAMENTO
SPESSO
LAVANDERIA
ACCETTARE
SPECCHIO
ABITO
IMPEGNO
FABBRICAZIONE
GALLINA
DIETRO
RIPOSO
IMPARARE
LAMPADA
COSA
INTERESSANTE
PERMETTERSI
RIFERIRE
MARRONE

Puzzle 756

PARTI
AMMETTERE
RICORDA
GINOCCHIO
RIFORMA
CIPOLLA
SORPRESO
CUCINA
SPUGNA
SORGENTE
QUANDO
SEDILE
REALTÀ
NUVOLA
COLLA
ORGANI
FRATELLINO
CAPITOLO
SFORZO
CIASCUN

```
H M A N I C U C D P E D X F N D N
F G M S N K X A B C L Y U L A D U
L O M G A J F R E T Q S S Z Y Y V
D W E L G O N I L L E T A R F B O
X V T F R S U F I S F P R H Y R L
O M T A O E C O D N A U Q D M N A
R Z E V L R S R E A D Q X O A U L
I N R M O P A M S S M Z W F R J L
C B E O Z R I A G I N O C C H I O
O G P H F O C X L W W Y S K N H P
R P A P F S M D M L D S P U E I I
D U R R E A L T À K O E U T A Z C
A E T N E G R O S V Y C G U H I T
K O I C A P I T O L O O N E D G U
Y D M N X X I G J M T M A W F S E
```

Puzzle 757

```
O M S R I R I F L E T T E R E D Y
Q U F A I D X V O N G A P M O C K
W F F R J I E T N A T S O C Q O Z
S B A U G X J N O H E O A N U H M
I B B T F N A I T C G W Z S A S O
G C P T A V O T T I F F A C L A L
I A X A O L S L E L F A C I C R T
L S O R V C E L M E Y I Q A O E I
L C E F I S I C O L N O C Y S I P
O D M D T E H S R I J N D A A M L
D M O H U Y Q C P J J L C O R R I
N E M Y C T R I N G H I O U I E C
C S Z U E I A A N T I C O L T F A
Z D Q S S S O N N O L E N T O N R
F K C Y E D I E C I W Z C O D I E
```

IDENTIFICARE
DIECI
INFERMIERA
FISICO
ESECUTIVO
SCIA
COSTANTE
PROMETTONO
AFFITTO
SIGILLO
RIFLETTERE
ANTICO
RINGHIO
SONNOLENTO
MOLTIPLICARE
QUALCOSA
FATALE
SEDUTA
FRATTURA
COMPAGNO

Puzzle 758

CUCINARE
SOCIO
DESTRA
BIANCO
PREVEDERE
PILOTA
AFFARE
PROFESSORE
VERO
SPIEGARE
BEN
GESTIRE
AVVERTIMENTO
TUTTAVIA
ESPANDERE
PRIMORDIALE
ACQUA
AMBIENTE
RIDERE
VERDE

```
P Y V F I D S V V U F C T V X V P
R Y R Z E V P P D N U U X Q O E W
I N M R F B I S B I G C G Z O R H
M F F K K O E H X T E I I T I O C
O Z C R Y T G G X E S N Y O T G I
R E R E D N A P S E T A R T S E D
D I I R D E R Z S C I R U W G S A
I R D O P M E K E D R E V Q X Q F
A K E S T I C M Z X E G C F C J F
L R R S D T L A M B I E N T E A A
E J E E T R U O I C O S L C B A R
N Z X F C E H H T F Q L N P K O E
F B O O N V U R Y A I V A T T U T
Q N D R C V P R E V E D E R E Y L
B E N P W A I I B I A N C O C V P
```

Puzzle 759

```
F W Z E A U Q J I C X G P O O A B
P O N R S Q K Q E L I V U M T R E
Y R O T R G K O B I C D Z P T C P
X L I C Q Y U À D M Y N Z A A O Z
S C G R O M D O T A D Y O R N B G
U T I B J C N E R I N T L T T A Z
W S R S B N C H C K V Y A E A L F
H I G A D K Q O T K T A F R I E S
Y A B K N N U L D L I T C D A N E
C D M U G A C B K R G W S O T O M
M E T O D O A R U T I R O I F T B
G V E C O N O M I A F L A N P A R
E C O N O M I C A R P I L C R X A
R Q R Z N R Y P L F E R Q O T A N
K R I I Z U Q F T F E M G V L Q O
```

OTTANTA
MOTO
PARTE
PUZZOLA
STRANA
ECONOMIA
DA
COCCODRILLO
ECONOMICA
CAVITÀ
FIORITURA
CLIMA
NERI
VILE
NATO
GRIGIO
METODO
SEMBRANO
CIBO
ARCOBALENO

Puzzle 760

SOMMA
SEMPLIFICARE
PARETE
ZUPPA
CONDUCENTE
NASCITA
SOCIALE
TRISTE
INDIVIDUO
ANELLO
UCCELLO
CUCE
SCALE
CUCCIOLO
INFERIORE
CHIESA
RESPINGERE
NEGOZIO
ENERGIA
MACCHINA

```
N B A N U R H W V X L K A A K I M
V A M M O S V T U E K Y I Z Z N A
C M S D V F T S I P O C G V R F C
A U T C R E S P I N G E R E B E C
F N C H I N E G O Z I O E M E R H
R S E E T T E O D C H E N E S I I
T I T L O I A Q B C H I E S A O N
O K E A L C O N D U C E N T E R A
Y M R I L O U D I V I D N I N E D
N I A C E L A C S X I F S B Z T U
N N P O C R F H G G I O R D U S L
N D W S C U U M B S N V I A P I Q
N F L H U G Y J G K R E C C P R A
J C U C C I O L O V G V H J A T B
S E M P L I F I C A R E Q K L C O
```

Puzzle 761

```
E L E T T R I C A D I Z Q O V Y S
M V V I R N Q I P S C T S R E F M
D T N C V D D N E Y L K V T R S T
T I I N C U R A N T E K X O I X O
E I S P F V L Q G M R P O G T A G
R R O C I F A R G A E N T R À Z D
R T A H E T O F D E T O A A J U X
I V A V U S T O Y S S M I F R W W
B G R L R X A O F T I I C I U F E
I J P G E E T Y C R S N C A L P N
L C G E V N S E R O S A I S E R F
E P R I V I T S Q P A R R J P Z C
C A L Z I N O O O T U E R Q O Y O
D I P E N D E N T E J O A S M B E
X C J A Z I O N E L I M O N A T A
```

ARRICCIATO
LIMONATA
ORTOGRAFIA
ASSISTERE
INCURANTE
ELETTRICA
CALZINO
STATO
VERITÀ
OSSERVARE
TALENTO
MAESTRO
FRESIA
NOMINARE
TERRIBILE
PRIVI
GRAFICO
AZIONE
DISCESA
DIPENDENTE

Puzzle 762

ANDANDO
OFFENDERE
RAPIDAMENTE
PERCORSO
FRIGO
RILEVARE
VERSARSI
FREQUENTE
TRASMETTA
MELA
IDENTICO
BISONTI
TREMENDO
DOVE
AGGROVIGLIATO
DECIMA
CARINO
RISOLVERE
PERDA
PASSANO

```
A J W V J F V A N G I L T V N M P
T G O B E R A V E L I R R E X M E
T I G P W I E W D T F E E R V G R
E D D R U G B E Q G D S M S X G C
M D E E O O A O C F G G E A V H O
S V I X N V N N Q L W Y N R P R R
A Q O P A T I D O V E W D S S F S
R E U H M I I G W D Q J O I L V O
T C A R I N O C L B I S O N T I Q
U Y M Y C J N L O I A N D A N D O
U E T N E U Q E R F A X N P M R A
R A P I D A M E N T E T U E E H T
O F F E N D E R E H P N O R L Q L
R I S O L V E R E R J A C D A L N
P A S S A N O Z Y E G D C A V V B
```

Puzzle 763

```
P S D I F F E R E N Z A B A M F R
O E I E L C H Y F N J R L V A N A
S G M M U L F I R O O C E D B X G
S R A F M H B S G G G M L D K F G
I E T I I A T I D R E P E V E T I
B T E E X Y G F A M I G L I A S U
I A R N E N O I Z A T U L A V M N
L R I I T T C N G E D S N X I T
I I A L O L T U O E R N X O I N O
T O L E B D E N V M F G Z R C A D
À L E A R P L I L Q O A O T U C I
D I M E N S I O N E P D J L K C P
I S P E Z I O N A R E K O O U I U
C O I N V O L G E R E T D P I A T
U S V M U Q P E R S O N A N W H S
```

IMMAGINE
VALUTAZIONE
STUPIDO
LETTO
COINVOLGERE
FIENILE
PERSONA
NOME
COMODO
POSSIBILITÀ
MINACCIA
POLTRONA
RAGGIUNTO
DIMENSIONE
MATERIALE
FAMIGLIA
ISPEZIONARE
DIFFERENZA
PERDITA
SEGRETARIO

Puzzle 764

TAGLIENTI
ECONOMICO
RISPONDERE
CONIGLIO
PAIO
DIMOSTRARE
ANSIOSO
CESSARE
ALTO
LIBRO
VOLTA
PRESE
MILITARE
ELLITTICO
FIGLIA
OCEANO
ACCOPPIANO
INSTABILE
SUCCESSO
EFFETTO

```
J P H N N Z G E R E D N O P S I R
E A N S I O S O Z S Q Y C R E S V
R L W A D S J F P X Y P E V B I B
A Y L T A O Q M I M M F A L Y I O
S Q I I Z Y Q V V G B H N Z A V L
S I Y H T L X L Z L L E O L A M D
E L I B A T S N I Y I I D Z L S I
C G P L B O I C B O T L A Q Y H M
E F F E T T O C C O N I G L I O O
S U O C I M O N O C E Z H T Y S S
E E S U C C E S S O I G S F B O T
R U L M J E H M Z M L V J J B K R
P P T T V G U Y D F G M X R B T A
A C C O P P I A N O A P A I O T R
M I L I T A R E X G T V O L T A E
```

Puzzle 765

```
Q Z J E R A I Z O G E N F Y H A I
M C O M U N I T À O M N Z Q I X N
R P R E A V V I S O U X O E R M T
S A M M A R G O R P I M T R S G E
C F G C B J K M K R F P A G M M R
I E U N K Y E T T M W A S Y S E E
D U N O O L L Y E R O S S E P S S
O L L E V I L P R G C S A P C N S
U G D P I W A O C X I I P A A J E
J V P S T K H I N N M C T C M Z T
G G K Y T O W X C Y O U G I I R Q
V B R A A D U O W C T R F F C K Z
P P R E P A R A R E A A I I I I F
G O D E R E U D E X K R W C A S N
C O T O N E H N W F B E Z O Q D R
```

NEGOZIARE
PREPARARE
ENORME
CAMICIA
COTONE
GODERE
INTERESSE
ASSICURARE
ATTIVO
FIUME
LIVELLO
COMUNITÀ
ATOMICO
PACIFICO
ACCIAIO
PREAVVISO
SPESSORE
RAGNO
PASSATO
PROGRAMMA

Puzzle 766

COINVOLTO
PREVISTO
CREMA
SCOIATTOLO
ALLORA
OTTO
SESTA
PRONTO
VENDITORE
CONTATTO
PEPE
ZENZERO
QUASI
OVUNQUE
PUNIRE
CONTINUARE
CONFINARE
ROBA
INTERNO
AULA

```
O V U N Q U E D W O S R D H Z W C
N R G H I Q S E S T A R O L L A O
R W B H I N C H G T L K V B H S N
E P Z D L Z Y O N A U Y W X A P T
T T E Q J M N R I T A U V V R T I
N L R P A L X E G N Z O L S Q L N
I W A X E V D Z T O V L A W A X U
P U N I R E E N H C P O K L A O A
D L I Y V A Q E M K R T L P E T R
O G F Y S O U Z T Z E T C T G T E
G L N T W V A F T M V A Y V O O X
M L O B P L S T V A I I P R D A G
S H C W U I I H G Y S O C B D Z G
V E N D I T O R E G T C P T C N O
P R R C P R O N T O O S C R E M A
```

Puzzle 767

```
T O H O A G W X W C D P C L L K Z
Q O T A R P M O C E D R O T A D N
J E R A S U N N A I B E N E I S E
L U A T P K S I T G P S C Z M T D
Q O O F A E N O A Y J E E R M A Z
E L E F A N T E L U Y R N A I N Z
X I Z Z C V Q J C I D V T D C C F
R I N O C E R O N T E A R O S O G
G N N M A S C H I O R A T J X V
M G J G B Q X J W I C E T T U M L
B Z B E R E M I R P E D O A Q M A
T U O L O C C O R T A N A R G M D
N G R L K A I N V I T O X E G N L
A U E R I S P P A R L A N O V S B
Q G N N O I C C O R P P A P P R F
```

ANATROCCOLO
TORTA
ANNUSARE
APPROCCIO
PRESERVARE
DATO
SOLI
COMPRATO
MASCHIO
STANCO
ADOTTARE
LEGNO
DEPRIMERE
ELEFANTE
SCIMMIA
PARLANO
INVITO
RINOCERONTE
CONCENTRATO
BURRO

Puzzle 768

BEVANDA
LOCALE
CRITICA
INIZIATO
BAMBOLA
GUARDARE
OBBEDISCONO
SOPRA
LAVORETTO
SEDIA
RISPETTO
BELLO
INFASTIDIRE
PRODUZIONE
CENTRALE
SALICE
VENTO
CORVO
TOLLERARE
LAZO

```
T L A V O R E T T O C R I T I C A
T O T T E P S I R C X R S G S I R
J I L N R Q X S A L I C E E A E P
L M F L K Z U N C Z X S L L D R O
D H X C E W C F O N S V G G I I S
S K T N G R G Q R F B E L L O D A
G J P G G K A J V V T E F G Z I V
B E V A N D A R O P A M G Q A T P
B A M B O L A K E K I P G L L S Z
B G V P R O D U Z I O N E O K A U
L R E M U C E N T R A L E C F F W
Y O N O C S I D E B B B O H A W N P
S V T R Y Q B A N C J G H L P I Q
G V O T A I Z I N I Y T J E H E D
G U A R D A R E Z B I N T M P T C
```

Puzzle 769

```
D Z V M R I V E E T X H A S I X L
O S P A Z I O E S E D E V S I G X
V A E T H X F D T C S G T I A T V
E P S A U V A B A R K R D U J U O
R P P T O W L K K B O T N E V E I
E A E T I M P O R T A S F K I D L
P R R E I F V G U P X Y O Y X D G
A T I N L F Y Z E I R W W G J E I
N E M T O P O S I Z I O N E N C F
I N E E C L I T E O R I A X V A N
N G N I N V I S I B I L E V B L F
I O T X H Y Q A V A U G V U F O V
L N O R I Q U A L I T À Y M G R C
J O I N Y Z F D J X W T J C X A Z
V H H Z I I W Q B P Z H Q U A P Z
```

SITO
SVEDESE
VETRO
EVENTO
LO
QUALITÀ
ESPERIMENTO
FANGOSO
POSIZIONE
INVISIBILE
PANINI
UVA
FIGLIO
IMPORTA
DOVERE
APPARTENGONO
SPAZIO
TEORIA
PAROLA
ATTENTE

Puzzle 770

BAIA
RINVIARE
CAMMELLO
SCALA
TENDA
CHIAVE
PIACERE
FAMIGLIE
SCARSA
UNA
CULLA
VIA
FOGLIO
LETTURA
RESPONSABILITÀ
TRASPARENTE
LIBELLULA
RACCOGLIERE
ATTIVA
DOCCIA

```
U E Z M N A D O C C I A L L U C D
N T R G Z Z O I L G O F P C V K R
A U I Z M E R E I L G O C C A R S
Q D C E D A C T W A E V A I H C F
B S R S E L R N S K R M Q Q P F A
S C A L A D N E T J E A M G C L M
Q C I W Z T Z R O V C K I A X C I
R U G X H X K A Q Y A A Z C C Y G
J W C K T C Y P A P I L T U R F L
T Y S Q P H J S N N P Y V T Z M I
R E S P O N S A B I L I T À I S E
I S U S V A D R G Y P X W D C V H
K W N F Z I O T R I N V I A R E A
S C A R S A A R U T T E L S N Z R
A I R S L B L I B E L L U L A W X
```

Puzzle 771

```
S G J I F G K E V G D M I N U T I
W T Q C Y S Y D Q G C U D W L E L
I K O S S E C O R P L T R W R R F
P M E M R E V C O N T R O A J B F
O V C R A S W B O L L I R E N A F
R O M M T C X P P R P L U C E T Z
A T W K A C O O R I I O F B O V E
P X A V M V R S O U O I L I L L A
H R D B R H E S C N G C S S X W Z
L X O J E X O I J I G C Y N O H N
G T D S F V V B M O I A G I R Z A
E R W B S N H I J N A I L Q P J T
L C W K M I T L H E M H E X K M S
E R A T N E M E L E N G O Y E I O
G U A T S I N O I S S E F O R P S
```

MINUTI
POSSIBILE
RIUNIONE
BOLLIRE
LILLA
VERME
CONTRO
PROCESSO
ELEMENTARE
DURANTE
CORPO
PIOGGIA
PROFESSIONISTA
SOSTANZA
ORA
FERMATA
ERBA
PROSSIMO
GHIACCIOLI
STOMACO

Puzzle 772

TRUCCO
SEGNO
ALCI
FIORE
DURA
ARRESTARE
MILLEPIEDI
CLIP
MALATO
PERICOLOSAMENTE
DISSIMILI
DOPPIO
LATTUGA
MACCHIA
MARCATORE
GUERRA
INSIEME
LARGHEZZA
MASCHERARE
RAFFICA

```
E M Z L E F L S E G N O M Q G P D
M I Y X Q B A A G U T T A L U E I
E A A J M B K C R G R V R P E R S
I E R I E O Z I W G W U U T R I S
S U W C R T H F X C H Y D I R C I
N A J C A U T F P I D E M A A O M
I B I D T T M A I T F R Z H P L I
A L C I S X O R L O U A C Z Q O L
G Q U O E F T R C I R R D T A S I
I S C G R N A S E P J E X O A A V
W F B Y R V L N Q P G H A Q M M R
A I W S A U A S I O G C O E J E E
T R U C C O M H Y D C S P U J N I
M A C C H I A S P B Y A W P H T V
G X I D E I P E L L I M Y C C E V
```

Puzzle 773

```
N I O D C C J G D Y M P P F I R B
D H N V S A T Q I L Z R U I N I R
E T I D J E N L Z C U E N S D U I
X L B I I R E T Y H J S T S U T L
T F M W T C S T I E M T A A S I L
W Z A G B U E I V E P O W R T L A
Q Z B X K M R R D L R I T E R I N
D O V E R L E S B I E E E H I Z T
L L V U G I D E Y M C M X D A Z E
W L Q R E T N E D I S E R P I A D
E E M H J C O D Y S H L L H S B G
F S Z U D R C E S P E R T O N I M
K I D M U M S P E N T O L A D L X
U P D C A U A U N Y H D J Z B E J
E J J Z E T N E M A S O R O L O D
```

CHE
INDICE
DOLOROSAMENTE
SIMILE
ESPERTO
RIUTILIZZABILE
PENTOLA
PUNTA
FISSARE
INDUSTRIA
PRESTO
BRILLANTE
PISELLO
BAMBINO
PIEDI
CANTIERE
ME
DOVER
NASCONDERE
PRESIDENTE

Puzzle 774

DENSO
PROBLEMI
DIFENDERE
FACILE
NORD
SOGGIORNO
BAMBINI
UTILIZZATO
NOVE
ISTANTANEO
NUOTATA
TELEFONO
CAROTA
FORMICA
BORSA
RICHIESTA
ATTACCO
SCUOTERE
OCCHIO
TRABALLANTE

```
N S Z S V G V C V F R E J E L T L
H U C M O D W O S L B W A D Y E O
J V O U Y G S E D F H W T E G L I
F D U T O N R O I G G O S N J E T
R O C C A T T A Q H M N E S B F Y
H V T H H T E V O N O R I O Z O I
G S A H K M A R F B F E H E K N G
C F O R M I C A E G X S C N T O J
R A J F A C I L E G Q B I A W I T
Z S R D I F E N D E R E R T Z H W
K R V O N O R D B A M B I N I C X
S O F H T P R O B L E M I A Z C Z
K B E T N A L L A B A R T T U O C
U T I L I Z Z A T O I E K S G H J
R S A X A O Y W H S R E W I H H L
```

Puzzle 775

```
C I I S I R C A E O K W T U D A Z
U N R G C A M T R Z H D M Q I R D
R S O U O F R A S T K O Q T V R N
I E U A Y V A R U O I Z B C I I N
O N F R L Ì S O C K W C T E S V B
S S M D W B O L T L L N O R I A N
O A G O S C L O B E N J P C O N U
P T X T O Q J C U Z Z H L A N O D
N A X A T U S C T K N T U N E R I
O N O T T E M R E P W U F D I A R
L P X L I A Z N E R E F N O C I E
N O G A L C O L T I V A T O R E U
O D V S E T N E D U T S U Y C S R
X B G I X N S V D I B N K S S T U
C A L C O L A R E R H J J J B Z Y
```

COSÌ
CALCOLARE
PERMETTONO
ARRIVANO
COLTIVATORE
FUORI
SALTATO
SGUARDO
LAGO
UDIRE
DIVISIONE
CERCANDO
SOTTILE
INSENSATA
CURIOSO
CONFERENZA
ARTICO
STUDENTE
COLORATA
CRISI

Puzzle 776

RIDURRE
SERALE
TACCHINO
NONNA
ATTUALMENTE
TESO
CORAGGIOSO
PROVARE
FUNZIONE
ALLIEVO
LATI
TAPPO
PRESTANO
GAMBA
CONTRIBUIRE
SENSO
ATTORE
AGGIUNGERE
FEDELE
UGUALE

```
X V P Y C F C S H D R B S Z P B Y
Y G B G B U G O J U Y P E K R I N
X C R V H N W S N B I T R E E X W
G D S H O Z X M W T R W A R S D X
A B M A G I J C G H R M L E T T Z
T T F E Q O N O N N A I E G A E P
A A T U F N L W U C I X B N N S L
T Q C U N E L A U G U E K U O O A
T U C C A R I D U R R E Q I I M T
O J R X H L M W A Y U R L G E R I
R P L O I I M O S F R A J G N W E
E S D J N U N E G Q S V Z A H E Q
A L L I E V O O N A P O T A P P O
F E D E L E O G D T T R T G R L P
C O R A G G I O S O E P S E N S O
```

Puzzle 777

```
Z S P C O K Q G V E L O C E V C Q
C N G A S W Q M V M D U M P N O Y
F Y B P P T A N A G X A L H N N O
L P T P E P I C N I R P P T K S M
L P B E D K À P A P I S R E D E S
A F T L A R T O U C F R K V B C A
S F N L L R I I X E I C E P S U E
C F A O E I T P V Q G T K I Y T R
I H E T N A N G E S N I I B N I O
A B W W T D E A D A T T O L L V S
N P W R O O D N E D N E R P O O T
D H V M M S I J B M M B T U H P A
O I Z I C R E S E W K K U O Q Z T
V A W V D I S E G N A R E V J M O
S T R A N I E R A G E U O O R Q X
```

VELOCE
LASCIANDO
PRENDENDO
UOVO
OSPEDALE
DISEGNARE
PRINCIPE
POLITICA
IDENTITÀ
FATTO
ADATTO
CONSECUTIVO
ESERCIZIO
STRANIERA
PAPÀ
INSEGNANTE
CAPPELLO
AEROSTATO
SEDERSI
SPECIE

Puzzle 778

SVILUPPARE
FANTASMA
COMPLEANNO
COMPLESSO
LAVANDINO
DOMENICA
INGREDIENTE
PUNTO
LUCCIOLA
MEGLIO
VERIFICA
SOSTENGONO
FELICE
STESSI
FUMO
SCRIVANIA
CONGRATULARSI
ANDATO
SERIE
AMBIENTALE

```
D F Y O P C W S J G E G W H K C S
O E A K I P S G E Y P A A Q N O C
M L L C O M P L E A N N O I E M R
E I O I O O V C S J E W Q B T P I
N C I P X J M G E S T E S S I L V
I E C U S K Y V R F Z A K J Q E A
C O C Q A C I F I R E V N Y O S N
A Z U P O O A R E Q L T X D G S I
O R L A V A N D I N O N Z R A O A
F A N T A S M A G O T F U M O T C
I S R A L U T A R G N O C U G X O
A M B I E N T A L E U C J I D P D
S V I L U P P A R E P L M U N Y C
M E G L I O N O G N E T S O S C E
I N G R E D I E N T E A J I V P I
```

Puzzle 779

```
R L X Z A A J B F I Q Q M B I X J
P H A V I T A G E N E A I W E B J
O R I C Z T J E R L P H S I E U C
R E C Y I U X E O E N B U W D S B
A A C Z T T M N C O P E R A N U L
T I A E O T S O E N E G A C E E G
F T C G N O C I D E M Z Z W T N B
S T D U O R U G R U T Z I V O O K
E A Z L B B G A H E A L O T O I C
H L R V D B C T X Y T Y N E L T K
A A F E N A W S L E B T E W J S G
H M Y H B L A M A R E H A Z Q E A
J A U T F B V Z X K W T D R E U V
K I J T E R E D N E T N I U A Q H
R Y Z F O T O C A M E R A X P C S
```

LEONE
MISURAZIONE
SAREBBE
INTENDERE
LABBRO
FOTOCAMERA
LUNARE
CIOTOLA
NOTIZIA
STAGIONE
AMARE
MEDICO
NEGATIVA
MALATTIA
CACCIA
CARATTERISTICA
TUTTA
TENDE
FEROCE
QUESTIONE

Puzzle 780

VIRTUALE
COMPLETAMENTE
BANDIERA
ELICOTTERO
ALTRO
ALLEGARE
RIVELARE
CURE
MODERNO
DECISIONE
RECENTE
ANTENATO
SCIOLTO
TIRO
PRIGIONE
AUTORE
TRA
PIANTA
PERIODO
FONDERE

```
C O M P L E T A M E N T E T X E D
Q P A W T R A S C O S Q J Y G L E
L T Y E Z F R S G I M I I S H I C
R R W S J I I U R Q X B T T U C I
B U Y Y O T A N E T N A F V C O S
F O N D E R E T T T M W O A U T I
R I D R R R O A N V W B U Q R T O
A O X D O Y A R E I D N A B E E N
S L G N T B T L C E Y Z L H R R E
K C L J U O N R E D O M M M Y O X
J V I E A V A H R V R Q M O Y J A
Y X T O G G I O D O I R E P E J B
B O R T L A P W N G T R L S Q B G
A E L A U T R I V P R I G I O N E
L H F N I X O E D L U T Q N L R O
```

Puzzle 781

```
Y P J B I P A M J Z D N Q Q F H A
N O P I N R N N J I H Z X U O V N
X M L C T E X O A P W C H O J I T
X O V I E Z V P N D M Y Y T B T I
E D I C R Z X I O B I P Q A V A S
Y O S L R E A J T Y N G B Z E M T
I R T E O M F T S E G A E I R I A
B O A T M O A M A R C I O O S N N
E A Y T P L T D P N F X J N I E T
N K G A E O T O G G I R L E O J E
E V K X R C O J B L J D A F N U Z
M P V G E A R U T N I C R G E P Q
Q J V G B R E P I C N V A O O S U
R I V I S T A R P Z U F B G O L L
C O M B I N A R E V R C L A S L A
```

VISTA
PASTO
BICICLETTA
FATTORE
QUOTAZIONE
OGGI
VITE
ANTISTANTE
COMBINARE
PREZZEMOLO
VITAMINE
MARCIO
VERSIONE
BENE
POMODORO
CINTURA
FRAGOLA
INTERROMPERE
RIVISTA
ORDINATA

Puzzle 782

VERDETTO
RUGHE
AUDIZIONE
AMICA
RIGIDA
MISTERI
CAPRA
CITTÀ
SAGGIO
FORMATO
COSTOSI
FARFALLA
SEGUIRE
TIPICO
LUCERTOLA
CORRETTO
MOLTO
STELLE
SPEDIZIONE
STRETTA

```
A L L A F R A F T E E M A X F C C
K M N U G O S Z H L B S U O Q O O
C E I O T L O M Q L Z V D I P R S
K N D C C V D N X E A D I G I R T
C O T I A T T E R T S I Z N F E O
C I O P U V G F Z S M T I A O T S
Z Z T I S H L E Q E H J O L R T I
J I L T Y M K O B A U D N O M O O
K D G I À M I S T E R I E T A I V
K E R I U G E S L E N P Y R T G S
K P V E R D E T T O W Q A E O G N
C S J H W C R X F Z G O K C X A P
Q D F G T L C L C M Q X X U A S Z
C G O U Z N V K K A R Y D L F I K
A T K R N W O K S Z Y T E K P T Z
```

Puzzle 783

```
D  L  P  R  H  M  U  E  Y  G  I  F  A  M  Y  N  G
R  E  É  A  I  G  O  L  O  N  C  E  T  A  Q  W  U
O  T  N  E  M  I  R  E  F  S  A  R  T  T  S  E  A
I  R  T  T  N  H  E  X  A  D  X  I  I  I  D  L  R
L  S  N  B  I  X  B  L  D  H  H  R  C  T  O  Y  D
G  S  U  H  W  S  K  G  C  T  T  E  S  A  U  Y  A
A  Y  D  L  T  G  T  P  R  E  F  E  R  I  R  E  R
T  J  E  N  O  I  Z  A  T  R  O  P  S  E  W  V  O
T  C  I  T  T  A  D  I  N  O  O  U  U  P  M  X  B
E  V  E  C  C  H  I  O  Q  Q  F  V  T  K  X  P  A
D  C  A  M  I  C  E  T  T  A  T  S  I  T  R  A  F
F  R  A  T  E  L  L  O  P  E  R  F  E  T  T  O  P
O  K  P  R  E  F  E  R  I  S  C  O  N  O  S  P  E
S  Q  G  J  S  E  S  T  I  N  T  O  A  T  C  E  Z
X  A  J  A  X  F  S  B  U  S  S  A  R  E  D  X  E
```

NÉ
FRATELLO
PERFETTO
DETTAGLIO
FERIRE
ARTISTA
PREFERIRE
TRASFERIMENTO
CITTADINO
ESTINTO
TECNOLOGIA
MATITA
DENTISTA
PREFERISCONO
BUSSARE
GUARDAROBA
CAMICETTA
ESPORTAZIONE
VECCHIO
ESTIVO

Puzzle 784

CONCEPIRE
ABBREVIAZIONE
GRAVE
STOFFA
PERCHÉ
SEPARATO
ANGURIA
VISIBILE
SCIENZIATO
RIMA
AUTUNNO
MADRE
OCCHI
CUCCHIAIO
GOMMA
CAPITO
MARTEDÌ
CIGNO
RAMO
IDONEO

```
T  O  C  C  H  I  S  W  K  O  L  C  N  Q  Z  I  D
S  T  Y  M  U  O  K  L  M  Y  M  P  C  P  I  V  V
E  A  N  B  P  G  O  T  L  B  W  E  F  U  Y  S  A
P  I  W  H  T  S  M  I  V  I  S  I  B  I  L  E  D
A  Z  Z  Z  O  T  I  P  A  C  T  B  N  Q  Q  T  E
R  N  Q  E  N  O  I  Z  A  I  V  E  R  B  B  A  G
A  E  C  V  N  S  Q  O  M  A  H  R  I  M  A  S  O
T  I  S  A  U  W  E  R  I  P  E  C  N  O  C  G  Q
O  C  Q  R  T  A  N  G  U  R  I  A  C  I  É  O  I
P  S  N  G  U  U  X  P  H  I  W  W  S  U  H  M  D
V  O  H  M  A  R  T  E  D  Ì  O  S  D  V  C  M  O
C  I  G  N  O  M  A  R  S  T  O  F  F  A  R  A  N
H  S  O  Y  S  F  B  D  M  K  G  A  D  U  E  G  E
J  I  L  L  A  V  S  A  E  W  H  K  F  A  P  V  O
A  F  M  A  L  X  O  M  Y  C  J  W  I  T  L  F  B
```

Puzzle 785

```
X L S A N P H P E U D M H G G M F
A L L E N A T O R E A C O P P A D
N V H N P L C T I S T E S E M F M
A F J G T O O S B D I W Z M G H S
P O O A A I M E T E E L O C C I P
M L M T A V P I H I S M C E R T O
A F G N P G A H X C J D T S N O P
C I C O B F R C T R O P P O L T E
Q H U M R Z S I F M P H G V N S N
F D F X G T A R T R A S L O C O N
Y U N E T E T N E M A R A I H C A
E R E V I V V A R P O S P I M O O
E A G X S Y A T U K Z O F B C U Q
P W N P A M K I K Q V C L X P F W
Q U A L I F I C A R S I S L N Q I
```

CERTO
QUATTRO
VIOLA
TRASLOCO
TROPPO
RICHIESTO
QUALIFICARSI
ALLENATORE
SEI
COMPARSA
DATI
MEDIO
PENNA
PICCOLE
CAMPANA
MONTAGNE
FUOCO
SOPRAVVIVERE
CHIARAMENTE
COPPA

Puzzle 786

PRIMAVERA
VERSATO
SALUTE
PRODOTTI
GIRASOLE
LIBERO
ALTRI
TEATRO
SCRIVERE
AUTOMATICO
AUMENTARE
CENTRO
TEIERA
SABATO
CONTENERE
RE
INSEDIATI
CONCLUSIONE
COPPIA
PORTAPENNE

```
S C R I V E R E C I C E H P P F U
V F Q B I Y S W E P A M Q O R A I
C X D E T C G V N Q B Q Y R O G Y
X O C I T A M O T U A V E T D I C
C I J Q J T W O R E B I L A O N O
O R T A E T B K O X C Z O P T S P
N T T E I E R A R M F E S E T E P
T L A R E V A M I R P W A N I D I
E A W B E C Q L Y A O C R N O I A
N A O T A S R E V O O K I E J A S
E T U L A S U Z T R V G G H M T A
R N G C T K A U M E N T A R E I U
E N O I S U L C N O C R Q M E U U
D H M X I C G F V M W N E S H X N
L N B P W Q Q X S Y U S U J C K Q
```

Puzzle 787

```
B Y J D M F W P O G Q D C S D I G
M J N P P U R K H C S C T A J C O
A B L Q C R O T Y O S B D N G S I
N T E E L I B I S S E L F O A W P
I E R A L O C I T R A P I H T R Q
G B T U W S T C N V Q B D S E M M
L A E E M O N S O Z P P N I N V V
I O M K S O Z J T N A S O V O C E
A O B X T R R V A V K V P R I O R
L O T T O I U E R A C X S I Z Q I
I Q T S D O Q O A G A Z I S I X R
A C Q U I S T O T V C P R E B J A
F O R C H E T T A A D U L R M C I
S E M P L I C E M E N T E V A Z H
V S R F U J A N I M A L E A Z R C
```

VOCE
RUOTA
FORCHETTA
RISERVA
PARTICOLARE
ACQUISTO
SCI
LOTTO
SANO
RISPONDI
NASO
AMBIZIONE
FLESSIBILE
ANIMALE
SEMPLICEMENTE
MANIGLIA
CHIARIRE
FURIOSO
NOTA
RUMORE

Puzzle 788

VERBO
CONCORDARE
TERRENO
SUA
ESTREMAMENTE
SEZIONE
COLLO
LORO
ANGELO
SULLA
DUE
BOTTIGLIA
VISTO
RAVANELLI
APPLICARE
SE
ELETTRICO
OTTENERE
MERAVIGLIA
NUOVO

```
F N O C I R T T E L E W L U C U D
I P V U B O A O R A X U F L O V E
D L A I L G I V A R E M Q C N W L
O V O U N Z A Y A Q J S W W C E T
B T Q N T K I W Z N Z B E A O S O
R O T S I V H B N N E C G I R T B
E S B E U D K K V R R L Y L D R R
V J O O N E R R E T A W L G A E S
E R W R V E G G G C C L A I R M E
M H E L O O R O L O I Y I T E A Z
E X S U L L A E N L L K N T D M I
Q V M I V V V T Z L P E I O C E O
V J I S U A X M V O P G G B H N N
Q G O T F Z G T Q N A L B N M T E
Q O F V I Y L K Q H M Z C P A E E
```

Puzzle 789

```
I D S B A F V O U O R O B D P P D
N N M O Z F E R E D E V I R K E I
D Q J X N W A D P I L L O L A R M
I Q W A E N A I U F F I C I O S I
P I W E D O O N O D E V G R J O N
E H G L A E C E Z U I L O A E A U
N O O C C G T C G V W U C M R I I
D A Z Z E T A R U C C A C A O R R
E U D P D X J G N P G G I L L O E
N C C A M Y K H G V A S A A C T L
T O S M A I W Z P V J R U C L I T
E X Q F E T N E M L O V E R O N O
E O C B U K W E Q T N G J Z F E B
P R Y M V I L L A G G I O L D G K
G B G P H O X T M J M X W Y V I M
```

VEDONO
OCCUPARE
UFFICIO
PILLOLA
RIVEDERE
SONNO
INDIPENDENTE
CALAMARI
ACCURATEZZA
VILLAGGIO
FA
ONOREVOLMENTE
PERSO
GOCCIA
DECADENZA
DIMINUIRE
ORDINE
FOLCLORE
MAI
GENITORI

Puzzle 790

COMPATTO
SQUADRA
AL
TIMIDO
CAVALIERE
WEEKEND
RICORDARE
CAPO
MINORANZA
DICHIARAZIONE
FLUIDO
DISTRUZIONE
TERRA
MONETA
COLAZIONE
MAPPA
SAPEVA
DISEGNO
IMPIEGARE
CERTAMENTE

```
S J H E O P A C F W K X A D Z M B
M Q X R D B P W L E G I K F G I C
E O F A I A J Q U E S N C S J N Q
A Y N G M C J O I K W V Y D N O K
Q T M E I I O U D E R Q X F Q R P
G E Q I T D N R O N I Y U E N A A
H R S P L A A X D D A C G H J N N
D E L M B T R N M A R N A W A Z W
F I M I E N O I Z U R T S I D A S
A L S U I F B N X E E E Z Z J J A
M A V E P A S C E R T A M E N T E
A V M L G R L I N S S Q U A D R A
P A E O E N O I Z A L O C N Y Q B
P C U X X D O T T A P M O C Q V U
A Z Z D I C H I A R A Z I O N E C
```

Puzzle 791

```
J F K P N E R A L O G E R R I G F
G A B F P T G P Z N Y R P Z V Y O
Q D K I C O I F A C I L I T À P R
C E T Q N R O R E P U C E R I S T
Z A R E S A F F A M N C U I A P U
V E M B Z C X R J T N H N D R R N
A S B I Z G L R C G O K R G O O A
Q E R E N E T T A R T N I U H B T
M E N F M O S R E V A R T T A A O
S E M P R E P O V E R T À H X B G
S T O R I A G I R A F F A A V I R
Y J N U M E R A T O R E J N F L A
N E C E S S I T À X U F J N Z E D
O C C U P A T O F A Y M E O M G O
R D G T K N V K H X C B C A Y F C
```

ATTRAVERSO
GIRAFFA
IRREGOLARE
CAROTE
SEMPRE
INTRATTENERE
FACILITÀ
OCCUPATO
RECUPERO
HANNO
PROBABILE
POVERTÀ
TIRATO
GRADO
NUMERATORE
CAMINO
NECESSITÀ
FORTUNATO
STORIA
SERA

Puzzle 792

ERRORE
EVITANO
PAZZO
MODIFICA
STIMA
BARRA
GENERAZIONE
ALBERO
SALVA
MECCANICI
OBIETTIVO
INTELLIGENTE
SEGNALE
RAME
PESCE
COMITATO
ASCIUGAMANO
FINZIONE
FERMO
LEOPARDO

```
F A R R A B S M E V Y S H F S O J
I C S F P Q T W E C M P X J E E A
N I S C F S I M Q C J B A T G O J
Z F M Q I S M U A B C F B O N E A
I I G N K U A E Q E D A V L A S L
O D Y E N N G P S V W Y N Y L L B
N O J I N I F A F V V W D I E A E
E M A R E E H L M N S I Q V C E R
V O V L F C R M F A Z Q R U U I O
E V I T A N O A V P N S X S I Z Z
C O M I T A T O Z S O O M R E F Z
P E S C E I N O V I T T E I B O A
E L E O P A R D O Z O Q B Z W J P
E R R O R E F A T D X N N W D D S
I N T E L L I G E N T E E P V F M
```

Puzzle 793

```
P F Q I S X R B U K Y G Z R M S P
O O N T U H W M H L V I K I E C E
R R M U F T J K Z Q N O Y F Q U G
T N G G X Y Y R R I I R X E R R A
A I Y E R E D A C C A N W R O V B
R R N L D U K F A Q V O X I T A B
E E N O T E G H I O R P P S A S R
N Ù B I R A C R B L C P C C S S A
N B Z D N S J T O À A D B O C E C
V V M U N T O N I T T A G N A T C
Y U R T F E G Q M I T P P O W S I
D T O S S L M S E C R A J A C T A
V P W T H L L Z R C C V W R W S T
W S G R O A J X P I L J Z Y M F O
M J V O G W Z T A S H A X Q R F F
```

FILA
EX
GIORNO
STUDIO
GATTINO
GROTTA
FORNIRE
ABBRACCIATO
ACCADERE
CARIBÙ
GELO
STELLA
VUOTO
STESSA
PORTARE
SICCITÀ
CURVA
RIFERISCONO
TASCA
PREMIO

Puzzle 794

PESCHE
ARGENTO
PROBABILMENTE
REALIZZARE
PALLONCINI
UMILE
LIEVITO
ALLEGRO
RILASCIARE
TRIANGOLO
CORRIDOIO
ARMA
EFFETTIVAMENTE
RICCIO
RIFIUTARE
NONOSTANTE
UNDICI
CASTAGNE
RARAMENTE
IMPRESSIONARE

```
P J C A S T A G N E S L A I Z H G
E R A I C S A L I R G Z R M S K D
R F O R G E L L A Z K P G P U F E
A E F B P E S C H E P N E R N U K
R R A E A L I E V I T O N E D M T
M I I L T B A Z V G K O T S I I R
A C G A I T I E D Y N A O S C L I
D C F B O Z I L L W J A H I I E A
I I N O N S Z V M S H N E O O G N
O O S K X F O A A E S A G N V O G
E T N E M A R A R M N M P A Y H O
C O R R I D O I O E E T J R E Q L
N O N O S T A N T E D N E E Q B O
P A L L O N C I N I H S T Q I S X
R I F I U T A R E W O S Q E Z J H
```

Puzzle 795

```
F T R E Q Q P T L Z H Y W B V H I
S R T T Q K E R E N E T T A R T E
E T E O S O R U T N E V V A W L C
G E R T O N I F L E D C Y S T X C
N N E N T K M R Q Y P E S E L E E
A T G Q N A E T N A R O T S I R Z
N A O K Q O T I X U A J U N O A I
O T L A L W R A R M I R S M P T O
I I A S W S O I G G A S S E M T N
C V Z F O A I Q A H P N X C D U E
L O I W D R G F U I P D E F D R S
A J O D A J T G T Y A X S T K E N
C S N E Q S L A N A Z G U S A M R
J E E M R A L L A T R E F F O C I
Q U W E F O R M A G G I O F M P U
```

FRETTA
TRATTENERE
ZAPPA
RISTORANTE
CALCIO
POI
PERIMETRO
SORTA
ERUTTARE
REGOLAZIONE
CATENA
MESSAGGIO
FORMAGGIO
DELFINO
OFFERTA
ALLARME
AVVENTUROSO
SEGNANO
ECCEZIONE
TENTATIVO

Puzzle 796

PATATA
CORSA
MORALE
DEFINIRE
CROCO
POTEVA
CONVINCERE
BESTIAME
RISORSA
POPOLAZIONE
SOLDATO
SOPRATTUTTO
MOTIVAZIONE
LUPO
FRAGOLE
GREGGE
QUALE
ESSENDO
EMERGENZA
SOGGETTO

```
I I A M C W E N F X P O T S M Y R
K R S X P N M V B P M A O W U H H
P I M A Z N E G R E M E T E U J G
I O P S F M J X B J Q T O A V J S
X T P R P W O T T E G G O S T O V
F A W O T T U T T A R P O S E A K
R D M S L K Q Q I K E G G E R G P
A L H I K A F H D V M H E I D R L
G O G R P S Z L L L A V E T O P U
O S W X S R M I C K I Z S L Y J P
L Y E V V O E P O S T M I M C G O
E L A U Q C N G R N S C N O O M E
C O N V I N C E R E E I F K N T Z
D E F I N I R E Q N B X D I F E P
C R O C O D N E S S E M O R A L E
```

Puzzle 797

```
U S I I I P U E P R O G R E S S I
L T O E O R E T S I M V D B Z W S
O A P B E O N Q I E D S G Y H X E
Z Y Y C Q G F W E I R Y I R H Y T
T F K Y U R K Z P U S C U O E P K
E P B A V A S E R P M I I D W E P
V U O L E M G X D P B K T T Z S C
R S J I R M Q S N I O F R P O A R
E C Y U I A P E R A S N H E X R E
G I X Q J Z D F H C B T T M A E S
N E T A W I C I L L O P A E N O C
O N L I M O S A P O N E I N I O I
A Z K P Y N C E R C H I O D T A O
H A I M V E F A G I A N O G H E N
P R E S E N T A R E U R F Z G D E
```

CRESCIONE
DISTANTE
POLLICI
TESI
REGNO
ESERCITO
SCIENZA
CERCHIO
VUOLE
PERA
MISTERO
PESARE
FAGIANO
SAPONE
PONTE
PRESENTARE
IMPRESA
AQUILA
PROGRAMMAZIONE
PROGRESSI

Puzzle 798

TRASMETTERE
ATTEGGIAMENTO
SOCIETÀ
DECIDERE
PRESO
MISCELA
COSTRUZIONE
CRIMINE
RICONOSCERE
MATRIMONIO
SOLE
PAURA
PROVOCATORIA
ROSPO
NARRATORE
SORELLA
BALCONE
SCUOLA
CANDELA
ETÀ

```
K B F G L J C T P Y Q Z B P D U A
Z M M E D N Q R V A À D W R E R T
C P Y B Z M C N I V T L S O C I T
N A R R A T O R E M E G X V I C E
P B G K V H D U W D I K A O D O G
C A L L E R O S H X C N W C E N G
A L U F R K P V K Y O I E A R O I
N E E R V K S P R E S O S T E S A
D C Q M A B O O L F I G F O P C M
E S C W L A R C U O X J Z R Z E E
L I E Y O L E T C P W W L I Q R N
A M I E U C I L O X L Z D A Q E T
Q F K T C O I N O M I R T A M X O
C T C À S N T R A S M E T T E R E
H U J O Q E N O I Z U R T S O C G
```

Puzzle 799

```
F V Q M K D A B I T V E Q U H B M
T A L L E N I C C O C R V Y J Z F
E E C A N D U C C O N O R A S P D
P H R K N X Q V I M O T Z O W H N
B L W M L T K E R A R A P S R E T
Z O K C I V D J I D M C M O R T R
O I T D A N Q R T U B O H B N N O
P G Q T E O I E G P P I R R C X V
E O E P I A K D F L F G P K O M A
R L S Z A G I U S I L I N C E G T
A O A W T D L J L C J D R J D F O
R R M N Q X T I S A N A N A I R U
E O E D E N T E E T D E S E R T O
B A G L I O R E R O L T E C Q N M
O M X N B N P O M B R E L L O V T
```

DICIAMO
OPERARE
DESERTO
SPARARE
ESAME
QUI
ORE
OROLOGIO
TROVATO
LINCE
DI
DUPLICATO
OMBRELLO
TERMINI
BAGLIORE
GIOCATORE
COCCINELLA
DENTE
BOTTIGLIE
ANANAS

Puzzle 800

SPAZZOLINO
GHIACCIO
GRAVITÀ
RISIBILE
ORTAGGI
NEVE
CONSIDERARE
PUBBLICA
INDIPENDENZA
LAVORO
CAMBIARE
DIVERTENTE
MEDI
COPERTINA
PUÒ
MINORE
POSSIEDONO
MISERABILE
VALENTINO
NULLI

```
I W C P X M K R P J D U E Z E P L
G N S J B E G R A V I T À Y X U A
M H D U Ò D O X A X J E C A G B V
T M I I U I W N Q E J F B T K B O
O V E A P P O S S I E D O N O L R
N R G O C E T N E T R E V I D I O
E S T R N C N A N I T R E P O C A
V O Z A H K I D C N E Z C S O A F
E P O D G J H O E H L N O A V W E
C Z J Q M G E R O N I T N E L A V
R B M G O N I L O Z Z A P S M B T
R I S I B I L E L I B A R E S I M
C A M B I A R E N U L L I Z M E H
C O N S I D E R A R E M I N O R E
M N N V H B X G L F Z L O D K G A
```

Puzzle 801

```
P N P U Q F T K M E S S O C S V D
U J U E N M Y E C L R F B X J L I
T B V C N A O T S A R T N O C W W
D A G E M S Q M N I R R P T K K W
D G S U Y U A O F N Y A E A C Q F
R J M S F A C V L O P J M R I S O
R O Q S O P W I A M Q W E E B Z G
E R I G A R E T N I P X U Q L B G
E O C P D S T I S R E V I D M L B
N D D G K G Z S O T E P P A T K E
T A N G A T N O M A C I T A R P W
P E N S A R E P F M K J E B B W E
W A E S A M I N A R E I W S L Y X
Q U A L U N Q U E N I D U T I B A
X M U D I S T I N T I V O N W X F
```

PAUSA
ABITUDINE
PRATICA
TASSO
MONTAGNA
TAPPETO
PENSARE
POSITIVO
ERA
QUALUNQUE
DISTINTIVO
CONTRASTO
CARAMELLE
RISO
INTERAGIRE
SCOSSE
ESAMINARE
DIVERSI
MATRIMONIALE
PENSAVA

Puzzle 802

DIVANO
NUMEROSI
VOLARE
ROTTO
RESPIRARE
COLEOTTERO
GOVERNO
BALENA
GIUDICE
OPZIONE
ESEGUIRE
SETTIMANA
COMPLETA
OSSO
FILO
LINEA
DIRETTORE
DISPERATA
LATO
INSEGNATO

```
G D D I S P E R A T A D T N C N O
L I E O T A N G E S N I L X O U T
O R K S Q K F Y N B A V H T M M A
G E N R E Y Y W I K M A M H P E D
B T P A L G P N L V I N V I L R I
X T O X B I U L L G T O J L E O M
I O S S O P Z I B F T O W A T S I
E R A R I P S E R V E Q E T A I Y
D E U S Z J E G U E S S D O G Y L
V O L A R E F C I R Q Q P T M L D
G O V E R N O I D U V U L T Q Z G
A B A L E N A Q L M D A S O E Z L
C I I E N O I Z P O C I H R L R J
C R N Y N X G S J F A V C H A H J
K X T B Q G F O R E T T O E L O C
```

Puzzle 803

```
A I B A N O N X A N J T D X D F O
F R E U H E T N E M A T T A S E R
F R L L L N M V U F K A T V A W G
E I A D D I O I D Q U T R H N F A
T T N S N J S E C C I S L A S P N
T A O O A H E N J O T S E I H C I
O B S D G C P G Y A D F G J X F Z
N I R D G G O S Z F C I F C F H Z
G L E I R I M N P E W D K S Z J A
A E P S E O I C G I F V S P U C Z
T W G F S V S A I E N I G A D N I
S L Z A S A S L L A D T Q Q U N O
F L V T I N A M O O Z O O I D H N
C K K T V E M A J Y N Z Q X K O E
U D D O O D Y U X G Q F Q O C Q E
```

STAGNO
CALMA
PESO
AFFETTO
ADDIO
AGGRESSIVO
CHIESTO
CONGEDO
ORGANIZZAZIONE
SODDISFATTO
GIOVANE
SPINTO
ESATTAMENTE
NON
SALSICCE
MASSIMO
NEMICO
INDAGINE
PERSONALE
IRRITABILE

Puzzle 804

CENA
CAVALCARE
NASTRO
OVVIO
GENTILE
PARCO
QUANTITÀ
LISTA
ILLUSTRARE
DECENNIO
NIENTE
RAPA
MOSTRO
DENOMINATORE
SCOMPAIONO
PROCEDURA
CREARE
EDUCAZIONE
MAGGIORE
CANZONE

```
E V R M O S T R O C N B L N B O I
T W P V V T Y L M C A I C I E V L
A H C M E U T A G X N V N E R V L
C R E A R E I N S I W S N N O I U
J H H U A M A G G I O R E T T O S
O T U Z C V N P O C A M L E A E T
E R O P L Q E D U C A Z I O N E R
S H A L A U C N D V I U T R I H A
M F F P V D Q J O E N Y N T M U R
S M O S A A T E R Z C J E S O K E
U B D J C P A R C O N E G A N E T
S C O M P A I O N O F A N N E Z F
Y M L I S T A L M T M H C N D U Q
Q U A N T I T À L Y T N N J I L B
A P R O C E D U R A Y S N H C O M
```

Puzzle 805

```
V E P O F F D V M C T V N Q L A I
W E K I S O O I A O O U L I U A K
X D C U U R N S C N V L B D N S J
P O R T A M N D C T I Y T O G I J
M K B P Z A A K H R S I D R O G V
A L T A L E N A I O I U B U E N Z
C R E M Y C Q L A L T H S C R I C
X A M U L D S E T L A N B I E F G
Y K U I S S X D O A F E Q S C I R
D I S T R U G G A T A V D A S C O
F E M M I N I L E O C N P G E A S
R I A V V O L G E R E E C G R T S
C A N T O N N C U H E P M H C I A
S T A B I L I R E Q W A D Q E V O
X D H K D F K S H B N M C X M O R
```

TUBO
SIGNIFICATIVO
CONTROLLATO
FEMMINILE
CRESCERE
CANTO
VISITA
MACCHIATO
RIAVVOLGERE
SICURO
LUNGO
GROSSA
STABILIRE
OLTRE
ALTALENA
ANCHE
PORTA
FORMA
DISTRUGGA
DONNA

Puzzle 806

VOLUTO
SCELTA
COLORE
SPESA
BUCO
SCAFFALE
MAGGIORANZA
TIPO
NUOTARE
GRADUALE
UOVA
CANTI
OGGETTO
SELVAGGIA
LUNGHEZZA
DEBOLI
TEMA
CHIAMATA
ATTO
POLITICO

```
U S D U C D E Y Z Z K W L D I G J
L C A Z Z E H G N U L Z H Y R V Y
G E B M J B A O C I T I L O P I X
Q L N O T O T T A V O U C C Q N L
Y T O P E L A Z N S T H B Q O R J
Q A P H U I M O T T E G G O N V U
O C U B V W A S I P V P P B U I W
T I S A F Q I W A B S I S N O V F
U E Y Z W V H Q O A Y G Z H T I U
L C M Q S I C T Z C Q X Z J A P I
O B O A Z N A R O I G G A M R M Q
V N O L L I Y A I G G A V L E S Q
Y T T A O G R A D U A L E Y N I X
T I P O C R S C A F F A L E S T X
W G I T Z J E K F I Y Q H M P B K
```

Puzzle 807

```
M O G L I E P I P I S T R E L L O
E R P E L S I V P G N N I T E Y T
F U X A I E T L I P N G L T N W N
A T E Z B A T A J A T U W E T W E
B U O P O P Q V L J G V F S R D M
X F N Z M Q L E E E T G N C A M A
T P I S V I U L R Q X B I A R A T
T E Z L Q P U L J Q M T I M E R T
T R Z N F O M O Q H U L V I Z I A
F O A Q L I B R E R I A F N W T R
A T G M U A U T O R I T À E F I T
D O A B O I F O R E S T A T T R U
Z M M U L N N T E S G J V T B A O
S Z F T F J T D E I R N W O F R C
B U F T P P F O I P T Z J Y B E M
```

FORESTA
PAESE
ENTRARE
MOBILI
PIPISTRELLO
TRATTAMENTO
QUINDI
FUTURO
TRAMONTO
MOTORE
SETTE
MOGLIE
AUTORITÀ
LEPRE
MAGAZZINO
CAMINETTO
RITIRARE
LAVELLO
LIBRERIA
VIAGGI

Puzzle 808

FINIRE
DESIDEROSO
FRIGORIFERO
SCOPRIRE
INCLINARE
ORSO
INVITARE
IMMERSIONI
COMMERCIO
VESTITI
GRAZIE
PEZZO
SANGUINARE
UCCELLI
LA
CARICA
FREDDO
INGANNARE
DICE
GENERALE

```
V O Y H M K D V E J K D S A N M W
L F Z P O D D E R F X Y F P O G X
Y W Z D S B S C C T R N J C C B R
L S E E R A N N A G N I O S J U K
B R K J O X N P S G R A Z I E C R
I L L E C C U G Y D G X Z T H O D
N N K G B Z Y L U T E X E I W M E
O I C X M E W H U I X K P T N M S
I N E L A R E N E G N N D S M E I
S V Y M I I Q J E N A A Z E P R D
R I F W E N T H E Q E U R V Y C E
E T B F D I A C I R A C V E N I R
M A O R E F I R O G I R F W L O O
M R B I Y U N Q E C I D S T V A S
I E L U L S C O P R I R E P T Y O
```

Puzzle 809

```
V E L O C E M E N T E D I Q T X F
E Q W Q R Q Z A T W F A F H I T F
L S O O N O C S I R E G G U S K G
I A J X O T N E M A N R O I G G A
B S M C E R V I B D Y W W R U J I
O U Z P P R C F R J C Y Z G C N H
N C B B O E A Y O T N E M I V A P
A C O T Z N K T I N V E N T A R E
U O G M O I E M I R X T V Z F G A
S T R A T E G I A C A Q O F L R B
P A N T A L O N I D R G C Z R A I
C A L C O L A T O R E E A H S S L
B I B L I O T E C A H I S Z T S I
O N D A B V C U Y W C B K E Z I T
M O L T I P L I C A Z I O N E O À
```

ABILITÀ
ESERCITARE
CALCOLATORE
BIBLIOTECA
PANTALONI
SUGGERISCONO
TIMBRO
LAMPONE
INVENTARE
MOLTIPLICAZIONE
VELOCEMENTE
ONDA
RAGAZZO
CERVI
PAVIMENTO
SUCCO
GRASSI
AGGIORNAMENTO
NOBILE
STRATEGIA

Puzzle 810

ASCOLTARE
INTERCETTARE
IERI
DISTANZA
SOSTANTIVO
RIVA
TRANNE
BORDO
POCHI
TARTARUGA
LEGATO
COSTO
TECNICA
FALSI
CESTINO
MORSO
CAUTO
IMITARE
RIPARAZIONE
SUFFICIENTE

```
I N T E R C E T T A R E B M J B C
R L N Z M E N G W D A F A L S I E
S P L M Y F P I Z C O S T O T H J
S O J B L K J J R L G S F Q E C O
Z U R F U M H M B Z Z T E D H O U
S C F R I P A R A Z I O N E X P B
Y Q L F T D W A G U R A T R A T E
M L O V I T N A T S O S O A V I R
Y Z K C V C H A C I N C E T G J A
A Z N A T S I D G E Y E C I F E T
B H C U C H B E L R R S F M F N L
K O R T N P H O N I G T Y I O N O
O S R O M Y C X Z T V I Y D A A C
P X W D T A V Q X Q E N Z W I R S
J H L R O G B W K K C O H B L T A
```

Puzzle 811

```
F P B Q K M C G W J F I I D T I A
R K R C A N G U R O B R Y H E N S
E H G E R A Z Z I R O T U A L T S
S T A L Z S S Q N A N S A V E R O
C O I A P Z U Y C S C O Y O V O R
O I Z T T J O T D P I N Q L I D T
T N M Q A N O I Z E L E S P S U I
O O T A D M O F W U L R K E I R M
V L W M N B A W S H E A S L O R E
D O J Z O C C R R V S B U K N E N
J C B S F Y A A E N I U X M E T T
W V B B O X Z N U P P R Q G E I O
D D T C R J K K Z M M Q A U B M X
U W I E P E E V J A I E O O Z I W
F Q S V I L U P P O O D T O I L V
```

AUTORIZZARE
MANCANZA
TEMPERAMATITE
CANGURO
VOLPE
PREZZO
VOTO
NOSTRI
SELEZIONA
INTRODURRE
RUBARE
PROFONDA
PISELLI
ZIO
FRESCO
COLONI
LIMITE
TELEVISIONE
SVILUPPO
ASSORTIMENTO

Puzzle 812

CORRERE
SPINACI
SENTIVANO
PIATTO
SEMBRAVA
TERMINE
GALLO
SOSTENERE
METTERE
QUOZIENTE
INVECE
DISPIACE
BLOCCO
ERMELLINO
MUSEO
COLLASSO
MOSTRA
SILENZIOSO
SECCA
PADRE

```
D F A D M L N U S T E R M I N E Q
P I K A N W X C O E S U M B F T Y
D Q S X D I K O S S P I N A C I V
M E U P C M W E T I P Z N X N Q H
O M J A I V N Q E P Q P I A T T O
S V E R D A P K N X Q I U T H X L
T V B T W A C C E S R Q V N X D L
R I O I T D O E R H G H W H X I A
A U T Z F E T N E I Z O U Q I K G
B L O C C O R F W O K I O H C S V
C O R R E R E E Q Y Q N N N X K I
E R M E L L I N O B H S V V P J A
S E M B R A V A Y M J O A I E X M
S I L E N Z I O S O H L H B P C Y
S E N T I V A N O S S A L L O C E
```

Puzzle 813

```
C M X O R A N A O L A R X Z U F A
P A D A R T S N B O W E X I Y O N
Q I T Q Y A A C M O J N G W S N C
G L G T G E H X C O M N C D A T O
D L R R I O D P A R L A N D O A R
M V E L O V E R R O C S Z C K N A
A Z N E R R O C N O C E L W L A C
W R O E Q C C A L Z I N I G Q M
H S I E L A P I C N I R P W Z G E
P I S T O L A R J D C W W Z Z A M
W V I J T B T D I L L E U Q B C B
T K V M Z S U J L V B Y W V K W R
G N O P Z H H O E L A C I S U M O
C O N S I G L I O X À T I N U M C
P E R D O N A R E Z W U O W B I D
```

PERDONARE
PRIVATO
FONTANA
UNITÀ
SCORREVOLE
CONSIGLIO
QUELLI
STRADA
CONCORRENZA
CALZINI
MEMBRO
MUSICALE
VISIONE
RANA
PIGRO
ANCORA
PARLANDO
PISTOLA
PRINCIPALE
CATTIVO

Puzzle 814

CASSETTO
FONDAMENTALE
UMANO
CAVOLFIORE
TEGLIA
VITTORIA
BECCANO
OTTENGA
PIÙ
ATLETICA
CIRCOLARE
CILIEGIA
TESTA
DANZA
NODO
ISTITUZIONE
CHIAMATO
MAIALE
NUTRIENTI
SOFFIARE

```
C C R T S F I T N E I R T U N O I
A I D E C I O E R A I F F O S J F
S R A G E Y U S O C X K K B T Q N
S C N L T X Q T T P W Z T O E L E
E O Z I N E L A T N E M A D N O F
T L A A N C Ù L C D H C J T O T W
T A P Q I M A I A L E D V V I A C
O R C Y H Q D Y P H X V O M Z M L
N E P P R S U H B Z L I I G U A T
A O Q G O T T E N G A T T X T I I
M A D C I L I E G I A T L M I H A
U D Q O N A C C E B M O N W T C X
C A V O L F I O R E J R D E S E P
V R T E E W W B B B W K I U W I E Q
J K B A T L E T I C A A Z X C Z L
```

Puzzle 815

```
A S V V O Y E C Z V Y I L Q P B I
C X D R O T I L U P R I L Q E C U
C A A E I C G A O L J B Z N R O Z
O F V S U M A O Z T I I K O S N O
R V V I B T B Y E E B P H O T R
D A E S B G T Y O E R O D O N R E
O L R T T L O J H L J K O W A O C
R O O E V I D O R I A S T M L L C
E R D R U O N N A B M R U U I L H
G E E E A Z O I A Y D I W Z A I
A R L I A P C D G D T M C O Z R O
L L U S U S U R A I Q Z A Q A E S
O M S E N P S A S F D O I I T T H
B V O G N K C I D F D E P S O R E
F H L A I S D G Q A J K A S W C N
```

ODORE
VALORE
DELUSO
AFFIDABILE
SEGA
ACCORDO
USURA
CONTROLLARE
CONDOTTA
MIGLIO
RESISTERE
GIARDINO
PULITO
ORECCHIO
PIACIUTO
PERSONALIZZATO
BUIO
REGALO
DAVVERO
VOCABOLARIO

Puzzle 816

FINANZIARIO
PIEGA
PESCA
TENUTO
DROGA
LEGALE
DEVE
OPPORTUNITÀ
PRATICO
ADEGUARE
FORMAGGI
BELLA
INCLUSA
ARANCIONE
MONDO
PUBBLICAZIONE
PERSONALI
FINO
PAZZA
REALE

```
O F D Y S F P L L Y D F P M U G J
P I E M K I I Z E F I I C X B D X
P N V X D Z E N K G L N H S U I H
O A E U R P G I N F A O T U N E T
R N B R O N A Y B O N L P A Z Z A
T Z K E G D E G A R O X E S Y A B
U I D A A D N X E M S V K U H H K
N A L L E B A O S A R S B L R K U
I R D E M L U E M G E W G C M H B
T I P R A T I C O G P N X N W X Z
À O A N I E O X E I P L J I I B D
A D E G U A R E A V G E A T T M X
K N G X G X L X U X J K S N B R E
P U B B L I C A Z I O N E C S N V
X Z B B L D S F E N O I C N A R A
```

Puzzle 817

```
C K J D V W F A S E R U P P E X S
P A U O G C R D J N K R O F P Y P
A G R Q B K J E A O B U H W A D I
G A E B S V S L D I M U R A L E N
G L N G O K S I K Z F I N T O R T
E L O C D N K C Y A E R O I F A A
O E I Q A D E A O R S V I Q O M A
G G S N A L D T U E C Q T R H O H
R G S T D Z T O G P Z O N A D G W
A I E R U O V E W O G D F S L S O
F A F O Q S S O Z T R A T T A T O
I N N N E S T S O Z W M B O G K P
A T O C Q A M R A G A W D H J Z M
X E C O S X Z L K T L U I R B N A
S E M P L I C E A C O T R U X R X
```

FASE
EST
TRATTATO
SPINTA
GEOGRAFIA
ALTEZZA
CONFESSIONE
MARE
INDOSSATO
SEMPLICE
CARBONE
DELICATO
TRONCO
OPERAZIONE
ZONA
EPPURE
FINTO
MURALE
APE
GALLEGGIANTE

Puzzle 818

DISPONIBILE
CHIODO
NUMERO
COMPLETO
SEQUENZA
PAPPAGALLO
SCARPA
GHIANDE
DECIMALE
BOLLITORE
PASTINACA
COMODITÀ
ALTERNATIVA
EVACUARE
LUMINOSO
MANGI
DENTRO
TRASMISSIONE
PRECEDENTE
COSTRUIRE

```
C C G D H I E F X Y V A B W M U P
O O H E E H Q K M Y B C Y T J M R
M M I N L P A P P A G A L L O A E
O P A T I U D A F W A N N X T N C
D L N R B E M V A E P I U X G G E
I E D O I V Q I Z E R T M V T I D
T T E P N A E T N R A S E S O H E
À O R U O C U A E O C A R K K X N
Y W I Q P U D N U T S P O N L N T
V P U Q S A W R Q I Q O Z Z B M E
H L R S I R A E E L A M I C E D O
K A T S D E E T S L C H I O D O C
X W S E E H O L J O M E J F T G S
J L O A F X Y A F B T M U M I S J
I O C W X T R A S M I S S I O N E
```

Puzzle 819

```
S J H P T Z V B G J O H Q U Z C U
S A U X C N P R O V A G W M Z O L
L F N I A I A X O I L O D P D M T
P Q G G Y E L U I B M E R G O P E
A I H L U E F F Z I Y J M U M O R
N N E Q F E B L A O W L C L I R I
N W I D E O Q U R S G M L S N T O
I O S S E C C A G Z N A K J A A R
S X H X X D M M N Q R S U H N M E
C A V A L L O O I D A M R A T E O
E S E M P I O I R H D O U I E N C
Z G Q O K Q S X A B C N C B F T Q
A C C A D E M I C O I C W B Y O E
V A M P I R O E O T V D G A T T O
Q U A R A N T A N W X A O S L R D
```

GATTO
RINGRAZIO
PIEDE
COMPORTAMENTO
ESEMPIO
DOMINANTE
CAVALLO
SABBIA
ACCADEMICO
VAMPIRO
ARMADIO
GREMBIULE
QUARANTA
ULTERIORE
ACCESSO
PROVA
MORBIDO
ANNI
OLIO
SANGUE

Puzzle 820

PESANTE
OTTENUTO
RITORNO
AIUTO
RETE
SCIARPA
ANIMALI
DIVERSO
NATIVO
ORGOGLIOSI
BAGNO
AIRONE
ARTE
CRICETO
REGOLA
ACCANTO
ATTIVITÀ
TENERAMENTE
CONTO
TROPICALE

```
C Y Z Z T A G Y A L L B M O U N S
H R O L P B L B Z E K A U Y H E U
R J I Y H W X O I T I G K S T E O
A G F C N E F T G N A N Q D O E B
H K K O E E O N E E P O À B L B D
J B N F T T S O X M R F T J X W S
K N A T E R O C E A A N I M A L I
H U C N R A E N O R I A V R N A D
R I T O R N O E X E C U I Z A C P
T R O P I C A L E N S M T M T C E
O T T E N U T O T E U G T O I A S
D I V E R S O Q H T C K A R V N A
O R G O G L I O S I E S I L O T N
H L T R H J W W K V J X H J O O T
M F W Q F G L L O Q F K I C J O E
```

Puzzle 821

```
R W A C D G B E L R P R S E A
Y Z J E D C O F M A Q E E R C K Q
Z J F M V M X K Z W W S N O H G E
O O T A R T N O C N I I Z C E A O
B T S J K N N P G Z M D A E L L I
R N Y V I S O B L K D E U D E A O
U E S C R I T T O R E N I E T Z T
T M G F E O D B T S R T E R R D P
S O G A K T E U T C A E W E O A T
I M J I L A T B U M N T L N B B G
D V H U R I U U T X G T C A L D A
T O R V B O T T A S E A O T N K B
V L K S D N V G Y O S L U Z P I J
J T K H N N V L S D S Y W H Y K F
F V S J S A N D Q S A T I L A S O
```

TUTTO
MOMENTO
ASSEGNARE
SCRITTORE
SCHELETRO
LATTE
FINALE
GIRO
VOLT
INCONTRATO
REGALI
ESATTO
DISTURBO
RESIDENTE
CALDA
SALITA
ANNOIATO
MA
PROCEDERE
SENZA

Puzzle 822

FAMOSO
SOTTO
CALCOLATRICE
GIURIA
FINALMENTE
COMMERCIALE
VINO
VIENE
CREDERE
GLOBO
AVVERSARIO
CIAO
ZANZARA
SCHIANTO
ESPERIENZA
OGGETTI
DIMENTICATO
ZIA
VETTA
SCIOCCO

```
C I G O A C I Q G C T T O S B Y D
R A L B J Y O C C O I C S C I W I
E A L W L M N M R T F N O H U L M
M R V C K B I K M D H D M I B Z E
E P M G O R V U E E A T A A T C N
S L T M V L B O I N R O F N L S T
I H H E K C A T T E V C G T K R I
G I U R I A F T Q I F U I O F V C
I T T E G G O O R V G Y F A I Z A
A Y A D N A R S J I Z J R P L P T
C Z O E Q G W H F W C O C O U E O
I O A R A Z N A Z D X E Y I G X B
F W W C E S P E R I E N Z A A H O
F I N A L M E N T E Q K F H Q O L
A V V E R S A R I O Y K S P V C G
```

Puzzle 823

```
D P A R L A T O C W S C F H G U S
Z U N I R D Q C A S E C D J T I O
U G R H Z C U I L R G O S P I T E
C R D A Z X E G Z O N A D E S M P
C A T I T R S A A T A P I D M V M
H S G S Y A T R A O L O I R T E C
E S M H F N A T O X I X I S E N J
R E R T Y E I N D O V I N A R E C
O T S E T P R Q F Z G J T F I Y F
R T X N K Z R R N H C W I Z V P J
O O C A E W G Y O N O C S I R E P
I M M E D I A T A M E N T E E Z A
Q G M H W G P U L C I N O W S Y T
B H Q R J N J B Z C P W P C B V K
E J P I S G R W P R O G E T T O W
```

INDOVINARE
SEGNALI
SERVIRE
TESTO
GRASSETTO
CETRIOLO
SEDANO
PROGETTO
TRAGICO
OSPITE
PERISCONO
FERRO
PULCINO
ZUCCHERO
PENA
QUESTA
CALZA
PARLATO
DURATA
IMMEDIATAMENTE

Puzzle 824

IGNORARE
CONOSCENZE
CONNESSIONE
LUMACA
NATALE
BUCANEVE
CORTECCIA
FAVOREVOLE
SOLDI
PRIVILEGIO
AMICI
QUALSIASI
NESSUNO
ALMENO
SVUOTATO
STAVA
RICHIEDERE
MERA
RISPOSTA
ARRESTO

```
M S A N W R R H L U P H W V X J F
U E R Q B V A I C C E T R O C W A
S Z R Z S U R E S H F H M R A R V
L Q A A D U F A X P B S E C J C O
B U C A N E V E Y L O N E M L A R
C O N N E S S I O N E S N O A V E
C O N O S C E N Z E N M T Z R A V
S T A V B A C E P I A V F A R T O
V G Y D R N H Q W V T X G N E S L
R I C H I E D E R E A S I B S I E
T T I I X E A Y R Q L F B T T C V
I T C X D Z H C D V E U A G O W D
P R I V I L E G I O T A T O U V S
X V M I G N O R A R E L U M A C A
Q U A L S I A S I N E S S U N O T
```

Puzzle 825

```
R W D C K D F L X Y U L A S S U H
A A L D K E A L I F S O M X C L P
D E M P U V L T J F O T I T N E S
R U O T A E L U R B G N C N M G M
B P M Y F O I T R O L U H S O R T
C U S T X L R S U D S P E T D A A
A H F P L O E O Z N G Y V U I S I
I N D U S T R I A O D L O F F S G
L X R O T T N Y V M O Q L A I E U
G E R O T A V I T L O C E M C T G
A N P E L I Z V A K U V I X A T U
U Q K R U O L L E V A L T T A O A
Q Y B N E C Q G Z X P G E W A L L
F Y G Z W S D O U B E L S Y V R E
E M G U V C X O U L K F K M P O P
```

QUAGLIA
STUFA
MODIFICA
AMICHEVOLE
SENTITO
FALLIRE
SCOIATTOLO
INDUSTRIA
COLTIVATORE
UGUALE
PUNTO
RUOTA
FILA
SORTA
LAVELLO
LEPRE
MONDO
PRATICO
DEVE
GRASSETTO

Puzzle 826

TERMICO
MINUTO
PRIMARIO
AMMINISTRAZIONE
UFFICIALE
MULINO
FABBRICAZIONE
VOLTA
PANINI
ELEMENTARE
RAFFICA
MEDICO
COLLO
IMPIEGARE
PROBABILE
STELLA
PRESO
INDAGINE
LATTE
SCHELETRO

```
I E F U I C N X S R F U I H G F Z
N N L A S P R Y T I H F M T S G K
Z K D E B Q E A E D N F P C T O Q
P B O A M B J H L F W I I J Q G Z
H V N E G E R T L X S C E T T A L
R Y I J W I N I A V C I G J I R S
V O L T A X N T C S Q A A B U D C
L C U L W C O E A A I L R Q C K H
J I M C O L L O C R Z E E Z L P E
S D R A F F I C A P E I L L D R L
K E T E R M I C O V E J O S U E E
M M R A Q H P A N I N I D N T S T
O M P R O B A B I L E W V K E O R
I A M M I N I S T R A Z I O N E O
M I N U T O I R A M I R P Q J J B
```

Puzzle 827

```
A O Z Q E G Z N T G F O B G S Q A
C W L F D V D H E R I S L U T R E
B I W T D L S Z Z A N O M A A E S
W L S A R S O H V V E R H N G T E
N O N T K E Q W R E S E J T I E T
I I G I R A F F A A T V A I O O R
S C O R P I C L I E R L V F N R O
L C C L G N Z A P E A O Y A E D C
K A C H X S I O J T R P Y R G I S
H I H T I E R O T A C O I G Q N P
Y H I M L G S P O R T I V A F A R
C G A Y H N C O O P E R A R E R A
G D L Z B A H G N S V L X R Z I N
A C I S E T C A L Z I N O H V A Z
L M R Y N O D N A Z R E H C S L O
```

SPORTIVA
PRANZO
GUANTI
COOPERARE
FINESTRA
POLVEROSO
SCHERZANDO
OCCHIALI
ORDINARIA
SCORTESE
CALZINO
GHIACCIOLI
STAGIONE
GRAVE
GIRAFFA
GIOCATORE
INSEGNATO
OLTRE
LA
REGALO

Puzzle 828

TOTALE
ISPIRARE
GUSTO
BUFALO
TAZZA
VANTAGGIO
VAPORE
PROPRIO
PUZZOLA
LIMONATA
SPESSORE
PROFESSIONISTA
RIMA
MANIGLIA
RISPONDI
CONCORDARE
GATTINO
TRATTENERE
MEMBRO
STRADA

```
M I R X I J O R M X G U S T O V B
M S C I I S G B T J N O J V A A U
E P G T M B J R N G A A V T B P F
M I A K I A L O Z Z U P H J X O A
B R M A N I G L I A I G H E C R L
R A T S I N O I S S E F O R P E O
O R J C W Q I Z R I S P O N D I T
B E R B U P R O P R I O L S G S A
T R A T T E N E R E T K I T A P Z
C O N C O R D A R E O R M R T E Z
V A N T A G G I O T T W O A T S A
Z R B K L X H P Q G A Q N D I S K
C E Q A P T B Q R G L V A A N O W
X A Z E R H P S P K E K T G O R H
V V H V U L Q Z X X W A A B F E Q
```

Puzzle 829

```
F N N A B S B T E A Y K H T B C B
R Z L K Y T H Z H W Y I Q I C H A
M C K J J C S P I G H D R T I I L
O L E N O I Z A V I T O M O S A C
D L L N À C M I H I A A H L H R O
E E A A T A R O L O C L F O A I N
S T R A I R R I M U O V E R E R E
T T O U N V O S C O P R I R E E G
O E M T U F Q B S B C C R O C E Z
T R J O T U R V R S T C K R I T P
A A I R R P I A C E R E U P W V O
D R A I O W E E K E N D Q R C C C
L Y W T P E S P R I M E R E T S U
O B B À P Q C Y H L J H V M Q Q G
S P I R O T L O C I R G A P Z R Q
```

LETTERA
MODESTO
RIMUOVERE
ESPRIMERE
TITOLO
CROCE
AGRICOLTORI
PIACERE
TRUCCO
COLORATA
CENTRO
CHIARIRE
WEEKEND
MOTIVAZIONE
SOLDATO
MORALE
BALCONE
AUTORITÀ
SCOPRIRE
OPPORTUNITÀ

Puzzle 830

GIALLO
CAVALLETTA
RITRATTO
PORTATA
CANNELLA
NAVIGARE
GENTILUOMO
INTERO
INFERMIERA
INSTABILE
MACCHIA
CLIP
ATTACCO
SEDERSI
MAPPA
CARAMELLE
DIRETTORE
CHIAMATO
OTTENGA
DECIMALE

```
R N I K P K S L B C C L I P M N L
I A N U N M K E H V H A W N S J V
T V F Y S I S N D I X I V Z B Y J
R I E O E I A T T E L L A V A C P
A G R O E L L E M A R A C M C C R
T A M M A P P A P K B S E T A S E
T R I O L G K X V V E Q I R S T R
O E E U L D N I N S T A B I L E O
L V R L E E T E R M A C C H I A T
L G A I N C R Y T S O R M S O D T
A W C T N I P O R T A T A N L U E
I K B N A M U L W O O P A C L C R
G Z U E C A K G A T T A C C O Q I
S K Q G I L L E Y B S P L E O O D
U I K K G E I N T E R O Q Y J W C
```

Puzzle 831

```
N O N U T L D U R S P C M A L Y K
H C G Z R R R I J P E H T D R Z G
T P Q G W R A H L N R I S O Y I F
S C R N E I G U I L S A I Y Q U A
V M A B W T O R B A O V F A J O O
G N U O V O T A R A M E L B O R P
I W D T V B F O O Y G T V J W H O
U O Z A T U D A C V B N V H V A Q
D L Z T U E W S E G R E T A R I O
I O Q L K E T N A I G G E L L A G
C C V A C I N T U R A A R J Y W D
E I O S R R E Z K C A J M Y M P S
T R A S M I S S I O N E E M W W Z
K E D E D I C A R E S N S O X A B
Z P Y K V C B A S S O O E M L A D
```

DEDICARE
MESE
BASSO
CADUTA
DRAGO
AGENTE
ARIA
PERICOLO
PROBLEMA
SEGRETARIO
LIBRO
CHIAVE
SALTATO
CINTURA
NUOVO
PERSO
GIUDICE
OGGETTO
GALLEGGIANTE
TRASMISSIONE

Puzzle 832

MATURO
SOLUZIONE
DOMANI
RIFERIRE
PRINCIPE
RIVELARE
PASTO
CALAMARI
EFFETTIVAMENTE
SOLE
NASTRO
AGGIORNAMENTO
GALLO
CATTIVO
EST
RINGRAZIO
ESPERIENZA
GLOBO
TESTO
LUMACA

```
S E C J S K D P R I N C I P E V D
O F A G X A L E S T P X C E V K V
L F L L O T N E M A N R O I G G A
E E A U B P E W I U M A V K R H Z
R T M M O B J S G A L L O Y I T N
A T A A L S I R T M S Z V R N O E
L I R C G A J Z A O Y G I U G J I
E V I A F K A C V P A S T O R L R
V A S O L U Z I O N E E T R A N E
I M I W R P S O N N B W A U Z Z P
R E G T H F Q L V A T G C T I P S
M N J T O U A B C S M Q J A O V E
X T G E E E W H B T W O M M I C A
S E M N D P Y E J R P V D R D O I
R I F E R I R E X O O R L L N E I
```

Puzzle 833

```
O A L C I V C N O F B A C S C S Q
V Y S E F Z O O M O L R O C A U U
Q E O E R L E L N S S R M I S P Y
U O I G G A I V T T R X U A S P T
P I A Z Z A M P O W R A N R E O A
B O X E C F M O R E F I E P T S L
A T I T P R O G E T T O B A T T E
T B S Z E G N S K V K B K U O O N
N I J S A P R A T O G V O R I E T
T E L E F O N O A R T I S T A R O
D L M F F C L Z N K D K Y R Y E E
A L L E N A T O R E Z Q L K X D D
A Q A V Y J V M Z M U S E O N E N
F B X H M Y B K G L I Z Y Z O R Q
K T K O T N E M A T R O P M O C U
```

BOXE
VIAGGIO
COMUNE
PIAZZA
SUPPOSTO
PRATO
TALENTO
ALCI
TELEFONO
CONTRIBUIRE
ARTISTA
RAMO
ALLENATORE
MUSEO
CASSETTO
COMPORTAMENTO
SCIARPA
VOLT
CREDERE
PROGETTO

Puzzle 834

TERRORE
RECINZIONE
RESTO
TREMENDO
COMODO
DIMOSTRARE
SEGNO
FATTO
OGGI
SCI
SALVA
VUOTO
DECIDERE
TERMINI
CONTRASTO
ILLUSTRARE
CAVALCARE
NODO
TENUTO
CORTECCIA

```
C S I L C T R I I R R D R F R B E
O N G E S R E B L I N I M R E T R
N T G S T E C S L T N M R F R T A
T I O O K M I G U V F O D O M O C
R S D U Z E N O S S M S K T J W L
A C A D V N Z Z T K D T I U R B A
S X L L P D I I R S F R H N Z W V
T P B R V O O D A R E A B E E A A
O N O D O A N E R O R R E T W N C
L O R N F R E R E E E R E D I C E D
W Q O U C O W Z S L C U Y P Y D D
C K S F E B Z Y O P X D K J G S Y
Q J Q L B N N V F A T T O E Z C P
C O R T E C C I A B G X Y M K I O
L U Y L S P O V N Y Z W H B W V H
```

Puzzle 835

```
C C S A G G I C L I T O I R W L M
O A I L W C I R E R X A M R O N A
N V G H W X K I Z D N L M D N T L
N A P E S C E C I X I H E D H F A
E L I M R M L E O N M M D P A A T
S I V X Y T J T N D Z T I U T T O
S E H G U R S O E S S U A B T A I
I R C O N D U C E N T E T B E R A
O E R I N V I A R E G R A L M E N
N Q F P P E F C O J S K M I S P N
E C O U D C I L O F A A E C A S O
V A A L O T A N E T N A N A R I I
U K M K N U B D C Q R A T S T D A
W H G K N C A L Z I N I E Y D D T
M W U I E X K H E O F R V E P D O
```

STREGA
LEZIONE
DONNE
SAGGI
CONDUCENTE
TRASMETTA
RINVIARE
MALATO
ANTENATO
RUGHE
DATI
CAVALIERE
PESCE
PUBBLICA
DISPERATA
CALZINI
CRICETO
ANNOIATO
IMMEDIATAMENTE
CONNESSIONE

Puzzle 836

BASTONE
ALLUVIONE
BRACCIO
LEGGERE
SINGOLO
INGRESSO
GIÙ
MILLE
MILITARE
SERALE
UOVO
LUCCIOLA
INTENDERE
COMPLETAMENTE
PERFETTO
COPERTINA
BUCO
ERMELLINO
LUMINOSO
STAVA

```
P E R F E T T O W U H B L O M I M
E S L U M I N O S O V A K I I N I
G R L E G G E R E I L S V D L G L
W I M R H N P U A C L T Y S I R L
O S Ù E R S E A B C U O O X T E E
H Y O D L X P X B A O N Z O A S Y
G E L N T L Q F C R V E G V R S E
U U Z E M B I I H B O C P S E O L
J R T T V K D N C O P E R T I N A
W P Y N S P O V O L O G N I S M R
N S N I C O M P L E T A M E N T E
D Z A N C U F T D H L M P B H V S
L G E G N J B P U Q D N G G U Z N
A L L U V I O N E S T A V A Z C J
U E C P L U C C I O L A F G X N O
```

Puzzle 837

```
C C A C C I A I O W U H G A N P B
O O M N U M E R O S I J F I I E U
L N P E R E D N E C S A N M A R C
P C L E G Z U C C H E R O K B S A
E E Y J D L N S V Q R B M P B O N
V P C R K Q I I U U O P I E A N E
O I O R R E F O M J C N S N S A V
L R M V U O N O D R E P S A T L E
I E J C O O C Y R V P X I B A E D
C O M P A T T A L T X Z O G N A E
G E I D S A X N N A U Z N V Z U A
Y O V R S L Y M N M A N E S A O T
H Q J R P R O D O T T O A O L R Z
F F E I C A B O R A D R A U G X V
P N C D B P S C R I T T O R E X D
```

PRODOTTO
FORTUNA
PECORE
MISSIONE
ASCENDERE
PERDONO
ABBASTANZA
COLPEVOLI
COMPATTA
ACCIAIO
MEGLIO
GUARDAROBA
CONCEPIRE
NUMEROSI
PERSONALE
SCRITTORE
PARLATO
PENA
ZUCCHERO
BUCANEVE

Puzzle 838

SPADA
TERMOMETRO
POLLO
MANUALE
SORPRESO
PERSONA
PREPARARE
AULA
MASCHIO
SPECIE
ESERCIZIO
POMODORO
PREFERISCONO
GOMMA
SANO
GRADO
RIFERISCONO
PADRE
AIRONE
ORGOGLIOSI

```
T G C X I K U Q W M Y A F H M S I
E E O A U L A T H S A O D N I P P
S M R M I O S P U D K N H S S E R
E A L M M W X A H X P L U G O C E
R S P R O A P D E N O R I A I I P
C C Q G S M A R Z P M Q G N L E A
I H J Q P C E E S L O G F O G E R
Z I F N A L L T K C D F A S O N A
I O X L D C C X R J O A C R G D R
O Q C Y A X M J Z O R B O E R U E
P O L L O G R A D O O U F P O A Z
P R E F E R I S C O N O S A N O Q
S C K A U F R I F E R I S C O N O
S O R P R E S O O K P S C O N O I
Z P Z P V E H H A C M I O L G H X
```

Puzzle 839

```
B D J A L D I I F V Y F L X Y Y G
J I K Q Y E N I R V P R E V O D T
P F A N L E D Y E T N E D I S E R
M Y H N M A I A S M A Q T J R P A
E U P A C Z P Y C T R U F D T B I
K S J C J O E S O U V E A M I L C
Y R A E W L N N O P M N M X F W K
X O P T N S D V N P U T I D P L F
O S P M T V E Ò U P R E L S X O Y
C Q U Y C O N F S X L A I Z L R D
J B Z K M A T N S V S W A M U O R
O O I C I F E N E B I F R F P N J
G A L O P P O Z N R A S E Q Q G K
H H T E A R R A B B I A T O A E D
C O N T O S P E R A N Z A N G L R
```

GALOPPO
SPERANZA
FAMILIARE
ARRABBIATO
BENEFICIO
BIANCO
CLIMA
ZUPPA
FREQUENTE
LEGNO
SOPRA
DOVER
LORO
INDIPENDENTE
PUÒ
FRESCO
CONTO
RESIDENTE
ESATTO
NESSUNO

Puzzle 840

ACCOMPAGNARE
ISOLATO
SALTARE
OMBRA
COLLINA
VENDITA
RAGNO
VENTO
BRILLANTE
NONNA
TUTTA
CITTÀ
OCCHI
UFFICIO
BESTIAME
ESATTAMENTE
RAPA
SANGUINARE
TIMBRO
QUESTA

```
I P S Q J U L B L N I W Z E P V S
W E C M U T Z R A X W V S S L P A
E R D I X E Q T I M B R O A O N N
H A A T T B S Z Q L A B T T M R G
H T P G J T A T T C C Z A T B B U
T L A S N P À L A F C F L A R E I
I A R V P O V L U A O T O M A S N
Y S V E N T O E H X M U S E N T A
N V E N D I T A W U P T I N I I R
P F N V G B R I K Q A T H T L A E
E T N A L L I R B X G A C E L M D
T S O S X P S S L E N L C E O E F
N V N K D M A M N W A H O K C N F
T F N D N A K Y Y I R B H G H R F
V K A U F F I C I O E P D B H H K
```

Puzzle 841

```
S A L T A L E N A R P M O N Z M A
P I E R L T H U C R I O X K P O X
A N S C O P P I O E Y C S K S P U
V V N H I C B S Q A W O O T H L M
E A A A V A V E R N I C E R I O Z
N D Z N F P A R X F Q W D N D N Q
T E I N A P R E H I P N D C H A O
A R O O M O G D D S J C A C V C T
P E N X I T E N I C E U Y T Y C T
A U A K G T N O E A U G F Z J E E
S P L S L O T C Z L T A T L J B N
S N E Q I V O S E E M M S T O H I
E X W L A M N A E F A B V C R C M
R E T G D U I N E T S A L J I G A
I P O S S I B I L E R L J R J P C
```

FISCALE
POSTINO
VERNICE
NAZIONALE
SCOPPIO
CAPPOTTO
SPAVENTAPASSERI
INVADERE
RICORDA
FAMIGLIA
POSSIBILE
NASCONDERE
GAMBA
VIOLA
FA
HANNO
ARGENTO
ALTALENA
CAMINETTO
BECCANO

Puzzle 842

COMMENTO
LOCALIZZARE
ASSUMERSI
TELESCOPIO
RAGAZZE
STANZA
COMPAGNO
IDENTIFICARE
RIDERE
AMBIENTE
SOMMA
CAMMELLO
CITTADINO
AUTOMATICO
LEOPARDO
DIVERSI
ORSO
FALSI
FONTANA
GIURIA

```
Y A X E A O I P O C S E L E T G R
J S G N U R U Z U J E R K F W I A
A S S O T S W I C E V A W X H U G
C U Y O O O V I Y M P Z Z O E R A
A M L G M R F A L S I Z K N O I Z
M E B R A V I O L C G I O G A A Z
M R S K T D S D N E B L S A M T E
E S N F I T R R E Q L A D P M B S
L I H O C B E A I R Z C Z M O Q W
L W O N O F V P U Q E O Q O S D M
O E M T R B I O P I F L W C U B R
G F Z A W O D E A C O M M E N T O
C J H N A J W L C I T T A D I N O
M M K A A M B I E N T E R D F J W
N I D E N T I F I C A R E Y F I H
```

Puzzle 843

```
U Z M A T R I M O N I O H U W F I
P L E R E G V C M Q F D C E A L M
M O I U C R O W S T S E D U T O P
I I E A O P B N I E J I D V S H R
D U J P L K G A L C R I S I I W E
K I A D E H Y N C C I Z Q M V B S
B B C Y V G Y M I S Q B A C V V S
I N C L U S O C C A I C Z J O T I
U E E R E C N I V N O C Z P L E O
A O S L E R I U G E S R E P O K N
U C H N S W C T M G B V H D N L A
T O L L E R A R E E U E G U T G R
I N V I T A R E Y H R F N Y A F E
Z Y G W H L X B O O L O U R R F V
O S Q J N A M O R E J Z L A I G B
```

PERSEGUIRE
RUOLO
VOLONTARI
AMORE
SEDUTO
INCLUSO
CICLISMO
ESCI
TOLLERARE
ERBA
CRISI
VELOCE
VISTA
IMPRESSIONARE
CONVINCERE
PAURA
MATRIMONIO
LUNGHEZZA
INVITARE
NUMERO

Puzzle 844

COPERTO
SLITTA
COSTOSO
FRATTURA
MACCHINA
DOVE
MINACCIA
SCRIVANIA
STESSI
STELLE
COSTOSI
PREFERIRE
QUATTRO
VERSATO
PREMIO
MEDI
DECENNIO
ENTRARE
IMITARE
TARTARUGA

```
F X O P L B J W I E T P F U P V D
E R A R T N E X O U X S J S R E E
A Q A K R I B Y S B Y X W A E R C
C S I T W W V C O S T O S I M S E
T S C M T E B I T L I T M N I A N
P T C Y F U A D S D R R C A O T N
R E A A D O R X O T T E L V Q O I
E S N N M W H A C V J P C I U H O
F S I I M I T A R E E O X R A K H
E I M H R W J X B S L C M C T A L
R N H C K P H Y S L L D E S T B U
I J W C U H E Z C I E K D J R X F
R V Y A A N Y E H T T I I R O G Q
E B R M B P J E D T S O D D I I X
B P A M X A G U R A T R A T G N S
```

Puzzle 845

```
H F M N S Q C U L L A A F V V W L
T L E U O G U I Z I L L E P A C A
C U T O R X E A C E Q R R U C H T
O T T T G J F M N X S J O E D O T
S Q E A E S E K N D H K C N U D U
T A R T N D M L J J O A E B D V G
R E E A T A F F I D A B I L E G A
U C R J E G N I F X Z O I X C N O
I O W A A N T I S T A N T E P Q V
R L K J N X S R W N C E T H Y V D
E L X R P I T T U R A L A V O R O
F A J I H L M Q B I K K I Z W A N
O P V T N P S O G D O N P S L E Y
C O R S A Z D K N C O S A A L I F
O I E I N T E R N A Z I O N A L E
```

PITTURA
PIATTI
INTERNAZIONALE
CAPELLI
COSA
COLLA
QUANDO
SORGENTE
NOMINARE
CULLA
LATTUGA
NUOTATA
FEROCE
ANTISTANTE
DUE
CORSA
LAVORO
METTERE
AFFIDABILE
COSTRUIRE

Puzzle 846

FORNELLI
SÌ
SERPENTE
MIGLIORARE
LOTTA
UMIDITÀ
PANE
PARTICELLA
AFFITTO
ASSISTERE
ATOMICO
INIZIATO
BORSA
STUDENTE
BANDIERA
AUDIZIONE
DENTISTA
RISERVA
PESARE
GEOGRAFIA

```
G S J X F P A N E J A O U Y D B I
M E R E T S I S S A U H P C Z O N
M R O T T I F F A T D O B O V R I
L A Z G I Y G A R E I D N A B S Z
Y R F U R L Y D F O Z L V B H A I
N O O U E A S R P U I X O H P O A
G I D T S T F K J Z O T B T Z Z T
K L J A Ì S N I E T N E D U T S O
F G I B A I A H A Y E F F A G A J
C I U K N T R I S E R V A A Z J Q
N M H E L N O V F V U M I D I T À
H F N P K E V M S E R P E N T E S
E J L V G D I Q I L L E N R O F B
X T L P E S A R E C A H F J N Y Z
P A R T I C E L L A O B S M F A X
```

Puzzle 847

```
Y X Z B D S F C O H A Z H D I Q O
C N E Q A W S L T P N N K W G W R
K M Z G T E T N A N I M O D J Q O
N X F O O L O C C O R T A N A K L
J R V V E R F I J L S M I J E R O
R T S E R I F L O H I W C R X I G
L E G G E Q A G O R D N A A T V I
N U S C T E U O C C H I O I Q E O
U G F N T O T A Z Z I L I T U D S
O N V T E X T W L E B T I P O E E
T A E L M N J A H S I N R L F R D
A S R M M Q G B N A I Y H R I E U
R P O M A T I T A S Q A H B O L T
E G Y H O P J G X I H W S G S N A
L A R G H E Z Z A C G X S I R J E
```

LEGGE
AMMETTERE
SEDUTA
VERO
DATO
ANATROCCOLO
LARGHEZZA
OCCHIO
UTILIZZATO
MATITA
STOFFA
RIVEDERE
OROLOGIO
NUOTARE
TIPO
DROGA
SANGUE
DOMINANTE
CIAO
QUALSIASI

Puzzle 848

SCORSO
FAGIOLI
LUNA
AUTOSTRADA
INTERVISTA
ODIO
ACCETTARE
PROFESSORE
DECIMA
PIOGGIA
MASCHERARE
NORD
INTERROMPERE
COMBINARE
CHIARAMENTE
EVITANO
GRAVITÀ
MOBILI
CONSIGLIO
UNITÀ

```
P K O S W M À O W D M E H R M D
T I V O B G U T P J E A T H W E A
D A O L O O D I O B C S N N O R D
L I Q G P L J N O I I C E N I O A
R U R A G Y V U I S M H M A N S R
R B W À T I V A R G A E A C T S T
F Q G U A Y A I F Z N R R C E E S
L A T S I V R E T N I A A E R F O
K U G E V I T A N O S R I T R O T
L X N I B C N Q B A U E H T O R U
E N B A O I L G I S N O C A M P A
J M C P K L L O K I J R K R P F N
Q R C D P U I M O B I L I E E C Z
C O M B I N A R E I U Y V H R R R
S C O R S O R G R D E K O W E T U
```

Puzzle 849

```
R I C H I E S T A W C X F D I J T
O O T S E R R A H B H O Z P J V L
P N M U F E M A H F P M W S O C U
E A O D A T P E L P R O V A R E Z
R L N T A T Y O C O R T S E A M D
A R E E S A B T R C C H E Z Z S O
Z A T F I R N A M T A L D B A S P
I P A U F A I G U E A N A H P A P
O N P F O C P E H B O T I C O N I
N A K Q U E P L G I L M O C J E O
E J F K B U O I L G I M K F O U K
R I C H I E D E R E O D O I R E P
S U F F I C I E N T E G U X D B U
P L T R A S F E R I M E N T O T L
D B Y G Z Y C Q J Y Q P B L S X K
```

MECCANICO
CALCOLARE
BLU
CARATTERE
PORTATO
MAESTRO
PARLANO
DOPPIO
RICHIESTA
PROVARE
PERIODO
TRASFERIMENTO
MONETA
SUFFICIENTE
LEGATO
MIGLIO
OPERAZIONE
OLIO
ARRESTO
RICHIEDERE

Puzzle 850

DISASTRO
MENTALE
REGIONE
DIBATTITO
MENTE
ORGANI
AVVERTIMENTO
BURRO
POSIZIONE
INSENSATA
LUCERTOLA
APPLICARE
INDIPENDENZA
MATRIMONIALE
MASSIMO
MOSTRO
ASCOLTARE
INTRODURRE
PIATTO
ANNI

```
P D P M R B B D V T O D U H A W U
O I X A L O T R E C U L H J V E A
S S A T A S N E S N I T K A V R V
I A Z R P D I B A T T I T O E R V
Z S N I P U Y I V A G A O R R U B
I T E M L P Z G E A N D R T T D C
O R D O I C Y C M D I N T S I O M
N O N N C M E N T A L E I O M R R
E Q E I A S W W B U Z L M M E T C
T W P A R M A S S I M O C S N N I
O S I L E P I A T T O M Z D T I O
D V D E N O I G E R R F E E O G C
Q Y N X N C O R G A N I H N H S C
J D I A S C O L T A R E N F T G S
N A Y G A F T X K I P Y N U B E R
```

Puzzle 851

```
S C C I J X G S H H O E A Q R C F
U D I R E Q R A I R U G N A A R C
F O G L I E E G T O K H O L V P Q
A I N A X A M G H I G M G O A U Y
T W E C E R B I I Q D E U T N B A
T D B I R D I O F E H R C S E B N
O I D C P L U T B Z C A E I L L G
T O O I M X L A E A A N R P L I O
B X S O Z R E T V C T G A X I C L
D L S A U Y Q T A D M E T H Q A O
F R E T T A K A N U S S U T E Z Y
J E C I L E Z R D L D S I Z D I W
D A O I L G A T A H U A F A L O G
D R R R I U N I O N E H I J D N Z
H N P U C E O T D V C S R S T E I
```

ANGOLO
TERZO
TAGLIO
FOGLIE
PERDITA
BEVANDA
PROCESSO
RIUNIONE
UDIRE
SAGGIO
ANGURIA
RAVANELLI
RIFIUTARE
FRETTA
ATTO
PISTOLA
PUBBLICAZIONE
TRATTATO
GREMBIULE
ASSEGNARE

Puzzle 852

IMPORTARE
PENSI
VELOCITÀ
PAZIENTE
INTERESSANTE
GESTIRE
ECONOMIA
IMMAGINE
CONFINARE
CREMA
DIFENDERE
RISTORANTE
PROGRESSI
SAPONE
TESI
SCUOLA
FILO
NEMICO
CANZONE
GROSSA

```
U U S Z H A P H K M J F G C V C E
R Q I C C N R E V S A G E A E O C
E F I W U O W N N S W I S N L N O
Z A Q W Q O U O T V N W T Z O F N
N E M I C O L P T S M P I O C I O
W O K J I P O A M E R C R N I N M
I N T E R E S S A N T E E E T A I
A S F O V Q O R L I M R T T À R A
U R E I P A F Q A G P E N S I E G
M M T T L X A E D A N D E L T T R
E R A T R O P M I M Z N I A L D O
J G U Y M U F B C M H E Z J U C S
P R O G R E S S I I B F A C L J S
R I S T O R A N T E F I P O Y W A
P S N W K I E U Y L L D H Q H I F
```

Puzzle 853

```
G Q P H W Q D M W O M A T T I N A
I F F K W F Y O H D L A N W R A E
G H X P O C T P T E E S T I V O V
A A N F K D R X L G L F L Y H E E
N E N O I G I R P N G M E Y I W N
T R R T Z E T Q N O N A R D P I T
E A K O G C B T S C A R P E I H O
S S M G R E X L B G Q C V A V T C
C O E R A R U C I S S A H Y J W O
O P A A K L E P U T W P O I H W K
M S C F P B E D N T A S S O O K E
Z S B I P S W C D G E E Y O C D H
T H A A U M H X I S X X A B P E O
S C U O T E R E C C O M P A T T O
A O T S O T T U I P L I N E A U V
```

GIGANTESCO
MATTINA
SPOSARE
SCARPE
PIUTTOSTO
FOTOGRAFIA
DITO
ASSICURARE
EVENTO
SCUOTERE
PRIGIONE
ESTIVO
COMPATTO
ERRORE
UNDICI
TASSO
LINEA
NON
CONGEDO
CHIODO

Puzzle 854

LEI
SENSAZIONE
CONTENUTO
ESSENZIALE
MEZZI
ATTESA
CORRETTA
RIPOSO
PILOTA
SCIMMIA
TENDA
QUOTAZIONE
SEPARATO
MERAVIGLIA
OBIETTIVO
RILASCIARE
MISTERO
SCAFFALE
PROFONDA
SEMPLICE

```
E S E N S A Z I O N E D U L E T G
T S N R S E P A R A T O D M C O M
E S S T I E L S E M P L I C E M X
N C A E D P B F O G E Q O O K Q Q
D I T D N I O M E R A V I G L I A
A M T D D Z B S Y T J B H Z A R J
C M E F L Z I S O T U N E T N O C
L I S R U E A A C O R R E T T A I
H A A Y D M T C L Q V X M G W T D
M I S T E R O Q K E Z J A P T K K
P E A N F E L Y F V D S V H V E Z
R I L A S C I A R E Z I X M P A C
G O S S G C P Q U O T A Z I O N E
R V Y K Y S P R O F O N D A U D O
S C A F F A L E O B I E T T I V O
```

Puzzle 855

```
P O S S I E D O N O D P O K O H R
P V Q R E Y X B W S V R V T N A A
V X A Q L V V Q Z P A E U D A E P
O I X S G V C J I S I A N N T R I
F O R M A L M E N T E V Q O S E D
E S P A N D E R E B F V U F E O A
A L N V N A L A R J T I E S R L M
G G H E E R O N G I S U H P A E
V M C P L V A F A I G O L O I B N
U B P A F S P E C C H I O M K F T
T R A S O C O P O R Z I O N E O E
P E R M E T T E R S I M O F P N V
E M B Z S O R N E Y O O W C O T L
H S O C J Z F T N L K Z P O U E G
D B Q F R A G O L E L P U Y V U O
```

BIOLOGIA
PORZIONE
FORMALMENTE
ELFO
FONTE
SIGNORE
NERO
AEREO
PERMETTERSI
SPECCHIO
ESPANDERE
RAPIDAMENTE
PREAVVISO
OVUNQUE
PRESTANO
LEONE
TRA
SAPEVA
FRAGOLE
POSSIEDONO

Puzzle 856

MUMMIA
RIEMPIRE
SCIARE
BREVE
LIBERTÀ
ATTRAENTE
CONTINUARE
FIORE
RIUTILIZZABILE
CHE
TRABALLANTE
TAPPO
INGREDIENTE
FUOCO
OCCUPARE
SORELLA
CALMA
LIBRERIA
TRATTAMENTO
FORMAGGI

```
T C F O O I G G A M R O F G E R R
R A U X C B N V K A V Y M J T I I
A L O O C L A G D L A F A D L E U
B M C U U D C L R L O H L Z R M T
A A O O P P A T L E F I O R E P I
L I J X A L D R I R D I C T C I L
L R C U R J P I B O J I N H W R I
A E Y Q E G P K E S K Q E R E E Z
N R R T V R C B R L M O Z N V G Z
T B C L E H A E T N E A R T T A A
E I K T R S K I À M U M M I A E B
X L C G B T W L C U P P Q Q F K I
H Y G T L Y F S R S P G K T B G L
C O N T I N U A R E B O N W N E E
T R A T T A M E N T O M I K X V H
```

Puzzle 857

```
C O P F Y S X V U V V I E T A N O
Q X K Z O T T O I Z I L O P V S N
C F R Q D L W O S N K Q C O I T P
R O N O D N E T R E S J A J S A R
X K N E W N L A I F U E U A I N S
T J H V D Q F S N T R R S H T C Y
U R T N E E F S U P A E A Q A O M
Z M Z O U R I A N D L D X G S N L
C F A A O O S P X P C N K S N C M
Y L C N L T K A X N I E H C S E P
B U C C O A L Z Z E W T Z G X Z G
E I A U C R M Y K I W S E G J M F
N D I F C R F Y U D O E C M C N Z
E O G B O A P Q G G B N D T J T G
O D U C Z N M A I A L E E D M I R
```

CONVERSAZIONE
VIETANO
GIACCA
UNIRSI
ESTENDERE
POLIZIOTTO
CAUSA
TENDONO
ZOCCOLO
ALCI
VINSE
PASSATO
STANCO
BENE
FLUIDO
PESCHE
NARRATORE
VISITA
MAIALE
UMANO

Puzzle 858

BRILLARE
VARI
ALBA
ROSA
STILE
CLASSE
MIGRAZIONE
RISPETTO
RESPONSABILITÀ
FOTOCAMERA
TASCA
PORTARE
FAGIANO
PROCEDURA
COMMERCIO
SCARPA
DISPONIBILE
RETE
CETRIOLO
ALMENO

```
S G R Q D A S M W V F L Z S J I L
X Q E A K I L T T Z U J V O H D P
A C S A T R S A I M L F L O V E O
B Y P H M O X P C L B C Y N O J M
L C O E R A T R O P E S S A L C I
A O N T I S Q A T N O U W I B C G
R M S E V O V C T X I W V G L E R
E M A R E R T S E F O B Z A N T A
M E B V N X N H P J S T I F O R Z
A R I Y A X W X S T H W A L N I I
C C L Y V R Z C I R P E Q Z E O O
O I I G R C I V R H U R N B M L N
T O T B R I L L A R E O L Q L O E
O W À P R O C E D U R A A G A W B
F Y D Y Y E O Y L G X F L H Y I H
```

Puzzle 859

```
F G Y F S S E M B R A N O C M E O
I O U C L L D L U B G Y D A O I Z
Z N L J B P E A X T A R I M N W J
H O T C O R T P B O P E C I I U C
U V W U L Z T Z A Y P D U O T L L
E E G E Z O O X E K M Y L N O V Z
R G A L A H R E R A B O T W R J G
O X W N N D F E O A K B Q L A U I
I G Q E A I O V S D D F Q G R O Y
F B I V T M N U T Z X D B J E O C
L A G O A Z R H A D J H I G O T I
O V G D L U E R T Z S F K O N F C
V R Z V E F T H I L O M E L A S P
A D I M E N S I O N E C T K K T E
C A F F A R E D E C A D E N Z A Q
```

PAGA
ESTERNO
DETTO
MONITORARE
CAMION
AEROSTATI
LUCIDO
AFFARE
SEMBRANO
MELA
DIMENSIONE
LO
UNA
NOVE
LAGO
FOLCLORE
DECADENZA
ADDIO
CAVOLFIORE
NATALE

Puzzle 860

ENTRAMBI
ARGOMENTO
CONFONDERE
PIÙ
TUTTAVIA
NEGOZIARE
SCALA
ESTREMAMENTE
SEMPRE
ATTRAVERSO
FERMO
ALLARME
SOGGETTO
ESEGUIRE
SPESA
TESTA
MANGI
EVACUARE
ALTERNATIVA
PROCEDERE

```
E R E D N O F N O C I A M P M A J
N S K R L O R C D D I T A Y L L Y
T Ù T M U K R P V W F T L A M T Z
S I E R E D E C O R P R L R A E H
Y P M K E S H A I F H A A G N R U
D V E I B M A R T N E V R O G N B
W P Z S M S A U A F S E M M I A Z
E Z N T A I I M Y U A R E E S T R
V M I L E J V N E C H S R N E I J
A W D Z S S A E E N P O I T M V Q
C S N B P I T E K Y T C U O P A G
U M L E Y C T A O F P E G M R H V
A S C A L A U K S J N R E R E C V
R R B M O O T T E G G O S E V J X
E N E G O Z I A R E P K E F S K I
```

Puzzle 861

```
D K I S J T A U S Z S A H R L O R
X I R O G S T Z U Y E U K C A S I
R C S S Q G S M C L T T Q B V Y N
W S O T A T I C C E O U W J A C O
M E R R R P V K E I S N E S N E C
B P E Y A A I I S I A N D P D K E
B E L L A C R F S N I O O C I T R
R R R L T X I R O E Y L R N N G O
J A I V T R O P E C P L B U O I N
K R O N E F B N T B S E H C D O T
Y O I W V G Z S I L O T U S A R E
S L A Z I E D M W O X A G A P N E
R P T O C M R U B C V R Z I D A N
O S C R O C O N A C Z F K C N L P
L E X Y Q N D U O O P J P B G E C
```

ECCITATO
INVERNO
SENSI
PESCI
ESPLORARE
DISTRARRE
SETOSA
DURO
GIORNALE
CIVETTA
CIASCUN
SUCCESSO
RINOCERONTE
LAVANDINO
RIVISTA
FRATELLO
AUTUNNO
CROCO
BLOCCO
BELLA

Puzzle 862

SBAGLIATO
ACCUSA
SCINTILLA
PRESSATURA
VEICOLO
SPORCO
MARRONE
SEDILE
ECONOMICA
INSIEME
FACILE
SENSO
AUTORE
GIRASOLE
ORDINE
RAME
CARIBÙ
EMERGENZA
PRESENTARE
INTERAGIRE

```
Q N R M P E G J D M R L A V A I P
S A L Q S Q F J I E D H O C C N R
B Z L Y Ù M A D H H S C Q A C T E
A N M L B F A C I L E E A Y U E S
G E A C I M O N O C E W N L S R E
L G R S R T A U T O R E B S A A N
I R R E A G N O R D I N E P O G T
A E O D C X I I A M O C M C L I A
T M N I F Q N R C C O S E D O R R
O E E L Q A M J A S C K I X C E E
N M G E T I A E J S R J S J I V K
R A V E D U K D Q T O M N A E S V
N R A O E L Q O R O P L I Y V Y V
P R E S S A T U R A S V E P Z H E
S S K G V H N Z V P I S Q L N N Y
```

Puzzle 863

```
F M Q R G Z A F N I T D G I C P J
Q A E V D B N U N E O O A O Ì A M
A B C R W W Z D A N T L S P D Z S
T Q I I C N M J W O E O S A E Z K
U S K U L A H P I I R R O X T O G
B S S O M I T T E S R E C Q R V V
B C F R G C T O X I A E S J A O F
S O O T O U M À O V B D J U M F M
J I S E V D D S L I S L N Y S B I
L N A I D I V M O D N E D N E R P
I V L D G F C Y C A M P A G N A W
S O B E R E T U C S I D F N R G S
T L D E R A Z Z I N A G R O H T W
A T V E R M E H P M G G C Z X M N
L O Q K W D J O L Q P S C R H Q I
```

SETTIMO
DISCUTERE
TERRA
CAMPAGNA
PICCOLO
SCOSSA
FIDUCIA
MERCATO
ORGANIZZARE
DOLORE
DIETRO
COINVOLTO
VERME
DIVISIONE
PRENDENDO
MARTEDÌ
FACILITÀ
PAZZO
LISTA
APE

Puzzle 864

REPENTINO
INDIVIDUALE
FURETTO
FRAMMENTO
VERNICI
CONFERENZA
PERMETTONO
FRAGOLA
COMPARSA
RUMORE
EX
ESSENDO
COLEOTTERO
AGGRESSIVO
OVVIO
TECNICA
SECCA
PRINCIPALE
INCLUSA
SEQUENZA

```
B C M O F W V N Z Q C S Q I V V J
M C N X J Y Q U A L X E I V S E F
I N D I V I D U A L E C N F W R J
A G G R E S S I V O E C M P V N G
R V B A A C E S A F B A B F G I O
F U R E T T O R E T T O E L O C V
E F K I M C O N F E R E N Z A I V
F R A G O L A N C H N A V U S C I
E S S E N D O C I X T Y R X U O O
F R A M M E N T O T W H G G L M R
S E Q U E N Z A C I N C E T C P U
P R I N C I P A L E N E X P N A M
P E R M E T T O N O U Y P G I R O
F H P Q D H Y S D T D D S E Z S R
D V F G X E L T E X J I E U R A E
```

Puzzle 865

```
S  P  A  V  A  N  T  I  N  L  M  S  Y  Y  Y  E  C
E  I  I  Y  J  T  E  I  J  H  O  P  J  D  O  I  O
C  N  C  C  T  U  S  E  R  A  T  U  L  A  V  Q  C
I  O  R  U  C  L  I  L  E  L  A  R  U  T  L  U  C
O  I  C  Q  R  O  E  I  S  P  I  E  G  A  R  E  I
T  S  I  I  G  O  L  N  E  I  V  C  T  C  N  F  N
O  R  V  K  O  T  T  E  X  G  N  V  K  C  J  A  E
L  E  V  Z  E  O  B  I  K  T  I  R  T  E  C  G  L
A  M  M  Q  C  N  N  F  L  U  A  K  Y  R  E  A  L
B  M  F  W  G  P  I  N  I  U  G  V  J  C  F  V  A
A  I  A  Y  B  V  F  E  G  V  P  K  R  A  I  I  Q
G  R  E  S  P  O  N  S  A  B  I  L  E  N  S  V  A
N  R  E  S  P  I  R  A  R  E  P  S  W  D  I  U  X
O  V  I  T  A  C  I  F  I  N  G  I  S  O  C  V  X
E  S  I  T  O  G  J  U  Z  S  O  S  W  L  O  L  Y
```

NOTO
ESITO
INVIATO
CULTURALE
RESPONSABILE
AVANTI
VALUTARE
FISICO
SPIEGARE
FIENILE
CERCANDO
CIOTOLA
PICCOLE
COCCINELLA
RESPIRARE
SICURO
SIGNIFICATIVO
IMMERSIONI
PULITO
BAGNO

Puzzle 866

BAGNATO
CALDO
MODELLO
RELIGIOSO
MANTENERE
SPOSATO
ANTICO
VERSARSI
ELEFANTE
FEDELE
LATI
RICORDARE
NECESSITÀ
POPOLAZIONE
CRESCIONE
PANTALONI
PARLANDO
ATTIVITÀ
REGALI
FINALE

```
R  E  I  L  A  G  E  R  L  L  A  S  E  V  D  G  S
I  R  À  C  A  T  F  I  K  M  Q  R  Q  V  Z  C  P
C  U  T  E  R  T  T  O  U  T  D  N  H  W  A  O
O  Q  I  V  P  E  I  I  S  R  A  S  R  E  V  L  S
R  L  S  K  A  U  I  Y  V  X  I  Y  M  C  D  D  A
D  O  S  X  Z  O  B  C  P  I  N  Q  O  A  Z  O  T
A  T  E  S  M  Y  L  C  R  Q  T  Z  D  N  V  M  O
R  K  C  O  D  N  A  L  R  A  P  À  E  T  T  G  B
E  L  E  D  E  F  G  R  V  E  N  B  L  I  X  W  T
P  A  N  T  A  L  O  N  I  Q  S  K  L  C  F  W  E
Z  E  L  E  F  A  N  T  E  G  T  C  O  O  A  H  Z
F  B  A  G  N  A  T  O  S  O  I  G  I  L  E  R  R
R  N  W  W  G  G  E  N  O  I  Z  A  L  O  P  O  P
M  A  N  T  E  N  E  R  E  L  A  N  I  F  N  I  C
P  T  V  R  Y  H  J  G  C  L  T  D  Z  B  B  E  S
```

Puzzle 867

```
S  I  P  Q  F  M  O  I  V  R  C  H  W  C  D  P  C
C  N  R  R  C  B  C  Z  A  I  D  U  T  S  T  H  O
I  C  O  I  E  H  C  J  L  Y  S  O  K  A  I  S  N
O  U  P  A  L  X  U  L  V  W  R  I  N  R  T  Y  C
L  R  R  A  A  N  P  B  L  I  O  H  B  E  N  I  O
T  A  I  C  I  N  A  E  F  M  Z  C  P  I  O  T  R
O  N  E  J  R  Y  T  R  D  O  N  C  C  N  L  N  R
I  T  T  W  O  E  O  A  H  C  B  E  A  A  L  E  E
Z  E  À  B  T  K  L  N  G  I  G  V  Y  R  E  I  N
V  I  L  L  A  G  G  I  O  M  A  I  D  T  T  N  Z
D  I  C  Y  M  C  N  T  R  O  W  Z  O  S  R  E  A
T  W  I  L  A  E  R  T  W  N  S  L  N  N  A  V  N
T  O  R  T  A  R  J  A  P  O  E  X  N  U  M  O  T
L  B  L  H  E  C  W  P  B  C  G  H  A  I  Q  R  N
K  K  E  R  A  T  N  E  S  E  R  P  P  A  R  P  M
```

STUDI
PROPRIETÀ
PATTINARE
AMATORIALE
RAPPRESENTARE
PROVENIENTI
MARTELLO
BARCA
INCURANTE
ECONOMICO
TORTA
STRANIERA
SCIOLTO
VECCHIO
VISIBILE
MAI
VILLAGGIO
OCCUPATO
DONNA
CONCORRENZA

Puzzle 868

ANNUALE
GUSCIO
MOLTI
NAVE
BRUCIATO
IMPROVVISAMENTE
CARRO
FATALE
DURANTE
INDICE
TRASLOCO
ACQUISTO
SULLA
TERRA
BALENA
MOTORE
INGANNARE
SUGGERISCONO
SELEZIONA
ACCADEMICO

```
N  O  T  S  I  U  Q  C  A  N  X  M  Z  M  S  H  I
A  I  T  R  L  U  W  D  R  O  T  A  I  C  U  R  B
N  N  L  I  A  N  E  L  A  B  L  F  T  P  G  A  G
N  D  Y  E  N  S  E  Z  C  X  D  V  L  A  G  C  U
U  I  A  C  R  G  L  T  E  R  R  A  O  P  E  C  S
A  C  A  Y  M  F  A  O  C  Q  J  K  M  S  R  A  C
L  E  N  P  O  G  T  N  C  A  R  Y  K  X  I  D  I
E  G  O  M  T  F  A  D  N  O  R  N  T  X  S  E  O
W  S  I  P  O  P  F  X  Y  A  C  R  K  P  C  M  U
Q  U  Z  Z  R  L  F  R  E  N  R  P  O  G  O  I  T
H  L  E  S  E  W  Z  X  A  T  N  E  C  W  N  C  K
Y  L  L  R  M  H  E  V  Z  I  A  H  R  H  O  O  Z
D  A  E  T  N  E  M  A  S  I  V  V  O  R  P  M  I
V  P  S  D  U  R  A  N  T  E  E  S  M  F  G  B  Y
Q  X  U  L  E  A  P  S  X  F  A  O  E  W  Y  M  E
```

Puzzle 869

```
G A Y O D T R A S M E T T E R E F
C R I T I C A S Q Y N I I A R R P
B N K A Z T F O T N O R P V D F M
U Y B V S Z D T B F Z I F G E F J
M H I O Y E L T D U L B V S L O K
O U S R Q X R O A Q T C O O I D R
S Z P T D Q B A N D F D L T C I Q
T E U I J R I T O R N O O A A P Z
R L U L L G U E L O P U I T T U T
A I R A S S E C E N T J C S A T U
J T I P P O P O T A M O C O H S E
Z U N D H J T Q D A N G U R P O I
U N E T I N Q T S M S P C E F M T
W I X G L Z J W O R S U X A Z Q H
F B Q E H W Y Z A L R F C D A X C
```

IPPOPOTAMO
DELICATA
SUO
PRUGNA
INUTILE
TUTTI
NECESSARIA
CUCCIOLO
STUPIDO
PRONTO
CRITICA
AEROSTATO
LOTTO
SERA
TRASMETTERE
TROVATO
TUBO
MOSTRA
RITORNO
SOTTO

Puzzle 870

FORMAZIONE
HA
CULTURA
OPINIONE
CHILI
COINVOLGERE
ELLITTICO
RISPONDERE
PAROLA
TIRO
INSEDIATI
PRIMAVERA
TERRENO
FINZIONE
DISTANTE
BAGLIORE
RISIBILE
QUINDI
STRATEGIA
VISIONE

```
I R X T Z C Q V Q O U G F F V B F
N I R O E A O K X T Z Y Y I I A R
S S A L R R T I I M P H C N S G W
E I A I E E R I N L F Y D Z I L B
D B S A D V S E K V S H X I O I P
I I S I N A H J N E O L B O N O A
A L H S O M T V R O V L D N E R R
T E R D P I G J M Y F X G E X E O
I G I L S R U R H Y G H H E A D L
C W Q E I P D I S T A N T E R F A
C H Q U R Q U I N D I T Q O U E P
N D I S T R A T E G I A T Z T K O
T I Y L O P I N I O N E I U L B A
V E N O I Z A M R O F B R B U T R
J Z E L L I T T I C O U O N C O J
```

Puzzle 871

```
Z Y O V I T I S O P F B U P T Z T
N G T R H R T E C J I Z M A D O K
P A G I N A R X F X W D D S W U T
P D S D R E M E W E L A U T T A E
O U O E T Y I R G H M J F I C A L
S P R N I E S E W O I A P N C C E
T L P T F Q G V Q O L I X A H O V
A I R R L N H I V X X A W C I R I
P C E O R L B R D N N U R A E A S
W A S L D A A C N E D U X E S G I
L T A J O B F S Z X L N L P T G O
E O E T N E S E R P D F V L O I N
S C I O C C O D O L F R I N I O E
J O I N T R O I T O M Q L N O S H
Q X A U M G C O P P A P B F O O Z
```

PAGINA
PRESENTE
DESCRIVERE
INTROITO
ATTUALE
POSTA
SORPRESA
PAIO
CORAGGIOSO
COPPA
IRREGOLARE
DELFINO
DUPLICATO
NULLI
POSITIVO
CHIESTO
TELEVISIONE
DENTRO
PASTINACA
SCIOCCO

Puzzle 872

MODO
CARO
CAMPO
TEMPESTA
CLIENTE
SOCIO
CIBO
GRAFICO
ALLORA
INVITO
MISURAZIONE
STRETTA
LUPO
OSSO
SETTIMANA
MUSICALE
ARMADIO
DIVERSO
CALZA
PRIVILEGIO

```
D S C W L G Y M T J E X Z C I R H
I T L H U R T A L L O R A A I U A
V R I Q A A F Y D R B T Q R U Q J
E E E M K F Q C K N I V I O S S O
R T N Z Q I Y C P N C E G V A D I
S T T B N C T C M C D G I X N N G
O A E E N O I Z A R U S I M A I E
Y D H G W Z S V L P S O W U M M L
Z U O A R M A D I O R W X A I U I
N B R M O P M A C A Q D A O T S V
W J C H P J T M Z X R J C D T I I
X S T A U S O C I O R K M R E C R
Z D R L L G J I K M H H Q S S A P
Y E Y B I Z J V K U B D H U U L C
V H Z P D M A T S E P M E T B E K
```

Puzzle 873

```
G Y D A X P M W P B D H P L T D O
C E H T M O K P J G R L T W O I R
O G C T J T T L P R R H C E O V G
H Z Q O X E L L E P S A N A R E A
S O A R I V O O F Q O C S M E N N
E W À E S A L F G I U E D S F T I
R F O T T E F F A G I R I A I A Z
I P A C I F I C O Y P T S T R R Z
E N R K V V A T N N M A C N O E A
A A Z M T R A Q R D N X E A G T N
M I S C E L A C O O A A S F I Z O
B M V X A K K Z I I Z A A Q R R I
E W E F I V C F G I T A M A F F A
D I M I N U I R E Q O J R N Q F W
M S I Z O B W N V Q I N R A Z W C
```

CERTA
ANNO
ORGANIZZANO
AFFAMATI
DIVENTARE
PELLE
CAVITÀ
DISCESA
PACIFICO
ATTORE
SERIE
FANTASMA
SE
DIMINUIRE
GIORNO
POTEVA
MISCELA
AFFETTO
FRIGORIFERO
GRASSI

Puzzle 874

STRUTTURA
STAZIONE
CIVILE
GIOCO
CHIP
PARLARE
PEGGIORE
DEMOCRATICO
SFORZO
VALUTAZIONE
QUALITÀ
BAMBINO
TACCHINO
SCIENZA
INVENTARE
CESTINO
MURALE
ALTEZZA
REGOLA
AMICI

```
Z B M K I V D E L A R U M Z L U A
N A F Z N A E R O I G G E P D H M
E P M M V L M A C D W O T Z E K I
C B A S E U O L A Q H V H N K C C
B H C N N T C R S B M N I E X L I
O L I V T A R A I F P A F H B F C
I Z X P A Z A P K B O N I B M A B
M K Y D R I T V T T N R M E K R K
O C K B E O I S L U I H Z N Q U Y
N P X R B N C C H Q H A L O U T F
G I O C O E O I A T C C P I A T Q
C E S T I N O E K A C Y F Z L U U
C I V I L E P N U R A I Y A I R F
L C X A U H A Z Z E T L A T T A
B K V E U I Q A L O G E R S À S M
```

Puzzle 875

```
T O M S Y F Q B T G J D N V P I O
U D W R L K K T C P P M Y Q I D R
D E T T A G L I O A M G Z R A E S
R T D E J I W Y G G M R I V N N A
R E L A Z I O N E E P B A H E T C
P E R D O N A R E S O C I Z T I C
F A M I G L I E S Z X I N A I T H
Z A N Z A R A L O T U L O V R À I
B N S B Z I N C L I N A R E Y E O
W E F A P K C C P Q L A I M L N T
H T Y L U B P D P I M G G Q I A T
Q T D F S L C J J V Z T O G B V O
Y A T N K Q Z J N L E B P F Z O H
R R L W J O S T Y B L L Y J X I P
G E C C S Q U A D R A S A C H G E
```

RELAZIONE
NETTARE
PIANETI
COSE
ORSACCHIOTTO
CASA
VELA
FOGLIO
FAMIGLIE
IDENTITÀ
DETTAGLIO
SQUADRA
CAMBIARE
GIOVANE
VOLUTO
INCLINARE
PERDONARE
SEGA
MA
ZANZARA

Puzzle 876

NONNO
LINGUA
POSTO
PIACEVOLMENTE
RILASSARSI
POLVERE
FIGURA
SECONDO
LAMPADA
FELICE
NÉ
ABBREVIAZIONE
DISTRUZIONE
AL
RICCIO
GRADUALE
PEZZO
MORSO
PISELLI
PULCINO

```
D I S T R U Z I O N E L Y I G F P
P J U J S I C Z G N P E Z Z O I U
P O P S E C O N D O N E F P L G L
O S L V E T A A F B A O N I I U C
S R V V E U Z B S I J W N A N R I
T O P V E L A U D A R G U C G A N
O M T F T R Y G E R R H G E U D O
K R S L E W E O V Z H R K V A A Y
V L E A K L R I C C I O Q O Q P T
E N O I Z A I V E R B B A L P M K
Z J N É L C K C V A T V N M J A S
G L N B N F D N E L K O X E L L W
R I L A S S A R S I Y I T N F U A
B P I S E L L I N R Z R J T A U D
A F M E A G P Z Q Z W L M E G F W
```

Puzzle 877

```
F D I C H I A R A Z I O N E E P V
A W I C X F M A E S F F V X L A O
T O R F R F R L L O Z N X J E R L
T S R W I D O B D L L O D P T T A
O W I F Q G F R D R E T Y F T E R
R G T C U H I B T G S G L D R E E
E K A T I I R E V E L T R L I U T
A U B T A C E I P G M I C O C A G
C F I I W D N C Q P Q I R Y O D Z
A A L K H O G B U V K F R E M O G
C I E I A G A S C O P O R E B L A
A Z A D I S T R I B U I R E P C Y
O D F B V C N K M D A H S I C I W
E B C U T P O T U N E T T O V U O
B E N L N R M D I S T I N T I V O
```

SCOPO
TONFO
DOLCI
CACAO
DISTRIBUIRE
RIFORMA
BEN
PARTE
BAIA
FATTORE
MONTAGNE
ELETTRICO
DICHIARAZIONE
ALBERO
ALLEGRO
PERIMETRO
DISTINTIVO
VOLARE
IRRITABILE
OTTENUTO

Puzzle 878

SPETTACOLO
DIPENDE
EDUCATO
IMMAGINA
UTILMENTE
COLLEZIONE
PIEDI
COSÌ
INSEGNANTE
SAREBBE
MARCIO
SEZIONE
COLAZIONE
CONSIDERARE
ORTAGGI
STABILIRE
CANTO
DICE
SVILUPPO
QUELLI

```
Ì S O C L D Z E N S Q P C V U L U
G T S Z O T W A N V U H D Q L C T
L A S E Z I O N E I E D J R W K I
L B F D O G L I B L L F I F O M L
E I G N H G N G B U L C P C S A M
R L F E O A E A E P I P E C E R E
A I Q P Z T W M R P D C D O E C N
R R P I Q R L M A O E O U L Z I T
E E R D A O L I S I I L C L R O E
D C A N T O Q M Q E P A A E Q P G
I Z B N L I M J K S L Z T Z K W Y
S P E T T A C O L O W I O I T R Z
N I N S E G N A N T E O G O W P C
O M N E C X P X P Y N N O N Z Y P
C O L L V D H B G G P E O E K V X
```

Puzzle 879

```
P X I E O U M P D N A X V V B E E
P A L K C N U E R À T N O L O V F
R W Z T T Q E I Z E C B C I Z D F
A U L Z Q U E S T I Z W V H H E E
T U Y Q A D E N S O L Z Q C E N T
I O K J V V R I E T Y A O C V T T
C V H J K D I M P L L U D O D I O
A A R A F U N J C A O D I L J F Z
Q U A R T A E G X M U R R B W R K
U B Y L M F V I D V R O G Q Z I G
A C C O P P I A N O K N U Z K C K
P Z T H F G U E R R A U Z U Y I U
P S G B P A R T E C I P A R E O U
C O M M E R C I A L E J V S E V X
S E G N A N O R N K Z M K S V J S
```

VOLONTÀ
BLOCCHI
PARTECIPARE
DENTIFRICIO
GRIDO
VENIRE
QUESTI
QUARTA
EFFETTO
ACCOPPIANO
ALTO
GUERRA
DENSO
SEGNANO
PRATICA
ANCHE
UOVA
PREZZO
PAZZA
COMMERCIALE

Puzzle 880

AMENTO
CONTARE
LUSSO
TULIPANO
DAL
INSEGNARE
DONNOLA
ARCOBALENO
OFFENDERE
ANNUSARE
LAVORETTO
FERMATA
CONCLUSIONE
TRIANGOLO
RICONOSCERE
EDUCAZIONE
DEBOLI
MAGAZZINO
IERI
DAVVERO

```
T L N T E M U D J U A M B V F L W
U A B R N D A Z A D A L G K E C Z
L V Z I L T U G A V O G G P R E J
I O P A N B R C A K V P V O M R X
P R Y N E T N T A Z E E Z A A E I
A E A G C V B F N Z Z S R D T C F
N T R O S S U L J I I I M O A S Z
O T C L C O N T A R E O N O D O D
F O O O A N N U S A R E N O Q N O
W O B U T D M M R K J L Y E F O N
L R A O A E N O I S U L C N O C N
O X L D T B I E R A N G E S N I O
K Z E J O O A M E N T O F F N R L
C Y N J B L O X I X Q F G W Q D A
Q W O C T I O F F E N D E R E X T
```

Puzzle 881

```
A O A H H G P C P O K F F P F P M
D M L G K U G J Z E O V E P C R P
I Q B U B U R B Q R T À L Q D O I
F C H I R J B U H F T T A E H P Z
S U O V E T J K E Y E I I P Y R S
K E S T R N Q U A T L C D N S I D
C U R V A O T Y C E C C R E E E S
J Y T L T R E A P R A I O S Q T A
L U P V T Y T H L A B S M L H A L
X S B E O P S N C E I Z I S H R U
T N N A D T B S E R N R R J L I T
Q S U A A F C Y K C A C P U W O E
T S C H I A N T O I N R I T M O K
T G V X X O R W U S X O T A B A S
È S T A T O D I P U C W C E D L B
```

RITMO
PETTINE
CUPIDO
PROPRIETARIO
SFIDA
CABINA
TÈ
PRIMORDIALE
STATO
LETTO
CONCENTRATO
ADOTTARE
AMBIENTALE
RE
SABATO
SALUTE
CURVA
SICCITÀ
CREARE
SCHIANTO

Puzzle 882

INIZIARE
SICUREZZA
INGLESE
ASSOLUTO
CHIARO
URAGANO
PROMETTONO
UCCELLO
DIFFERENZA
INVISIBILE
ME
AMARE
AMBIZIONE
REALIZZARE
SETTE
TERMINE
PERSONALIZZATO
ACCORDO
EPPURE
COMPLETO

```
F P K U E S E L G N I A P U I A R
F W D M M E H P E G M W E C N C E
I O P D J T C X P P E R R C V C A
Q N G R J T C P L U H S S E I O L
C A I S Y E E X H M R T O L S R I
E G M Z H C N K V B M E N L I D Z
V A E A I E I K K K A N A O B O Z
P R V W R A M N P J S O L R I T A
L U A Z Z E R U C I S I I A L U R
Y P K W T J E E P G I Z Z I E L E
P R O M E T T O N O P I Z H D O J
C O M P L E T O F V V B A C F S V
O U V E X F B X S N X M T C K S S
D B S I N Z Z H C G Y A O V V A H
B V U Z R R A D I F F E R E N Z A
```

Puzzle 883

```
M C G W J C S S O P H A A C L D M
C W S R T A O T T A P M I I S K E
V A Z O B S C S U H U M F L N R R
O O N Y P F I S X O L A S I T I C
T R T D G B A L I M I T E E E F O
I R A O I T L E F E K A T G N I L
S I X I D D E R J N R X N I D U E
E G N H N F A E E Q H K E A E T D
T H C C C M C T W D X R I D U I ì
D E I C Z A E S O E X A N U V N I
U L K E R C R I V N A G K S F S J
U L S R H M Y S R T T I B O D U I
G O F O S W Z E P I S O K Q I N A
C I R C O L A R E R I N I F E D C
R A C C O M A N D A A E L Q B L E
```

RIFIUTI
DENTI
IMPATTO
CANDIDATO
RACCOMANDA
MERCOLEDÌ
RAGIONE
RIGHELLO
SOCIALE
SITO
ORA
TENDE
DEFINIRE
NIENTE
LIMITE
VOTO
CILIEGIA
CIRCOLARE
ORECCHIO
RESISTERE

Puzzle 884

CANARINO
ESISTONO
PASTELLI
URLO
DITTA
CINQUE
NATURALE
PREOCCUPAZIONE
CANE
INTERAZIONE
PIANURE
PERCORSO
SPEDIZIONE
MINORANZA
CORRIDOIO
ISTITUZIONE
FINTO
COMODITÀ
ZIA
DURATA

```
E I S T I T U Z I O N E Y M U C H
N B T M D P Z K D H A E A I N A D
O S R O C R E P U V C N T N M N I
I V O I O D I R R O C O Q O G A T
Z X R I D R M B A U V I C R G R T
I H I E L A R U T A N Z D A M I A
D K N T D A W W A S D A L N B N L
E N O I Z A R E T N I P X Z T O C
P S O E L B B D Y E R U N A I P X
S C Z B V L D H A S S C K U R L O
J R G S S P E U Q N I C C K A Y E
S C O M O D I T À P B O E A A T J
R D G B O N O T S I S E J M N P R
F I N T O D Z A S A K R C S J E B
O C V A Z I A W O R P P A E U F M
```

Puzzle 885

```
S N L N E R I D I T S A F N I R V
C O D H D E T I P S O I W Q N I O
O O V Q W S A S X B R B I B V T F
S M J F S P C A W J G B S G E I U
S Z S A N I C U C K I A F L S R N
E Q W O D N E Q E K P G S E T A Z
Z Q D Z B G S S K A D O A T I R I
C T E O L E S C H T Q L V T M E O
W V O C E R O I H C R E C U E I N
K L L Y R E G M S N I I L R N I E
J C O M B I N A Z I O N E A T D Z
B O L L I T O R E L J O S Y O Q R
O N A M A G U I C S A A B L M V K
T I C O N T R O L L A R E G D T V
P F P H L I X B I P K V C C T E T
```

COMBINAZIONE
GABBIA
INVESTIMENTO
CUCINA
RESPINGERE
QUASI
INFASTIDIRE
LETTURA
FUNZIONE
VOCE
ASCIUGAMANO
CERCHIO
SCOSSE
RITIRARE
PIGRO
CONTROLLARE
FINO
BOLLITORE
ACCESSO
OSPITE

Puzzle 886

POVERA
COLTELLO
RIPETERE
REAZIONE
NULLA
FEDERALE
DA
NASCITA
SOSTANZA
LASCIANDO
ELICOTTERO
VERDETTO
FLESSIBILE
POI
MOLTIPLICAZIONE
COLLASSO
CORRERE
PESCA
GATTO
TRAGICO

```
E L I C O T T E R O D O Y B F C E
L D T F Z E F Y V K B X O W E O M
U D O T Y D N L T P A I V W D L L
V S H O K W E R E R R O C M E T K
E R A Z N A T S O S I E W S R E L
R E X I C Q R M D K S P H H A L Z
D A R P U Z Y R N P R I E O L L S
E Z W E I N C D A E N N B T E O R
T I O P J B P H I S P V I I E A U
T O S S A L L O C C K O D X L R N
O N Y O P L A T S A S T V K X E E
V E N A S C I T A S Q D W E H D A
T R A G I C O A L L U N P V R Z N
E Y S X F K J G U M Z E G O R A F
M O L T I P L I C A Z I O N E Y P
```

Puzzle 887

```
R N N A Y P À O Y W M V L D L T D
A E S E R C I T O B R U T S I D I
G T T I V Y R A E R E C S E R C V
A R S C I A L R F M G M K Z L K E
Z A I P P O C I J I X W C V V U R
Z V L P I S R T O O G T X O K E T
O O N N A E L P M O C L R L T S I
T I C Y O R S Y A C A M I F O Z M
N P T P I Q A X I Z O C P A G C E
E W S I X A V Z U Z R Q R E O A N
M W G C X K G S I E E R E V O D T
U J Z U I V U W B O Z N S L S F O
A D E L I Z I O S A N V E W S Z Q
C A L D A P U N I R E E C C F S G
Y U A S S C O Z X T Z K C T W Y Z
```

DIVERTIMENTO
DELIZIOSA
AUMENTO
SCIA
FIGLIA
PRESE
PUNIRE
ZENZERO
DOVERE
COMPLEANNO
COPPIA
TIRATO
ESERCITO
ETÀ
CRESCERE
RAGAZZO
RIPARAZIONE
ARTE
CALDA
DISTURBO

Puzzle 888

FOTO
PO
CAFFÈ
FOSSO
TRASPORTO
GARA
DANNO
EVIDENZIARE
CENTO
MISERIA
CIPOLLA
OTTO
FANGOSO
MARCATORE
FERIRE
CONTENERE
SEGNALE
SPINTO
MAGGIORANZA
CONFESSIONE

```
M K T C Q T D Y Z D F I A U U B F
R A E R A I Z N E D I V E X J I L
J T R M W F L P V Y U E L X N P V
H X E C A I F Z N E J N A L G K V
D H A R A G Z È O X S O N N A D P
C V W K Q T G A W E E I G F H Z C
F G R S O O O I F N W S E A W W O
S J E O T T O R O Y Z S S N C J N
B I I S R O P E E R W E J G X E T
Y M Z S O F K S N N A F M O U J E
A L L O P I C I X J G N A S T D N
Y U D F S R A M Z F Y O Z O W X E
H H V W A F E R I R E C W A K Q R
H B S F R F C I J C E N T O K Y E
A H P O T N I P S T C Q X K N T R
```

Puzzle 889

```
P C M G H R K Z A L H Q A M I A Q
K I Y A O E J I E R E N E T T O B
J T E P N G Q M B D A P E R C H É
J N G D Y O P F R D Q N F W V P Z
S A O M E L P I E T R A C I U C B
C C V Q V A U R V O U N N I I M Y
O P E M A Z A Q U I L O N E O F E
R A R A V I B Y E E S T I M A N X
R T N A E O C F Y N J W S P E P E
E I O M L N A Q G I G L O J S A V
V M S E U E D H H M I U P U I R H
O I I C A L C O L A T O R E T E T
L D G A R Y U M T T I V D P A T Q
E O Q X L E M K Y I T M R A R E J
C O M P L E T A A V I T A G E N U
```

PRUGNE
MIA
AQUILONE
ESITARE
PIETRA
PARETE
NEGATIVA
VITAMINE
PERCHÉ
OTTENERE
TIMIDO
STIMA
REGOLAZIONE
COMPLETA
GOVERNO
CANTI
CALCOLATORE
SCORREVOLE
ARANCIONE
PIEDE

Puzzle 890

GRANDINE
DIPENDERE
DIGERIRE
CANTARE
OCEANO
SALICE
CENTRALE
NOTIZIA
CORRETTO
SEGUIRE
ESPORTAZIONE
RECUPERO
CANDELA
MONTAGNA
FUTURO
CARICA
CERVI
MANCANZA
GIRO
CONOSCENZE

```
G I I Y I R R L T K F C F O O O O
E R E D N E P I D Z H A U K M N C
D X A Z N A C N A M N R T D Z M E
N C D N W L J M U G O I U H A I A
I Z U Q D T E J T F T C R K V Z N
M K L R H I Z T D H I A O R I G O
R O Q U I V N W L F Z N V A K E X
E T N K I R E E G O I Q Y K R L E
C T W T K E C R R N A L E D N A C
U E J T A C S A B I R C R T K R I
P R U C S G O T Q Z R R I G Z T L
E R M O O D N N X J J E U I A N A
R O N T W U O A S W C G G W C E S
O C K P U T C C C U L G E I H C F
E S P O R T A Z I O N E S T D J P
```

Puzzle 891

```
B C A L C O L A T R I C E I X H P
M E N F F K S V L Q A C E R T O R
K V N O M J M E J T U D E U J K E
Y N L Z A S P C S F T T R X G D O
K H B T I L M A A L O T N E P T C
W Y A A J N V I C E R A R A P S C
A B P C M N A G S V I G G A I V U
T I M P O R T A O Z Z A M R O F P
N R I Y C E M U M A Z G W T N P A
O S O L O C I R E P A L C A B L T
P I S V A M L Y N C R F R N O C O
C H J K A D W Z O T E P P A T C R
G Z Y W S R D M T C A P I T O L O
K Y A E M D E D N A R G V U M C J
A P P A R T E N G O N O L A Z V G
```

GIACEVA
ANATRA
GRANDE
PREOCCUPATO
BENZINA
PERICOLOSO
TROVARE
MOSCA
CAPITOLO
PERDA
APPARTENGONO
IMPORTA
PENTOLA
CERTO
SPARARE
TAPPETO
FORMA
VIAGGI
AUTORIZZARE
CALCOLATRICE

Puzzle 892

CORRISPONDERE
STRUMENTO
DETERMINARE
MUCCA
ECCEZIONALE
ELEZIONE
SPUGNA
DIPENDENTE
PRESTO
ESPERTO
IDONEO
CUCCHIAIO
QUALIFICARSI
LIBERO
LIEVITO
DESERTO
VESTITI
VITTORIA
FINANZIARIO
ZONA

```
D U B Y Y C Q T T D I M U N S U E
E G Q T V P P R J R E D M C Q C S
T D I P E N D E N T E S O G W J P
E I G B I T W I R O R M E N U V E
R S F I N A N Z I A R I O R E B R
M R S P U G N A L L H P B L T O T
I A C O R R I S P O N D E R E O O
N C I G I L I E V I T O N V X T T
A I Z G Q A M U C C A K O I C N O
R F O R E B I L W I I T I T S E V
E I N A J W J H G S E Y Z T X M Y
E L A N O I Z E C C E Y E O F U D
C A P R E S T O V C V H L R G R B
U U A B V O D I H C U D E I L T G
C Q R J M K Y R E S C C R A D S N
```

Puzzle 893

```
W H U C Z I W P A Z A P P A S À H
I R I N I C N O L L A P N L E T N
G S Z P S O M T T O S P U I N E S
R I P N V C S W R T E P A D Z I B
O P Z E M C O J O S P T F O A R L
T Q R J Z C E N O I Z N E T T A A
T B H O R I L D S V H H L C Q V Z
A N C Y B C O R R E F T I T L G O
B O R D O L M N E R C T M R D R C
M H M A C P E E A P W U U E Z A N
A E Y P H F E M G R T W T H Y Z N
A Z I O N E N X I O E A Q I E I H
B P O L T R O N A V M H P T V E V
R I N D K C D O R D I N A T A O N
X Z N M F I X Z G U O T Y D O P O
```

TRE
ATTENZIONE
VARIETÀ
AZIONE
ISPEZIONARE
POLTRONA
PREVISTO
LAZO
PROBLEMI
CONSECUTIVO
ALTRO
ORDINATA
GROTTA
UMILE
PALLONCINI
ZAPPA
GRAZIE
BORDO
SENZA
FERRO

Puzzle 894

INCLUDERE
PENNELLO
INFORMAZIONI
INFERIORE
SCALE
OSSERVARE
SOLI
DOCCIA
DURA
FISSARE
PAPÀ
VERSIONE
BICICLETTA
AMICA
PARTICOLARE
STORIA
NONOSTANTE
ERUTTARE
TRONCO
FINALMENTE

```
L S T H V J B D S B O Z N E Q I T
N C R Q I E Y K Z A I R O T S N I
K A O R L F R G E R C Y N N B C N
À L N S O L I S E U U B O E Z L F
P E C A M I C A I D J N S M H U O
A A O P D Z L V Y O X S T L H D R
P T R E W P S U F B N V A A Q E M
T U V T R P E C G C B E N N O R A
G N Z G I U G F B E Z Z T I D E Z
M T T X M C T E R O I R E F N I I
D O C C I A O T F I S S A R E I O
N G G Z T G J L A Q S M Z Y W F N
P E N N E L L O A R S W J L U T I
O S S E R V A R E R E P J N T A B
B I C I C L E T T A E V M H B B R
```

Puzzle 895

```
I H C N A T S H F L A D J U D H Q
R N B Y C M I Z I R M Z P I K A E
E O T A N U T R O F I G D F E L P
T S R E L A U S A C A G L J R Y K
S S J C L B Y Y N S V E O J A C W
I O X U L L C X A O C R A P C I L
M R Q I I G I G T L S O T T I L E
S U O N O A D G I D N U D P N P P
P E B Y X O T S E I H C I R U H O
B B M B Y I J J U N J R V R M S Z
S P C D V H O T N E T T A X O V F
S V U O T A T O H U M E N H C I P
E S A M I N A R E J D A O S U K P
I N T E R C E T T A R E V G H Y K
C A M M I N A R E R I Z V Y X P W
```

STANCHI
COMUNICARE
CAMMINARE
ATTENTO
CUORE
ROSSO
CASUALE
SUONO
FRIGO
SOTTILE
MISTERI
RICHIESTO
FORTUNATO
INTELLIGENTE
ESAMINARE
DIVANO
PARCO
INTERCETTARE
SVUOTATO
SOLDI

Puzzle 896

SPECIFICA
UTILE
RAZZO
IMPORTANTE
SPAVENTATO
ULTIMAMENTE
TEMPERATURA
VERDE
TEORIA
ALLIEVO
GOCCIA
ACCURATEZZA
PROVOCATORIA
ANANAS
TEMA
VELOCEMENTE
RUBARE
FONDAMENTALE
PRECEDENTE
VETTA

```
P V E R D E M K L J I I R U M T A
F R O U T I L E X T M S A L U E L
T O O T A T N E V A P S Z T P M L
B N N V Q N F T W B O R Z I R P I
D G F D O V I E F A R H O M E E E
N I J A A C Y M K N T I X A C R V
Q M J Y I M A A I O A V S M E A O
I X A I R O E T C S N B P E D T P
Z D O Y G E P N O E T A E N E U C
M H K L I U V Q T R E A C T N R A
A N A N A S I Q O A I J I E T A R
T S V Y R Z A H X B L A F C E P L
T T K W J M G D H U P E I J C X Q
E Y X A Z Z E T A R U C C A F O B
V E L O C E M E N T E N A H C J G
```

Puzzle 897

```
C O N O S C E N Z A L V Y D Z J D
V L I X L V R H G Y I Y W S L G Z
A I L G E T Z T V I V M F I G K A
M K O C A P I T O X E I C D X J I
P L T R A M O N T O L K O R T E N
I W A N I R A F I S L M M E E H E
R L M D E F P Q G C O N I R A C T
O H U F T Y W A C U D U T I N I T
M E F V F Y N Z C R N M A R A F O
E N O R M E O Z K E W M T E P I O
E Z R P X G G E R W J A O S M C D
P D P C R P E G O D O R E N A E A
H I Q E P A D G U Z Q Z O I C P U
I D S C G E B A Q W M X C D S S P
U K V X K J O S O R U T N E V V A
```

CONOSCENZA
INSERIRE
SAGGEZZA
ZAINETTO
SPECIFICHE
FARINA
PROFUMATO
CARINO
LIVELLO
ENORME
CURE
CAPRA
CAPITO
CAMPANA
COMITATO
AVVENTUROSO
TRAMONTO
TEGLIA
ODORE
VAMPIRO

Puzzle 898

OSSERVANDO
CENTESIMI
FUNGO
RADUNO
POPOLARE
VOGLIONO
SPIAGGIA
ABITO
SONNOLENTO
DESTRA
INDIVIDUO
ORTOGRAFIA
COMPRATO
PIANTA
MADRE
SCOMPAIONO
NOBILE
SUCCO
QUOZIENTE
BUIO

```
V I E P S O N N O L E N T O M K O
A O D Q I M I S E T N E C V Q H R
B T G E R A L O P O P M T Q M Q T
I A Q L M L N I N D I V I D U O O
T R U I I Q B T L P Y O I U B G G
O P O B V O S F A L E D O K D N R
C M Z O H E N I I W R N M M I U A
Y O I N M S M O G O D A F X P F F
U C E W K E Y W G R A V D K F H I
P N N M H Y O G A S M R N U Z I A
K T T Z E D N E I I Y E A T N X C
L P E S U C C O P D E S T R A O E
F E G Q T D P W S Z W S Q N D G W
S C O M P A I O N O R O X H J D K
A V J M B G G W P K W J K A O H J
```

Puzzle 899

```
C Z Y D P R A V A S N E P M Z K T
I P O T A R T N O C N I K N I D O
D I S F F L I A V V E R S A R I O
L R U O U G B M S A L I T A E Z Z
J V L G M R R W O A C C A D E R E
S E E L O E O V L I D Q O W H B A
T C D I A G L Y L G H Y F C G F G
Q Y E A Z G E R E R A C F C D O G
N E A G I E I X N D I G R D U R I
H N W K L O C M A H V J F A B M U
N G P Y I I A F O R N I R E M I N
J E E D P A E M A R H T V X Q C G
Z V K U S U O R K F K F W X B A E
A X K J P C Y C E Y R R N J K W R
A T T U A L M E N T E F O Z M O E
```

CIELO
NIDO
FOGLIA
SCEGLIERE
PRIMO
MARCHIO
ORBITA
ANELLO
FORMICA
AGGIUNGERE
ATTUALMENTE
FUMO
ACCADERE
FORNIRE
GREGGE
PENSAVA
DELUSO
SALITA
INCONTRATO
AVVERSARIO

Puzzle 900

TENERE
CORRENTE
FUGA
LEPIDOTTERO
MANO
PORTATILE
ALTITUDINE
GAMBE
DISCUSSIONE
BATTERE
ANSIOSO
GUARDARE
SOSTENGONO
GELO
SOPRATTUTTO
COSTRUZIONE
QUI
GHIACCIO
PENSARE
PROVA

```
C P O D U K L O K V X O N A G S K
D O E N O I Z U R T S O C N E O J
I N R N P R O V A Z O N G S L P G
S A K R S D U F H X H O U I O R H
C M C F E A G U F H R G A O M A I
U A E S N N R Z O Q F N R S Q T A
S E O L I T T E K T K E D O U T C
S Z X V D K E E L U G T A I I U C
I Z X I U R B N M G V S R G A T I
O P C U T B M K E Q E O E O Z T O
N T D U I Z A Y S R B S V H Z O M
E S U M T K G E B H E K I B J J X
O W I E L I T A T R O P Y I P H Q
V M A C A L E P I D O T T E R O N
Z Y Q P R Z W U B A T T E R E H U
```

Puzzle 901

```
K K L O L N R O L N N M M W Y T V
G O T A V A M A G L I O N E S T B
N T I I C Z J N U A H O U T R A A
R N E T N I O E V E R I F I C A G
I E H T O O E T O S Z R V P C U R
O M A A T N Q A G R V P I G D F I
J I P L A E A C V O O O V B L M F
I T W A T A T A P F C R I L C X O
H R Q M R À U V L I I P R Q O H G
H O L X F A P Y N X C M P H C Q L
B S A L T W R L S C Z I I L N T I
S S B V D U U E U N Y N Q C S X O
I A B R E C E N T E M E N T E W N
V Z R A E Z T I P I C O G N A T O
G F O T N I T S E B Y Z P F R G W
```

MAGLIONE
FORSE
BIRRA
IMPROPRIO
AGRIFOGLIO
RECENTEMENTE
NAZIONE
IMPARARE
REALTÀ
NATO
PRIVI
VERIFICA
MALATTIA
LABBRO
TIPICO
ESTINTO
NOTA
CATENA
PATATA
ASSORTIMENTO

Puzzle 902

CAMMINATA
PENZOLARE
DIFESA
BUGIA
IMPEGNO
NEGOZIO
CHIESA
PRESERVARE
BELLO
SEI
FURIOSO
STUDIO
RISORSA
VUOLE
VALENTINO
RISO
DENOMINATORE
UCCELLI
VIENE
SEDANO

```
I O D P E N Z O L A R E R M V D J
M B A E L O U V X W H O U I A E S
R F B C N Z M Y Y E P V C N S E I
K R U D E O N G E P M I C A E O M
S T U D I O M C R B D D E T F L H
K E O Y W T G I A Y K K L R I L D
M R C H I E S A N M X K L Q D E I
V A L E N T I N O A M A I G U B F
I V V S E I W H I S T I T P G C E
K R I D F A D X Z R Y O N A D E S
G E E F N J G S O O B H R A F X A
Z S N Q Q G Q V G S I V U E T H L
N E E U H V S J E I C T J H T A E
F R S W G B M H N R O C W P G L N
D P N J S H C R V F U R I O S O R
```

Puzzle 903

```
V S I G I L L O T B F W P U D L L
A A B I L I T À U S Q J O P O Q F
R E E W Q B O Q R D R X V T L T O
I T U N I M A V R V F R E L S E D
A Q C C J E R A S S E C R P W O Q
B H H N Z L E W U X V B T N G I C
I P I E A A I O L N T C À G A S G
L O U E C C E Z I O N E R O S P O
E N D S I I T X Y H O K C W F B A
O T E A T P U H L S G Z U J Q S A
Q E R L I O V S T E O N R X M A Q
K N E E L R V I X P T J I Z P Z O
W U N T O T A I L G I V O R G G A
Y W M L P T O C C O D C S J F J W
O D U Z M F O R B I C I O J F K Q
```

VARIABILE
FORBICI
TOCCO
CHIUDERE
SALE
RINGHIO
SIGILLO
AGGROVIGLIATO
CESSARE
MINUTI
CURIOSO
POLITICA
TEIERA
POVERTÀ
ECCEZIONE
PONTE
ROSPO
ABILITÀ
COSTO
TROPICALE

Puzzle 904

ASSEMBLAGGIO
QUARTO
SCHERMA
PIANTO
MUSICA
ERANO
LASCIATE
COSTANTE
OTTANTA
RILEVARE
CONTATTO
MILLEPIEDI
CACCIA
PROGRAMMAZIONE
BIBLIOTECA
NOSTRI
GIARDINO
ADEGUARE
ANIMALI
OGGETTI

```
P F C O K A I D E I P E L L I M B
R Y A T E D B P U A L I M I I R I
O Z C T N E N O S T R I A F Y F B
G Q C A Q G D P H A Q G D N D N L
R Z I N N U M U S I C A Q Z T A I
A G A T I A B C O S T A N T E O O
M C I A Q R S P Y O H K E C R V T
M O N A R E T A I C S A L O A T E
A A X H R I L A M I N A K N V V C
Z M E Z B D T C P C Y N U T E M A
I R R M M Z I T S J R R M A L D I
O E M A R O I N E X V V M T I F V
N H C D I Q Y X O G S Z E T R C Y
E C D H C U K M L C G F V O H N R
A S S E M B L A G G I O T R A U Q
```

Puzzle 905

```
I D C U B S L I T T A M E N T O E
S R X A T B C A J J X U P J Y D E
T A X L R X I X C L V O L J W T P
A M H F O B I L I B I N O P S I D
N M M O I Q O L O C E S V F D F U
T A C M L W N C R R S L I N F G
A T O M G T B J E A J Z S J S Q J
N I N A I P E T N E M A R E N E T
E C I G M A A A S I J F J K B E L
O O G N L R C G T P S S Z Z C Z U
B M L I U T C K E R I R F F O S N
U C I F C I A E P R O N G H V M G
V H O I M N N W M C Q L A R P N O
H F M C O C T F A M O S O C K Y K
Y F P O H W O T A D R A U G I G F
```

GUARDATO
MIGLIOR
MAGNIFICO
SOFFRIRE
DISPONIBILI
SECOLO
DRAMMATICO
IN
SLITTAMENTO
PARTI
CONIGLIO
ISTANTANEO
TEATRO
LUNGO
VOLPE
SPINACI
CARBONE
TENERAMENTE
ACCANTO
FAMOSO

Puzzle 906

CASSA
FATTA
SCENA
RIBES
FRUTTA
FRETTOLOSA
LONTANO
RISULTATO
CUOCERE
FIORITURA
STRANA
ROBA
PISELLO
OSPEDALE
ANDATO
CARATTERISTICA
PRODOTTI
ORGANIZZAZIONE
PORTA
PESANTE

```
F A T T A L G U B Z F B N L I F Z
S L O N T A N O X E R W H O H I V
W T D B Q J D K K A U C G V G O A
R C R B B A S O L O T T E R F R C
S E L A D E P S O T T D P N X I U
R C S L N M N O L A A S V S H T O
O F E M W A S C L T B L C C C U C
K Q B N Z Z G P E L O B Y G A R E
B V I O A G L R S U R H Y M S A R
C A R A T T E R I S T I C A S P E
A D W P R A O H P I U S Q U A D Y
T A P Z A F D X Y R S E W L P M T
R X B D N F Y N G N I F N T C R E
O R G A N I Z Z A Z I O N E O Z H
P R O D O T T I P E S A N T E V H
```

Puzzle 907

```
S D A T D W S B W V Q S H C D O Y
I O R Q C W I V A S O N O U I Q A
E O R A L L Q H E M R G G C O R O
C D I S C U S E T D B T A E K P O
N E V C E K N C N Z E O P R O C V
N S A A P G Q X E Y A S L T S Y F
C I N P R B L K C E I B E A A X A
T D O I O H A T E S I N I S T R A
R E T T G L W C R B L T T C V U B
O R S A R X L Q I D B B J H O X W
P O I L A D O X H O Z E J F D J P
P S V E M D I S C O R S O M C S B
O O I B M K P M O F G Q W A E E F
Z U T B A H A R P P L J W R H I D
L O E R A G E L L A J X S E K L U
```

SCUSE
CAPITALE
BACIO
DISCORSO
SINISTRA
SONO
CUCE
PROGRAMMA
BAMBOLA
SVEDESE
CORPO
ARRIVANO
RECENTE
ALLEGARE
VITE
TROPPO
VISTO
DESIDEROSO
POCHI
MARE

Puzzle 908

MANGIARE
GRANCHIO
SCRITTURA
PREVENIRE
MOLTIPLICARE
INTERESSE
PEPE
CORVO
CONTRO
CAMICETTA
CASTAGNE
SOCIETÀ
BOTTIGLIE
ESAME
SODDISFATTO
PESO
MOGLIE
RIVA
TUTTO
INDOVINARE

```
B O T T I G L I E S S E R E T N I
S H K X L X A D R C O Z P M C M R
Q O A A R U T T I R C S F A O O P
J S D D B V U A N T R I P N R L Z
W E S D O W À T E I C O S G V T G
Z P W I I F S W V A L Z H I O I X
W U R Z U S H D E M A S E A J P X
X E N G Q F F C R C H B H R J L Z
D I R U R Z X A P M A D P E W I M
P D W X R P E V T O P S F Y J C U
I E I L G O M I O T T U T C O A M
U S P K S Y O R T N O C Y A T R L
A F D E C A M I C E T T A H G E G
W U H I N D O V I N A R E I A N C
G R A N C H I O U I L R W S U T E
```

Puzzle 909

```
V O C A B O L A R I O U X U H Q R
T X Q C A P P E L L O N O D E V I
D O M A N D A N T C A D O T K M C
A K R H V Q D O M I U K D Y A Z E
V O I V W X R T Z Z G C K E E E V
V B C D U P N O K B M R I N R L E
O S A B B I A C F L T Z E N K F R
L L A V A N D E R I A D Z J A B E
G W O T I R E F E R P W V T I R X
E B N S J P U Z I C A V A L L O E
R F R P E R V E S E R C I T A R E
E O E Y Z W N M C C J C X G V Z B
D I D E I N C I D E N T E H K M R
N U O V A O P Z I O N E M S S X S
M X M F D U P O R R O S I L K B A
```

RICEVERE
INCIDENTE
PREFERITO
NUOVA
PORRO
DOMANDA
AVVOLGERE
TIGRE
LAVANDERIA
CUCINARE
COTONE
CAPPELLO
MODERNO
VEDONO
OPZIONE
FREDDO
ESERCITARE
VOCABOLARIO
SABBIA
CAVALLO

Puzzle 910

DIMENTICARE
EMERGERE
FORNITURE
BANCA
CONSIDERA
SIPARIO
DICHIARARE
CORONA
GINOCCHIO
VILE
DEPRIMERE
SIMILE
ADATTO
MOLTO
DICIAMO
DISTRUGGA
MACCHIATO
SOSTENERE
SEMBRAVA
DANZA

```
Z C U M Y F G D B D I Q Y D G D S
H K E G D O I A R A S T L I M I I
M I R G Q R N N N Q N F Z C M M M
V O I G F N O Z C O E C E I F E I
W T L C T I C A O E R D A A J N L
E A R T N T C V N Q E O Z M A T E
A I N H O U H A S S M D C O P I R
D H T M B R I R I O I I V I V C A
A C O S H E O B D S R S V R I A R
T C D V S D W M E T P T V A L R A
T A P A B F Z E R E E R K P E E I
O M B Y N P C S A N D U I I Q D H
E M E R G E R E Q E R G P S R R C
W C V E J P M O G R P G J K F H I
W X Q X V O X N U E Y A M T G B D
```

Puzzle 911

```
Z S P U I Q H T Q K Z O C B D C M
J E O N G A T S A J M K O G I O U
D N R N G O M M T M G K R A V N F
L T T V G S X C T X B A S D E F F
N I A R D I K W A G A U O S R R O
V V P B V N C V V X A D R X T O L
K A E V D Q K B A P O T X O E N E
U N N B P S I C R N X V R J N T Z
J O N R X G V R C K K X E N T A V
O A E U T E C N O L O G I A E R S
B X M C P A U S A C O L O R E E C
Q N V I D I F P R E V E D E R E C
C T T A R A C C O G L I E R E Z X
B I U R O N D A N A I D I R E M X
A Y X E C U L C O N F L I T T O V
```

TAMBURO
CONFRONTARE
MUFFOLE
CONFLITTO
MERIDIANA
CRAVATTA
LUCE
BRUCIARE
CORSO
PREVEDERE
RACCOGLIERE
TECNOLOGIA
CIGNO
PORTAPENNE
DIVERTENTE
PAUSA
STAGNO
COLORE
ONDA
SENTIVANO

Puzzle 912

ARRABBIATI
RAGGIUNGERE
ASINO
SIA
GRIGIO
MOTO
FRESIA
VERITÀ
MATERIALE
ARRESTARE
VIRTUALE
MEDIO
ANIMALE
BARRA
MODIFICA
CRIMINE
ATTEGGIAMENTO
GENTILE
SOSTANTIVO
LEGALE

```
R A X M G X O V I T N A T S O S M
A R F E E I T A I B B A R R A X O
G R M D N O N I S A C B T Z M B T
G E O I T T E L A U T R I V I R O
I S D O I H M G M B W K I L Z X W
U T I A L Z A O P M W V F M G G B
N A F D E G I A N I M A L E I M M
G R I C D F G V Q L A Q R V S N O
E E C S D R G B A R R A W C G V E
R G A D H E E L A I R E T A M E L
E B R A X S T F J L H D R W M R A
B Q D I A I T Z O T G P I M V I G
J H S X G A A Y S Y D A C U C T E
F O H T S I O N T E D P F O N À L
E I I Z N Y O O F N X Q N J K S T
```

Puzzle 913

```
Q P K Q N D R K X A T E M A E A F
L U Q U H B M O R B U T A T L U I
E C A T X J Z G I B O I G L E H G
A G N N C S D Z S O P T G E T F L
C B I R T L A E C N R A I T T R I
U N C A T I R B H D O M O I R I O
T L I D L L T R I A D A R C I S D
I P D G C I X À O N U R E A C O I
L O E N V N H N W T Z E C C A L B
I X M M Y S N U C E I P Y L K V R
T G T D I S E G N O O M K K S E O
A M F N O T A C I T N E M I D R M
R U V A V E R O I R E T L U X E R
I A R R I C C I A T O V I T T A T
A D U V O L J P T Q R X Q T O N L
```

UTILITARIA
ABBONDANTE
RISCHIO
MEDICINA
ELETTRICA
ARRICCIATO
RISOLVERE
ATTIVO
PRODUZIONE
FIGLIO
UVA
ALTRI
DISEGNO
MAGGIORE
QUANTITÀ
TEMPERAMATITE
ATLETICA
MORBIDO
ULTERIORE
DIMENTICATO

Puzzle 914

MAL
MAMMA
REGINA
NOTTE
VA
ANDANDO
DISSIMILI
PUNTA
DOLOROSAMENTE
FONDERE
RIGIDA
FORMAGGIO
PERA
MISERABILE
CONTROLLATO
CHIAMATA
PERSONALI
QUARANTA
MERA
FAVOREVOLE

```
K D Q B V M H H N R D Y R B F Q C
U M I L P E R E D N O F C L O B T
M A V S M R M E A N L A O R R H W
O M Q R S A S Q G S O F N M M M K
I M E E P I E G J D R A T E A H E
U A M T F P M M W Y O V R L G L A
I G P F U K U I B K S O O I G R P
X L N S D Y R N L L A R L B I E E
C H I A M A T A T I M E L A O G R
P E R S O N A L I A E V A R M I A
H I X A U D X J D C N O T E B N W
L F T I H L E E S Z T L O S J A F
N O T T E D W L R U E E L I R O C
T A N D A N D O F O A L G M E I F
R I G I D A T N A R A U Q C S I E
```

Puzzle 915

```
J  T  C  T  O  T  M  A  G  N  E  L  L  O  X  N  P
H  O  C  L  Q  A  G  E  X  G  U  B  F  F  I  R  A
U  E  T  N  E  T  T  A  T  J  E  U  U  X  E  E  P
A  L  K  O  K  P  X  F  G  O  T  U  I  C  A  I  P
Z  I  C  T  R  Z  L  D  X  V  D  W  M  P  G  V  A
N  N  D  R  Y  C  X  K  O  A  C  O  I  J  K  Y  G
A  I  R  O  G  E  T  A  C  C  P  C  K  S  B  B  A
T  M  D  P  M  B  Q  E  D  B  T  C  K  V  X  X  L
S  M  P  P  O  I  R  A  L  O  C  I  T  R  A  P  L
I  E  Y  U  U  O  S  O  V  O  I  P  F  B  Z  M  O
D  F  O  S  S  E  T  S  Z  A  W  P  D  X  T  I  G
R  A  G  G  I  U  N  T  O  B  O  I  C  L  A  C  O
S  T  E  S  S  A  I  N  U  R  L  E  E  K  N  C  U
A  T  T  A  C  C  A  N  O  M  P  G  T  Y  W  Q  L
T  R  A  S  P  A  R  E  N  T  E  A  Q  G  L  L  V
```

PARTICOLARI
PIOVOSO
ATTACCANO
CATEGORIA
SUPPORTO
AGNELLO
STESSO
METODO
RAGGIUNTO
ATTENTE
TRASPARENTE
PROSSIMO
STESSA
CALCIO
FEMMINILE
DISTANZA
ZIO
PIACIUTO
PIEGA
PAPPAGALLO

Puzzle 916

SORRISO
GUADAGNARE
RACCOLTA
ASSORBIRE
GRASSO
QUALCOSA
NERI
INTERNO
LIBELLULA
SGUARDO
COMPLESSO
FARFALLA
SEMPLICEMENTE
ONOREVOLMENTE
LINCE
ABITUDINE
SILENZIOSO
FASE
NATIVO
VINO

```
F  R  N  E  J  U  G  E  W  H  B  A  V  U  G  S  O
M  A  B  E  O  D  R  A  U  G  S  C  B  S  U  E  N
L  C  U  R  R  H  A  S  O  R  R  I  S  O  A  M  O
G  C  Z  I  F  I  S  O  N  A  T  I  V  O  D  P  R
B  O  F  B  A  O  S  C  U  S  E  T  B  I  A  L  E
T  L  A  R  R  A  O  L  W  I  T  C  K  I  G  I  V
A  T  S  O  F  B  N  A  V  L  X  T  C  U  N  C  O
L  A  E  S  A  I  R  U  I  E  N  W  O  C  A  E  L
U  H  A  S  L  T  E  Q  N  N  P  T  M  Q  R  M  M
L  I  Q  A  L  U  T  S  O  Z  F  Q  P  S  E  E  E
L  C  P  X  A  D  N  T  D  I  Q  P  L  P  L  N  N
E  I  V  Y  I  I  I  E  C  O  S  C  E  S  E  T  T
B  H  N  X  X  N  Y  F  Y  S  Z  M  S  U  D  E  E
I  W  C  C  J  E  C  D  E  O  R  M  S  M  P  T  D
L  F  X  L  E  H  I  R  L  R  X  G  O  X  N  Y  S
```

Puzzle 917

```
C Y C O H S S W Q N L E X W K J P
O A A N E M O V E W Y M I Q B V A
C O V O T T Y A Q O E L A G Q H S
C J O F G H V U X L T K R E R W S
O B L B Q E V G I À J O T N E L A
D E O B A R O N G I S T U E C V N
R R D O T A L O C C O I C R N O O
I A Y I W S Q K E Y J P T O U M N
L N I T M S Y U N U Q M S S T E N
L I W D J U V D I C B O B I R Y O
O G X J B B Y V M L L C I T I V D
S A L S I C C E W K A E Y À E L R
E M D O M E N I C A S O R E N I H
L M S E R V I R E Y Q W F R T L D
S I S P A Z I O I C W L E O I Y S
```

SIGNORA
CAVOLO
LENTO
CIOCCOLATO
CON
COMPITO
GENEROSITÀ
GIÀ
IMMAGINARE
COCCODRILLO
PASSANO
SPAZIO
DOMENICA
BUSSARE
AQUILA
DI
ORE
SALSICCE
NUTRIENTI
SERVIRE

Puzzle 918

ARTICOLO
FALCO
LONTRA
OCA
ALBERI
ADULTO
CAMICIA
VETRO
VIA
PRESIDENTE
SOGGIORNO
ARTICO
FORMATO
AUMENTARE
QUALE
DENTE
OMBRELLO
RIAVVOLGERE
REALE
AIUTO

```
U D S O G G I O R N O A D U L T O
L X F F C F A L C O L N I I N R L
V E T R O I O S Z B O Y R V G I L
L O N T R A T M B O C R E D S A E
D E T N E D U R B X I Z B H H V R
N R Z O X J I B A Z T I L Q V V B
C A M I C I A B C H R X A U U O M
R T F O R M A T O R A L R Q O L O
N N H Q H K Q H A R E A L E W G S
F E L P U P R E S I D E N T E E X
R M N T Q A J X C Q Q Q Z H T R I
X U M K M I L R S A S H M S U E Y
M A X Q Q R A E D G X A C U O Y W
R H D X Z C J I S D Y E Q V M D Q
C D D S Z I P T E Q P J K N C U D
```

Puzzle 919

```
G L S A C C O B I S X I U W A P I
R O T T O L T N C N Y I R P P R O
D H C S T I G U W B V Q A O P E X
F K L O A C R E C I R E O T R Z Z
O Q M P S M Y G E I B R C Y O Z M
V L H S S R I R R D C O X E C E X
F I W I O Y E S R X W N W I C M R
U I T R D K G J U E C I O C I O F
J C Y T N C F B D R U M H I O L I
I K U Z I I L U I A A M H F G O M
F S V U R M U Q R R G A L R U Z R
R D J T L I A I D E S R A E F E V
M E S S A G G I O P S I E P O B Q
S O F F I A R E W O P T L U B S M
W P Y A C Q U A W W W O K S O L D
```

VITTIMA
MISURA
GUFO
RICERCA
MARITO
BOCCA
SUPERFICIE
ACQUA
APPROCCIO
SEDIA
RIDURRE
PREZZEMOLO
MESSAGGIO
OPERARE
MINORE
ROTTO
INVECE
SOFFIARE
INDOSSATO
RISPOSTA

Puzzle 920

SOFFICE
FACCIA
RIFLETTERE
NOME
VENDITORE
SESTA
CALCOLARE
DISEGNARE
LUNARE
DECISIONE
SCRIVERE
BOTTIGLIA
ANGELO
PROBABILMENTE
OFFERTA
REGNO
SELVAGGIA
GENERALE
CONDOTTA
ESEMPIO

```
V P H N R I F L E T T E R E V I N
Q E R E V I R C S E S E M P I O S
O R N G Z R K A T T O D N O C T Y
H A M D J O G T A I E A T V M I N
B N D U I X L S J A A I C C A F K
C G B Y E T N E M L I B A B O R P
A E C I F F O S L R L K I Y L U A
L S T M R X A R E E G R G P N Q N
C I E L A R E N E G I M G G D M G
O D C M B I F N R N T D A F T Z E
L J X W L L D W A O T B V X J H L
A T R E F F O G N D O O L H I J O
R N H M H Z C X U Y B Z E L J B T
E X R O O T S N L C H G S E J U K
J U E N O I S I C E D F W I M A W
```

Puzzle 921

```
D L T V O E N E R G I A J R L T J
G I R E L P C O P V M S R U N N B
I L I N L G P E T X F F E V I O S
H L S E E G H O F A H T R W L U P
A A T R B A I U S I C I L L O P E
T S E D A C R G I T Q L P Q J J S
O S S Ì G T J L L N O G O O Y N O
P S G U S O N N O E R A I V V A I
O C N G M À T I L I B I S S O P R
R A K A W E R Q E L I B I R R E T
A R N G W Y R U O G Z W E X Y Q X
G S Y M A L L E B A T H X I G Q W
N A G B U O U D Z T Q G K T Z S W
O A B B R A C C I A T O M W K Q X
D I F F U S I O N E D O L C E H S
```

OPPOSTO
AVVIARE
SGABELLO
TABELLA
DOLCE
TOPORAGNO
DIFFUSIONE
SPESO
VENERDÌ
ASSUMERE
ENERGIA
TRISTE
TERRIBILE
POSSIBILITÀ
TAGLIENTI
SCARSA
LILLA
SONNO
ABBRACCIATO
POLLICI

Puzzle 922

CAPIRE
FONDO
COMPASSIONE
INDIRIZZO
INTORNO
RAGAZZI
ESECUTIVO
DIECI
BISONTI
BOLLIRE
CANTIERE
TESO
SUA
GENITORI
NUMERATORE
CAROTE
IMPRESA
ERA
SCELTA
FORESTA

```
S H V R H H X M N K F H B I I I F
C C O M P A S S I O N E O N M N O
E H G J T E N G R W P H L T P D R
L F T H N R X N E Y B X L O R I E
T L G T K A U S Z N R G I R E R S
A N H S Y E N G C R I J R N S I T
O Z T B S R O D N O F T E O A Z A
F V Z D N O O N I S D K O T Z Z K
E S E C U T I V O E P Y Z R O O W
R C G R N A A K D T C Q U Y I Q P
I A D J N R E A F G L I U H L D S
P R J W Y E Z C Q D B I S O N T I
A O S U R M C A N T I E R E T B N
C T S U R U I I O X R A G A Z Z I
Y E A B G N V K K S N U O V O V R
```

Puzzle 923

```
P A B R O C C O L O E K W B Y E U
O E Z V O G X T V N M H E H P L B
L E T N E M A S O L O C I R E P A
I U U W A R R O V I T A T N E T M
T C V X N C D H C K I J P I V L B
I B B E G L A Z F V V O I Y S M I
C S P I N T A V D V O R L K G N N
O L L E R T S I P I P F K V H J I
P R E Z I O S O X R S H D N I J N
I D E N T I C O G E N O P M A L U
F L A F S F N G O I L X M W N O V
M Z R V U G R U P P O A Q D D H O
S X M E N O I Z I D N O C E E U L
Q B A F S H R P S S B H E O C T A
H T X H K À T I N U M O C X L C Q
```

GRUPPO
PREZIOSO
CONDIZIONE
VACANZA
EMOTIVO
BROCCOLO
NUVOLA
IDENTICO
COMUNITÀ
LOCALE
PERICOLOSAMENTE
BAMBINI
FUORI
ARMA
TENTATIVO
POLITICO
PIPISTRELLO
LAMPONE
SPINTA
GHIANDE

Puzzle 924

NUVOLOSO
COLONNA
INDICARE
RIMANERE
TRADIZIONALE
DESIDERIO
GLOSSARIO
FIORI
FRATELLINO
SEMPLIFICARE
PENNA
VERBO
PILLOLA
GENERAZIONE
SPAZZOLINO
LATO
CAUTO
COLONI
CANGURO
USURA

```
S K N U V O L O S O U A X G R W R
F R A T E L L I N O G T V W U H N
T R A D I Z I O N A L E O O S M D
G S P A Z Z O L I N O S L B U C P
R E R A C I F I L P M E S C R B T
I L N L D R I D T V C M T A A E U
M Y I E W Y I U E B I Y S N N C V
A T N B R O I R A S S O L G N O L
N L D G H A Z M Z A I S N U E L D
E A I J A L Z P M C A D O R P O Y
R T C K R O J I R O I F E O D N M
E O A P S L O U O T U A C R X N K
T Q R J Z L J Z W N K I H V I A B
T F E R P I V J W S E B U A H O C
S I T R H P C O L O N I Y F D I U
```

Puzzle 925

```
P T Y Z K S P E R I S C O N O W A
R Q K F Z M O T N E M O M F W E T
I I L V A E S P A R B L I F S D T
V M N Y N W A Z R O F V J R N O I
A E R V T P N C Q A Z Z A G A R V
T N A F E R E Y Y J V G O R W L A
O Z N I F R D O P O C V Y C M I L
S I A H H X S C O J Q U I S I L V
T O K Y J M C A M Y Y E M V C C N
P N H O B B E D I S C O N O E S L
B A I C N U N O R P K E J J Y R T
B N K O S M O Q U A L U N Q U E E
W O I L Q O M S I T U A Z I O N E
V D O P I C I N A C C E M C A P O
K V M T C V L S V I L U P P A R E
```

RAGAZZA
LIMONE
PRONUNCIA
DOPO
SITUAZIONE
FORZA
INVERSA
MENZIONANO
OBBEDISCONO
ATTIVA
SVILUPPARE
SOPRAVVIVERE
NASO
CAPO
MECCANICI
QUALUNQUE
RANA
PRIVATO
MOMENTO
PERISCONO

Puzzle 926

MEZZO
COMPLICATO
COLPO
COLLEGIO
POTENZA
FERMATO
SPESSO
GODERE
CAROTA
CONGRATULARSI
QUESTIONE
SCIENZIATO
FORCHETTA
RARAMENTE
NEVE
FINIRE
PAVIMENTO
ANCORA
PIÙ
VALORE

```
P M Z C F J G K M L Z G G M X C R
G A T O R A C O C H K X P V A E A
Q Z V G E O Z O D T G O Q O Z S R
E N O I T S E U Q E I I O V Z V A
R E D C M S P I Ù V R G P P U T M
O T A M R E F P F E M E Z I M M E
L O C B W P N U L N U L L Y F L N
A P X O R S O T A C I L P M O C T
V T Q S L M E U O R G O I P T N E
F L K W R P Y M F O R C H E T T A
F I N I R E O S C I E N Z I A T O
C O N G R A T U L A R S I P K T D
A N C O R A N D Y W U K A P R E X
V D B C A S I C E X H J O A K O H
G Z M E Z Z O I G A M E I F X W W
```

Puzzle 927

```
E S P E R I M E N T O W T N G S U
L G A F Q R C B V K Z O R Z C T F
A Q S E I T E I Z O Q H U E H O E
C P S S K A T I R E H G R A M M P
R D R N N K N G I V K V L F J A S
I I F O S S E M R E P F Z I Q C E
M F D N F C M R E S C P E U M O G
A F M I R I A G M E C A P M I X N
N I X M A T T Q S A H E I E E B A
I C T A P L R T O P U K N P J I L
L I R C P Y E X O A L C E A S W I
L L A Q O I C F O R C E L L A I K
A E N E R E N E T T A R T N I I D
G D N A T F N N C F C B G Y Q Z X
M C E U O Q Y B X E P H H V H G P
```

ALCE
RAPPORTO
MARGHERITA
LACRIMA
FORCELLA
PROFITTO
PERMESSO
DIFFICILE
GALLINA
FIUME
ESPERIMENTO
STOMACO
CERTAMENTE
CAMINO
INTRATTENERE
CENA
PAESE
TRANNE
DISPIACE
SEGNALI

Puzzle 928

VOLTA
LA
DIMOSTRARE
LEGNO
RIDERE
DOPPIO
GIGANTESCO
REPENTINO
INSEDIATI
ACCESSO
POI
COPPIA
SCIA
DESERTO
ISTANTANEO
CUCE
SABBIA
RAGGIUNGERE
OCA
CAPIRE

```
M B R E Z J Y M N D L Q K Y T C I
E A S M Q Q U G R M E C U C F O S
G W O B N N K C H V P S P N C P T
N U S G J E D L O M O T E X I P A
R I D E R E E S O L I N F R K I N
R A G G I U N G E R E C G E T A T
Y I T N T A C C E S S O A E J O A
K C A X A C O I P P O D G P L I N
R S Y P I R E P E N T I N O I M E
Q Y W X D N W N J U R J V E L R O
F J R N E R A R T S O M I D A W E
P E O C S E T N A G I G I E T H J
W J G W N D W O E K R F W Q Y I W
U E B A I B B A S D O G V O L T A
V N O U V I K D L E O O R N G M Q
```

Puzzle 929

```
S N I L L E P A C Q E N O I M A C
L O E R A T N E V N I D C N F J D
K T C U R J M T U Z T I W S P U Q
F A K I K I Q U Q B O E L E I G P
B S D O E B T L K M T C A G A F L
Y S E R O T U A D E A I R N P A Y
G O N O N B À S B N L U G A M S S
O D A F I G T H Y I E A H N R S X
W N P A Z I C D V G L S E T Q A I
A I V S Z R Y A U A T E Z E L P R
R A F L A O D C O M H R Z V O E X
M Y V T G M U C I M K P A V A V U
K Q G S A J W M Y I Z R C O B A G
T G U U M L V H H S V O P U N T A
C I L I E G I A B A Z S L F S K B
```

TOTALE
CAPELLI
PANE
LARGHEZZA
IMMAGINE
SAPEVA
CAMION
AUTORE
SORPRESA
INVENTARE
IRRITABILE
INSEGNANTE
MAGAZZINO
SALUTE
CILIEGIA
GIRO
SOCIETÀ
PUNTA
INDOSSATO
DIECI

Puzzle 930

CAVO
MIGLIO
PROCESSO
UNA
VILLAGGIO
CASA
UTILMENTE
ANNUSARE
ESISTONO
PRESE
SCALE
ENORME
PESO
PORRO
VILE
ALTRI
MERA
DECISIONE
CALCOLARE
FINIRE

```
E S P E L A C S Y I N M R B B V U
C S Z R I U D F J X B H I L O I T
R C T I O V A C X X A N O F I L I
P T Q N N C H Q Q E P E Q H U L L
A J K I O T E L I V Q O S E P A M
N P B F T C D S B L T D R G G G E
U P T B S O C E S E R P N R N G N
Q T A N I Y A R C O S G W D O I T
S D U Q S T L A I I D H M C X O E
N C H D E A C S N R S A K A R E M
M I G L I O O U V T P I K S O S G
E N O R M E L N M L S Q O A S D O
W U F Y T P A N I A P M L N L M O
Q A K J Q A R A A Y H L H U E S D
L O D A S K E E X B T X I J K E L
```

Puzzle 931

```
D C F C R M E Z Q S G R C A X D J
B M I O I J V C M H Z E O L U L F
X B F L A F O E X U O W S D C L Z
T J Z L V E T R N B S E Ì X E O A
O I L E V Y N O C D U Y F E Y Q U
H G X Z O K E T N I I L O N T R A
X I G I L F M A Y N O T Z D I F G
C A N O G G I C R J T U O C O I G
B O H N E V T O Z A L S T R Z G A
O I N E R Q S I R Z E T A I E G T
C C Z I E C E G S G Q A M F V A T
C R A V G O V H I J X N R J C I E
A A R P Z L N X Y C N Z E Q X V S
E M Q F E R I L L A F A F N Y R A
O G U F P U X O M A R R O N E L B
```

FALLIRE
GIOCATORE
AULA
STANZA
ATTESA
MARRONE
GIOCO
MARCIO
COSÌ
COLLEZIONE
URLO
INVESTIMENTO
VIAGGI
LAZO
CONIGLIO
RIAVVOLGERE
LONTRA
BOCCA
VENDITORE
FERMATO

Puzzle 932

COLLO
PARTICELLA
INTRODURRE
PIUTTOSTO
MANGI
INCURANTE
CHILI
ORA
PERCORSO
CONFESSIONE
DIGERIRE
TAPPETO
SPECIFICA
BIRRA
CESSARE
DOMANDA
PORTAPENNE
UVA
METODO
ARMA

```
X H Z L E R F I A C C N Z I A D Y
T A P P E T O T C H J E R G R L M
P P E R C O R S O I S N S D M C W
S I E T Q C H B L L E O G S A J F
P Y U N N G J R L I T I D B A E R
E U A T Y A V U O W W S V S L R C
C H N Q T V R F C E X S O A L R E
I A D A Z O J U T Y A E Y Z E U G
F V Z Z M D S I C L R F M A C D I
I C O Y H O U T H N R N A P I O Y
C X R T T T J S O J I O N J T R U
A R A S Z E A S L G B C G Z R T X
W P W C H M A H K F V U I Q A N S
D O M A N D A G W L B M Z F P I O
D I G E R I R E N N E P A T R O P
```

Puzzle 933

```
D Y T M D I F B D P X A H T B K B
I G P T A I F C F R K R Z O L B L
M N D F A I S R A I L G I M A F E
K B Q O S T A C L M E Y G R L R R
L I B E R T À L U O N A R B M E S
Y I Y L E Z G Q E T N T T H U P D
T U A I V R K M E T E N J F R R E
H P A M N A T Y G E E R Z O B E N
W T C U I C N O W D O D E K U Z T
S P E C C H I O M U R A L E R I E
O P Z I O N E G A L L I N A R O R
I M P I E G A R E U W U Y L O S M
C O N T R A S T O N T N X H L O H
P U Z Z O L A S U P E R F I C I E
B J Y G X P M O H F W A X O X Y H
```

IMPIEGARE
PUZZOLA
CONTRASTO
FAMIGLIA
BURRO
SPECCHIO
LIBERTÀ
MAIALE
SEMBRANO
DETTO
DISCUTERE
MURALE
UMILE
PRIMO
OPZIONE
DENTE
SUPERFICIE
PREZIOSO
INVERSA
GALLINA

Puzzle 934

WEEKEND
COMPORTAMENTO
BIANCO
FRATTURA
CREMA
MEZZI
FUOCO
AFFAMATI
SECONDO
SPEDIZIONE
CONSECUTIVO
INTERCETTARE
STANCHI
INDOVINARE
SODDISFATTO
EMERGERE
MEDICINA
COMPASSIONE
COLONI
COLONNA

```
S F U C T X F R D W I H C N A T S
P H Y O D N O C E S N D E Q A E C
E E X L V S N W H I T A M A F F A
D M C O A S F K S R E R B E I S L
I E D N Y M U L O I R U I N V O C
Z R Q I V I O T K N C T A O C D O
I G O Z N T C A F D E T N I E D L
O E B Z J B O M R O T A C S S I O
N R W E E K E N D V T R O S D S N
E E Y M S T E U Y I A F L A N F N
C R E M A V V F S N R F M P I A A
M E D I C I N A M A E B M M Y T D
T S O T N E M A T R O P M O C T P
G R F O V I T U C E S N O C O O P
Y K Q G T H P D X Q O U Y O S R O
```

Puzzle 935

```
M V S I Z X T O G K J F Y Z T W T
V E R F S E Q U E N Z A L M A M A
H I T Y X H Z M C U C I N A R E S
H C E U H G Z E E D S A X L F H S
A O M X V U I C I R C N O H B W O
A L A U T R X A Z Q C Z K K B X M
T O T N E C Z L A C F O L E G N A
E N O I Z A L E R B O F L Y V K C
S C A R P E Q J G E N S R E R K I
F L J S G O I L G A T T E D D Y T
L G I N C I D E N T E E L G S Ì I
J A I R O T A C O V O R P X B V L
G C G T E R M O M E T R O L B J O
R X L O M I S S O R P I I F L K P
K O K I Y P E Y S F F V S G T V N
```

RUGHE
TERMOMETRO
TASSO
SCARPE
LAGO
VEICOLO
SEQUENZA
DETTAGLIO
COSE
RELAZIONE
MERCOLEDÌ
CENTO
GRAZIE
TEMA
PROVOCATORIA
POLITICA
CUCINARE
INCIDENTE
PROSSIMO
ANGELO

Puzzle 936

LEZIONE
MILLE
NUMEROSI
PERSONA
STILE
MAI
RICCIO
UCCELLO
PROMETTONO
PO
AZIONE
TRAMONTO
CONFLITTO
ULTERIORE
BUSSARE
PASSANO
CAVOLO
APPROCCIO
FACCIA
PIPISTRELLO

```
D C G F F O L L A P P R O C C I O
L P E R S O N A E R A S S U B T S
M R L T K P N R L Z N F N K E P U
Y L I V O A U Y L H I L G N B F C
X H T Y I F B H I I S O R E M U N
P E S P Q Z N Q M Y B L N S M C B
O R F A C C I A H I C L T E K A L
P O O L L E C C U R O E U N L B L
A I A M C A V O L O N R G O I H O
S R P X E O B Y O I F T M I I U V
S E A K V T X O Y C L S E Z L N Y
A T U D X Y T X O C I I G A W O E
N L T F I K L O U I T P Y A C Z U
O U Z Z O Z A W N R T I X W C H U
U T R A M O N T O O O P J T L A P
```

Puzzle 937

```
S F A T T O R E A L B A D Y L S F
T C O M O A N S T C I V I X F T O
R O A N L C E N O I Z N I C E R N
O T I R E F E R P W Z V O B Q U D
S L H C S S N E S S U N O A P T A
R J N G H A S Q U A K H X G Y T M
O G Z R S J G A I R O T S K X U E
G H G E R E N E T T A R T N I R N
P O S I Z I O N E T Y Q F N W A T
B I C I C L E T T A A D S L Z T A
S U A N L E L O V E H C I M A M L
C O M U N I C A R E U Q C Y Y A E
X T A V Y T W H C Z S Y V O I N C
I B H I Q N D X H O L H F T N O W
C L H M E G M H F T X K X L U Q Q
```

AMICHEVOLE
ATTACCO
RECINZIONE
NESSUNO
ORSO
POSIZIONE
TRA
ALBA
STRUTTURA
FATTORE
STORIA
BICICLETTA
COMUNICARE
FONDAMENTALE
MANO
IN
PREFERITO
SCARSA
SUA
INTRATTENERE

Puzzle 938

MUSEO
OGGI
BASTONE
MASCHIO
OCCHIO
FORMAGGI
OCCUPARE
RICORDARE
TELEVISIONE
POTEVA
GARA
AQUILONE
PENTOLA
CENTESIMI
SLITTAMENTO
DIMENTICARE
DIVERTENTE
SPAZIO
PRIVATO
SOPRAVVIVERE

```
J S L I T T A M E N T O X G K W S
D I V E R T E N T E O A F P B L O
G M A Q U I L O N E D F G G K D P
D I M E N T I C A R E A G E K I R
H S D L E Q Y E V B A S T O N E A
A E O G A R A U E Y X N F S H S V
P T I C F A L O T N E P Y I X P V
C N C D C O I Y O C M U S E O A I
X E Z X O H R M P W L Y O R T Z V
Z C H K K I M A H L B Q A A I E
H F R B N C G O A S O S I P V O R
V N F E Z C G G N G C B E U I C E
G B M P Q S O A E X G H O C R B M
T E L E V I S I O N E I I C P B M
V D G B J X J V E R A D R O C I R
```

Puzzle 939

```
S O S T E N E R E Q A Z I A Q K G
I M M E D I A T A M E N T E I R I
U A J W O L S N T A Y M U M V R A
E I S L W B E R A N I G A M M I R
A I Y V H O E R E D N E F F O F D
L M H C W W W C O V U B E W R O I
L G I H L D T O C L L U S S O R N
E W U R R W O V D D O S U X T M O
C O S T R U Z I O N E C C Y A A R
R L Q L B N O T A D P R S X T R B
O E W Q A L Z S N B K A S I L U I
F G C A A T T E N Z I O N E A T L
U T I L I T A R I A Q R T Z S T S
T A M B U R O D Z D J E P U E E R
F R E Q U E N T E H H N B E R L Y
```

RIMA
SALTATO
LIBRO
IMMEDIATAMENTE
FREQUENTE
ESTIVO
RIFORMA
OFFENDERE
LUSSO
LETTURA
ATTENZIONE
COSTRUZIONE
GIARDINO
SCUSE
SOSTENERE
COLORE
TAMBURO
UTILITARIA
IMMAGINARE
FORCELLA

Puzzle 940

PUNTO
GIUDICE
GALLO
VERO
OVVIO
VOLUTO
ANCHE
MONTAGNA
LIEVITO
QUOZIENTE
NOBILE
POCHI
TROPPO
SGUARDO
FALCO
RIDURRE
MARITO
SVILUPPARE
OBBEDISCONO
PERMESSO

```
L I E V I T O T U L O V N B X C B
N V C P M I R E V J W I R Y P G I
O Y I O R U E D R I U D D L U Z V
B A D C N T V S W A N G A T N O M
I S U H Y K H U E O P P O R T T W
L I I I W F A L C O M P I R O I E
E P G Y Z C C O Q D T Q U L T R Y
U Q B Z M U C Q Z R Q T O L L A G
N Y N T V M A G W A L L Y W I M A
V O Y K E C N D B U M Q J A O V U
I K V R F B C F Y G F M D O U V S
G J P V H N H V T S B E O J X O V
O G X P I N E T N E I Z O U Q F A
E W E G K O N O C S I D E B B O T
P E R M E S S O R I D U R R E Y U
```

Puzzle 941

```
I A N Y A Y X T E V A I H C M P B
D V Q D C Y D F J O E N T A A O A
T V T B V M J N F R A C U V S L T
R E L A C I S U M K K L I A C T T
A R J M J K D S C M N U I L H R E
N T W T Z L A P O R V S L C E O R
N I R R R P X K G M I A I A R N E
E M M I L I T A R E M S B R A A C
C E N O I G E R Z W E A I E R K U
O N O I L G O V H W Y T N F E V S
L T T R A S P O R T O T O S E T U
F O C I F I N G A M C Q P X A B J
R I N O C E R O N T E L S T S N Z
F O R M A G G I O J F N I A B H K
K O Z C T P W A S U U C D G X W K
```

CHIAVE
CAVALCARE
MILITARE
SOMMA
CRISI
MASCHERARE
AVVERTIMENTO
REGIONE
RINOCERONTE
INCLUSA
MUSICALE
TRASPORTO
POLTRONA
VOGLIONO
BATTERE
DISPONIBILI
MAGNIFICO
FORMAGGIO
TESO
TRANNE

Puzzle 942

UGUALE
COLTIVATORE
SENTITO
QUAGLIA
LETTERA
CASSETTO
SCOPPIO
BANDIERA
RIUNIONE
DURANTE
POLVERE
CACAO
TRE
VERDE
OGGETTI
ACCANTO
SECOLO
DISEGNARE
IMPRESA
SPAZZOLINO

```
P Y H E B A A S C A C T U S I M C
O O D D O I P P O C S N X E M K A
H Z L W M W Y A L C F Y R N P H S
I A W V M P Q Z T A B M W T R U S
H S O R E C L Z I N Q H H I E Q E
V E R D E R T O V T S S S T S U T
C A C A O Z E L A O N A E O A A T
S H Z J R O C I T Z B R C F J G O
T R B X H I X N O X C E O Q R L C
D P K E K L U O R I Y T L R Z I O
D U R A N T E N E I N T O A D A F
B A N D I E R A I P H E M K U X S
O G G E T T I B I O U L A A O G J
J J P B I K P E R A N G E S I D U
R O E E Q R D O K E I E O T C H Q
```

Puzzle 943

```
E G O D K D P U P C E G F D C A W
L L U W P O R T O A F F R I O U S
I O L U W N D I K V F G A S N T T
V C D I E N R L L A E G M T F O D
I S O P T E Q E Y L T M M R R S C
C G I Z G T C T T I T Q E U O T D
F B S X F U I D D E I I N Z N R N
M E N T A L E C S R V U T I T A P
M M E A G X E Z O E A M O O A D S
G C S H A A P S Q H M A U N R A P
A R R N C Y Y D U F E N L E E A P
G C A R A G A Z Z O N O Y J A Q F
G T I V Y T A O V O T N E L A T A
F A H N E E W I S N E D E N T I A
S C O S S A S T A G I O N E B J N
```

GRAVE
STAGIONE
EFFETTIVAMENTE
TALENTO
CAVALIERE
DONNE
FA
AUTOSTRADA
MENTALE
UMANO
SENSI
SCOSSA
FRAMMENTO
ELLITTICO
CIVILE
DISTRUZIONE
DENTI
RAGAZZO
UTILE
CONFRONTARE

Puzzle 944

DRAGO
CREDERE
DISASTRO
BIOLOGIA
MARTELLO
SELEZIONA
COLAZIONE
PAZZA
TERMINE
COMODITÀ
ESAMINARE
COMITATO
ATTUALMENTE
MARCHIO
MOTO
REGINA
AVVIARE
RIMANERE
PAESE
STOMACO

```
S N V I C S L S W O B H B B K X C
T G U L M I O B Y U A G I X K E O
O D E R F W W L D Y S N O T O M M
M S R Q X B S B L L R I L C P C I
A E E A Q E R E D E R C O V A O T
C L N Z G N J M Q O T K G F E M A
O E A Z E O W N A O E R I S S O T
V Z M A N I G E R R B E A H E D O
H I I P I Z A R S E C D D M S I K
Q O R X M A K T H P G H M Y Q T C
B N O C R L U Q A Q J N I U V À W
W A L U E O A V V I A R E O L A P
X M R R T C E S A M I N A R E F Y
N V D A T T U A L M E N T E G Z Y
G D I S A S T R O X K C F T X W B
```

Puzzle 945

```
F E R I R E S X H P R L E N V J S
W O S D U F O N A K R D Q G A Z E
V A D N E T L B N P B I V J N D G
V C O O I H I Q N E O F G J N X U
V Z U F T V I J O R P V V I I G I
C A M M E L L O D M O Z E C O K R
Z W V U M T E T N E I N R O L N E
J A O L M I B Y A T L B S C L N E
N Q P C Y T G B L T G G I C I Z X
K I P P R O K J R E E K O I G M Q
S L U Z A L C E A R M L N N I F T
T V L G D O T I P S Z U E E S M G
P R I K D N P H B I Z N E L K D Z
Z W V J M B K J E W F M G L Z W E
B J S W Y C U U F O Y K V A C L R
```

TITOLO
MEGLIO
HANNO
CAMMELLO
ANNI
PRIGIONE
TENDA
PERMETTERSI
VINSE
COCCINELLA
PARLANDO
SVILUPPO
NIENTE
FERIRE
SEGUIRE
ZAPPA
VERSIONE
SOLI
SIGILLO
VA

Puzzle 946

POLVEROSO
ALTALENA
CAPPOTTO
AUDIZIONE
SCIARE
POSITIVO
SE
ORSACCHIOTTO
SEZIONE
DENTIFRICIO
ADOTTARE
COMPLETA
CARICA
CAPITOLO
TEMPERATURA
SEMBRAVA
ARRICCIATO
DISTANZA
STESSA
STESSO

```
O P A O C H A C I R A C U N Q V D
R S L G L S D C O M P L E T A D I
S T T H I O O T T O P P A C Q A B
A E A E Z H T A U D I Z I O N E F
C S L O V I T I S O P Z E L T E Z
C S E I K M A X P G T C Y W K M T
H O N X C A R P Q A V A R B M E S
I Z A C T Z E R A I C S Z F U N S
O R J T E M P E R A T U R A Y O E
T P O L V E R O S O S P X W A I I
T A R R I C C I A T O S Q N S Z T
O I C I R F I T N E D V E X O E E
K T Q P K C E E J N L Q K T Z S I
E S F W V X I Y O A Z N A T S I D
L L H P H W V B O P P F P E G H T
```

Puzzle 947

```
C Q D E T E R M I N A R E C O R C
A U D B I S Y L U H C J M O N A S
Z A J Y L D Z D G N D U O I F Z E
O L L E P P A C C M U H T N O R S
L I W C O E X J X C P S C V Y W P
A F A E I T R R B I W E N O S Y O
V I O S C O I A T T O L O L W I R
E C M D R N O C N S A I L G E T T
L A V Y E G T Z A G J M V E V P A
L R D H M A A A C G E I W R O I Z
O S O L M B S E Y O A S F E K E I
L I L K O F O V T H F O S W T D O
J T T C C Y P N E J Q K A A G I N
Q R E K D S S K Y P E N S A V A E
B O L L I T O R E R I S C H I O D
```

LAVELLO
SCOIATTOLO
CROCE
SANO
ASSEGNARE
COMMERCIO
BAGNO
SPOSATO
COINVOLGERE
PIEDI
BOLLITORE
ESPORTAZIONE
QUALIFICARSI
DETERMINARE
TEGLIA
PENSAVA
CAPPELLO
SIMILE
RISCHIO
CON

Puzzle 948

TAZZA
LEOPARDO
FORNELLI
CAVOLFIORE
PESCI
VALUTARE
CRITICA
POSTA
IDENTITÀ
FOGLIO
OTTENUTO
PASTELLI
MAGGIORANZA
ORDINATA
UCCELLI
STRANA
FATTA
MOLTIPLICARE
SCRITTURA
BOTTIGLIA

```
M A G G I O R A N Z A T S O P C M
B O T T I G L I A T O G R A N A O
F O R N E L L I T O V T V E C V L
O T T E N U T O T C K G K C J O T
C L P O R D I N A T A G D A V L I
L Z M E P K C Q F J F X G Q F F P
R E B H S S P O U C C E L L I I L
X K O R W C M I D E N T I T À O I
T J Q P Z A I L L G S E I Q N R C
L S N Y A E S G D L L Y F V T E A
B T B C J R W O J S E I Z M T G R
U C P D N T D F Y A R T G I T U E
C R I T I C A O L E G G S X H X P
S C R I T T U R A P G A N A R T S
V A L U T A R E T A Z Z A Y P D I
```

Puzzle 949

```
S L Y L G I C R K Z V C B U M M R
I O N O S U Q U I N D I Q H E I I
X Q L F Y M S C V U P C Z A R L P
R V P E Z M S C U S L V K Q I L O
K H S P C W I I I M R A T U D E S
E S C I A I S G S O T N E L I P O
K U W O S H Q E V G T C Q T A I I
D G C P T B N X V C G A P N N E N
F J F X A Z N E T O P C C E A D T
H T M I G P I Ù K E T S I R T I E
D E F P N E N C H Z E A N E E T R
O O J T E S H Y U K Q T E C E M O
S I G N I F I C A T I V O O J I X
K G O N P I I A C X A X A U V O C
B B T R V W E O L O O A N C A B F
```

INTERO
SOLE
ESCI
SEDUTA
RIPOSO
TASCA
PIÙ
MERCATO
SIGNIFICATIVO
GUSCIO
QUINDI
MILLEPIEDI
CUOCERE
SONO
CASTAGNE
MERIDIANA
SIA
LENTO
TRISTE
POTENZA

Puzzle 950

SCRITTORE
RIFERISCONO
MOBILI
PROFESSORE
ESPANDERE
CHE
ESEGUIRE
EMERGENZA
INDICE
MOLTI
ABBREVIAZIONE
LAVORETTO
TÈ
ORECCHIO
INSERIRE
ADEGUARE
STAGNO
LEGALE
ASINO
GENITORI

```
P X J P P S Q R A G S Z Q X P L K
E R I U G E S E R È T J Y X M E W
R S O M J H G N O E A G M I A G U
A L P F H C W L N B G M C N W A D
U A B A E A F B O Y N F O W E L N
G V Z Z N S D I C I O K I B R E Q
E O Z N J D S B S O D C H K I L D
D R J E Z L E O I S T M C O R L H
A E D G M U C R R W M Q C L E L I
A T R R R G I J E E Z R E K S Q X
B T Z E O K D T F S P W R W N C M
N O C M B L N V I E W P O N I S A
U N S E Q C I I R O T I N E G C L
S C R I T T O R E T M O L T I F T
A B B R E V I A Z I O N E J I B B
```

Puzzle 951

```
G N T Z S C S T V Z J T H X B S Q
L A Y I U Z U O T A T O U V S E D
O S E G A K X V N A P I P K Y D N
B O D B O Q Y Q H N N A W E R E P
O L U X C F N D V F O N B F I R X
O Z Z E M O R D I N E L U W V S U
T E C N I C A S P V M H E A A I D
A L M K Z V U U A B A H J N L D M
D U S U G A R Q O Q R U Q B T E U
R C F U F X A I G G A I P S I O M
A I R O S P O F G E U X J V A W M
U D J U Q E L I B I N O P S I D I
G O Q Z I E M V L B D J L Q W E A
E Y A C C E T T A R E A A Q C H P
U X M O V H J A I R X W F A X Q M
```

SEDERSI
GLOBO
ACCETTARE
MUMMIA
DISPONIBILE
LUCIDO
RAME
ORDINE
TECNICA
EX
ANNUALE
SVUOTATO
SONNOLENTO
SPIAGGIA
ROSPO
GUARDATO
RIVA
RIGIDA
NASO
MEZZO

Puzzle 952

FINESTRA
SPORTIVA
OPPORTUNITÀ
BALCONE
INTENDERE
CONTO
FISCALE
LUCERTOLA
RIEMPIRE
PASSATO
PROPRIETÀ
RISPONDERE
AMICI
CORRERE
SOPRATTUTTO
NEGOZIO
LASCIATE
DANZA
GUADAGNARE
NUTRIENTI

```
N X N I Z N T A C E L Z N G S P C
I B O Q V S Z F L P A Z N A D R O
G U A D A G N A R E S N V V W O R
Y D H F D A X T V F C E Y I Z P R
E R I P M E I R U X I G D T Q R E
R I S P O N D E R E A O S R J I R
E T F M C O S L S Q T Z G O R E E
D N I J I C P A A H E I M P X T M
N E N D P L Q C S X B O Z S P À M
E I E W D A C S L U C E R T O L A
T R S P W B X I A M I C I P I N C
N T T D S D F F M A P A S S A T O
I U R S O P R A T T U T T O N T R
I N A T N T A M C O N T O Q I M X
O P P O R T U N I T À V I M M G W
```

Puzzle 953

```
O U H J I M G X A L B X O L T G V
U Q D I S T I N T I V O P I E R S
A N A T R O C C O L O S A M W B E
W I B R N P I P K N T O T O Q R R
P C Z B I W P D Y R T I T N U I I
X S X P W L N C E L E Z I A A P E
I M M Q O Q A O Y M F N N T L A T
D I S E G N O S A A R E A A C R E
D E D I C A R E C F E L R N O A N
D I F F I C I L E I P I E M S Z T
F I N T O X G V T X A S V U A I A
J K I T N E I N E V O R P C J O T
Z B Z U O X C T O V A N E C S N I
J Y K T A D Y W W B D B V A K E V
L T R W E S A E R C I L M V Z S O
```

LIMONATA
DEDICARE
PERFETTO
ANATROCCOLO
RILASCIARE
PROVENIENTI
PATTINARE
SERIE
DISTINTIVO
ZIA
FINTO
RIPARAZIONE
MUCCA
SCENA
MEDIO
DISEGNO
SILENZIOSO
QUALCOSA
TENTATIVO
DIFFICILE

Puzzle 954

DELICATO
STREGA
DECENNIO
DECADENZA
FERMO
SENSO
FRAGOLA
RISIBILE
PASTINACA
FANTASMA
ALLEGRO
DAVVERO
AMBIENTALE
CAMMINARE
FURIOSO
BAMBOLA
TECNOLOGIA
CORSO
BOLLIRE
GRUPPO

```
C T A D W M W Z V F B I W P V X K
Q M M I A C A N I T S A P P P I Q
L C B M C V B O A J N Y M L S P N
Q A I E O W V A C B H Q E B B Q J
U M E C R M J E R I L L O B O O I
E M N O S R E R R G U X V O M L P
D I T R O S N E S O H H X T R F A
E N A I T E C N O L O G I A E U M
C A L S S E Z H P H R F T C F R S
E R E I M T F O P I G R L I J I A
N E W B S T R Y U X E D J L C O T
N N B I V M N E R Q L F F E F S N
I R J L X D M J G M L U H D Q O A
O B C E Q G A S H A A L O G A R F
D E C A D E N Z A K C D X S D X V
```

Puzzle 955

```
N D A Z E R Q D V V V J E B X G O
A H K U F W Y Y I J V S T R A D A
V P Z P N C E E N O I V U L L A T
E Z E I I J R R O E P E P C F I R
G H D P O L I Z I O T T O O D N A
C Y U T O X R B O R K E U N J T T
D J R Q E T E S T Z X R R T P E T
F E A D Q L F E A P R E A R Q L E
T U L W E V E T T N O D I O B L N
D G Q I C Y R F S K A U H D E I E
F N F E Z L P F O M J L K U L G R
O A C R M I B H R N U C A W S E E
W S R G U A O P E Q O N B W E N Z
F F J A L M V S A M H I R S I T M
J T C U E V E N A C U B Y L E E A
```

STRADA
TRATTENERE
TELEFONO
ALLUVIONE
BUCANEVE
PREFERIRE
SANGUE
POLIZIOTTO
RETE
NAVE
AEROSTATO
DA
DELIZIOSA
DURA
INCLUDERE
INTELLIGENTE
SEI
CONTRO
PEPE
VINO

Puzzle 956

GHIACCIOLI
SEGRETARIO
PECORE
RAPA
LATTUGA
NOMINARE
AMMETTERE
COMPATTO
RAPIDAMENTE
FRATELLO
RIVISTA
PRENDENDO
GRASSI
GOVERNO
CUCCHIAIO
CAPITALE
FREDDO
ATTEGGIAMENTO
DOMENICA
CAPO

```
C R V V S P C A P I T A L E H O N
A I U F E G R R N L C C Z P J T O
P V W D G H X E U D L T P K U N M
O I O F R I T T N W V A A Q A E I
C S U J E A R N I D Y C T R Z M N
M T I N T C C E F C E I L T U A A
F A S W A C P M R U R N Z L U I R
T R S E R I E A E C E E D Y N G E
V F A G I O C D D C T M D O J G A
A H R T O L O I D H T O B A J E W
N U G B E I R P O I E D A E F T R
O E G U Q L E A F A M N Y A A T R
G I C R B C L R F I M W O P G A I
H Q P Z D R O O Q O A S W A V F B
C O M P A T T O P G O V E R N O T
```

Puzzle 957

```
B G D T G W L F N K Z N Q K E A G
U S F I R A T N O L O V Z K A U T
S G E C C O W O I A C W L D T U
Y N Y A P H O B I E T T I V O O E
R G W N E L I B A B O R P H S R W
G S S I B O T A I Z N E I C S I F
A O L P Q H O N R E V N I O A Z M
C U E S E D E V S A X J I Y L Z C
S Y L U C O T O N E R Y T A L A M
C A T T I V I T À V E E U G O R J
U F J N V Z H V W D N C I A C E N
O T A N E T N A T T U R F K V W F
L L L E S B R E V E N O I S S I M
A T S I N O I S S E F O R P V S D
X V C H R G F P U N I R E B T F G
```

PROBABILE
PROFESSIONISTA
ANTENATO
MISSIONE
VOLONTARI
SCUOLA
OBIETTIVO
BREVE
INVERNO
ATTIVITÀ
RIFIUTI
COLLASSO
PUNIRE
AUTORIZZARE
SPINACI
FRUTTA
SVEDESE
COTONE
DICHIARARE
SCIENZIATO

Puzzle 958

REGALO
LUCCIOLA
LAVORO
ORGANI
VISITA
BENE
GIRASOLE
ACCUSA
VERNICI
RELIGIOSO
PEZZO
UOVA
ME
GRANDINE
PRESTO
ANELLO
CAMMINATA
PERSONALI
ZIO
TABELLA

```
R H H D K S A C E Q E Q L R N U C
K E A C C U S A M Z X J A E U X A
M V L A N W F T E G I R V G O L M
R S L I J L I I U I A O O A U R M
I X E C G G W S F R O T R L O N I
P S B I K I I I R A B S O O X T N
C C A N Z A O V T S K E U O V A A
Y T T R D P L S L O L R N H T H T
S U P E G A U X O L R P P E Q M A
Y J P V Y E C C A E A N E L L O V
O R G A N I C P I G R A N D I N E
Z G U A B G I L A N O S R E P K E
Z C H U C H O T H Z Q T K W W L M
E J O U B I L U Z M K Q S K B Y T
P O Z P T P A I W J R P I Y N I P
```

Puzzle 959

```
A F O L A M A M M A J V L S E R C
T S K G T I I T G O S Y Y D N E M
T B S R T R C X E A L B E R O S O
E Y O U O U C V I S X R R U I P D
M R I X M U O K N C T Z O P Z I E
S R Z H E E G E G Z H O N C A N L
A U A U K E R D A P J R G C R G L
R Q R E L P I E N A N U I T T E O
T U G Y L O K T N O S D S A S R U
X R N H G S O G A N Z Q B W I E X
N O I R E T F F R I U X I F N F R
G T R T F T K T E Z N S V K I O L
W I U A N T I S T A N T E B M N W
S X P R E Z Z O M O S T R A M D B
Y Z S O V M V L D T Y A B I A O N
```

AMMINISTRAZIONE
TESTO
RINGRAZIO
BOXE
TRASMETTA
PADRE
ANTISTANTE
ATTO
SIGNORE
DURO
MODELLO
INGANNARE
MOSTRA
ALBERO
PREZZO
RESPINGERE
GOCCIA
MAMMA
ASSUMERE
FONDO

Puzzle 960

COOPERARE
LUMACA
PIAZZA
ESATTO
GIURIA
STOFFA
CONFINARE
BELLA
COINVOLTO
FEDELE
DESCRIVERE
NONNO
TEIERA
ASSEMBLAGGIO
TUTTO
BOTTIGLIE
GRIGIO
CONTROLLATO
NERI
POSSIBILITÀ

```
E C Q W R V H W T V S W W V D P R
R S W H U K H A J Y T N Z C Q Q K
E R A À N F F E D E L E X I I L M
V H Z T C H Z Q A I R U I G D S L
I W Z I T C O N T R O L L A T O S
R A A L L O T A R E I E T B D L N
C B I I U B L G Y N X H I U D F I
S E P B M J O B O T T I G L I E Q
E F H I A I V S C O N F I N A R E
D L U S C M N I T G A A T U L A B
D J Q S A P I G G O R A D V L B J
N E Z O N N O N I E F I U H E Z J
V Q L P R Q C I Y E B F G B B N D
A S S E M B L A G G I O A I X G F
C O O P E R A R E T U T T O O K M
```

Puzzle 961

```
J H J U Y I N F O R M A Z I O N I
T Z W G F E E L P U D F M X R Q P
S V Q R E S P O N S A B I L I T À
T D C P R I D S O J N M Y V X S Y
C U U W A T H E J B E W O Z D E S
T O V F B K A C M Z T N S P L N
D B S F U Q W I G O T T O R T A Y
N R Q T R V M L U W C K U H R R C
V U X I O J T P U T Z R S K W U O
M T M D I S Z M C I E V A P E T Z
M S J V L B I E M J V I O T N A I
O I L G I F F S R E A L T À I N C
L D S O F F I C E O N I Z L A C F
G A B B I A N I H C C A M U I L O
T R O P I C A L E Q P A R L A N O
```

CALZINO
PENA
COSTOSI
MACCHINA
PARLANO
MOSTRO
SEMPLICE
RESPONSABILITÀ
DEMOCRATICO
NATURALE
GABBIA
DISTURBO
INFORMAZIONI
SUONO
RUBARE
REALTÀ
TROPICALE
FIGLIO
ROTTO
SOFFICE

Puzzle 962

PRATO
PIATTO
NOTO
AMATORIALE
IMPROVVISAMENTE
INTROITO
SOCIO
CAMPO
ANNO
TONFO
ARCOBALENO
REAZIONE
RIPETERE
MISTERI
VAMPIRO
PORTATILE
CACCIA
CORVO
SOGGIORNO
ADULTO

```
I A L A X M W N D Q C K Q L J I M
M M E R E T E P I R P I A T T O I
P A L C V E M A M D X V T D L P S
R T I O N R O I G G O S P X C M T
O O T B E G F I K X R C U R N A E
V R A A I C C A C V R O R M A C R
V I T L I Y A L D J Y R E T K T I
I A R E P L N I S U I V I C E H O
S L O N R T N A V O L O Y K Y J X
A E P O F N O T A B C T G O R O H
M J V J A V Y J M O T I O R T N I
E J E H D S P U P W A C O V N M V
N N O T O B R S I R E A Z I O N E
T C K O O I S P R C V I B N Z I G
E G X H P T V R O J O A B E T E B
```

Puzzle 963

```
T S N X L X V Y E T H B P I Z T K
L A T O L O I C C U C F O L J R C
T L W S R S U O I G G A S P W E Q
P E I E A U V N D L T D Z N C S U
C Z R B M R R G O Y Y F L L Q T E
I H A M O V S A J O M B Q G A O S
N R I F I W A R O V U N Q U E C T
G G Q A Z C Y O M Y D O W G H F I
R N T S R O O P S P A R A R E M O
E X N D G I O O M M L H Q K D W N
S W X D A K R T A O A M G I C E E
S P L D B S J E E C C I T A T O C
O C A S S A R I C H I E S T O T T
P R E S I D E N T E C R E A R E R
S T R F R E S I A D N M E H T L Z
```

TERMICO
CHIARIRE
RAMO
RESTO
INGRESSO
SAGGIO
OVUNQUE
ECCITATO
CUCCIOLO
SUO
CALZA
CREARE
SPARARE
RICHIESTO
CASSA
FRESIA
PRESIDENTE
TOPORAGNO
LATO
QUESTIONE

Puzzle 964

VAPORE
SCOPRIRE
NUMERO
QUANDO
PERIODO
ALTERNATIVA
ORGANIZZARE
REGOLA
ACCOPPIANO
SCHIANTO
CORRETTO
PREVISTO
FORTUNATO
TIPICO
MARE
MACCHIATO
CRIMINE
VITTIMA
CAROTE
PILLOLA

```
Q P E R I O D O S C H I A N T O A
T U D I K U O R G A N I Z Z A R E
N I A N E F R H B V W E D Z K Q R
Y P P N S E E Z G I M A R E K P I
I Y V I D N M P O T T E R R O C R
L R T N C O U O T A N U T R O F P
W E T I Z O N N C N K B G F A C O
R E G O L A G A A R W D U Y O P C
P R X S I A X I R E Y V M P T S S
R O P W K D R P O T N G V R S I Z
E P R X U F H P T L V I T T I M A
I A L U B O A O E A W T M B V E W
H V N M V I C P P E S D I E F W
P I L L O L A C Z H G P T A R K F
S Q N B U O T A I H C C A M P C Q
```

Puzzle 965

```
T T W O Z A P V Y S W Z I P L F C
R P E N N A B M O D I F I C A I A
A T S I T R A I D O L C E E V O M
S O C Z J R C É T Z U T C R R R I
F Z F B W J R B H O J X U P U I C
E U Q N I C E J Z C E T R A C T E
R H J P O G C G T E R M I N I U T
I A I W G R I Q J R E E U M L R T
M R X Z U E R A N O D B P W A A A
E A O M S I L C I C E W T G M S B
N C E B N I P U O V V P T C I T O
T S T V A S O L N R E H W A N U V
O I D G N V I O E Y R D I Y A C V
U W E T U G F J C F P E F B U I O
U F K V I M N T M S T A V A L O C
```

MODIFICA
ARTISTA
TERMINI
STAVA
CICLISMO
TRASFERIMENTO
CURVA
CINQUE
ARTE
PERCHÉ
BUIO
ABITO
ANIMALI
ERANO
ROBA
FIORITURA
CAMICETTA
PREVEDERE
RICERCA
PENNA

Puzzle 966

MODESTO
GENTILUOMO
ABBASTANZA
ESERCIZIO
OCCHI
PIATTI
LUNA
PENSI
TRATTAMENTO
ROSA
BRILLARE
COPPA
DEFINIRE
ACCADERE
SEDANO
ARRIVANO
LUCE
GENTILE
FONDERE
COCCODRILLO

```
O C C H I P E V F L A B N W M E V
H T I M S P J P W M U P L T Y S B
C O C C O D R I L L O C I E A E B
T E N V R X E O D W A D E Q M R Q
F R I A Z N A T S A B B A B N C G
N E A Y D B I S N E P W J R W I E
D D P T L E R E D A C C A I A Z N
O N P X T O S D U N E L W L R I T
D O O R X A S O R U M U Q L R O I
E F C J P E M M Q L I T T A I P L
S M S D F H H E Y F A A M R V V E
D E F I N I R E N D Y J C E A A P
J R O H N V T S N T W J O M N R T
G E N T I L U O M O O E R T O L R
H N G F W D E B J W G B J A U Y D
```

Puzzle 967

```
X P G P L A T T R A V E R S O P I
E A E B O T A Z Z I L I T U R A R
G R S L A F O T R J K I O J T R R
R T P U A Y N K X F J L M Y P O E
P E O A F F I D A B I L E I K L G
E C R S F K F F N L A N Q X T A O
S I C T W F L A L L A R M E F E L
C P O U S F E X C E S B V G Q L A
E A D D T E D A O S E R P R O S R
Y N Z I N S T R U M E N T O A G E
Z T G M H U P R O G R E S S I B Q
Z E G F J W V X M S C A L A W L O
F E Z B Q K C O S I V V A E R P J
U U G L J K C N L Q R X Z T L E H
E M I R E S S A P A T N E V A P S
```

PARTECIPANTE
PESCE
SORPRESO
SPAVENTAPASSERI
AFFIDABILE
UTILIZZATO
PROGRESSI
SCAFFALE
PREAVVISO
ALLARME
ATTRAVERSO
SCALA
SPORCO
STUDI
PAROLA
DELFINO
IRREGOLARE
LIMITE
STRUMENTO
NUVOLA

Puzzle 968

COMUNE
QUATTRO
LOTTA
FAGIOLI
FILO
PRESTANO
SORELLA
FOLCLORE
CANTO
DONNOLA
CANARINO
DIPENDERE
SPUGNA
PRODOTTI
PREVENIRE
FAVOREVOLE
DISSIMILI
INVECE
CAUTO
LACRIMA

```
I D H A E P C O M U N E M O Q F S
K Q Z O T U R U E E C E V N I O O
T D H J V P S O N I R A N A C L R
X Q Y M Z D V O D O X P G T J C E
A O B S C A U T O O L I F S E L L
L O T T A Q T W P Y T M R E R O L
C A N T O X U R J R Q T L R E R A
O N I L O I G A F P E U I P D E W
E G V Q G R C S T M N V P C N L Q
E U O K E F C P Q T Z Q E F E F S
G P C J R G Y T A K R K T N P U X
Z S L A C R I M A Z G O I J I K G
D O N N O L A G N V F H J N D R F
G F E L F A V O R E V O L E A Y E
V D I S S I M I L I P D W I E R Q
```

Puzzle 969

```
L U J V D W T C B W E N I S P R I
Y P E U E R A Z Z I L A C O L Z N
W L U Q L C U X I V F R P L X U I
E Z W R T W C Z E I C R X A P V Z
S N F U D N P H H R O A F H I Q I
S U C C E S S O I P R T O L E G A
D I P E N D E R D O R O R X J Z R
S O R R I S O L X M E R M K H N E
O P O R Z I O N E P N E A T T I D
N A V I G A R E V H T W Z H V V Y
L E G U A R D A R E E V I S È H R
E S P E R I M E N T O N O B F B W
Q M W I M F N V A N A T N O F N Z
S A O F N I F Y Q Z V R E H A L M
K F M I F C A S O T E S I Y C V K
```

NAVIGARE
FONTANA
LOCALIZZARE
PORZIONE
NARRATORE
SUCCESSO
SETOSA
VECCHIO
FORMAZIONE
DIPENDE
INIZIARE
DITTA
CAFFÈ
MIA
GELO
GUARDARE
CORRENTE
PRIVI
SORRISO
ESPERIMENTO

Puzzle 970

INVITARE
RIFIUTARE
FONTE
GIORNALE
ESSENDO
PAGINA
GRIDO
TULIPANO
SABATO
CONCENTRATO
CALCOLATORE
ANATRA
CUORE
FUMO
RISO
BIBLIOTECA
CARBONE
PESANTE
SOSTANTIVO
RISPOSTA

```
T X A F O Q Z P I R R G C V E Z U
M U N O U K Z E X P I R U J S S C
T O L T X M Q S J N F I O Q S R O
L U D I N C O A F D I D R E E Y N
C P D U P A L N T D U O E D N J C
O G T B R A Q T T R T E T C D X E
G M R Z K C N E F R A Y N L O I N
G U Y M U E O O S I R Y O N H E T
E N E R A T I V N I E G F D B N R
L R O T R O S O S T A N T I V O A
M X J T T I G I O R N A L E O B T
E R O T A L O C L A C Z C B W R O
D L U Q N B G C R I S P O S T A E
R B I L A I A N I G A P U O W C C
U D X Y K B A S I Q O S M F B C U
```

Puzzle 971

```
J Y R E C I S P I R A R E L C S O
J O B A S O C F W P J I C I A P R
S T U F A A N J Y F E L Z N R I T
T A G B F B T S Z A R R T C A E O
P L T L L A C T I Z D R D E T G G
O O C I M O T A A D Y W O A T A R
M C L T Z X N I V M E I A A E R A
O C E J P E Z T Q V E R R T R E F
D O D I R E T T O R E N A A I C I
O I X H E D I A H X R Q T R S Q A
R C T W V G I L Z R O A J E T W N
O Z H D O S F A Q Z L M K P I E G
M J H H D B U M R S O G E S C V J
T R A T T A T O H T D Z B I A R F
E L E M E N T A R E R P V D C D V
```

STUFA
ELEMENTARE
ISPIRARE
DIRETTORE
DISPERATA
POMODORO
DOVER
ESATTAMENTE
COSA
ATOMICO
TRATTATO
DOLORE
SPIEGARE
PERDA
ORTOGRAFIA
MALATTIA
CARATTERISTICA
CONSIDERA
LINCE
CIOCCOLATO

Puzzle 972

DUE
STUDENTE
FACILITÀ
COMPARSA
LATI
DIVENTARE
CHIP
FELICE
STABILIRE
CANTI
SENZA
CASUALE
ATTENTO
FORMICA
RISORSA
CURIOSO
TRASPARENTE
MISURA
GLOSSARIO
CENA

```
G C B D K Y N T D E H Z Q K L Q L
K W D U R U Q P I H C T G D A O M
O Z N E U J O L V C R O W W S N L
W B N W R E T N E R A P S A R T A
M I S U R A F C N F T N À W A C T
S H J P T O O U T E G J T J P A I
S T D P N V R R A L X W I I M S M
Z T A T Q M M I R I P C L Y O U T
B P U B O J I O E C H Q I G C A U
B N H D I G C S C E Z F C Z N L A
F H C B E L A O B C E N A Y R E J
C U F F D N I U I P N E F Z X C S
S E N Z A W T R U L R I S O R S A
A T T E N T O E E I Q P J Z O R Y
P W R R A O Q S G L O S S A R I O
```

Puzzle 973

```
F A B B R I C A Z I O N E T U E L
T T G E O P E R S E G U I R E M Z
P I A N U R E R A T S E R R A J B
A B X Z F S O O L G I P B O Z P E
O R I Q A P N T D V D A R Z Y K N
J O B X L E G A A Y O X C U P E J
P M A D U T E C Z C V J A G G D P
U W M B N T R I N G I À R J U N X
Q U O E G A A L E W T T O L Q A A
B D R K H C Q P R W A J N D Q I J
P A E D E O O U E H N L L E E H J
C A I E Z L B D F A G H T U M G E
B U T A Z O E B F B M G M Y Y I Q
T G Q G A E S N I B I L L L C Z D
T E M P E S T A D R K P X D W C F
```

FABBRICAZIONE
LUNGHEZZA
AMORE
PERSEGUIRE
APE
PRUGNA
DUPLICATO
TEMPESTA
CARO
BAIA
SPETTACOLO
DIFFERENZA
PIANURE
ORBITA
ARRESTARE
DIMENTICATO
NATIVO
GIÀ
REGNO
GHIANDE

Puzzle 974

PRATICO
MATURO
SUPPOSTO
GALOPPO
AMBIENTE
INIZIATO
GESTIRE
FINALE
TERRA
CHIESTO
ALLORA
GRAFICO
DIVANO
AGRIFOGLIO
ARRABBIATI
FARFALLA
LIBELLULA
GUFO
RIFLETTERE
GODERE

```
F P Y S B V R R S I T K Q L Y M I
K I J G I T A L U L L E B I L Y N
G G N S F Q R R P C H I E S T O I
A I S A H K R S P O C I F A R G Z
L T H Z L C E C O I J J P Z S B I
O A W O Q E T F S L U W Y E B R A
P I Y G V D B A T G O D E R E I T
P B U P U F Y R O O N W R S T F O
O B B J C F K F P F A H I P N L L
M A T U R O O A R I V K T N E E I
O R D U J N H L A R I X S K I T P
Y R I S N Q I L T G D O E O B T F
E A N X K M W A I A Y J G Y M E M
A L L O R A G B C I L K W M A R V
A U N N R U I Y O K J W L B S E B
```

Puzzle 975

```
P M C G Y V W V V C C L D F J Q A
F R D U K Y R M E I O N G E S E C
Z U E A C P X A N V N K I T Q X C
Y V B S I I Y D D E C V D O R X A
T H T S E D N G I T L C J P A Z D
G X O K R R O A T T U L O X I X E
M L N C V G V N A A S E L F O P M
A G C E R V I A E N I P L H Z O I
M O R A L E O V R O O C E U G S C
S C R I V A N I A E N F H M H S O
Z E N Z E R O W R Y E A G T T I Q
A V V E N T U R O S O Q I B H B Q
H S X U R G K R M N L S R N C I P
F I E N I L E L E D C I T T À L C
H E E E R I V E D E R E A R Z E K
```

MORALE
SEGNO
CITTÀ
VENDITA
POSSIBILE
SCRIVANIA
RIVEDERE
ELFO
CIVETTA
FIENILE
ACCADEMICO
MA
CONCLUSIONE
RIGHELLO
CUCINA
ZENZERO
CERVI
IDONEO
AVVENTUROSO
PRESERVARE

Puzzle 976

PROPRIO
GIALLO
PUBBLICA
VERNICE
ASSISTERE
DROGA
ARRESTO
DIFENDERE
FOTOGRAFIA
LIBRERIA
ALMENO
AEROSTATI
RESPIRARE
CORAGGIOSO
DIVERSO
APPARTENGONO
CONTATTO
TENERAMENTE
DRAMMATICO
PAVIMENTO

```
B I Y E D L I B R E R I A J D P E
I P P R R Y G T E I N N G C I R D
C H R B O C O N T A T T O O F O R
R U P A G P T P N I S P N R E P A
U G B J A O S U E F X A E A N R M
V E R N I C E B M A R V M G D I M
X M B L O R R B A R E I L G E O A
M V G Y W J R L R G S M A I R D T
H S W K R Y A I E O P E G O E I I
Z J U D K O J C N T I N I S E V C
U L O J N H K A E O R T A O J E O
V W M B R L U W T F A O L V S R Y
A E R O S T A T I F R S L W W S J
A S S I S T E R E O E D O J E O C
A P P A R T E N G O N O U B N C J
```

Puzzle 977

```
A M B I Z I O N E V K B U L J G H
Y L N W P A T A M A I H C Y G J A
A M E V E R A R E D I S N O C I Q
P X U Z Z E Y S O F D B I N N X U
C I T A T S E I H C I R P B A P P
F E O I R A I Z N A N I F I I T N
I L N V G E N E R A Z I O N E L E
S L R T O T R O P P A R D I F O E
I E Y Y R S B I K N R Q N Z B U D
C P Z M J A O L H P K G A L K V C
O L J O G L L O M P G O C A C S D
P U L C I N O E T L A T R C M U Q
J P I A N T A W L C R U E C Q H Z
N U O V O J H U V D D P C J V Z A
S A N G U I N A R E C J N R K W S
```

NUOVO
CALZINI
SANGUINARE
OLIO
RICHIESTA
CERCANDO
FISICO
VISIBILE
SERA
PELLE
PULCINO
CONSIDERARE
AMBIZIONE
CENTRALE
FINANZIARIO
PIANTA
CHIAMATA
PIOVOSO
GENERAZIONE
RAPPORTO

Puzzle 978

OCCHIALI
GATTINO
ESPERIENZA
RIFERIRE
PERSONALE
GUARDAROBA
NASCONDERE
SAPONE
QUOTAZIONE
TENDONO
NATALE
VERME
PRESENTE
ATTORE
CONOSCENZE
ODORE
RACCOGLIERE
TAGLIENTI
DOLCE
DOPO

```
P E R E D N O C S A N F Y E C O Y
E N I R D O P E U C N U I V W E Y
R O F E S N L X V C G F Q J N V N
S I E I C I T C A H A Z O Y T A G
O Z R L X T J U E N O P A S E Z U
N A I G P T C O Z T E K N W N N A
A T R O M A P O N B H K K A D E R
L O E C D G D R E Z L F L T O I D
E U H C C O C A C C F U J T N R A
G Q Y A H P R X S H S N M O O E R
B G V R R I X E O N R T W R Q P O
P R E S E N T E N D V W Z E L S B
N A T A L E E J O H O V E R M E A
O C C H I A L I C A L P S C E T M
T A G L I E N T I F R H O M J D R
```

Puzzle 979

```
I  S  T  C  F  G  U  Q  N  E  M  E  I  S  N  I  I
N  U  R  O  S  I  A  G  I  J  R  O  N  K  B  D  N
T  P  I  M  S  E  O  T  T  V  S  O  D  T  K  H  T
E  P  N  B  P  I  K  Y  T  X  J  T  I  B  G  M  E
R  O  G  I  Z  A  K  S  U  O  O  U  V  E  R  U  R
V  R  H  N  C  E  R  A  T  N  O  C  I  S  T  N  R
I  T  I  A  I  G  E  T  A  R  T  S  D  X  E  C  O
S  O  O  Z  W  A  J  S  I  P  Q  X  U  Z  I  X  M
T  M  G  I  P  U  Z  N  H  C  K  B  A  L  R  L  P
A  D  K  O  O  L  L  E  T  L  O  C  L  K  D  Y  E
M  A  R  N  T  L  G  W  B  O  L  L  E  N  G  A  R
I  J  J  E  S  E  L  G  N  I  R  V  A  B  K  J  E
S  O  T  T  I  L  E  M  A  L  A  T  O  R  R  I  Y
O  R  G  A  N  I  Z  Z  A  Z  I  O  N  E  E  C  Z
B  E  N  E  F  I  C  I  O  P  I  S  E  L  L  O  D
```

MALATO
BENEFICIO
INTERROMPERE
INTERVISTA
INSIEME
INDIVIDUALE
TUTTI
STRATEGIA
CONTARE
INGLESE
COMBINAZIONE
GATTO
COLTELLO
PARTICOLARE
SOTTILE
RINGHIO
ORGANIZZAZIONE
PISELLO
AGNELLO
SUPPORTO

Puzzle 980

POLLO
NUOTATA
SÌ
EVITANO
PROVARE
MATTINA
CONTENUTO
TUTTAVIA
SCINTILLA
POPOLAZIONE
CABINA
TIRATO
SCOMPAIONO
FORNIRE
PONTE
VARIABILE
RACCOLTA
OPERARE
CONDOTTA
MOMENTO

```
T  N  T  P  L  E  N  O  I  Z  A  L  O  P  O  P  L
P  A  J  R  E  R  I  N  R  O  F  K  F  P  K  O  V
D  F  S  O  D  A  T  K  U  S  O  T  R  J  T  N  X
P  Z  C  V  U  R  U  D  W  O  T  A  R  I  T  T  E
S  L  I  A  S  E  T  Q  F  T  T  P  U  G  X  E  L
V  C  B  R  Ì  P  T  W  R  N  X  A  N  I  B  A  C
E  A  O  E  M  O  A  S  S  E  A  Z  T  U  E  V  R
V  N  R  M  W  T  V  M  C  M  L  D  Z  A  O  W  A
I  I  Q  I  P  X  I  O  G  O  L  L  O  P  J  K  C
T  T  Y  M  A  A  A  N  A  M  I  C  J  D  V  D  C
A  T  R  U  S  B  I  C  O  N  T  E  N  U  T  O  O
N  A  W  L  W  G  I  O  D  Z  N  Z  A  I  S  V  L
O  M  O  B  Q  G  K  L  N  G  I  N  N  P  H  M  T
C  O  N  D  O  T  T  A  E  O  C  N  F  F  Y  R  A
V  R  A  Q  V  H  L  C  C  Z  S  K  U  O  H  J  C
```

Puzzle 981

```
C X G V R A K F Q G J I S F S C K
Q A U Q C A T G U H U R E O Q O X
U D R X O C O S T O S O J S U L T
A H P A C O R R I D O I O S A E X
L O R E T S I M I S U F K O D O D
S K H L Y T P O S A W R C R R T O
I R Z Q B H E N I M A T I V A T M
A N G Q U L R R Q U E L L I N E I
S E T I W C A V E R A F F A O R N
I K L M W Y S L I T Y I D H N O A
I S F O R Z O E T E N C D A N M N
V W S U R N P Q V L N E E Q A Y T
D S P S M I S P K U E E G F S Q E
S U G G E R I S C O N O N A U Y I
N N Q L R Y M E H S X W B M H I K
```

AGENTE
NONNA
COSTOSO
QUALSIASI
DOMINANTE
CARATTERE
SPOSARE
MISTERO
AFFARE
COLEOTTERO
SUGGERISCONO
SFORZO
SQUADRA
QUELLI
CORRIDOIO
FOSSO
VITAMINE
VIENE
ACQUA
FIORI

Puzzle 982

DEVE
VANTAGGIO
AGRICOLTORI
COPERTINA
ARGENTO
AUTOMATICO
PITTURA
MENTE
FRETTA
TAGLIO
CIOTOLA
AVANTI
SICUREZZA
IMPATTO
VARIETÀ
AMICA
ALLIEVO
FUNGO
COSTANTE
INTERESSE

```
C I O T O L A F I G X F W C F O P
D B M H Y T A K Y G B R F O P R G
I N T E R E S S E H D E S P A V X
O B C X H P Q Q Z R X T G E Z T T
I M P A T T O J C K A T K R Z M Q
G E X V A V A N T I Z A T T E E Z
G T O K A N I R O T L O C I R G A
A N C Z T R E K Q O A A E N U M C
T A G L I O I F R I C R A A C E I
N T S A Z G V E I L G P G W I N M
A S G T F N E E T D E V E E S T A
V O A B J U T I I À B F C X N E S
E C B J D F U B G L U T E O W T H
A U T O M A T I C O L S E Q C E O
P I T T U R A X F S Z A Y G P M R
```

Puzzle 983

```
C S H M A A A V J R W J E L I B C
U H E D Y L W X K D A D L E N R O
R K C G U C L A G P R K I P F U N
K D A P N I O D R M W T B I A C C
G B I L S A O F F E R T A D S I E
G Q P O L R L Z Y C W S S O T A P
M T S R G T A I C A E G N T I T I
S N I B Z E F T F L P I O T D O R
S H D L F I U F S C P N P E I R E
Z G K A Q P B X Y I U O S R R U R
C I T T A D I N O O R C E O E C Y
C I N T U R A E T D E C R X P I H
I S P E Z I O N A R E H R U S S Y
A Q U I L A K X D I B I Z Y V U M
V T L V L I S Z R M R O V W S P D
```

BUFALO
CINTURA
CONCEPIRE
CITTADINO
DATO
ALCI
SICURO
RESPONSABILE
BRUCIATO
EPPURE
INFASTIDIRE
PIETRA
ISPEZIONARE
LEPIDOTTERO
GINOCCHIO
CALCIO
AQUILA
OFFERTA
SEGNALI
DISPIACE

Puzzle 984

FILA
PRANZO
MAPPA
MECCANICO
ECONOMIA
FIORE
BALENA
TACCHINO
STAZIONE
ZANZARA
PARTECIPARE
FINO
QUASI
CRESCERE
FUTURO
ADATTO
SIPARIO
PAUSA
CIGNO
VALORE

```
F D B L P R A N Z O B S O N I F I
U H X Y Z A F V F B Y B N A G T W
T L I O V Q P A R T E C I P A R E
U V W G E Q Z N L F E M H S V X W
R P A U S A G E S I Q E C X A P S
O I R A P I S L T I F C C G A U S
C A N S N X R A A Y A C A B D S Q
I S D W F B N B Z K Q A T U J B Z
G R K A D C V A I M O N O C E F J
N J D D T C B O O D D I C J J I M
O S Z E A T C E N A B C O K E O B
O X Y S V I O J E U W O O Q X R Z
Q Q I B Y K B H H Q C V Q H Z E C
T U Z C R E S C E R E R O L A V Y
C Z A N Z A R A M A P P A N E P L
```

Puzzle 985

```
C O N T I N U A R E M N V C D J P
P E T N E I C I F F U S E C K M R
U R D I H Q E P F K À B R Q N K O
X P E R C T E I J R P M B S Z N B
P I N S G R P D Q V A W O Z V O L
M A O H S B E E J J P G F Z Z T E
O N I B M A B S N H O Y O L J T M
L I Z V Q T T V E U R X V L A E I
A G A Q R O N U E V T B B B E Y O
M A U E R R S X R P A T I C S A N
P M T O M A J V D A R J M F R Q W
A M I W U C N V B Z E E U W Q N Z
D I S O I E C O N D U C E N T E Y
A F L E S S I B I L E R U M O R E
P E R I M E T R O A Y D H T L F B
```

CONDUCENTE
SUFFICIENTE
FRAGOLE
CONTINUARE
PORTARE
PRESSATURA
RUMORE
BAMBINO
LAMPADA
PERIMETRO
IMMAGINA
FLESSIBILE
NASCITA
ESERCITO
PROBLEMI
PAPÀ
NOTTE
VERBO
SITUAZIONE
CAROTA

Puzzle 986

MEDICO
GUANTI
SERALE
GIÙ
INDIPENDENTE
TRABALLANTE
STANCO
OCCUPATO
LOTTO
INUTILE
ATTUALE
FAMIGLIE
DEBOLI
AMARE
OTTENERE
MANCANZA
BACIO
FORMATO
SELVAGGIA
POLITICO

```
F E R W C M K L A M L D V A S D C
O T B O I E S C C E I L G I M A F
R A E C E D V T T R G I Ù F Y J I
M S T I M I Y D A E L I T U N I N
A E N T N C P A Z N A C N A M L D
T L A I U O Z I B E C M K L T R I
O V L L Q A Z F A T R O R X S Z P
F A L O Q Q L Y C T D E B O L I E
L G A P C D T E I O G L M X I Y N
O G B Q E C B Z O B U A I X N K D
T I A B J R U S H H A R Q L D Y E
T A R E B I F P J H N E R A M A N
O I T N P M S M A L T S D M V O T
Q R X W T E N Q Q T I O Y I Q M E
H J Y E W I Y S S S O V I A S P X
```

Puzzle 987

```
K S O D M E D I L O V E P L O C Y
A Z N E I C S S U N G R Q A Q L T
C Y O G X S A E E R W A B R E R R
C E D X H U T E H O G C X K N A A
E J R L T Q S R D I X I B O O R D
U W E X O I E W I G I D G Y I A I
A Z P M R B S Q Y B A N Z Z Z M Z
E T N E M A M I T L U I Q N A E I
C I A O R M X V O L R I F R R N O
M É V I V P J Z D F Q P R L A T N
C A N D I D A T O M Y I F E I E A
S E M P L I C E M E N T E T H Y L
F R E T T O L O S A X M H T C V E
V P D Y L B D K Z S W F D A I P M
F Q Q C S Q S K K N D P I L D H Z
```

LATTE
COLPEVOLI
PERDONO
ERBA
MEDI
CIAO
MODO
GIORNO
SCIENZA
NÉ
DICHIARAZIONE
DISTRIBUIRE
CANDIDATO
ULTIMAMENTE
FRETTOLOSA
SEMPLICEMENTE
SESTA
TRADIZIONALE
INDICARE
RARAMENTE

Puzzle 988

AVVOCATO
INSEGNATO
CARAMELLE
TOLLERARE
COSTRUIRE
SORGENTE
TIPO
INSENSATA
NEMICO
AEREO
TAPPO
SCARPA
PICCOLO
CONCORRENZA
EDUCAZIONE
SINISTRA
BANCA
MORBIDO
PAPPAGALLO
DIFFUSIONE

```
X X O J T I N S E G N A T O A I S
V I E R I U R T S O C G K M H D O
S D B L P V Y U C V O B Z P I A R
E W X Y O P P A T P I C C O L O G
W F L N T D A T I I S T Z D Q C E
D I F F U S I O N E C O I I G M N
U H M G N E M I C O A L E B K P T
I N S E N S A T A G R L C R J M E
J O L L A G A P P A P E L O E A V
C A R A M E L L E D A R J M N A O
S I N I S T R A L X H A C N A B P
H H V F L U A Z N E R R O C N O C
W X Z R J V F W K Q N E G Z J E H
U E D U C A Z I O N E P S N E P D
O X I F E Z E L A V V O C A T O F
```

Puzzle 989

```
S A X P W E Q X X G L F M V S B U
D O F J A P R A I C S V L O O Z B
E S S X E R A V O R T P C L L O L
L O D T L U C T I M B R O A D A I
U C K P A H F O V V Q S F R I C D
S I I Y M N C H D Q L F Y E M O F
O A I U I L Z B E E W X X L J M K
A L W O C M Q A T T U T E A A P Q
F E D M E L I B I R R E T I D A N
N W T U D U M I D I T À Y C R T J
N O D O P A N T A L O N I I N T Q
G I A C C A P A Q D F B R F Z A T
L I N G U A V W X X G S Q F Z G E
H H B V Q Y N H K C Y G Z U X J G
O W N Z Y Z G J R H P P Q A D Z K
```

UFFICIALE
DECIMALE
SCIARPA
NODO
COMPATTA
TIMBRO
TUTTA
UMIDITÀ
GIACCA
PANTALONI
LINGUA
VOLARE
DAL
SOCIALE
SOSTANZA
TROVARE
SOLDI
PARCO
DELUSO
TERRIBILE

Puzzle 990

RIMUOVERE
VIOLA
INVADERE
ENTRARE
PREMIO
SCORSO
SENSAZIONE
DISTRARRE
DIVISIONE
REGALI
CONTROLLARE
SCOSSE
PROFUMATO
FORBICI
SENTIVANO
CRAVATTA
SPINTA
EMOTIVO
USURA
CERTAMENTE

```
V T L J Q A K F O N A V I T N E S
I I P S Z D W H O T A M U F O R P
D I O S R O C S P R X X H M P A R
U K H L O Z O V H R B D G J E R E
X A T T A V A R C N E I R L S T G
X Z T I N V A D E R E M C T E N A
C O N T R O L L A R E F I I N E L
X U B B B X D Z R G R K V O S N I
U W J E V R L P U B R M L P A Z Z
T M X Z Y N S K S A A X Q G Z M Y
R S H W W O Q C U T R R I H I C H
H E C E R T A M E N T E S S O C S
E M O T I V O D L I S I M C N B E
R I M U O V E R E P I Q C G E M H
D I V I S I O N E S D V J Z S X I
```

Puzzle 991

```
R L N Z E R A I Z N E D I V E J F
S A B E R I U B I R T N O C O C O
O T D T E L E M O T A T L U S I R
F R L U D M E C C A N I C I D A M
F A F S N M L Z T R A G I C O S A
R S U O E O T N E M A E Z Y E C L
I M R S C N M C E T R I O L O U M
R E E T S N E A C O P E R T O N E
E T T E A A S L N B R T X X P H N
M T T N K E I U E G K K G K N S T
N E O G R L N O M F I E Q R D E E
V R R O S P G X Q R A A S J K X J
R E P N C M O T U B I N R Q T B F
T Z S O L O L N L M A K T E Z Q S
B X O O T C O D S B W M D E B X P
```

CONTRIBUIRE
SINGOLO
ASCENDERE
COPERTO
FORMALMENTE
CETRIOLO
CIASCUN
FURETTO
ELEFANTE
TRASMETTERE
AMENTO
TRAGICO
COMPLEANNO
EVIDENZIARE
RADUNO
SOSTENGONO
SOFFRIRE
RISULTATO
MANGIARE
MECCANICI

Puzzle 992

SOLDATO
CLIP
MINACCIA
OROLOGIO
PORTATO
ESITO
TORTA
DIMINUIRE
SFIDA
NULLA
MARCATORE
PRECEDENTE
TOCCO
MODIFICA
MAL
PIEGA
AUMENTARE
ALBERI
ESECUTIVO
PIÙ

```
D P I L C A S J G J J E F W H R M
I I M Z E Z O L M I T T S G K B I
M E R O T A C R A M H O D I L T N
I G M E M U J E U H L C F U T Z A
N A A R B G Y A D C L C O T S O C
U A L A L L U N C B U O V A N T C
I V D T F L A N P I Ù T I Z L A I
R E T N E D E C E R P A T R O T A
E G V E P X K N D W E D U N I R Z
S E O M E N H P D Z H L C O G O C
I F S U S U W I R B A O E R O P V
O A I A D L F R Y Q V S S V L P C
P L I D M O D I F I C A E I O V P
H O S W A D N W F Q Q U F C R N H
J A D J W J L B Q T G T Q C O I N
```

Puzzle 993

```
B F E E S J O I Y D S B D P J G T
O M P C C S P O T A R T N O C N I
R S O O O M Z C G N R P P A J W M
D K A N R O C I T N E D I G B A S
O I X O R Z P J A O B Z H G U B X
E O J M E R Q E T N A T S O N O N
R T W I V E C E R A L O C L A C X
A A R C O T F W O A L C Y R Y T E
Z L F O L X I F P Q Z F J A R L V
Z O W F E J R J N M R I V M Q S A
I S F K I R T S O N N U O P T B C
L I O U J C P X T R Z P D N Q A U
A C P P P S A X R E Z S G H E R A
E S K U R P E R I S C O N O H C R
R M E T N A S S E R E T N I B A E
```

RAFFICA
SOPRA
ISOLATO
OPERAZIONE
CALCOLARE
TERZO
INTERESSANTE
EVACUARE
ECONOMICO
BARCA
REALIZZARE
DANNO
SCORREVOLE
BORDO
NONOSTANTE
INCONTRATO
NOSTRI
PORTA
IDENTICO
PERISCONO

Puzzle 994

GIRAFFA
PIACERE
SALVA
VELOCE
RISERVA
BLU
ANGOLO
VISIONE
DISTANTE
FINZIONE
VALUTAZIONE
FERMATA
DIVERTIMENTO
MISERIA
VITTORIA
NIDO
SIGNORA
ARTICOLO
ATTIVA
ANCORA

```
A N G O L O R E R V M X R K G K A
E U K V S Q J F I I K I R D X P N
V R D K B V P X S T P N S K E D C
O R C G D I S P E T D L S E J B O
R U F O B K K V R O D I N X R A R
P I A C E R E B V R N P O R M I A
D V I S I O N E A I O G A Q P B A
R I C D O V E C B A F F A R I G V
Z S S F K A Z O O L O C I T R A L
E V S T B M A L T H U R R A T V A
N T B C A O E E N O I Z N I F I S
S S L Q C N C V S I G N O R A T K
E N O I Z A T U L A V N O G W T F
U R M Q K W U E F E R M A T A A N
U A X I K D I V E R T I M E N T O
```

Puzzle 995

```
F W V F Y M M S A U T U N N O S K
E H I D Y W K C P O L J L Y Y I Q
R A A S Y I E H E E T I P S O T U
O I G A N U D P E S C S Q I A O K
C Q G L X B P Q O T T I F O R P D
E M I E F O Z O F Q P I E I P S B
J A O T T E L E Z V F K N B W K S
J N V T Z F G L C O A T N O O W J
A I C L A U C O M P L I C A T O C
Q G H G D M W C E U Z M Q G T T J
E L E G V E A C E S P E R T O A E
X I U K P T H I D C O P B V S I S
I A E T P D V P H T N N P V M V P
Z S J W N R S E C C A S A N Y N Z
M O L T I P L I C A Z I O N E I U
```

MANIGLIA
CHIAMATO
ALCI
VIAGGIO
SPECIE
FEROCE
AUTUNNO
PICCOLE
INVIATO
SOTTO
HA
CESTINO
LETTO
SITO
OSPITE
MOLTIPLICAZIONE
ESPERTO
SALE
COMPLICATO
PROFITTO

Puzzle 996

SCHELETRO
EST
DIVERSI
UNITÀ
FAGIANO
SECCA
DONNA
MOTORE
INCLINARE
PARTE
CONTENERE
PALLONCINI
INFERIORE
ACCURATEZZA
CAPITO
FARINA
DIFESA
TEMPERAMATITE
MAGGIORE
PROBABILMENTE

```
M Y I H R B X X T F E I R E S A Z
F A C C E S Y N E R A N I L C N I
A S G P E O I E M P E A V S H I A
G E B G H O D R P A T P A C N R C
I F P W I E L O E L N S Q H F A C
A I P K F O W I R L E H E E F F U
N D E E F M R R A O M S R L J Y R
O O G N A Q A E M N L C O E B F A
D I V E R S I F A C I K T T M U T
H F Q T V A G N T I B J O R T X E
E P A R T E Z I I N A R M O A V Z
R C V V W U Q L T I B G C V N K Z
D O N N A N E K E Z O T I P A C A
S C Z C O N T E N E R E U N I T À
Z N L K M L A F Q B P N J P F L Y
```

Puzzle 997

```
N E G O Z I A R E L A W D G M Y L
R E G O L A Z I O N E A K Q C U O
I N F E R M I E R A M R V E N T O
T A X Q U E S T I T M T M Z P Q L
B A M B I N I J D O E I H Q K F F
S V Z A W R H O B U T C J R T E B
R D O H N F K S D R N O R T A E T
P E R I C O L O S O E S C O P O P
C V W O J V M V P N M Z Z P V N A
G A F Y N G U O P B L S O L U S S
V O M Y W B P B F S A I R O E T T
B J V I M E O B C U N J S C S X O
Q V L Q C B T R U Q I L H T C Q A
X W S L J I X P U E F W C U A Q Z
O Y X E C V A C A T E G O R I A E
```

RUOTA
INFERMIERA
PASTO
VENTO
NORD
NEGOZIARE
LISTA
TUBO
SCOPO
QUESTI
REGOLAZIONE
PERICOLOSO
FINALMENTE
TEORIA
TEATRO
CATEGORIA
ARTICO
CAMICIA
BAMBINI
COLPO

Puzzle 998

ARRABBIATO
IMPRESSIONARE
ODIO
ASSICURARE
NERO
DIMENSIONE
MONITORARE
PERMETTONO
QUARTA
VOLONTÀ
SALICE
CERTO
INDIVIDUO
QUI
IMPARARE
AGGROVIGLIATO
VITE
FEMMINILE
SERVIRE
COLLEGIO

```
C V O L O N T À Z P N A I S D T Q
C E T I V O J G T E E G M E I E U
Q C R X A E C B Y R R G P R M P A
T I W T G O L A Q M O R R V E W R
C L S N O I D O U E S O E I N Y T
A A M Y T G B U I T I V S R S J A
S S D O A W F D T T M I S E I Y E
S D F F I G E I W O P G I O O P R
I H B E B W M V R N A L O S N N J
C Z X A B V M I V O R I N O E U R
U R R Y A U I D Y M A A A C V U R
R D J F R T N N Z N R T R C W K W
A I C O R J I I W T E O E O Z T C
R J P K A N L M O N I T O R A R E
E O F Q V S E V C O L L E G I O Z
```

Puzzle 999

```
A P R O C E D U R A N A P M A C Y
B X J T E Y T N K B V L O M C B V
N B D X E T M G E C E E S C I K Q
N Q C A N O E F B C Z V T Y T A G
I V L L O L L E N N E P O S A J G
M S I K I C A D U T A S G D R F S
M B M Z Z M P I I R V U S W P W U
E Z O C E R A T L O C S A A O R H
R T N W C W V Q L C W N U I R E K
S C E F C N E N O I Z N U F E I R
I R Y Z E E N O T T A N T A H Y A
O O L R L F E R A I F F O S C W N
N C E T N A R O T S I R G F C B D
I O L V P S D Y Z O J M U P U F L
U A D H P G Ì E Y V U E F Q Z H Q
```

CADUTA
ZUCCHERO
CLIMA
ASCOLTARE
RISTORANTE
PROCEDURA
CROCO
IMMERSIONI
NECESSARIA
VELA
POSTO
PRATICA
FUNZIONE
PENNELLO
CAMPANA
ECCEZIONE
OTTANTA
SOFFIARE
VENERDÌ
LIMONE

Puzzle 1000

MONDO
RITRATTO
CAVALLETTA
SERPENTE
CANZONE
POSSIEDONO
RISPETTO
DIETRO
TRASLOCO
CARRO
DENSO
INVISIBILE
CIRCOLARE
CANE
PRUGNE
BENZINA
ROSSO
QUARTO
MUFFOLE
BISONTI

```
R I S P E T T O Y I B R M P O L S
Q X S X P S Y J U N E I A Z N U T
N T R F F W Q V D V N T E I O P C
Z R M X Z B I V T I Z R Q D D P A
B A T O T R A U Q S I A M E E K V
I S V R N Y F D Y I N T L V I V A
S L E T T D T E E B A T P N S C L
O O N E R S O N P I Z O P O S A L
N C O I O L P S D L C A R R O N E
T O Z D S X R O S E N G U R P E T
I X N B S Y H I M U F F O L E R T
E R A L O C R I C E T F B V A R A
Q F C S E R P E N T E S M T G D V
L U D D R N A H X B M E G H X N O
N B P K K L X P I Y J T C J R N X
```

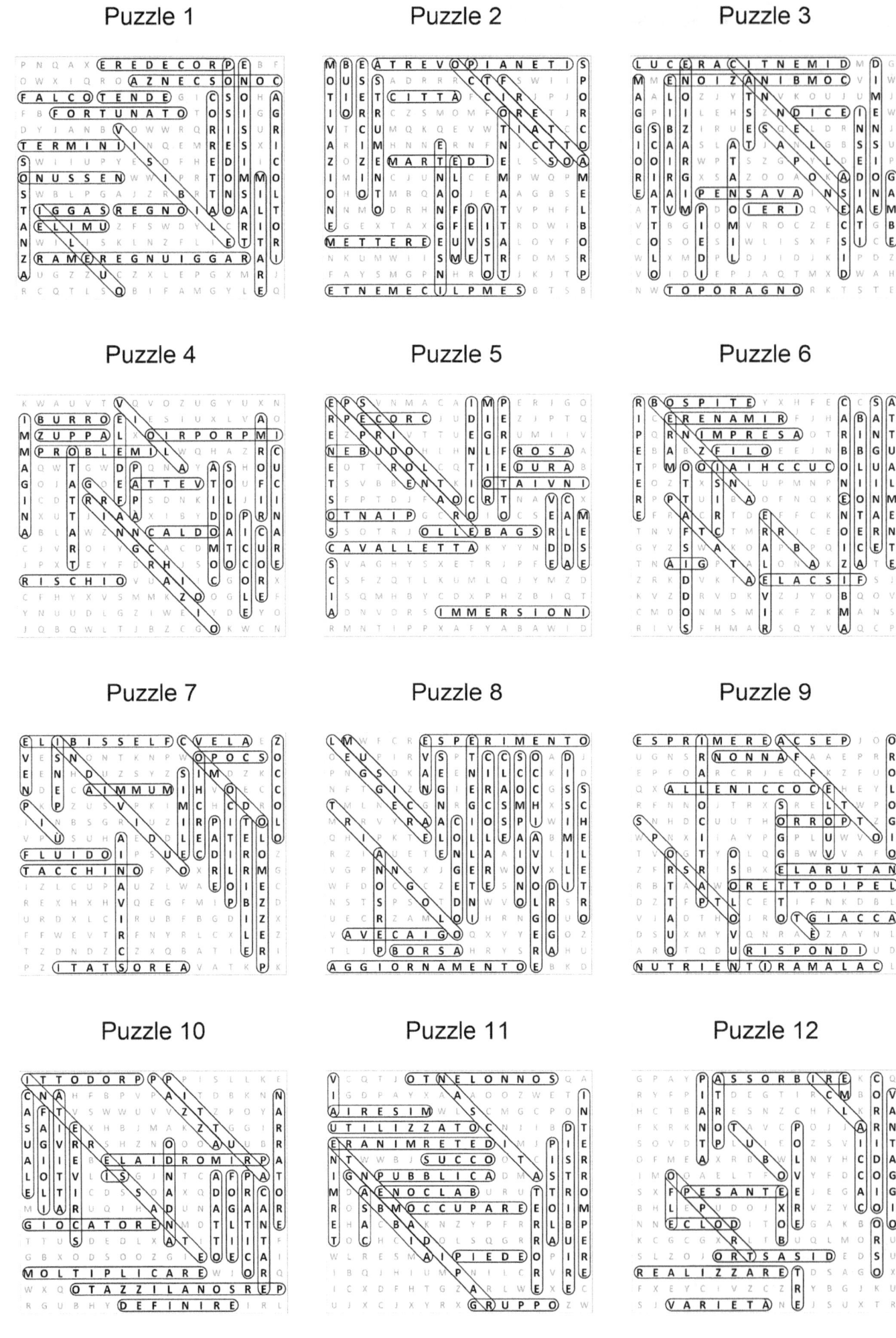

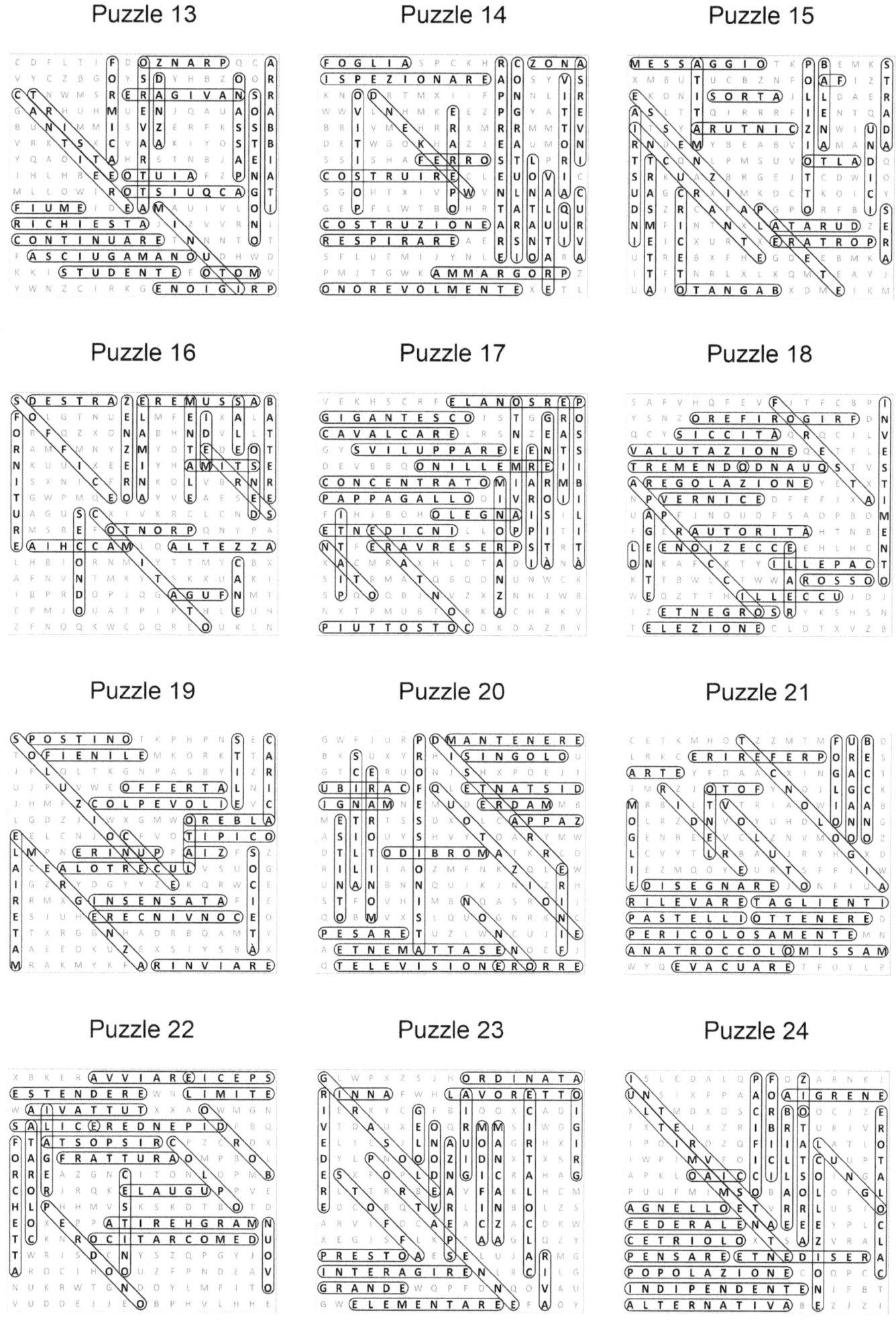

Puzzle 13

Puzzle 14

Puzzle 15

Puzzle 16

Puzzle 17

Puzzle 18

Puzzle 19

Puzzle 20

Puzzle 21

Puzzle 22

Puzzle 23

Puzzle 24

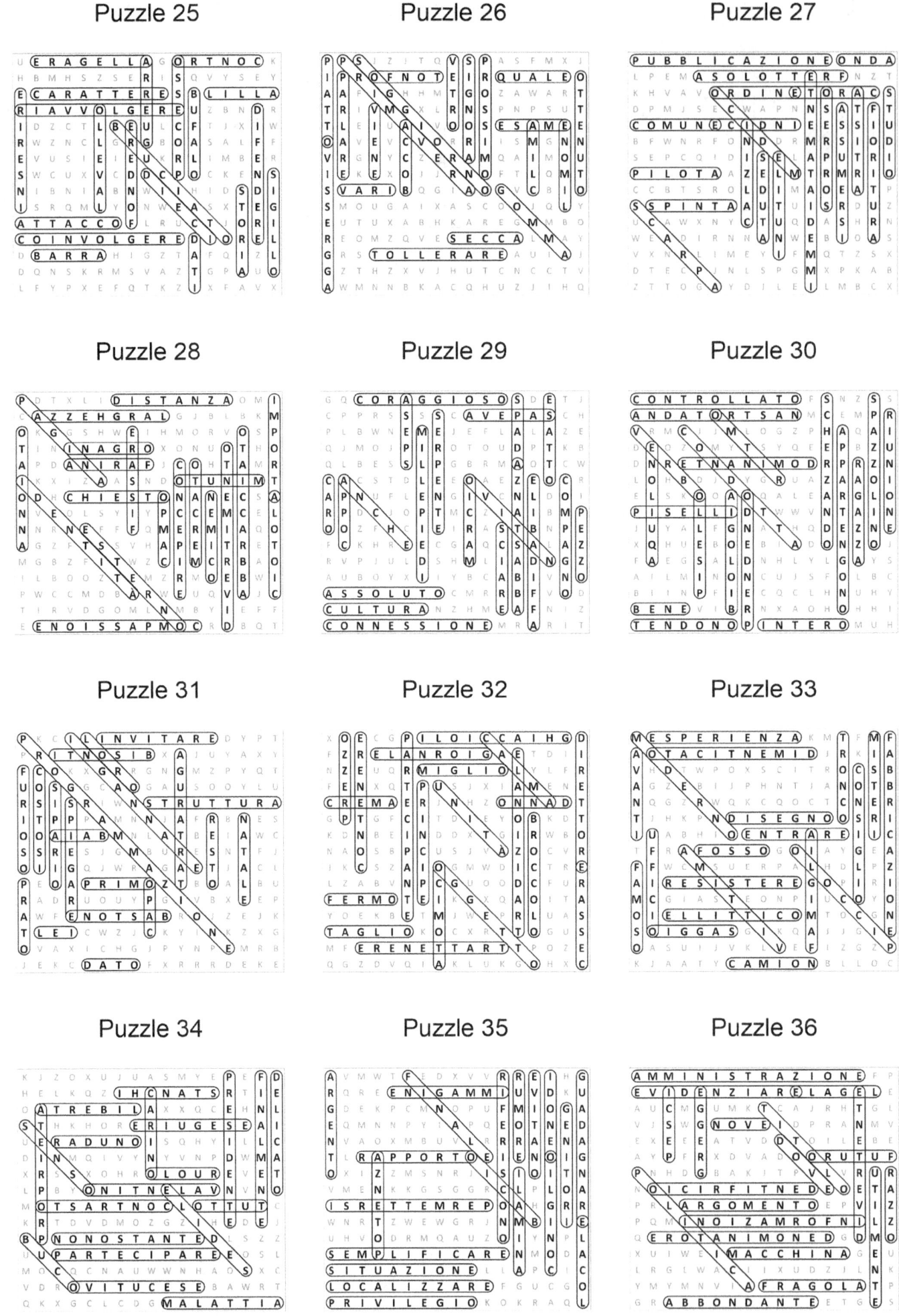

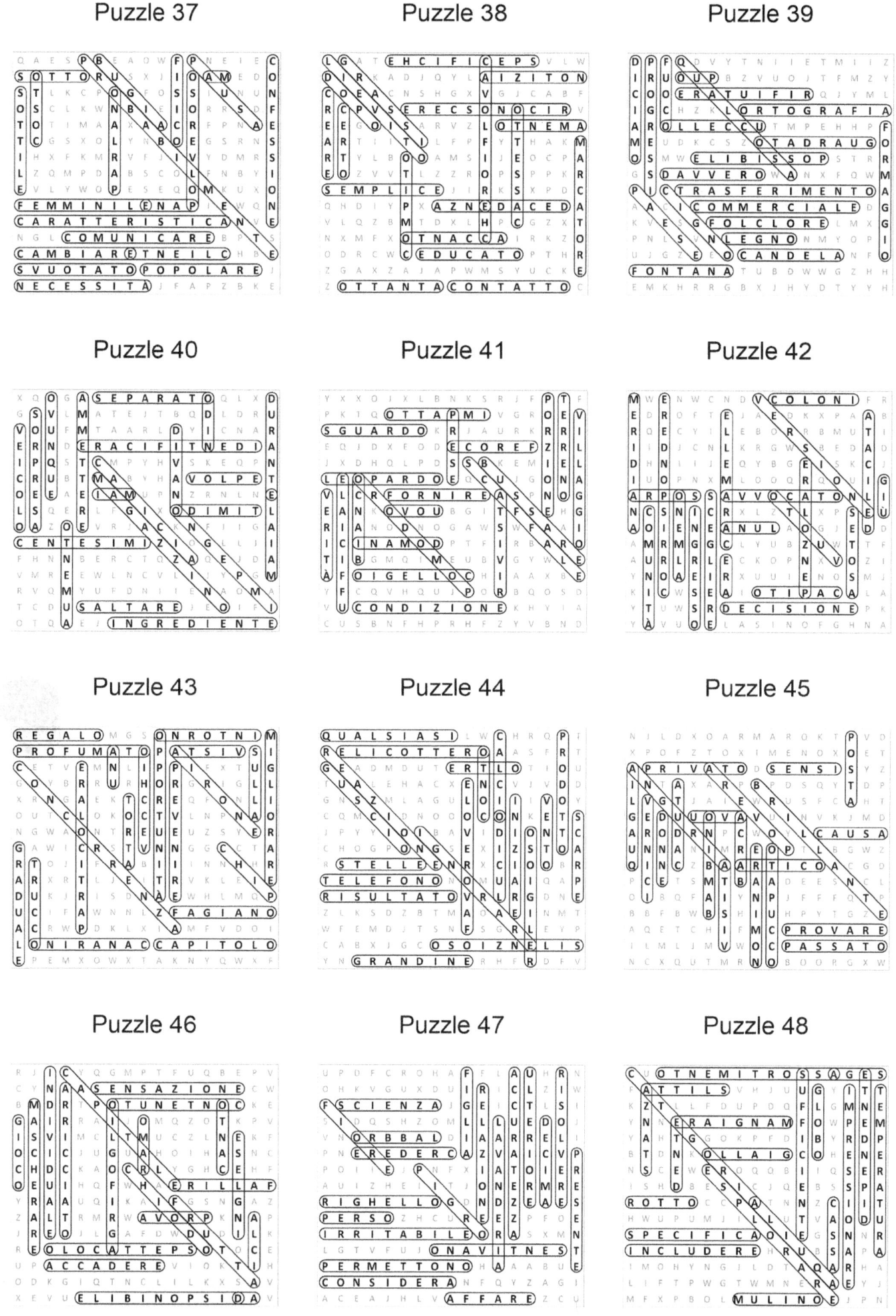

Puzzle 49

Puzzle 50

Puzzle 51

Puzzle 52

Puzzle 53

Puzzle 54

Puzzle 55

Puzzle 56

Puzzle 57

Puzzle 58

Puzzle 59

Puzzle 60

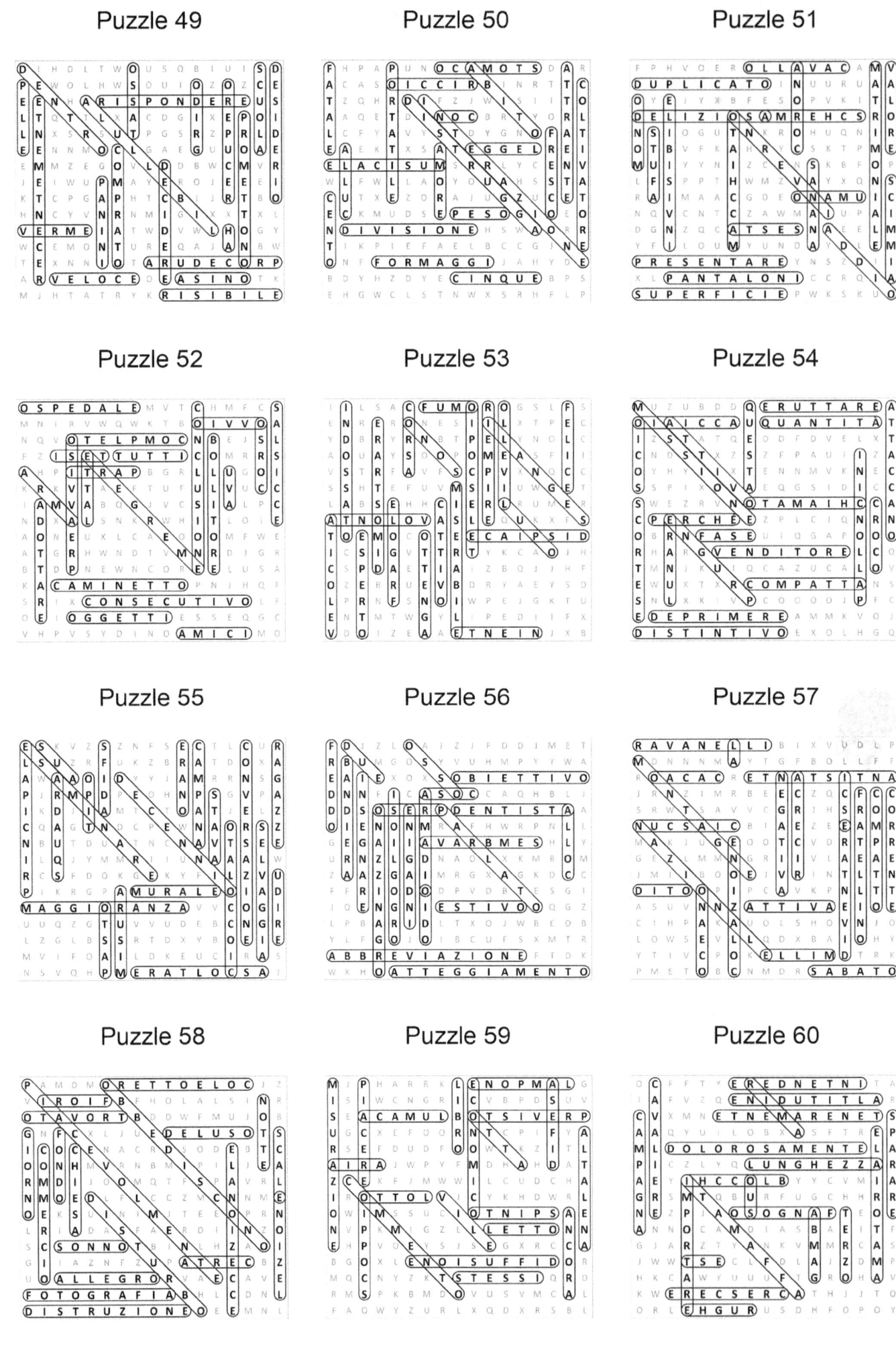

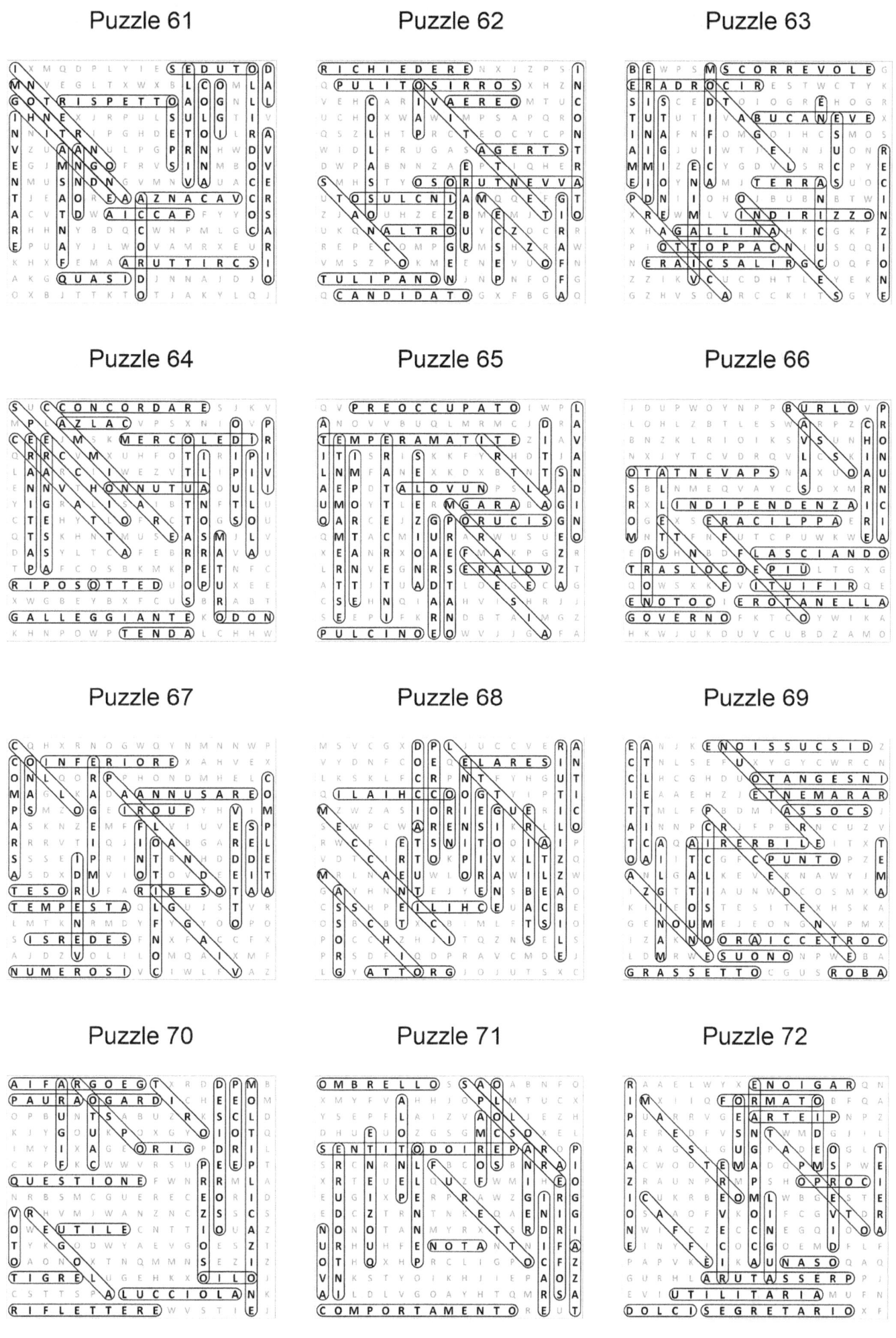

Puzzle 61

Puzzle 62

Puzzle 63

Puzzle 64

Puzzle 65

Puzzle 66

Puzzle 67

Puzzle 68

Puzzle 69

Puzzle 70

Puzzle 71

Puzzle 72

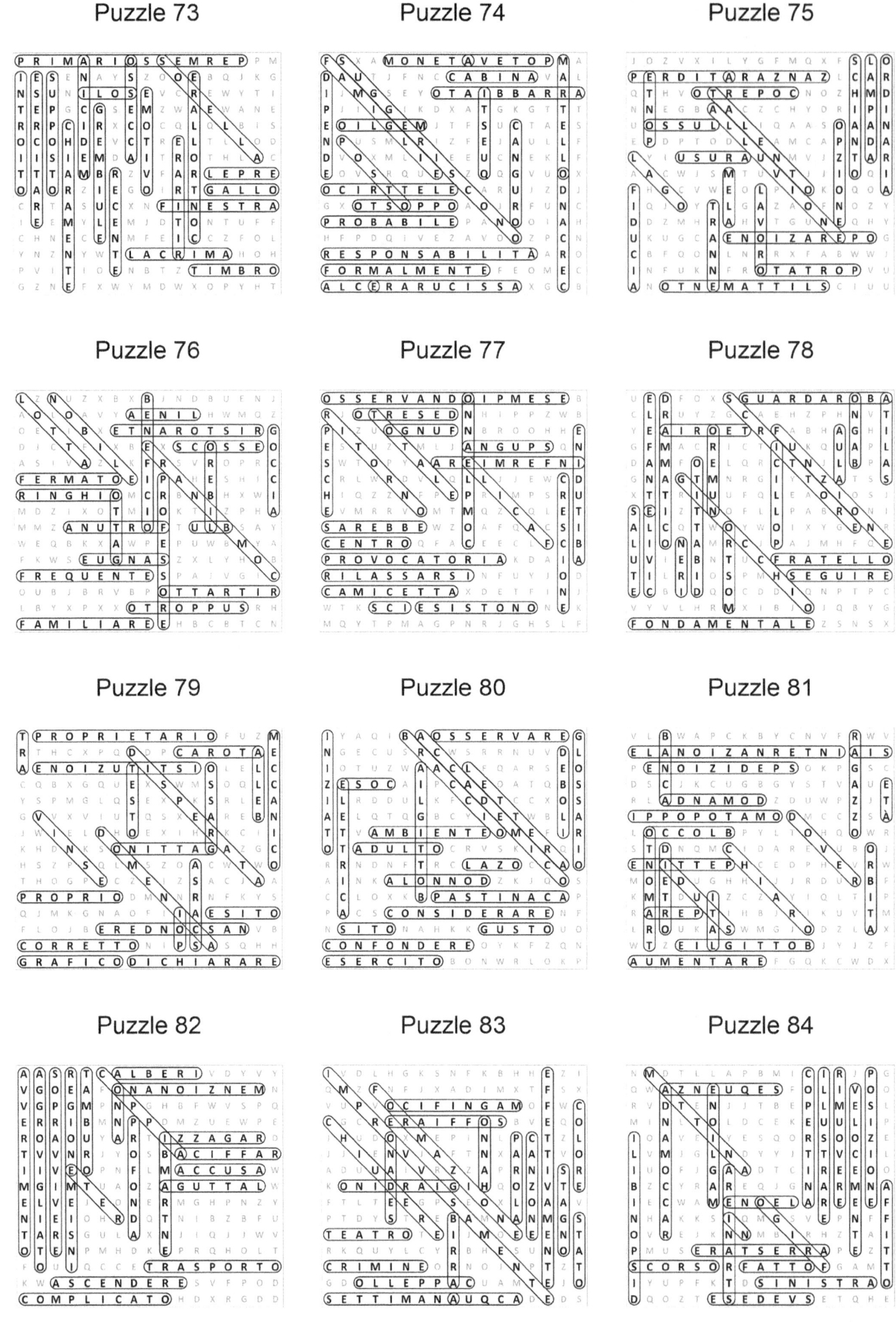

Puzzle 73

Puzzle 74

Puzzle 75

Puzzle 76

Puzzle 77

Puzzle 78

Puzzle 79

Puzzle 80

Puzzle 81

Puzzle 82

Puzzle 83

Puzzle 84

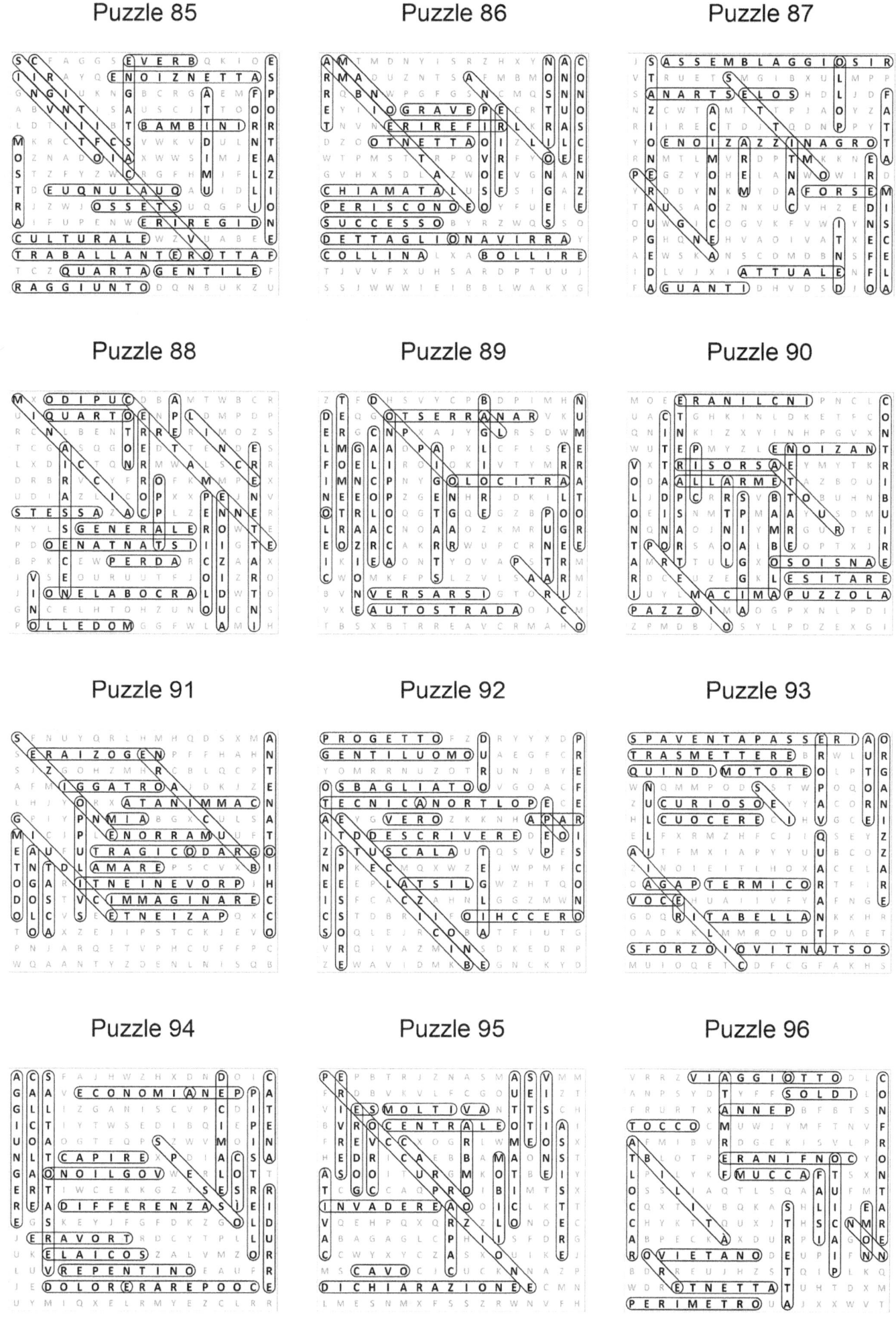

Puzzle 85

Puzzle 86

Puzzle 87

Puzzle 88

Puzzle 89

Puzzle 90

Puzzle 91

Puzzle 92

Puzzle 93

Puzzle 94

Puzzle 95

Puzzle 96

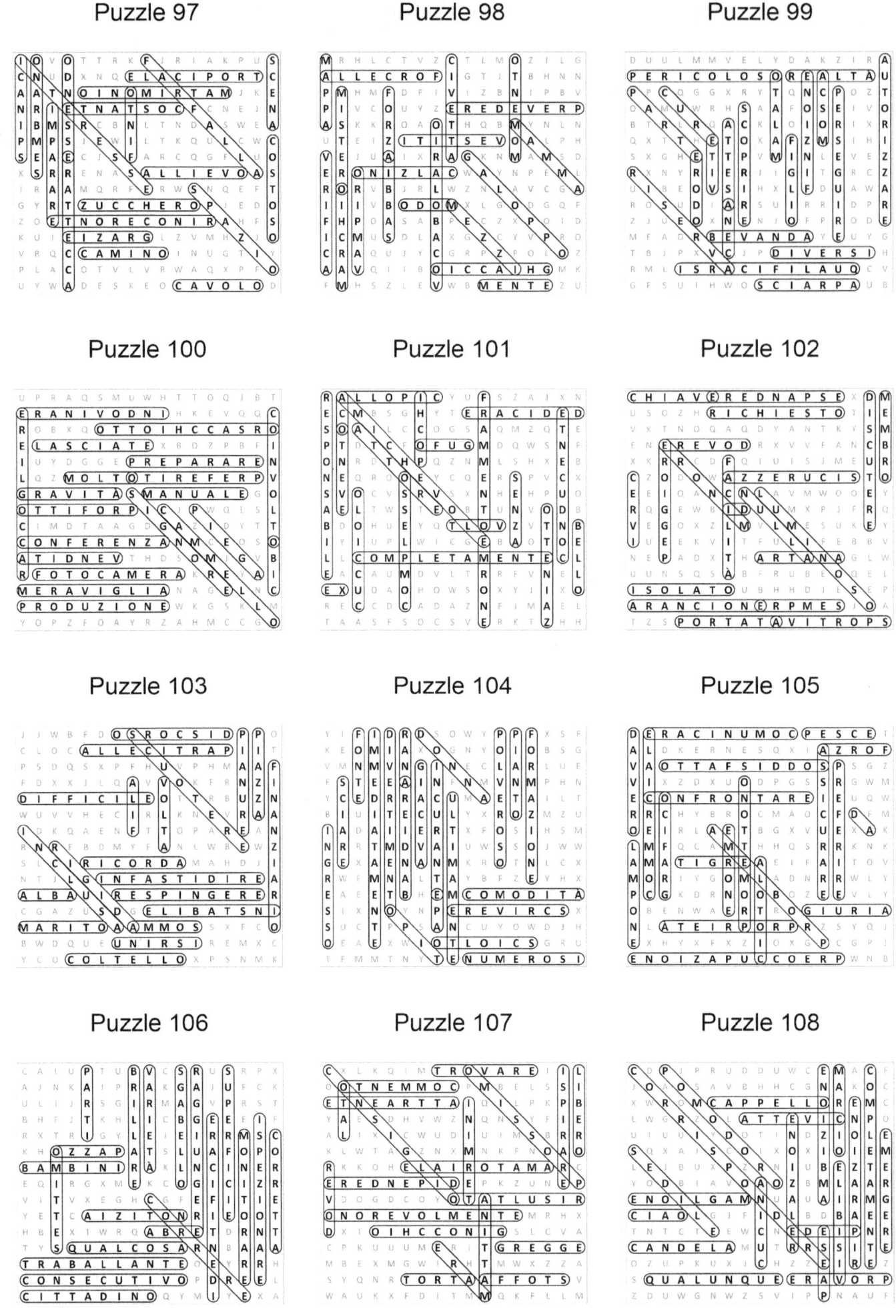

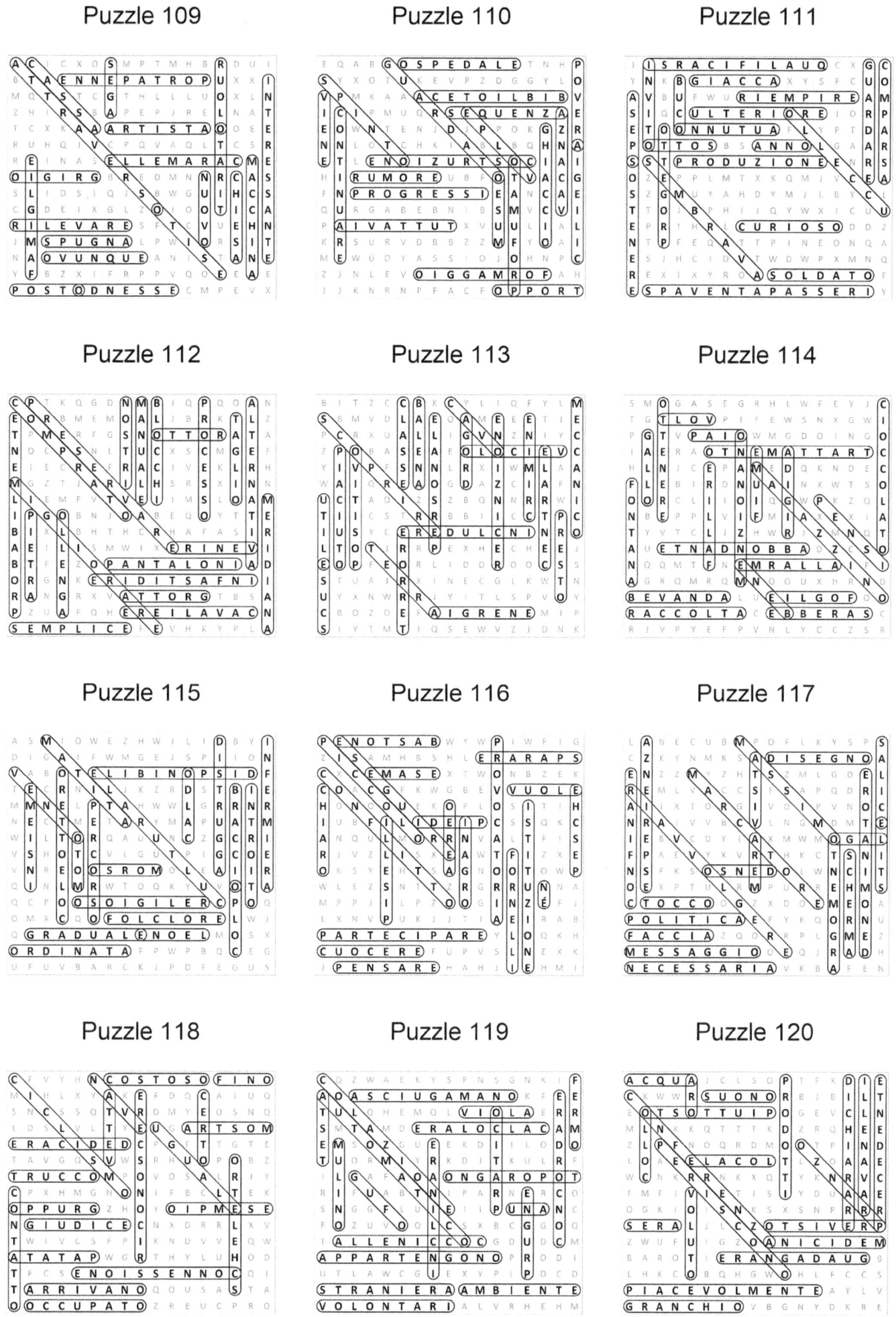

Puzzle 109

Puzzle 110

Puzzle 111

Puzzle 112

Puzzle 113

Puzzle 114

Puzzle 115

Puzzle 116

Puzzle 117

Puzzle 118

Puzzle 119

Puzzle 120

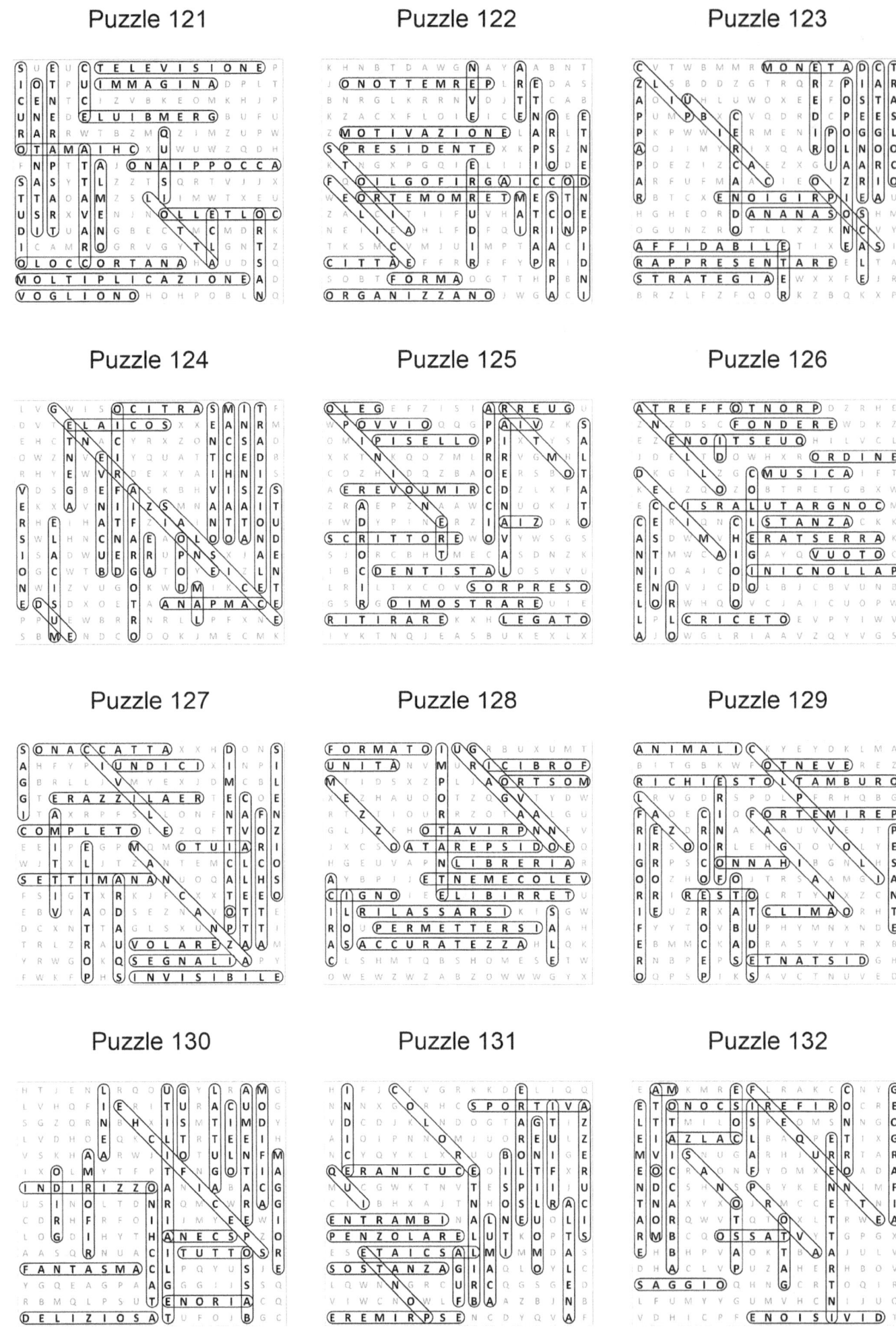

Puzzle 121

Puzzle 122

Puzzle 123

Puzzle 124

Puzzle 125

Puzzle 126

Puzzle 127

Puzzle 128

Puzzle 129

Puzzle 130

Puzzle 131

Puzzle 132

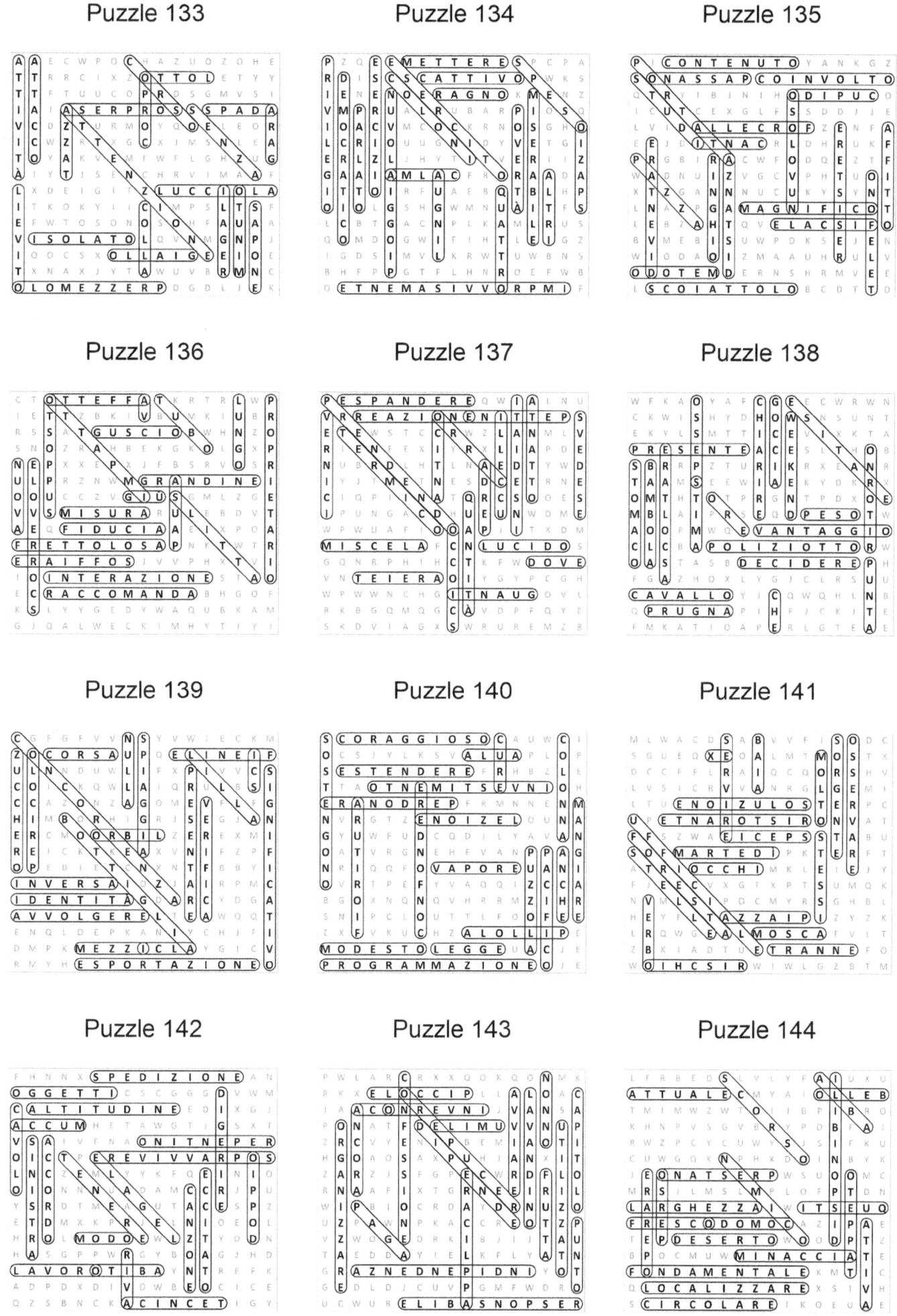

Puzzle 133

Puzzle 134

Puzzle 135

Puzzle 136

Puzzle 137

Puzzle 138

Puzzle 139

Puzzle 140

Puzzle 141

Puzzle 142

Puzzle 143

Puzzle 144

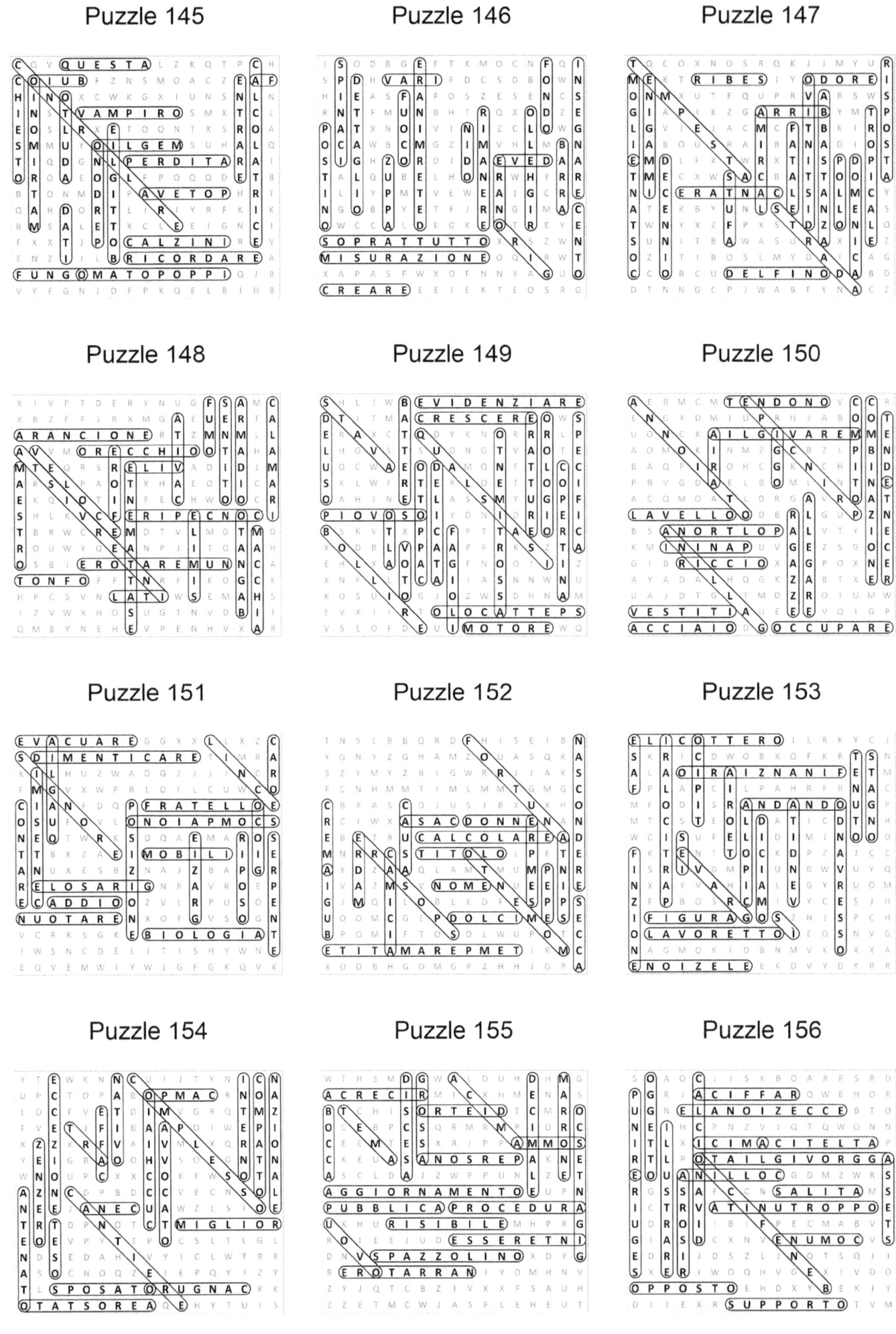

Puzzle 145
Puzzle 146
Puzzle 147
Puzzle 148
Puzzle 149
Puzzle 150
Puzzle 151
Puzzle 152
Puzzle 153
Puzzle 154
Puzzle 155
Puzzle 156

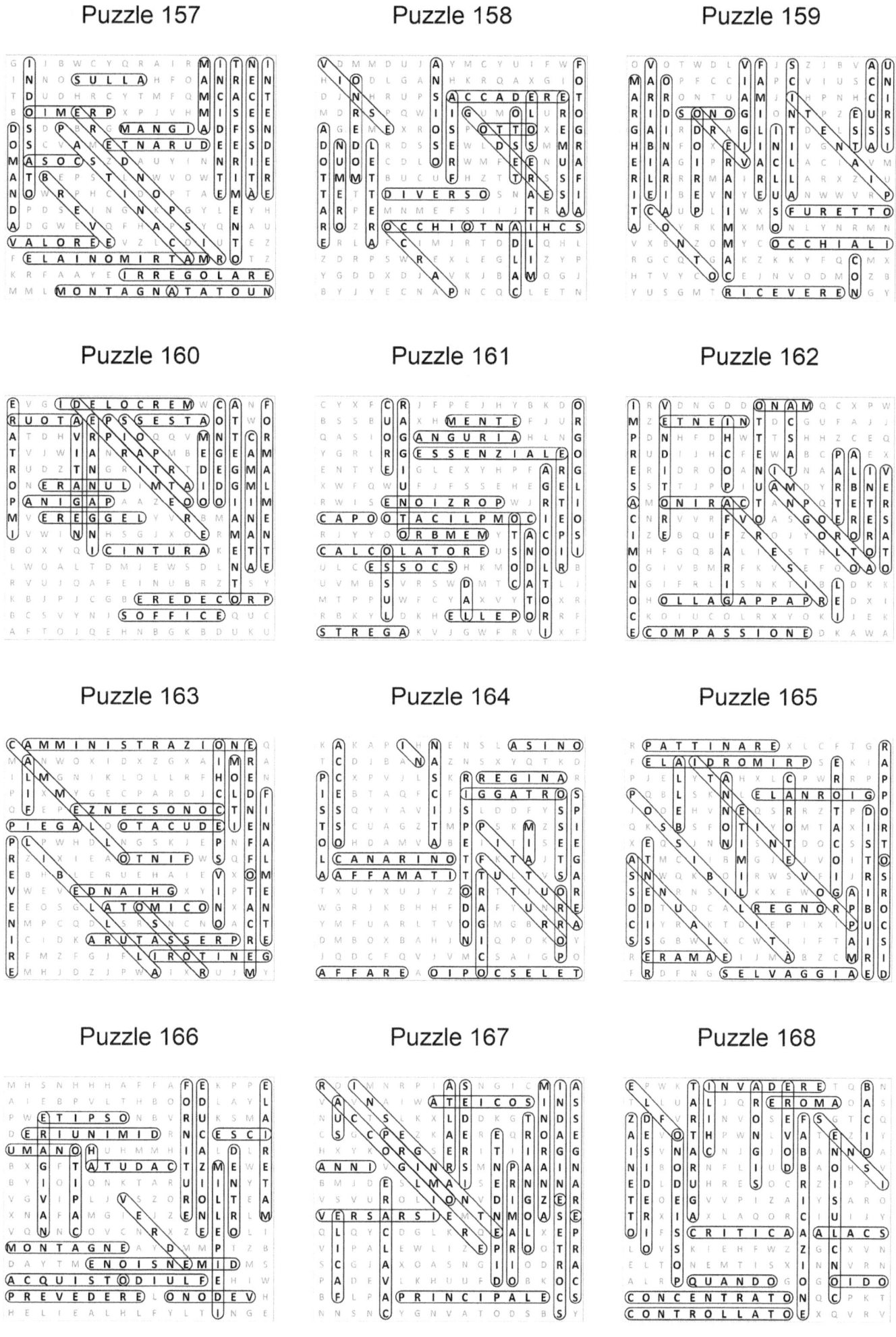

Puzzle 157

Puzzle 158

Puzzle 159

Puzzle 160

Puzzle 161

Puzzle 162

Puzzle 163

Puzzle 164

Puzzle 165

Puzzle 166

Puzzle 167

Puzzle 168

Puzzle 169

Puzzle 170

Puzzle 171

Puzzle 172

Puzzle 173

Puzzle 174

Puzzle 175

Puzzle 176

Puzzle 177

Puzzle 178

Puzzle 179

Puzzle 180

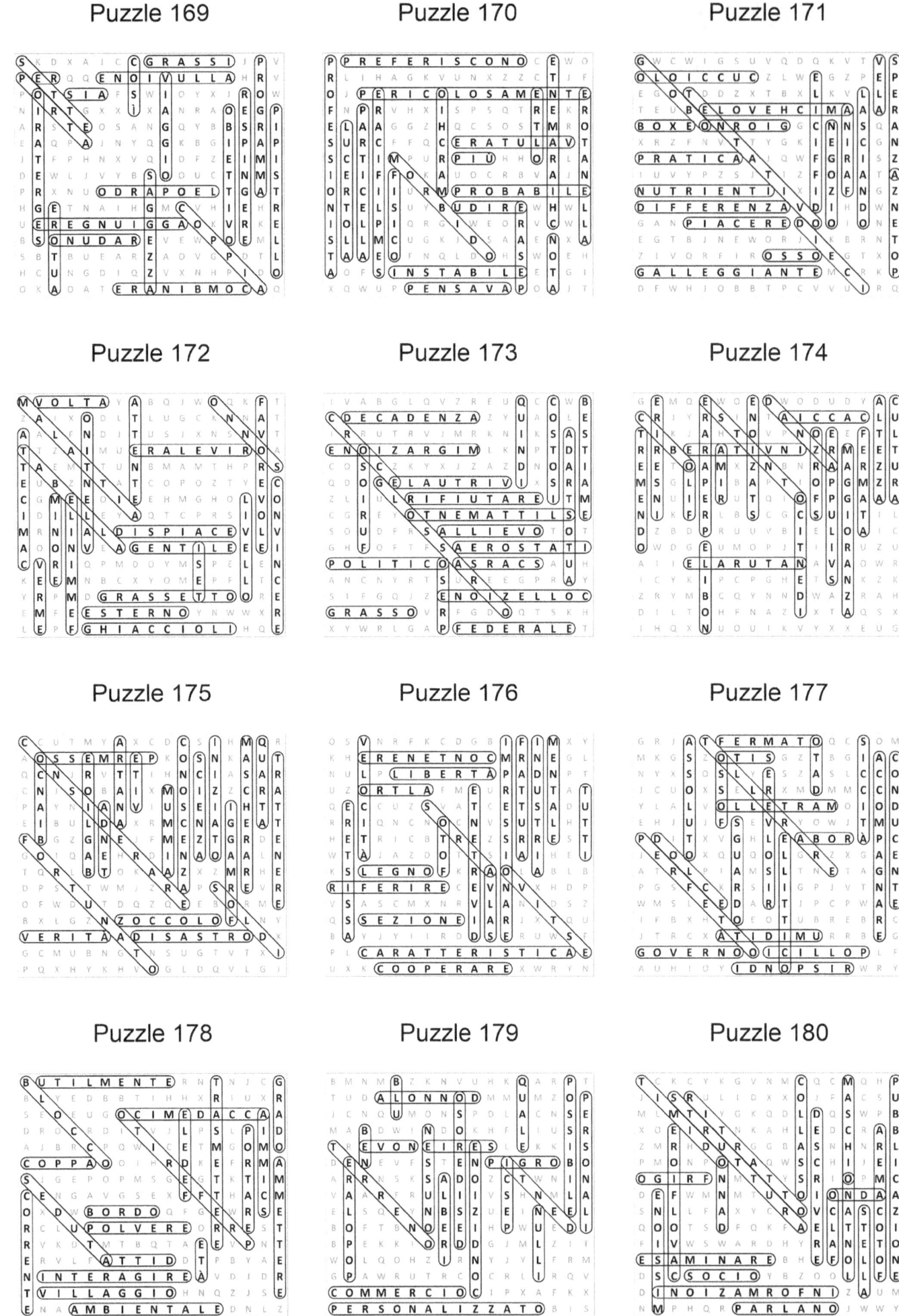

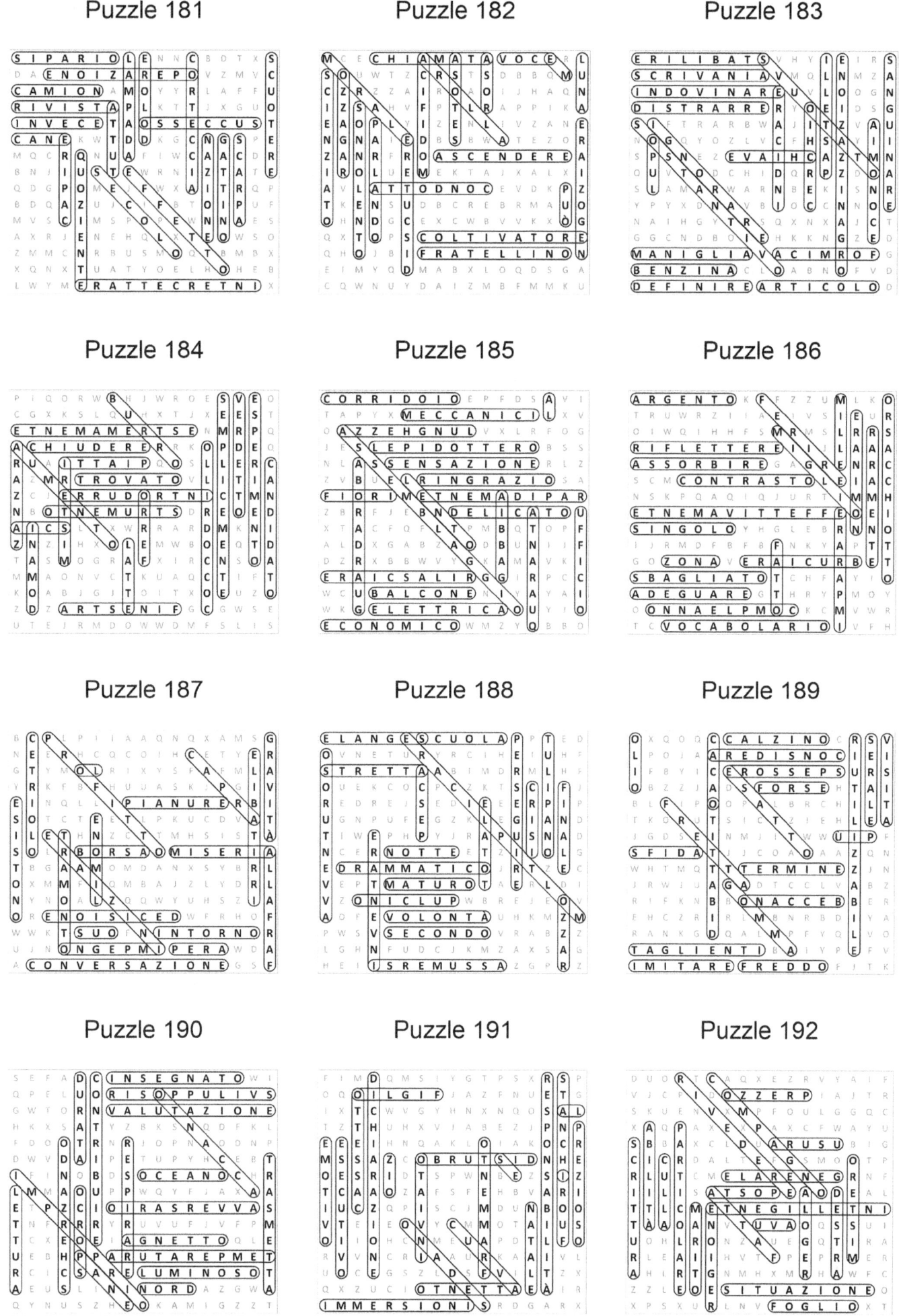

Puzzle 181

Puzzle 182

Puzzle 183

Puzzle 184

Puzzle 185

Puzzle 186

Puzzle 187

Puzzle 188

Puzzle 189

Puzzle 190

Puzzle 191

Puzzle 192

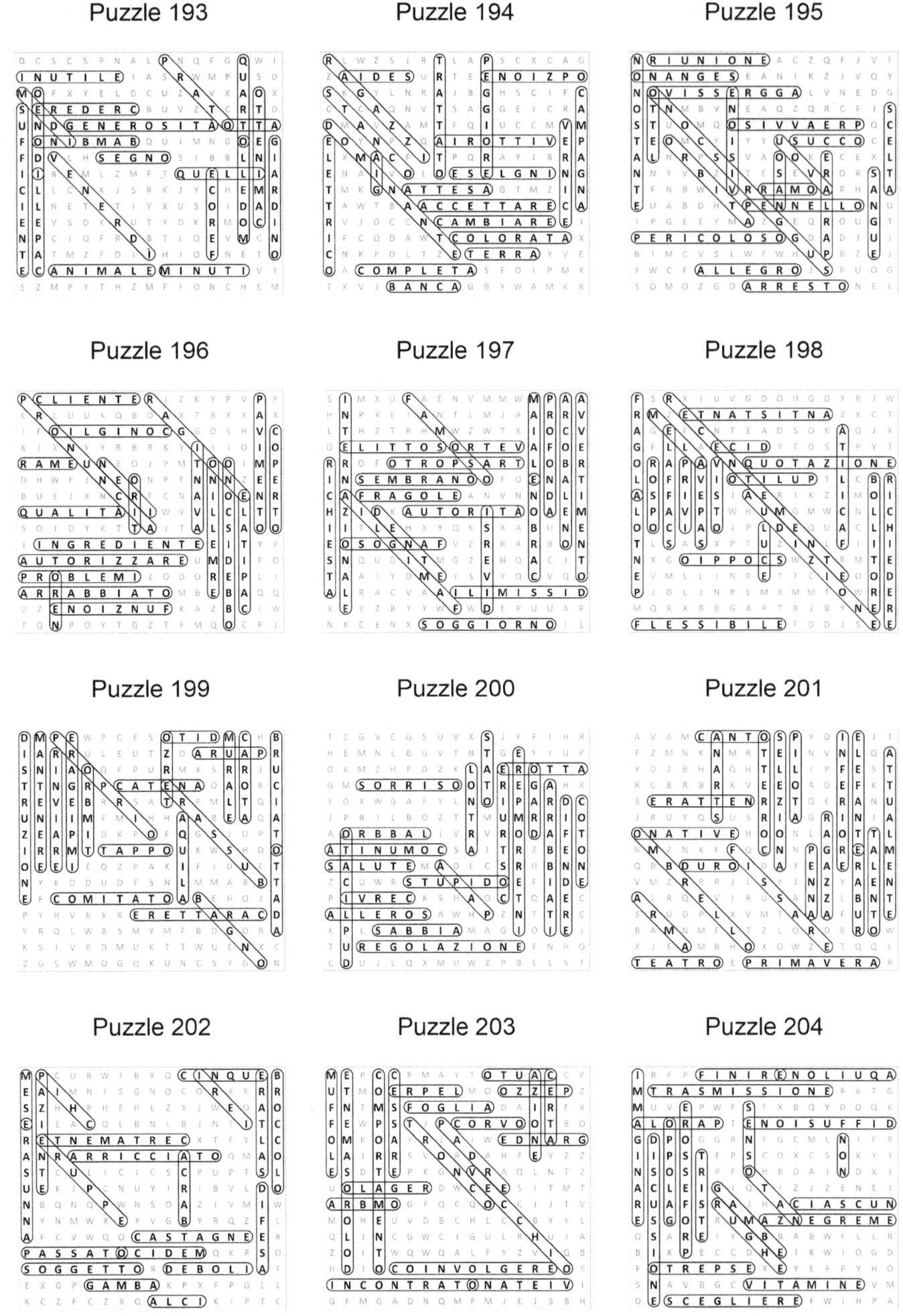

Puzzle 193

Puzzle 194

Puzzle 195

Puzzle 196

Puzzle 197

Puzzle 198

Puzzle 199

Puzzle 200

Puzzle 201

Puzzle 202

Puzzle 203

Puzzle 204

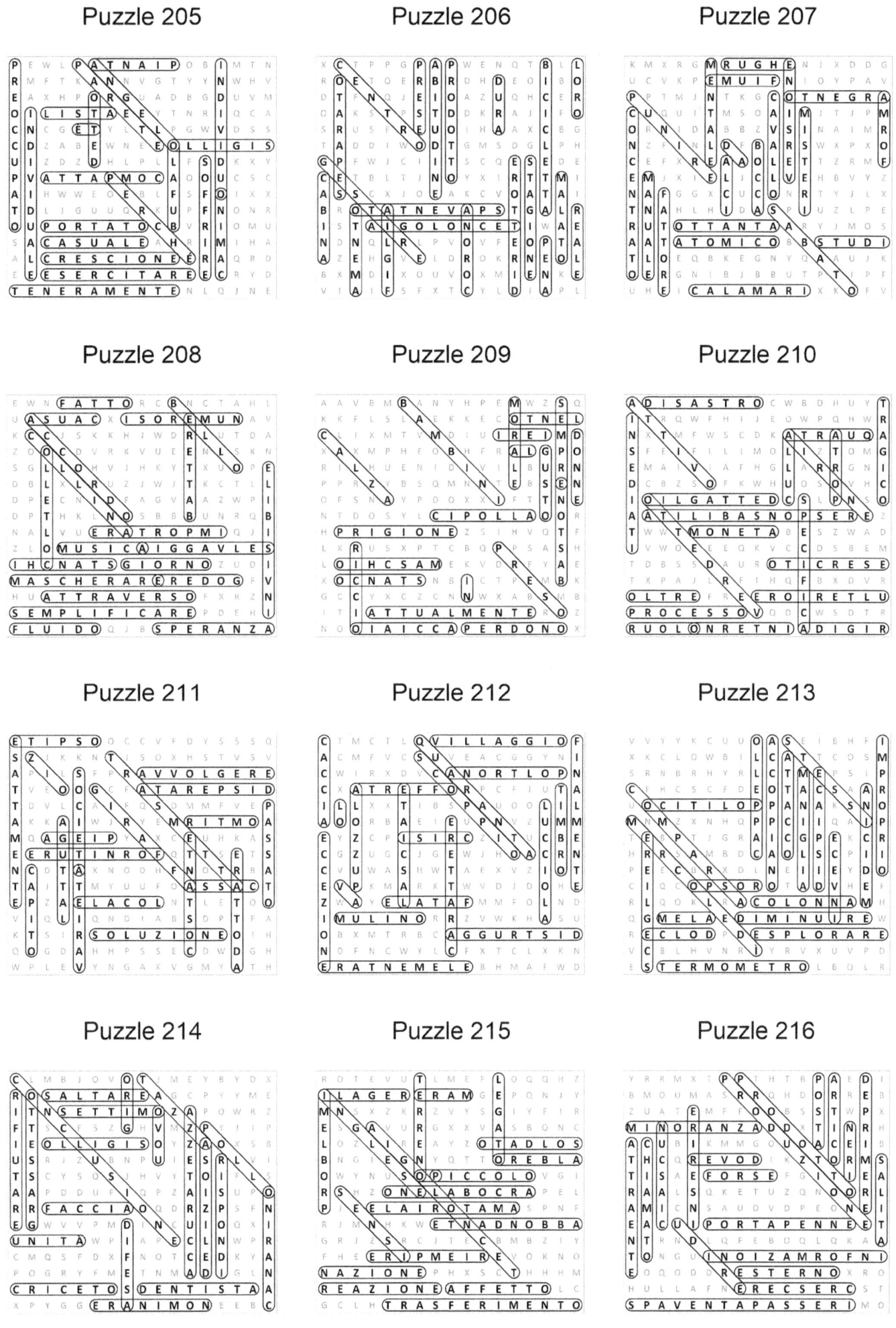

Puzzle 205

Puzzle 206

Puzzle 207

Puzzle 208

Puzzle 209

Puzzle 210

Puzzle 211

Puzzle 212

Puzzle 213

Puzzle 214

Puzzle 215

Puzzle 216

Puzzle 217

Puzzle 218

Puzzle 219

Puzzle 220

Puzzle 221

Puzzle 222

Puzzle 223

Puzzle 224

Puzzle 225

Puzzle 226

Puzzle 227

Puzzle 228

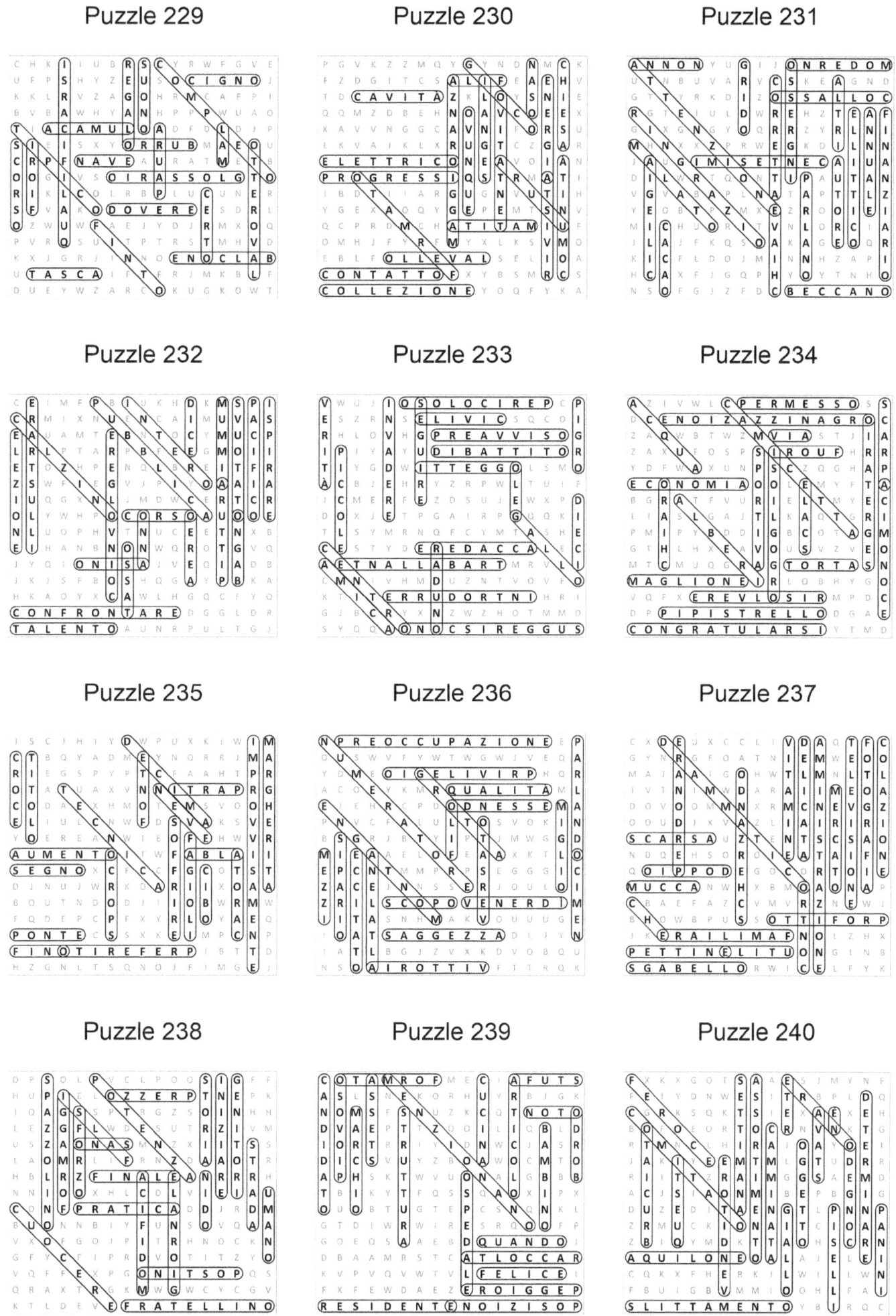

Puzzle 229

Puzzle 230

Puzzle 231

Puzzle 232

Puzzle 233

Puzzle 234

Puzzle 235

Puzzle 236

Puzzle 237

Puzzle 238

Puzzle 239

Puzzle 240

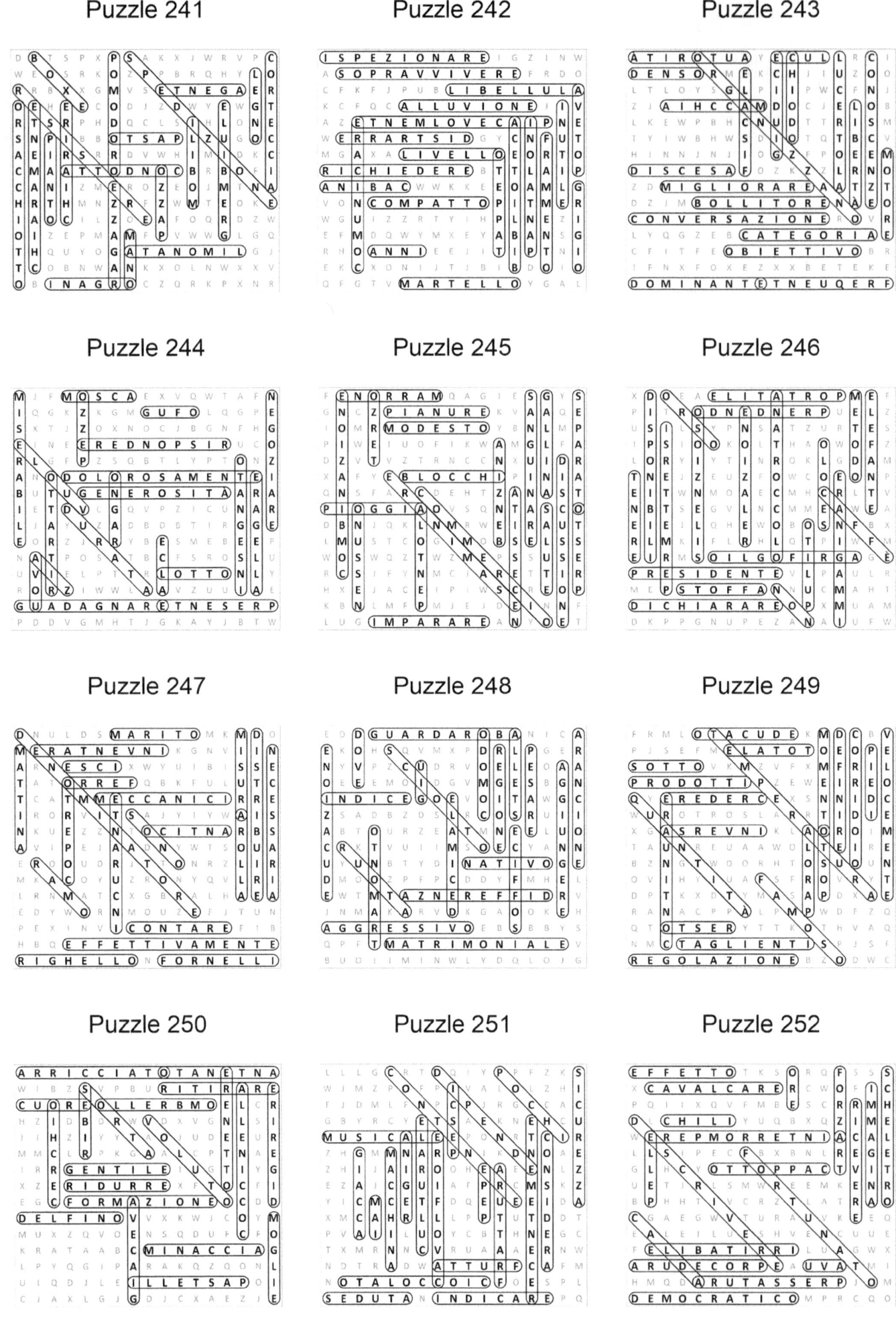

Puzzle 241
Puzzle 242
Puzzle 243
Puzzle 244
Puzzle 245
Puzzle 246
Puzzle 247
Puzzle 248
Puzzle 249
Puzzle 250
Puzzle 251
Puzzle 252

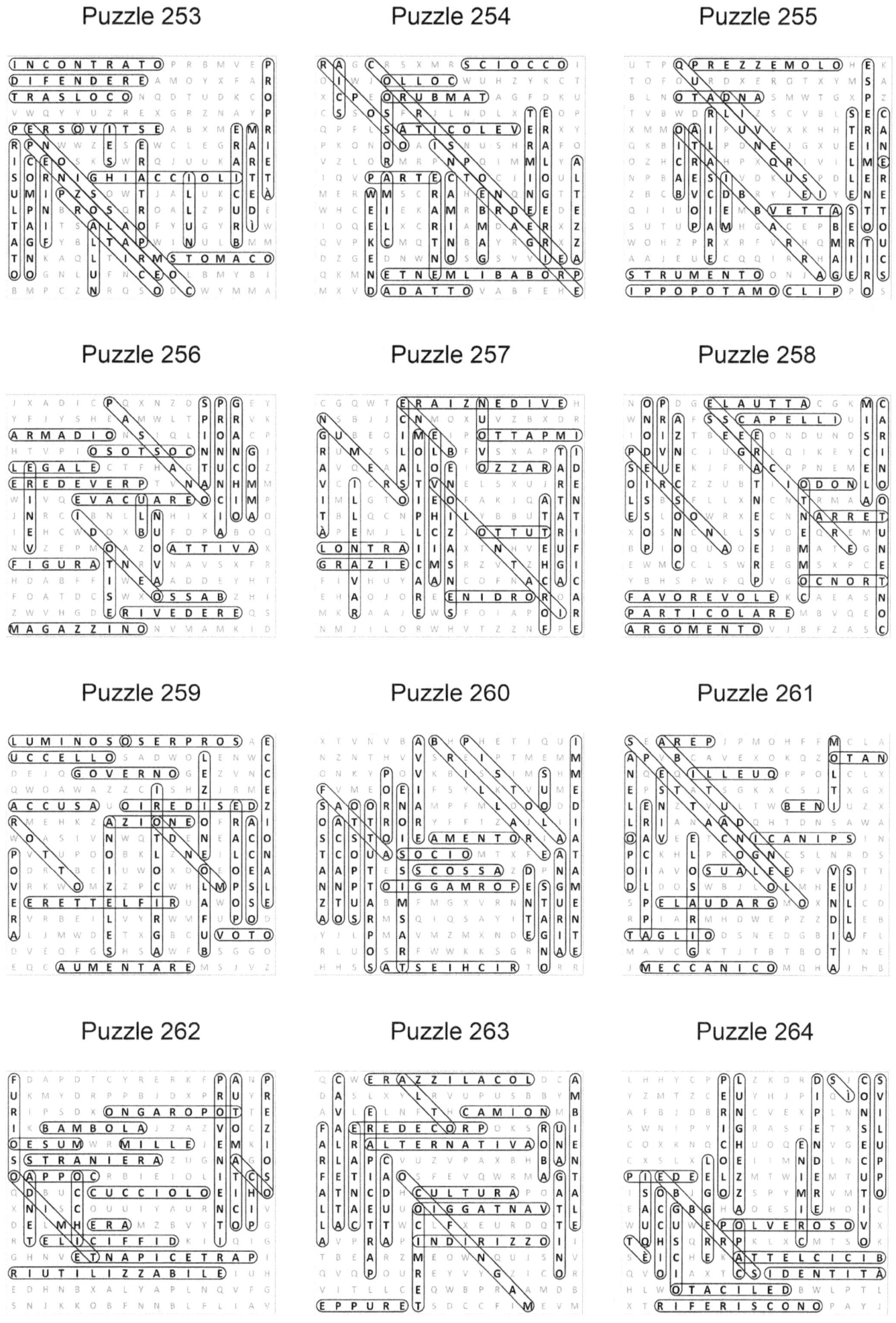

Puzzle 253

Puzzle 254

Puzzle 255

Puzzle 256

Puzzle 257

Puzzle 258

Puzzle 259

Puzzle 260

Puzzle 261

Puzzle 262

Puzzle 263

Puzzle 264

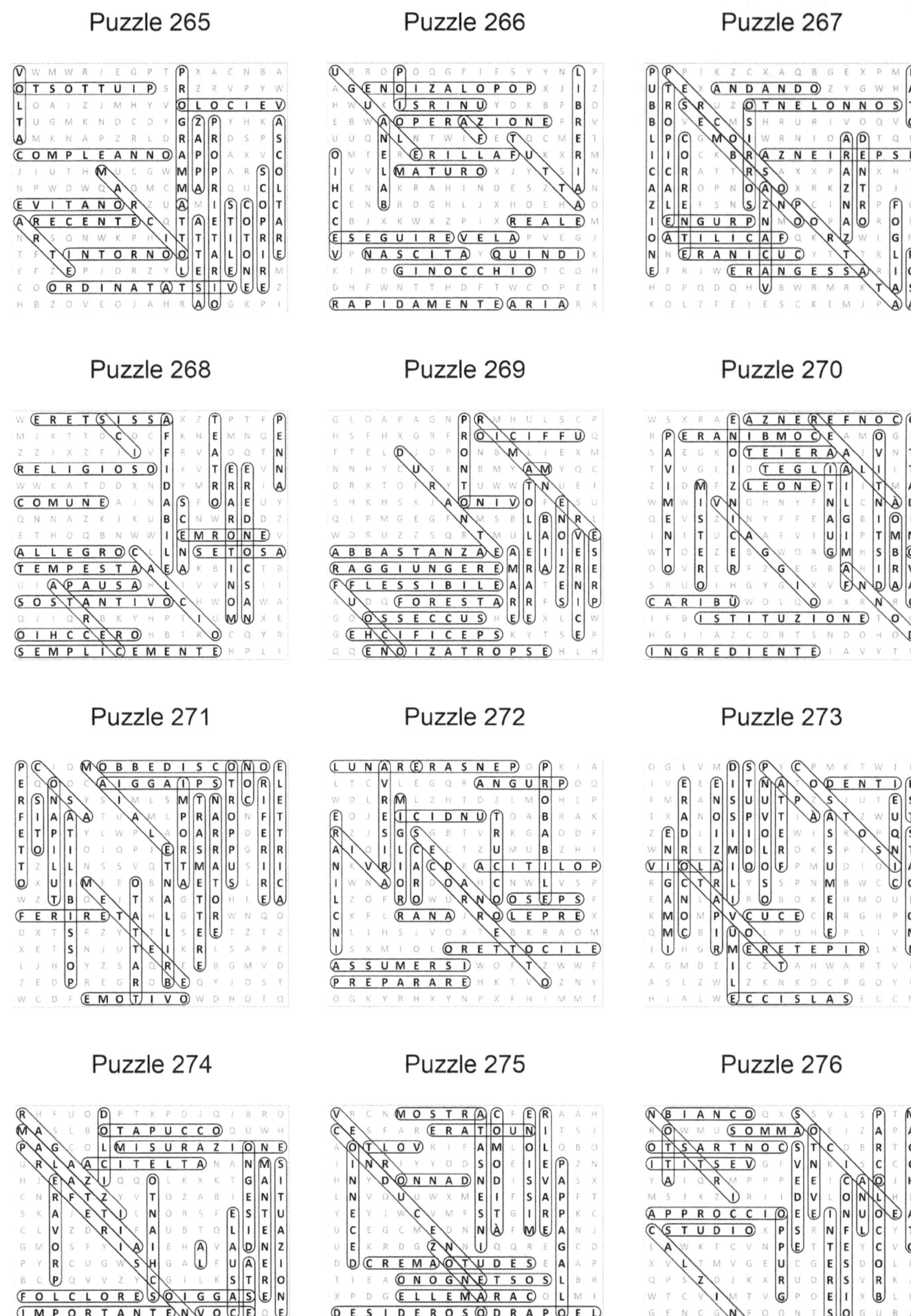

Puzzle 277

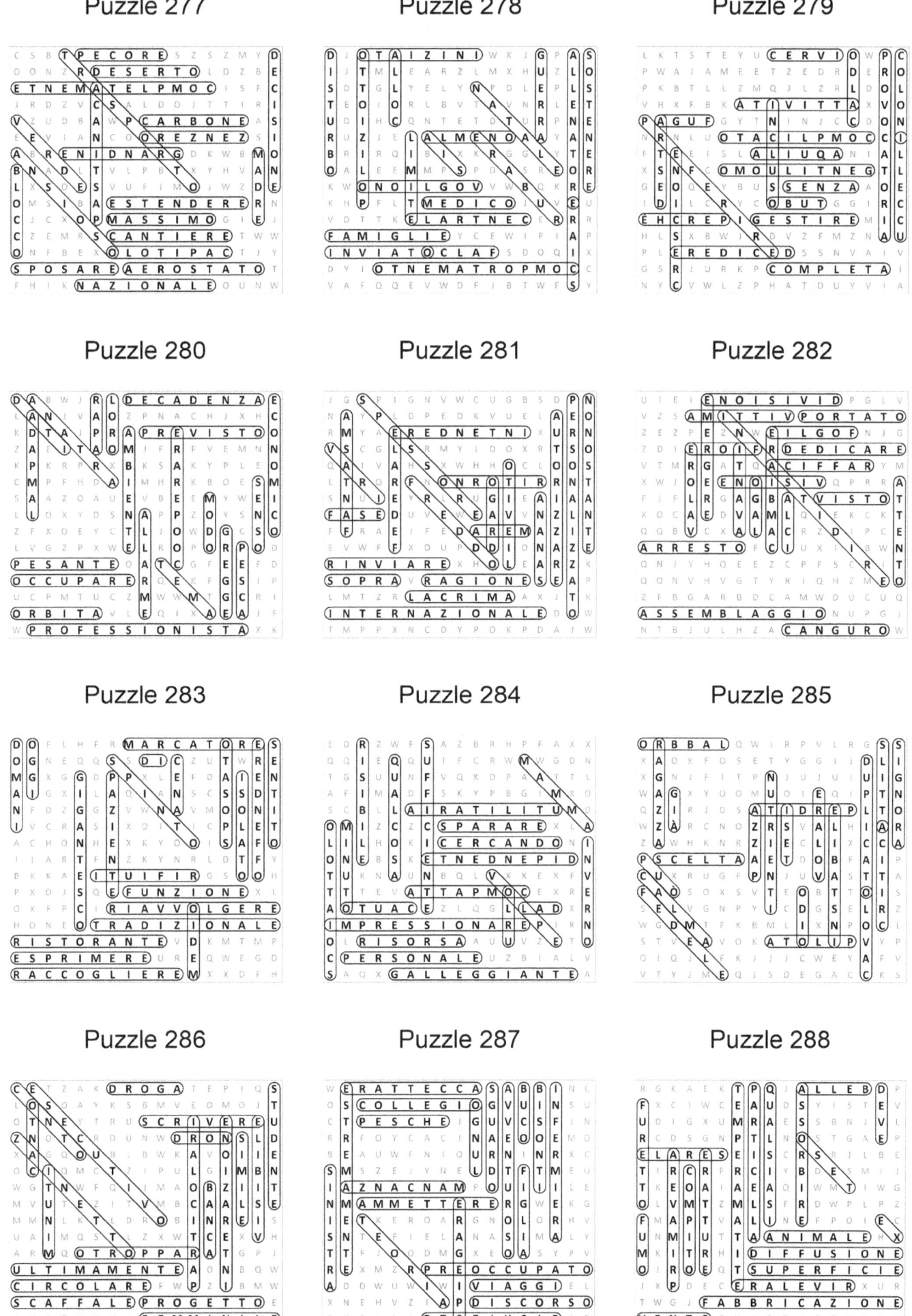

Puzzle 278

Puzzle 279

Puzzle 280

Puzzle 281

Puzzle 282

Puzzle 283

Puzzle 284

Puzzle 285

Puzzle 286

Puzzle 287

Puzzle 288

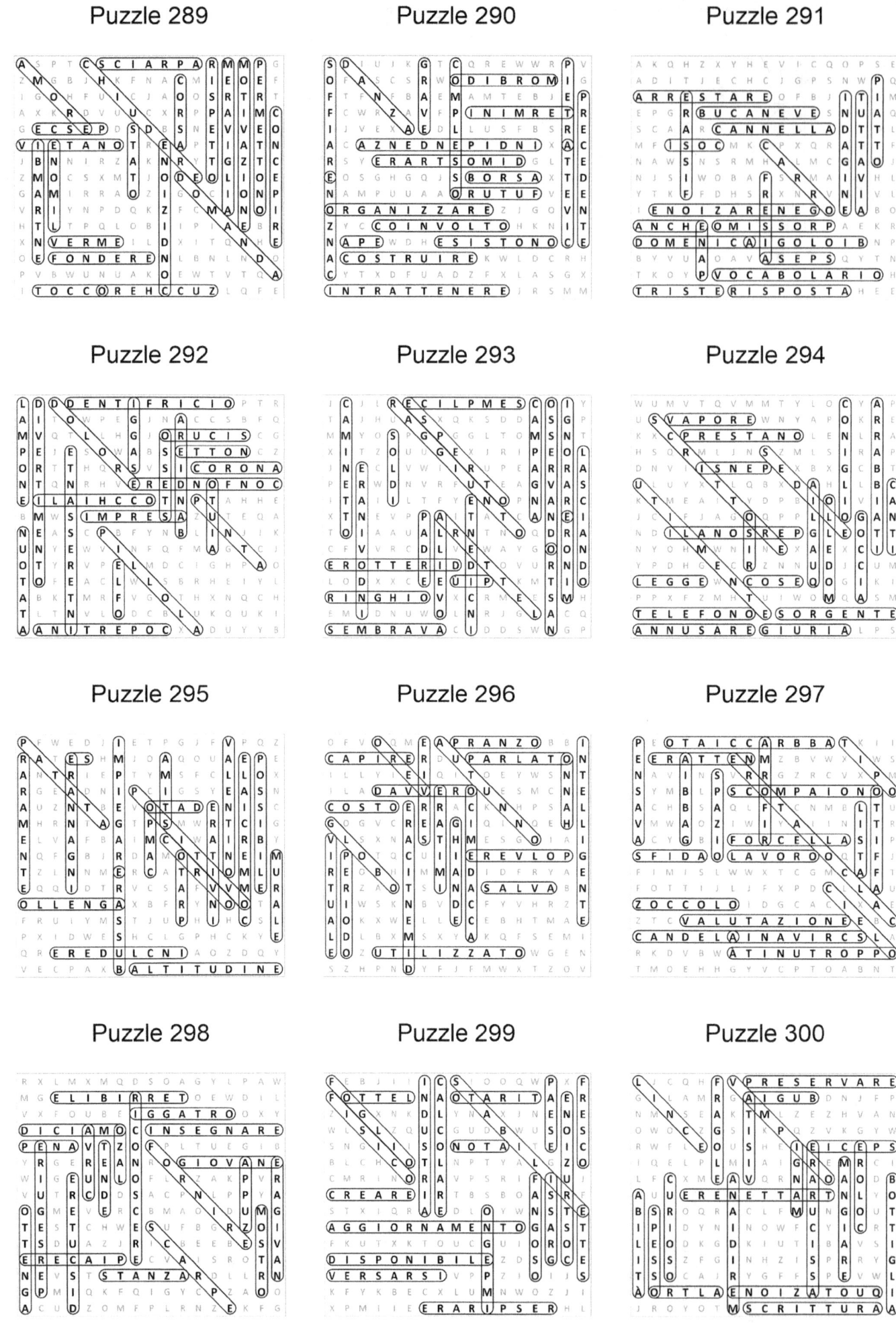

Puzzle 289

Puzzle 290

Puzzle 291

Puzzle 292

Puzzle 293

Puzzle 294

Puzzle 295

Puzzle 296

Puzzle 297

Puzzle 298

Puzzle 299

Puzzle 300

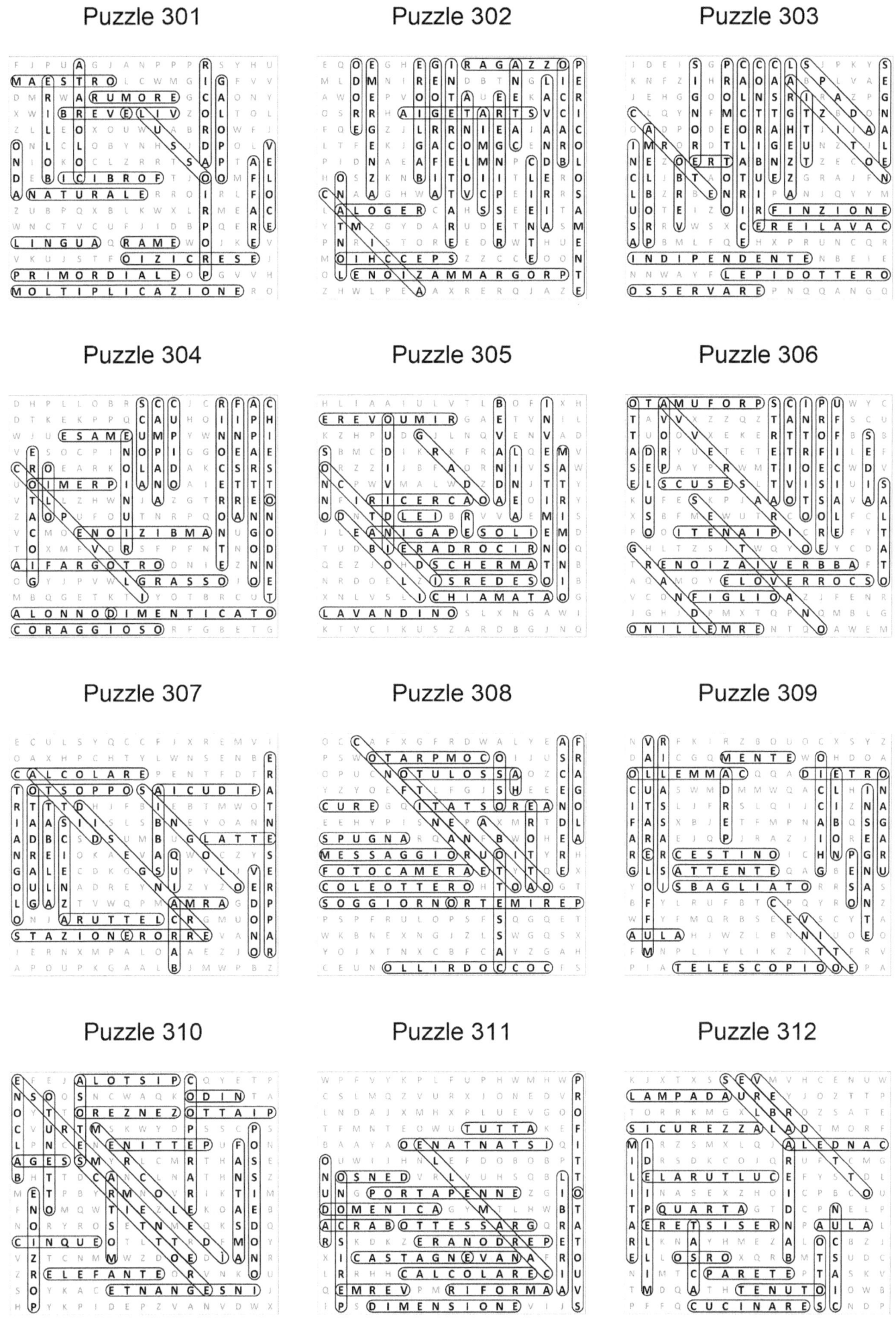

Puzzle 301

Puzzle 302

Puzzle 303

Puzzle 304

Puzzle 305

Puzzle 306

Puzzle 307

Puzzle 308

Puzzle 309

Puzzle 310

Puzzle 311

Puzzle 312

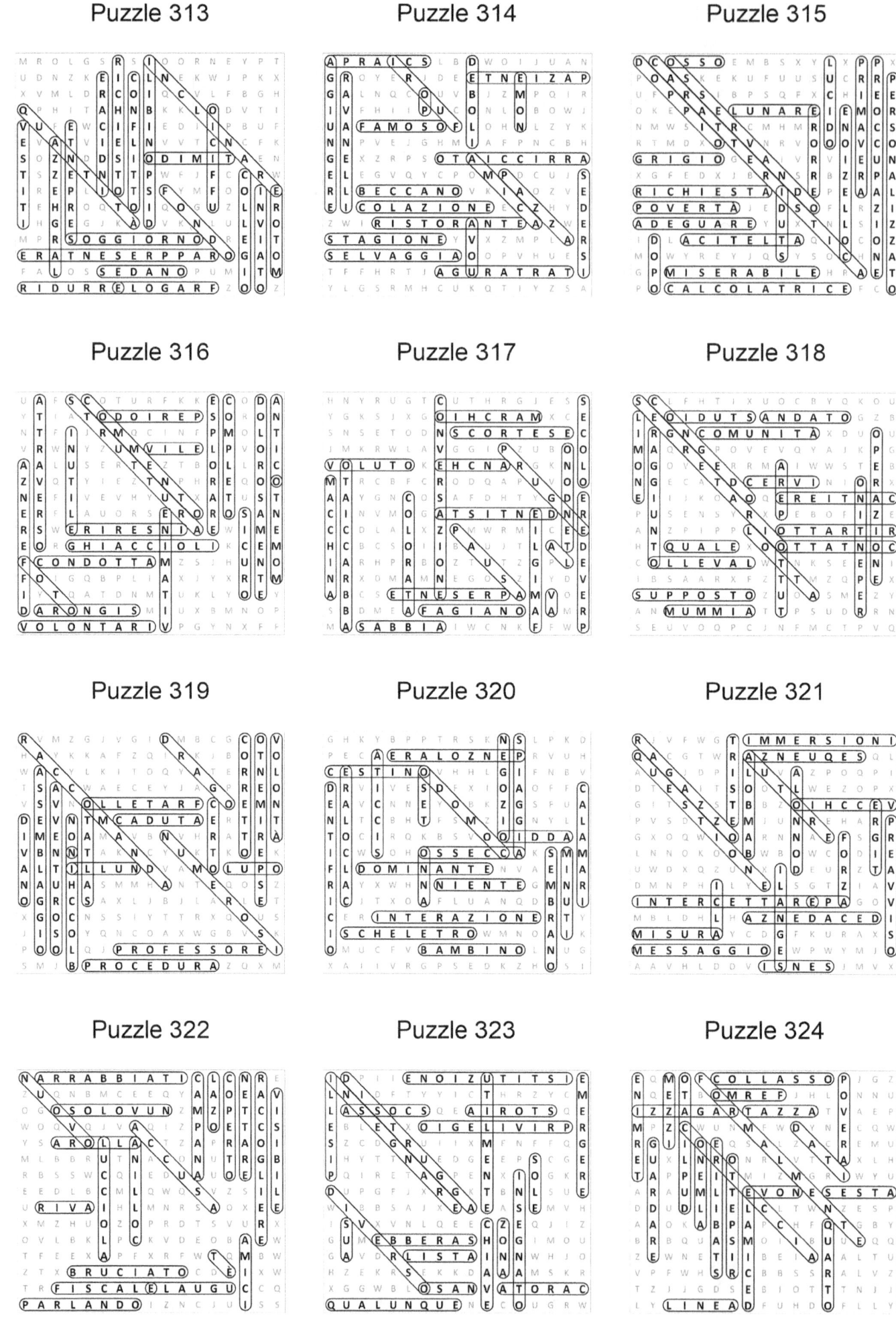

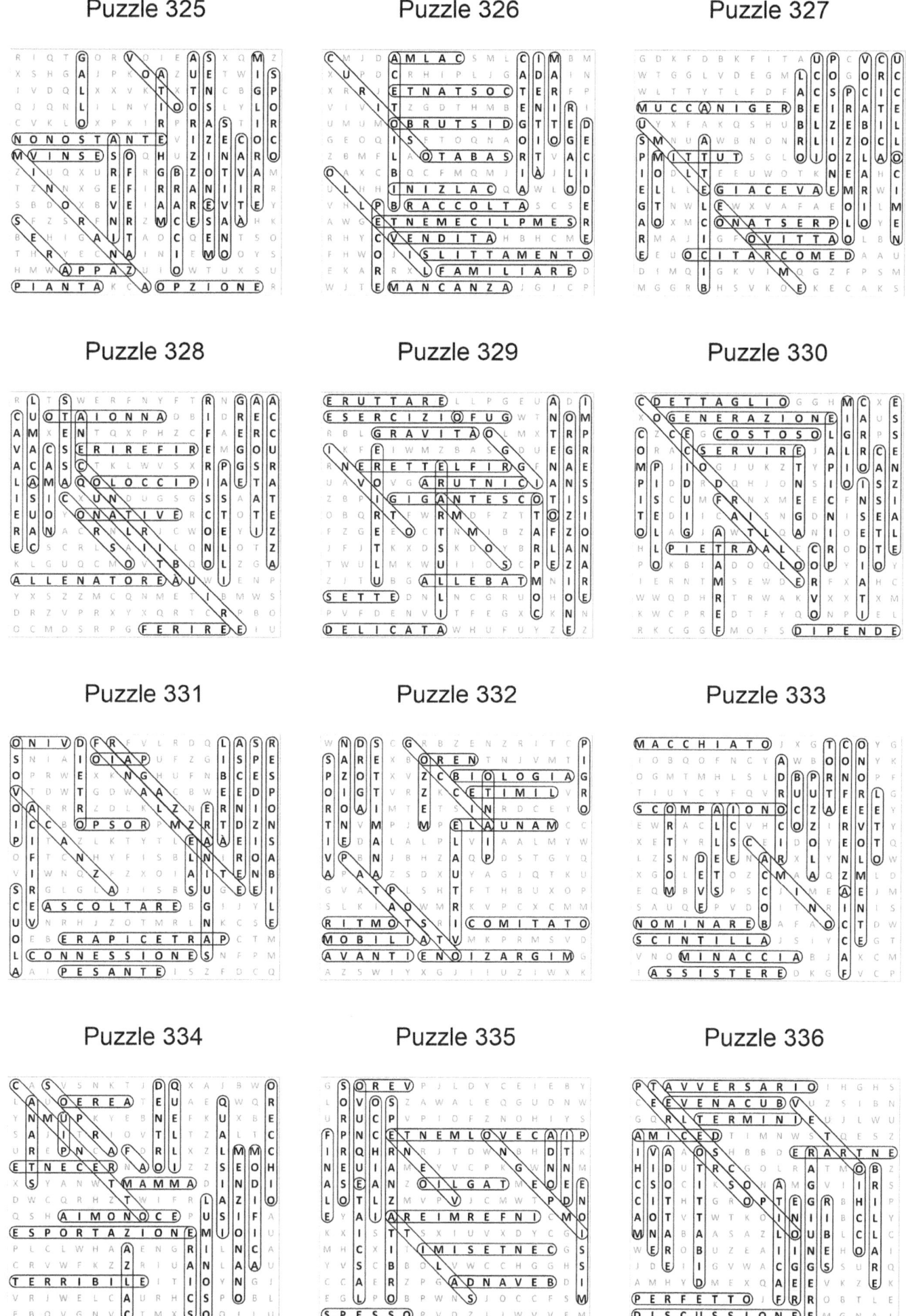

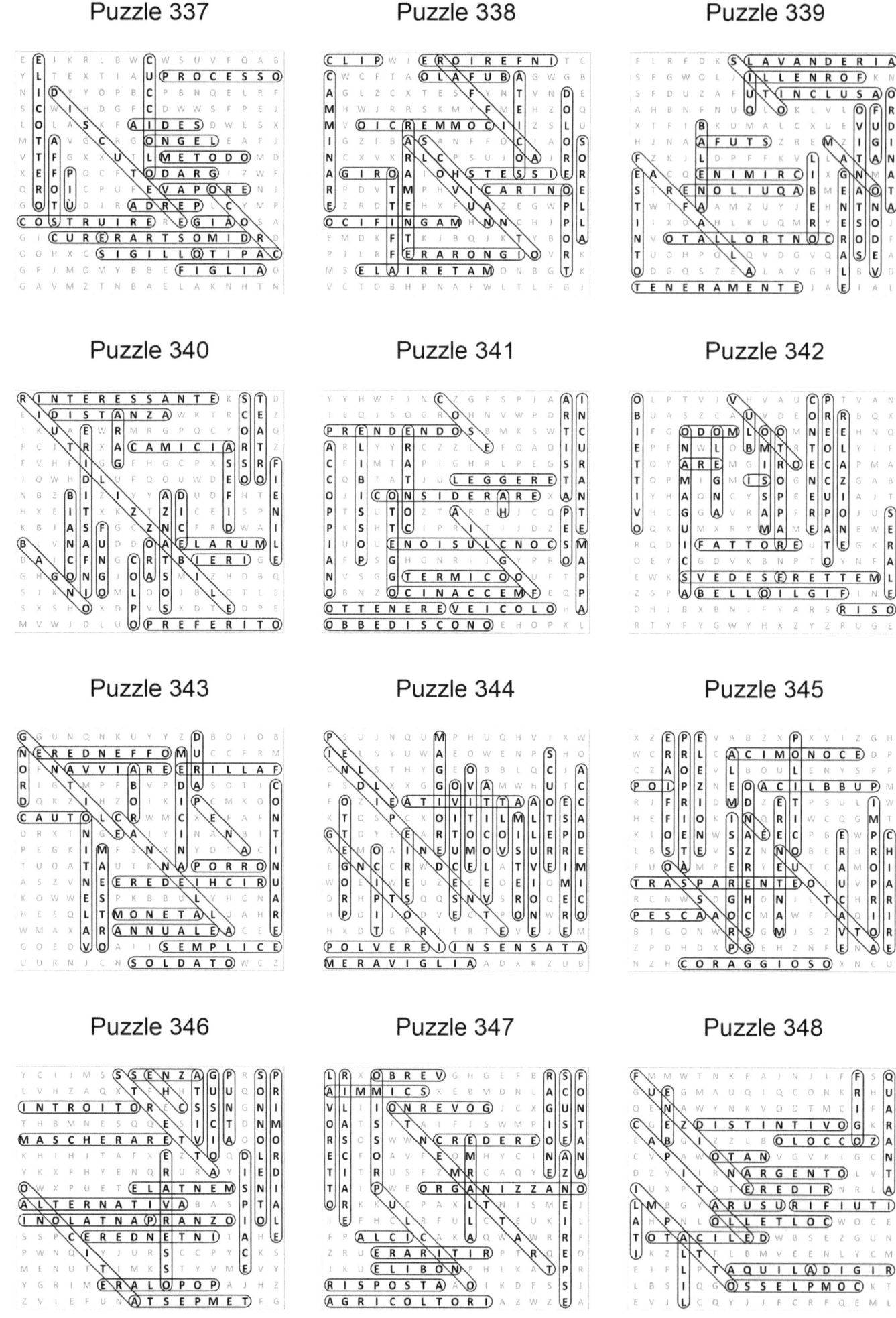

Puzzle 337

Puzzle 338

Puzzle 339

Puzzle 340

Puzzle 341

Puzzle 342

Puzzle 343

Puzzle 344

Puzzle 345

Puzzle 346

Puzzle 347

Puzzle 348

Puzzle 349

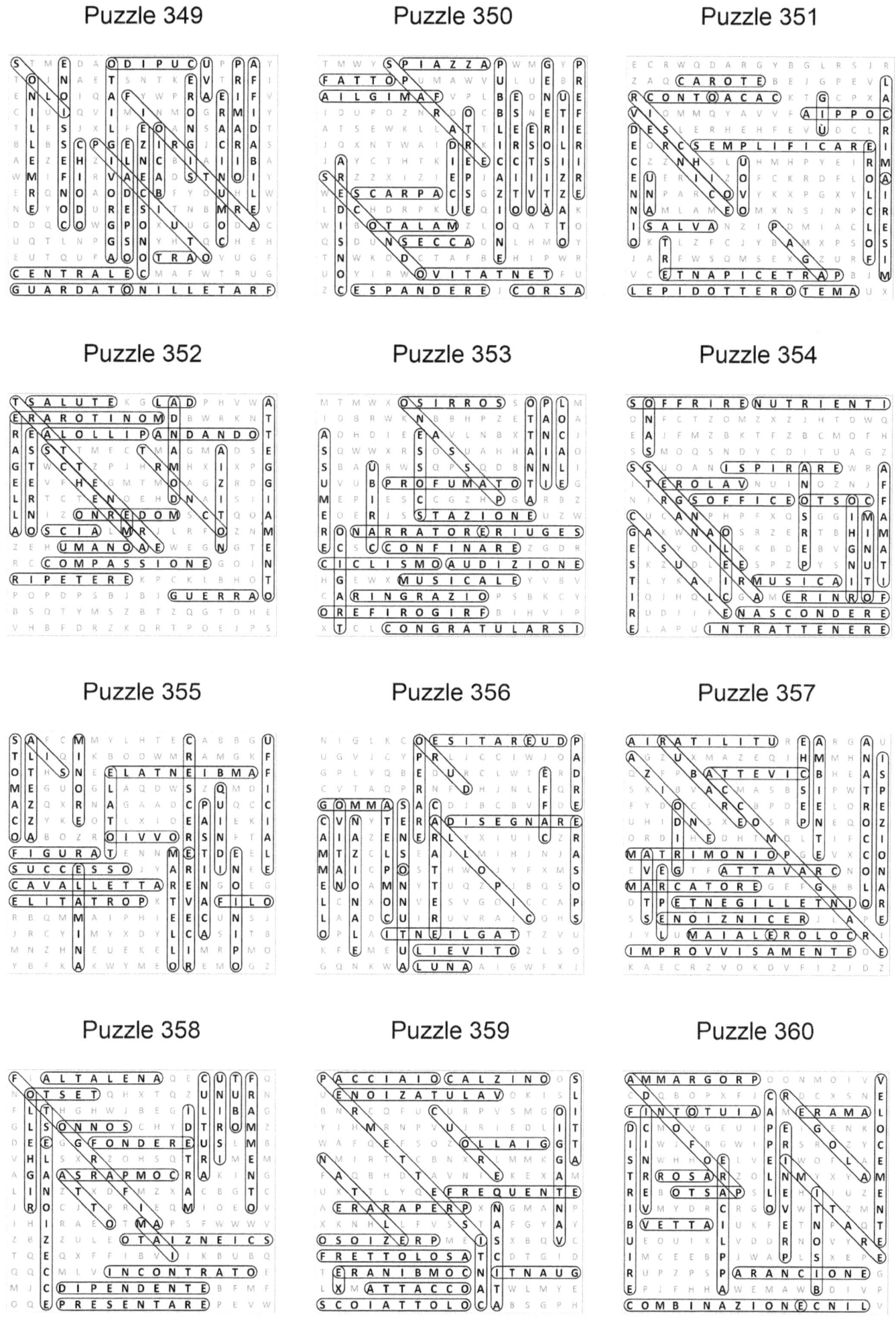

Puzzle 350

Puzzle 351

Puzzle 352

Puzzle 353

Puzzle 354

Puzzle 355

Puzzle 356

Puzzle 357

Puzzle 358

Puzzle 359

Puzzle 360

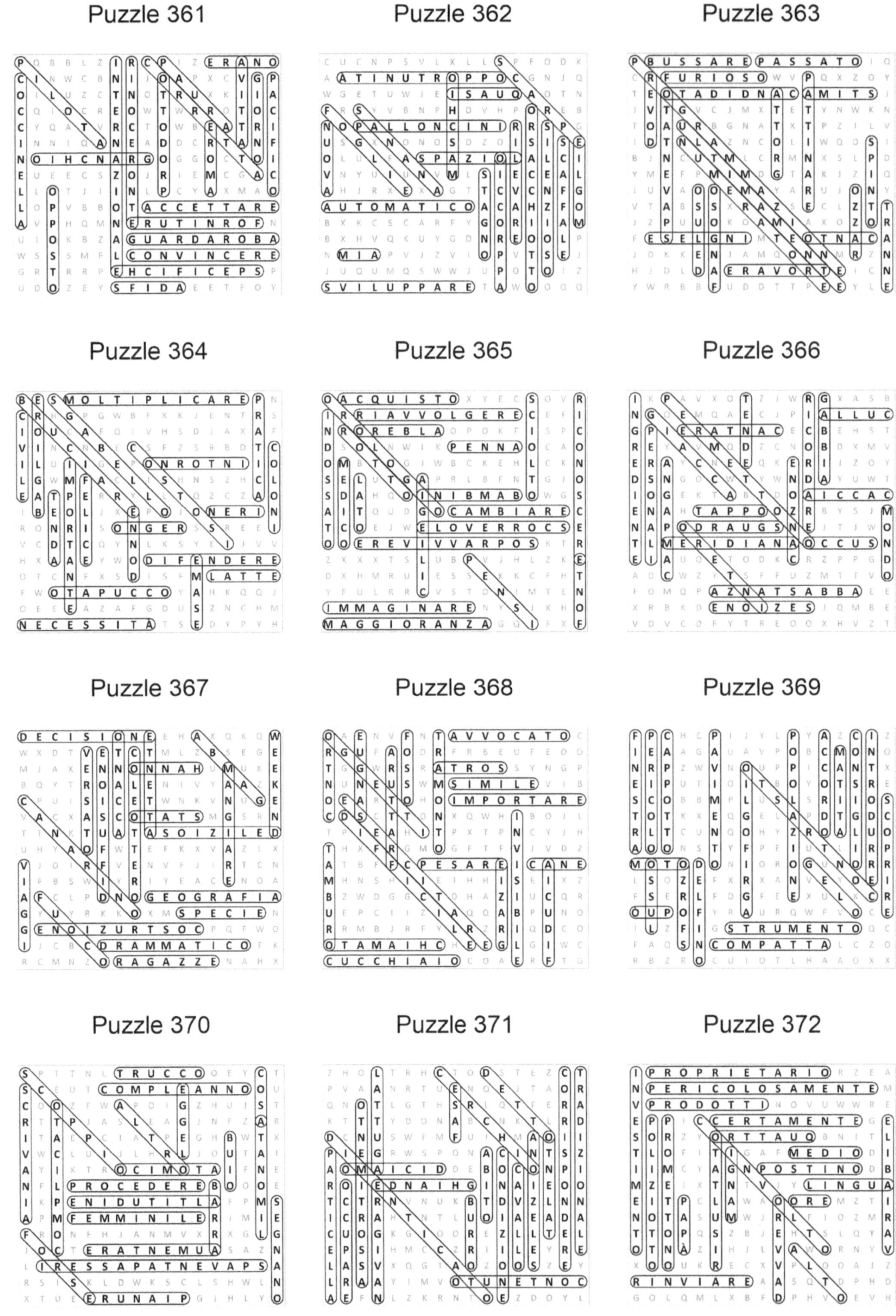

Puzzle 361

Puzzle 362

Puzzle 363

Puzzle 364

Puzzle 365

Puzzle 366

Puzzle 367

Puzzle 368

Puzzle 369

Puzzle 370

Puzzle 371

Puzzle 372

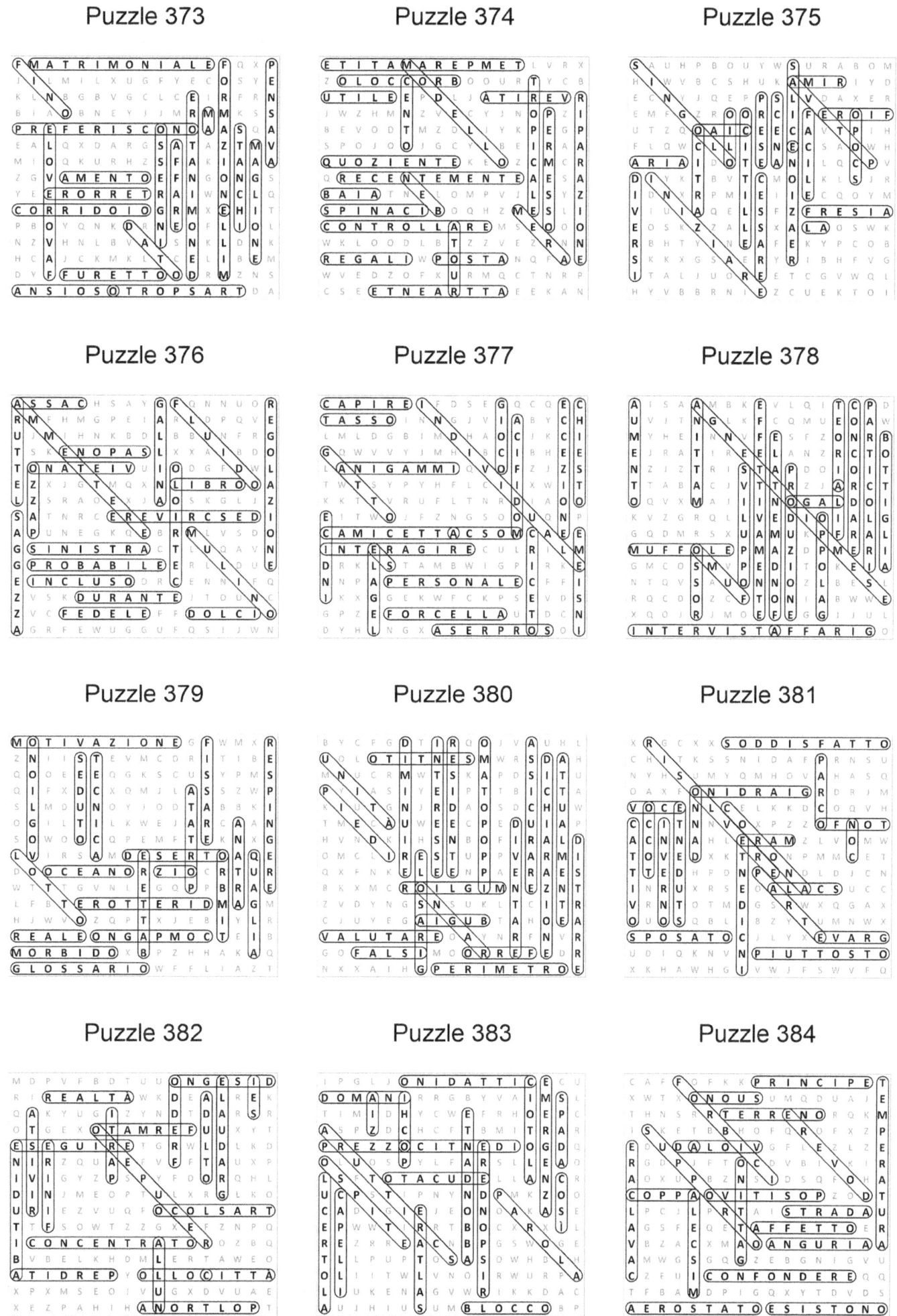

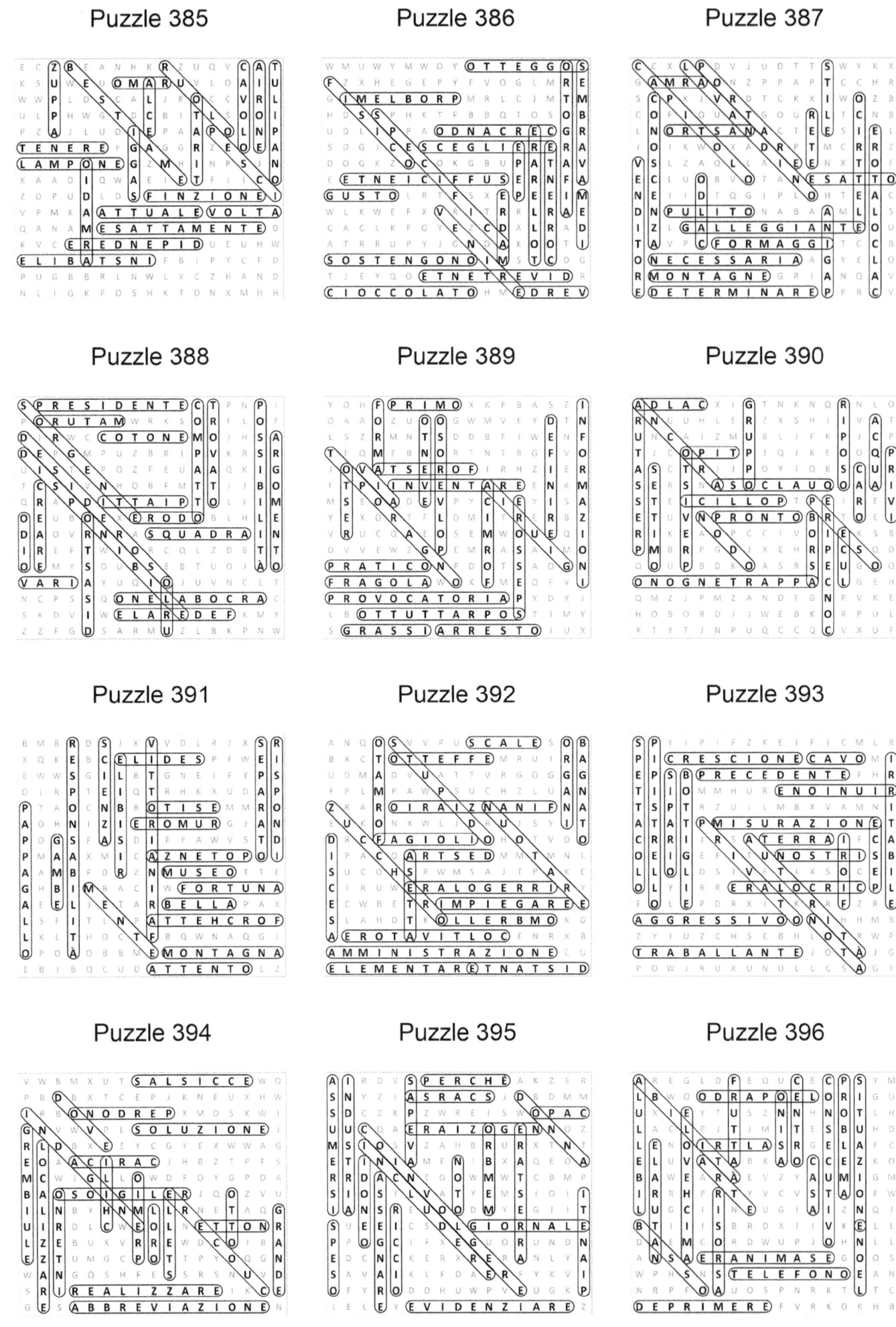

Puzzle 385

Puzzle 386

Puzzle 387

Puzzle 388

Puzzle 389

Puzzle 390

Puzzle 391

Puzzle 392

Puzzle 393

Puzzle 394

Puzzle 395

Puzzle 396

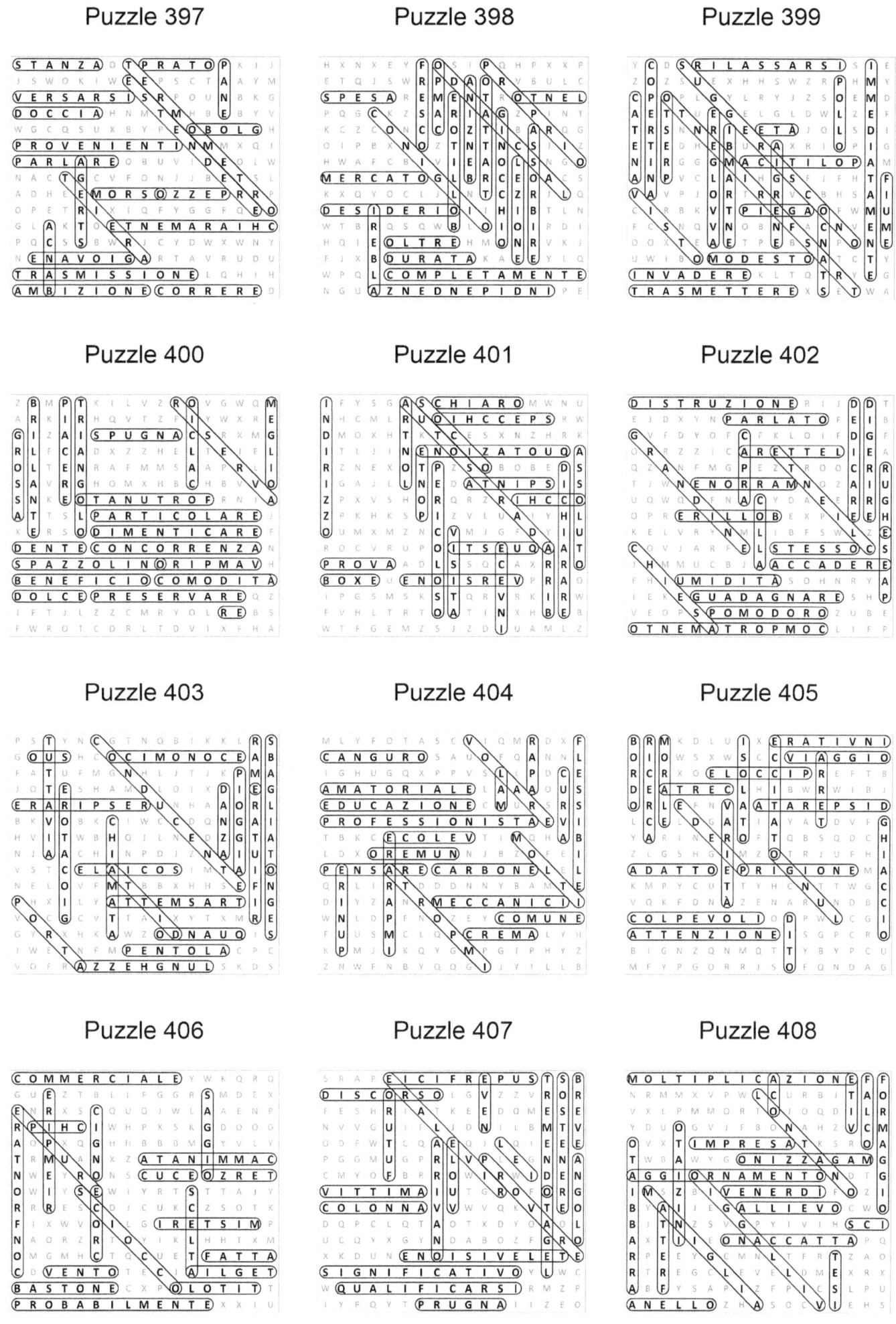

Puzzle 397

Puzzle 398

Puzzle 399

Puzzle 400

Puzzle 401

Puzzle 402

Puzzle 403

Puzzle 404

Puzzle 405

Puzzle 406

Puzzle 407

Puzzle 408

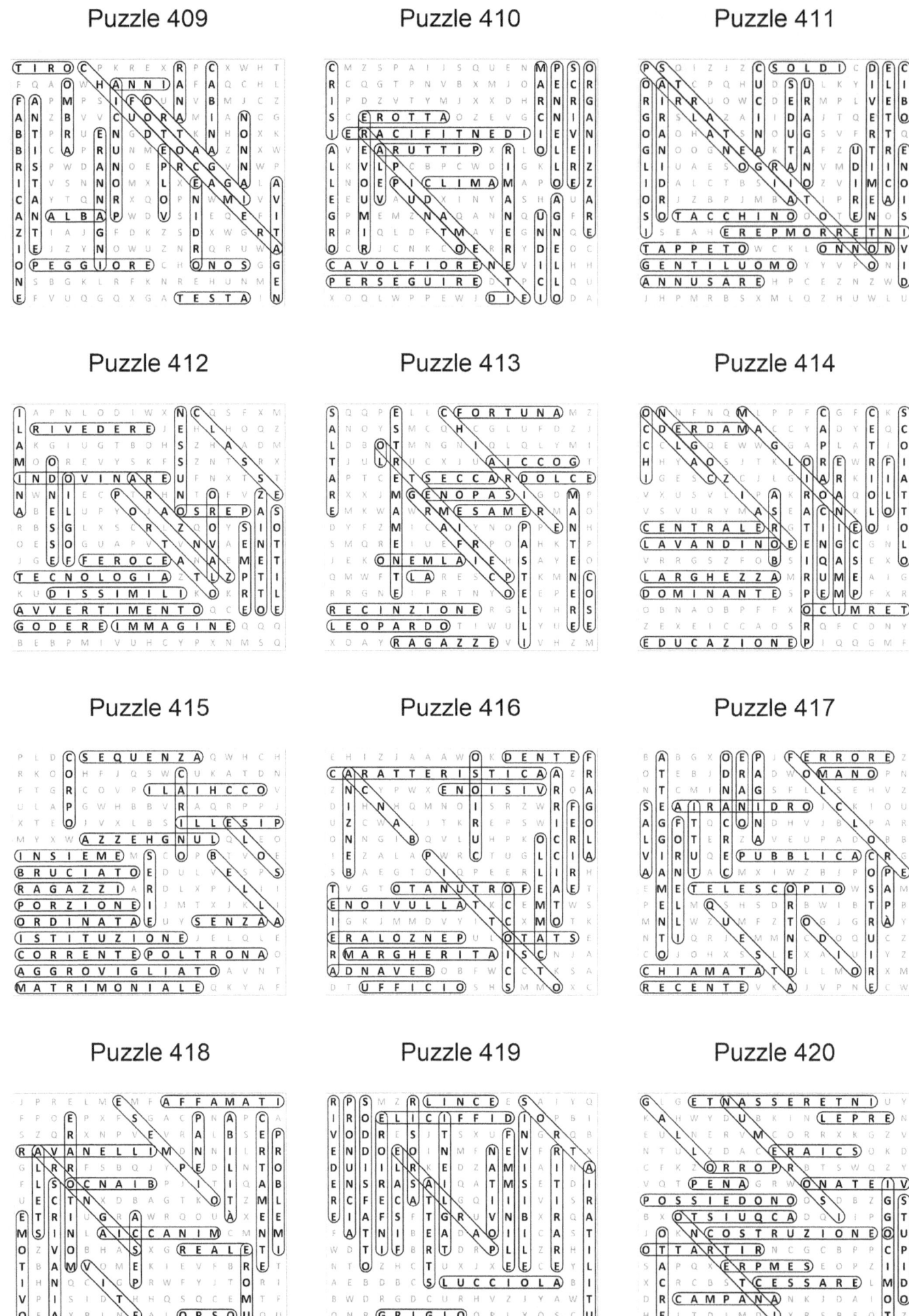

Puzzle 409

Puzzle 410

Puzzle 411

Puzzle 412

Puzzle 413

Puzzle 414

Puzzle 415

Puzzle 416

Puzzle 417

Puzzle 418

Puzzle 419

Puzzle 420

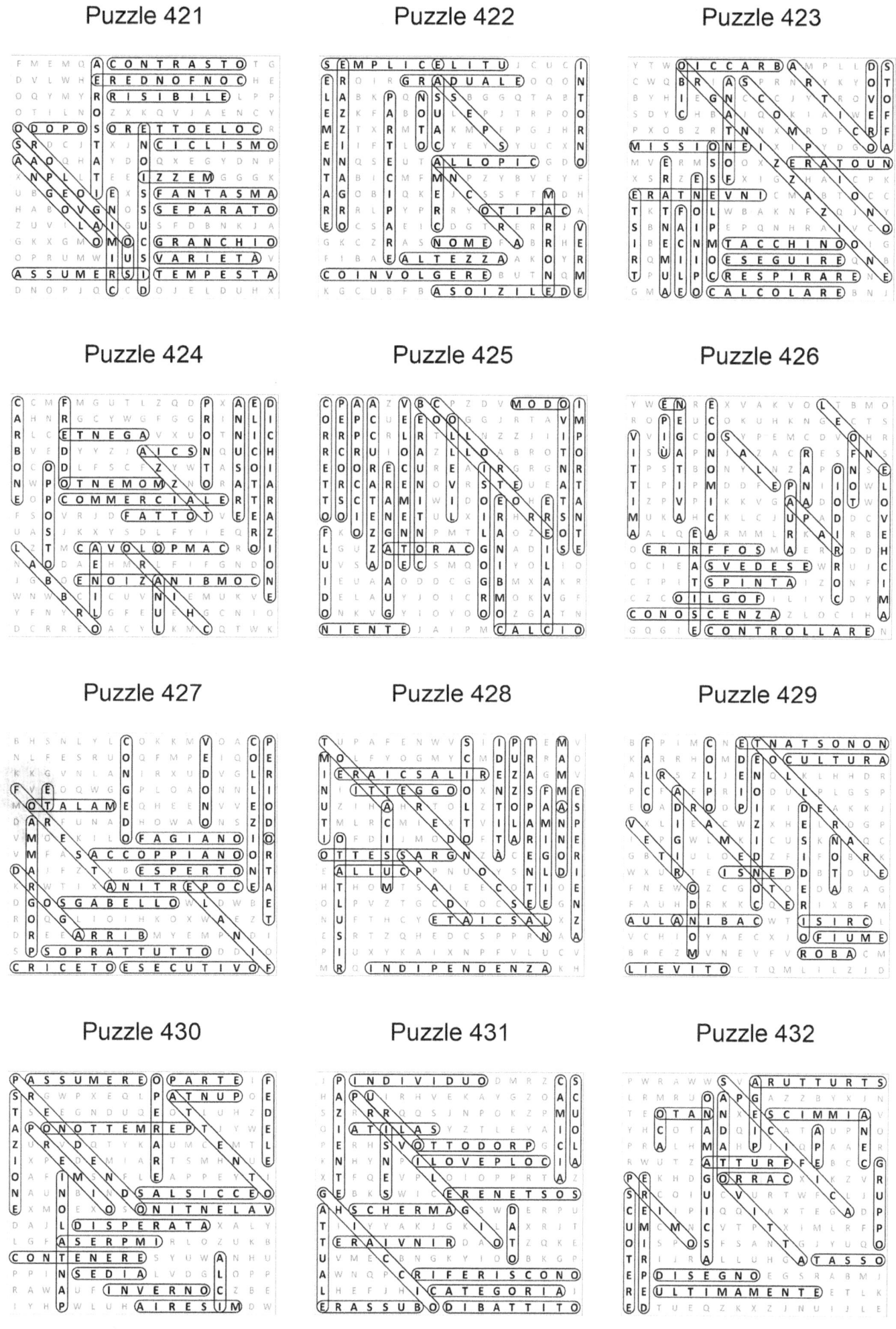

Puzzle 433

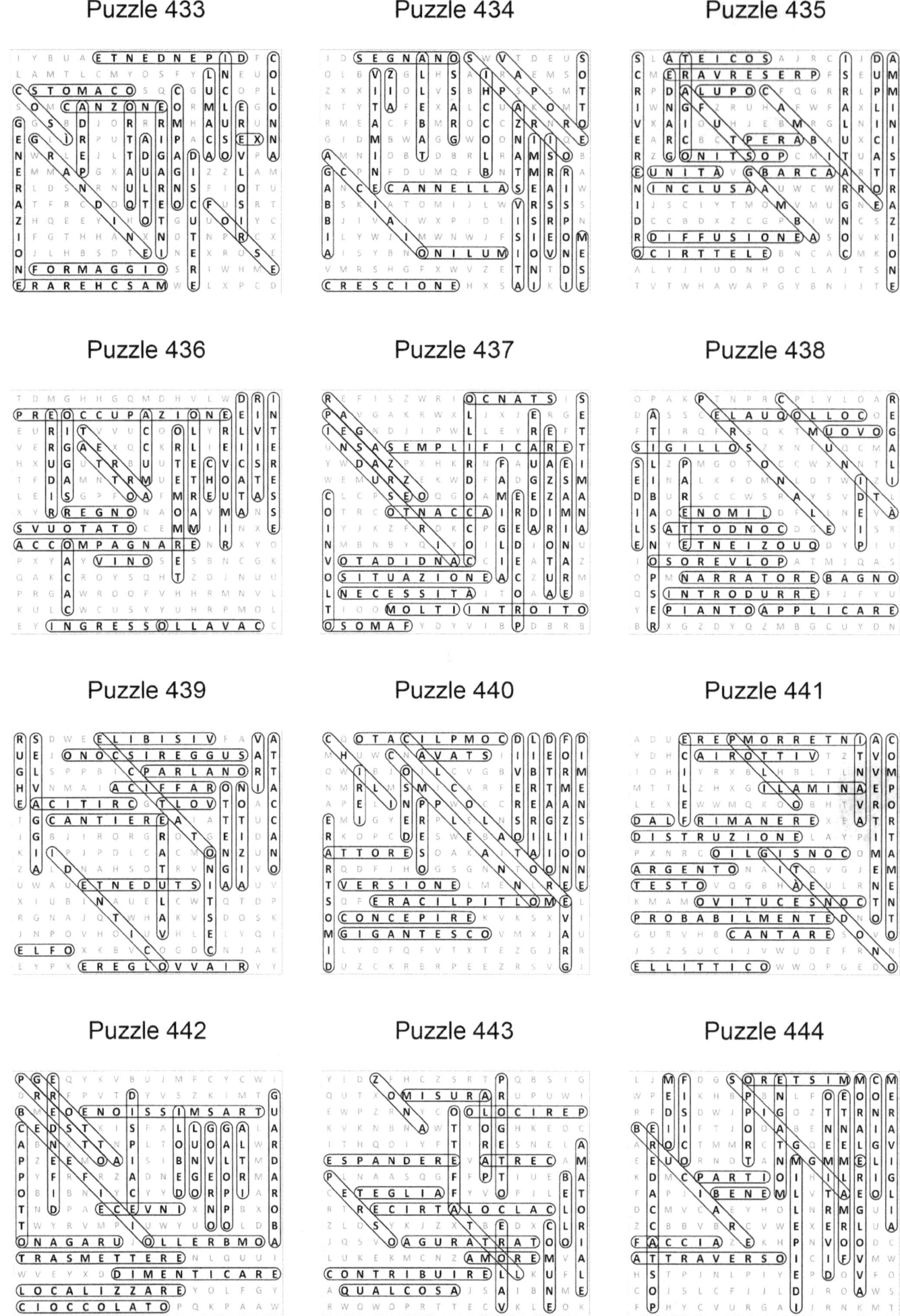

Puzzle 434

Puzzle 435

Puzzle 436

Puzzle 437

Puzzle 438

Puzzle 439

Puzzle 440

Puzzle 441

Puzzle 442

Puzzle 443

Puzzle 444

Puzzle 445

Puzzle 446

Puzzle 447

Puzzle 448

Puzzle 449

Puzzle 450

Puzzle 451

Puzzle 452

Puzzle 453

Puzzle 454

Puzzle 455

Puzzle 456

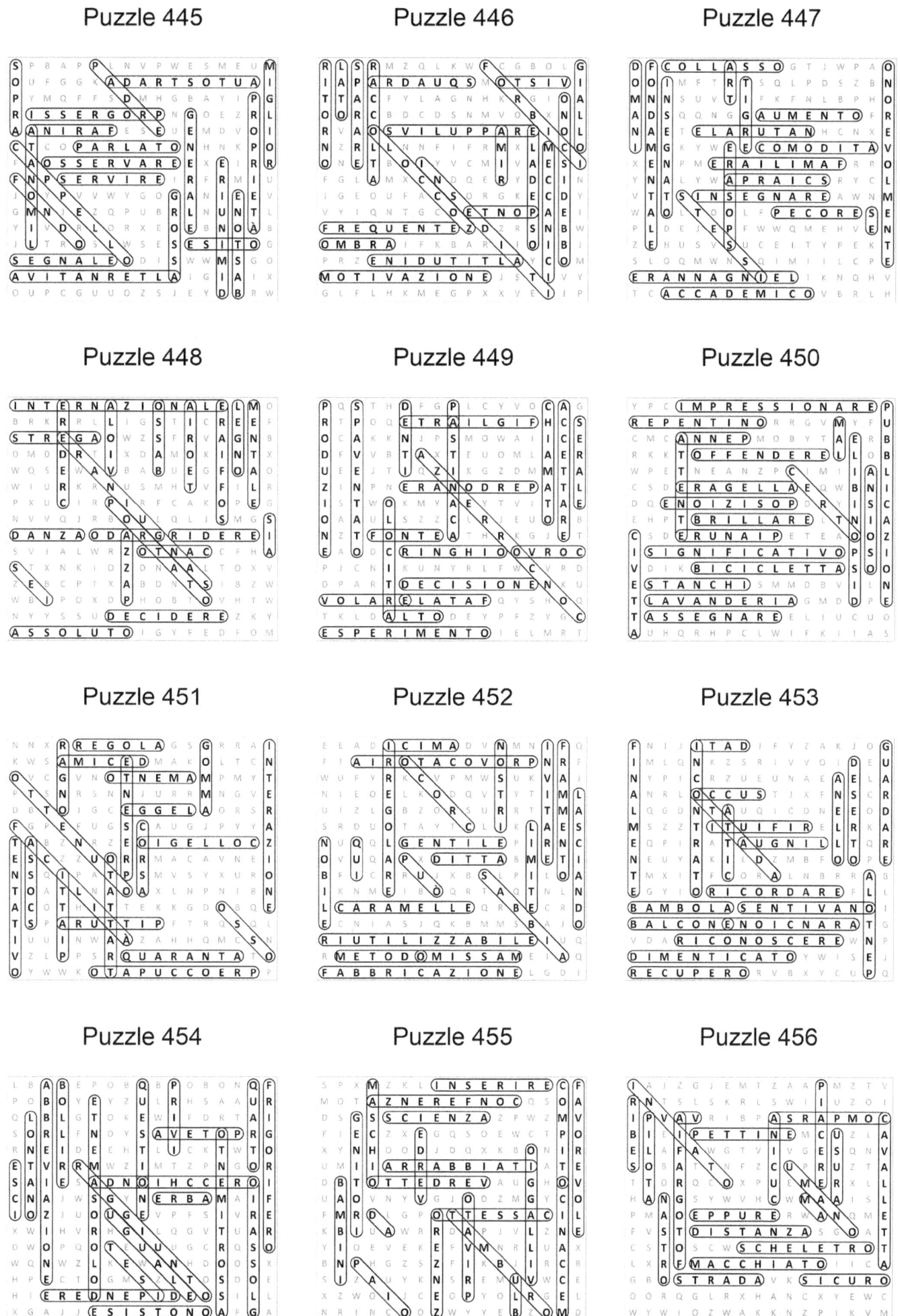

Puzzle 457

Puzzle 458

Puzzle 459

Puzzle 460

Puzzle 461

Puzzle 462

Puzzle 463

Puzzle 464

Puzzle 465

Puzzle 466

Puzzle 467

Puzzle 468

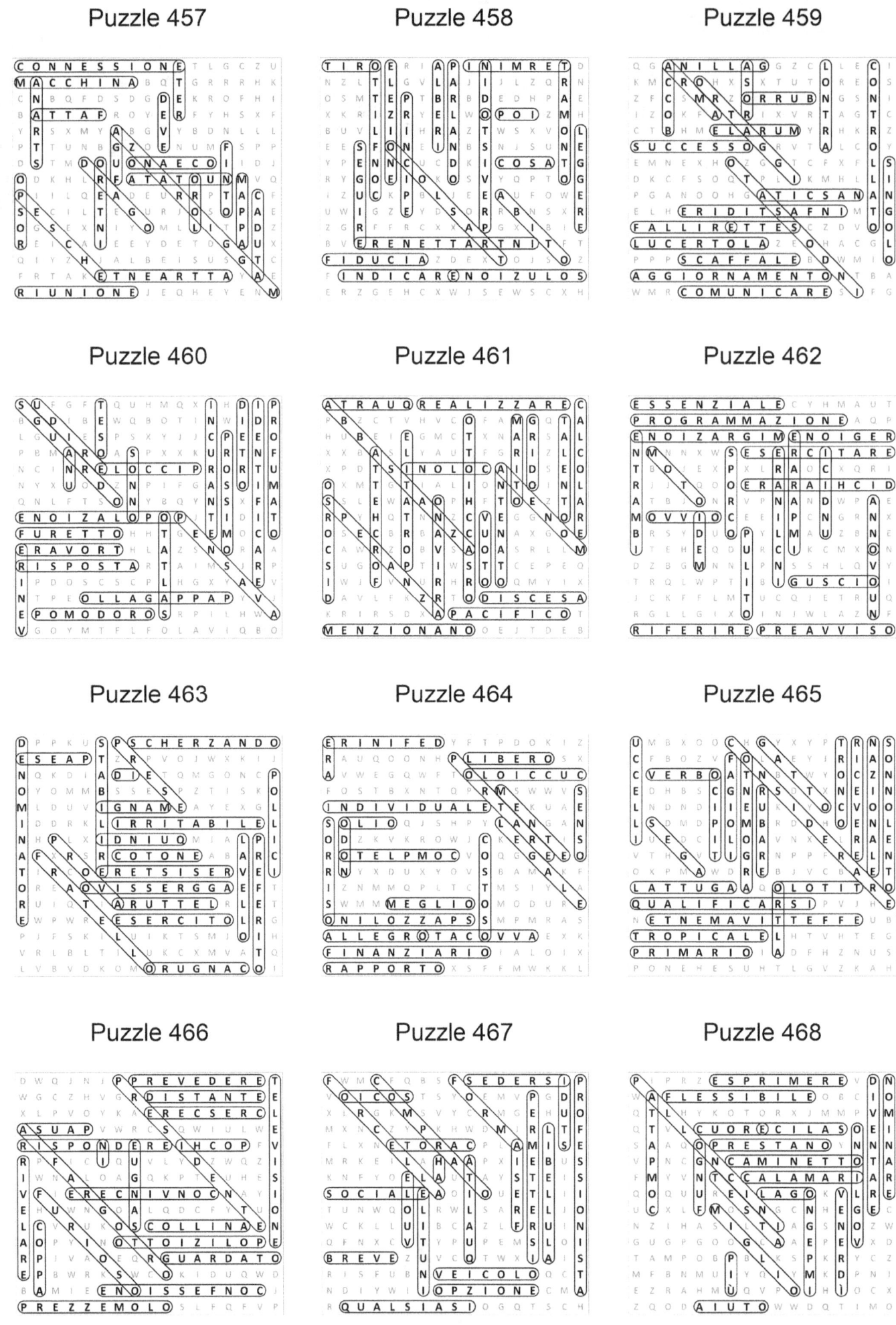

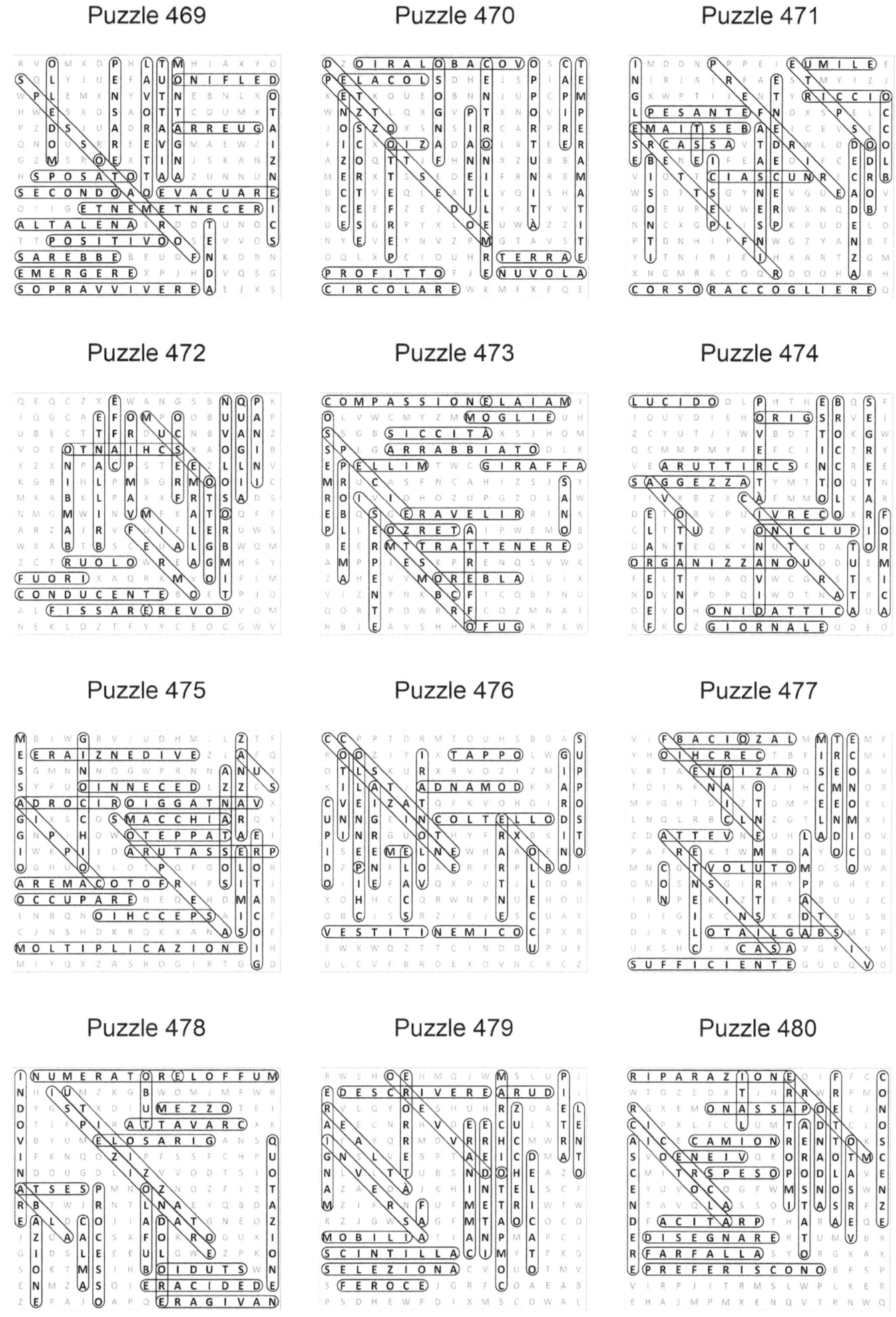

Puzzle 469

Puzzle 470

Puzzle 471

Puzzle 472

Puzzle 473

Puzzle 474

Puzzle 475

Puzzle 476

Puzzle 477

Puzzle 478

Puzzle 479

Puzzle 480

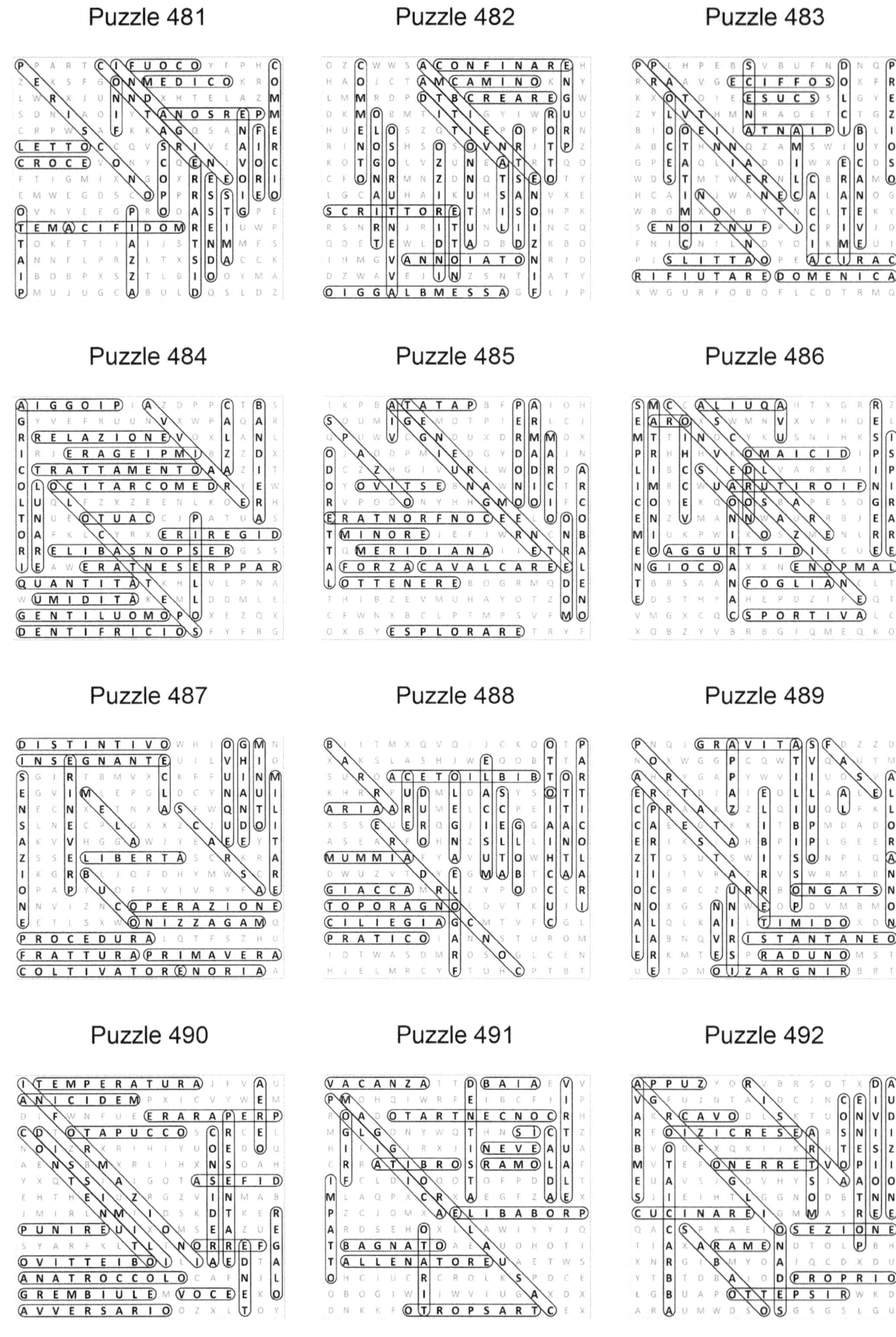

Puzzle 481

Puzzle 482

Puzzle 483

Puzzle 484

Puzzle 485

Puzzle 486

Puzzle 487

Puzzle 488

Puzzle 489

Puzzle 490

Puzzle 491

Puzzle 492

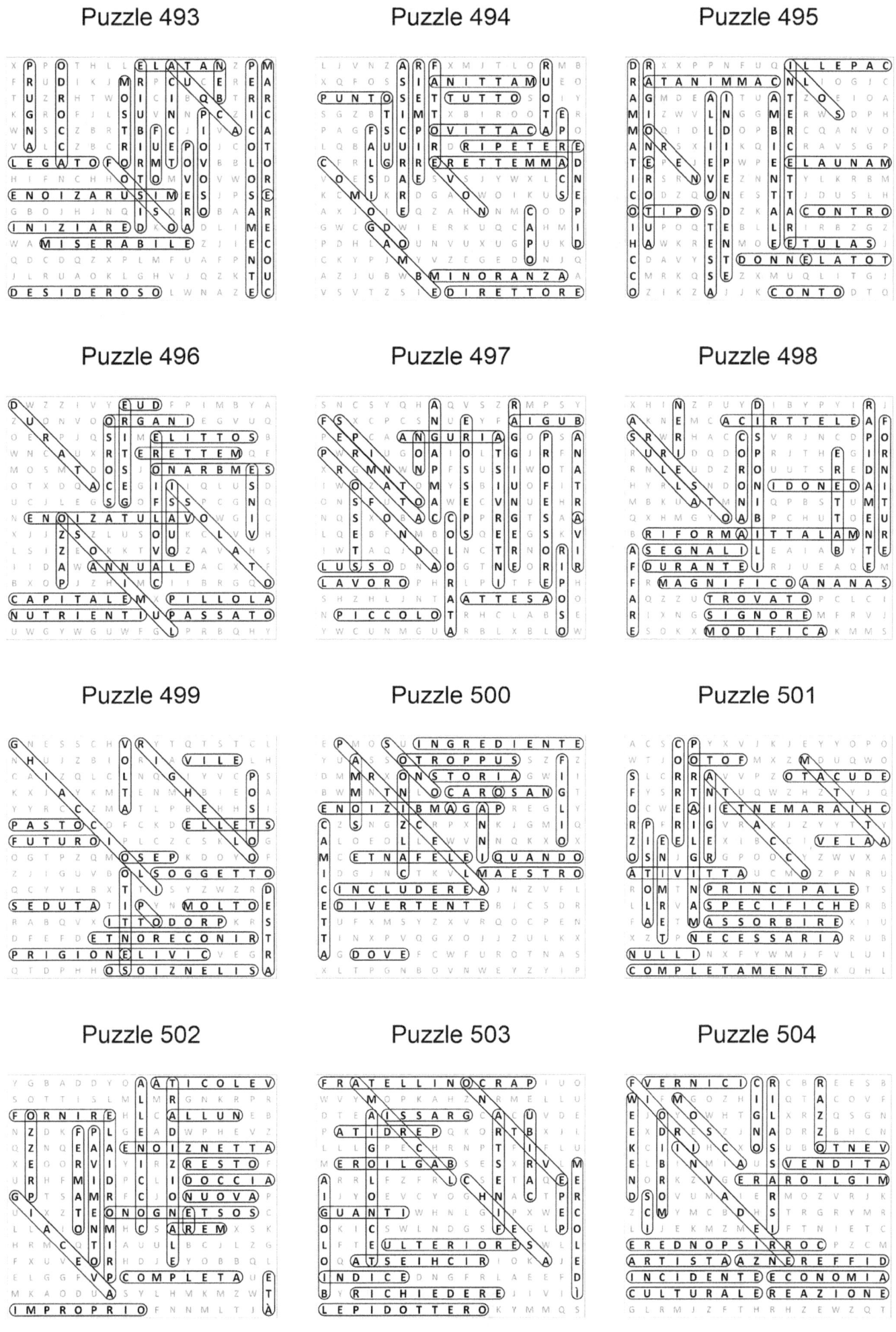

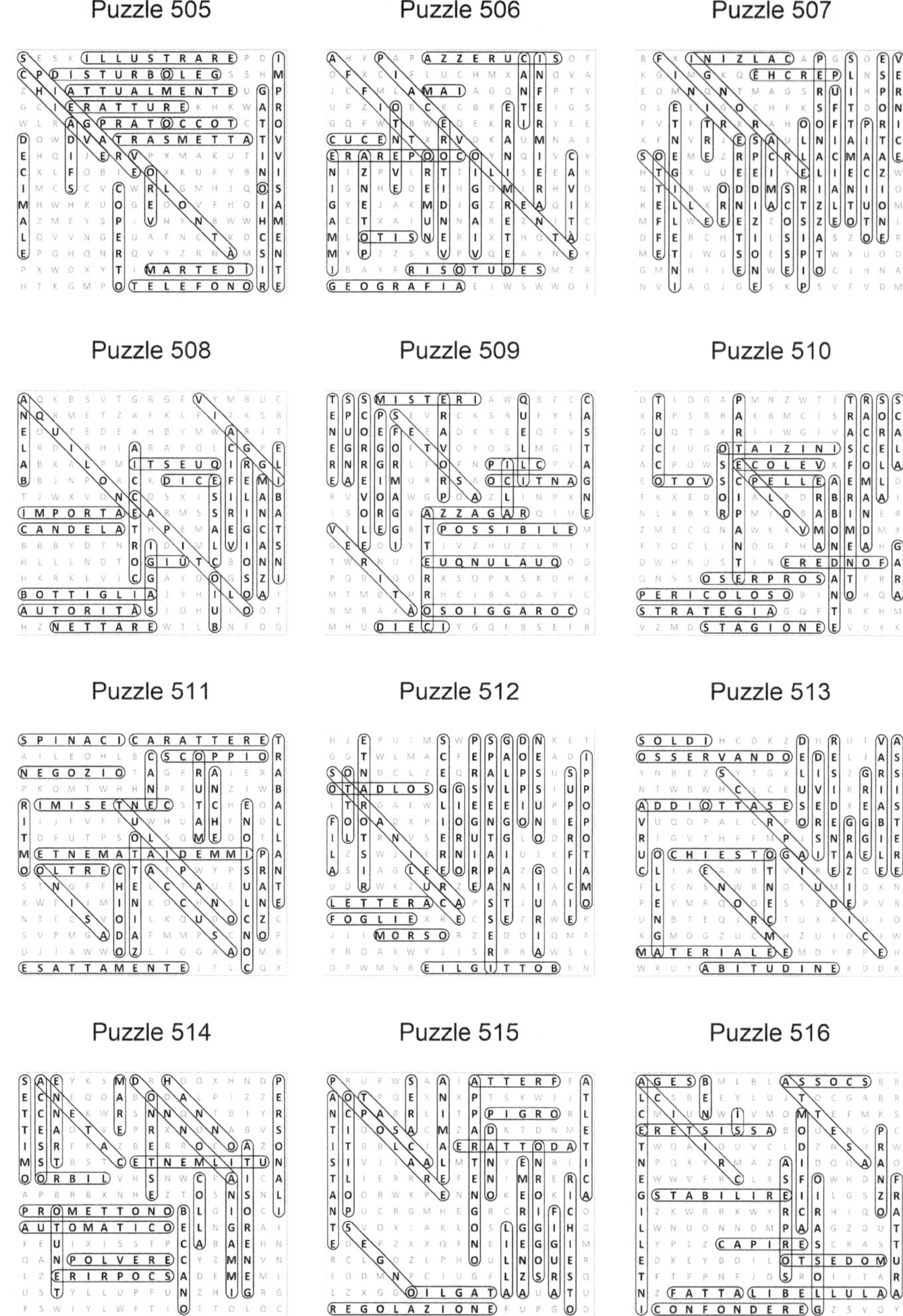

Puzzle 505

Puzzle 506

Puzzle 507

Puzzle 508

Puzzle 509

Puzzle 510

Puzzle 511

Puzzle 512

Puzzle 513

Puzzle 514

Puzzle 515

Puzzle 516

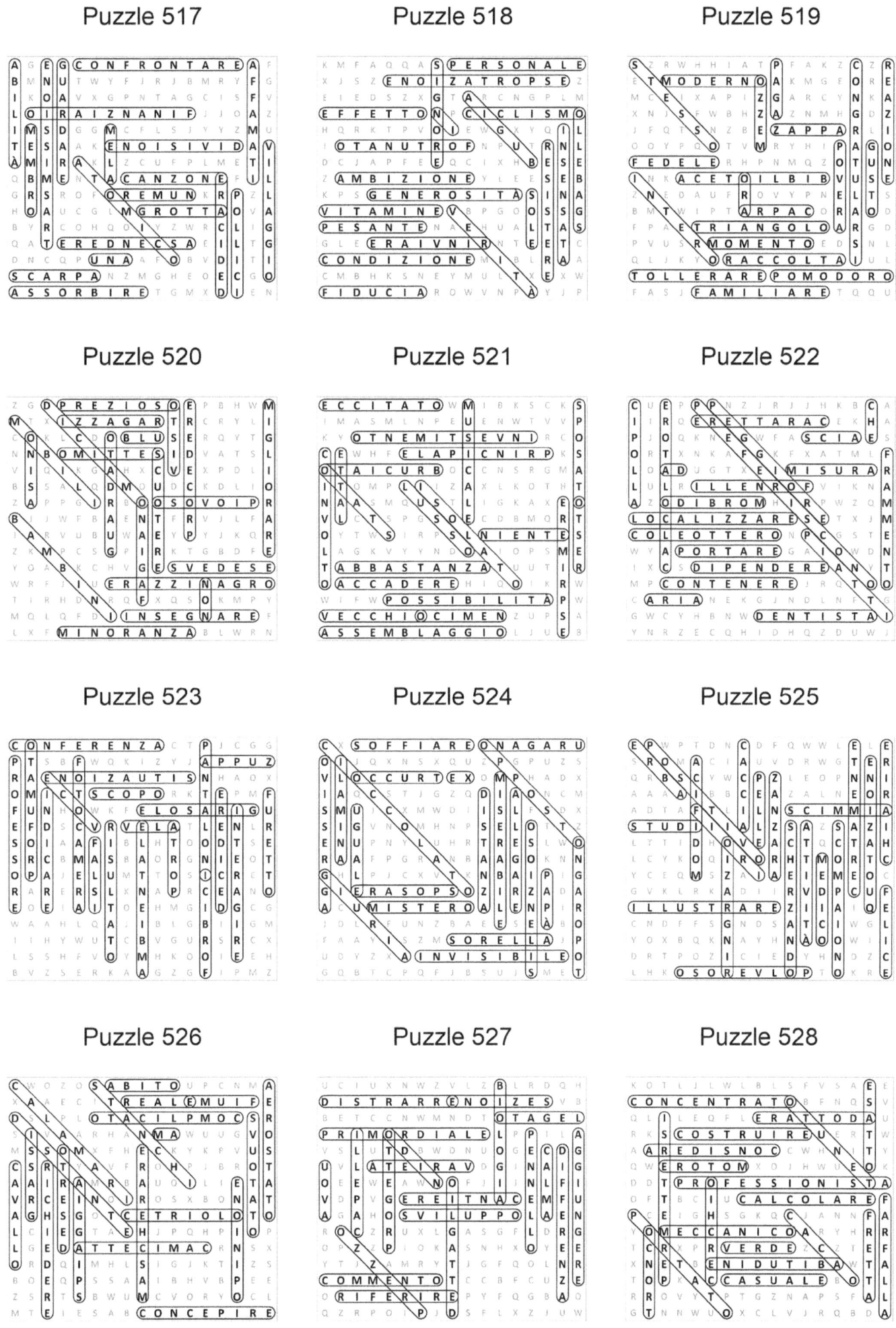

Puzzle 517

Puzzle 518

Puzzle 519

Puzzle 520

Puzzle 521

Puzzle 522

Puzzle 523

Puzzle 524

Puzzle 525

Puzzle 526

Puzzle 527

Puzzle 528

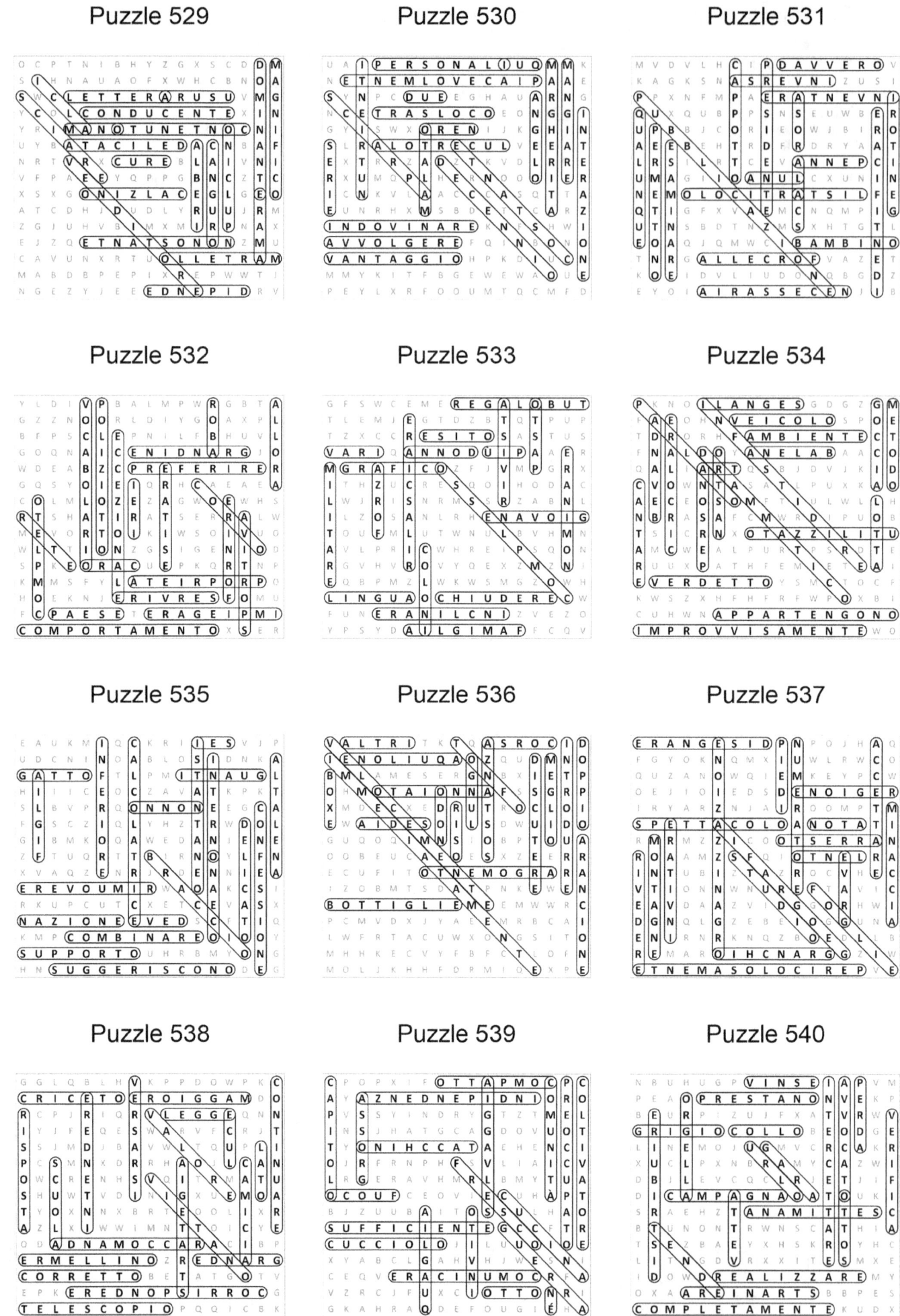

Puzzle 529

Puzzle 530

Puzzle 531

Puzzle 532

Puzzle 533

Puzzle 534

Puzzle 535

Puzzle 536

Puzzle 537

Puzzle 538

Puzzle 539

Puzzle 540

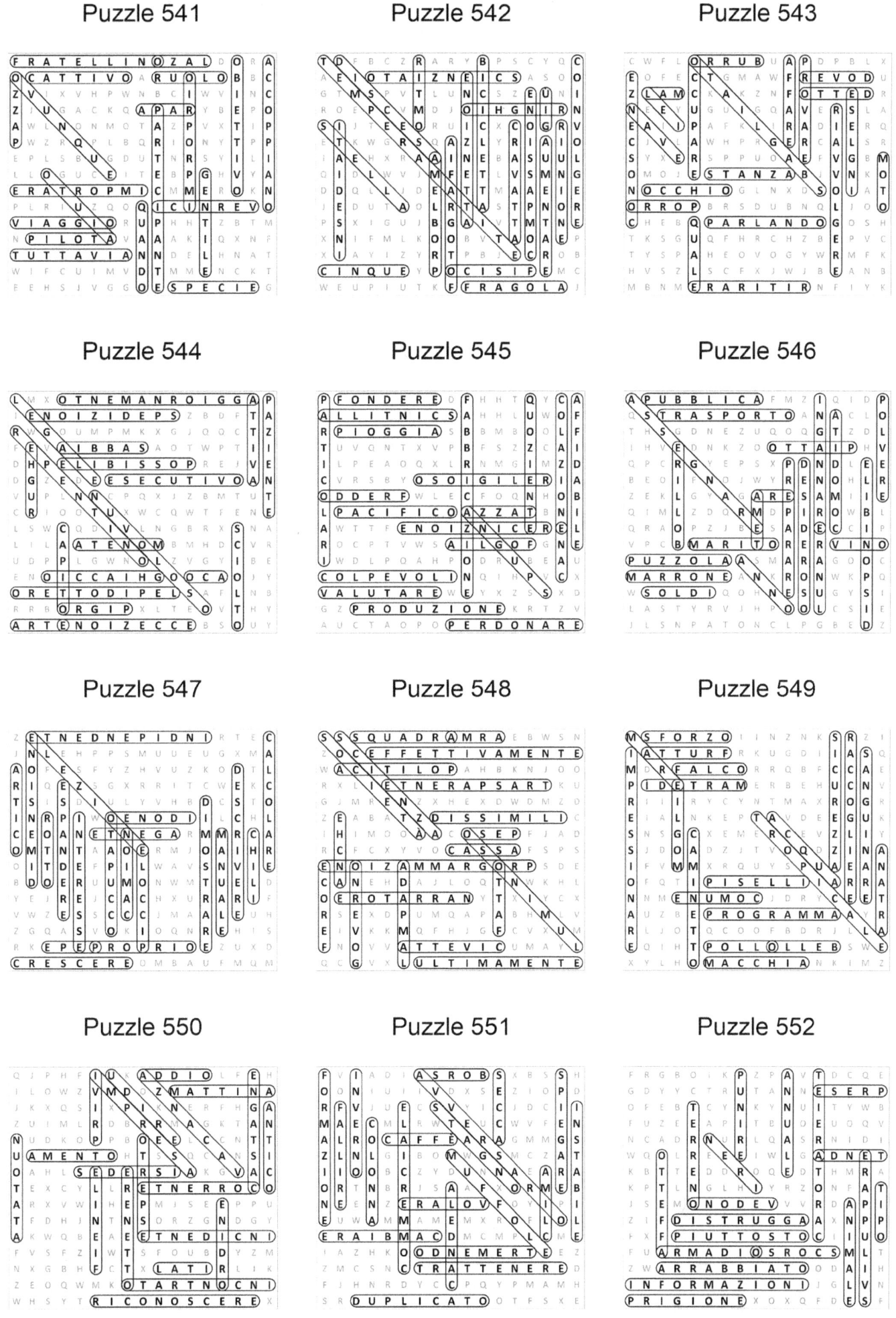

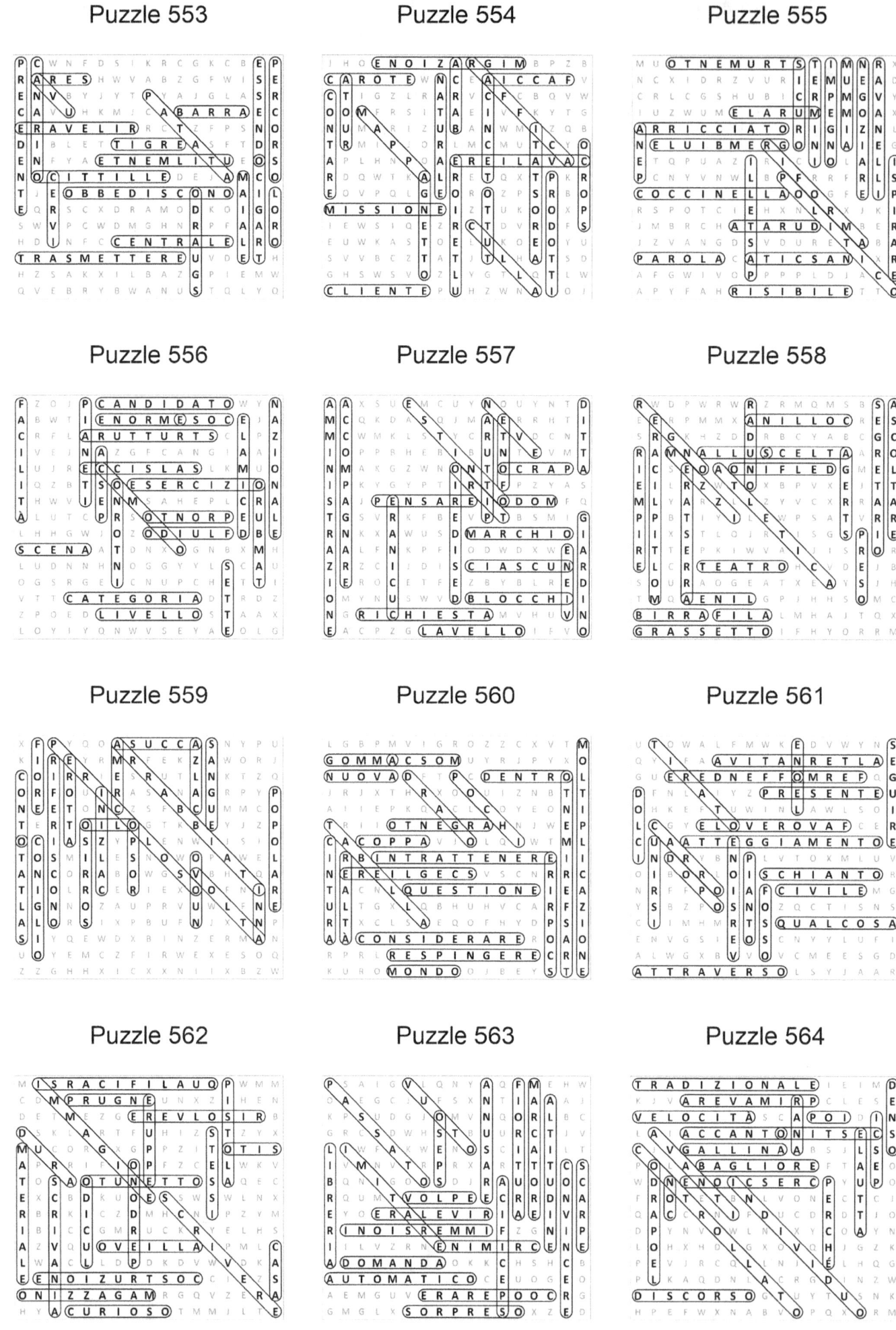

Puzzle 553

Puzzle 554

Puzzle 555

Puzzle 556

Puzzle 557

Puzzle 558

Puzzle 559

Puzzle 560

Puzzle 561

Puzzle 562

Puzzle 563

Puzzle 564

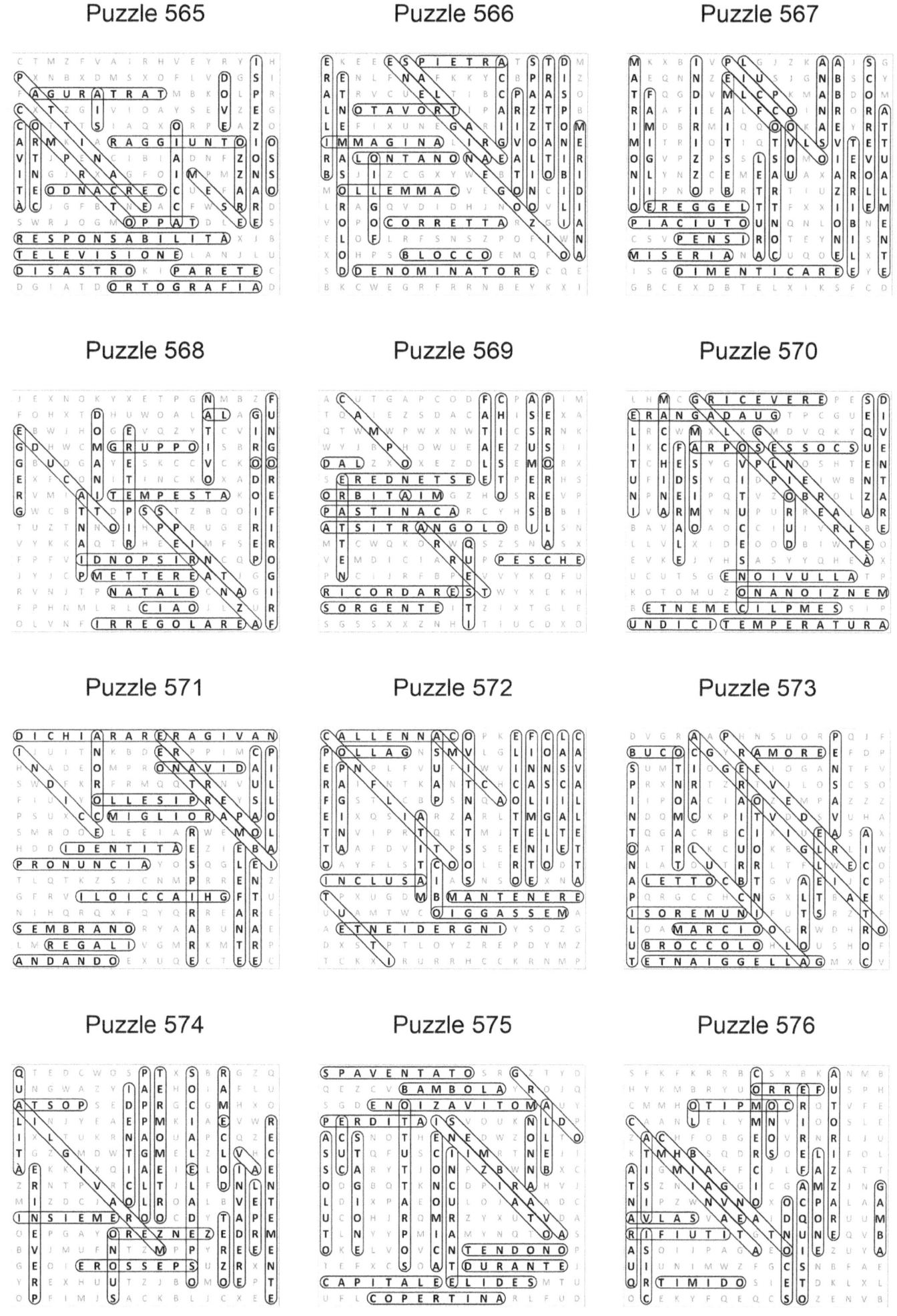

Puzzle 565

Puzzle 566

Puzzle 567

Puzzle 568

Puzzle 569

Puzzle 570

Puzzle 571

Puzzle 572

Puzzle 573

Puzzle 574

Puzzle 575

Puzzle 576

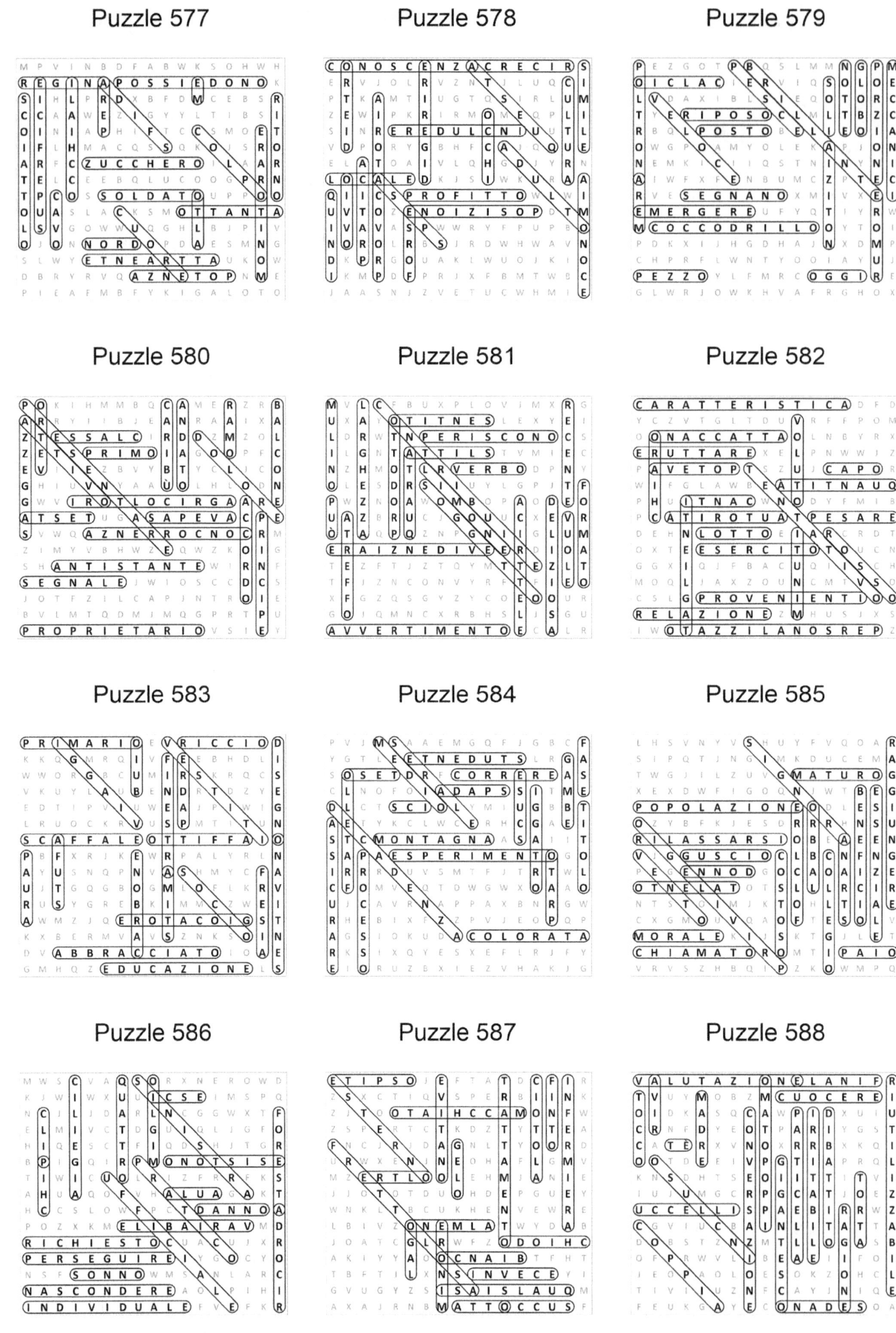

Puzzle 577

Puzzle 578

Puzzle 579

Puzzle 580

Puzzle 581

Puzzle 582

Puzzle 583

Puzzle 584

Puzzle 585

Puzzle 586

Puzzle 587

Puzzle 588

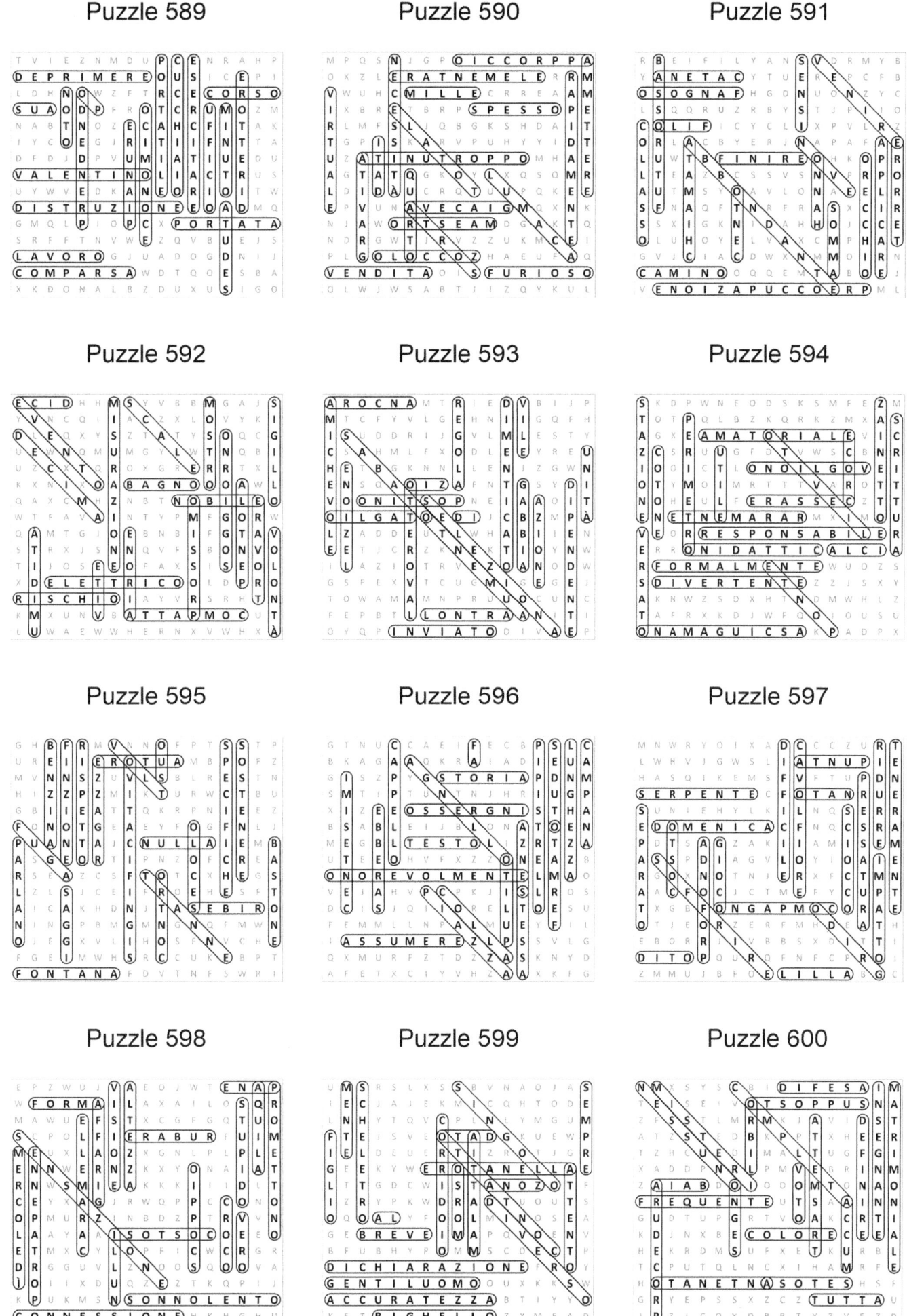

Puzzle 589

Puzzle 590

Puzzle 591

Puzzle 592

Puzzle 593

Puzzle 594

Puzzle 595

Puzzle 596

Puzzle 597

Puzzle 598

Puzzle 599

Puzzle 600

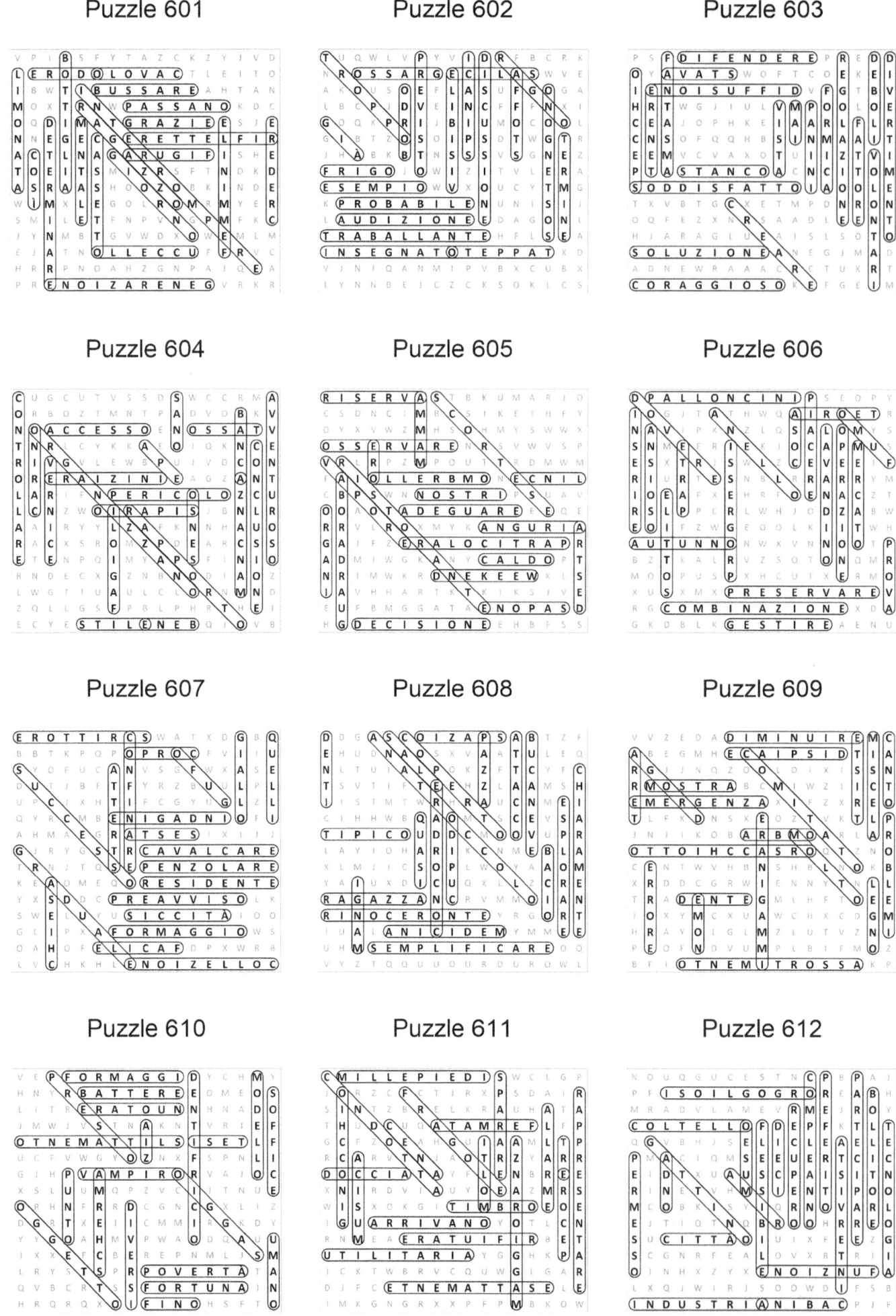

Puzzle 601

Puzzle 602

Puzzle 603

Puzzle 604

Puzzle 605

Puzzle 606

Puzzle 607

Puzzle 608

Puzzle 609

Puzzle 610

Puzzle 611

Puzzle 612

Puzzle 613

Puzzle 614

Puzzle 615

Puzzle 616

Puzzle 617

Puzzle 618

Puzzle 619

Puzzle 620

Puzzle 621

Puzzle 622

Puzzle 623

Puzzle 624

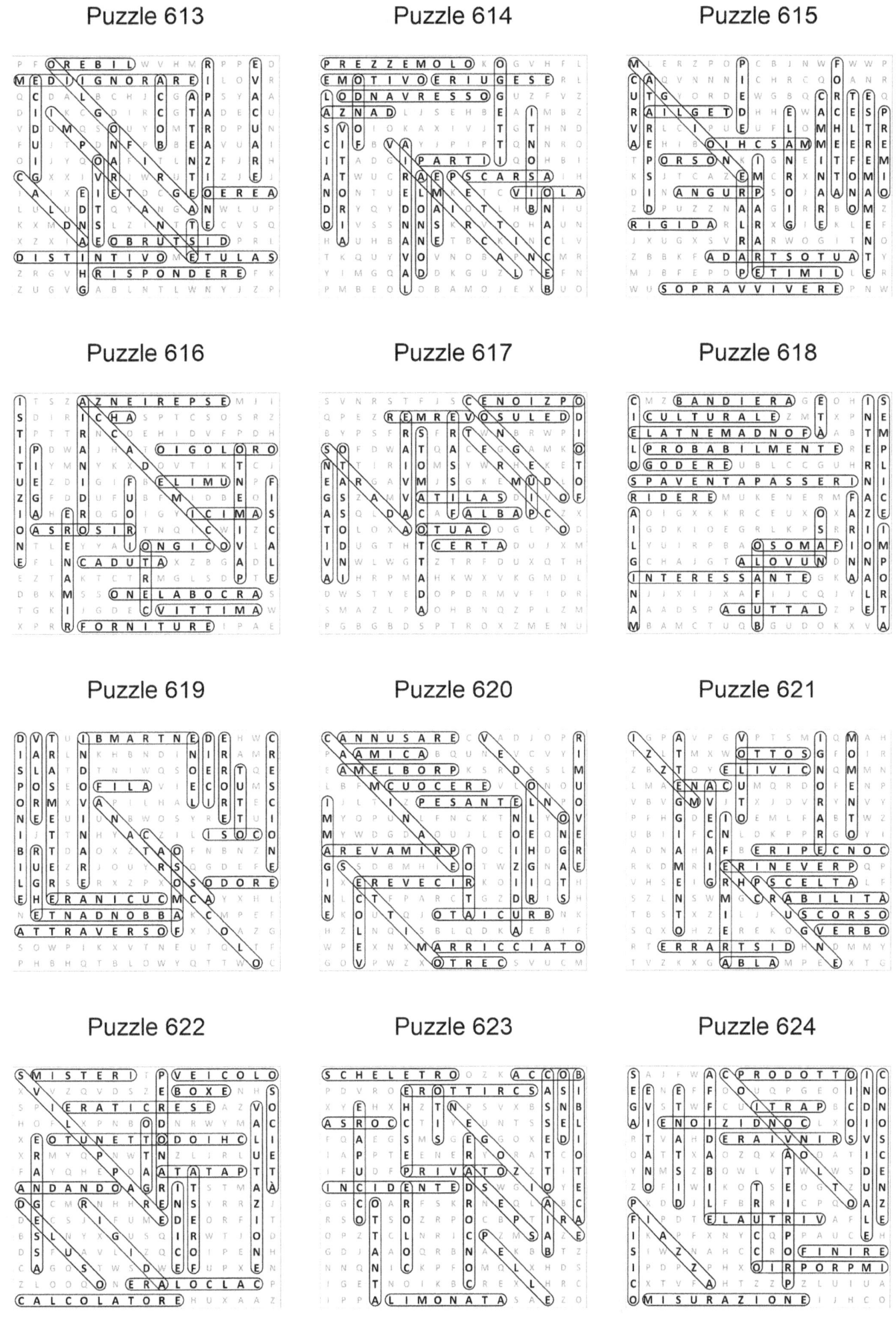

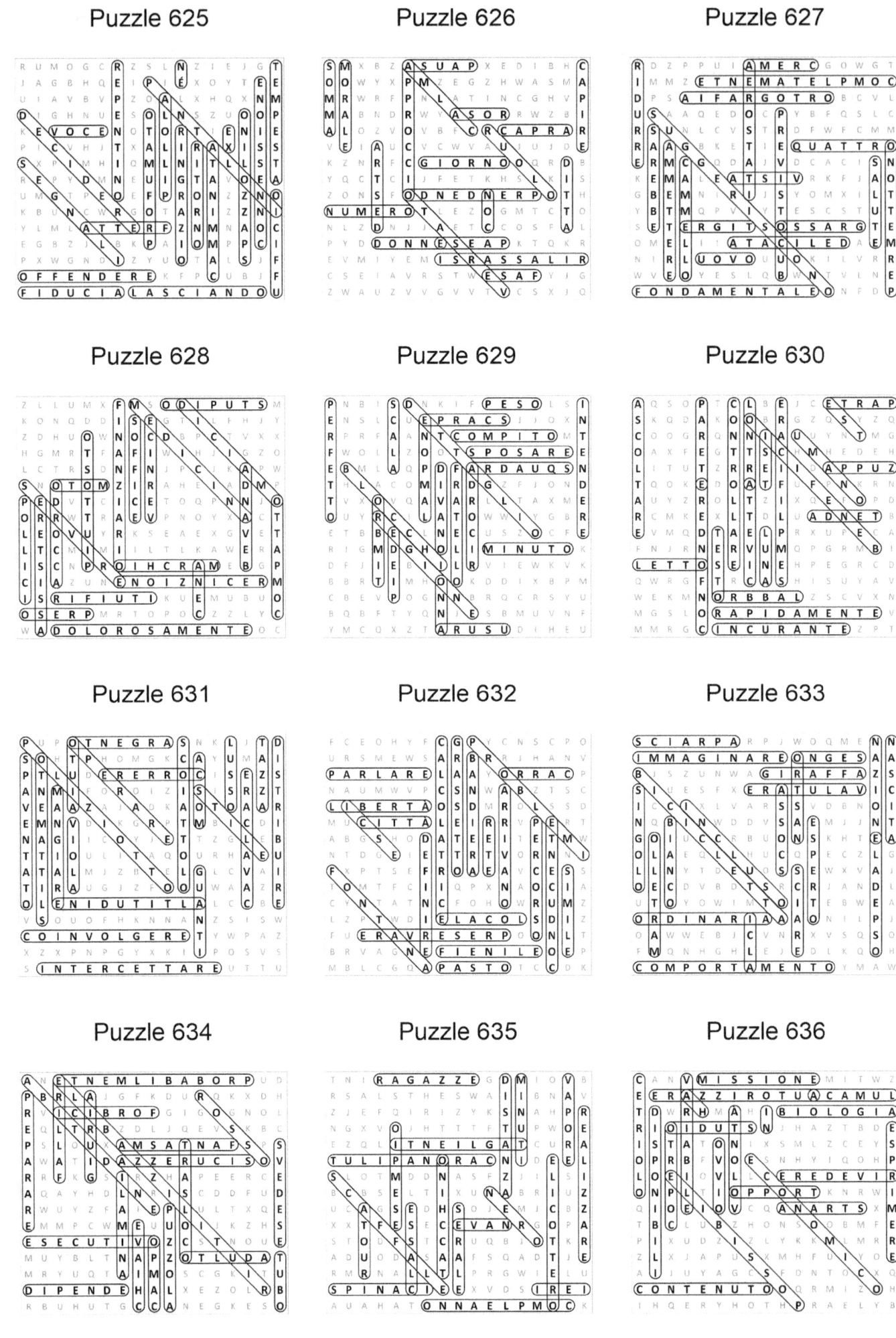

Puzzle 625

Puzzle 626

Puzzle 627

Puzzle 628

Puzzle 629

Puzzle 630

Puzzle 631

Puzzle 632

Puzzle 633

Puzzle 634

Puzzle 635

Puzzle 636

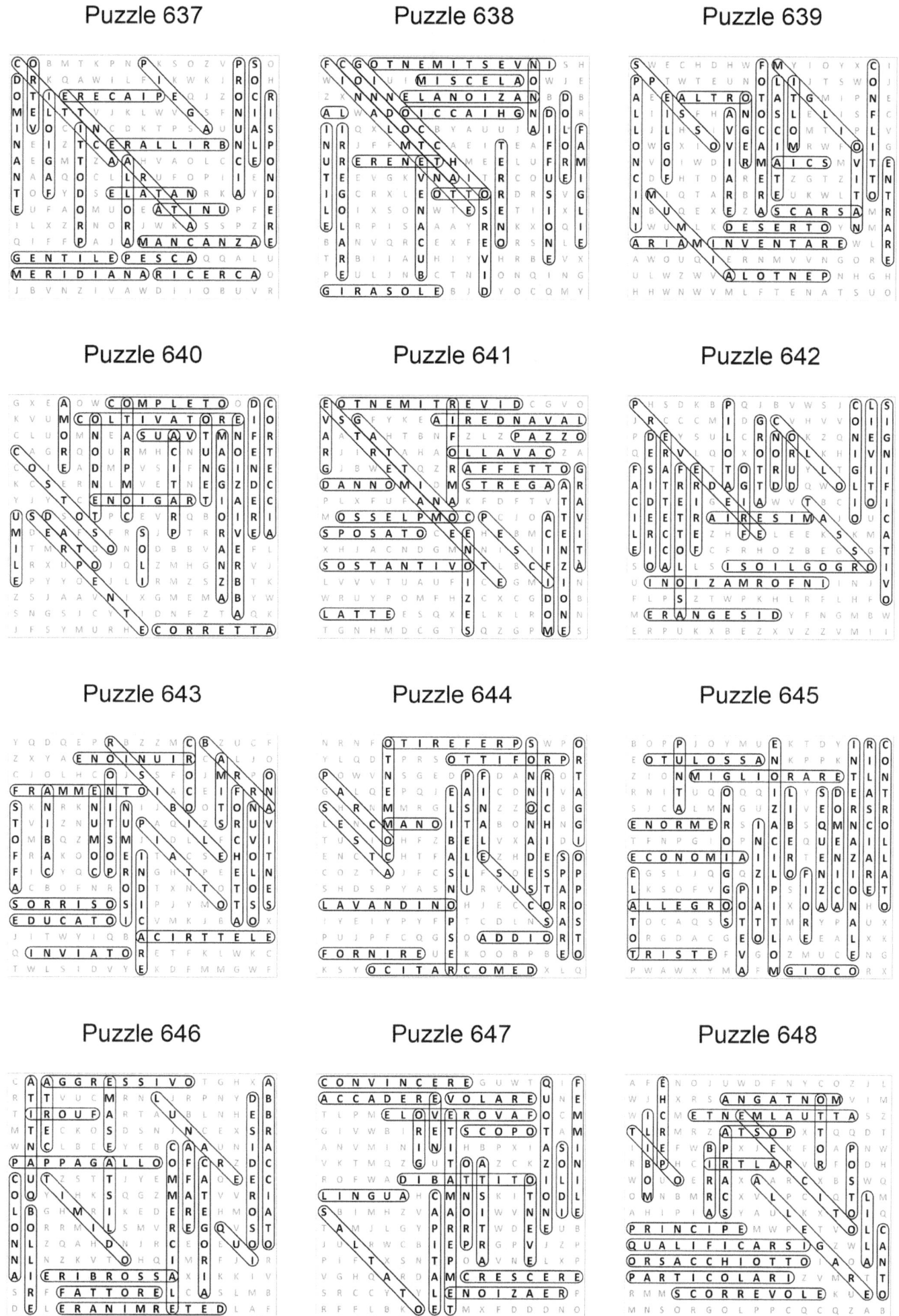

Puzzle 637

Puzzle 638

Puzzle 639

Puzzle 640

Puzzle 641

Puzzle 642

Puzzle 643

Puzzle 644

Puzzle 645

Puzzle 646

Puzzle 647

Puzzle 648

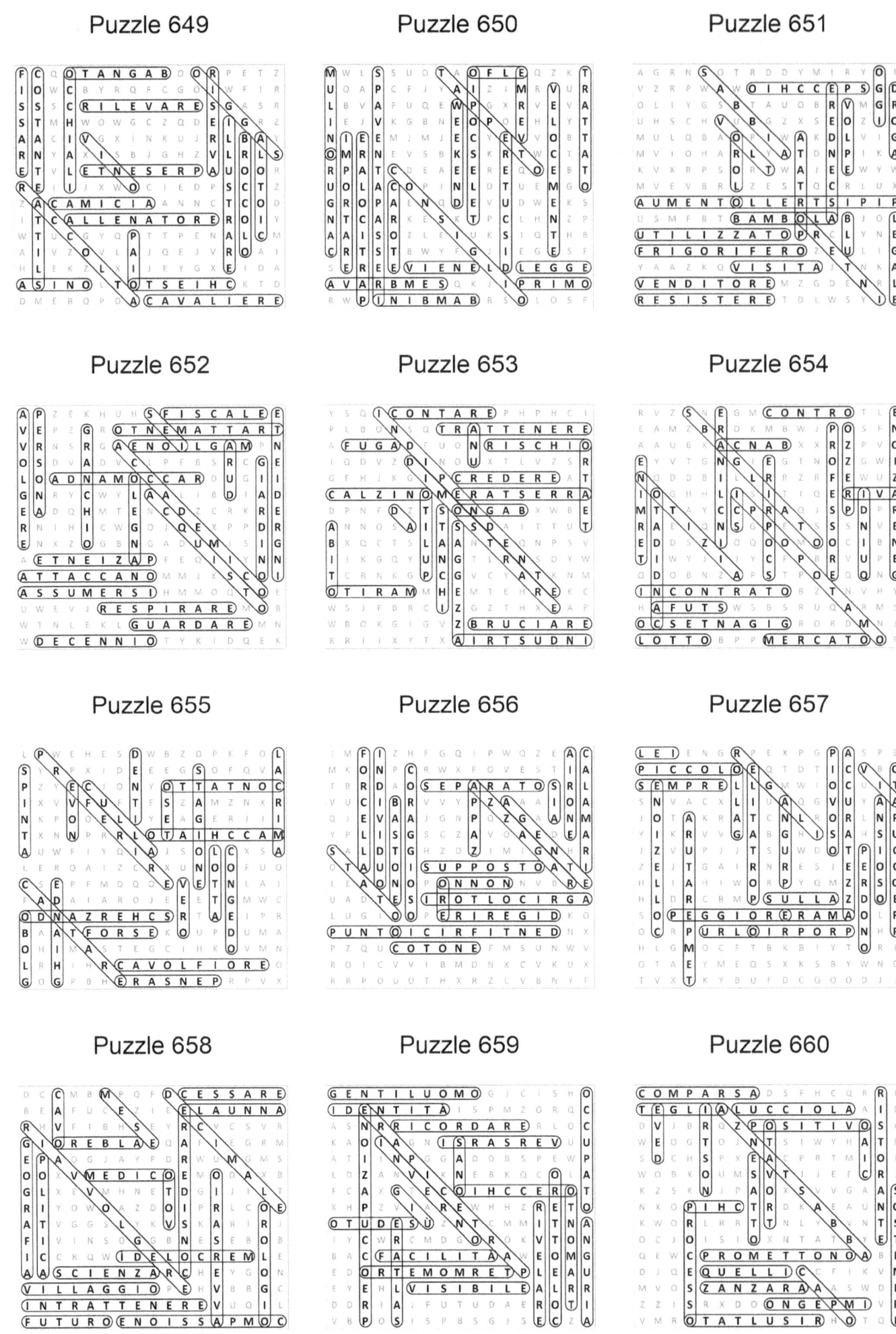

Puzzle 649
Puzzle 650
Puzzle 651
Puzzle 652
Puzzle 653
Puzzle 654
Puzzle 655
Puzzle 656
Puzzle 657
Puzzle 658
Puzzle 659
Puzzle 660

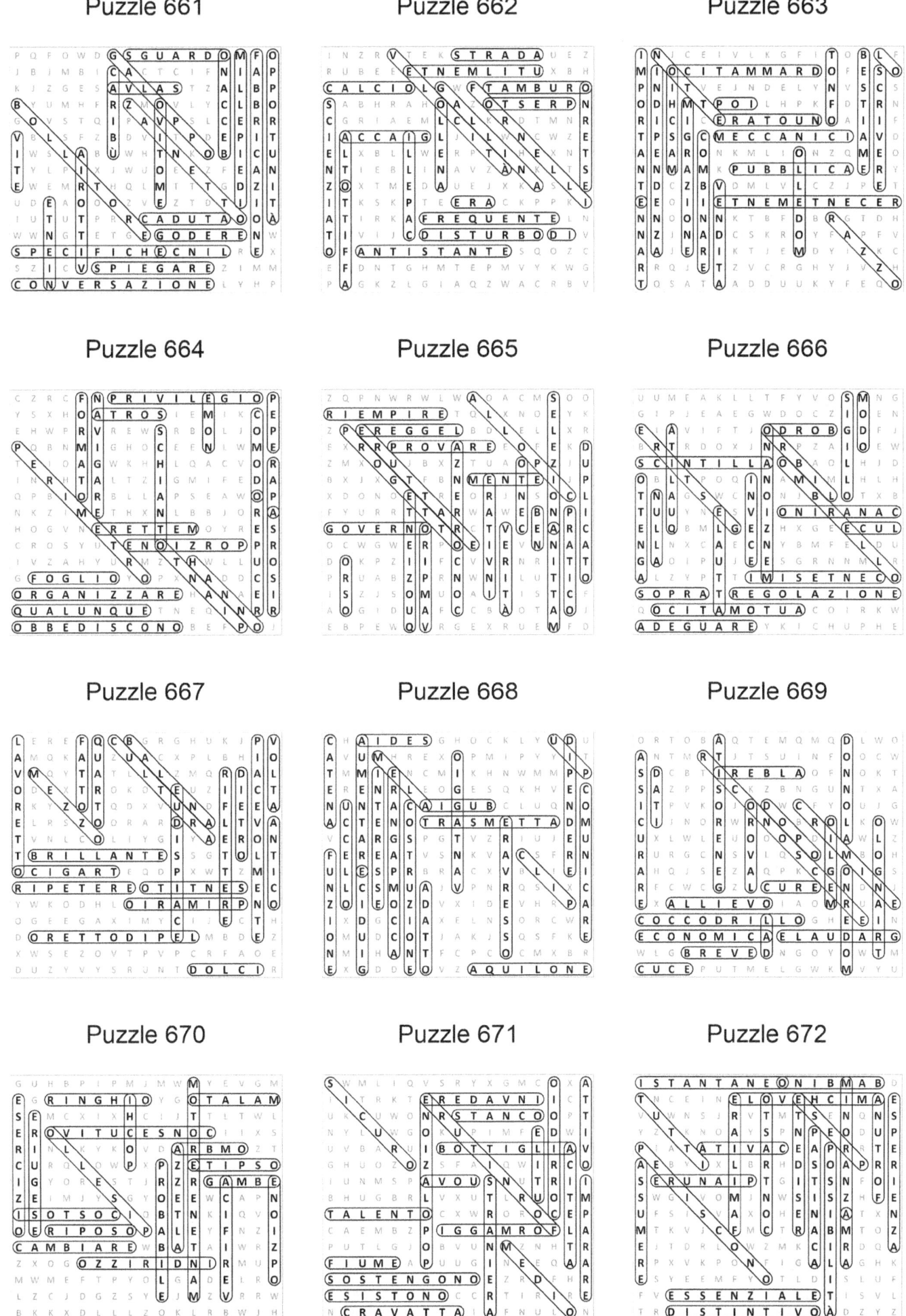

Puzzle 661

Puzzle 662

Puzzle 663

Puzzle 664

Puzzle 665

Puzzle 666

Puzzle 667

Puzzle 668

Puzzle 669

Puzzle 670

Puzzle 671

Puzzle 672

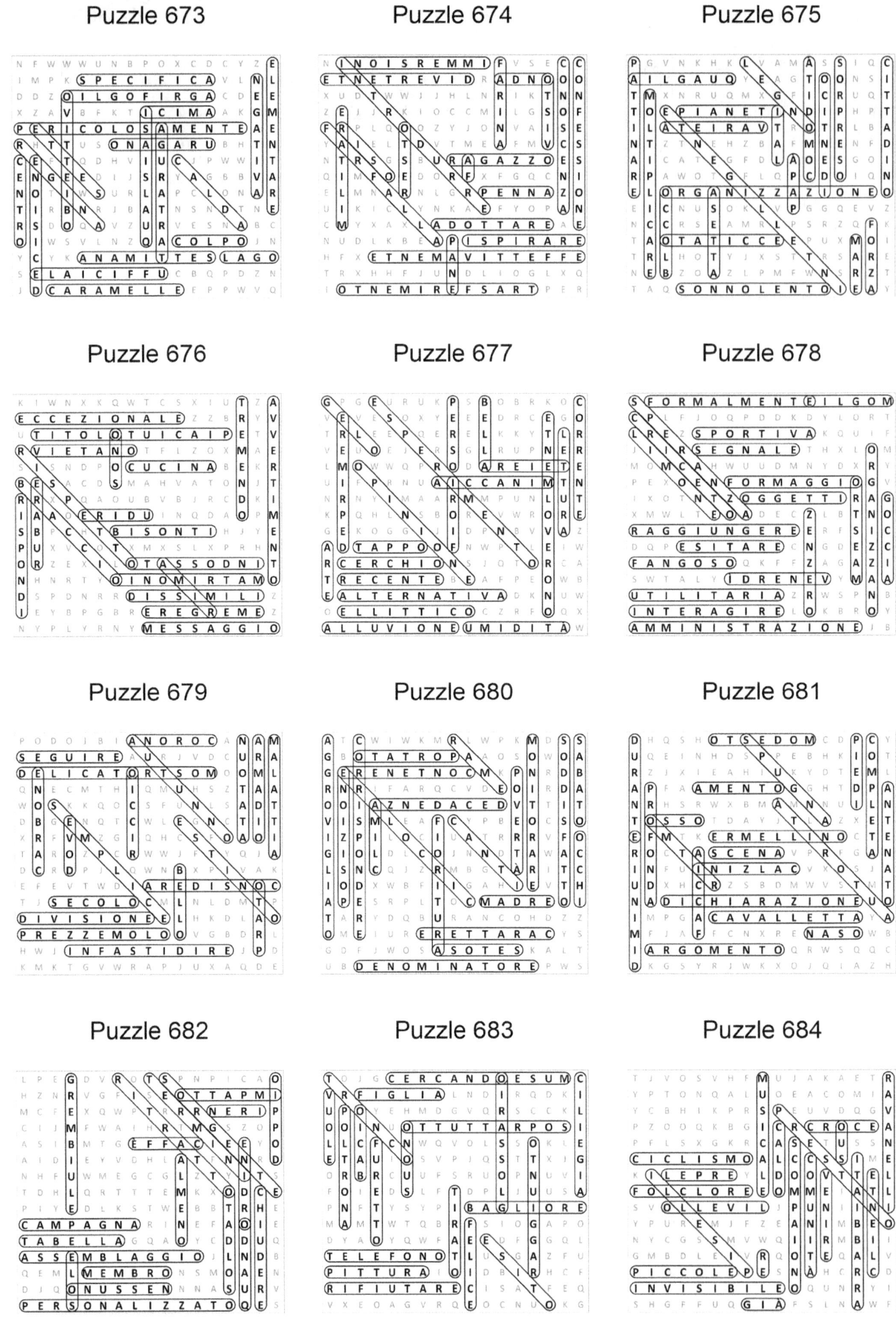

Puzzle 673

Puzzle 674

Puzzle 675

Puzzle 676

Puzzle 677

Puzzle 678

Puzzle 679

Puzzle 680

Puzzle 681

Puzzle 682

Puzzle 683

Puzzle 684

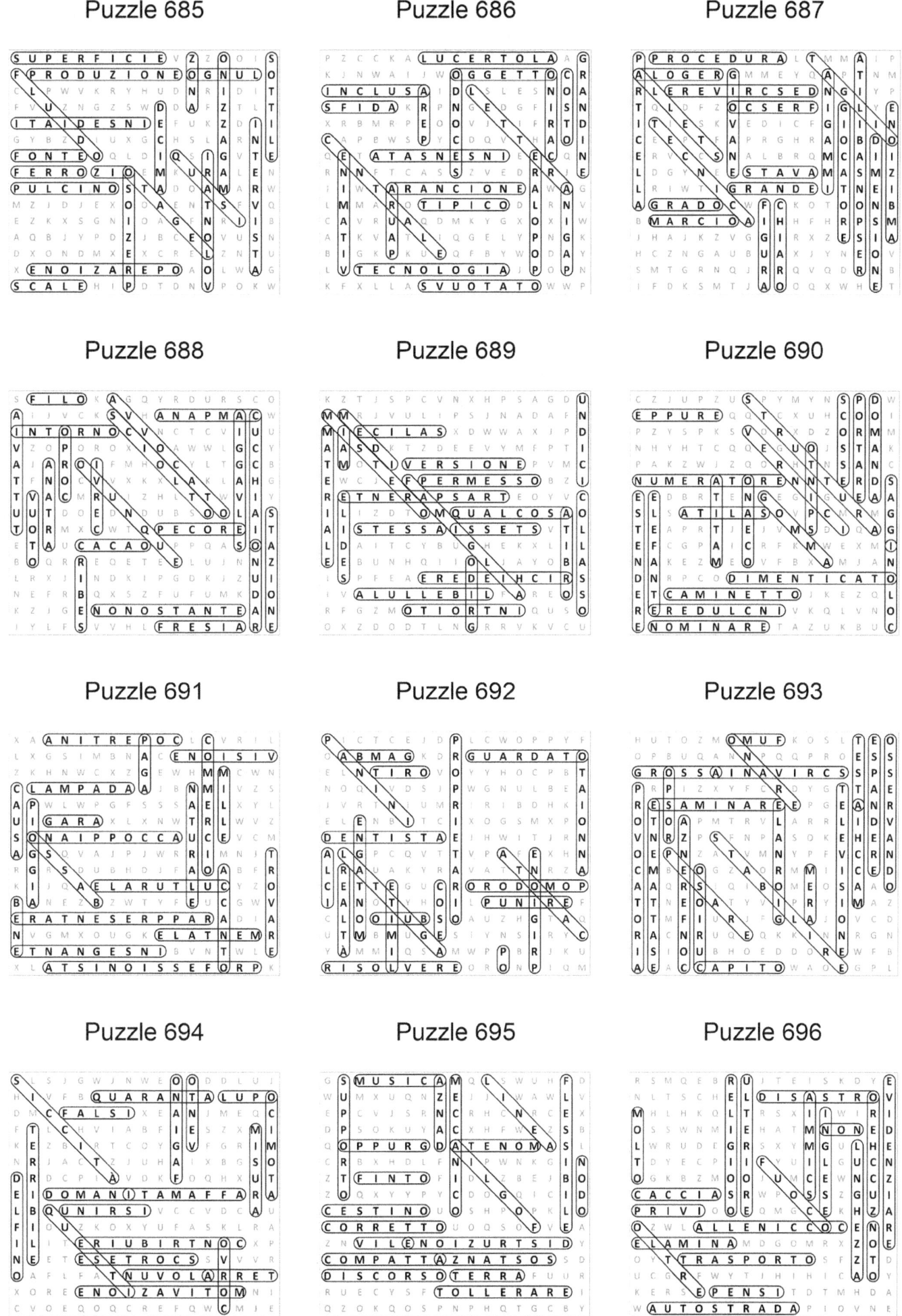

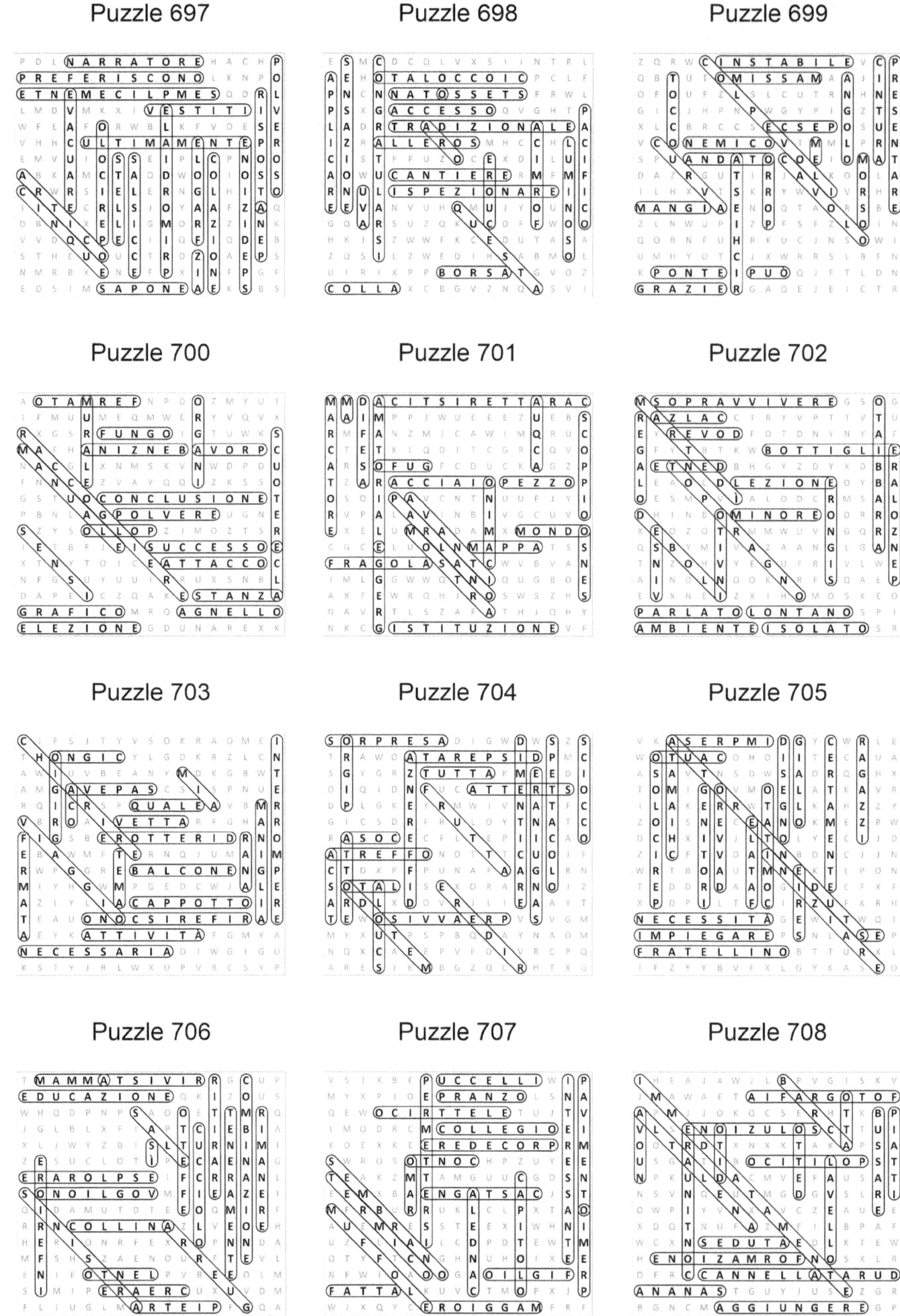

Puzzle 697

Puzzle 698

Puzzle 699

Puzzle 700

Puzzle 701

Puzzle 702

Puzzle 703

Puzzle 704

Puzzle 705

Puzzle 706

Puzzle 707

Puzzle 708

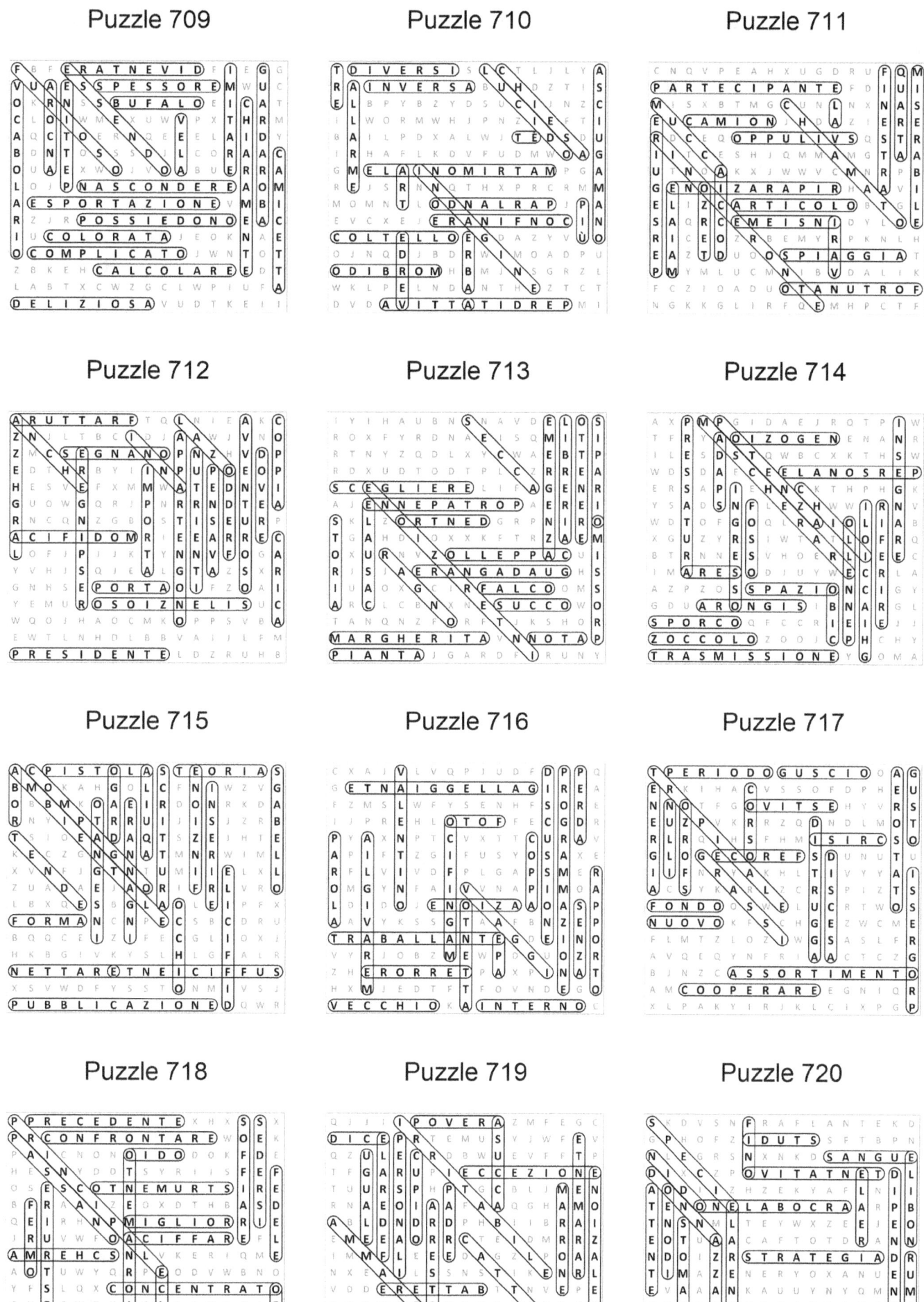

Puzzle 709

Puzzle 710

Puzzle 711

Puzzle 712

Puzzle 713

Puzzle 714

Puzzle 715

Puzzle 716

Puzzle 717

Puzzle 718

Puzzle 719

Puzzle 720

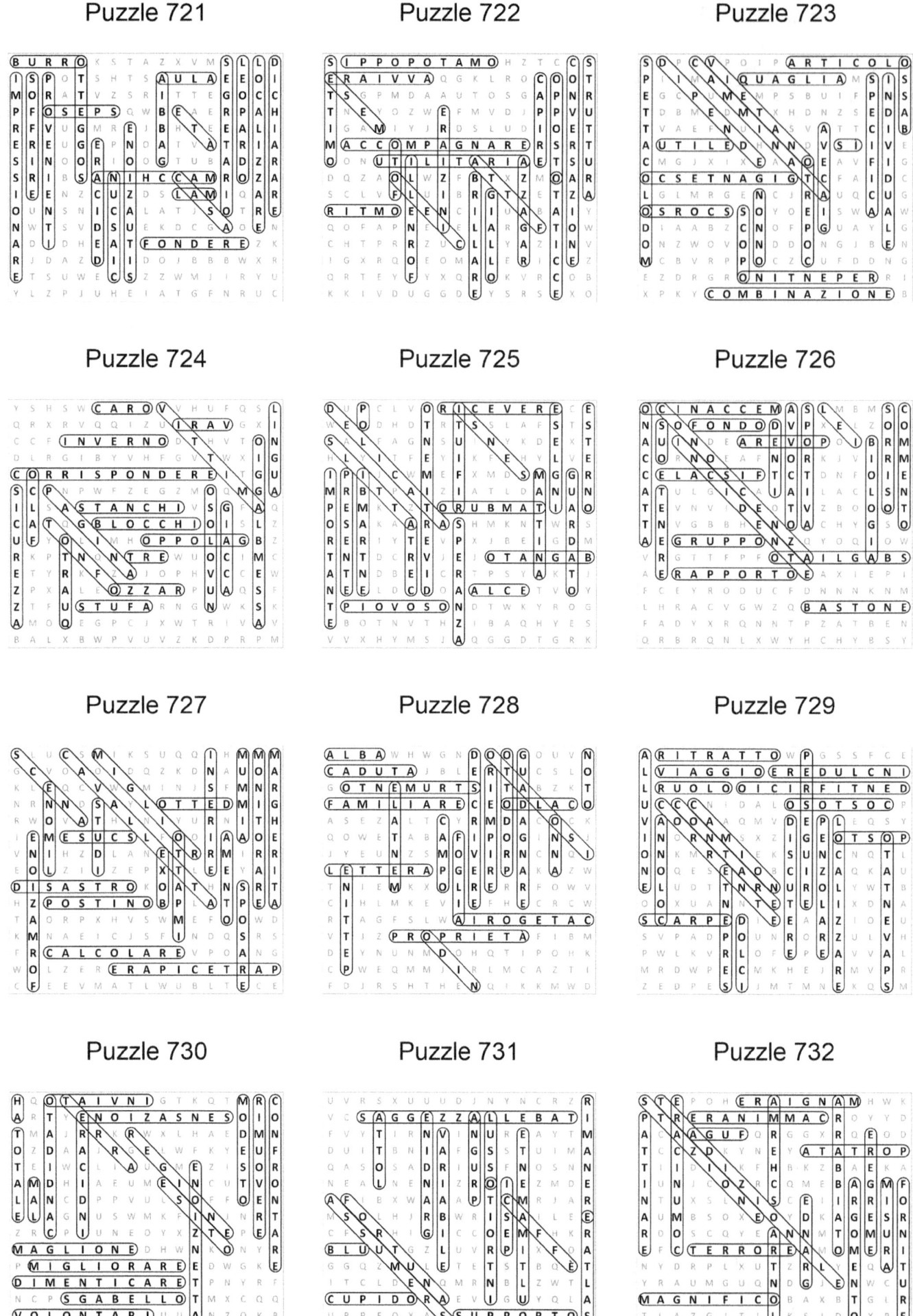

Puzzle 721

Puzzle 722

Puzzle 723

Puzzle 724

Puzzle 725

Puzzle 726

Puzzle 727

Puzzle 728

Puzzle 729

Puzzle 730

Puzzle 731

Puzzle 732

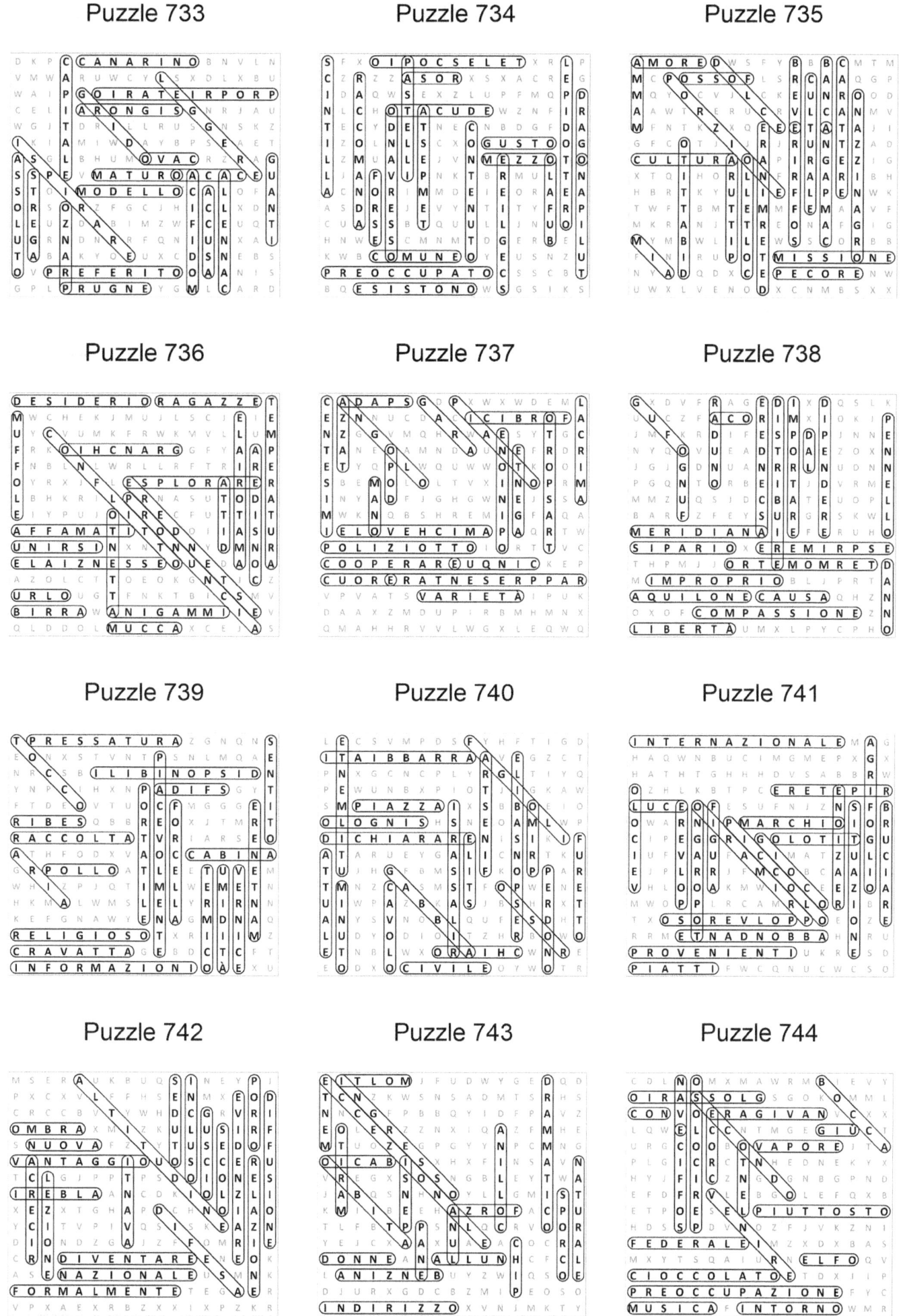

Puzzle 733
Puzzle 734
Puzzle 735
Puzzle 736
Puzzle 737
Puzzle 738
Puzzle 739
Puzzle 740
Puzzle 741
Puzzle 742
Puzzle 743
Puzzle 744

Puzzle 745

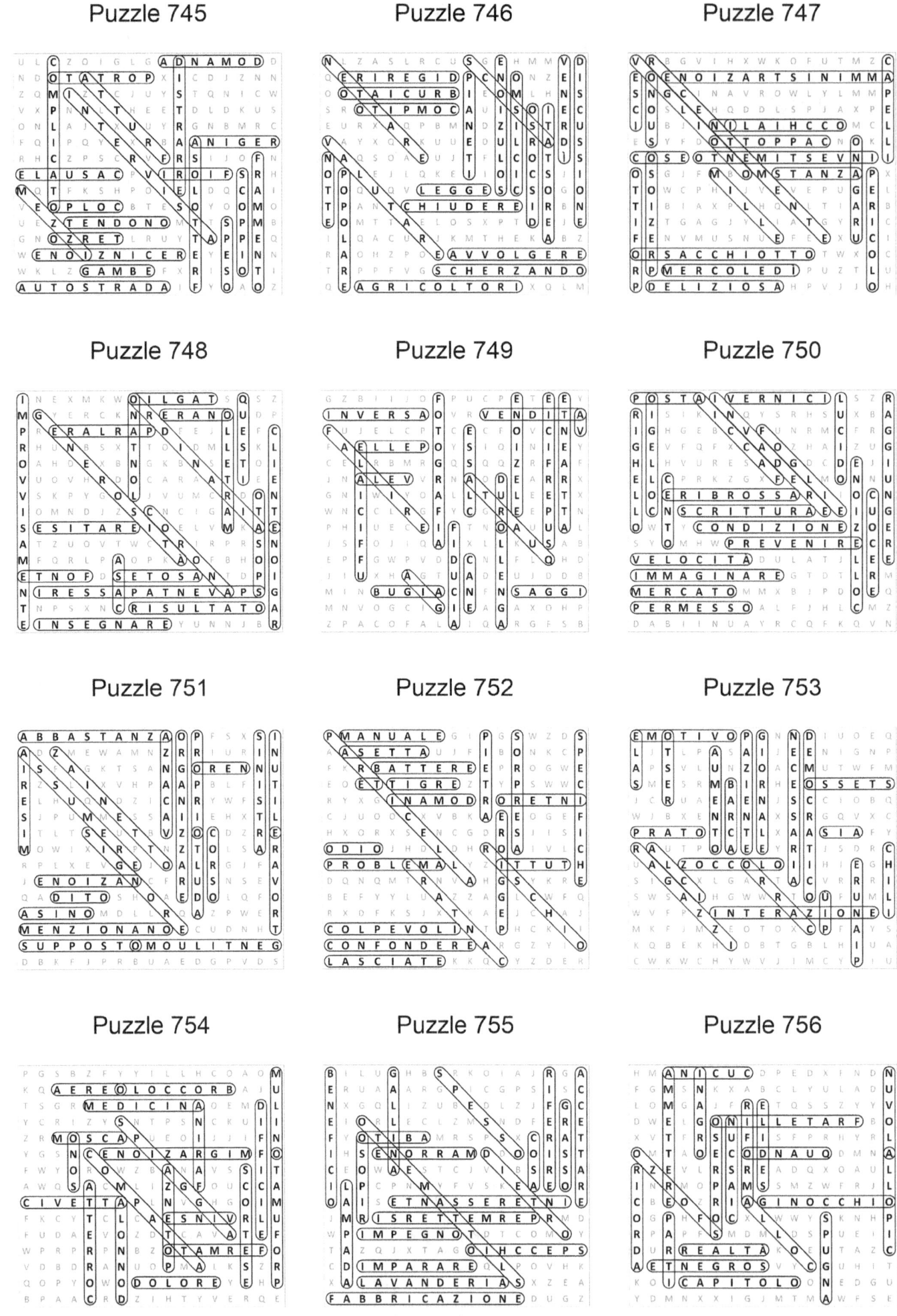

Puzzle 746

Puzzle 747

Puzzle 748

Puzzle 749

Puzzle 750

Puzzle 751

Puzzle 752

Puzzle 753

Puzzle 754

Puzzle 755

Puzzle 756

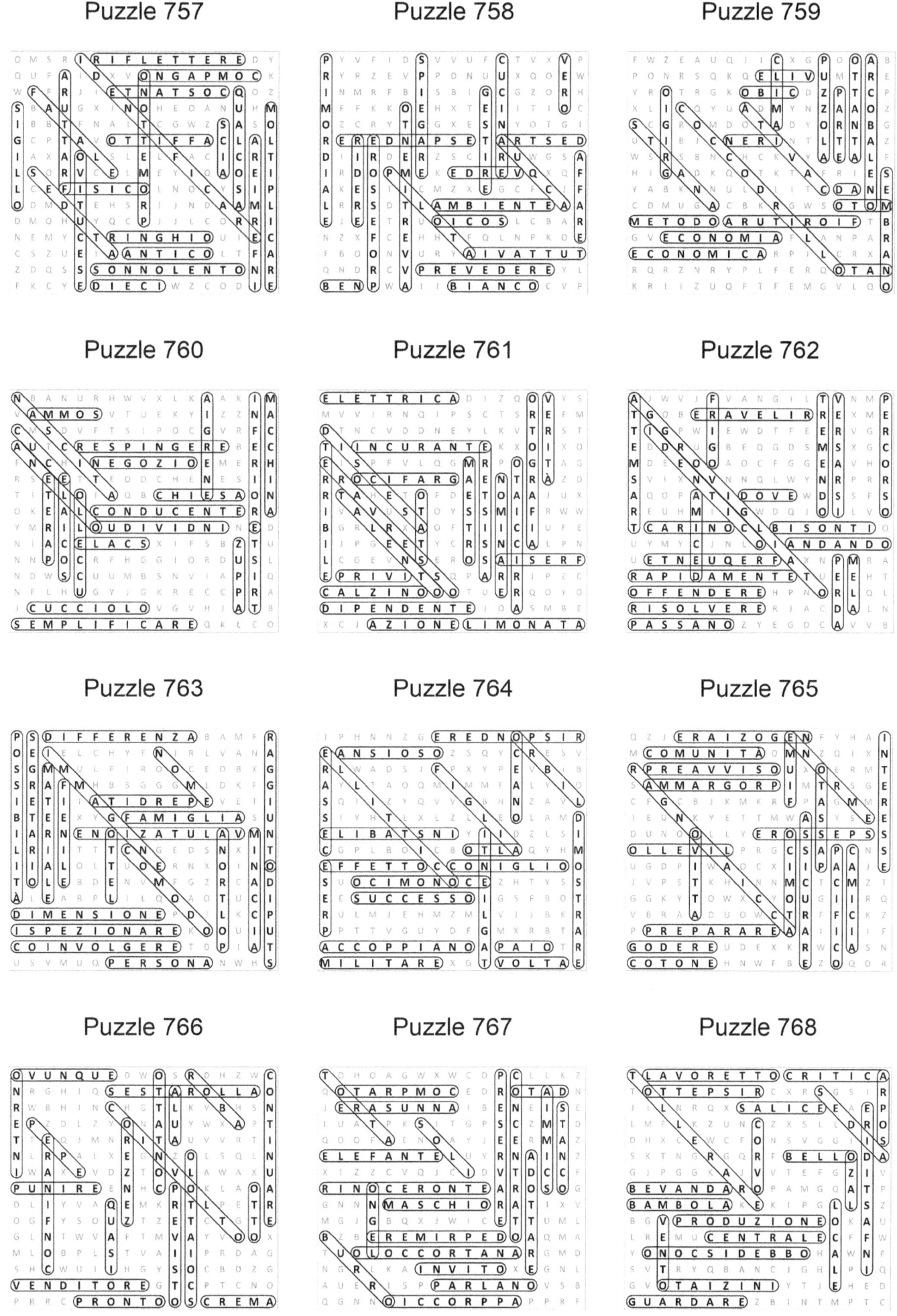

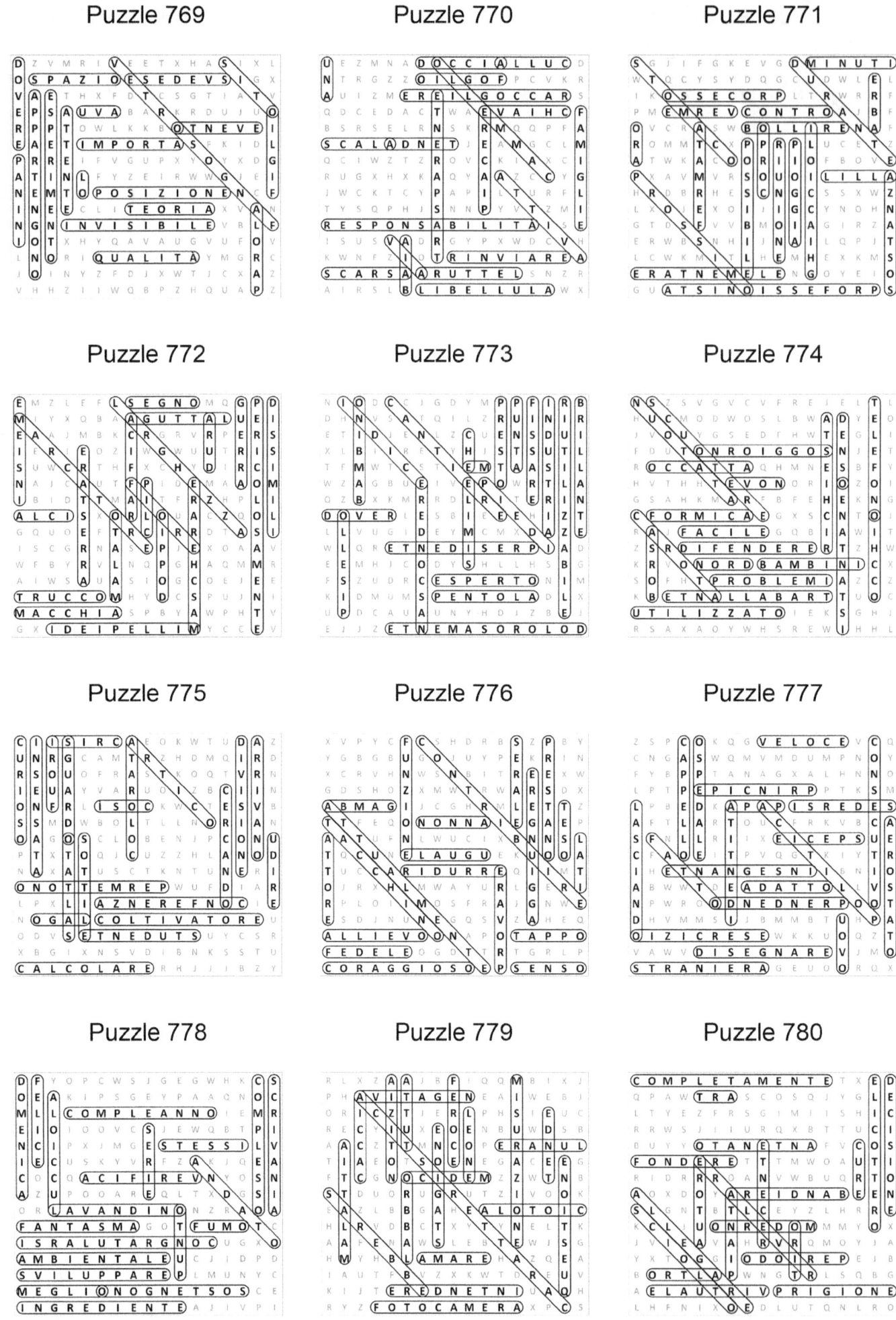

Puzzle 769

Puzzle 770

Puzzle 771

Puzzle 772

Puzzle 773

Puzzle 774

Puzzle 775

Puzzle 776

Puzzle 777

Puzzle 778

Puzzle 779

Puzzle 780

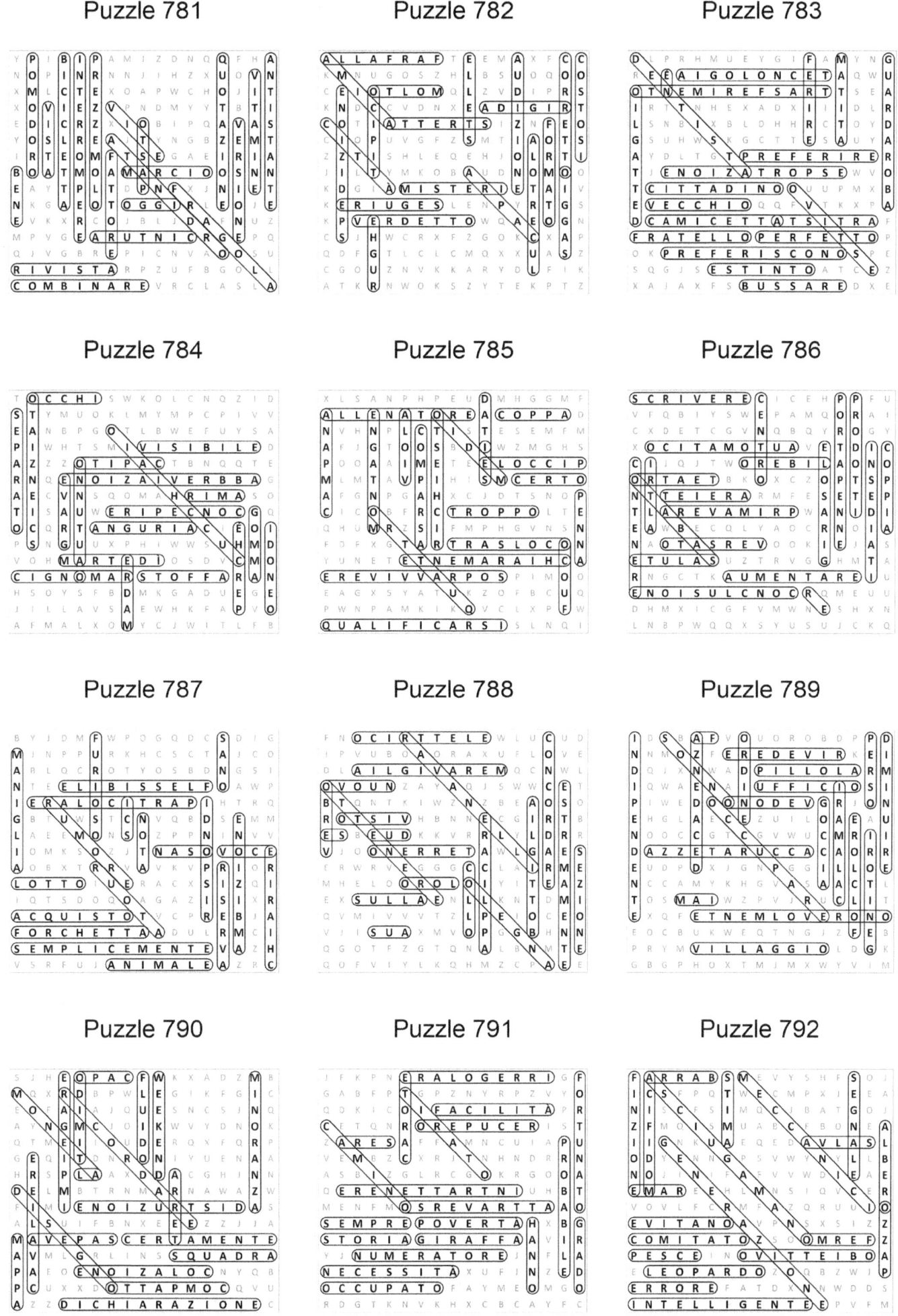

Puzzle 781
Puzzle 782
Puzzle 783
Puzzle 784
Puzzle 785
Puzzle 786
Puzzle 787
Puzzle 788
Puzzle 789
Puzzle 790
Puzzle 791
Puzzle 792

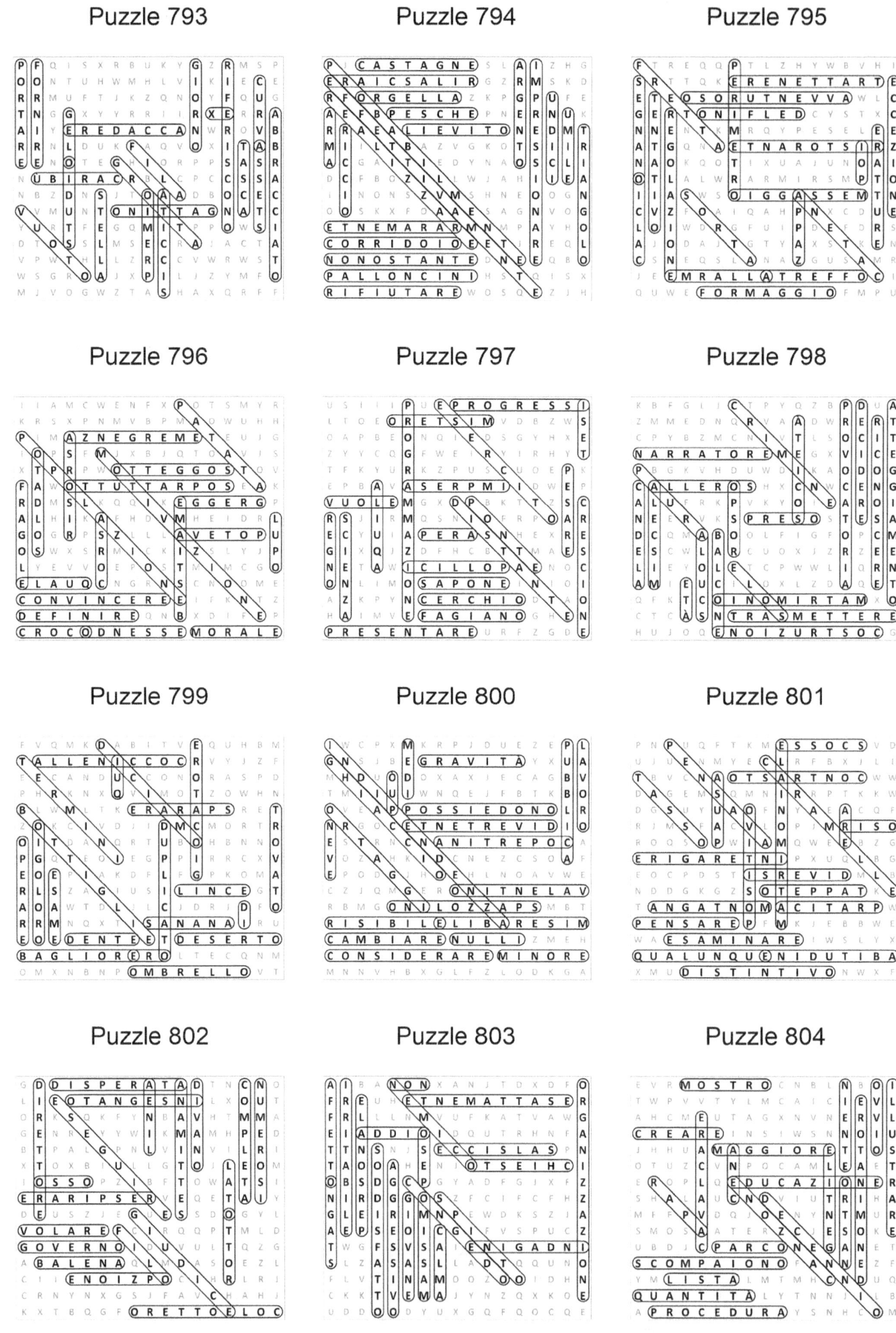

Puzzle 793

Puzzle 794

Puzzle 795

Puzzle 796

Puzzle 797

Puzzle 798

Puzzle 799

Puzzle 800

Puzzle 801

Puzzle 802

Puzzle 803

Puzzle 804

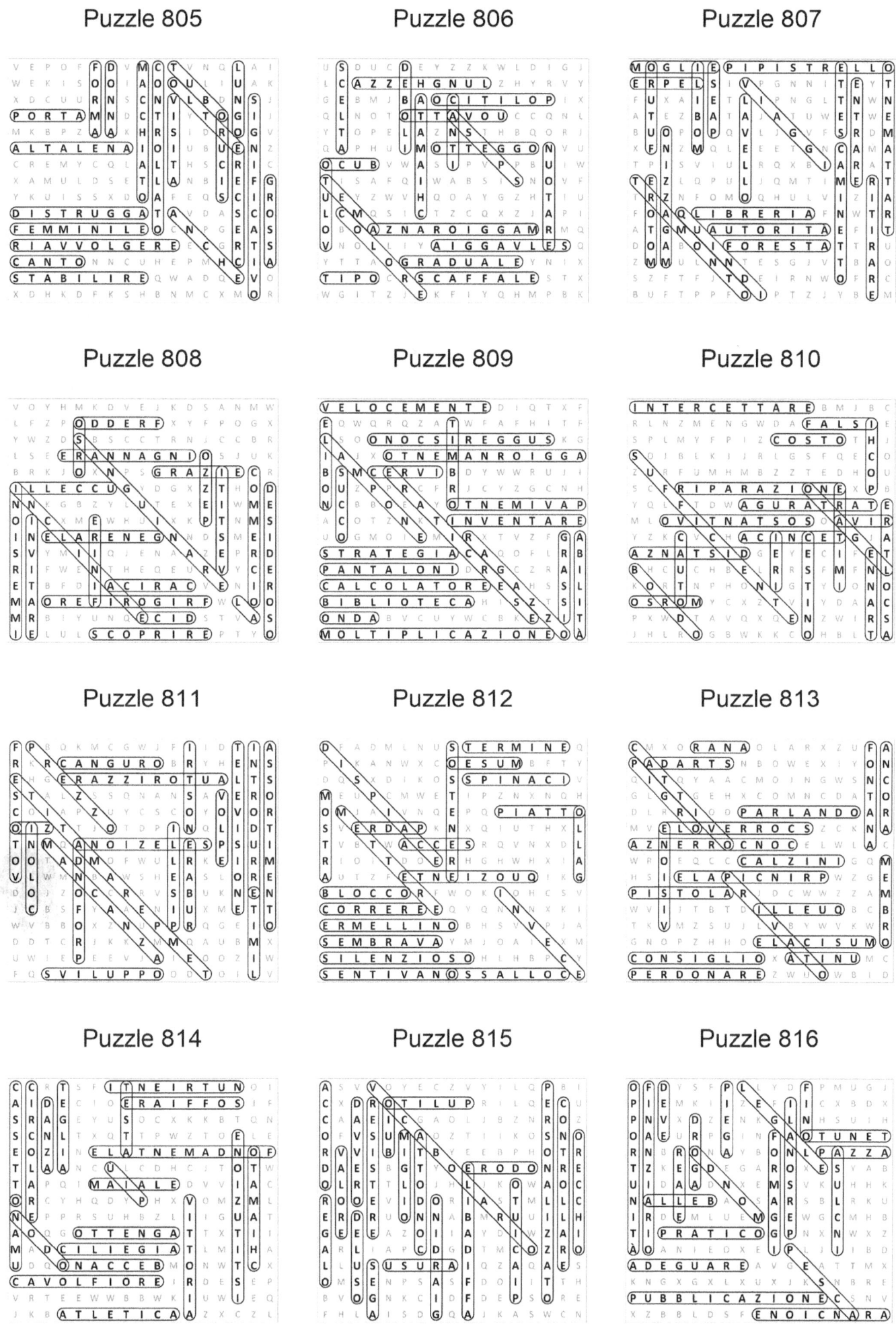

Puzzle 817

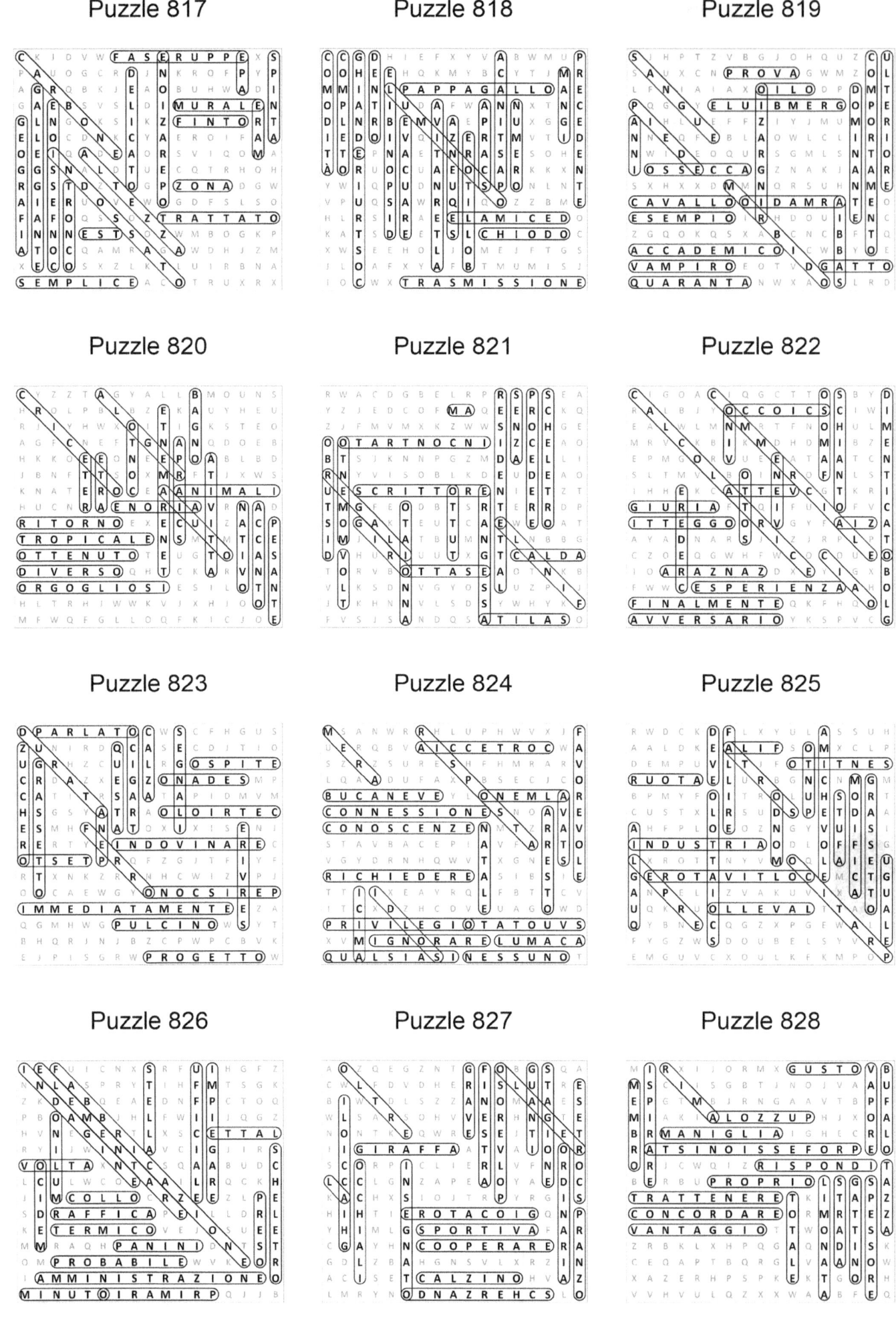

Puzzle 818

Puzzle 819

Puzzle 820

Puzzle 821

Puzzle 822

Puzzle 823

Puzzle 824

Puzzle 825

Puzzle 826

Puzzle 827

Puzzle 828

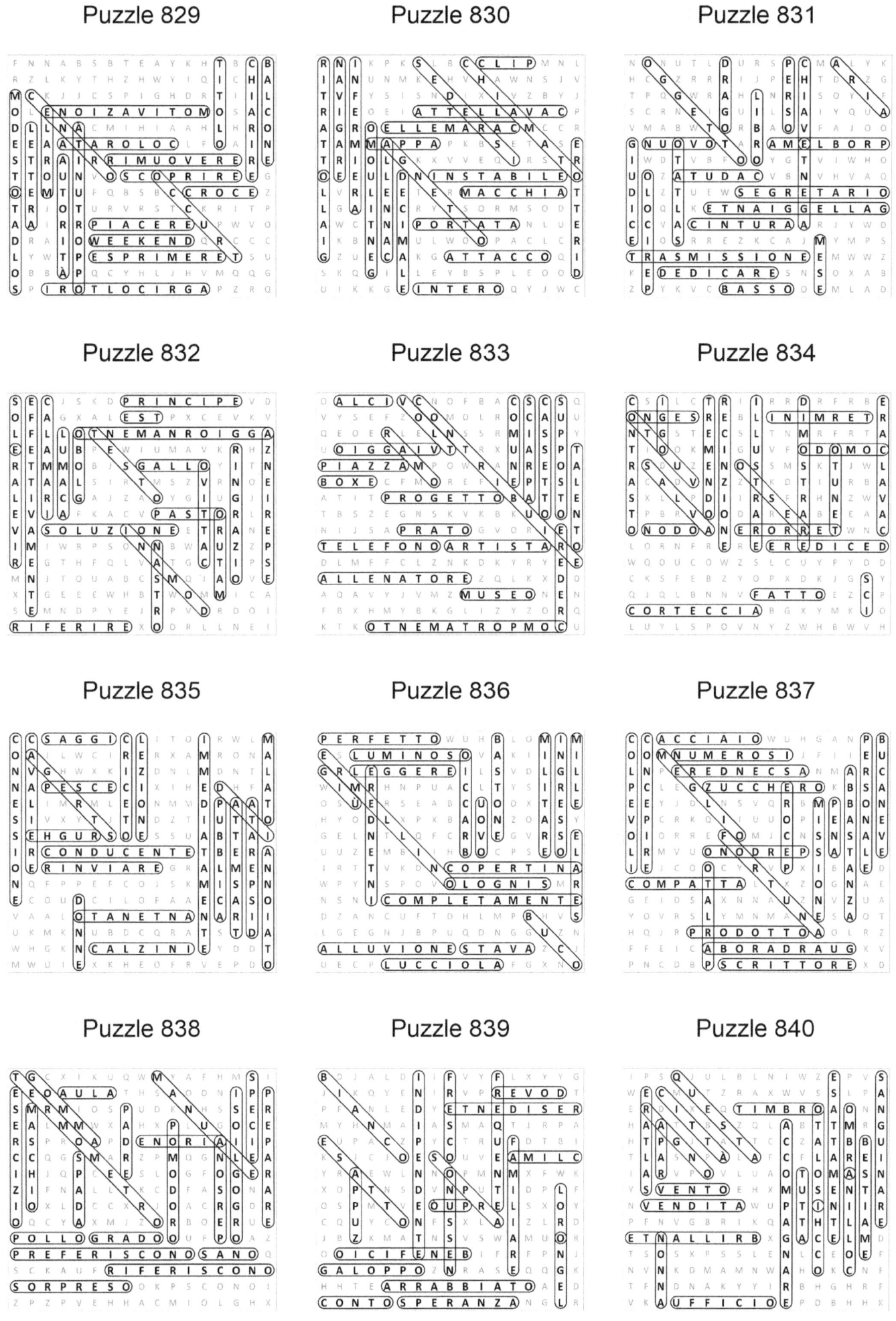

Puzzle 829

Puzzle 830

Puzzle 831

Puzzle 832

Puzzle 833

Puzzle 834

Puzzle 835

Puzzle 836

Puzzle 837

Puzzle 838

Puzzle 839

Puzzle 840

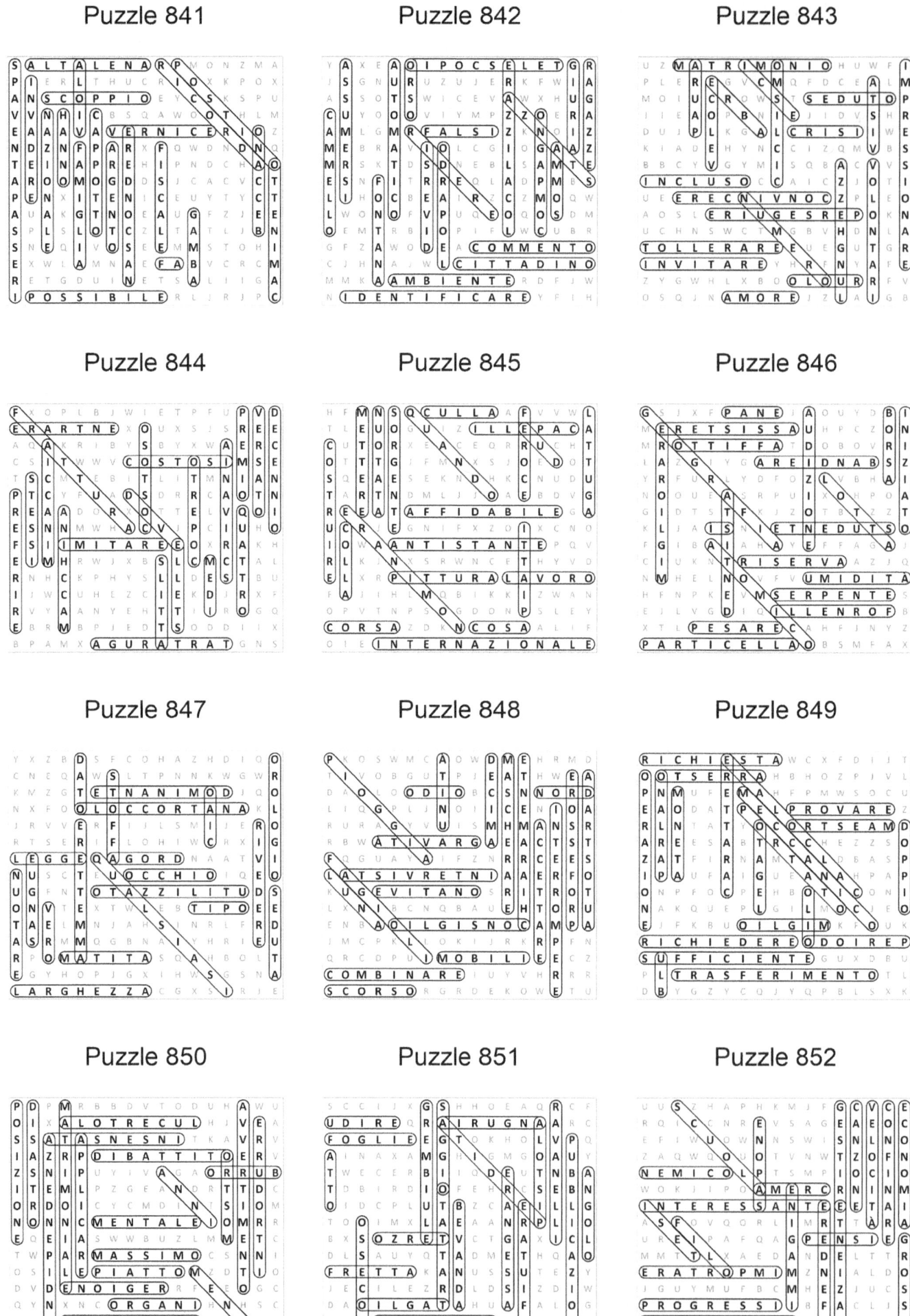

Puzzle 841

Puzzle 842

Puzzle 843

Puzzle 844

Puzzle 845

Puzzle 846

Puzzle 847

Puzzle 848

Puzzle 849

Puzzle 850

Puzzle 851

Puzzle 852

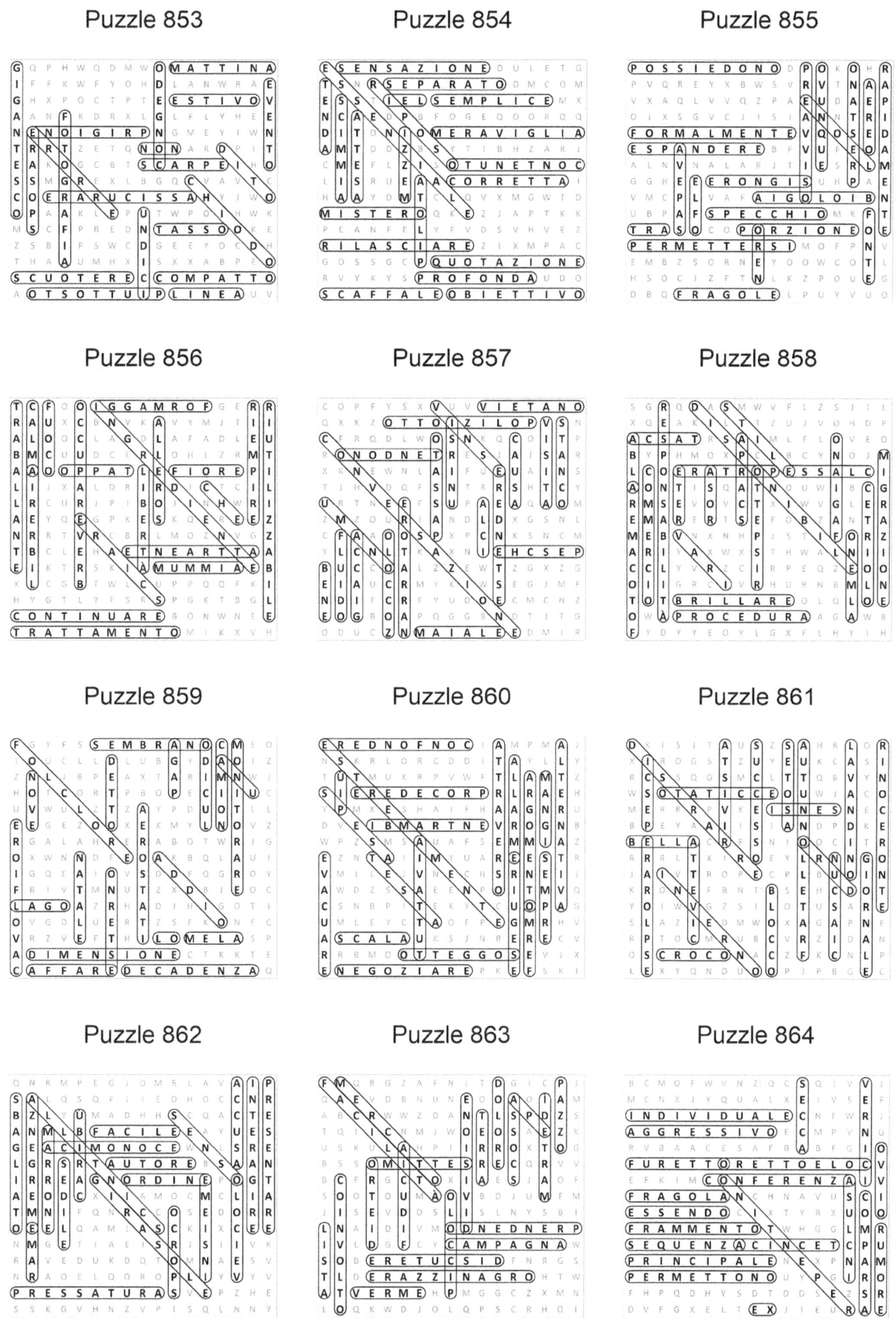

Puzzle 853

Puzzle 854

Puzzle 855

Puzzle 856

Puzzle 857

Puzzle 858

Puzzle 859

Puzzle 860

Puzzle 861

Puzzle 862

Puzzle 863

Puzzle 864

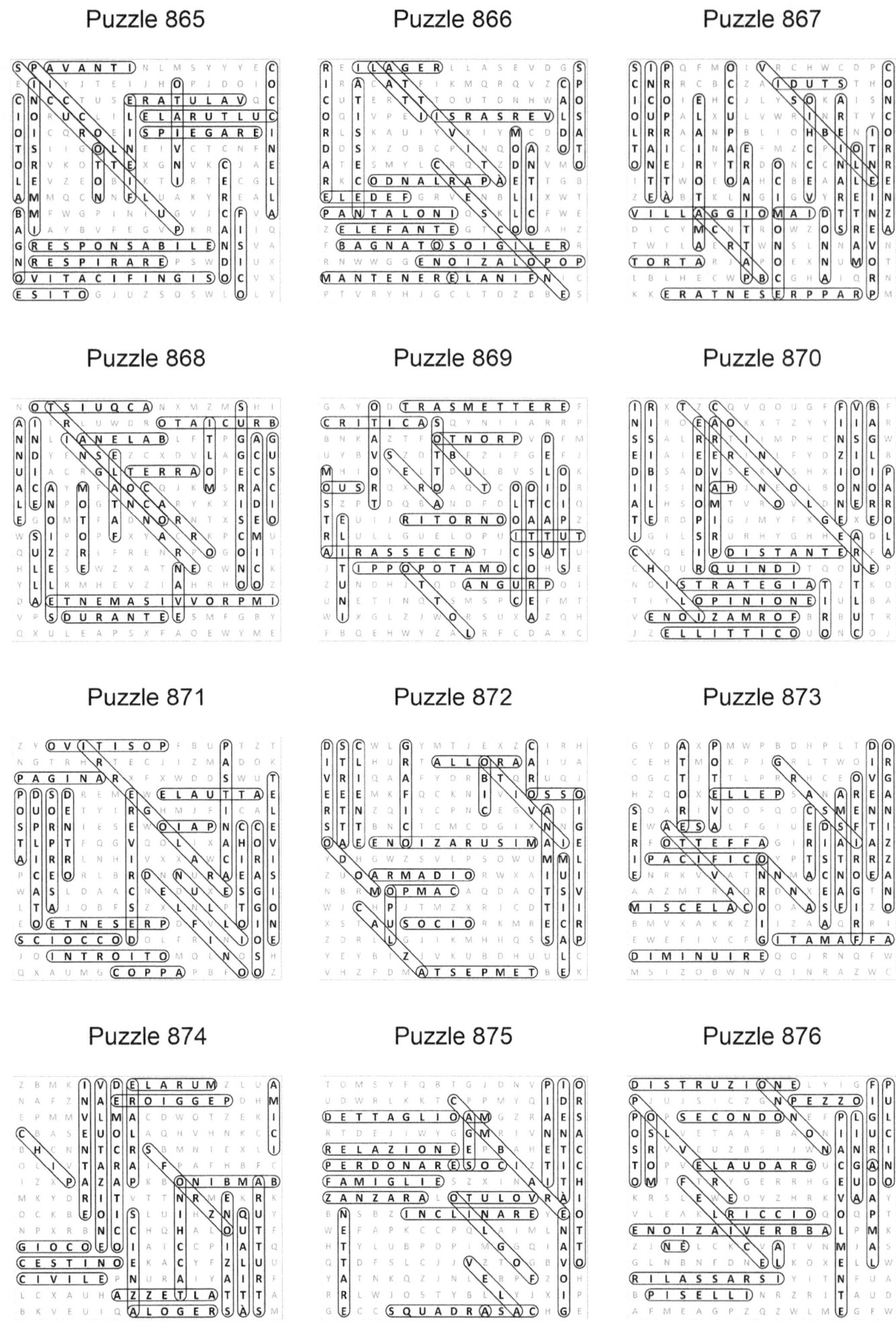

Puzzle 865

Puzzle 866

Puzzle 867

Puzzle 868

Puzzle 869

Puzzle 870

Puzzle 871

Puzzle 872

Puzzle 873

Puzzle 874

Puzzle 875

Puzzle 876

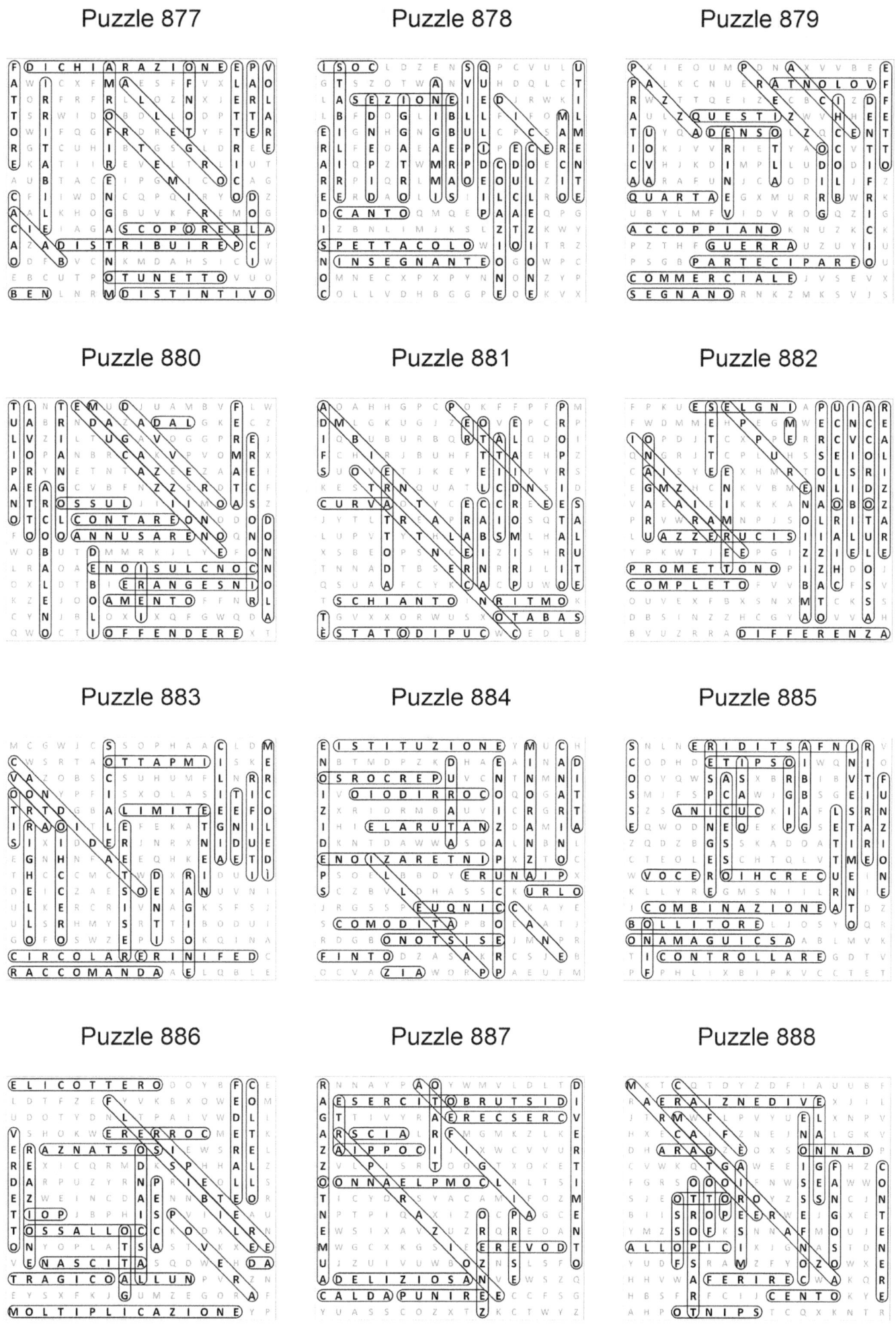

Puzzle 877

Puzzle 878

Puzzle 879

Puzzle 880

Puzzle 881

Puzzle 882

Puzzle 883

Puzzle 884

Puzzle 885

Puzzle 886

Puzzle 887

Puzzle 888

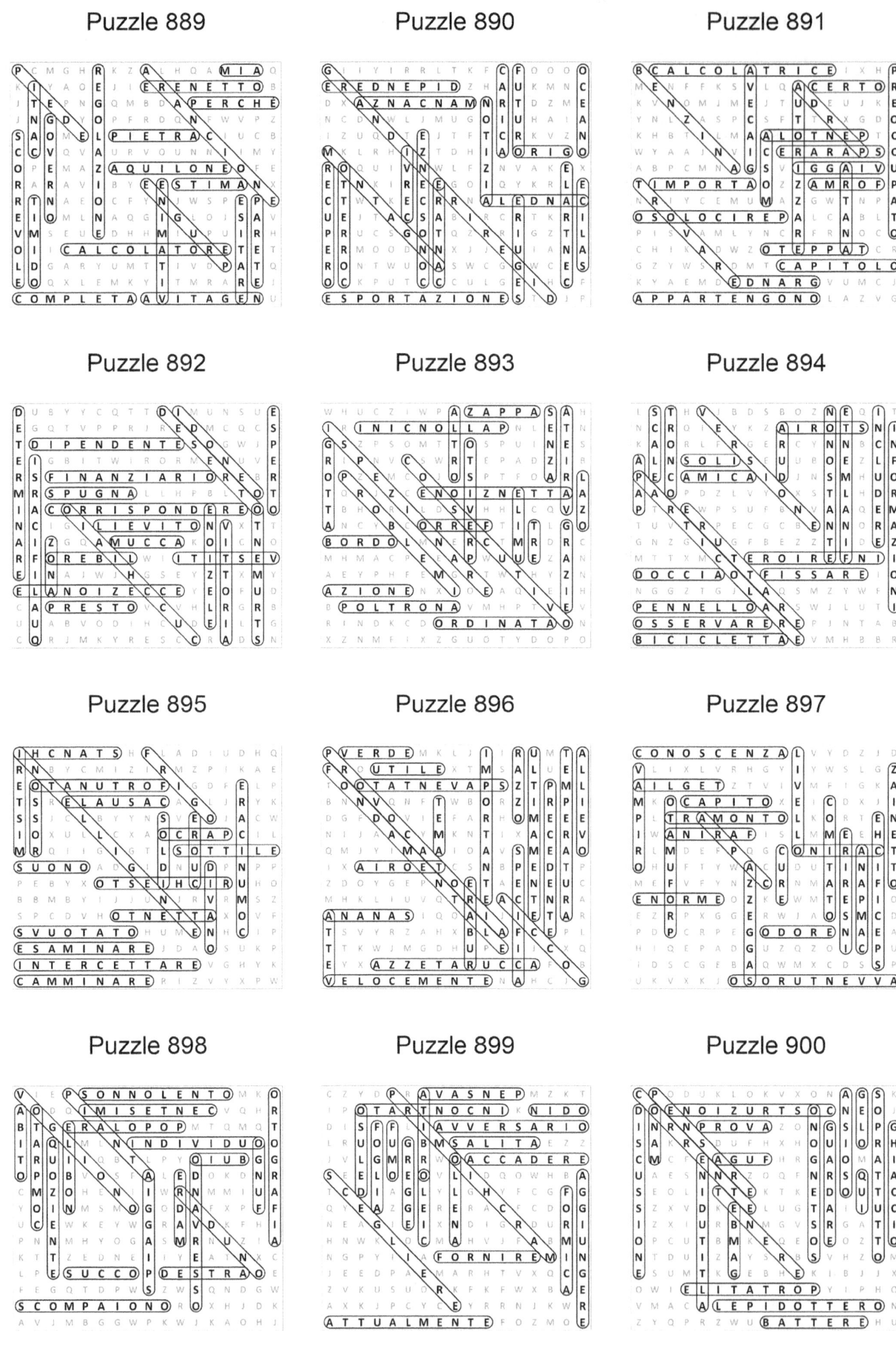

Puzzle 889

Puzzle 890

Puzzle 891

Puzzle 892

Puzzle 893

Puzzle 894

Puzzle 895

Puzzle 896

Puzzle 897

Puzzle 898

Puzzle 899

Puzzle 900

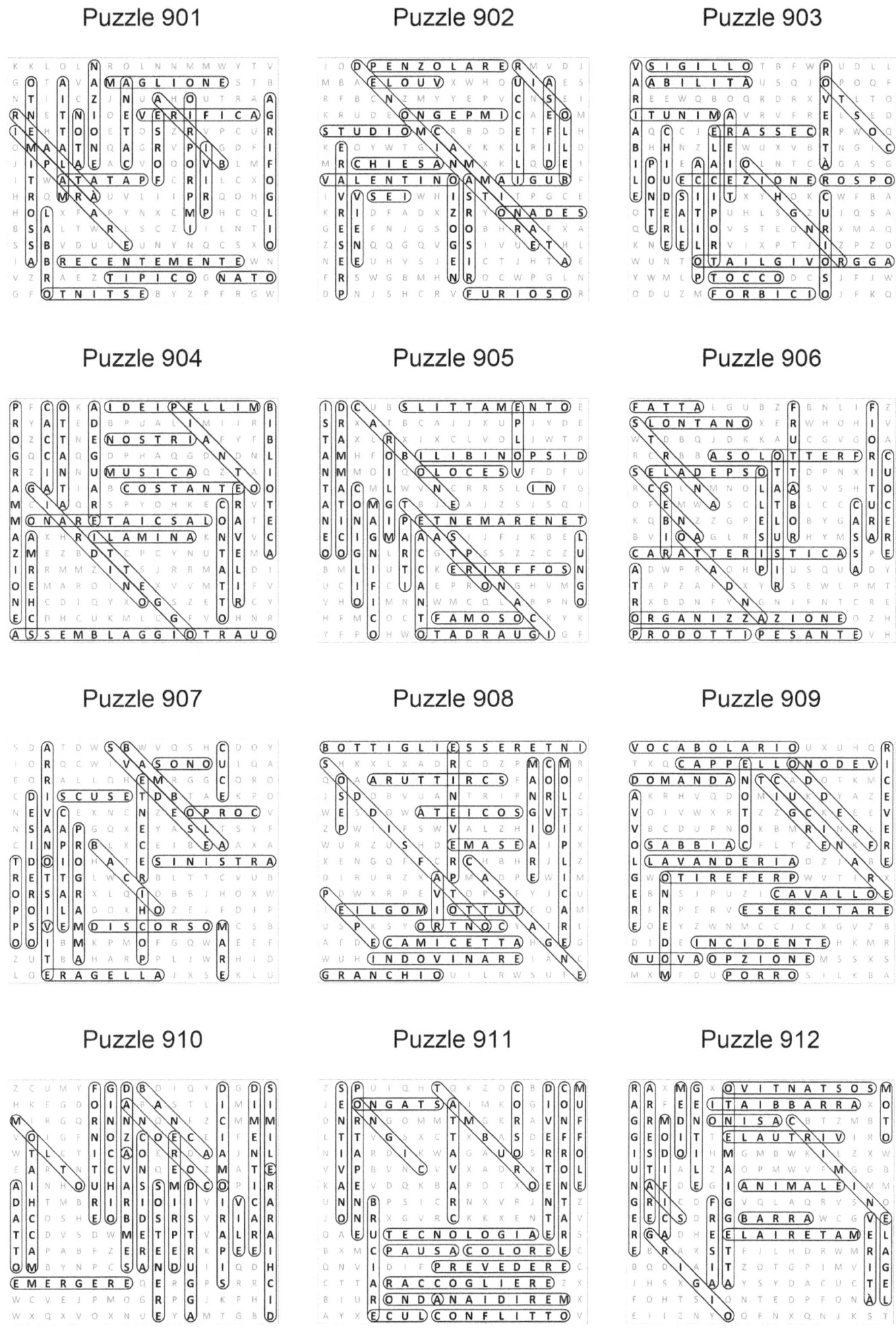

Puzzle 901

Puzzle 902

Puzzle 903

Puzzle 904

Puzzle 905

Puzzle 906

Puzzle 907

Puzzle 908

Puzzle 909

Puzzle 910

Puzzle 911

Puzzle 912

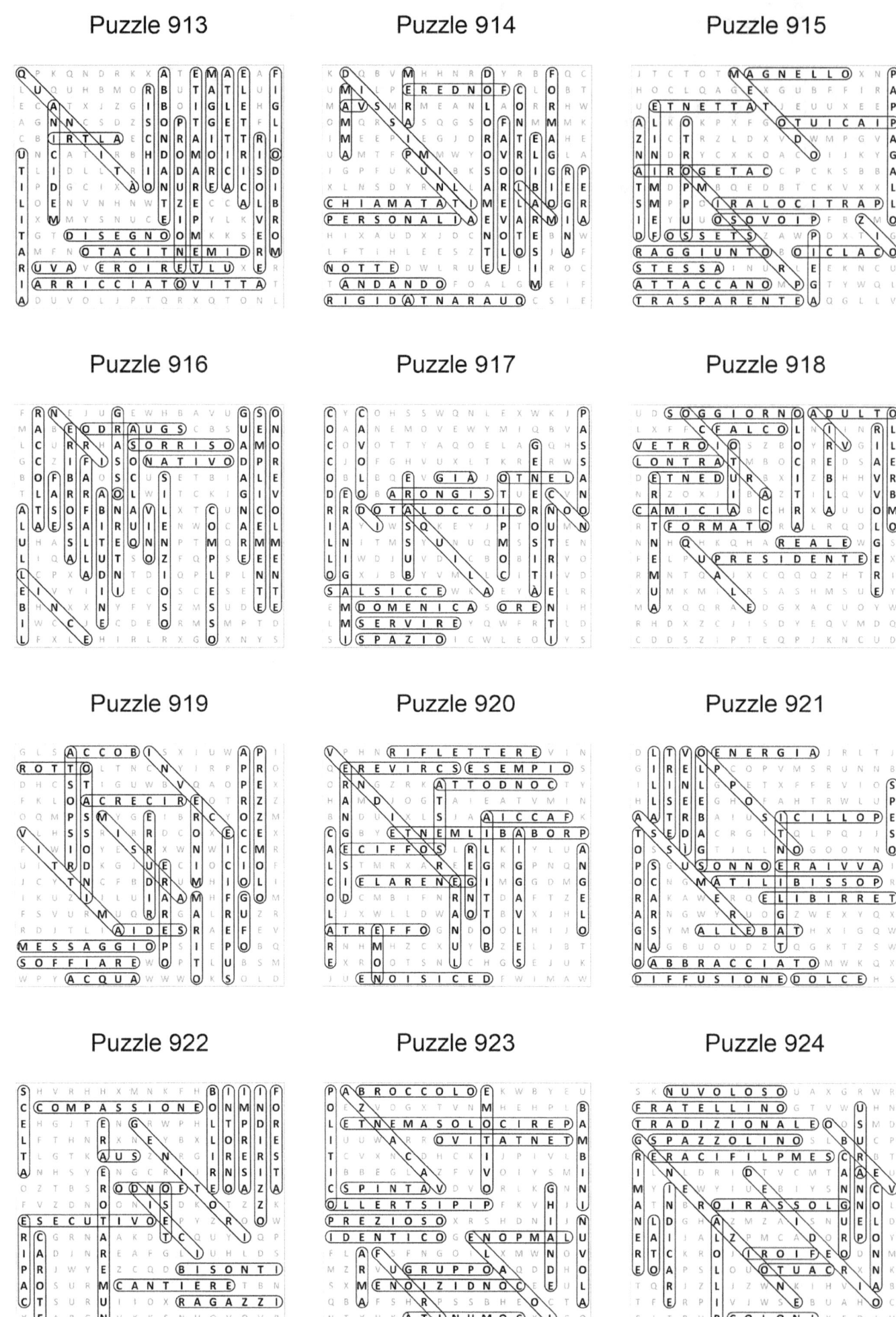

Puzzle 913

Puzzle 914

Puzzle 915

Puzzle 916

Puzzle 917

Puzzle 918

Puzzle 919

Puzzle 920

Puzzle 921

Puzzle 922

Puzzle 923

Puzzle 924

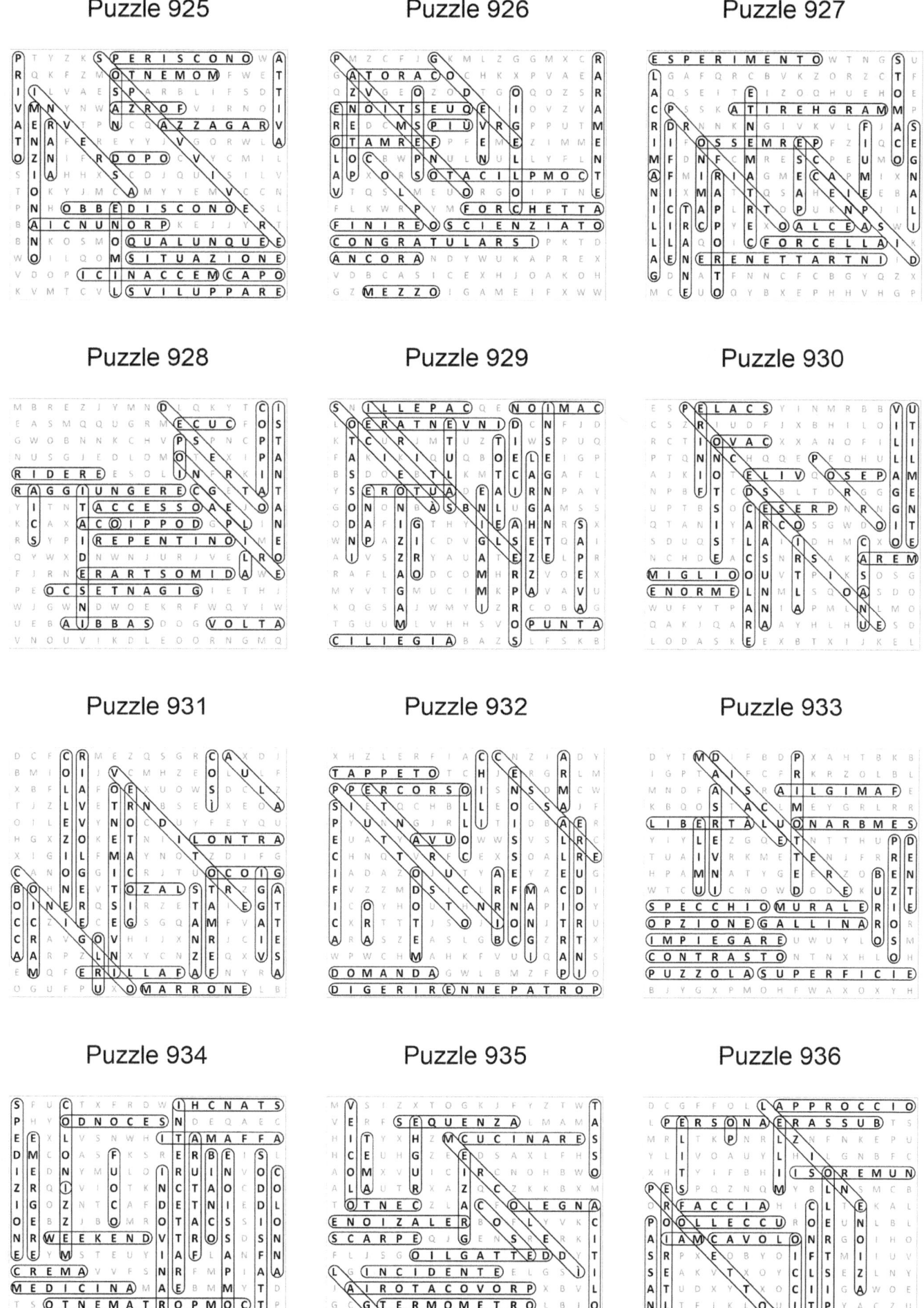

Puzzle 925

Puzzle 926

Puzzle 927

Puzzle 928

Puzzle 929

Puzzle 930

Puzzle 931

Puzzle 932

Puzzle 933

Puzzle 934

Puzzle 935

Puzzle 936

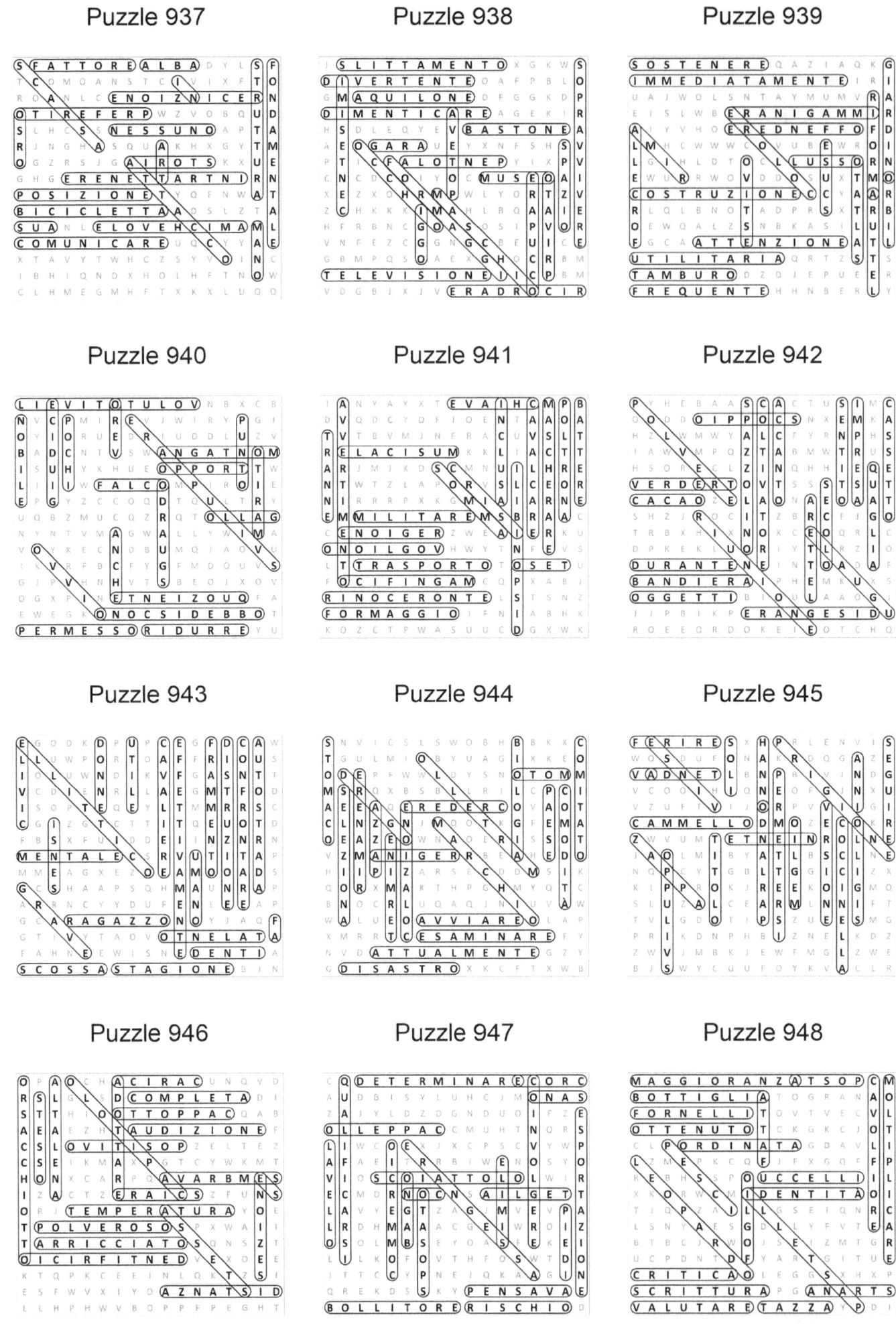

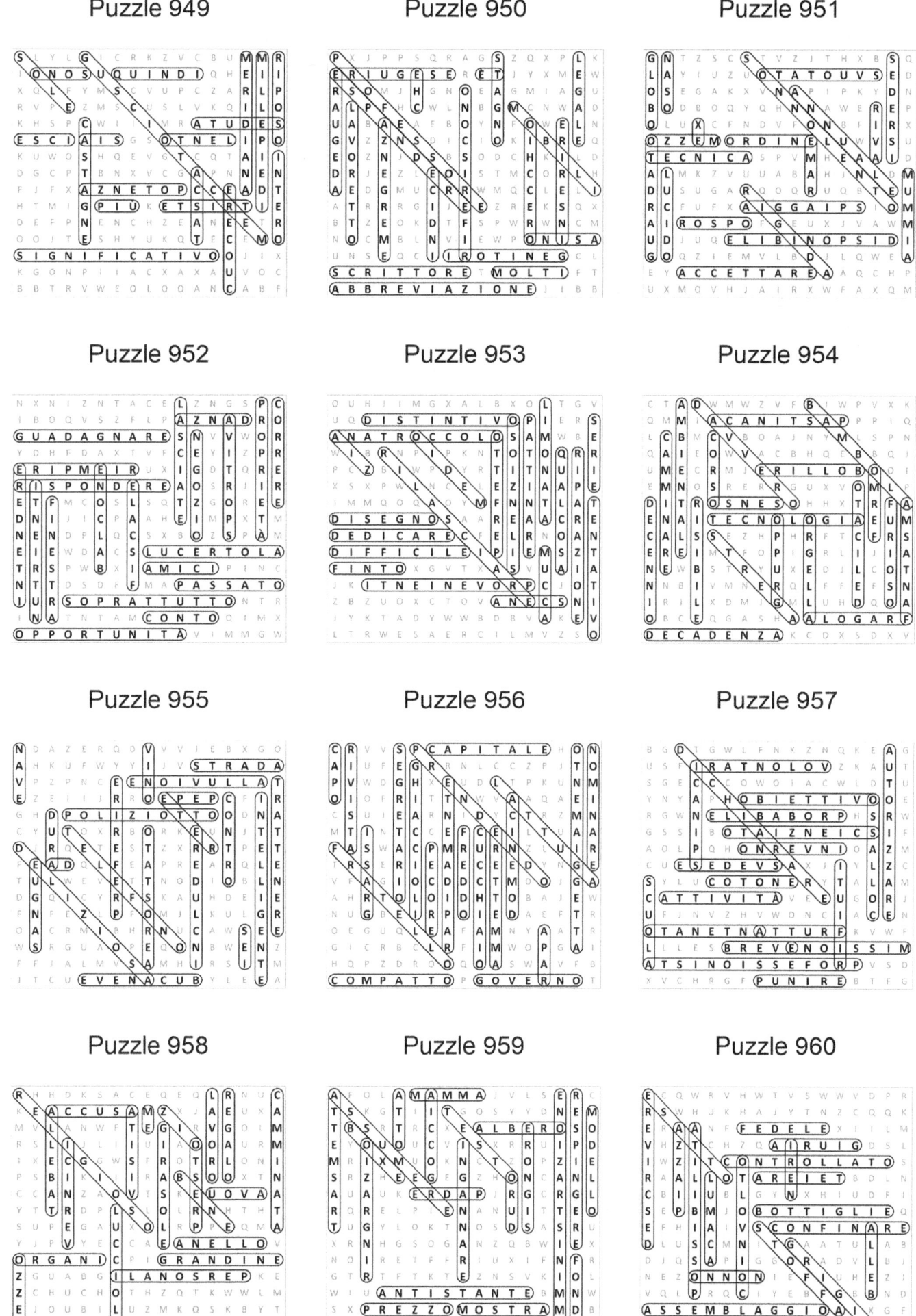

Puzzle 949

Puzzle 950

Puzzle 951

Puzzle 952

Puzzle 953

Puzzle 954

Puzzle 955

Puzzle 956

Puzzle 957

Puzzle 958

Puzzle 959

Puzzle 960

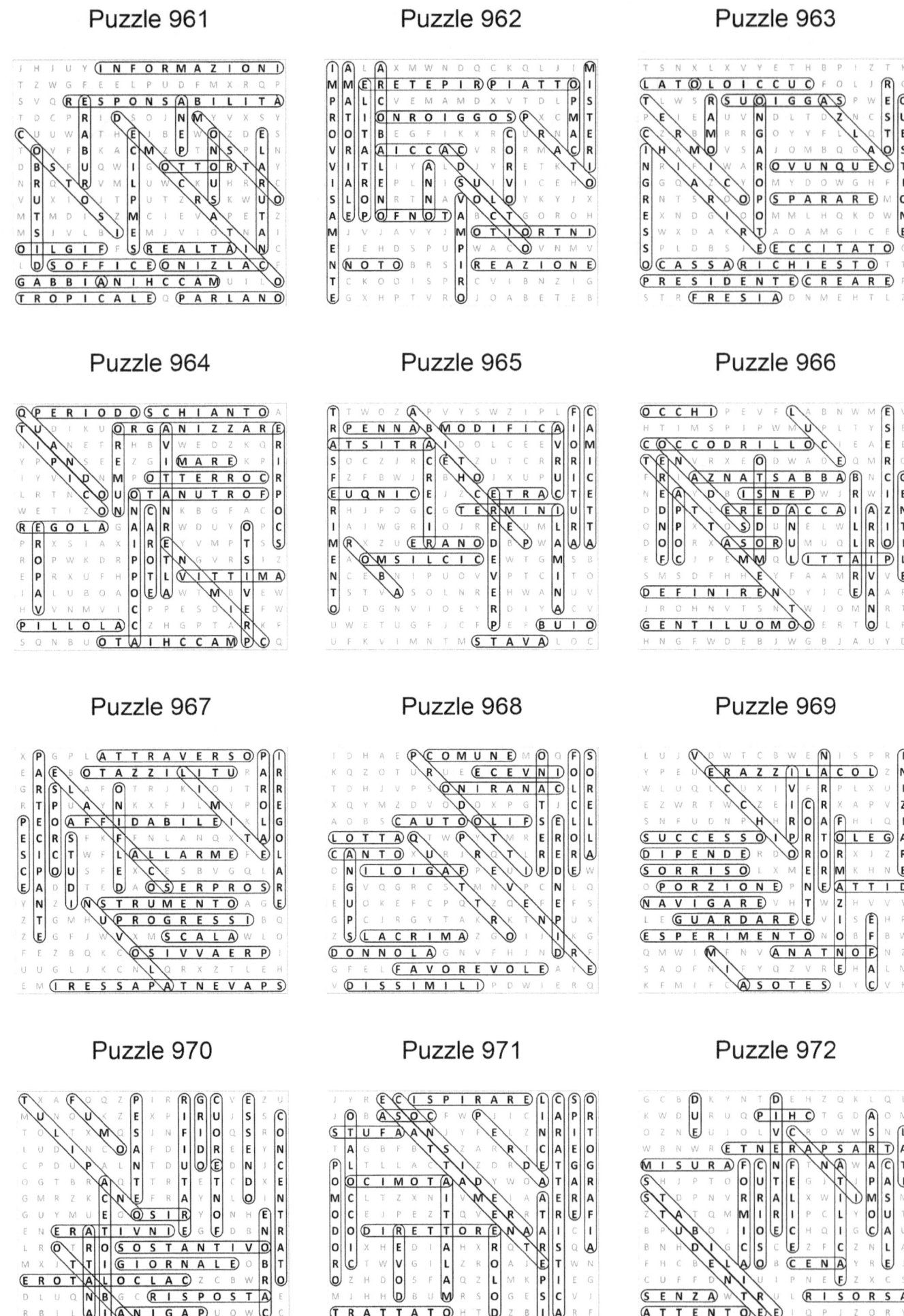

Puzzle 961

Puzzle 962

Puzzle 963

Puzzle 964

Puzzle 965

Puzzle 966

Puzzle 967

Puzzle 968

Puzzle 969

Puzzle 970

Puzzle 971

Puzzle 972

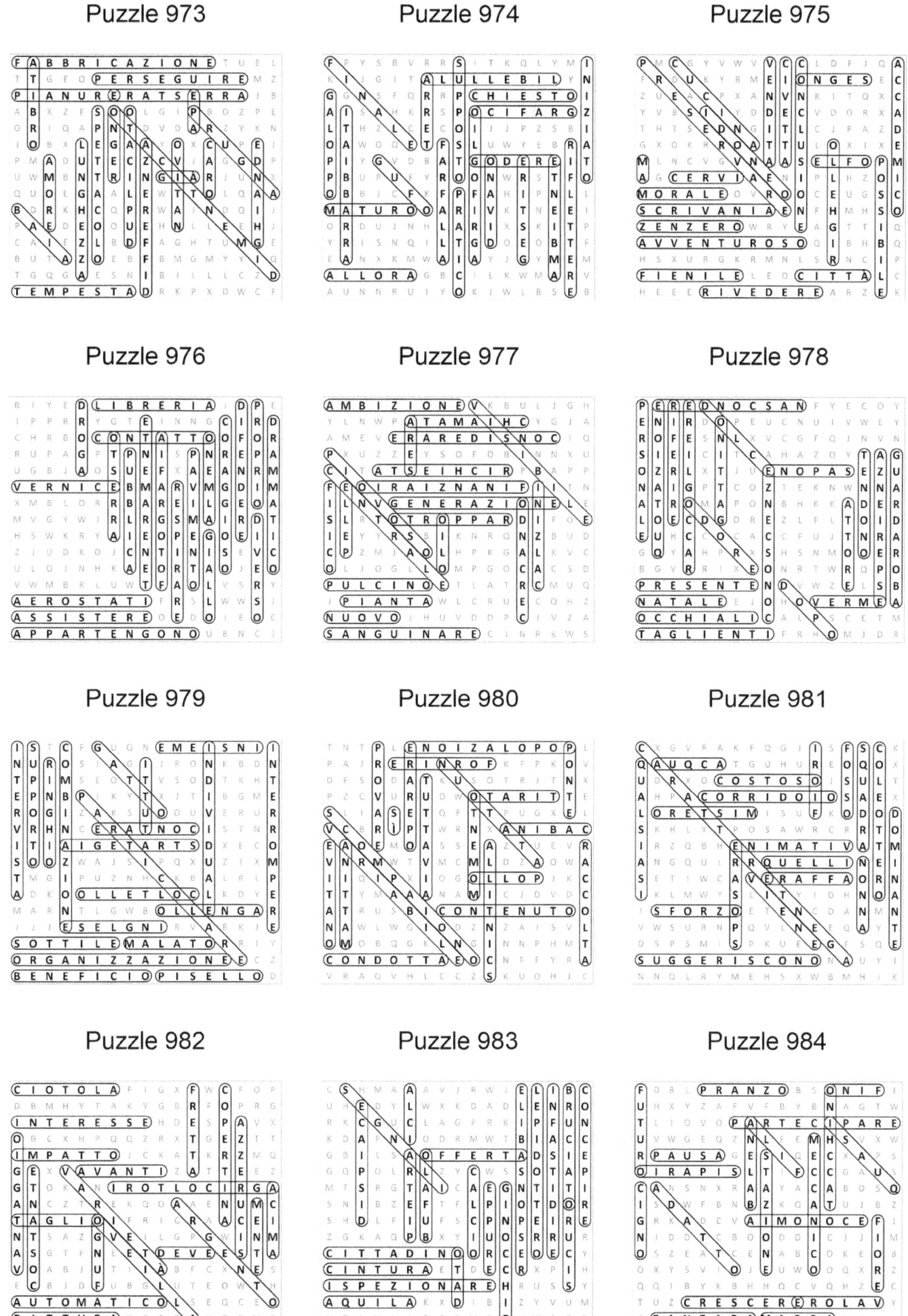

Puzzle 973

Puzzle 974

Puzzle 975

Puzzle 976

Puzzle 977

Puzzle 978

Puzzle 979

Puzzle 980

Puzzle 981

Puzzle 982

Puzzle 983

Puzzle 984

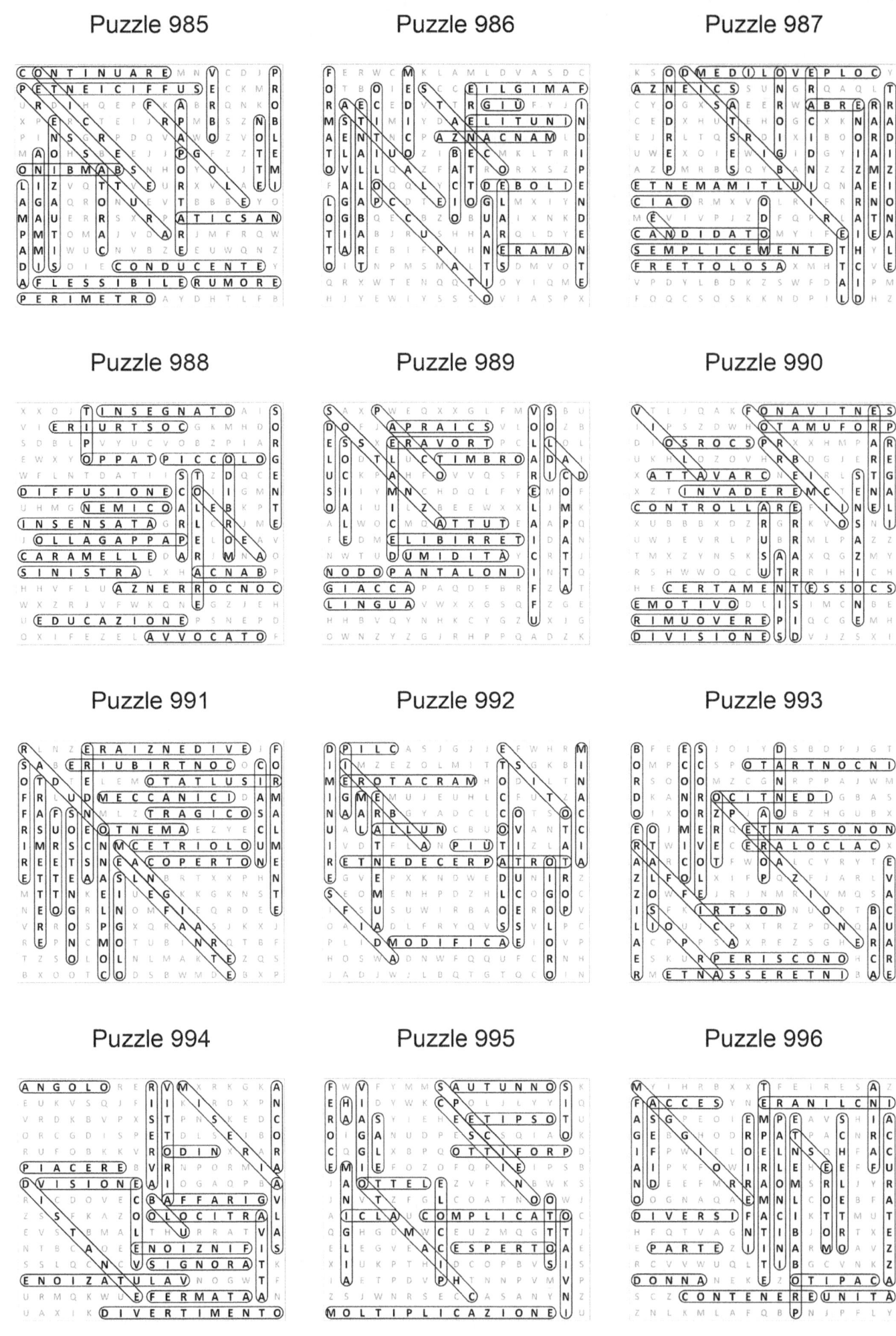

Puzzle 997

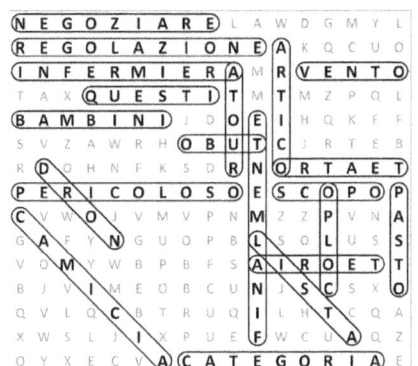

Puzzle 998

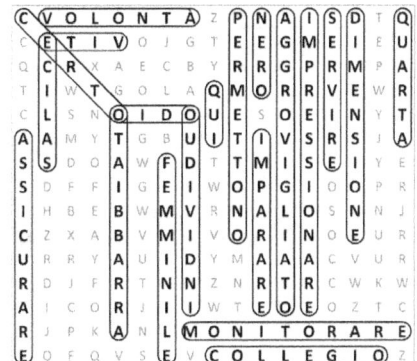

Puzzle 999

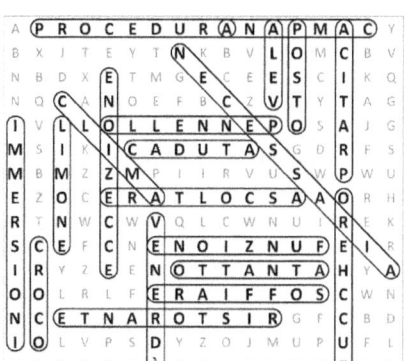

Puzzle 1000

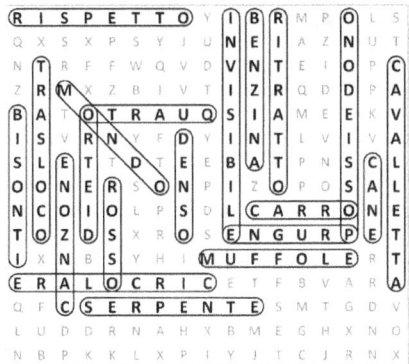

Congratulations

You made it!

We hope you enjoyed this book as much as we enjoyed making it. We do our best to make high quality games.

These puzzles are designed in a clever way to actively spark the brain and make it sharp and quick!
Did you love them?

A Simple Request

Our books exist thanks to the reviews you post on Amazon. Could you help us by leaving a review now?

Here is a short link which will take you to your Amazon orders review page.

BestBooksActivity.com/Review50

SEE YOU SOON!

Delta Classics Team

BESTACTIVITYBOOKS.COM/FREEGAMES